中国碳中和发展报告
（2022）

孙传旺 ◎ 编著

中国社会科学出版社

图书在版编目（CIP）数据

中国碳中和发展报告.2022/孙传旺编著.—北京：中国社会科学出版社，2023.3
ISBN 978-7-5227-1689-3

Ⅰ.①中… Ⅱ.①孙… Ⅲ.①中国经济—低碳经济—经济发展—研究报告—2022　Ⅳ.①F124.5

中国国家版本馆 CIP 数据核字（2023）第 052884 号

出 版 人	赵剑英	
责任编辑	谢欣露	
责任校对	周晓东	
责任印制	王　超	

出　　版	中国社会科学出版社
社　　址	北京鼓楼西大街甲 158 号
邮　　编	100720
网　　址	http://www.csspw.cn
发 行 部	010-84083685
门 市 部	010-84029450
经　　销	新华书店及其他书店
印　　刷	北京明恒达印务有限公司
装　　订	廊坊市广阳区广增装订厂
版　　次	2023 年 3 月第 1 版
印　　次	2023 年 3 月第 1 次印刷
开　　本	710×1000　1/16
印　　张	42
插　　页	2
字　　数	506 千字
定　　价	208.00 元

凡购买中国社会科学出版社图书，如有质量问题请与本社营销中心联系调换
电话：010-84083683
版权所有　侵权必究

主编介绍

孙传旺 厦门大学经济学院中国能源经济研究中心、邹至庄经济研究院教授，博士生导师。教育部"国家级人才项目"青年学者，厦门信息产业和信息化研究院副院长，厦门大学"碳中和发展力"研究团队首席经济学家，国家社会科学基金重大项目首席专家，国际权威期刊 *Energy Economics* 副主编，厦门大学金融文化研究院专家委员会主任，美国康奈尔大学经济系访问学者。兼任中国国际工程咨询有限公司咨询专家、国家发展和改革委员会能源研究所项目评审专家、管理科学与工程学会能源环境管理分会副秘书长、中国系统工程学会生态环境系统工程专业委员会常务委员、中国优选法统筹法与经济数学研究会能源经济与管理研究分会理事。Elsevier 应用经济学与理论经济学中国高被引学者，环境科学领域全球前 2% 顶尖科学家。

研究方向为宏观改革、碳中和发展、绿色金融、能源政策与数字经济等。

内容简介

碳中和作为一项长期战、持久战，在顶层设计已基本建设完成的前提下，确保如期完成阶段性减排目标的关键在于坚持全国一盘棋，统筹协调、重点突破，有序推动地区碳中和事业发展。本书从我国推进实现"双碳"目标的主要政策、中国碳中和发展力指数（2022）的省市表现、地方加快碳中和相关工作的成效与亮点等几个方面，系统整理并归纳分析了中央和地方在 2021 年 9 月至 2022 年 9 月期间出台的碳中和政策举措与成效亮点，并从地方低碳发展能力的视角研究了各地区推进碳中和的现实基础与发展条件。

本书是笔者研究、理解碳中和问题的阶段性成果，希望能够为碳中和相关研究领域的学者，以及对碳中和问题与政策感兴趣的广大读者提供思路与方法，也希望本书可以为广大政策制定者提供价值参考，有效服务"双碳"事业的战略推进与长期发展。

前　言

自 2020 年 9 月我国提出碳中和目标以来，各行各业加速推动绿色低碳转型，在碳中和顶层设计、碳排放控制等方面不断取得新进展。2021 年，我国碳排放强度比 2020 年降低 3.8%，比 2005 年累计下降 50.8%，为碳中和事业的后续有序推进打下了坚实基础。

实现碳中和，意味着经济社会系统将开启长期的绿色转型和发展变革，促使我国进入人与自然和谐共生的高质量发展新阶段。这既是新时代中国式现代化的战略安排，也充分彰显了中国推动绿色低碳发展、积极应对全球气候变化的决心和努力。

当前，我国已经开启了碳中和进程的第三个年度。碳中和作为一项长期战、持久战，在顶层设计已基本建设完成的前提下，确保如期完成阶段性减排目标的关键在于坚持全国一盘棋，统筹协调、重点突破，有序推动地区碳中和事业发展。从整体上看，碳中和是涉及多重目标、多个领域、多方主体的全局性、系统性问题。碳中和既是推动各地实现高质量发展的重要抓手，也是推动各地结构转型、经济发展和社会进步的重要契机。推动碳中和事业长远发展，需要根据各地区资源禀赋、发展水平、战略定位和减排潜力等现实条件，因地制宜、分类施策，推动各地梯次完成碳中和的阶段性目标与重点任务。

2022 年以来，各地加快低碳减排步伐，在落实碳中和目标的相关工作方面取得了较为明显的成效和进步，涌现出了一批低碳发展的典型案例和先进经验。但许多地区在推动低碳减排的过程中，也出现了能源结构过于单一、科技支撑能力不强、制度协调能力不足等现实问题，缺乏统筹推进碳中和事业的长远考虑，仍需要依靠能够体现地区碳中和发展能力和发展轨迹的系统评价体系加以评估和引导。

碳中和发展力研究，是厦门大学"碳中和发展力"研究团队深刻领悟碳中和战略内涵，探索碳中和发展路径的重要思考与积极实践。2021年，厦门大学"碳中和发展力"研究团队开发编制了全国首个碳中和发展力评价体系，并对外发布了中国碳中和发展力指数（2021）。研究团队还将前期围绕碳中和问题及相关政策的工作成果进行了整理汇编，出版了《中国碳中和发展报告（2021）》，完整反映了2021年全国碳中和政策部署、地方碳中和发展力表现以及各地碳中和工作的系列行动举措。

中国碳中和发展力指数的发布及《中国碳中和发展报告（2021）》的发行引起了较为广泛的关注和讨论。这既让我们备受鼓舞，也让我们认识到碳中和的影响已经超出了单纯的产业和经济范畴，碳中和成为涉及各行业、各地区、各领域所面临的系统性、长期性约束。面向碳中和的长远目标，厦门大学"碳中和发展力"研究团队持续跟进我国各省市碳中和事业发展进程和工作建设情况，并对中国碳中和发展力评价体系进行了升级优化。立足城市作为碳中和"主战场"的重要地位，研究团队新增近百个代表性重点城市的碳中和发展力指数核算结果，从省份和城市两个层面对地方碳中和发展进程与工作成效进行了系统评估。在浙江大学城市学院的大力支持下，研究团队于2022年9月更新发布了中国碳中和发展力指数（2022），更加系统、全面地阐析了推动各地碳

前言

中和发展的核心动力。与此同时，研究团队也坚持跟进各地碳中和政策部署和减排行动的发展态势，持续对报告内容进行更新、完善，力争为地方碳中和工作提供更具价值的决策参考。

《中国碳中和发展报告（2022）》是厦门大学"碳中和发展力"研究团队的年度系列报告之一，今年是第二次公开发行。报告持续跟踪全国各地区在碳中和政策部署与低碳转型实践上的最新动向，并基于经济、人口、能源、电力、排放等方面的最新统计数据，滚动更新省市碳中和发展力指数。概括而言，本书聚焦三部分内容：第一部分为我国推进实现"双碳"目标的主要政策，系统梳理了中央及国家各部委在2021年9月至2022年9月期间出台的碳中和相关政策及其主要特点，明晰了我国碳达峰碳中和"1+N"政策体系的基本框架；第二部分为中国碳中和发展力指数（2022）的省市表现，主要介绍了中国碳中和发展力评价体系的更新升级与地方碳中和发展情况。并借助对指标体系的多维度分解和结构化解析，进一步厘清了全国各省市推进碳中和工作的重点难点和主要特征，为探索重点减排地区与减排部门的脱碳路径等碳中和关键问题提供价值参考；第三部分为地方加快碳中和相关工作的成效与亮点，主要跟进2021年9月至2022年9月期间，全国31个省级行政区的碳达峰碳中和相关政策部署及行动举措，归纳总结了各地碳中和政策实施特色、发力重点及工作成效，为下一阶段各地深入推进"双碳"工作提供相关经验借鉴，助力我国碳中和事业的区域协同与综合推进。

本书的编写具有几个比较显著的特点。第一，紧扣贯彻新发展理念做好碳达峰碳中和工作的主题，多层次反映了中央及国家各部委以制度设计和政策体系推进碳中和事业的工作思路、基本原则、基本路线和主要方向。第二，完整推出了富有中国特色的碳中和发展力评价体系。立足中国特色的碳中和发展轨迹，将碳中和发展力结构化分解为成长力、转型力、竞争力、协调力和持续力，并结合地方碳中和政策行动等辅助分析，构建了一套"5+N"的评价体系和全新标准，既系统阐析了推动各省市碳中和发展的核心动力，也较为完整地反映了各地区迈向碳中和的现实条件与发展路径。第三，多视角展示了我国碳中和发展的地方动态。通过具体的行动案例，记录了各省市在推进经济社会系统绿色转型、清洁低碳安全高效能源体系构建、产业结构深度调整、低碳交通运输体系建设、绿色低碳重大科技攻关和推广应用，以及生态环境治理、碳汇能力巩固提升等方面的工作亮点及实践经验，对于因地制宜推广减排经验具有参考价值。

碳中和是一项长期事业，对碳中和的认识也必将经历一个漫长的过程。本书是我们研究、理解碳中和问题的阶段性成果。未来，我们仍将结合碳中和的战略推进与发展态势对报告内容进行升级、完善，并定期进行更新与发布，服务"双碳"事业的战略推进与长期发展。

厦门大学"碳中和发展力"研究团队诚挚感谢以下专家学者（按姓氏首字母排序）对本报告所提供的关键性学术指导：中国科学院院士、厦门大学地球科学与技术学部主任戴民汉教授，上海交通大学环境科学与工程学院院长、碳中和发展研究院副院长耿涌教授，发展中国家科学院院士、中国科学院大学经济与管理学院院长洪永淼教授，厦门大学中国能源政策研究院院长林伯强教授，国家气候变化专家委员会副主任、中国社会科学院学部委员潘家华教授，以及清华大学能源环境经济研究所所长张希良教授。

本书受到国家社会科学基金重大项目（项目批准号：21&ZD109）

的资助。厦门大学社科处对本书的出版给予了大量帮助。

本书是团队合作的结果，厦门大学"碳中和发展力"研究团队的占妍泓、陈智龙、王博、许哲泓、吴博宇、左旭光、许帅、魏晓楠、张文悦、徐梦洁、闵嘉琳、王佳钰、刘永哲、曾莹芳、陈小琪、江禹宸等博士研究生和硕士研究生参与了资料收集、指数编制与报告撰写。我们深知所做努力总是不够，不足之处，望读者指正。

孙传旺

2023 年 3 月于厦门

目录

第一篇 国家推进实现"双碳"目标的主要政策

1. 中共中央和国务院：统筹完善碳达峰碳中和行动计划 …………… 4
2. 国家发展和改革委员会：谋划部署低碳转型发展路径 …………… 8
3. 国家能源局：推动可再生能源高质量发展 …………………………… 12
4. 科学技术部：强化低碳转型科技支撑 ………………………………… 15
5. 工业和信息化部：持续推动产业结构优化升级 …………………… 17
6. 财政部：进一步完善财政支持"双碳"的政策体系 ……………… 21
7. 自然资源部：持续完善自然资源监测标准体系 …………………… 23
8. 生态环境部：探索减污降碳协同增效的有效模式 ………………… 27
9. 住房和城乡建设部：推进城市建设用能结构绿色转型 …………… 30
10. 交通运输部：推动交通运输绿色低碳发展 ………………………… 33
11. 农业农村部：减排降碳助力农业低碳发展 ………………………… 35
12. 商务部：建立健全绿色运营体系 …………………………………… 37
13. 中国人民银行：推进金融资本与绿色产业融合发展 ……………… 38
14. 国家林业和草原局：加快恢复自然生态系统 ……………………… 41

第二篇 中国碳中和发展力指数（2022）

1. 中国碳中和发展力指数的编制背景 ………………………………… 47
2. 中国碳中和发展力指数的编制原则 ………………………………… 49
3. 中国碳中和发展力指数的指标体系 ………………………………… 50
4. 本指数编制的主要方法与资料来源 ………………………………… 91
5. 中国碳中和发展力指数分析：省份篇 ……………………………… 96
6. 中国碳中和发展力指数分析：城市篇 ……………………………… 123

1

第三篇　地方加快"碳中和"相关工作的成效与亮点

北京：全力打造首届绿色低碳冬奥会 ································ 149
天津：发挥智慧零碳港口引航优势 ·································· 164
河北：氢能成为绿色经济新增长极 ·································· 180
山西：积极探索资源开发和生态保护最优解 ························ 198
内蒙古：打造稳定的生态碳汇供给基地 ····························· 216
辽宁：深入实施城市控碳和生态修复行动 ··························· 233
吉林：打造绿色增长极抢占绿色能源高地 ··························· 247
黑龙江：推动生态修复和资源资产永续利用 ························ 261
上海：确立国际绿色金融枢纽地位 ·································· 273
江苏：全力促进能源经济系统低碳转型 ····························· 291
浙江：强化财政支持碳达峰碳中和作用 ····························· 305
安徽：立足绿色低碳要求，打造科技创新策源地 ···················· 320
福建：探索降碳减污扩绿增长协同推进的福建经验 ·················· 339
江西：更高标准打造美丽中国江西样板 ····························· 356
山东：探索海洋碳汇发展之路 ······································ 370
河南：多措并举助力新能源汽车行业发展 ··························· 387
湖北：扎实推进新能源建设，围绕碳市场发展绿色金融 ············· 403
湖南：加强林业碳汇能力，多元化融资支持企业绿色发展 ··········· 418
广东：建设大湾区碳排放权交易平台 ································ 432
广西：加快推进新能源汽车走出去 ·································· 446
海南：打造国家公园的"海南样板" ································· 462
重庆：成渝联动促进区域绿色低碳高质量发展 ······················ 482
四川：加快发展新经济，培育壮大新能源产业链 ···················· 498
贵州：着力打造全国新能源材料产业基地 ··························· 514
云南：加快实施生态资产价值实现工程 ····························· 531
西藏：打造高原精品生态旅游示范工程 ····························· 545
陕西：推进重污染资源有序替代 ···································· 558
甘肃：推动戈壁荒漠转变为绿电生产基地 ··························· 574
青海：高效打造国家清洁能源产业高地 ····························· 591
宁夏：深化排污权有偿使用和交易改革 ····························· 608
新疆：全面推进"三基地一通道"建设 ······························ 626

术语表 ··· 644

第一篇

国家推进实现"双碳"目标的主要政策

摘　要

2020年9月22日，我国正式提出2030年前碳达峰与2060年前碳中和目标。两年以来，在党中央的坚强领导下，各地区、各有关部门扎实推进各项任务，"双碳"工作实现了良好开局。

作为广泛而深刻的经济社会系统性变革，碳中和事业的长远发展离不开政策体系的引领护航。2021年，《中共中央　国务院关于完整准确全面贯彻新发展理念做好碳达峰碳中和工作的意见》（中发〔2021〕36号）、《国务院关于印发2030年前碳达峰行动方案》（国发〔2021〕23号）先后发布，为实现"双碳"目标作出顶层设计，明确了碳达峰碳中和工作的时间表、路线图、施工图。此后，能源、工业、城乡建设、交通运输、农业农村等重点领域实施方案，以及科技支撑、财政支持、统计核算、人才培养等支撑保障方案也陆续制订，进一步明确了具体领域的减排方案与发展路径。

总体上看，当前中央部委发布的系列文件已构建起目标明确、分工合理、措施有力、衔接有序的碳达峰碳中和"1+N"政策体系，形成各方面共同推进的良好格局，为实现"双碳"目标提供了源源不断的工作动能和制度保障。概括而言，各部委出台的政策文件主要关注以下内容：一是推动可再生能源高质量发展，加快构建以新能源为主体的新型电力系统；二是强化低碳转型科技支撑，加速低碳、零碳及负碳技术研发及推广应用；三是持续推动产业结构优化升级，支持绿色低碳产业发展；四是进一步完善财政支持"双碳"的政策体系，强化财税制度的统筹协调；五是持续完善自然资源监测标准体系，提升应对气候变化能力；六是探索减污降碳协同增效的有效模式，促进生态治理与气候应对加速融合；七是推进城市建设用能结构绿色转型，加快城乡绿色发展；八是推动交通运输绿色低碳发展，推进落实交通运输领域碳减排和碳达峰方案；九是加快农业减排降碳和固碳扩容，助力农业低碳发展；十是建立健全绿色运营体系，推动产业园区绿色转型升级；十一是推进金融资本与绿色产业融合发展，强化绿色金融支持作用；十二是加快恢复自然生态系统，科学开展生态保护和生态修复。多方政策融合搭配，全面保障"双碳"事业的有序推进。

1. 中共中央和国务院：统筹完善碳达峰碳中和行动计划

面向我国碳达峰碳中和目标，中共中央和国务院持续完善碳达峰碳中和"1+N"政策体系，统筹部署经济社会全面绿色转型的发展路径，积极在碳达峰碳中和的关键领域出台具有战略性、指导性和前瞻性的纲领性文件。先后发布碳达峰行动方案、打好污染防治攻坚战、发展现代综合交通运输体系、推进节能减排等重要政策文件，进一步统筹部署实现"双碳"目标的绿色发展行动计划，为交通运输、工业行业、农业农村等多个领域的减排固碳明确方向。

主要政策文件包括：

(1)《国务院关于印发2030年前碳达峰行动方案的通知》（国发〔2021〕23号）（2021-10-26）[①]。

相关政策要求：将碳达峰贯穿于经济社会发展全过程和各方面，重点实施能源绿色低碳转型行动、节能降碳增效行动、工业领域碳达峰行动、城乡建设碳达峰行动、交通运输绿色低碳行动、循环经济助力降碳行动、绿色低碳科技创新行动、碳汇能力巩固提升行动、绿色低碳全民行动、各地区梯次有序碳达峰行动等"碳达峰十大行动"。

---

① 资料来源：中华人民共和国中央人民政府网站，http://www.gov.cn/zhengce/content/2021-10/26/content_5644984.htm；圆括号内的日期为文件发布日期或成文日期，下同。

(2)《中共中央　国务院关于深入打好污染防治攻坚战的意见》（2021-11-07）[①]。

相关政策要求：立足新发展阶段，完整、准确、全面贯彻新发展理念，构建新发展格局，以实现减污降碳协同增效为总抓手，以改善生态环境质量为核心，以精准治污、科学治污、依法治污为工作方针，统筹污染治理、生态保护、应对气候变化，保持力度、延伸深度、拓宽广度，以更高标准打好蓝天、碧水、净土保卫战，以高水平保护推动高质量发展、创造高品质生活，努力建设人与自然和谐共生的美丽中国。

(3)《国务院关于印发"十四五"现代综合交通运输体系发展规划的通知》（国发〔2021〕27号）（2022-01-18）[②]。

相关政策要求：实施交通运输绿色低碳转型行动。研究制定交通运输领域碳排放统计方法和核算规则，加强碳排放基础统计核算，建立交通运输碳排放监测平台，推动近零碳交通示范区建设。建立绿色低碳交通激励约束机制，分类完善通行管理、停车管理等措施。

(4)《国务院关于印发"十四五"节能减排综合工作方案的通知》（国发〔2021〕33号）（2022-01-24）[③]。

相关政策要求：优化完善能耗双控制度。坚持节能优先，强化能耗强度降低约束性指标管理，有效增强能源消费总量管理弹性，加强

[①] 资料来源：中华人民共和国中央人民政府网站，http：//www.gov.cn/zhengce/2021-11/07/content_5649656.htm。

[②] 资料来源：中华人民共和国中央人民政府网站，http：//www.gov.cn/zhengce/content/2022-01/18/content_5669049.htm。

[③] 资料来源：中华人民共和国中央人民政府网站，http：//www.gov.cn/zhengce/content/2022-01/24/content_5670202.htm。

能耗双控政策与碳达峰、碳中和目标任务的衔接。以能源产出率为重要依据，综合考虑发展阶段等因素，合理确定各地区能耗强度降低目标。国家对各省（自治区、直辖市）"十四五"能耗强度降低实行基本目标和激励目标双目标管理，由各省（自治区、直辖市）分解到每年。

(5)《国务院关于印发"十四五"推进农业农村现代化规划的通知》（国发〔2021〕25号）（2022-02-11）[①]。

相关政策要求：推动农业农村减排固碳。加强绿色低碳、节能环保的新技术新产品研发和产业化应用。以耕地质量提升、渔业生态养殖等为重点，巩固提升农业生态系统碳汇能力。推动农业产业园区和产业集群循环化改造，开展农业农村可再生能源替代示范。建立健全农业农村减排固碳监测网络和标准体系。

【专栏】

2022年10月31日，市场监管总局、国家发展和改革委员会、工业和信息化部、自然资源部、生态环境部、住房和城乡建设部、交通运输部、中国气象局与国家林草局九部门联合发布《建立健全碳达峰碳中和标准计量体系实施方案》（以下简称《实施方案》），进一步贯彻落实《中共中央 国务院关于完整准确全面贯彻新发展理念做好碳达峰碳中和工作的意见》和《2030年前碳达峰行动方案》有关部署。《实施方案》作为国家碳达峰碳中和"1+N"政策体系的保障方案之一，明确了我国碳达峰碳中和标准计量体系工作总体部署，为

---

① 资料来源：中华人民共和国中央人民政府网站，http://www.gov.cn/zhengce/content/2022-02/11/content_5673082.htm。

相关行业、领域、地方和企业开展碳达峰碳中和标准计量体系建设工作提供了指导意见。

表1-1 《建立健全碳达峰碳中和标准计量体系实施方案》主要内容

文件名称	主要构成	相关内容
《建立健全碳达峰碳中和标准计量体系实施方案》	主要目标	到2025年,碳达峰碳中和标准计量体系基本建立
		到2030年,碳达峰碳中和标准计量体系更加健全
		到2060年,技术水平更加先进、管理效能更加突出、服务能力更加高效、引领国际的碳中和标准计量体系全面建成,服务经济社会发展全面绿色转型,有力支撑碳中和目标实现
	重点任务	(一)完善碳排放基础通用标准体系
		(二)加强重点领域碳减排标准体系建设
		(三)加快布局碳清除标准体系
		(四)健全市场化机制标准体系
		(五)完善计量技术体系
		(六)加强计量管理体系建设
		(七)健全计量服务体系
	重点工程和行动	(一)实施碳计量科技创新工程
		(二)实施碳计量基础能力提升工程
		(三)实施碳计量标杆引领工程
		(四)开展碳计量精准服务工程
		(五)实施碳计量国际交流合作工程
		(六)开展双碳标准强基行动
		(七)开展百项节能降碳标准提升行动
		(八)开展低碳前沿技术标准引领行动
		(九)开展绿色低碳标准国际合作行动

资料来源:中华人民共和国中央人民政府网站,http://www.gov.cn/。

2. 国家发展和改革委员会：谋划部署低碳转型发展路径

> 为持续推进"碳达峰，碳中和"的战略目标，国家发展和改革委员会进一步完善绿色低碳转型的发展路径，针对可再生能源发展、传统能源高效清洁利用、碳排放核算以及新型储能发展与应用进行战略部署。先后出台了可再生能源发展规划、绿色低碳转型体制机制完善举措、煤炭清洁高效利用标准、碳排放权统计核算体系等重要文件，明确了能源可持续发展模式以及新型储能应用发展方向，为绿色转型提供指引。

主要政策文件包括：

(1)《国家发展改革委 国家能源局 财政部 自然资源部 生态环境部 住房和城乡建设部 农业农村部 中国气象局 国家林业和草原局关于印发"十四五"可再生能源发展规划的通知》（发改能源〔2021〕1445号）（2021-10-21）[①]。

相关政策要求：持续完善国际合作交流机制和平台。用好"一带一路"能源部长会平台，打造绿色、包容的"一带一路"能源合作伙伴关系，凝聚"一带一路"绿色发展共识。积极参与全球能源与气候治理。强化与其他发展中国家能源绿色发展合作，提高发展中国家能源领域应对气候变化能力。

---

① 资料来源：国家发展和改革委员会网站，https：//www.ndrc.gov.cn/xxgk/zcfb/ghwb/202206/t20220601_1326719.html?code=&state=123。

(2)《国家发展改革委　国家能源局关于完善能源绿色低碳转型体制机制和政策措施的意见》（发改能源〔2022〕206号）（2022-02-10）①。

相关政策要求："十四五"时期，基本建立推进能源绿色低碳发展的制度框架，形成比较完善的政策、标准、市场和监管体系，构建以能耗"双控"和非化石能源目标制度为引领的能源绿色低碳转型推进机制。到2030年，基本建立完整的能源绿色低碳发展基本制度和政策体系，形成非化石能源既基本满足能源需求增量又规模化替代化石能源存量、能源安全保障能力得到全面增强的能源生产消费格局。

(3)《国家发展改革委等部门关于发布〈煤炭清洁高效利用重点领域标杆水平和基准水平（2022年版）〉的通知》（发改运行〔2022〕559号）（2022-04-09）②。

相关政策要求：对标国内外同行业先进水平，以及国家现行政策、标准中先进能效指标值和最严格污染物排放要求，确定煤炭清洁高效利用重点领域标杆水平。坚持绿色低碳发展理念，统筹考虑实现碳达峰目标要求、促进煤炭消费转型升级、便于企业操作实施等因素，参考国家现行标准中的准入值或限定值，以及国家政策文件明确的相关指标，科学确定煤炭清洁高效利用重点领域基准水平。

---

① 资料来源：国家发展和改革委员会网站，https：//www.ndrc.gov.cn/xxgk/zcfb/tz/202202/t20220210_1314511.html？code=&state=123。

② 资料来源：国家发展和改革委员会网站，https：//www.ndrc.gov.cn/xxgk/zcfb/tz/202205/t20220510_1324482.html？code=&state=123。

(4)《国家发展改革委　国家统计局　生态环境部印发〈关于加快建立统一规范的碳排放统计核算体系实施方案〉的通知》（发改环资〔2022〕622号）（2022-04-22）[①]。

相关政策要求：完善行业企业碳排放核算机制。由生态环境部、市场监管总局会同行业主管部门组织制修订电力、钢铁、有色、建材、石化、化工、建筑等重点行业碳排放核算方法及相关国家标准，加快建立覆盖全面、算法科学的行业碳排放核算方法体系。企业碳排放核算应依据所属主要行业进行，有序推进重点行业企业碳排放报告与核查机制。

(5)《国家发展改革委办公厅　国家能源局综合司关于进一步推动新型储能参与电力市场和调度运用的通知》（发改办运行〔2022〕475号）（2022-05-24）[②]。

相关政策要求：鼓励配建新型储能与所属电源联合参与电力市场。以配建形式存在的新型储能项目，在完成站内计量、控制等相关系统改造并符合相关技术要求情况下，鼓励其与所配建的其他类型电源联合并作为一个整体，按照现有相关规则参与电力市场。各地根据市场放开电源实际情况，鼓励新能源场站和配建储能联合参与市场，利用储能改善新能源涉网性能，保障新能源高效消纳利用。随着市场建设逐步成熟，鼓励探索同一储能主体可以按照部分容量独立、部分容量联合两种方式同时参与的市场模式。

[①] 资料来源：国家发展和改革委员会网站，https：//www.ndrc.gov.cn/xxgk/zcfb/tz/202208/t20220819_1333231.html？code=&state=123。

[②] 资料来源：国家发展和改革委员会网站，https：//www.ndrc.gov.cn/xxgk/zcfb/tz/202206/t20220607_1326854.html？code=&state=123。

【专栏】

除上述政策文件之外，国家发展和改革委员会还出台了一系列涉及生态保护、节能降碳、新型储能发展、低碳宣传活动等的通知文件和管理办法，进一步明确了能源以及高新技术领域的低碳发展导向，为实现碳达峰、碳中和目标指引了绿色发展路径。具体如表1-2所示。

表1-2 国家发展和改革委员会出台的与"双碳"目标相关的通知文件

序号	文件名称	发布日期
1	《国家发展改革委等部门关于印发〈贯彻落实碳达峰碳中和目标要求 推动数据中心和5G等新型基础设施绿色高质量发展实施方案〉的通知》（发改高技〔2021〕1742号）	2021-11-30
2	《国家发展改革委 生态环境部 水利部关于推动建立太湖流域生态保护补偿机制的指导意见》（发改振兴〔2022〕101号）	2022-01-17
3	《关于发布〈高耗能行业重点领域节能降碳改造升级实施指南（2022年版）〉的通知》（发改产业〔2022〕200号）	2022-02-03
4	《国家发展改革委关于进一步完善煤炭市场价格形成机制的通知》（发改价格〔2022〕303号）	2022-02-24
5	《国家发展改革委 国家能源局关于印发〈"十四五"新型储能发展实施方案〉的通知》（发改能源〔2022〕209号）	2022-01-29
6	《国家发展改革委等部门关于推进共建"一带一路"绿色发展的意见》（发改开放〔2022〕408号）	2022-03-16
7	《国家发展改革委关于印发〈支持宁夏建设黄河流域生态保护和高质量发展先行区实施方案〉的通知》（发改地区〔2022〕654号）	2022-04-27
8	《国家发展改革委等部门关于开展2022年全国节能宣传周和全国低碳日活动的通知》（发改环资〔2022〕758号）	2022-05-26

资料来源：国家发展和改革委员会网站，https://www.ndrc.gov.cn/。

3. 国家能源局：推动可再生能源高质量发展

> 为进一步推进能源体系低碳转型发展，国家能源局在能源使用效率、能源科技创新、能源监管和能源助力乡村振兴等领域统筹谋划，研究设计能源体系"碳达峰，碳中和"战略发展路径。相关政策聚焦于研发高效可靠的可再生能源、完善电力安全生产法规体系、推动供热供暖可再生能源化、发展稳定安全可靠的新能源供给消纳体系等，为清洁低碳安全高效能源体系的构建提供了具体的路线图。

主要政策文件包括：

(1)《国家能源局 科学技术部关于印发〈"十四五"能源领域科技创新规划〉的通知》（国能发科技〔2021〕58号）（2021-11-29）[1]。

相关政策要求：聚焦大规模高比例可再生能源开发利用，研发更高效、更经济、更可靠的水能、风能、太阳能、生物质能、地热能以及海洋能等可再生能源先进发电及综合利用技术，支撑可再生能源产业高质量开发利用；攻克高效氢气制备、储运、加注和燃料电池关键技术，推动氢能与可再生能源融合发展。

(2)《国家能源局关于印发〈电力安全生产"十四五"行动计划〉的通知》（国能发安全〔2021〕62号）（2021-12-08）[2]。

相关政策要求：完善电力安全生产政策法规体系。研究跟进"碳达峰碳中和"战略发展路径，及时制定和调整电力安全生产指导政策，

---

[1] 资料来源：国家能源局网站，http://zfxxgk.nea.gov.cn/2021-11/29/c_1310540453.htm。

[2] 资料来源：国家能源局网站，http://zfxxgk.nea.gov.cn/2021-12/08/c_1310442211.htm。

支持和保障电力企业减碳措施有效实施。加强电力安全生产法规规章科学性、系统性、完备性建设，基于综合管理、电网安全、发电安全、建设安全和质量、应急管理、网络安全、大坝安全、行业监管八个纵向维度，技术、管理、文化、责任四个横向要素，构建网格化的法规规章体系。

(3)《国家能源局　农业农村部　国家乡村振兴局关于印发〈加快农村能源转型发展助力乡村振兴的实施意见〉的通知》（国能发规划〔2021〕66号）（2021-12-29）①。

相关政策要求：大力推广太阳能、风能供暖。利用农房屋顶、院落空地和具备条件的易地搬迁安置住房屋顶发展太阳能供热。在大气污染防治重点地区的农村，整县域开展"风光+蓄热电锅炉"等集中供暖。在青海、西藏、内蒙古等农牧区，采用"离网型光伏发电+蓄电池"供电，利用户用蓄热电暖气供暖。

(4)《国家能源局关于印发〈2022年能源监管工作要点〉的通知》（国能发监管〔2022〕4号）（2022-01-12）②。

相关政策要求：依据"十四五"能源规划，跟踪关注重要输电通道、油气管道及互联互通、大型煤矿、水电站、核电站、天然气储气设施等工程项目推进情况，及时发现项目推进中的突出问题。加强对煤电气电规划建设、北方地区冬季清洁取暖、整县屋顶分布式光伏开发试点、可再生能源消纳责任权重、煤层气开发利用等重点领域监管，确保政策执行不跑偏、不走样。

---

① 资料来源：国家能源局网站，http://zfxxgk.nea.gov.cn/2021-12/29/c_131041118.htm。

② 资料来源：国家能源局网站，http://zfxxgk.nea.gov.cn/2022-01/12/c_131043297.htm。

(5)《国家能源局关于印发〈2022年能源工作指导意见〉的通知》（国能发规划〔2022〕31号）（2022-03-17）[①]。

相关政策要求：大力发展风电光伏。加大力度规划建设以大型风光基地为基础、以其周边清洁高效先进节能的煤电为支撑、以稳定安全可靠的特高压输变电线路为载体的新能源供给消纳体系。优化近海风电布局，开展深远海风电建设示范，稳妥推动海上风电基地建设。积极推进水风光互补基地建设。

【专栏】

除上述政策文件之外，国家能源局还出台了一系列涉及光伏储能电站、提升煤电转化效率、推动热能和可再生能源发展等方面的通知文件和管理办法，进一步提高可再生能源利用水平，为助力实现碳达峰碳中和目标任务作出积极贡献。具体如表1-3所示。

表1-3　国家能源局出台的与"双碳"目标相关的通知文件

序号	文件名称	发布日期
1	《国家能源局关于印发〈光伏电站消纳监测统计管理办法〉的通知》（国能发新能规〔2021〕57号）	2021-12-03
2	《国家能源局综合司关于加强电化学储能电站安全管理的通知》（国能综通安全〔2022〕37号）	2022-04-26
3	《国家能源局综合司　国家发展改革委员会办公厅　国家市场监督管理总局办公厅关于进一步提升煤电能效和灵活性标准的通知》（国能综通科技〔2022〕81号）	2022-08-29
4	《国家能源局综合司关于加快推进地热能开发利用项目信息化管理工作的通知》（国能综通新能〔2022〕83号）	2022-08-29
5	《国家能源局关于2021年度全国可再生能源电力发展监测评价结果的通报》（国能发新能〔2022〕82号）	2022-09-16

资料来源：国家能源局网站，http://www.nea.gov.cn/。

---

① 资料来源：国家能源局网站，http://zfxxgk.nea.gov.cn/2022-03/17/c_1310534134.htm。

4. 科学技术部：强化低碳转型科技支撑

> 面向碳达峰碳中和目标，科学技术部强化低碳转型科技支撑，发布了一系列低碳、零碳及负碳技术研发及推广应用，先进能源技术研发工作，高碳工业流程零碳低碳改造以及碳捕集和封存技术研发等相关政策文件，通过科技领域相关政策全面引导、支撑生产生活方式绿色转型，助力实现碳达峰、碳中和。

主要政策文件包括：

（1）《科技部等九部门关于印发〈科技支撑碳达峰碳中和实施方案（2022—2030年）〉的通知》（国科发社〔2022〕157号）（2022-08-18）[1]。

相关政策要求：针对钢铁、水泥、化工、有色等重点工业行业绿色低碳发展需求，以原料燃料替代、短流程制造和低碳技术集成耦合优化为核心，深度融合大数据、人工智能、第五代移动通信等新兴技术，引领高碳工业流程的零碳和低碳再造和数字化转型。瞄准产品全生命周期碳排放降低，加强高品质工业产品生产和循环经济关键技术研发，加快跨部门、跨领域低碳零碳融合创新。

---

[1] 资料来源：科学技术部网站，https：//www.most.gov.cn/xxgk/xinxifenlei/fdzdgknr/qt-wj/qtwj2022/202208/t20220817_181986.html。

(2)《科技部　浙江省人民政府关于印发〈推动高质量发展建设共同富裕示范区科技创新行动方案〉的通知》（国科发区〔2022〕13号）（2022-01-25）①。

相关政策要求：强化绿色低碳科技创新支撑。开展低碳、零碳及负碳关键技术研发与应用推广，全面支撑生产生活方式绿色转型。支持湖州创建国家可持续发展议程创新示范区，加大绿色低碳前沿技术的城乡一体化推广应用。

(3)《科技部等九部门关于印发〈"十四五"东西部科技合作实施方案〉的通知》（国科发区〔2022〕25号）（2022-03-03）②。

相关政策要求：支持新疆重点领域碳达峰碳中和技术联合攻关。聚焦碳达峰碳中和目标，发挥多部门、多地区协同攻关优势，支持新疆实施能源清洁利用与碳达峰碳中和科技行动，开展煤炭清洁利用、智能化风力发电机组、储能、新能源微电网等先进能源技术研发与示范应用，开展战略矿产、化工等行业绿色低碳技术开发与成果转化，支撑引领新疆绿色发展。

(4)《科技部办公厅　贵州省人民政府办公厅关于印发〈"科技入黔"推动高质量发展行动方案〉的通知》（国科办区〔2022〕87号）（2022-06-27）③。

相关政策要求：支持贵州践行"山水林田湖草沙是生命共同体"

---

① 资料来源：科学技术部网站，https：//www.most.gov.cn/xxgk/xinxifenlei/fdzdgknr/fgzc/gfxwj/gfxwj2022/202201/t20220125_179168.html。

② 资料来源：科学技术部网站，https：//www.most.gov.cn/xxgk/xinxifenlei/fdzdgknr/fgzc/gfxwj/gfxwj2022/202203/t20220304_179644.html。

③ 资料来源：科学技术部网站，https：//www.most.gov.cn/xxgk/xinxifenlei/fdzdgknr/qtwj/qtwj2022/202206/t20220627_181308.html。

的系统思想，办好生态文明贵阳国际论坛，组织实施喀斯特峰丛洼地石漠化地区生态服务提升技术与模式、喀斯特地区石油类污染应急处置技术与装备研发科技计划项目。支持贵州提升磷、铝、锰、锂、金、萤石、重晶石等资源绿色勘探开发利用科技支撑能力，实施新一轮找矿突破战略，与知名科研院所、高等学校合作开展磷石膏、锰渣等工业固体废物无害化、资源化利用技术攻关，开展碳捕集、利用与封存技术研发与试点示范。

5. 工业和信息化部：持续推动产业结构优化升级

> 为推动产业结构的优化升级，工业和信息化部围绕以下五大方面积极出台相关政策。一是深入推进清洁生产，大力发展绿色低碳产业；二是加快电力装备节能降碳改造；三是推动通信行业绿色低碳协同发展；四是全面落实钢铁行业碳达峰落实方案；五是有序推动石油化工行业产业链碳减排。此外，工业和信息化部还发布一系列绿色建材和新能源下乡活动，全面助力乡村振兴，支撑双碳目标的实现。

主要政策文件包括：

(1)《工业和信息化部 国家发展改革委 生态环境部关于印发工业领域碳达峰实施方案的通知》（工信部联节〔2022〕88号）（2022-08-01）[①]。

相关政策要求：推动产业结构优化升级，坚决遏制高耗能高排放

---

① 资料来源：工业和信息化部网站，https://www.miit.gov.cn/zwgk/zcwj/wjfb/tz/art/2022/art_df5995ad834740f5b29fd31c98534eea.html。

低水平项目盲目发展，大力发展绿色低碳产业。完善绿色制造体系，深入推进清洁生产，打造绿色低碳工厂、绿色低碳工业园区、绿色低碳供应链，通过典型示范带动生产模式绿色转型。优化资源配置结构，充分发挥节约资源和降碳的协同作用，通过资源高效循环利用降低工业领域碳排放。

(2)《工业和信息化部等五部门联合印发加快电力装备绿色低碳创新发展行动计划的通知》（工信部联重装〔2022〕105号）（2022-08-29）①。

相关政策要求：加速发展清洁低碳发电装备。推进煤电装备节能降碳改造、灵活性改造、供热改造"三改联动"。加快推进燃气轮机研究开发。推进水电机组宽负荷改造，加快可变速抽水蓄能及海上抽水蓄能装备研制应用及高水头冲击式水电机组关键技术研究。进一步加快三代核电的批量化，加速四代核电装备研发应用。推进风光储一体化装备发展，推动构网型新能源发电装备研究开发。加快生物质能装备以及海洋能、地热能等开发利用装备的研制和应用。着力攻克可再生能源制氢等技术装备。

(3)《工业和信息化部等七部门关于印发信息通信行业绿色低碳发展行动计划（2022—2025年）的通知》（工信部联通信〔2022〕103号）（2022-08-22）②。

相关政策要求：在行业现有绿色发展能力基础上，优化绿色发展

---

① 资料来源：工业和信息化部网站，https://www.miit.gov.cn/zwgk/zcwj/wjfb/tz/art/2022/art_4ccbd89465cc4336b88b19a02bbf473b.html。

② 资料来源：工业和信息化部网站，https://www.miit.gov.cn/zwgk/zcwj/wjfb/tz/art/2022/art_a6e264bf71ed44549904c9e27aeba472.html。

总体布局、聚焦三类重点设施绿色发展、协同推进绿色产业链供应链建设、强化行业赋能经济社会绿色发展供给能力、加强行业绿色发展统筹管理，将行业整体能效和绿色用能水平提高引向深入，全面推进信息通信行业绿色低碳高质量发展。

(4)《工业和信息化部　国家发展和改革委员会　生态环境部关于促进钢铁工业高质量发展的指导意见》（工信部联原〔2022〕6号）（2022-02-07）①。

相关政策要求：深入推进绿色低碳。落实钢铁行业碳达峰实施方案，统筹推进减污降碳协同治理。支持建立低碳冶金创新联盟，制订氢冶金行动方案，加快推进低碳冶炼技术研发应用。支持构建钢铁生产全过程碳排放数据管理体系，参与全国碳排放权交易。开展工业节能诊断服务，支持企业提高绿色能源使用比例。全面推动钢铁行业超低排放改造，加快推进钢铁企业清洁运输，完善有利于绿色低碳发展的差别化电价政策。

(5)《工业和信息化部　国家发展和改革委员会　科学技术部　生态环境部　应急管理部　国家能源局关于"十四五"推动石化化工行业高质量发展的指导意见》（工信部联原〔2022〕34号）（2022-04-07）②。

相关政策要求：发挥碳固定碳消纳优势，协同推进产业链碳减排。有序推动石化化工行业重点领域节能降碳，提高行业能效水平。拟制高碳产品目录，稳妥调控部分高碳产品出口。提升中低品位热能利用

---

① 资料来源：工业和信息化部网站，https：//www.miit.gov.cn/zwgk/zcwj/wjfb/yj/art/2022/art_fc8736cbc5364d6eb19ce17eb0b0cc9c.html。

② 资料来源：工业和信息化部网站，https：//www.miit.gov.cn/zwgk/zcwj/wjfb/yj/art/2022/art_4ef438217a4548cb98c2d7f4f091d72e.html。

水平，推动用能设施电气化改造，合理引导燃料"以气代煤"，适度增加富氢原料比重。鼓励石化化工企业因地制宜、合理有序开发利用"绿氢"，推进炼化、煤化工与"绿电""绿氢"等产业耦合示范，利用炼化、煤化工装置所排二氧化碳纯度高、捕集成本低等特点，开展二氧化碳规模化捕集、封存、驱油和制化学品等示范。

【专栏】

除上述政策文件之外，工业和信息化部还出台了绿色建材、节能监察、新能源汽车等相关文件，促进农村地区新能源汽车和绿色建材推广应用，引导农村居民绿色出行，助力全面推进乡村振兴，支撑碳达峰、碳中和目标实现。具体如表1-4所示。

表1-4 工业和信息化部出台的与"双碳"目标相关的通知文件

序号	文件名称	发布日期
1	《工业和信息化部办公厅关于公布2021年度绿色制造名单的通知》（工信厅节函〔2022〕7号）	2022-01-21
2	《工业和信息化部办公厅 住房和城乡建设部办公厅 农业农村部办公厅 商务部办公厅 国家市场监督管理总局办公厅 国家乡村振兴局综合司关于开展2022年绿色建材下乡活动的通知》（工信厅联原〔2022〕7号）	2022-03-14
3	《工业和信息化部办公厅 农业农村部办公厅 商务部办公厅 国家能源局综合司关于开展2022新能源汽车下乡活动的通知》（工信厅联通装函〔2022〕107号）	2022-05-31
4	《工业和信息化部办公厅关于开展2022年度国家工业和信息化领域节能技术装备产品推荐工作的通知》（工信厅节函〔2022〕134号）	2022-06-23
5	《工业和信息化部办公厅关于开展2022年工业节能监察工作的通知》（工信厅节函〔2022〕192号）	2022-08-02
6	《工业和信息化部办公厅关于开展2022年度绿色制造名单推荐工作的通知》（工信厅节函〔2022〕235号）	2022-09-16

资料来源：工业和信息化部网站，https://www.miit.gov.cn/。

6. 财政部：进一步完善财政支持"双碳"的政策体系

> 为推动传统产业绿色转型及生态保护修复建设，财政部出台一系列财政综合支持"双碳"目标的政策文件，为实现碳达峰、碳中和目标提供坚实支撑。政策覆盖了设立国家低碳转型基金、研究实施"双碳"财政奖惩政策、加强生态保护区修复与污染治理、巩固森林生态系统碳汇能力等领域。此外，财政部还发布一系列涉及生态治理和矿山修复等资金管理办法，进一步完善碳达峰、碳中和的财政政策体系。

主要政策文件包括：

(1)《关于印发〈财政支持做好碳达峰碳中和工作的意见〉的通知》（财资环〔2022〕53号）(2022-05-25)[①]。

相关政策要求：研究设立国家低碳转型基金，支持传统产业和资源富集地区绿色转型。充分发挥包括国家绿色发展基金在内的现有政府投资基金的引导作用。鼓励社会资本以市场化方式设立绿色低碳产业投资基金。将符合条件的绿色低碳发展项目纳入政府债券支持范围。

(2)《关于印发〈支持浙江省探索创新打造财政推动共同富裕省域范例的实施方案〉的通知》（财预〔2021〕168号）(2021-11-24)[②]。

相关政策要求：创新碳达峰、碳中和财政综合支持政策。指导浙江省财政部门研究实施碳达峰、碳中和财政奖惩政策，将能耗强度、

---

① 资料来源：财政部网站，http://zyhj.mof.gov.cn/zcfb/202205/t20220530_3814434.htm。

② 资料来源：财政部网站，http://yss.mof.gov.cn/zhengceguizhang/202111/t20211130_3770527.htm。

碳排放强度指标完成度和财政资金奖惩挂钩。围绕能源等重点领域，支持浙江省实施一揽子财政政策，力争为实现碳达峰、碳中和目标提供坚实支撑。鼓励浙江省进一步探索生态产品价值实现机制试点。支持浙江省开展全域幸福河湖建设改革试点，鼓励浙江省按规定统筹资金支持试点项目建设。

(3)《关于印发〈中央财政关于推动黄河流域生态保护和高质量发展的财税支持方案〉的通知》（财预〔2022〕112号）（2022-08-24)[①]。

相关政策要求：促进全流域生态环境保护。各级财政加大支持力度，着力打好黄河生态保护治理攻坚战。利用重点生态功能区转移支付等，增加对沿黄河省区的综合生态补偿。利用水污染防治资金等，支持黄河全流域建立横向生态保护补偿机制，加强黄河水生态保护修复，推进汾河等污染严重、生态脆弱河湖治理，调动沿黄河省区参与生态保护修复和污染治理的积极性。利用中央预算内投资等，支持黄河流域城镇污水垃圾处理设施建设。

(4)《关于印发〈支持贵州加快提升财政治理能力奋力闯出高质量发展新路的实施方案〉的通知》（财预〔2022〕114号）（2022-08-25)[②]。

相关政策要求：支持推进低碳循环发展。研究促进碳达峰、碳中和的财政政策体系，鼓励贵州先行先试。支持贵州巩固森林生态系统

[①] 资料来源：财政部网站，http://yss.mof.gov.cn/zhengceguizhang/202209/t20220906_3838782.htm。

[②] 资料来源：财政部网站，http://yss.mof.gov.cn/zhengceguizhang/202209/t20220909_3839624.htm。

碳汇能力，探索实施碳捕集、利用与封存（CCUS）示范工程。

【专栏】

除上述政策文件之外，财政部还发布了一系列涉及生态修复治理、土壤污染防治、节能节水项目和矿山生态修复等资金管理办法，支持深入打好生态修复和净土保卫战，加强土壤污染防治和生态环保领域资金的整合，发挥资金协同效应。具体如表1-5所示。

表1-5 财政部出台的与"双碳"目标相关的通知文件

序号	文件名称	发布日期
1	《关于印发〈重点生态保护修复治理资金管理办法〉的通知》（财资环〔2021〕100号）	2021-11-16
2	《关于公布〈环境保护、节能节水项目企业所得税优惠目录（2021年版）〉以及〈资源综合利用企业所得税优惠目录（2021年版）〉的公告》（2021年第36号公告）	2021-12-23
3	《关于支持开展历史遗留废弃矿山生态修复示范工程的通知》（财办资环〔2021〕65号）	2022-01-14
4	《关于印发〈中央对地方重点生态功能区转移支付办法〉的通知》（财预〔2022〕59号）	2022-04-29
5	《关于印发〈土壤污染防治资金管理办法〉的通知》（财资环〔2022〕28号）	2022-05-11

资料来源：财政部网站，http://www.mof.gov.cn/index.htm。

7. 自然资源部：持续完善自然资源监测标准体系

自然资源部助力"双碳"目标实现的政策着力点主要集中在两大方面。一是开展自然资源监测工作，加强支撑自然资源事业高质量发展；二是制定自然资源标准体系，通过制定海洋、地质及生态修复领域调查监测标准，提升应对气候变化能力。

主要政策文件包括：

(1)《自然资源部 国家市场监督管理总局关于加强支撑自然资源事业高质量发展的检验检测能力建设的通知》（自然资发〔2022〕26号）（2022-02-25）①。

相关政策要求：为自然资源调查监测、评价评估、确权登记、保护、资产管理和节约集约利用，国土空间规划、用途管制、生态修复、海洋和地质防灾减灾，以及土地、地质矿产、海洋、测绘地理信息等职责履行和依法行政提供技术支撑，积极承担自然资源业务工作和重大工程的检验检测等任务，促进自然资源事业高质量发展。

(2)《自然资源部办公厅关于印发〈自然资源标准体系〉的通知》（自然资办发〔2022〕18号）（2022-05-09）②。

相关政策要求：优先考虑生态文明建设及保护、自然资源节约集约利用标准；通过在国土空间规划领域部署生态保护红线划定标准，落实严格的空间管控要求；通过在海洋、地质及生态修复领域制定防灾减灾标准、调查监测标准、碳汇及碳循环标准，提升应对气候变化能力。

(3)《自然资源部办公厅关于开展2022年上半年自然资源监测工作的通知》（自然资办发〔2022〕21号）（2022-06-17）③。

相关政策要求：围绕国家对耕地和永久基本农田、生态保护红线、城镇开发边界三条控制线严格管理、监督、考核的需要，对三条控制线开展监测分析；围绕京津冀协同发展、长江经济带发展、粤港澳大湾区建设、长三角一体化发展、黄河流域生态保护和高质量发展、成渝地区双城经济圈建设、海南自由贸易港建设等国家重点战略开展区

---

① 资料来源：自然资源部网站，http://gi.mnr.gov.cn/202203/t20220303_2729750.html。
② 资料来源：自然资源部网站，http://gi.mnr.gov.cn/202206/t20220602_2738327.html。
③ 资料来源：自然资源部网站，http://gi.mnr.gov.cn/202206/t20220624_2739800.html。

域监测分析。

(4)《自然资源部办公厅关于进一步加强黑土耕地保护的通知》(自然资办函〔2022〕1351号)(2022-07-28)①。

相关政策要求：强化国土空间规划对黑土耕地的特殊管控。四省（区）各级自然资源主管部门在国土空间规划编制和"三区三线"划定工作中，应当将黑土耕地全部带位置纳入耕地保护红线任务，黑土层深厚、土壤性状良好的黑土耕地应当优先划为永久基本农田，逐地块上图入库，严格实行特殊保护。

【专栏】

除上述政策文件之外，国家自然资源部还出台了有关国土及矿山修复、林业资源监测、节地模式等有关自然资源保护文件，科学评价森林、草原、湿地资源质量和生长状况，为实施碳达峰碳中和战略等提供决策支撑，如表1-6所示。

表1-6 自然资源部出台的相关自然资源保护文件

序号	文件名称	发布日期
1	《自然资源部 国家林业和草原局关于共同做好森林、草原、湿地调查监测工作的意见》（自然资发〔2022〕5号）	2022-01-14
2	《自然资源部办公厅关于印发〈节地技术和节地模式推荐目录（第三批）〉的通知》（自然资办发〔2022〕2号）	2022-02-18
3	《自然资源部关于下达2022年度稀土矿钨矿开采总量控制指标（第一批）的通知》（自然资发〔2022〕38号）	2022-02-25
4	《自然资源部 国家林业和草原局关于开展2022年全国森林、草原、湿地调查监测工作的通知》（自然资发〔2022〕65号）	2022-04-02
5	《自然资源部关于发布〈国土空间生态保护修复工程实施方案编制规程〉等3项行业标准的公告》（2022年第44号）	2022-07-11

---

① 资料来源：自然资源部网站，http：//gi.mnr.gov.cn/202208/t20220801_2743042.html。

续表

序号	文件名称	发布日期
6	《自然资源部关于发布〈矿山生态修复技术规范 第1部分：通则〉等7项行业标准的公告》（2022年第51号）	2022-07-20

资料来源：自然资源部网站，https://mnr.gov.cn//。

针对矿山环境保护与土地复垦工作，国家自然资源部还发布了一系列矿山及油田等自然资源的资质审查公告，进一步规范矿山保护和土地复垦体系。具体如表1-7所示。

表1-7 自然资源部出台的矿山环境保护与土地复垦的审查公告

序号	文件名称	发布日期
1	《自然资源部关于大庆油田有限责任公司呼伦贝尔分公司内蒙古自治区海拉尔盆地苏仁诺尔油田开采等8个矿山地质环境保护与土地复垦方案通过审查的公告》（2021年第84号）	2021-12-30
2	《自然资源部关于新宁县一渡水镇天宝锑矿有限责任公司天宝锑矿等11个矿山地质环境保护与土地复垦方案通过审查的公告》（2022年第3号）	2022-01-10
3	《自然资源部关于中国石油天然气股份有限公司西南油气田分公司四川省四川盆地金珠坪天然气开采等8个矿山地质环境保护与土地复垦方案通过审查的公告》（2022年第5号）	2022-01-17
4	《自然资源部关于中国石油天然气股份有限公司西南油气田分公司四川省四川盆地荔枝滩天然气开采项目等6个矿山地质环境保护与土地复垦方案通过审查的公告》（2022年第7号）	2022-01-28
5	《自然资源部关于中国石油天然气股份有限公司西南油气田分公司川渝四川盆地七里峡气田双家坝区块开采等13个矿山地质环境保护与土地复垦方案通过审查的公告》（2022年第8号）	2022-02-09
6	《自然资源部关于中国石油天然气股份有限公司西南油气田分公司四川省四川盆地白节滩天然气开采项目等6个矿山地质环境保护与土地复垦方案通过审查的公告》（2022年第14号）	2022-03-11
7	《自然资源部关于中国石油天然气股份有限公司西南油气田分公司四川省四川盆地纳溪天然气开采项目等17个矿山地质环境保护与土地复垦方案通过审查的公告》（2022年第20号）	2022-03-18
8	《自然资源部关于栾川恒裕矿业有限公司白庙沟钼矿等6个矿山地质环境保护与土地复垦方案通过审查的公告》（2022年第59号）	2022-08-21
9	《自然资源部关于兴安县银剑矿业有限责任公司钨矿等5个矿山地质环境保护与土地复垦方案通过审查的公告》（2022年第64号）	2022-08-25

资料来源：自然资源部网站，https://mnr.gov.cn//。

8. 生态环境部：探索减污降碳协同增效的有效模式

> 为加快探索减污降碳协同增效模式，生态环境部发布一系列与减污降碳、碳监测评估和污染防控等相关的政策文件。政策重点包括优化区域结构、培育绿色低碳生活方式、完善碳减排评估和绩效评价、提高碳检测技术水平、有效发挥海洋固碳作用以及加强重金属污染防控等。此外，生态环境部还出台了有关生态环境监测体系和生态环境损害鉴定评估体系的相关通知，进一步促进减污降碳协同增效，助力碳达峰碳中和。

主要政策文件包括：

（1）《关于印发〈减污降碳协同增效实施方案〉的通知》（环综合〔2022〕42号）（2022-06-13）[①]。

相关政策要求：开展区域减污降碳协同创新。基于深入打好污染防治攻坚战和碳达峰目标要求，在国家重大战略区域、大气污染防治重点区域、重点海湾、重点城市群，加快探索减污降碳协同增效的有效模式，优化区域产业结构、能源结构、交通运输结构，培育绿色低碳生活方式，加强技术创新和体制机制创新，助力实现区域绿色低碳发展目标。

（2）《关于深化生态环境领域依法行政 持续强化依法治污的指导意见》（环法规〔2021〕107号）（2021-11-11）[②]。

相关政策要求：组织落实碳排放权登记、碳排放权交易、碳排放

[①] 资料来源：生态环境部网站，https://www.mee.gov.cn/xxgk2018/xxgk/xxgk03/202206/t20220617_985879.html。

[②] 资料来源：生态环境部网站，https://www.mee.gov.cn/xxgk2018/xxgk/xxgk03/202111/t20211115_960249.html。

权结算等管理规则，依法加快推进全国碳排放权交易市场建设，积极推动构建生态环境应对气候变化标准体系，完善碳减排量评估与绩效评价标准、低碳评价标准、排放核算报告与核查管理技术规范，开展碳监测评估试点。

(3)《关于印发〈"十四五"生态环境监测规划〉的通知》（环监测〔2021〕117号）（2021-12-28）①。

相关政策要求：着眼碳达峰碳中和目标落实和绿色低碳发展需要，按照核算为主、监测为辅、国际等效、适度超前的原则，系统谋划覆盖点源、城市、区域等不同尺度的碳监测评估业务，提升碳监测技术水平，逐步纳入常规监测体系筹实施。

(4)《关于印发〈"十四五"海洋生态环境保护规划〉的通知》（环海洋〔2022〕4号）（2022-01-07）②。

相关政策要求：协同推进应对气候变化与海洋环境治理、生态保护修复，开展海洋碳源汇监测评估，推进海洋应对气候变化的响应监测与评估，有效发挥海洋固碳作用，提升海洋适应气候变化的韧性，促进减污降碳协同增效。

(5)《关于进一步加强重金属污染防控的意见》（环固体〔2022〕17号）（2022-03-07）③。

相关政策要求：协同加强涉重金属固体废物环境管理。加强重点

---

① 资料来源：生态环境部网站，https：//www.mee.gov.cn/xxgk2018/xxgk/xxgk03/202201/t20220121_967927.html。
② 资料来源：生态环境部网站，https：//www.mee.gov.cn/xxgk2018/xxgk/xxgk03/202202/t20220222_969631.html。
③ 资料来源：生态环境部网站，https：//www.mee.gov.cn/xxgk2018/xxgk/xxgk03/202203/t20220315_971552.html。

行业企业废渣场环境管理，完善防渗漏、防流失、防扬散等措施。推动锌湿法冶炼工艺，按有关规定配套建设浸出渣无害化处理系统及硫渣处理设施。加强尾矿污染防控，开展长江经济带尾矿库污染治理"回头看"和黄河流域、嘉陵江上游尾矿库污染治理。

【专栏】

除上述政策文件之外，生态环境部还出台了有关"无废城市"建设、农村环境治理、生态保护监管与排污许可实施方案等相关文件，为稳步推进城乡污染治理、建立完善生态环境监管和保护体系提供指引。具体如表1-8所示。

表1-8　生态环境部出台的与城乡污染治理和生态保护相关的通知文件

序号	文件名称	发布日期
1	《关于印发〈"十四五"生态环境保护综合行政执法队伍建设规划〉的通知》（环执法〔2021〕113号）	2021-12-14
2	《关于印发〈"十四五"时期"无废城市"建设工作方案〉的通知》（环固体〔2021〕114号）	2021-12-15
3	《关于印发〈"十四五"土壤、地下水和农村生态环境保护规划〉的通知》（环土壤〔2021〕120号）	2021-12-31
4	《关于印发〈农业农村污染治理攻坚战行动方案（2021—2025年）〉的通知》（环土壤〔2022〕8号）	2022-01-25
5	《关于印发〈"十四五"生态保护监管规划〉的通知》（环生态〔2022〕15号）	2022-03-18
6	《关于印发〈"十四五"环境影响评价与排污许可工作实施方案〉的通知》（环环评〔2022〕26号）	2022-04-02

资料来源：生态环境部网站，https://www.mee.gov.cn/。

针对区域、海域和流域环境治理和修复建设，国家生态环境部还出台了一系列相关的监管办法及通知文件，进一步完善区域生态质量评价、海域综合治理、流域生态修复方案，健全生态环境损害鉴定评估技术体系。具体如表1-9所示。

表1-9 生态环境部出台的与区域、海域和流域生态治理相关的通知文件

序号	文件名称	发布日期
1	《关于印发〈区域生态质量评价办法（试行）〉的通知》（环监测〔2021〕99号）	2021-11-18
2	《关于加强海水养殖生态环境监管的意见》（环海洋〔2022〕3号）	2022-01-10
3	《关于印发〈重点海域综合治理攻坚战行动方案〉的通知》（环海洋〔2022〕11号）	2022-02-10
4	《关于印发〈国家适应气候变化战略2035〉的通知》（环气候〔2022〕41号）	2022-06-07
5	《关于印发〈生态环境损害鉴定评估技术指南森林（试行）〉的通知》（环法规〔2022〕48号）	2022-07-26
6	《关于印发〈黄河生态保护治理攻坚战行动方案〉的通知》（环综合〔2022〕51号）	2022-08-15
7	《关于印发〈深入打好长江保护修复攻坚战行动方案〉的通知》（环水体〔2022〕55号）	2022-09-08

资料来源：生态环境部网站，https://www.mee.gov.cn/。

9. 住房和城乡建设部：推进城市建设用能结构绿色转型

住房和城乡建设部致力于优化城市建设能源绿色转型及生态基础设施体系，设计并出台了一系列有关改善城市用能结构、推动城市能源消费绿色转型、完善城市基础设施体系以及城市节水和水污染治理等重要问题的文件。推动形成绿色发展方式和生活方式，持续完善城市绿色低碳发展的政策支撑体系，明确城乡绿色发展方向。

主要政策文件包括：

（1）《住房和城乡建设部 国家发展改革委关于印发城乡建设领域碳达峰实施方案的通知》（建标〔2022〕53号）（2022-06-30）[①]。

相关政策要求：优化城市建设用能结构。推进建筑太阳能光伏一

---

① 资料来源：住房和城乡建设部网站，https://www.mohurd.gov.cn/gongkai/fdzdgknr/zfhcxjsbwj/202207/20220713_767161.html。

体化建设，到 2025 年新建公共机构建筑、新建厂房屋顶光伏覆盖率力争达到 50%。推动既有公共建筑屋顶加装太阳能光伏系统。加快智能光伏应用推广。在太阳能资源较丰富地区及有稳定热水需求的建筑中，积极推广太阳能光热建筑应用。

(2)《住房和城乡建设部关于印发〈"十四五"推动长江经济带发展城乡建设行动方案〉〈"十四五"黄河流域生态保护和高质量发展城乡建设行动方案〉的通知》（建城〔2022〕3 号）（2022-01-06）①。

相关政策要求：优化推动城市能源消费绿色低碳转型。改善城市能源结构，大力推进太阳能、风能、水能等可再生能源利用。在太阳能资源较丰富带及有稳定热水需求的建筑中，积极推广太阳能光热建筑应用。推动新建工业厂房、公共建筑加快应用太阳能，推动城镇既有公共建筑、工业厂房和居住建筑加装太阳能光伏系统。

(3)《住房和城乡建设部办公厅　国家发展改革委办公厅　水利部办公厅　工业和信息化部办公厅关于加强城市节水工作的指导意见》（建办城〔2022〕51 号）（2021-12-17）②。

相关政策要求：完善城市生态基础设施体系。强化城市开发建设管控，全面实施生态修复和功能完善工程，保护和修复山体林地湿地，拓展城市周边雨洪调蓄空间。统筹城市水系统、绿地系统和基础设施系统建设，提高城市水资源涵养、蓄积、净化能力，增加城市内自然

---

① 资料来源：住房和城乡建设部网站，https：//www.mohurd.gov.cn/gongkai/fdzdgknr/zfhcxjsbwj/202201/20220124_764232.html。
② 资料来源：住房和城乡建设部网站，https：//www.mohurd.gov.cn/gongkai/fdzdgknr/zfhcxjsbwj/202112/20211229_763688.html。

蓄水空间，建设蓝绿交织、灰绿相融、连续完整的城市生态基础设施体系。加大再生水、雨水等非常规水资源的利用，多渠道保障城市水资源可持续供应，构建城市健康水循环。

(4)《住房和城乡建设部办公厅关于做好2022年全国城市节约用水宣传周工作的通知》（建办城函〔2022〕149号）（2022-04-18）①。

相关政策要求：坚持以水定城、节水优先，着力构建城市健康水循环体系，提高城市水资源涵养、蓄积、净化能力。提高城市用水效率，推动再生水就近利用、生态利用、循环利用，加强供水管网漏损控制。不断深化节水型城市建设，坚持系统思维，强化社区、企事业单位等社会单元的节水工作，筑牢城市节水工作的社会基础，推动形成绿色发展方式和生活方式。持续完善城市节水机制和政策支撑体系，健全保障措施，激发城市节水的内生动力，凝聚形成全社会节水合力。

(5)《住房和城乡建设部　生态环境部　国家发展改革委　水利部关于印发深入打好城市黑臭水体治理攻坚战实施方案的通知》（建城〔2022〕29号）（2022-03-28）②。

相关政策要求：严格排污许可、排水许可管理。排放污水的工业企业应依法申领排污许可证或纳入排污登记，并严格持证排污、按证排污。全面落实企业治污责任，加强证后监管和处罚。

---

① 资料来源：住房和城乡建设部网站，https：//www.mohurd.gov.cn/gongkai/fdzdgknr/zfhcxjsbwj/202204/20220421_765793.html。

② 资料来源：住房和城乡建设部网站，https：//www.mohurd.gov.cn/gongkai/fdzdgknr/zfhcxjsbwj/202204/20220414_765675.html。

10. 交通运输部：推动交通运输绿色低碳发展

> 为全面贯彻落实碳达峰与碳中和"1+N"政策体系，交通运输部推动发展新能源和清洁能源运输工具，积极开展绿色出行宣传活动，培养低碳出行文化，先后出台健全完善绿色交通标准体系、制定交通运输绿色低碳发展行动方案等政策文件，统筹开展交通运输领域碳减排和碳达峰路径，努力实现交通运输领域的"双碳"目标。

主要政策文件包括：

(1)《交通运输部　国家铁路局　中国民用航空局　国家邮政局贯彻落实〈中共中央　国务院关于完整准确全面贯彻新发展理念做好碳达峰碳中和工作的意见〉的实施意见》（交规划发〔2022〕56号）（2022-06-24）[①]。

相关政策要求：积极发展新能源和清洁能源运输工具。依托交通强国建设试点，有序开展纯电动、氢燃料电池、可再生合成燃料车辆和船舶试点。推动新能源车辆的应用。探索甲醇、氢、氨等新型动力船舶的应用，推动液化天然气动力船舶的应用。积极推广可持续航空燃料的应用。

(2)《交通运输部办公厅　公安部办公厅　国家机关事务管理局办公室　中华全国总工会办公厅关于组织开展 2022 年绿色出行宣传月和公交出行宣传周活动的通知》（交办运函〔2022〕1275 号）（2022-08-26）[②]。

相关政策要求：开展绿色出行创建主题宣传。各有关省份要积极

---

① 资料来源：交通运输部网站，https://xxgk.mot.gov.cn/2020/jigou/zhghs/202206/t20220624_3659984.html。

② 资料来源：交通运输部网站，https://xxgk.mot.gov.cn/2020/jigou/ysfws/202208/t20220826_3671188.html。

宣传推广绿色出行创建城市的典型经验和做法，聚焦健全体制机制和政策标准、升级基础设施和运输装备、创新交通服务等内容，结合地方特色开展"线上+线下"主题宣传，组织开展自行车骑行活动，培育绿色低碳出行文化，营造良好社会氛围。

(3)《交通运输部办公厅　公安部办公厅　商务部办公厅关于组织开展第三批城市绿色货运配送示范工程申报工作的通知》（交办运函〔2021〕2122号）（2022-01-05）[①]。

相关政策要求：新能源车辆推广应用成效显著。优先支持城市配送车辆清洁化、标准化、专业化发展成效明显的项目。鼓励城市制订货运配送车辆电动化替代，电力、氢燃料、液化天然气动力重型货运车辆推广等计划，并从车辆购置、运营、路权保障及充换电、加氢、加气配套设施等方面建立有效的支持政策体系。

(4)《交通运输部办公厅关于印发〈绿色交通标准体系（2022年）〉的通知》（交办科技〔2022〕36号）（2022-08-18）[②]。

相关政策要求：到2025年，基本建立覆盖全面、结构合理、衔接配套、先进适用的绿色交通标准体系。综合交通运输和公路、水路领域节能降碳、污染防治、生态环境保护修复、资源节约集约利用标准供给质量持续提升。绿色交通标准适应加快建设交通强国战略，推动加快形成绿色低碳运输方式，支撑引领碳达峰碳中和、深入打好污染防治攻坚战等交通运输行业重点任务实施的作用更加突出。

---

① 资料来源：交通运输部网站，https：//xxgk.mot.gov.cn/2020/jigou/ysfws/202201/t20220105_3634870.html。
② 资料来源：交通运输部网站，https：//xxgk.mot.gov.cn/2020/jigou/kjs/202208/t20220817_3666571.html。

(5)《交通运输部关于印发〈绿色交通"十四五"发展规划〉的通知》(交规划发〔2021〕104号)(2022-01-21)①。

相关政策要求：完善绿色发展推进机制。健全完善交通运输部碳达峰碳中和工作组织领导体系，强化部门协同联动。制定交通运输绿色低碳发展行动方案等政策文件。统筹开展交通运输领域碳减排和碳达峰路径、重大政策与关键技术研究。探索碳积分、合同能源管理、碳排放核查等市场机制在行业的应用。

11. 农业农村部：减排降碳助力农业低碳发展

为实现农业农村碳达峰碳中和，农业农村部聚焦于农业减排降碳和投入品绿色化应用，做好农田固碳扩容工作，建立健全渔业生态保护补偿制度，加速农业绿色化发展和新材料应用，打造绿色种养生态农场。同时，农业农村部还强化生态补偿和生态修复，推进农业农村转型升级和绿色低碳发展，助力碳达峰、碳中和目标实现。

主要政策文件包括：

(1)《农业农村部 国家发展改革委关于印发〈农业农村减排固碳实施方案〉的通知》(农科教发〔2022〕2号)(2022-06-30)②。

相关政策要求：做好农田固碳扩容工作。落实保护性耕作、秸秆还田、有机肥施用、绿肥种植等措施，加强高标准农田建设，加快退

---

① 资料来源：交通运输部网站，https：//xxgk.mot.gov.cn/2020/jigou/zhghs/202201/t20220121_3637584.html。

② 资料来源：农业农村部网站，http：//www.moa.gov.cn/govpublic/KJJYS/202206/t20220630_6403715.htm。

化耕地治理，加大黑土地等保护力度，提升农田土壤的有机质含量。发挥果园茶园碳汇功能。

(2)《农业农村部关于印发〈"十四五"全国农业农村科技发展规划〉的通知》（农科教发〔2021〕13号）（2022-01-06）①。

相关政策要求：实现农业农村碳达峰碳中和，推进农业节本增效、转型升级和绿色低碳发展，迫切需要加快解决农业减排降碳、农业面源污染防控、农业废物资源化利用等现实问题，加速农业绿色化智能化数字化发展和新材料应用。

(3)《农业农村部关于进一步加强黄河流域水生生物资源养护工作的通知》（农渔发〔2022〕5号）（2022-02-22）②。

相关政策要求：强化生态补偿和生态修复。建立健全渔业生态保护补偿制度，开展渔业水域污染公益诉讼和损害赔偿。严格黄河流域涉渔工程建设项目专题论证，组织开展建设项目生态补偿措施落实情况监督检查，确保各项生态补偿措施落实到位，减轻工程建设项目对水生生物资源及其栖息地的不利影响。

(4)《农业农村部 中国石油天然气集团有限公司 中国石油化工集团有限公司关于做好"十四五"农机作业用油保障工作的通知》（农机发〔2022〕2号）（2022-05-12）③。

相关政策要求：联合研究农业生产对油品、非油品、新能源等需

---

① 资料来源：农业农村部网站，http：//www.moa.gov.cn/govpublic/KJJYS/202112/t20211229_6385942.htm。
② 资料来源：农业农村部网站，http：//www.moa.gov.cn/govpublic/YYJ/202203/t20220303_6390455.htm。
③ 资料来源：农业农村部网站，http：//www.moa.gov.cn/govpublic/NYJXHGLS/202205/t20220512_6399039.htm。

求及与中国石油企业"油气氢电非"、中国石化企业"油气氢电服"综合供应服务精准对接举措，加强大数据建设应用，推动降低农用能源社会交易成本和加快农业生产能源结构绿色低碳转型。

(5)《农业农村部　财政部　国家发展改革委关于开展2022年农业现代化示范区创建工作的通知》（农规发〔2022〕17号）（2022-04-25）[①]。

相关政策要求：聚焦农业生产"三品一标"，推动农业全面绿色转型。全域推进农业品种培优、品质提升、品牌打造和标准化生产提升行动，打造农业绿色低碳产业链。全域实施按标生产，建设现代农业全产业链标准化基地。全域推动质量追溯，建立严格的质量安全责任追究制度，增加绿色优质农产品供给。推动投入品应用绿色化，开展绿色种养生态循环试点，打造生态农场。有条件的示范区建设国家农业绿色发展先行区，示范引领农业全面绿色转型。

12. 商务部：建立健全绿色运营体系

为全面加快绿色低碳发展，商务部在外贸和电商领域出台相关政策文件，鼓励完善绿色标准认证体系，探索建立外贸产品碳足迹追踪体系，加大电商企业节能环保技术设备推广应用，实现产业园区绿色转型升级，促进产业链供应链绿色发展。

主要政策文件包括：

[①] 资料来源：农业农村部网站，http://www.moa.gov.cn/govpublic/FZJHS/202204/t20220427_6397857.htm。

(1)《商务部关于印发〈"十四五"对外贸易高质量发展规划〉的通知》(2021-11-18)①。

相关政策要求：建立绿色低碳贸易标准和认证体系。完善绿色标准、认证、标识体系，支持认证机构加快拓展绿色低碳贸易认证服务，促进国际合作和互认。推动国内国际绿色低碳贸易规则、机制对接。探索建立外贸产品全生命周期碳足迹追踪体系，鼓励引导外贸企业推进产品全生命周期绿色环保转型，促进外贸产业链供应链绿色发展。

(2)《商务部　中央网信办　发展改革委关于印发〈"十四五"电子商务发展规划〉的通知》(商电发〔2021〕191号)(2021-10-09)②。

相关政策要求：全面加快绿色低碳发展。引导电子商务企业主动适应绿色低碳发展要求，树立绿色发展理念，积极履行生态环境保护社会责任，提升绿色创新水平。指导电子商务企业建立健全绿色运营体系，加大节能环保技术设备推广应用，加快数据中心、仓储物流设施、产业园区绿色转型升级，持续推动节能减排。

13. 中国人民银行：推进金融资本与绿色产业融合发展

为持续推进金融资本与绿色产业融合发展，完善绿色金融功能，中国人民银行先后出台有关绿色金融的系列文件和标准体系。相关政策明确建立环境、社会和治理评价标准体系，探索制定碳金融产

---

① 资料来源：商务部网站，http：//www.mofcom.gov.cn/article/gztz/202111/20211103220081.shtml。

② 资料来源：商务部网站，http：//www.mofcom.gov.cn/article/zcfb/zczh/202110/20211003211545.shtml。

品相关标准，探索绿色资产证券化实施方案，支持有绿色项目融资需求的企业发行碳中和债等金融工具，开展金融服务绿色制造业试点工作等。引导金融机构创新绿色金融产品和服务，制定绿色低碳项目投融资方案，进一步完善金融支持绿色产业的发展体系，为"双碳"目标的实现提供强有力的支撑。

主要政策文件包括：

(1)《中国人民银行　市场监管总局　银保监会　证监会关于印发〈金融标准化"十四五"发展规划〉的通知》（银发〔2022〕18号）（2022-02-08）[①]。

相关政策要求：研究制定并推广金融机构碳排放核算标准。建立环境、社会和治理（ESG）评价标准体系。建立可衡量碳减排效果的贷款统计标准，完善绿色低碳产业贷款统计标准，协同构建全面反映金融支持生态文明建设成效的绿色金融统计体系。探索制定碳金融产品相关标准，助力金融支持碳市场建设。

(2)《中国人民银行　中国银行保险监督管理委员会　中国证券监督管理委员会　国家外汇管理局　浙江省人民政府关于金融支持浙江高质量发展建设共同富裕示范区的意见》（银发〔2022〕60号）（2022-03-18）[②]。

相关政策要求：打造绿色金融浙江样板。推动银行保险机构探索

[①] 资料来源：中国人民银行网站，http：//www.pbc.gov.cn/zhengwugongkai/4081330/4081344/4081395/4081686/4466286/index.html。

[②] 资料来源：中国人民银行网站，http：//www.pbc.gov.cn/zhengwugongkai/4081330/4081344/4081395/4081686/4511662/index.html。

开展气候风险评估，引导和促进更多资金投向应对气候变化领域的投融资活动。推进上市公司环境、社会和治理（ESG）信息披露，发展绿色债券，探索绿色资产证券化，研究建立绿色证券基金业务统计评价制度。支持符合条件的地区建立工业绿色发展项目库，引导金融机构创新符合工业绿色发展需求的金融产品和服务。深化湖州市绿色建筑和绿色金融协同发展改革创新，推动衢州市探索基于碳账户的转型金融路径。

(3)《中国人民银行　中国银行保险监督管理委员会　中国证券监督管理委员会关于印发〈对真抓实干成效明显地方激励措施的实施办法（2022）〉的通知》（银发〔2022〕53号）（2022-03-31）[①]。

相关政策要求：支持该省（区、市）有绿色项目融资需求的企业注册发行碳中和债等绿色债务融资工具，支持符合条件的创投企业注册发行债务融资工具。支持该省（区、市）符合条件的项目开展基础设施领域不动产投资信托基金（REITs）试点，支持该省（区、市）符合条件的企业发行"双创"公司债券、绿色公司债券等金融创新产品。

(4)《中国人民银行　发展改革委　财政部　生态环境部　银保监会　证监会关于印发〈重庆市建设绿色金融改革创新试验区总体方案〉的通知》（银发〔2022〕180号）（2022-08-25）[②]。

相关政策要求：推进金融资本与绿色产业融合发展。根据重庆市

[①] 资料来源：中国人民银行网站，http://www.pbc.gov.cn/zhengwugongkai/4081330/4081344/4081395/4081686/4521706/index.html。

[②] 资料来源：中国人民银行网站，http://www.pbc.gov.cn/zhengwugongkai/4081330/4081344/4081395/4081686/4642448/index.html。

碳达峰碳中和目标以及"一区两群"协调发展布局，制订绿色低碳项目投融资规划，打造"1+N"绿色产业发展体系。完善绿色金融功能，打造"解放碑—江北嘴—长嘉汇"绿色金融核心区。开展金融服务制造业绿色转型升级试点，在两江新区先行先试，引导金融资源支持高效节能装备制造、先进环保装备制造、资源循环利用装备制造、新能源汽车和绿色船舶制造。

14. 国家林业和草原局：加快恢复自然生态系统

> 为推动生态系统修复和生态廊道建设，国家林业和草原局出台了一系列支持生态保护和修复的相关政策文件，助力实现碳达峰碳中和目标。政策涵盖了农田防护林建设、森林带、防沙带和丘陵山地带的生态修复规划，明确了科学开展生态保护和修复工作的具体思路。

主要政策文件包括：

(1)《国家林业和草原局 自然资源部 农业农村部关于加强农田防护林建设管理工作的通知》（林生发〔2022〕65号）（2022-06-06）[①]。

相关政策要求：对于林地上的农田防护林，由县级林业和草原主管部门负责建后管护；对于非林地上的农田防护林，由县级人民政府依照法律法规有关规定，明确管护主体和措施，落实管护责任和经费。支持各地尊重自然规律，科学有序开展农田防护林采伐更新，林业和草原主管部门应加强技术指导和服务。

---

① 资料来源：国家林业和草原局网站，http://www.forestry.gov.cn/main/5461/20220606/111733004573467.html。

(2)《国家林业和草原局　国家发展改革委　自然资源部　水利部关于印发〈东北森林带生态保护和修复重大工程建设规划（2021—2035年）〉的通知》（林规发〔2021〕121号）（2022-01-10）①。

相关政策要求：对于恢复沙化土地植被，治理沙化草原、坡耕地和侵蚀沟。全面加强森林经营，修复退化的森林、湿地和草原生态系统，建设国家储备林，恢复和增强涵养水源、调节气候、物种保护等生态功能。稳步推进重要栖息地保护、修复和生态廊道建设，加强生物多样性保护。

(3)《国家林业和草原局　国家发展改革委　自然资源部　水利部关于印发〈北方防沙带生态保护和修复重大工程建设规划（2021—2035年）〉的通知》（林规发〔2021〕122号）（2022-01-10）②。

相关政策要求：坚持保护优先、自然恢复为主。树立尊重自然、顺应自然、保护自然理念，贯彻节约优先、保护优先、自然恢复为主的方针，把加强保护放在首位，在严格保护森林、草原、荒漠等重要生态系统的基础上，辅助必要的人工干预措施，加快修复自然生态系统。

(4)《国家林业和草原局　国家发展改革委　自然资源部　水利部关于印发〈南方丘陵山地带生态保护和修复重大工程建设规划（2021—2035年）〉的通知》（林规发〔2021〕123号）（2022-01-10）③。

相关政策要求：保护典型的亚热带森林生态系统，严格保护常绿

---

① 资料来源：国家林业和草原局网站，http：//www.forestry.gov.cn/main/5461/20220112/103406523341424.html。

② 资料来源：国家林业和草原局网站，http：//www.forestry.gov.cn/main/5461/20220110/163049386831091.html。

③ 资料来源：国家林业和草原局网站，http：//www.forestry.gov.cn/main/5461/20220112/103710360322882.html。

阔叶林地带性植被，加强天然林、天然次生林保护和公益林管护。提高林草植被盖度，推进长江、珠江防护林体系建设、林业血防建设和退耕还林还草。提升森林质量，加大封禁保育，加强退化林、低质低效林改造，着重加强天然次生林修复。实施退化草地修复、退化湿地修复和水生态修复。

第二篇

中国碳中和发展力指数（2022）

摘 要

作为经济社会的系统变革与全新发展，碳中和目标愿景的实现需要经济社会系统的多方驱动和共同支撑，充分凝聚经济发展、结构转型、科技支撑、制度保障、公众参与等各方力量。统筹推进碳中和，则需要坚持全国一盘棋，在兼顾区域发展差异性的基础上因地制宜推动各地梯次完成碳达峰、碳中和的阶段性目标与重点任务。

中国碳中和发展力指数是全国首个碳中和发展力评价体系，由厦门大学"碳中和发展力"研究团队于2021年提出并开发完善，旨在助推我国碳中和目标的整体协同与综合部署。该指数以成长力、转型力、竞争力、协调力和持续力构成的"五力"驱动模型为基本框架，对地区碳中和发展力进行结构化分解，并结合地方政府的碳中和行动举措等辅助指标，形成了一套"5+N"的完整体系。面向碳中和的长远目标，厦门大学"碳中和发展力"研究团队持续更新2022年全国31个省级行政区的碳中和发展力指数核算结果。研究团队同时升级优化了中国碳中和发展力指数评价体系，立足城市作为碳中和"主战场"的重要地位，新增近百个代表性重点城市的碳中和发展力指数核算结果，以更加系统地考量和阐析推动各地碳中和发展的核心动力。

中国碳中和发展力指数（2022）显示，我国31个省级行政区的碳中和发展力指数有显著提升，平均增幅接近2分，整体分布在43—73分。浙江省、广东省、北京市、江苏省、上海市位居全国前五位，是中国碳中和发展力指数（2022）表现最佳的五个省份。其中，浙江省在转型力和协调力上表现突出，广东省在成长力、转型力和协调力方面引领全国各省份发展，北京市的主要优势在于成长力和持续力，江苏省的竞争力遥遥领先其他省份，而上海市则在成长力方面表现较好。代表性重点城市层面，各市碳中和发展力指数分布在25—70分，整体分布较为不均。碳中和发展力位居全国前五的城市分别为杭州、广州、深圳、南京和厦门。"五力"驱动模型的深层次分解表明，"五力"指标对各市碳中和发展力的贡献度有所不同，说明各地推进碳中和的优势条件与支撑动力存在显著差异。

2022年以来，各地区加快低碳减排步伐，在落实碳中和目标的相关工作方面取得了较为明显的成效和进步。中国碳中和发展力指数（2022）的结构化分解和深层次解析说明，各地碳中和发展进程差异明显，且低碳发展的关键驱动力各有偏重。未来，各地区在推动低碳减排的过程中，仍需进一步强化统筹推进碳中和事业发展的综合考虑，推动经济社会系统的全面转型。

1. 中国碳中和发展力指数的编制背景

1.1 贯彻落实"30·60"低碳发展新目标

2021年9月22日,《中共中央 国务院关于完整准确全面贯彻新发展理念做好碳达峰碳中和工作的意见》(中发〔2021〕36号)(以下简称《意见》)正式印发,系统明确了我国碳达峰碳中和工作的总体要求、主要目标和关键举措。此后不久,《国务院关于印发2030年前碳达峰行动方案》(国发〔2021〕23号)(以下简称《方案》)也正式发布,进一步提出"碳达峰十大行动",明确了扎实推进碳达峰行动的重点任务。作为碳达峰、碳中和"1+N"政策体系中最重要的两个政策文件,《意见》和《方案》的发布既为后续配套性政策实施细则的落地奠定了完备基础,也为有序推进"双碳"事业的统筹谋划和综合部署提供了坚实保障。

从整体上看,我国给出的碳中和时间路线明确,到2030年碳排放强度下降65%以上,碳排放力争于2030年前达到峰值,努力争取2060年前实现碳中和。作为我国经济社会的长期发展目标,碳中和既是推动各地实现绿色高质量发展的重要抓手,也是推动各地结构转型、经济发展和社会进步的重要契机。如何统筹推进地区梯次完成碳中和的阶段性任务?厦门大学"碳中和发展力"研究团队从低碳发展能力研究的视角出发,力争为我国碳中和目标的整体协同与地区碳中和事业的路径设定提供创新建议与价值参考。

1.2 碳中和是经济社会的系统变革与全新发展

实现碳达峰与碳中和是一场广泛而深刻的经济社会系统性变革。

碳中和事业的长期推进必须坚持新发展理念，以经济社会发展全面绿色转型为根本引领，实现多方位的持久驱动与共同支撑。与通常的低碳发展研究相比，碳中和研究具有两大特点：一是涉及面广，涵盖经济发展、结构转型、科技支撑、制度保障与公众参与等经济社会系统的各个方面；二是公共政策是关键，碳中和目标的实现依赖顶层设计的科学引导和持久支撑。

碳中和发展力研究，是厦门大学"碳中和发展力"研究团队深刻领悟碳中和战略内涵，探索碳中和发展路径的重要思考与积极实践。本书研究的一个重要创新，就是发挥我们对相关领域的深刻理解，将碳中和的综合发展能力作为研究地区碳减排路径的重要抓手，并以此为纽带和参照体系，对碳中和发展力进行多维度解析，把自上到下的宏观分析和自下到上的微观分析结合起来，形成一个系统性研究，探寻支撑地区碳达峰与碳中和的关键力量。

1.3 统筹推进碳中和需落实地区梯次发展任务

坚持全国一盘棋，是统筹有序做好碳达峰碳中和工作的重要基础。推动碳中和事业长远发展，需要兼顾区域发展的差异性，根据各地区资源禀赋、发展水平、战略定位和减排潜力等现实条件，因地制宜推动各地梯次完成碳达峰碳中和的阶段性目标与重点任务。在各地碳减排步伐不断加快的过程中，各地碳中和实施进程如何？存在何种差异？地方实现碳中和的机制路径又有何不同？厘清各地的碳中和发展能力与阶段特征，无疑是回答上述问题的重要前提。

厦门大学"碳中和发展力"研究团队的一个贡献是，综合考虑减排与增长、整体与局部、短期与长期的系统性问题，将指数评价模型应用于地区碳中和发展力评估,搭建起一套客观、系统、全面、动态的碳中和发展力评价体系,完整反映出地区碳中和发展轨迹和发展特色,为地区碳中和事业的长远考虑持续贡献先锋力量。

2. 中国碳中和发展力指数的编制原则

2.1 独立性原则

各分项指标的选取尽量保持一定的相互独立性,避免指标间出现重复性的信息交叉,以确保指标体系准确反映各个方面的有效信息。

2.2 客观性原则

指数编制过程中的数据均来源于公开资料,主要包括国家或地方统计局公开披露的统计年鉴及年度公报等,不涉及主观评价数据,保证指标编制的客观性与准确性。

2.3 系统性原则

充分考虑碳中和涉及范围广的显著特征,先后设置 5 个一级指标、10 个二级指标、90 个三级指标对碳中和发展力进行多维度解析。所选指标涵盖经济社会系统各个方面,力求将影响各地碳中和发展力的因素尽可能多地纳入指标体系,保证指数评价结果的系统性与全面性。

2.4 科学性原则

评价体系的指标选取采取绝对指标与相对指标、存量指标与流量指标相结合的方式,确保指标搭配合理、结构平衡,以尽量剔除由于个别指标的数据波动对评价结果造成的影响，保证测算结果的科学性与可比性。

2.5 可扩展性原则

随着碳中和战略的持续推进，未来或将有更多新的业务形态出现。指标体系构建充分考虑到绿色低碳新业态的扩展性，旨在基于新业态特征对指标体系进行同步调整。既考虑现有的各项通用指标，也兼顾到刻画新业态的个性指标，保证指数评价结果的有效性。

3. 中国碳中和发展力指数的指标体系

中国提出力争于 2030 年前实现碳达峰、2060 年前实现碳中和的"双碳"目标，是中国基于推动构建人类命运共同体的责任担当和实现可持续发展的内在要求做出的重大战略决策。长期以来，中国积极推进减碳事业与低碳发展进程，对于加快推动人类社会朝着更具韧性、更加公平、更加强大的方向发展具有重大意义。但中国承诺实现从碳达峰到碳中和的时间，远远短于发达国家所用时间，因此需要付出更加艰苦的努力。而构建具有中国特色、符合国际期待的碳中和发展力评价体系，则是统筹有序做好碳达峰、碳中和战略部署，助力中国实现"双碳"目标的基础性重要工作。

中国碳中和发展力指数主要用于评估各地区推进 2060 年前实现碳中和的实施基础、发展条件与工作部署情况，能够客观、系统、全面、综合、动态地反映出各地区在实现碳中和目标过程中的发展轨迹与行动路径。因此，中国碳中和发展力指数的指标体系既是一套测量体系，又是一套评价体系。

3.1 升级完善中国碳中和发展力评价体系

与发达国家不同，中国碳中和发展路径有其自身的独特轨迹。一是实现碳达峰碳中和的时间紧、任务重，面临着更陡峭的碳排放下降斜率；二是需要同时完成保障经济发展与实现碳中和的双重目标。因此，对于中国而言，面向碳中和的发展方式不仅应该体现联合国可持续发展议程中提及的可持续增长、产业发展、创新活动、基础设施建设及气候应对行动等发展目标，更应该体现中国自身的特征。

作为全国首个评价碳中和发展力的特色指标体系，2021年中国碳中和发展力指数将省、自治区、直辖市作为研究对象，以成长力、转型力、竞争力、协调力和持续力构成的"五力"驱动模型为基本框架，对地区碳中和发展力进行结构化分解，并结合地方政府的碳中和行动举措等辅助指标，形成了一套"五+N"的完整体系，用于测量和评价中国各省份的碳中和发展轨迹。

2022年，面向碳中和的长远目标，厦门大学"碳中和发展力"研究团队对中国碳中和发展力指数评价体系进行升级优化。立足城市作为碳中和"主战场"的重要地位，在原有省份的基础上新增近百个代表性重点城市，以更加系统、全面地考量和阐析推动城市碳中和发展的核心动力。借助对指标体系的多角度分解和"五力"驱动模型的结构化解析，中国碳中和发展力指数（2022）有助于进一步明晰全国各省市区推进碳中和目标的重点难点和主要特征，为厘清重点减排地区与减排部门的脱碳路径等碳中和关键问题提供一套科学全面的标准体系。

3.2 "五力"驱动模型诠释指标体系底层逻辑

"五力"驱动模型（见图2-1）是中国碳中和发展力指数的基本

框架，也是解释地区面向碳中和目标发展表现的底层逻辑。模型分别用成长力、转型力、竞争力、协调力和持续力，系统解析推动地区面向碳中和目标发展的核心动力。

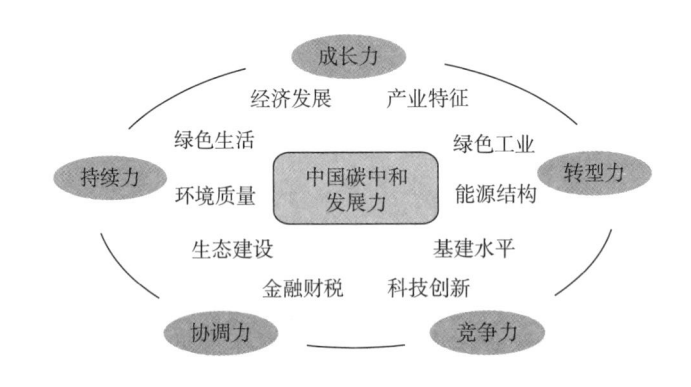

图 2-1　中国碳中和发展力指数的"五力"驱动模型

（1）成长力。

成长力表示中国碳中和目标必须以经济增长为前提，碳减排不是不发展，而是要实现碳排放增长与经济增长脱钩。中国目前的人均 GDP 才 1 万多美元，而世界上提出碳中和的发达国家，普遍都在 5 万美元左右。相比之下，我国的经济发展还有很大的增长空间。2020 年全面建成小康社会后，我们已经踏上建设社会主义现代化国家新征程，朝着全面建成社会主义现代化强国的第二个百年目标不断前进。中国要实现的碳中和，是统筹考虑经济增长与低碳转型的高质量发展。因此，中国碳中和发展过程需要成长力的支撑。保障经济增长与实现低碳目标，两者是密切联系的。

（2）转型力。

转型力表示中国碳中和目标的实现过程不是一种普通的增长方式，而是一场广泛而深刻的系统性变革，这种变革需要转型的力量。转型代表着结构的优化，而最重要的就是产业结构与能源结构，一方面实现工业的绿色转型，另一方面完成能源的低碳转型。中国拥有完备的工业体系和庞大的能源系统，但现阶段中国还没有完成工业化进程，煤炭在中国能源结构中仍然占据主导地位。碳中和要求重构工业发展体系，颠覆能源结构系统，加快构建零碳新工业体系和以新能源为主的清洁能源系统，是时代要求、大势所趋；没有工业体系和能源系统低碳发展等多方位转型力的支持，碳中和目标很难实现。

（3）竞争力。

竞争力表示实现碳中和目标对于不同地区是存在一定差异的，无论是要素流动方式还是市场流通能力都反映了一种竞争性的优化配置。而资源的配置效率很大程度上取决于地区建设发展水平。基建能力与科技水平是地区竞争力的核心体现。基础设施服务决定了竞争性要素跨区域流通共享的难易程度，科技创新则决定了地区吸引优质人才、资源要素的能力以及地区能否掌握高质量发展的主动权，二者深刻影响着一个地区的碳中和发展力与实施条件。没有强大的核心竞争力，难以汇集推进碳中和发展深度实施的优势要素。

（4）协调力。

协调力表示碳中和目标的实现既需要全国一盘棋，同时也需要多方位的统筹和协调。解决碳的外部性必然带来一定的转型成本与代价。中国区域发展不平衡与不充分的矛盾既决定了各地发展水平的差异，更决定了地区碳中和发展难度和实施压力的差异。碳中和不是个别地区的"零碳"发展，必须坚持区域协同、共同发展、共同富裕原则，绝不能在绿色低碳转型过程中加剧地区发展差异。因此，随着"双碳"目标逐步由顶层设计转向实际推进阶段，金融支持、财政转移、生态补偿等协调发展措施必须及时到位，为低碳发展的有序公正推进提供制度协调和机制保障。

（5）持续力。

持续力表示中国碳中和目标的实现很可能不是一代人可以完成的，需要几代人的共同奋斗和不懈努力。绿色低碳事业应该具有持续性，甚至还应考虑到代际公平问题。碳中和不是"运动式"的减碳和一蹴而就的短期发展目标，而是一项复杂且深远的长期事业，需要处理好短期与长期的关系。节能减排与减污降碳的协同推进需要着眼长远与代际相传。碳中和最终能否实现，关键在于能否形成绿色低碳发展的原动力，持续力是实现碳中和目标的重要保障。

3.3 中国碳中和发展力指数的体系架构

以"五力"驱动模型为基本框架，中国碳中和发展力指数下设5个一级指标，10个二级指标。每个二级指标又下设7—11个三级指标，累计形成90个三级指标，整体指标架构如图2-2所示。

3.3.1 省级层面三级指标解析

为直观展现当前我国低碳发展的整体情况，本报告首先以省级层面的部分三级指标为例，对中国碳中和发展力指数（2022）体系进行了深入阐析。

（1）成长力指标：经济发展与产业特征。

①人均GDP。

以人均GDP为例看当前我国区域经济发展情况。2021年我国人均GDP约为7.96万元，较2020年增长12.43%，各省份平均增幅8961元。整体上看，2021年人均GDP分布同2020年近似，仍呈现东部地

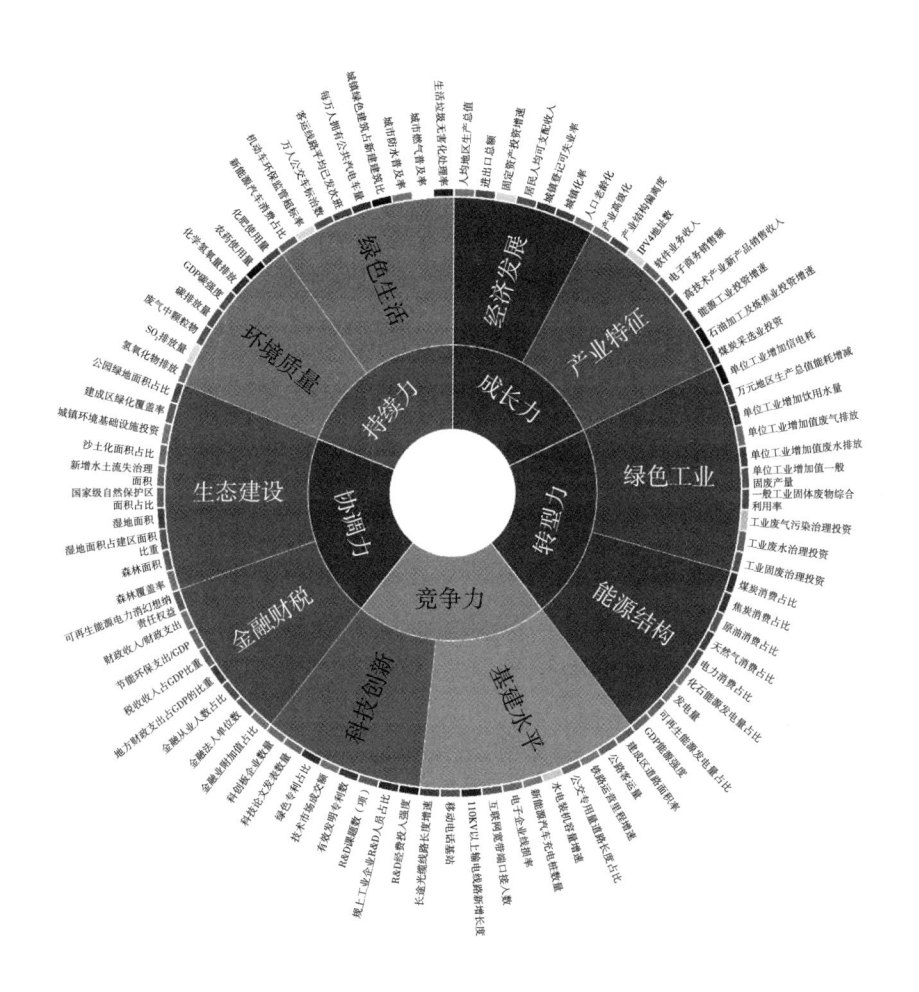

图 2-2 中国碳中和发展力指数的体系架构

区人均 GDP 平均水平高于中部地区和西部地区①，且总体差异较大的特征，如图 2-3 所示。2021 年全国经济保持恢复和稳定发展，经济结

---

① 东部地区包括北京、天津、河北、上海、江苏、浙江、福建、山东、广东、海南 10 省份；中部地区包括山西、安徽、江西、河南、湖北、湖南、辽宁、吉林、黑龙江 9 省份；西部地区包括内蒙古、广西、重庆、四川、贵州、云南、西藏、陕西、甘肃、青海、宁夏、新疆 12 省份。全书同。

构和区域布局持续优化，但仍面临需求收缩、供给冲击和预期转弱三重压力。经济平稳运行是实现"双碳"目标的基本前提。地区经济发展水平在很大程度上决定各地碳中和的工作基础与实施路径，进而直接影响地区"双碳"事业的发展进程和速度。当前我国正处于经济转型的关键期，仍存在区域经济发展不平衡不充分的矛盾。各地在落实碳达峰碳中和工作的同时，要确保经济稳中有进，持续释放经济增长潜能，培育强劲经济韧性，加快打造新一轮绿色经济增长极，确保在保障经济增长的前提下完成碳减排目标。

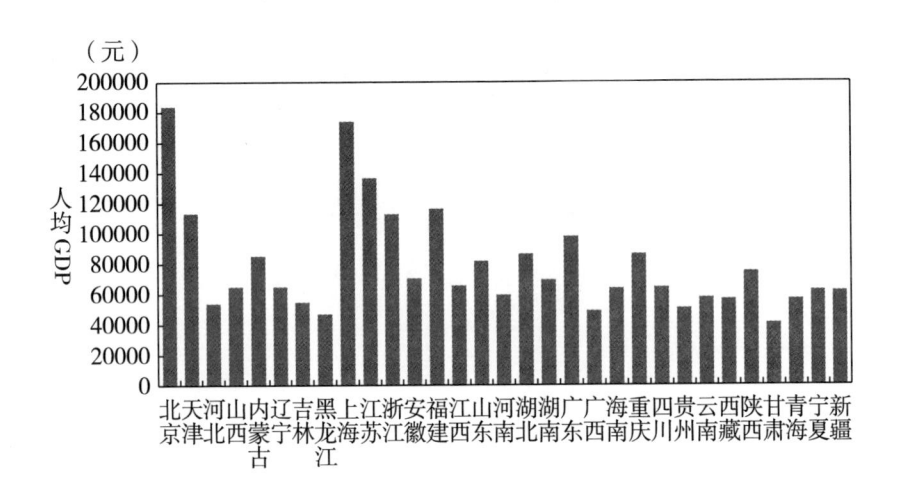

图 2-3 2021 年全国各省份人均 GDP

注：本报告未采集港、澳、台相关数据，下同。

资料来源：国家统计局。

②固定资产投资增速。

2021 年，全国固定资产投资（不含农户）为 544547 亿元，同比增长 4.90%，31 个省（自治区、直辖市）固定资产投资平均增速为

6.00%，较上年增加 1.91 个百分点。整体来看，同 2020 年相比，新增固定资产投资负增长的地区包括西藏、贵州、陕西和青海，湖北则实现了固定资产投资的大幅度攀升。此外，2021 年全国近 90% 的省份固定资产投资实现正增长，2/3 的地区投资增速较 2020 年有所提升，但还存在较大差异，具体情况如图 2-4 所示。结构合理、长期稳定的固定资产投资是地区扩大内需、推进基础设施建设和产业转型升级的重要资金来源。科学合理的固定资产投资结构有助于切实发挥投资关键作用，持续稳定的固定资产投资来源则有利于推动各项建设工作落实，更好支撑"双碳"事业发展。地区固定资产投资作为引导传统产业变革、助力战略性新兴产业发展的主要动力，承担着培育新经济、新技术、新产业、新业态，打造经济增长新引擎的重要角色。当前，我国各地区固定资产投资规模仍有较大差距，投资增速也各有不同。各地区要积极扩大有效投资，盘活可利用资金来源，加强地区资金统筹管理与合理规划，提高资金使用效率，因地制宜在碳中和相关领域重点发力，保障在碳中和重要领域和重要项目上的持续有效投资。

③产业高级化指标。

如图 2-5 所示，2021 年全国 31 个省（自治区、直辖市）中，多数地区的产业高级化指标均在 2 以下，同 2020 年情况持平。指标值较高的地区为北京、上海和海南，表明其第三产业较为发达。全国平均水平为 1.516，较 2020 年下降 0.094。分地区来看，东部地区产业高级化水平最高，但指标值较 2020 年略有下降，中部地区和西部地区产业高级化水平仍相对较低。受国内外相关因素影响，我国产业结构转型速度趋缓，在深入改革的同时逐渐步入瓶颈期，第三产业，尤其是低耗能高产出的高技术行业和服务业对 GDP 增长的贡献率和发达国家

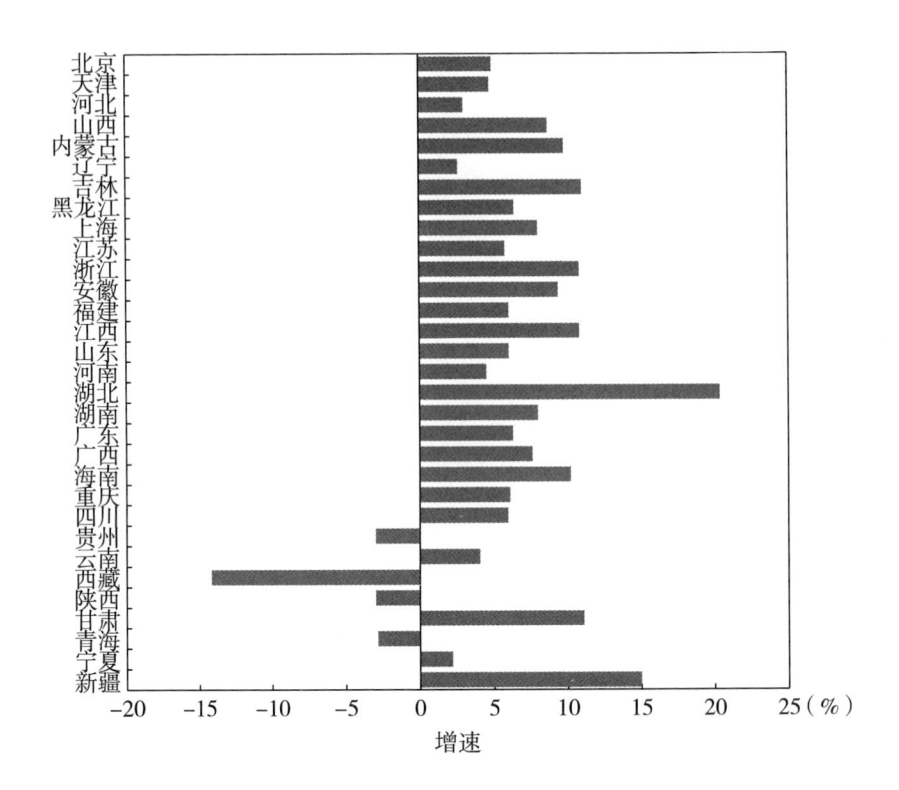

图 2-4　2021 年全国各省份固定资产投资增速

资料来源：国家统计局。

的差距仍较大。因此，全国要着力畅通国民经济循环，深化供给侧结构性改革，有序推动"两高"行业退出，推进传统行业数字化改造，加快传统高耗能高排放产业向现代化、智能化和清洁化转型。同时，需要在产业变革中注重东部、中部、西部整体协调与平衡，因地制宜探索特色产业转型路径，提升第三产业对 GDP 的贡献率，促进经济增长与低碳发展协同并进。

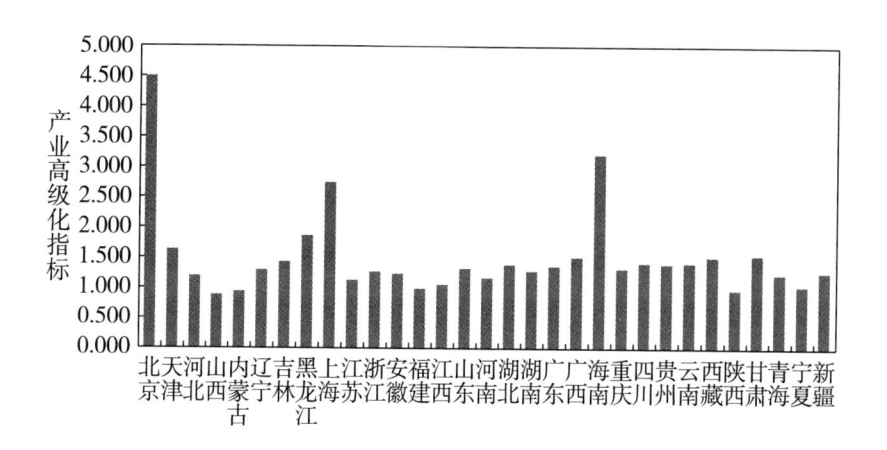

图 2-5　2021 年全国各省份产业高级化指标

资料来源：国家统计局。

④产业结构偏离度。

产业结构偏离度是行业相对劳动生产率的重要体现。2020 年，全国各地区平均产业结构偏离度①为 1.31。同 2015 年相比，各地区平均下降 0.4，产业结构偏离现象仍较为突出，如图 2-6 所示，凸显出现阶段我国产业结构和劳动力配置仍存在失衡现象。分产业来看，第一产业结构偏离度绝对值最大，且均为负值。受户籍管理和土地制度影响，第一产业仍存在大量富余劳动力，劳动生产率较低。第二产业结构偏离度绝对值次于第一产业，劳动相对生产率较高，但仍存在吸纳

---

① 产业结构偏离度是产业之间协调程度的反映，也是资源有效利用程度的表征，其计算公式为 $E=\sum_{i=1}^{n}\frac{Y_i/Y}{L_i/L}-1$，式中，$E$ 表示产业结构偏离度；i 表示产业类型；n 表示产业部门数目；Y_i 表示 i 产业产值；Y 表示地区产业总产值；Y_i/Y 表示产出结构；L_i 为 i 产业的就业人数；L 表示地区各产业就业总人数；L_i/L 表示就业结构。因此，产业结构偏离度是产出结构和就业结构耦合性的反映，产业结构偏离度越大，就表示经济越偏离均衡状态，产业结构越不合理。

就业空间。第三产业结构偏离度绝对值最小，均为正值且逐渐趋向零值，表明第三产业就业结构与产业结构较为均衡。总体而言，当前各地区均存在不同程度的产业结构偏离问题，未来需要推动农业现代化，释放潜在劳动要素，积极推动战略新兴产业布局发展，提升第二、第三产业就业吸纳能力，为现代制造业和服务业高质量发展提供劳动力保障和人才支撑。此外，还要实施就业优先战略，强化就业优先政策，健全就业公共服务体系，努力形成产业就业互助反哺、协调并进的良好局面。

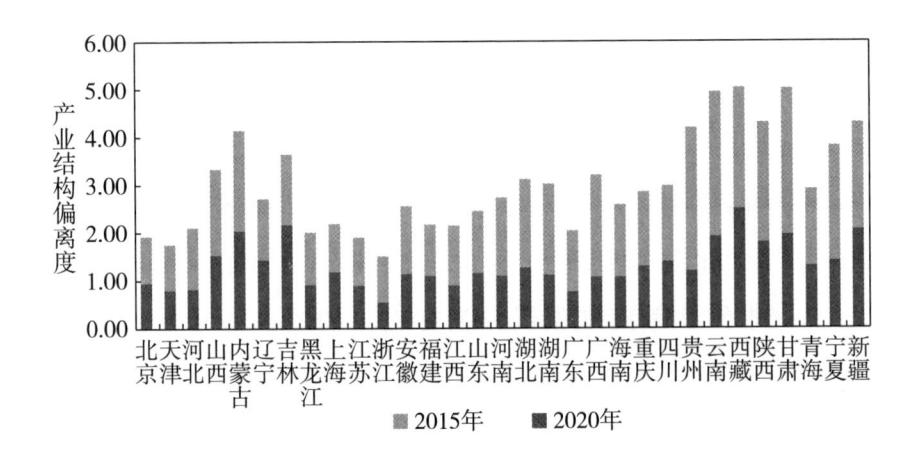

图 2-6 2015 年和 2020 年全国各省份产业结构偏离度

资料来源：国家统计局、各省（自治区、直辖市）统计年鉴。

（2）转型力指标：绿色工业与能源结构。

①万元地区生产总值能耗变动。

如图 2-7 所示，2020 年 31 个省（自治区、直辖市）万元地区生产总值能耗基本呈负向变动，平均下降 1.20%，说明我国能耗双控成

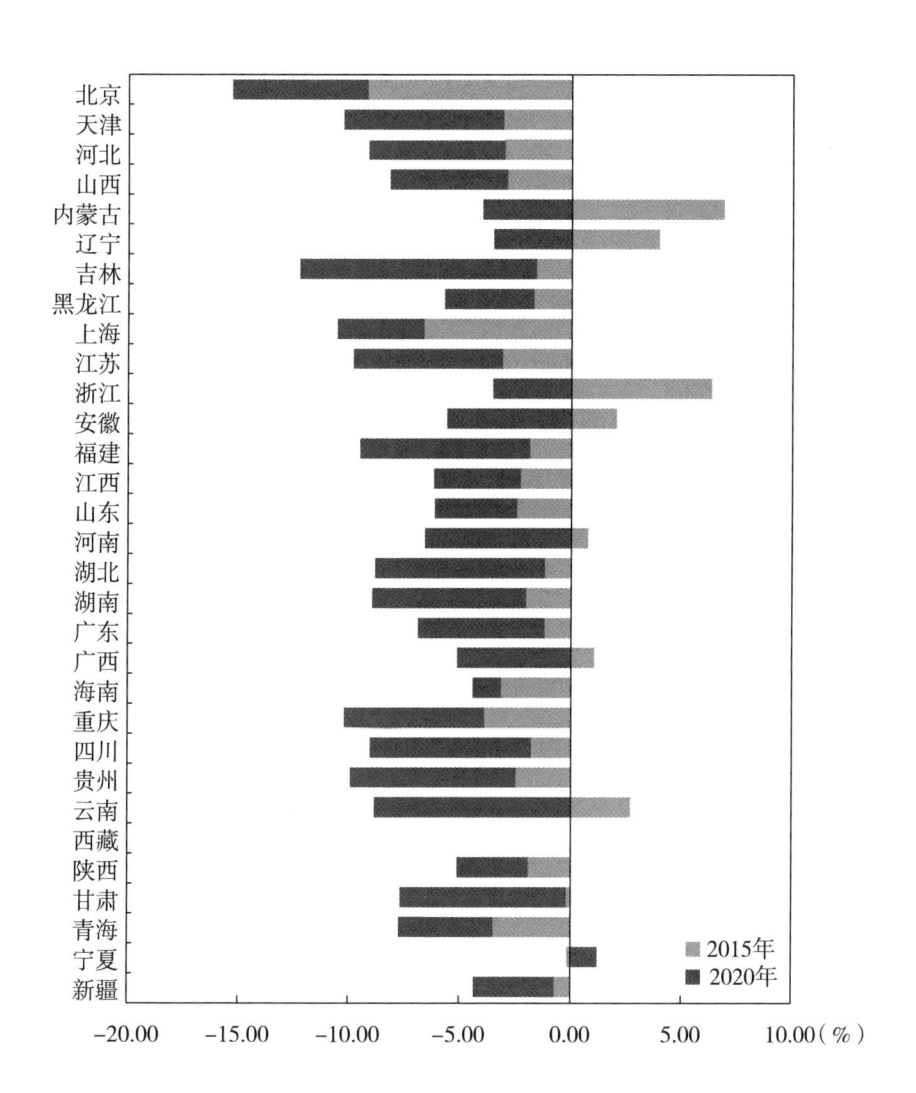

图 2-7　2015 年、2020 年全国各省份万元地区生产总值能耗变动

资料来源：国家统计局。

效较为显著。同 2015 年相比，当前我国万元地区生产总值能耗下降幅度明显放缓，部分地区则出现正向变动。"十三五"时期，我国大力推行能耗双控制度，即能源消费强度和总量两头控制，在促进节能降

61

耗、推动经济高质量发展层面取得显著成果。能耗下降幅度放缓,一方面说明我国节能提效改革步入深水期,需要新动能、新技术持续助力;另一方面,"降速"并不意味"降质",反映出了我国推动绿色转型指导思想的转变。"十四五"时期,我国进一步完善能耗考核体系,推行能耗强度目标弹性设定,在保持地方节能工作力度的同时,为保障经济平稳运行留有空间。下一阶段,各地区要继续加大可再生能源利用和消纳,优化用能结构,严格落实能耗双控要求,坚决遏制"两高"行业盲目发展,探索节能降碳高效路径。同时,也要处理好当前和未来、整体和局部以及发展和安全的关系,在保障用能安全前提下积极稳妥推进碳达峰碳中和。

②万元工业增加值用水量。

万元工业增加值用水量是工业生产水资源利用效率的直接表征。推进工业用水能效提升,是推动我国工业用水方式由粗放低效向集约节约利用转变的内在要求。2021年,我国平均万元工业增加值用水量为28.90立方米,同比下降14.94%,体现出我国在工业用水层面的节约措施成效显著。分地区看,东部地区单位工业增加值用水量最低,为22.83立方米,西部地区次之,中部地区工业生产用水效率仍保持较低水平。从万元工业增加值用水量下降比例看,西部地区和中部地区较2020年相比分别下降17%和14%,超过东部地区降速。未来两大地区在工业节约用水方面仍有较大潜力,具体情况如图2-8至图2-10所示。水资源是工业生产的重要原料和基础,推动工业生产用水效率提升既是缓解我国水资源供需矛盾的必然要求,也是推动产业升级、实现工业绿色化转型的重要举措。我国整体上呈现水资源分配不均衡、水资源供需不匹配的特征,部分高耗能产业亟待改革升级。未来各地区仍需进一步强化系统治理思路，以推广先进节水技术为重要抓手，优化工业用水结构和管理方式，加快形成绿色高效节水生产方式，全面提升工业用水效率。

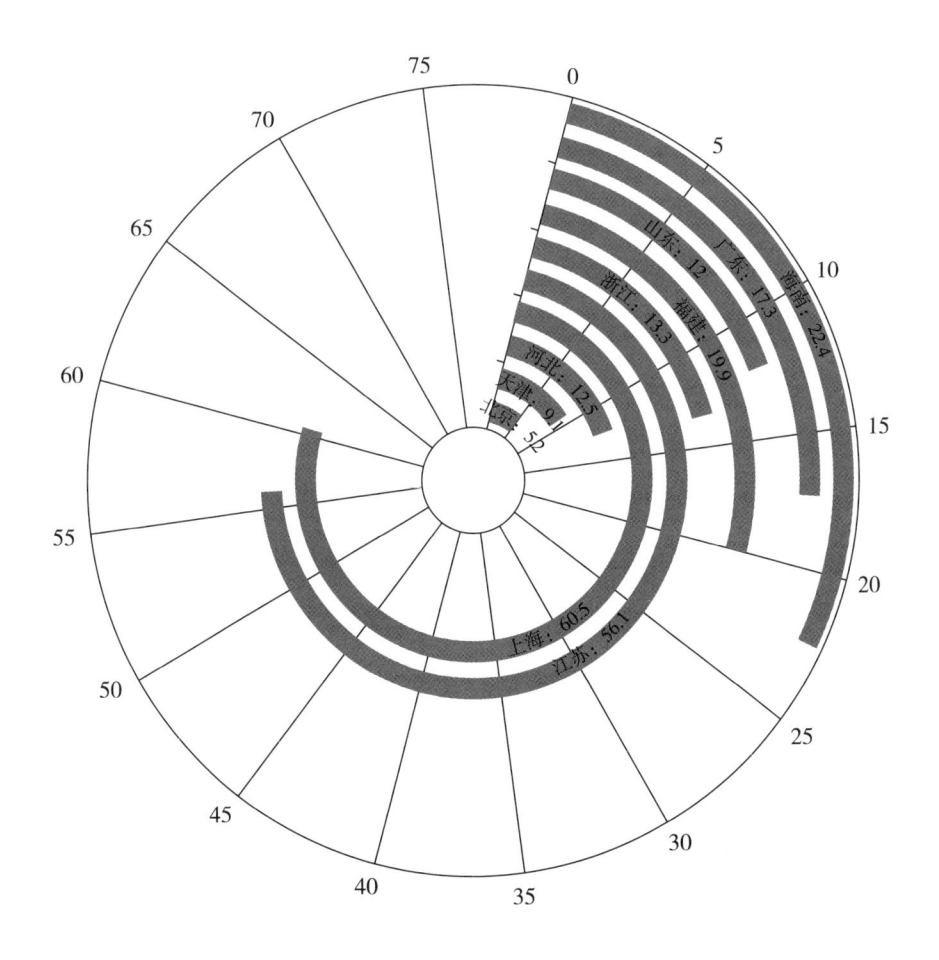

图 2-8　2021 年东部地区各省（自治区、直辖市）万元工业
增加值用水量（立方米）

资料来源：《2021 年中国水资源公报》。

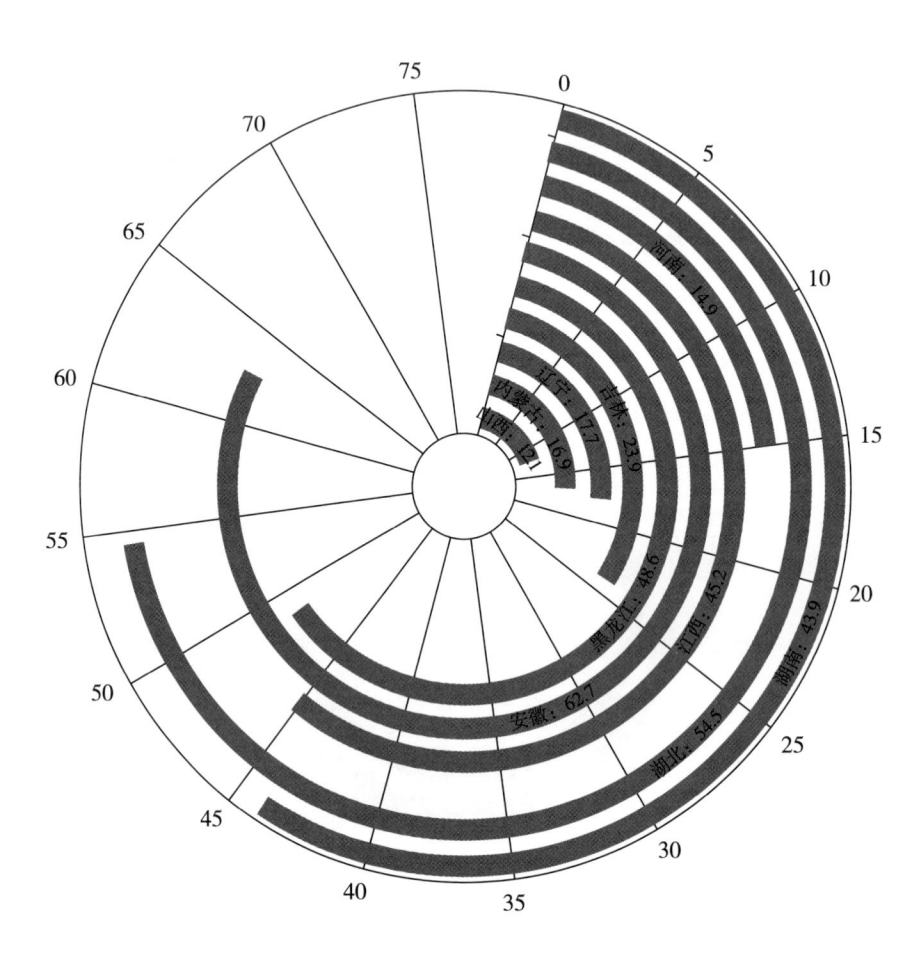

图2-9 2021年中部地区各省（自治区、直辖市）万元工业增加值用水量（立方米）

资料来源：《2021年中国水资源公报》。

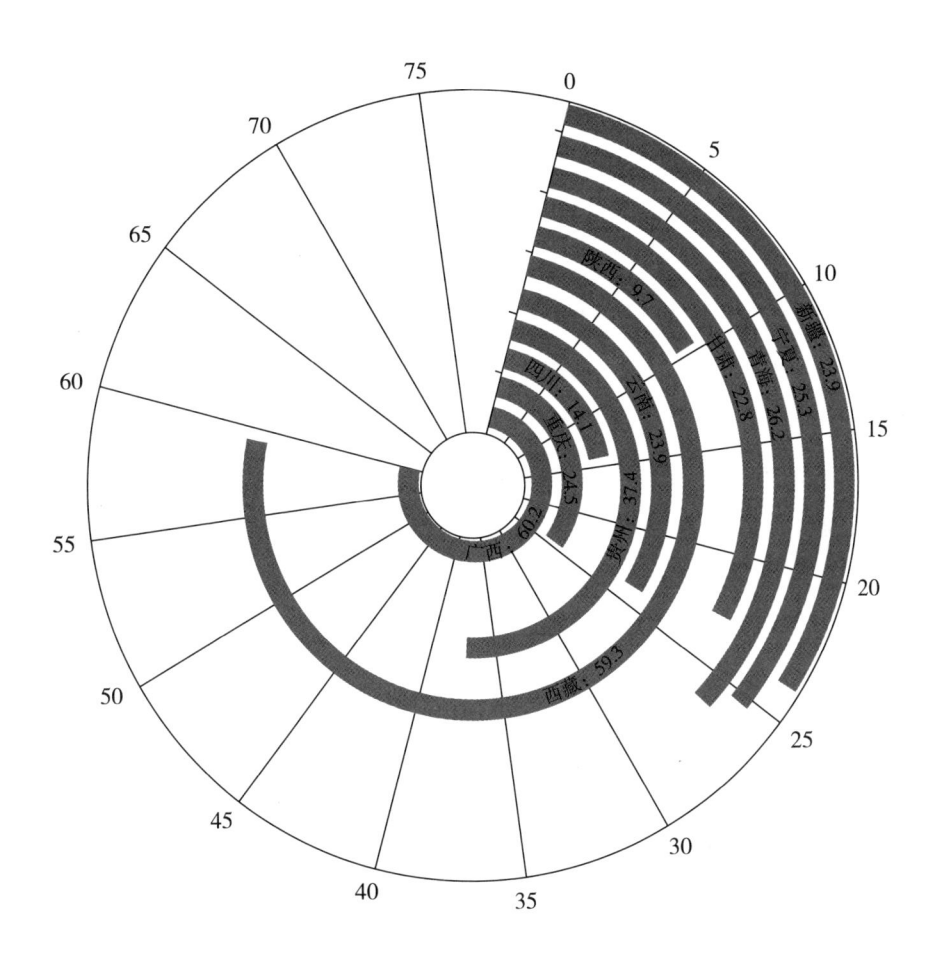

图 2-10　2021 年西部地区各省（自治区、直辖市）万元
工业增加值用水量（立方米）

资料来源：《2021 年中国水资源公报》。

③发电量。

2021 年我国各地区平均发电量为 2752.98 亿千瓦时，较 2020 年增长 17.10%。其中，东部地区和西部地区平均发电量较高，分别为 3183.88 亿千瓦时和 2724.99 亿千瓦时；中部地区平均发电量相对较低，为2386.71亿千瓦时，如图2-11所示。"十三五"时期，我国加速推进电能替代，电气化率稳步提升，电力负荷逐渐呈现尖峰化和双峰化特征。建筑、交通等行业因减排手段有限，碳达峰时间将滞后于全国碳达峰日期。作为实现"双碳"目标的重要抓手，电力行业如期实现碳达峰将对全国碳达峰事业起到关键作用。能源变革在追求发电量增长的同时，更要注重发电结构的清洁化要求、清洁电力消纳能力及电网安全稳定运行问题。从发电侧来看，以风、光为代表的新能源发电具有波动性和间歇性特征，不具备尖峰用电负荷保供能力，为电网安全稳定运行带来挑战。当前煤电在我国电力系统中仍占较高比重，在向清洁化转型过程中需要加快向基础保障性和系统调节性电源转变。伴随新能源发电比例提升、用电负荷尖峰化以及分布式能源大规模纳入，电网安全稳定运行和灵活调控成为电力系统更替的重要方向。此外，我国电力系统中储能设备、智能配电网等清洁能源配套基础设施建设尚待完善，电力调峰、调频能力有待提升，可再生能源消纳需求还存在较大开发潜力。当前我国各地区电气化水平存在较大差异，新型电力系统改革进程也不尽相同。各地要从"源网荷储"四个方面，开拓"源源互补、源网协调、网荷互动、网储互动、源荷互动"等多种交互形式，推动大型可控能源多元化发展，明确化石能源和非化石能源功能定位，合理分配各类新能源发电比例，持续优化电力结构，提升电力系统灵活性，有序推动"源网荷储"分阶段具体行动。与此同时，要通过电力市场交易、碳排放市场交易、碳普惠等手段，引导能源消费侧结构调整。

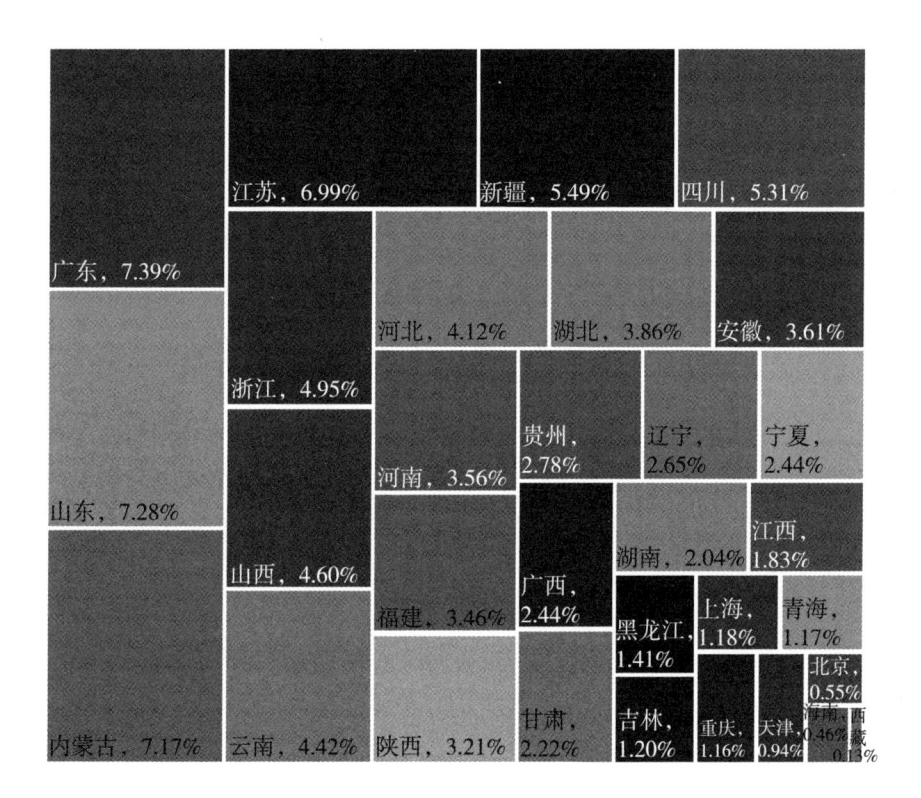

图 2-11　2021 年全国各省份发电量占全国发电量的比重

资料来源：国家统计局。

（3）竞争力指标：基建水平与科技创新。

①公路客运量。

2021 年全国公路客运总量达 508693 万人次，较 2020 年下降 26.21%。各地区平均水平为 16410 万人次，较 2020 年下降 26.21%。整体来看，受疫情原因影响，2021 年东部、中部、西部地区公路客运量均出现不同程度下降，抑制了地区人员往来需求，各地区具体情况如表 2-1 所示。公路客运量是地区公路建设水平和运载能力的缩影，公路建设是交通基础设施建设的重要组成部分，公路交通运载能力是市场要素流动和市场资源配置能力的象征。当前各地区公路基础设施和交通网络尚存较大差距，疫情原因也为各地公路运输发展带来更多不确定性。公路客运量在一定程度上反映了地区要素流、物质流的流动强度和交通基础设施的建设水平。发达的公路交通网络有利于推动人员、物流的传送，是确保城市正常运转的必要条件，同时也影响碳中和事业发展进程。短期内，各地区要努力克服疫情因素带来的不利影响，保障公路运输能力，满足公路客运需求；长期内，则要加快制定公路交通行业中长期发展规划，进一步完善公路道路和网络建设，提升公路交通发展电气化、智能化、低碳化水平，增强地区实现碳中和的竞争力水平。

表 2-1　2021 年全国各省份公路客运量　　单位：万人次

东部地区		中部地区		西部地区	
省（自治区、直辖市）	公路客运量	省（自治区、直辖市）	公路客运量	省（自治区、直辖市）	公路客运量
北京	28059	山西	5280	内蒙古	2686
天津	8916	安徽	16284	广西	18326
河北	7079	江西	14978	重庆	25647
上海	1480	河南	37388	四川	45349
江苏	43789	湖北	21098	贵州	19004
浙江	24246	湖南	37031	云南	14973
福建	10522	辽宁	19362	西藏	612
山东	15139	吉林	9155	陕西	12794
广东	27567	黑龙江	8477	甘肃	10813
海南	4856			青海	1590

续表

东部地区		中部地区		西部地区	
省（自治区、直辖市）	公路客运量	省（自治区、直辖市）	公路客运量	省（自治区、直辖市）	公路客运量
				宁夏	2713
				新疆	13483

注：中部地区包含辽宁、吉林、黑龙江三个省份在内。

资料来源：国家统计局。

②有效发明专利数。

2021年，全国31个省（自治区、直辖市）平均有效发明专利数为87229件，较2020年新增16200件，增幅22.81%。整体来看，经济发达地区和欠发达地区的创新产出能力仍有较大差异。分地区来看，东部地区平均有效发明专利数最多，为191904件，远超其他地区，中部地区次之，西部地区则相对较少，中部、西部地区平均有效发明专利数分别为50189件和23016件，各省份具体情况见图2-12至图2-14。碳达峰碳中和目标、经济逆全球化势头、传统产业数字化智能化转型等新形势、新动向、新要求为经济社会的系统变革带来新的机遇和挑战。而创新是引领社会发展变革科学高效迈进，推动经济高质量发展的重要突破口，是统筹发展与安全、推进经济增长和减污降碳协同并进的重要支撑。有效发明专利数反映了地区科技研发水平和创新能力。强大的科技创新能力是满足可持续发展重大需求、推动绿色低碳技术更新迭代的必要支撑。面向碳中和目标，各地区要健全科技创新协同机制，完善科技创新平台，加大绿色低碳科技创新支持力度，围绕可再生能源开发利用、新型电力系统建设、传统化石能源清洁化等领域实现新一轮科技成果突破。

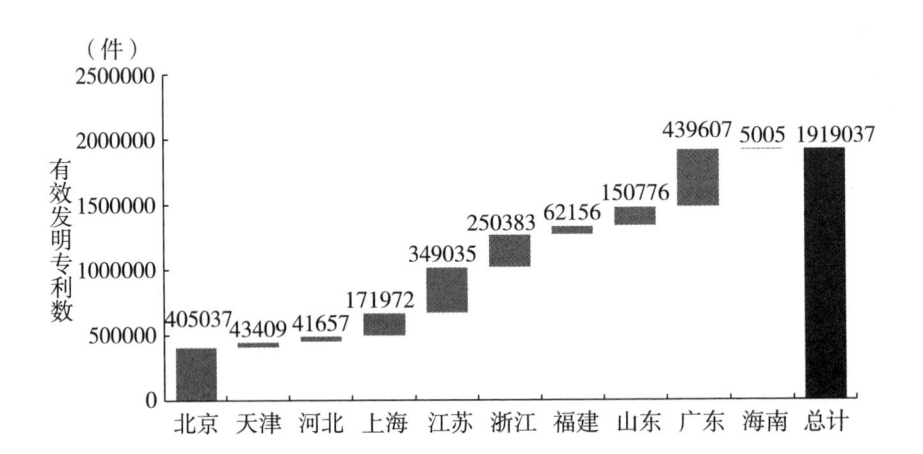

图 2-12　2021 年东部地区各省（自治区、直辖市）有效发明专利数

资料来源：国家知识产权局。

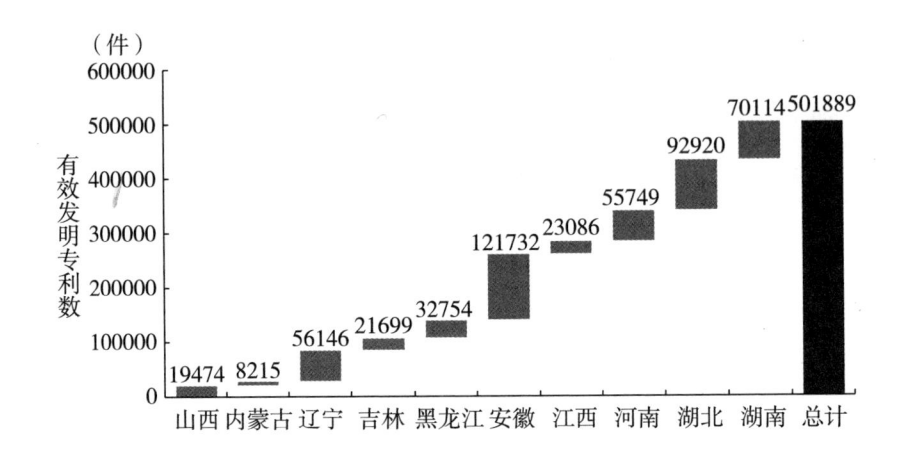

北京 405037　天津 43409　河北 41657　上海 171972　江苏 349035　浙江 250383　福建 62156　山东 150776　广东 439607　海南 5005　总计 1919037

图 2-13　2021 年中部地区各省（自治区、直辖市）有效发明专利数

资料来源：国家知识产权局。

山西 19474　内蒙古 8215　辽宁 56146　吉林 21699　黑龙江 32754　安徽 121732　江西 23086　河南 55749　湖北 92920　湖南 70114　总计 501889

[图表：2021年西部地区各省（自治区、直辖市）有效发明专利数，单位：件]

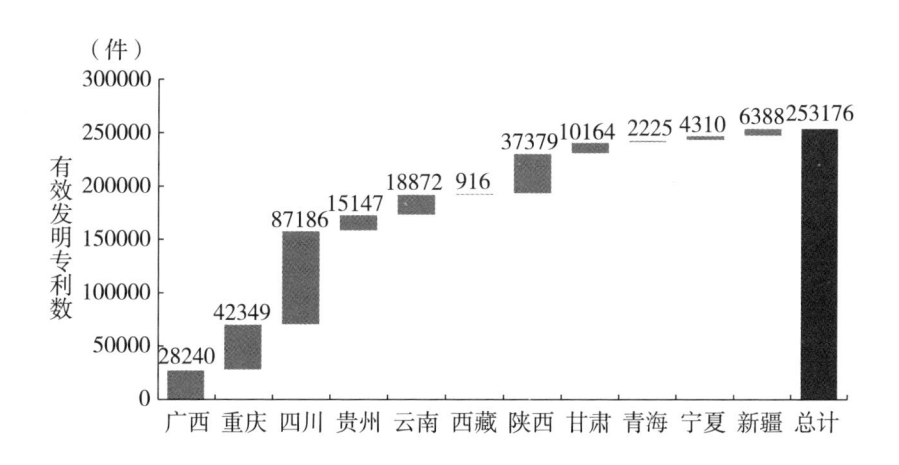

广西 28240；重庆 42349；四川 87186；贵州 15147；云南 18872；西藏 916；陕西 37379；甘肃 10164；青海 2225；宁夏 4310；新疆 6388；总计 253176

图 2-14　2021 年西部地区各省（自治区、直辖市）有效发明专利数

资料来源：国家知识产权局。

③技术市场成交额。

2021 年我国 31 个省（自治区、直辖市）平均技术市场成交额为 1215.15 亿元，较 2020 年增长 33.34%，呈现较大增幅。其中，东部地区平均成交额明显高于其他地区，代表性省份为北京、广东和江苏，如图 2-15 所示。西部地区仅有四川和陕西的技术市场成交额为 1000 亿元以上，其余省份均低于全国平均水平，表明我国各地区技术市场发展存在较大差距。创新是推进能源革命的第一动力，推动科研成果快速转化是发挥技术创新支撑作用的应有之义。技术市场是技术创新转化的主要平台，技术市场成交额从侧面反映了各地区技术成果转化规模，同时也表征地区技术市场活跃程度。发达的技术市场交易有利于推动以绿色低碳技术为代表的新兴技术快速转化为能源革命和产业升级的助推力。当前，各地区技术市场交易额还存在规模和增长速度的双重差距，东部、中部、西部各地区内部也存在较大差别，各地应加快着手建立能源科技创新平台和成果孵化基地，加大对能源科技创新和成果转化的支持力度，构建公平合理的技术市场交易规则，加快完善知识产权保护和成果认定法规，优化技术市场发展环境，推动技术市场发展提质增效。

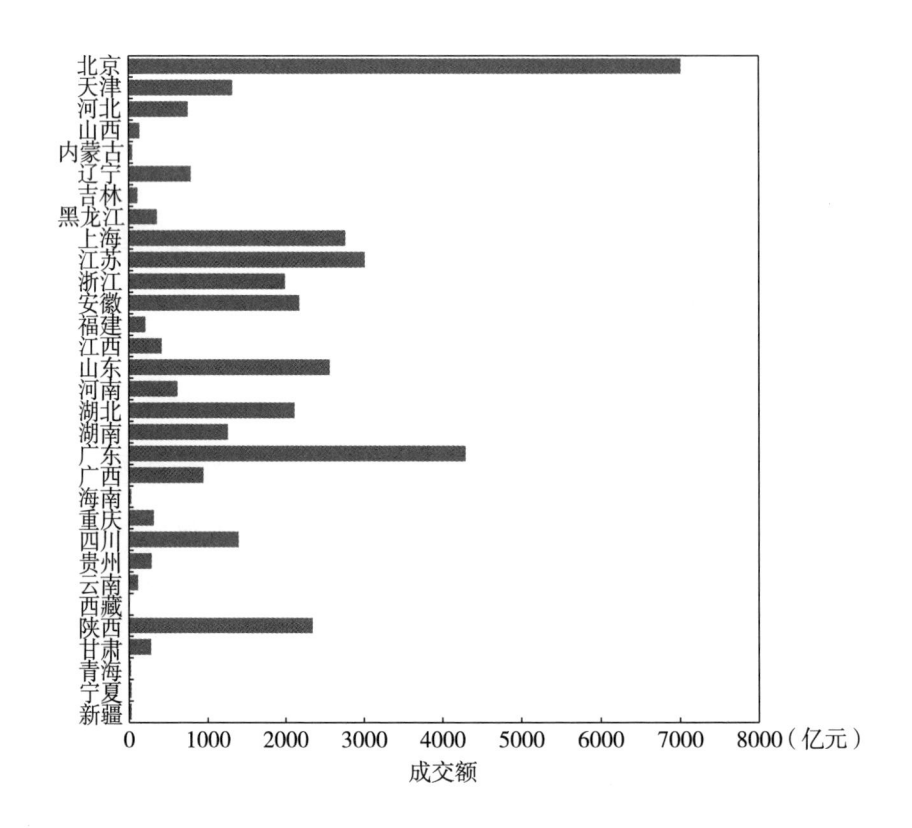

图 2-15 2021 年全国各省份技术市场成交额

资料来源：中华人民共和国科技部。

（4）协调力指标：金融财税与生态建设。

①地方财政支出占 GDP 比重。

2021年全国31个省（自治区、直辖市）地方财政支出占GDP比重的平均值为25.59%，较2020年有所下降，除西藏、青海外各地区比重均低于40%，各省份情况如表2-2所示。具体来看，各地区地方财政支出占GDP比重均出现不同程度的下降，平均下降幅度为3.93%。地方财政支出是地方公共事业发展的重要资金来源，其占GDP的比重在一定程度上衡量了地方政府的宏观调控力度。碳中和事业的顺利推进需要政府发挥积极作用，引导企业和公民等主体共同参与和有机配合。各地要充分发挥地方财政政策效能，更好利用政府资金，盘活存量资金和闲置资产，优化支出结构，统筹安排支出项目，保障重点"双碳"项目支出，建立碳达峰碳中和财政资金支持机制，加强碳达峰碳中和产业转型、科技创新、基地建设和人才培育资金投入，扮演好项目支出"资金池"和绿色投资"引航人"角色。

表2-2 2021年全国各省份地方财政支出占GDP比重　单位：%

东部地区		中部地区		西部地区	
省（自治区、直辖市）	财政支出占GDP比重	省（自治区、直辖市）	财政支出占GDP比重	省（自治区、直辖市）	财政支出占GDP比重
北京	17.89	山西	22.35	内蒙古	25.54
天津	20.07	安徽	17.67	广西	23.48
河北	21.92	江西	22.89	重庆	17.33
上海	19.51	河南	17.69	四川	20.83
江苏	12.53	湖北	15.87	贵州	28.54
浙江	14.99	湖南	18.16	云南	24.44
福建	10.68	辽宁	21.39	西藏	97.52

续表

东部地区		中部地区		西部地区	
省（自治区、直辖市）	财政支出占GDP比重	省（自治区、直辖市）	财政支出占GDP比重	省（自治区、直辖市）	财政支出占GDP比重
山东	14.09	吉林	27.93	陕西	20.37
广东	14.65	黑龙江	34.31	甘肃	39.30
海南	30.62			青海	55.94
				宁夏	31.58
				新疆	33.22

资料来源：国家统计局。

②财政收支比。

2021年，我国31个省（自治区、直辖市）平均财政收支比（财政收入与财政支出的比重）为0.47，较2020年提升0.05。整体来看，各地区仍呈现东部地区财政收支比最高，中部地区次之，西部地区财政收支比最低的特点，表明欠发达地区财政支出对转移支付依赖程度仍较高，具体情况如图2-16所示。实现碳达峰碳中和要以"全国一盘棋"为指导思想，加强地区统筹规划与跨际合作。协调统一的财政政策将极大发挥举国体制优势，实现助推"双碳"事业的乘数推力。各地区要加强财政正转移支付力度，合理利用中央对地方转移支付，省级财政要加大对市县级财政支持，设立碳达峰碳中和事业专项转移资金，推动地方财政中长期规划和碳达峰碳中和时间表匹配耦合，保障地方碳中和事业顺利推进。

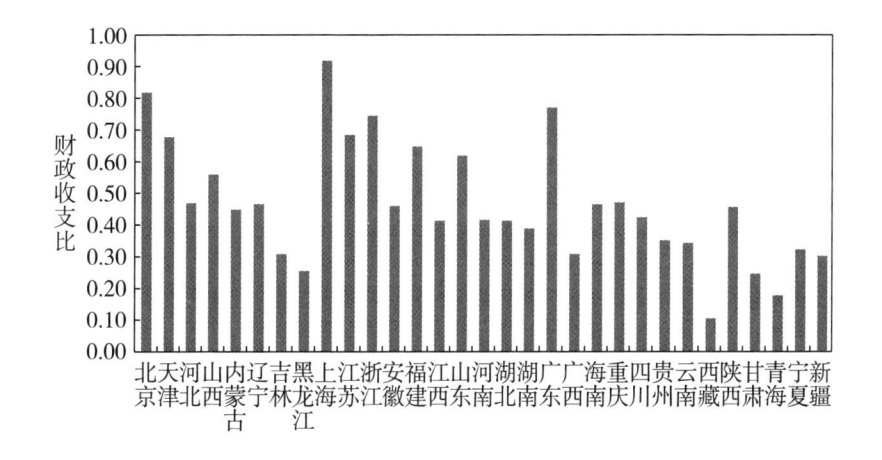

图 2-16 2021年全国各省份财政收支比

资料来源：国家统计局。

③森林覆盖率。

森林覆盖率是衡量地区生态资源禀赋和生态建设工作质量的重要指标之一。2021年，我国各地区平均森林覆盖率为38.38%，相较2020年增加1.51%，其中，东北地区生态资源丰饶，平均森林覆盖率最高，为43.95%，东部地区和中部地区森林覆盖率次之，西部地区森林覆盖率最低，为35%，具体情况见图2-17。增加碳固定是实现碳中和的重要路径之一，而自然固定是碳固定的重要手段。森林生态系统是地表生态系统的主要碳汇来源，林木在生长适龄期内可持续发挥固碳作用，进入成熟期后，在人为作用下往往会以较慢速度将固碳返还大气。我国陆地生态系统固碳能力较强，可开发造林面积和固碳潜力大，未来将在碳固定方面发挥更加重要作用。当前各地森林覆盖率水平还存在较大差距，林地建设仍有较大空间。各地区要充分挖掘林木固碳潜能，增强森林生态系统修复力度，培育优质木种，充分开发宜林种植面积，探索近海滩涂、城市乡村等非农用地林业种植可能性。

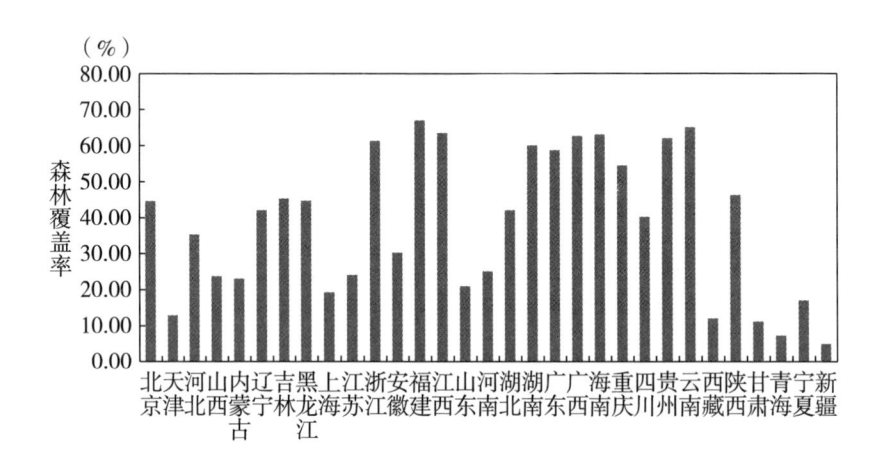

图 2-17　2021 年全国各省份森林覆盖率

资料来源：2021 年各省（自治区、直辖市）国民经济和社会发展统计公报。

（5）持续力指标：绿色生活与环境质量。

以人均公园绿地面积为例看绿色生活指标。2021 年，我国 31 个省（自治区、直辖市）人均公园绿地面积平均值为 14.54 平方米，较 2020 年增加 0.19 平方米，增幅为 1.32%。分地区来看，中部地区人均公园绿地面积最大，平均达 15.24 平方米，东部地区和西部地区次之，各省具体情况见图 2-18。合宜的人均公园绿地面积是地区持续推进碳达峰碳中和能力的重要衡量，是各地城市生态文明建设的重要缩影，同时也是居民对于美好舒心、绿色宜居环境的重要诉求。城市公园作为城市绿地系统的重要组成部分，对维系城市生态系统服务、改善人居环境起到重要作用。我国人均公园绿地面积近几年实现大幅提升，但距世界平均水平还有一定差距；受土地资源、城市建设规划影响，各地区人均公园绿地建设水平也存在较大分异。未来各地区要将公园绿地建设纳入生态文明发展规划重要目标，充分发挥公园绿地调节气候、净化空气、涵养水源、消减噪声和美化环境等功能，提升居民绿色生活水平。

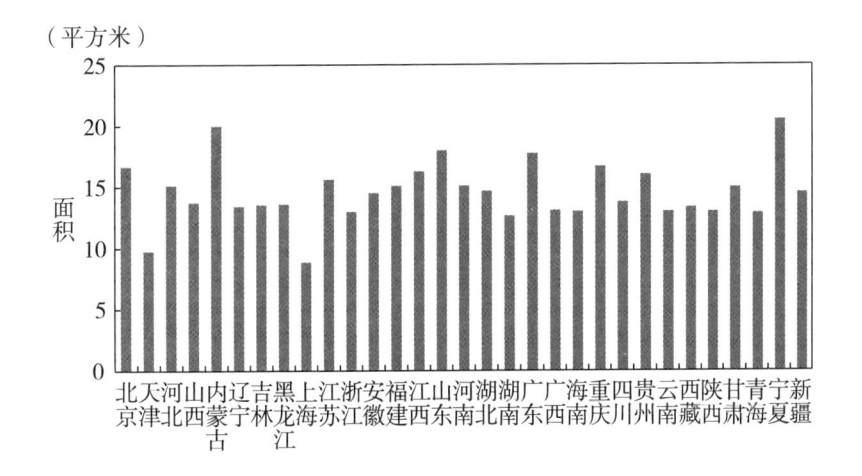

图 2-18　2021 年全国各省份人均公园绿地面积

资料来源：《2021 年中国城市建设状况公报》。

3.3.2　城市层面三级指标解析

为反映代表性城市层面的基本发展情况，本报告以市级层面的部分三级指标为例，解析中国碳中和发展力指数（2022）体系。

（1）成长力指标：经济发展与产业特征。

①人均 GDP。

2021 年，我国各地级市人均 GDP 约为 8.87 万元。整体上看，2021 年人均 GDP 指标呈现出省会城市高于地级市、东中部城市高于西部城市的特征，苏州市、深圳市等人均 GDP 位居全国地级市前列（见

图 2-19）。"双碳"目标的实现要处理好发展与减排的关系，推动经济高质量发展是推进碳中和工作的重要目的之一。地区经济发展水平很大程度上影响实现碳中和的基础与路径。当前我国仍存在区域经济发展不平衡不充分的矛盾，多数地区仍面临经济平稳增长的较大挑战。落实碳达峰方案的同时要确保经济稳中有进，倒逼经济实现新一轮绿色经济增长，做到"先立后破"。

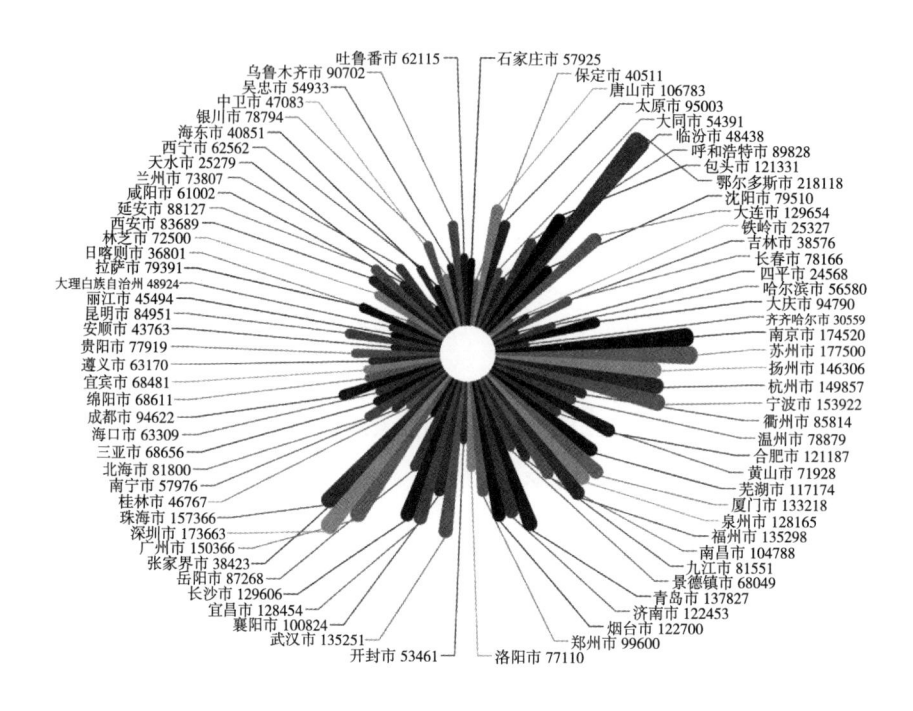

图 2-19　2021 年代表性城市人均 GDP（元）

资料来源：各地区城市统计年鉴。

②固定资产投资增速。

2021 年，全国固定资产投资（不含农户）为 544547 亿元，同比增长 4.9%，78 个代表性地级市固定资产投资平均增速为 6.68%。同 2020 年相比，固定资产投资负增长 10% 以上的城市包括张家界、日喀则、西安、延安等城市；而包头、鄂尔多斯、襄阳、宜昌等则实现投资的大幅度攀升，固定资产投资增长 20% 以上。此外，2021 年近 82% 的城市固定资产投资实现正增长，各地区代表性城市固定资产投资增速水平还存在较大差异（见图 2-20）。作为扩大内需、推进产业转型升级与落实"双碳"目标的重要资金来源，稳定的固定资产投资增速有利于推动各个城市持续落实经济发展目标。当前，我国主要城市固定资产投资规模与增速仍有较大差距，未来仍需要积极扩大有效投资，优化固定资产投资结构，提高资金使用效率，确保碳中和重要领域和重要项目的有效投资。

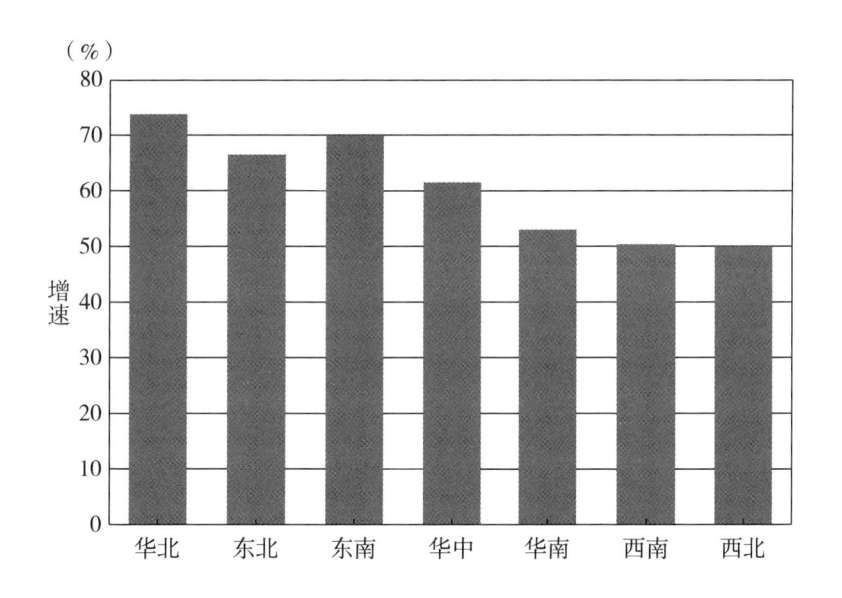

图 2-20 2021 年地区代表性城市固定资产投资增速

资料来源：各地区城市统计年鉴。

③产业高级化指标。

2021年全国78个代表性地级市中,产业高级化指数的平均值为1.61,指标值较高的城市为三亚市和海口市,均为旅游业发达但第二产业较为薄弱的城市。分地区来看,东部和南部城市的产业高级化水平最高,主要是一些旅游业、金融业发达的城市;中部和西部城市的产业高级化水平则相对较低(见图2-21)。受国内外相关因素影响,我国产业结构转型速度趋缓,尤其是高技术行业和服务业对GDP增长的贡献率仍然存在较大提升空间。产业结构转型升级应该重视发展高技术行业和服务业,在能源结构短期内难以改变的现状下,产业绿色转型是降低碳排放强度的有效方法。

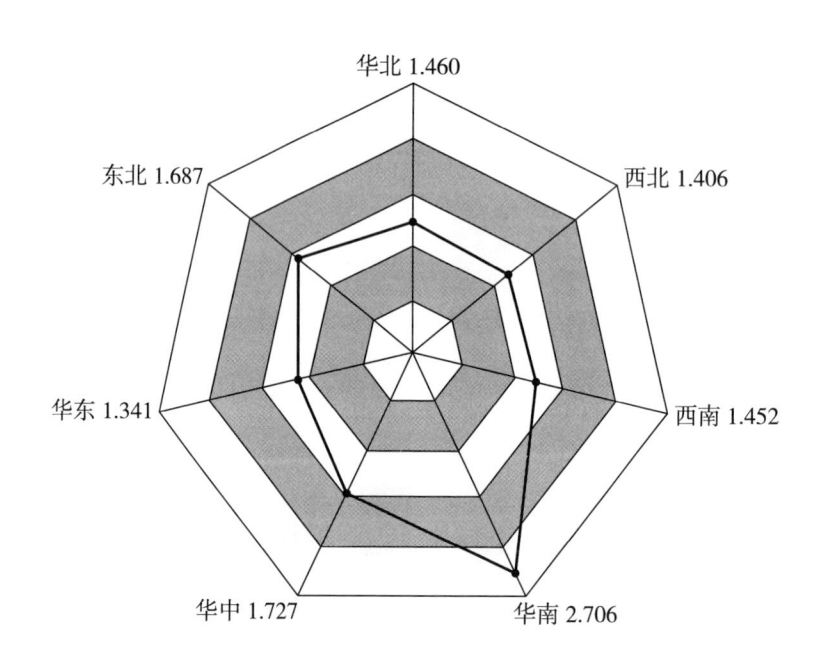

华北 1.460
西北 1.406
西南 1.452
华南 2.706
华中 1.727
华东 1.341
东北 1.687

图2-21 2021年地区代表性城市产业高级化指标

资料来源:Wind数据库。

(2) 转型力指标：绿色工业与能源结构。

①人均工业二氧化硫排放量。

以代表性城市的人均工业二氧化硫排放量为例看当前我国城市工业污染物排放情况。2021 年我国各地级市人均工业二氧化硫排放量为 26.17 吨。整体上看，工业污染物排放指标值呈现出"南低北高"的特征（见图 2-22）。其中深圳、厦门、大理的人均工业污染物排放量最低，均小于 1 吨，鄂尔多斯、包头、林芝的人均工业二氧化硫排放量最高，超过 100 吨，工业污染较严重。工业二氧化硫的排放来源包括含硫化石能源（如石油和煤炭）的燃烧、含硫化氢油气井作业中硫化氢的燃烧、含硫矿石的冶炼、化工及炼油和硫酸厂等的生产过程。因此，以化工、能源开采等传统工业为主要产业的城市人均工业二氧化硫的排放量明显高于其他城市。

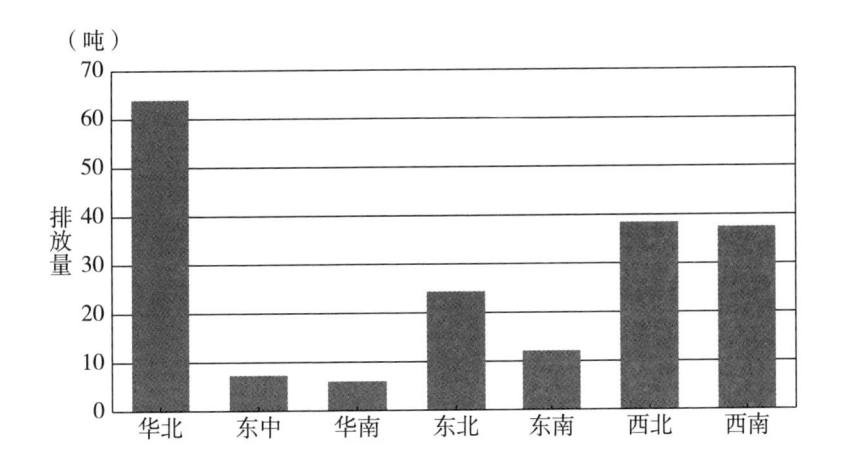

图 2-22 2021 年地区代表性城市人均工业二氧化硫排放量

资料来源：《中国统计年鉴》。

②一般工业固体废物综合利用率。

工业固体废物，是指在工业生产活动中产生的固体废物。一般工业固体废物综合利用率=工业固体废物综合利用量/（工业固体废物产生量+综合利用往年贮存量）。2021年我国各地区代表性地级市中，一般工业固体废物综合利用率的平均值为73.16%，衢州、三亚等地区一般工业固体废物综合利用率接近或达到100%（见图2-23），位居全国前列。整体上看，省会城市的一般工业固体废物综合利用率指标较高，且长三角、珠三角等经济发达城市的该项指标也表现较好。而西北、

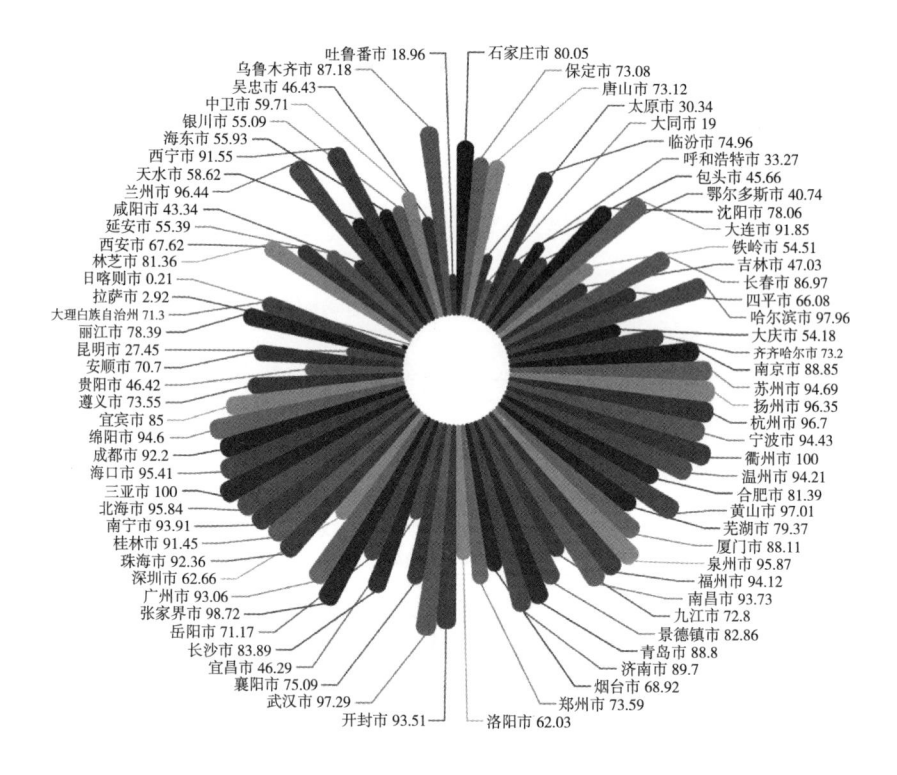

图 2-23　2021年代表性城市一般工业固体废物综合利用率（%）

资料来源：《中国城市统计年鉴》。

东北地区的城市在 2021 年的一般工业固体废物综合利用率普遍较低，最低的是日喀则，仅有 0.21%。工业固体废物的综合利用也具有明显的区域性，内蒙古、贵州、广西、山西等地是我国工业固体废物的主要产地，但是这些地区没有对工业固体废物进行充分的二次利用，综合利用率较低，造成工业固体废物的大量堆存以及资源的巨大浪费。而江苏、浙江、上海、广州等沿海地区普遍经济较发达，一般工业固体废物的产生量相对较小，有一定利用价值的工业固体废物综合利用率较高，一般工业固体废物综合利用率可以达到 95% 以上。随着我国工业化进程的不断推进，我国工业固体废物生产规模不断扩大，加快提高各地一般工业固体废物综合利用率是解决我国资源困境与实现我国经济社会可持续发展的必由之路。

（3）竞争力指标：基建水平与科技创新。

①建成区道路面积率。

建成区道路面积率又称"城市道路面积密度"，以城市建成区内道路面积占建成区面积之比来表示，是反映城市建成区内城市道路拥有量的重要经济技术指标。2021 年我国各省份 78 个代表性地级市的建成区道路面积率平均为 16.79%，其中鄂尔多斯建成区道路面积率最高，达到 33.03%，福州、深圳、珠海等地区紧随其后，建成区道路面积率为 25% 左右，石家庄、岳阳等地该项指标表现较差，低于 10%，各地区代表性城市平均的建成区道路面积率如图 2-24 所示。建成区道路面积率可以反映出城市的交通拥挤程度和自行车道建设情况，城市拥挤程度直接影响交通部门的能源消耗总量以及能源碳排放量，而自行车道的建设可以有效鼓励绿色出行方式，因此建成区道路面积率的提高有利于各地区交通部门的节能减排以及低碳生活的普及，助力城市"双碳目标"的实现。

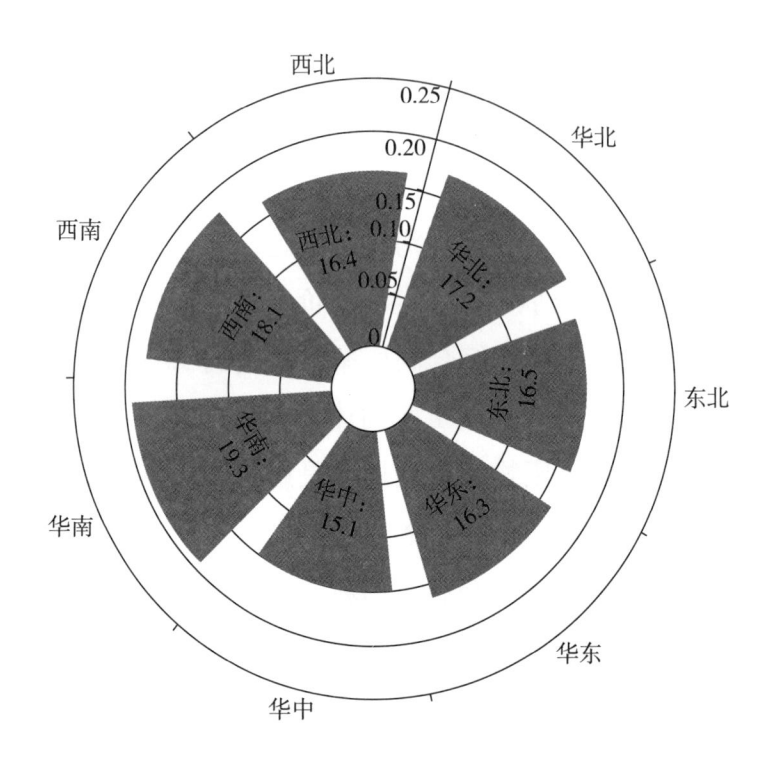

图 2-24　2021 年地区代表性城市建成区道路面积率（%）

资料来源：塔塔数据库。

②新能源汽车充电桩数目。

2021 年中国充电桩保有量为 261.7 万个，同比增长 55.7%，全国 78 个代表性地级市的平均新能源汽车充电桩数目为 495 个，其中充电桩数目排名前 5 的城市为杭州、武汉、广州、深圳和成都，平均有 2855 个新能源充电桩，在数量上遥遥领先其他城市。从分布上看，新能源充电桩分布有明显的区域差异性，表现为沿海经济发达地区数量最多，中部地区次之，西北、东北地区数量最少，如图 2-25 所示。发展新能源汽车有助于提前实现碳达峰碳中和，随着可再生能源发电占比的提升，2035 年纯电动乘用车行驶单位里程碳排放将下降到约 20 克/千米，相比 2021 年降低 70% 以上。2035 年新能源汽车将实现道路交通领域碳减排约 2 亿吨，具有显著的减碳效益。新能源汽车充电桩的布局直接影响到新能源汽车的使用率，各地应加快新能源充电桩的建设，进一步推进新能源汽车的发展，助力"双碳"目标实现。

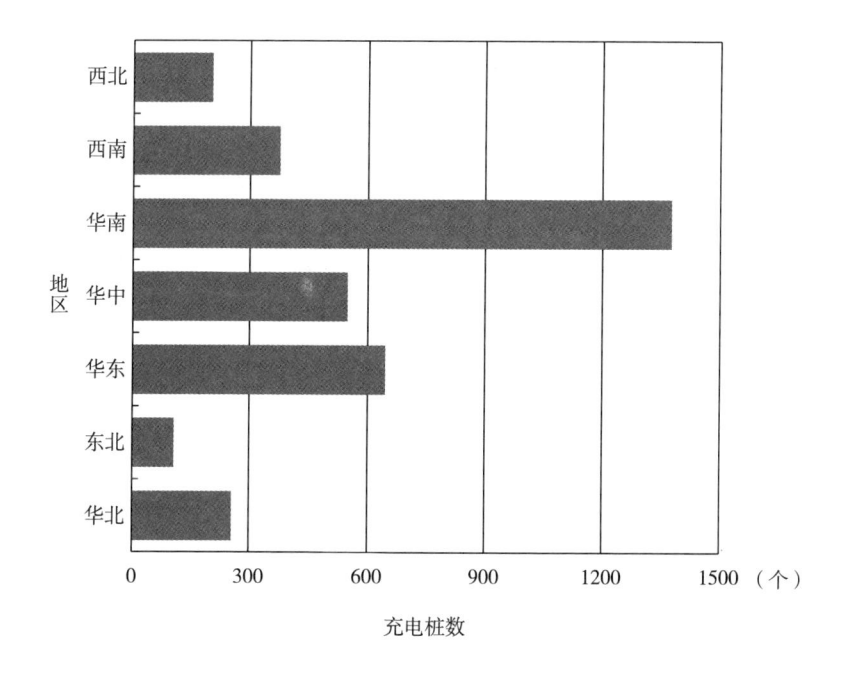

图 2-25　2021 年地区代表性城市新能源充电桩数量

资料来源：百度地图。

③科技专利授权数。

科技专利授权有利于发明创造的推广应用，促进国民经济的发展。

整体来看，科技专利授权数具有显著的地区差异（见图2-26），经济发达地区和欠发达地区创新产出能力差距仍较大。分地区来看，东部沿海城市如广州、深圳等地的平均科技专利授权数最多，平均水平为11.4万件，远超其他地区，中部地区次之，西部地区则相对较少，如包头和四平分别仅有371件和803件。科技创新是支撑城市碳达峰碳中和的重要力量，是引领高质量发展的重要突破口。科技专利数反映了地区科研创新水平，因此城市在推进碳减排的过程中要围绕可再生能源开发利用、新型电力系统建设、传统化石能源清洁化等领域实现新一轮科技成果突破，提高科技专利授权数。

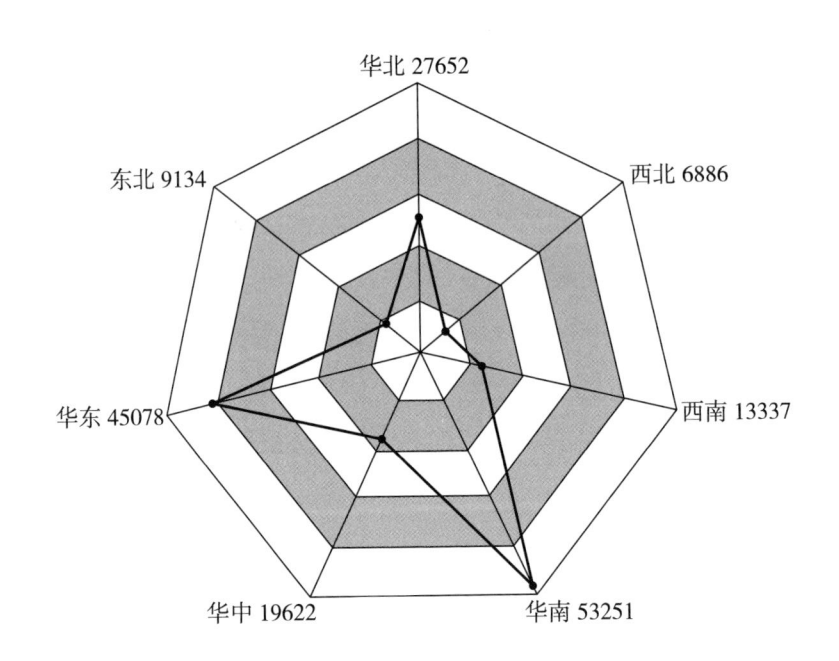

图2-26　2021年地区代表性城市科技专利授权数（件）

资料来源：塔塔数据库。

第二篇 中国碳中和发展力指数（2022）

（4）协调力指标：金融财税与生态建设。

①地方一般公共预算支出。

2021年，全国各地区代表性城市的地方一般公共预算支出平均值为1057.91万元。经济发达地区如华东地区的地级市深圳、苏州等的地方一般公共预算支出明显高于其他地区，地区间差异水平较大，如图2-27所示。地方一般公共预算支出是地方公共事业发展的重要资金来源，一定程度上衡量了地方政府的宏观调控力度。财政在碳中和实现过程中的引导和撬动力量不可忽视，财政支持碳中和的路径包括税收改变成本、财政支出创造需求、转移支付为技术变迁保驾护航等。故碳中和事业的顺利推进需要政府发挥重要且正确的作用，引导企业和公民等主体的共同参与和有机配合。

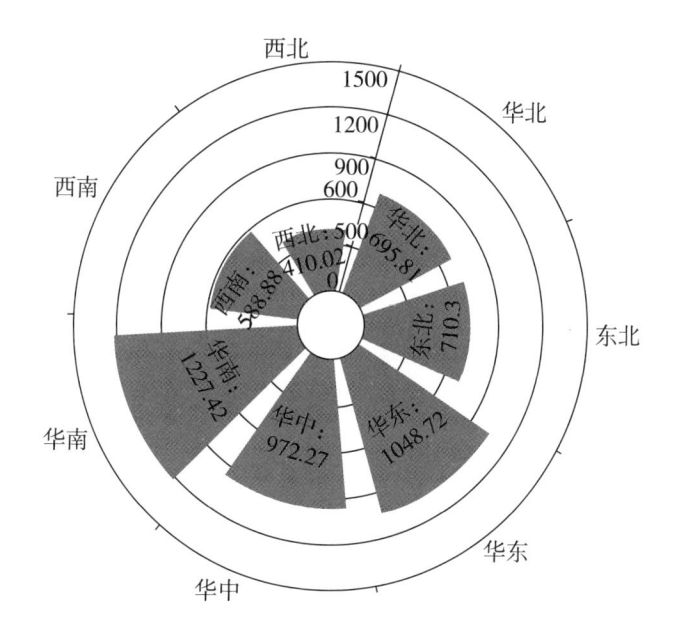

图2-27 2021年地区代表性城市地方一般公共预算支出（万元）

资料来源：《中国城市统计年鉴》。

②建成区绿化覆盖率。

建成区绿化覆盖率指在城市建成区的绿化覆盖面积占建成区的百分比（绿化覆盖面积是指城市中乔木、灌木、草坪等所有植被的垂直投影面积）。建成区绿化覆盖率是衡量各个城市生态建设工作质量的重要指标之一。2021年，我国各地区代表性城市的建成区绿化覆盖率为41.98%。其中，福建、广东、海南地区的代表性城市建成区绿化率最高，平均能达到47.65%；而黑龙江、甘肃等边远地区的代表性城市建成区绿化率较低，平均为35.49%。区域性差异如图2-28所示。增加碳汇是实现碳中和的重要路径之一，提高城市绿化覆盖率可以增加碳汇储备。当前各地建成区绿化覆盖率水平还存在较大差距，绿地建设仍有较大空间。各地区要加快完善城市绿地系统规划和园林绿化工程项目设计，积极推进各类公园绿地的规划建设，优化城市公园绿地布局，进一步提高城市建成区绿化覆盖率。

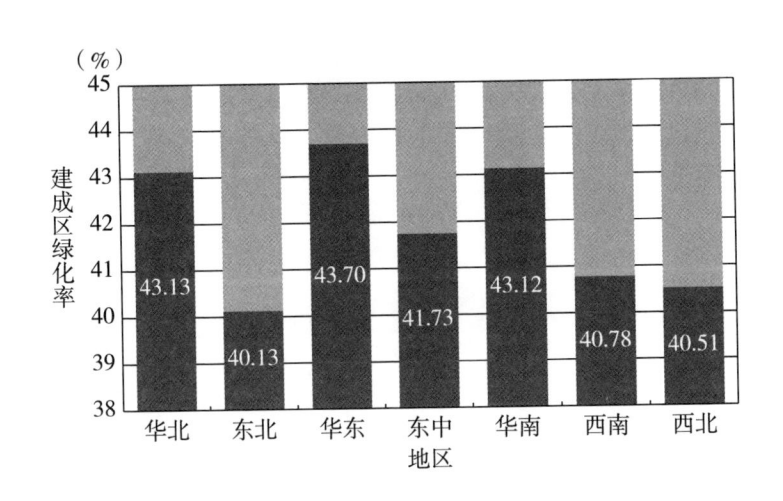

图2-28 2021年地区代表性城市建成区绿化率

地区	建成区绿化率(%)
华北	43.13
东北	40.13
华东	43.70
东中地区	41.73
华南	43.12
西南	40.78
西北	40.51

资料来源：国家统计局。

(5) 持续力指标：绿色生活与环境质量。

①全年公共汽（电）车客运总量。

以全年公共汽（电）车客运总量为例看绿色生活指标，2021年我国代表性地级市全年公共汽（电）车客运总量平均为3.04亿人次。分地区来看，华东、华南地区的代表性城市客运量最大，西北地区代表性城市全年公共汽车客运量最少，如图2-29所示。主要原因是地区常住人口数量以及绿色出行意识强弱不同。总体来看，中部、东部人口密集地区的公交客运量大于西部地区。公共汽（电）车客运量可以反映出一个地区绿色出行的程度，以及低碳生活的普及效果，提倡公交车等绿色出行方式有助于城市节能减排，助力"双碳"目标的实现。

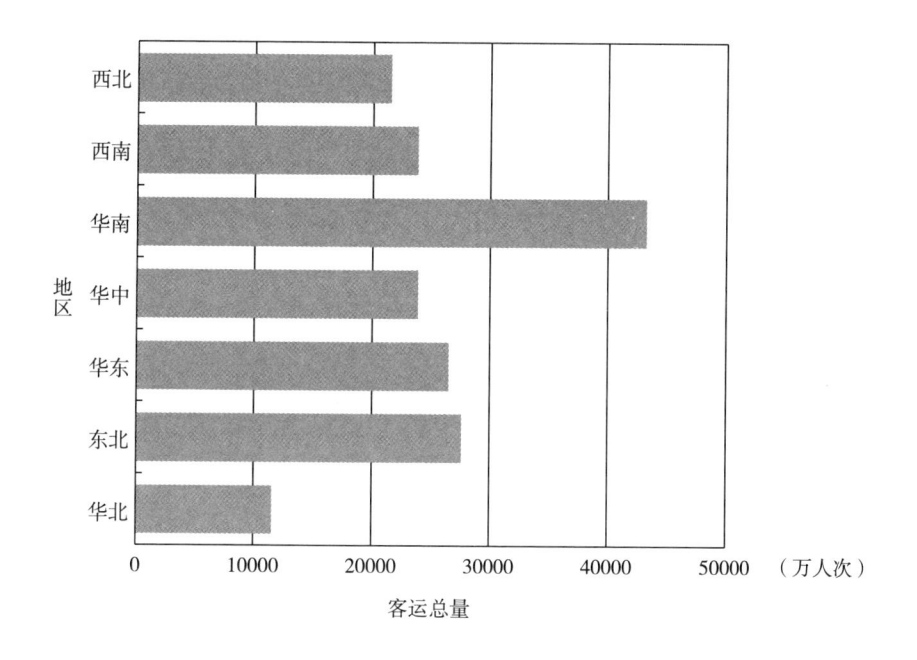

图2-29 2021年代表性城市公共汽（电）车客运总量

资料来源：马克数据网。

②人均碳排放量。

全国代表性地级市2021年人均碳排放量平均为0.28吨。具体而言，人均碳排放量最低的城市为桂林、丽江、张家界等，人均碳排放量最高的城市为太原、中卫、包头等。整体上南方地区城市的人均碳排放量要小于北方地区，如图2-30所示。东部沿海省份覆盖了国家三大战略区域：京津冀、长三角和粤港澳大湾区。这些地区的代表性城市经历了快速的经济增长，人均碳排放量平均为0.25吨左右，略高于整体的平均水平。相比之下，西北地区是我国能源基地、能源化工基地，主要以高耗能产业为主，该地区的代表性城市人均碳排放量较高，平均在0.4吨左右。

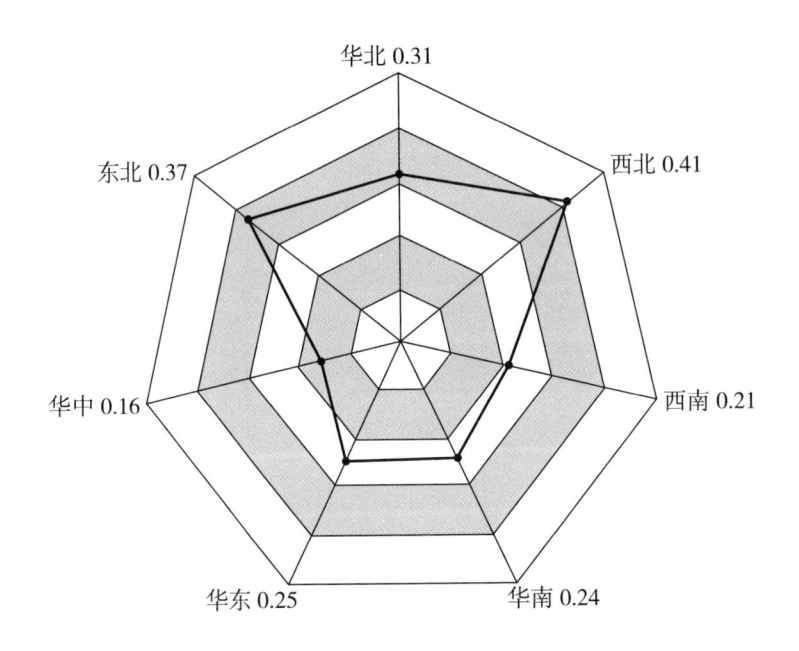

图2-30 2021年地区代表性城市人均碳排放量（吨）

资料来源：CSMAR数据库。

4. 本指数编制的主要方法与资料来源

4.1 本指数编制的主要方法

中国碳中和发展力指数（2022）是测算我国各个地区碳中和发展能力的综合指数。整个指标体系共分为三级，并遵循独立性、客观性、系统性、科学性与可扩展性的编制原则，分别对各层级的指标测算设置具体的编制方法。依照自上而下、层层解析的递进逻辑，中国碳中和发展力指数（2022）的具体编制过程及方法如下。

（1）结构化分解中国碳中和发展力。

一级指标是对中国碳中和发展力的多维解析，由成长力、转型力、竞争力、协调力和持续力构成。"五力"既反映了碳中和发展力的基本内涵，也是整个指标体系的基本框架与底层逻辑。因此，中国碳中和发展力指数是"五力"得分的加总。即：

$$F_{CNDI} = F_{成长} + F_{转型} + F_{竞争} + F_{协调} + F_{持续}$$

其中，F_{CNDI} 为中国碳中和发展力指数（China's Carbon Neutral Development Index，CNDI），$F_{成长}$ 为成长力的得分，依此类推。

（2）深层次解析"五力"驱动模型。

二级指标是对中国碳中和发展力及其"五力"内涵的深层解析与精简概括。每个分力下设两个分项指标，累计形成10项二级指标，从经济社会系统的各方面为中国碳中和发展力评价提供了多维度信息。为避免各指标之间的信息重叠，采取独立性权重法确定各指标的对应权重，以衡量其对碳中和发展力的贡献度。因此，五个分力得分为其对应的二级指标权重与相应指标数值的乘积之和。

以成长力为例，其分项二级指标为经济发展与产业特征，则成长力得分为：

$$F_{成长} = W_{经济发展} \times X_{经济发展} + W_{产业特征} \times X_{产业特征}$$

其中，$F_{成长}$代表成长力得分，$W_{经济发展}$与$W_{产业特征}$分别代表经济发展和产业特征的权重，$X_{经济发展}$与$X_{产业特征}$则分别代表经济发展与产业特征两项二级指标的具体数值。

（3）全方位阐释二级分项指标。

三级指标是对 10 个二级指标的底层诠释，也是在更细的数据颗粒度上对碳中和发展力的细致刻画。每个二级指标下设 7—11 个三级指标，力争将影响二级指标的因素尽可能科学、客观地纳入指标体系。

三级指标按评价作用可分为正向指标和逆向指标，按数据性质又可分为绝对数指标和相对数指标，按数据类别则可分为存量指标和流量指标。为确保指标之间的可加性与可比性，采用前沿距离法（Distance to Frontier，DTF）对三级指标得分进行测算。同时，综合考虑三级指标之间的相关性，采取独立性权重法为每个分项二级指标下的三级指标赋予一定权重，并进行加权平均，从而得到 10 个二级指标的相应得分。即：

$$X_i = \frac{\sum_{j=1}^{n_i} x_{ij} w_{ij}}{\sum_{j=1}^{n_i} w_{ij}}, \quad i = 1, \cdots, 10; \ j = 1, \cdots, n_i$$

其中，X_i为第 i 个二级指标的得分，n_i为第 i 个二级指标中包含的三级指标个数，x_{ij}为第 i 个二级指标下第 j 个三级指标的得分，w_{ij}为第 i 个二级指标下第 j 个三级指标的权重。

【专栏】

前沿距离法

前沿距离法（Distance to Frontier, DTF）是目前主流的指数测算方法（Minniti and Venturini, 2017）。[①] 基于该方法测算的前沿距离得分是将一个地区的表现与每个衡量指标的最佳和最差表现进行比较所得的相对得分。

与其他指数测算方法相比较，前沿距离法具有两个明显优点（Casagrande and Dallago, 2021）[②]：一是可加性。前沿距离法的计算过程可以消除不同指标之间的量纲影响，因此允许采用不同计量单位的衡量指标进行加总。二是可比性。前沿距离法得分直接衡量了不同个体之间的差距，便于对不同变量和不同地区进行比较。所有指标得分均是越高越好，得分越高代表某个地区在某一方面的表现越接近最优水平。

本报告主要使用前沿距离法测算各地区三级指标得分。其分值区域为0—100分，分数越高代表指标表现越好。具体步骤如下：

第一，定义最佳值与最差值。针对每一个地区 k 的每一个三级指标 q，选择合理的分位数，定义指标 q 的前沿地区，即表现最好的地区，记为 $best(q)$，得分为100分；定义指标 q 表现最差的地区，记为 $worst(q)$，得分为0分；

第二，设定最值区间外的指标得分。把每个三级指标中观测值大于 $best(q)$ 的地区均设为100分，小于 $worst(q)$ 的地区均设为0分；

第三，计算三级指标得分。基于每个三级指标的最佳、最差取值，计算每一个地区 k 的每一个三级指标 q 的前沿距离值：

[①] Minniti A, Venturini F, "R&D Policy, Productivity Growth and Distance to Frontier", *Economics Letters*, 2017, 156: 92-94.

[②] Casagrande S, Dallago B, "Benchmarking Institutional Variety in the Eurozone: An Empirical Investigation", *Economic Systems*, 2021, 45 (1).

$$DTF(q_k) = \frac{q_k - worst(q_k)}{best(q_k) - worst(q_k)} \times 100$$

算例：计算地区 A 人均地区生产总值（$pGDP_A$）的前沿距离得分。

（1）根据各省份人均地区生产总值的分布，剔除数据中的异常值。分别选取99%分位数值（假设为100000元）和1%分位数值（假设为35000元)[①]，记为人均地区生产总值的最佳表现值 $best(q)$ 和最差表现值 $worst(q)$；

（2）对大于99%分位数值的观测值而言，其前沿距离得分为100分；对小于1%分位数值的观测值而言，其前沿距离得分为0分；

（3）对于 A 地区而言，若其人均地区生产总值为80000元，则其前沿距离得分为：

$$DTF(pGDP_A) = \frac{80000 - 35000}{100000 - 35000} \times 100 \approx 76.92$$

独立性权重法

本指标体系的相关测算数据均来自官方统计数据，具备较强的客观性，测评指标的权重采用客观赋权法进行确定。

作为一种客观赋权法，独立性权重法在考虑数据间相关性的基础上，采用多元回归分析法计算指标间的复相关系数来确定权重，其结果不依赖人的主观判断，且能体现各个指标重要性的不同，因而能客观反映指标间的相互关系[②③④]。若某项指标与其他指标的相关性很强，即复相关系数越大，说明该指

[①] 分位数的选择主要根据指标性质和数据分布形态进行设定。
[②] 何思俊、支锦亦：《基于 AHP—独立性权数法的列车旅客界面设计评价》，《西南交通大学学报》2021年第4期。
[③] 孙可、王苗、孙轶恺等：《基于 Lotka-Volterra 模型的区域能源互联网演化路线探究》，《经济研究导刊》2018年第6期。
[④] 冷媛、陈宇晟、傅蕾等：《基于指标独立性的景气指数构建赋权方法》，《统计与决策》2016年第19期。

标与其他指标的信息有较大的重叠,越容易被其他指标所替代,因此该指标的权重应该较低。反之,若某指标与其他指标的相关性较弱,则说明该指标本身携带的信息量较大,因此会被赋予更高的权重。独立性权重的计算方式使用回归分析得到的复相关系数 R 值来表示共线性强弱。该值越大说明共线性越强,权重会越低。具体计算过程为:

第一,对于要计算权重的 N 个指标,选取指标 1 作为因变量(y),其余指标作为自变量($x_1, \cdots, x_{N-1}$)进行回归分析,得到复相关系数 R 值;

第二,对指标 1 的复相关系数 R 值取倒数(1/R),并进行归一化,得到指标 1 的权重;

第三,对其余 N-1 个指标重复上述回归以及权重计算步骤,即可得到全部指标的权重。

其中,复相关系数 R 计算过程如下:

第一,用 y 对 $x_1, \cdots, x_{N-1}$ 进行回归得到:$\hat{y} = \hat{\beta}_0 + \hat{\beta}_1 x_1 + \cdots + \hat{\beta}_{N-1} x_{N-1}$;

第二,计算 y 与 $x_1, \cdots, x_{N-1}$ 之间的复相关系数 R。即:

$$R = \frac{\sum (y - \bar{y})(\hat{y} - \bar{y})}{\sqrt{\sum (y - \bar{y})^2} \sqrt{\sum (\hat{y} - \bar{y})^2}}$$

其中,$\bar{y}$ 为因变量 y 的平均值。

4.2 本指数编制的资料来源

本指标体系中各地区三级指标的原始数据主要来源于国家统计局官方网站发布的年度数据,部分来源于国家能源局、住房和城乡建设部、生态环境部、万得数据库等平台,主要涉及的年鉴有《中国统计年鉴》《中国电力统计年鉴》《中国能源统计年鉴》《中国环境统计年鉴》《中国城市统计年鉴》《中国科技统计年鉴》《中国建筑业年鉴》

《中国城市建设状况公报》等。同时采用自然语言处理（Natural Language Processing，NLP）、Python 爬虫、机器学习和语义分析法梳理各地区主流媒体的相关报道，并针对各地区"碳中和"相关政策行动与具体举措进行梳理分析。

5. 中国碳中和发展力指数分析：省份篇

5.1 地方碳中和发展力指数的整体情况

中国碳中和发展力指数（2022）的核算结果表明，各地区的整体表现分布在 43—73 分，平均分为 55.92 分。其中，40—50 分的地区有 7 个，较去年减少 5 个；50—60 分的地区有 16 个，较去年增加 3 个；60—70 分的地区有 4 个，同去年持平；70—75 分的地区有 4 个，较去年增加 2 个，浙江省、广东省、北京市位居全国前三名。华北、东北、华东、华中、华南、西南和西北七个地区的碳中和发展力指数平均值分别为 54.81 分、49.31 分、62.76 分、55.60 分、59.59 分、53.93 分和 51.42 分，其中华东、华南地区分数相对较高，较去年增幅最大的为西南地区，达 4.78%，具体如图 2-31 所示。整体来看，地区碳中和发展力指数符合预期，分布合理，与各地区的经济、能源和治理等特征密切相关。

整体来看，各省份碳中和发展力指数从高到低可以分为五个梯队，如表 2-3 所示。

第一梯队包括浙江省、广东省、北京市、江苏省、上海市和四川省六个省市。主要集中在华东、华南和西南地区。其碳中和发展力指数较为分散，分布在 62—73 分，六省市的平均得分为 68.77 分，远高

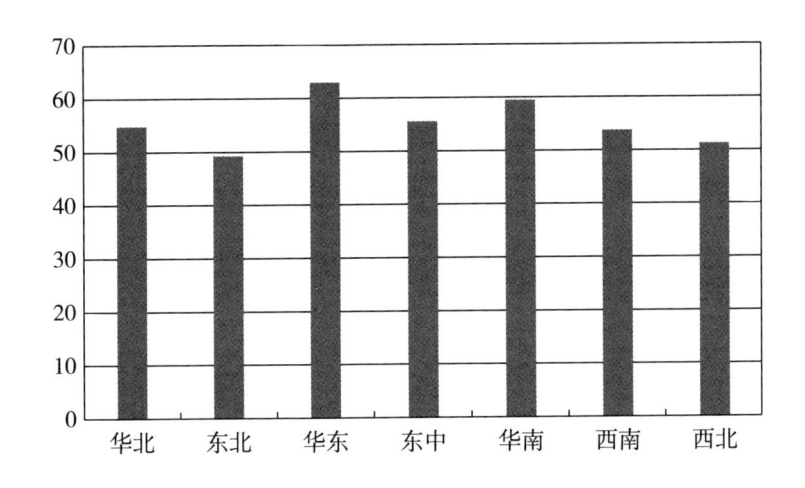

图 2-31　七大地区的碳中和发展力指数分布情况

资料来源：笔者根据中国碳中和发展力指数（2022）绘制。

于其他省市。

第二梯队的省市分布较为广泛。其中，华北地区有天津市，华东地区有福建省、山东省，华中地区有湖北省和湖南省，西北地区有陕西省。其碳中和发展力指数平均为 58.33 分，与第一梯队的均分相差较大。

第三梯队分布在西南地区、华南地区、华东地区、华中地区和西北地区，包括重庆市、海南省、安徽省、云南省、江西省和青海省六个省份。其碳中和发展力指数集中分布在 54—56 分，六个省份的分数均值为 54.83 分。从碳中和发展力指数分布情况来看，各省市的分数较为集中，极差不超过 2 分。

第四梯队的碳中和发展力指数均值为 51.94 分，与第三梯队差距不大。从地理分布上来看，第四梯队的省份分布在华中、华北、华南、西北、西南、东北六大区，范围较广，各省份分数较 2021 年平均上升

3.74 分。

第五梯队则包括辽宁省、山西省、黑龙江省、新疆维吾尔自治区、宁夏回族自治区、西藏自治区和内蒙古自治区，主要集中在西部地区、东北地区和华北地区。其碳中和发展力指数的平均值为 47.20 分，虽然与第四梯队存在一定的差距，但协调力和持续力均值都高于第四梯队。

表 2-3　全国各地区碳中和发展力指数（2022）得分等级

省份	第一梯队	第二梯队	第三梯队	第四梯队	第五梯队
北京市	★				
天津市		★			
河北省				★	
山西省					★
内蒙古自治区					★
辽宁省					★
吉林省				★	
黑龙江省					★
上海市	★				
江苏省	★				
浙江省	★				
安徽省			★		
福建省		★			
江西省			★		
山东省		★			
河南省				★	
湖北省		★			

续表

省份	第一梯队	第二梯队	第三梯队	第四梯队	第五梯队
湖南省		★			
广东省	★				
广西壮族自治区				★	
海南省			★		
重庆市			★		
四川省	★				
贵州省				★	
云南省			★		
西藏自治区					★
陕西省		★			
甘肃省				★	
青海省			★		
宁夏回族自治区					★
新疆维吾尔自治区					★

资料来源：笔者根据各省、自治区、直辖市碳中和发展力指数（2022）绘制。

从10个二级分项指标来看，各省份的得分及排名情况如表2-4所示，图表中分别以"●◐◑◒○"代表第一梯队、第二梯队、第三梯队、第四梯队和第五梯队。

表2-4 全国各地区碳中和发展力二级指标得分排名

地区	经济发展	产业特征	绿色工业	能源结构	基建水平	科技创新	金融财税	生态建设	环境质量	绿色生活
北京市	●	●	◑	◒	◒	●	●	◒	●	●
天津市	◒	◑	◒	◒	○	◒	◒	◒	◒	◑

99

续表

地区	经济发展	产业特征	绿色工业	能源结构	基建水平	科技创新	金融财税	生态建设	环境质量	绿色生活
河北省	○	◐	◐	◔	◐	◐	◐	○	○	○
山西省	◐	○	●	○	◐	◐	◐	○	○	◐
内蒙古自治区	◔	○	○	◔	◐	◔	◐	◔	○	○
辽宁省	○	◐	◐	◔	◐	◐	○	◐	○	◐
吉林省	◔	◔	◐	◐	○	◐	●	◐	◐	○
黑龙江省	○	◐	◐	○	○	◔	◐	●	◐	○
上海市	●	●	◐	◐	◔	●	◐	●	●	◐
江苏省	●	◐	●	●	●	●	●	●	◐	●
浙江省	●	◐	●	●	●	●	◔	◐	◐	●
安徽省	◐	◐	◐	◔	●	◐	○	◐	◐	◐
福建省	●	◐	●	●	●	●	◐	◐	◐	●
江西省	◐	◐	◐	◐	◐	◐	◐	●	◐	○
山东省	◐	●	●	◐	●	●	◐	◐	○	◐
河南省	◔	◐	◐	◐	●	◐	◐	◐	○	◐
湖北省	○	◐	◐	◐	◐	◐	◐	◐	◐	◐
湖南省	◐	◐	◐	◐	◐	◐	◐	◐	◐	●
广东省	●	●	●	●	●	●	●	●	◔	●
广西壮族自治区	◐	◔	○	◐	◐	◐	○	◔	◐	◐
海南省	◐	◐	◐	●	○	○	◐	◐	●	◐
重庆市	◔	○	◐	◐	◐	◐	●	◐	●	○
四川省	○	●	◐	◐	◐	●	◐	●	◐	◐
贵州省	○	◐	◐	◐	◐	◐	◐	○	◐	○
云南省	◔	◐	◐	◔	◐	◐	◐	◐	◐	◐
西藏自治区	◐	○	○	○	○	○	◐	◐	●	○
陕西省	◔	◐	◐	◐	◐	◐	○	○	◐	◔

续表

地区	经济发展	产业特征	绿色工业	能源结构	基建水平	科技创新	金融财税	生态建设	环境质量	绿色生活
甘肃省	○	◐	○	◐	◐	◐	●	○	◐	◐
青海省	◐	○	○	●	◐	○	◐	◐	◐	◐
宁夏回族自治区	◐	○	○	○	◐	○	◐	◐	◐	○
新疆维吾尔自治区	●	○	○	◐	◐	◐	○	◐	○	◐

资料来源：笔者根据各省、自治区、直辖市碳中和发展力指数（2022）绘制。

5.2 碳中和发展力指数的最佳省市

从最终得分来看，浙江省、广东省、北京市、江苏省、上海市和四川省分别位居全国前六名，是中国碳中和发展力指数表现最佳的六个省市，如图 2-32 所示。从具体的"五力"得分来看，不同省市各具特色。

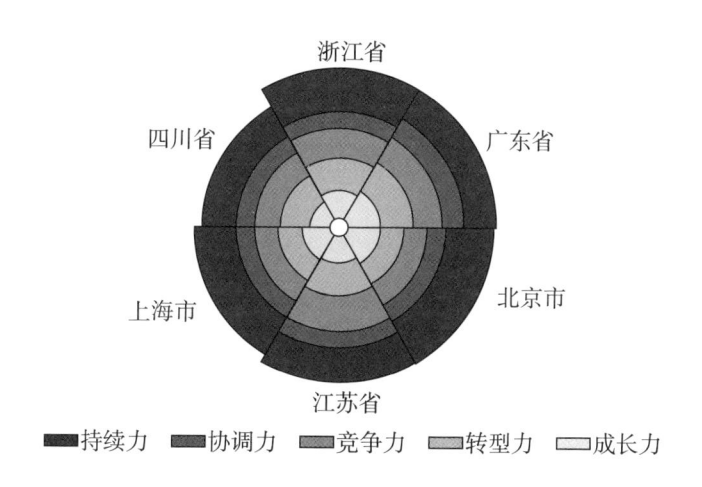

图 2-32 六大最佳省市的"五力"得分比较

资料来源：笔者根据中国碳中和发展力指数（2022）绘制。

浙江省在转型力、竞争力和持续力三个方面体现出较大优势，在经济发展、科技创新、绿色工业、绿色生活和基建水平方面均有较高得分，为面向碳中和的转型发展奠定了良好基础。

广东省在成长力和转型力上表现突出，这与其发达的经济水平、良好的产业结构以及在绿色工业方面的大量投入密不可分，期待未来在碳中和发展路径上持续发力。

北京市碳中和发展力的优势主要体现在持续力方面。其持续力在所有省市中得分最高，这与北京市长期重视环境质量改善和居民绿色生活密切相关。

江苏省在竞争力方面表现优异，其该项指标得分在六省市中位列第一。主要归因于其较好的基础设施建设水平与较大的科技创新投入力度，在实现碳中和过程中有利于优势要素的集聚。

上海市的指标突出特点在于成长力和协调力方面，主要得益于其金融中心区位优势。同时，上海市也拥有良好的经济发展水平，且在金融财税和生态建设方面走在全国前列。

四川省在转型力方面表现较为突出，主要原因是其在能源结构调整优化方面走在全国前列。与其他五省市相比，四川省在成长力方面则有较大的提升潜力。未来四川省碳中和相关工作可以在培育经济增长新动能和优化产业结构方面有所侧重。

结合"五力"模型进一步分析"五力"对六省市碳中和发展力的贡献率，即"五力"指标得分在总体指标得分中的占比情况。可以发现，各省市的"五力"贡献率各有偏重（见图2-33）。具体而言，浙江省"五力"贡献率相对较大的是转型力和持续力；与浙江省相似，广东省的转型力与持续力对碳中和发展力指数的贡献也较大；北京市在成长力与持续力方面表现突出；江苏省竞争力贡献率最大，而成长力和协调力的贡献率相对较小；上海市与北京市在"五力"贡献率结构上大体相似，但其竞争力和协调力贡献率相对更高；四川省"五力"贡献率最大的是持续力，其成长力和协调力贡献率还具有较大的提升空间。

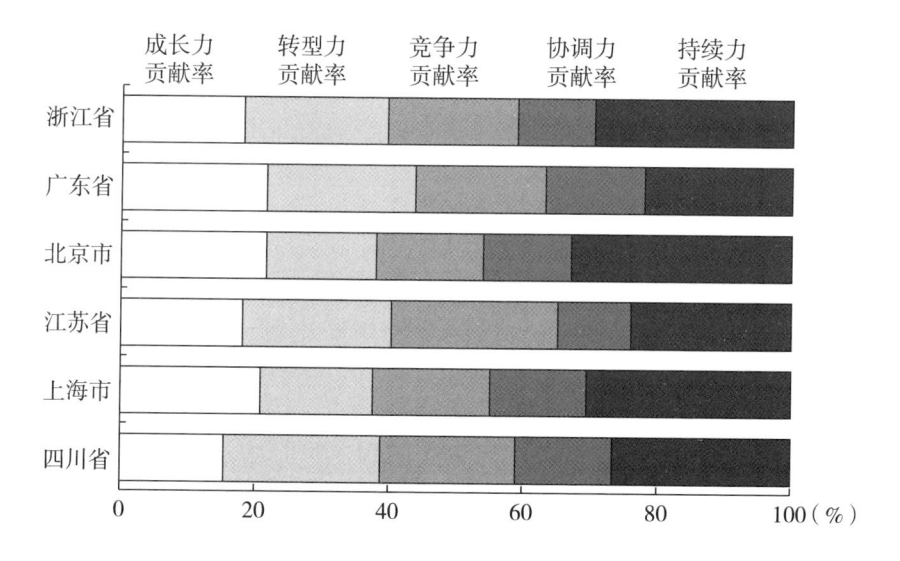

图 2-33 六大最佳省市的"五力"贡献分析

资料来源：笔者根据中国碳中和发展力指数（2022）绘制。

5.3 "五力"模型与地方碳中和发展力

5.3.1 成长力指标：经济发展与产业特征

根据成长力得分的高低顺序将各省份划分为五个梯队（见表 2-5）。

第一梯队包括广东省、北京市、上海市、山东省、浙江省、江苏省，得分范围在 12.58—15.53 分，平均分为 13.86 分，该梯队极差接近3分，表明各省份成长力指标得分差异较大。

表2-5 全国各地区碳中和成长力指数排名

省份	第一梯队	第二梯队	第三梯队	第四梯队	第五梯队
北京市	★				
天津市		★			
河北省		★			
山西省				★	
内蒙古自治区					★
辽宁省			★		
吉林省				★	
黑龙江省				★	
上海市	★				
江苏省	★				
浙江省	★				
安徽省			★		
福建省			★		
江西省		★			
山东省	★				
河南省			★		
湖北省				★	
湖南省		★			
广东省	★				
广西壮族自治区				★	
海南省		★			
重庆市					★
四川省			★		

续表

省份	第一梯队	第二梯队	第三梯队	第四梯队	第五梯队
贵州省					★
云南省				★	
西藏自治区					★
陕西省			★		
甘肃省					★
青海省					★
宁夏回族自治区					★
新疆维吾尔自治区		★			

资料来源：笔者根据地方碳中和发展力指数（2022）中的成长力指标得分绘制。

第二梯队主要分布在华北地区、华东地区、华南地区、华中地区及西北地区，其成长力指数平均得分为 10.06 分，天津市、新疆维吾尔自治区在经济发展指标上表现较为优异，江西省、河北省在产业特征方面较为突出，湖南省及江西省在二级指标得分上较为均衡，海南省则差异较大。

第三梯队分布较为分散，包括位于东北地区的辽宁省、西南地区的四川省、华东地区的安徽省和福建省、华中地区的河南省、西北地区的陕西省。六省成长力指数分布在 9.24—9.70 分，成长力平均分值为 9.49 分，指数分布较为均衡。

第四梯队包括广西壮族自治区、黑龙江省、湖北省、云南省、吉林省及山西省，分布同样跨越多个区域，涵盖东北地区、华中地区、华北地区、西南地区及华南地区，其成长力指标平均分值为 8.68 分，其中湖北省、吉林省和黑龙江省仍存在较大的经济发展空间。

第五梯队包括青海省、重庆市、甘肃省、贵州省、内蒙古自治区、宁夏回族自治区和西藏自治区，主要集中在西南地区和西北地区，其中青海省的经济发展指标得分排名全国中上，但在产业特征方面还有很大提升空间。其他各省在经济发展及产业特征上表现较为一般，七省份成长力指标得分平均值为4.99分，与第四梯队存在明显差距。

从成长力的二级分项指标来看，广东省、浙江省、北京市、江苏省、上海市及新疆维吾尔自治区在经济增长方面领先全国其他省份（见图2-34）。北京市在产业特征指标上表现最佳，东部和西南地区的个别省份也名列前茅，如山东省、四川省在该指标表现突出。

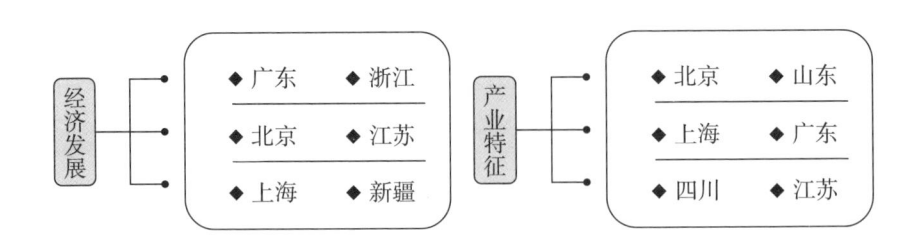

图2-34　成长力二级分项指标标杆省份

资料来源：笔者根据地方碳中和发展力指数（2022）中的成长力指标得分绘制。

【专栏】

以特色鲜明的北京市为例进行具体分析，其在全国各地区的成长力指标排名中表现突出，经济发展实力强劲，产业高级化特征明显，为碳达峰碳中和目标的实现夯实了经济基础，提供了产业条件。高度发达且稳定的城镇化程度、较高的人均可支配收入以及高新技术产业的迅速发展成为其背后的关键驱动因素。

从经济发展指标维度看，2021年北京市的城镇化率为87.5%，位居全国第二，远超64.7%的全国城镇化率平均水平。同时，该地区人均地区生产总值与居民人均可支配收入分别为183980元与75002元，高于80976元与35128元的全国平均水平。2021年北京市人民政府印发《北京市国民经济和社会发展第十四个五年规划和二〇三五年远景目标纲要》，指出要努力实现经济发展质量效益明显提升，基本形成具有首都特点的现代化经济体系，人均地区生产总值达到21万元，数字经济成为发展新动能，战略性新兴产业、未来产业持续壮大，服务业优势进一步巩固，形成需求牵引供给、供给创造需求的更高水平动态平衡。

从产业特征的指标维度上看，北京市产业高级化水平位居全国第一，产业结构与就业结构匹配度较高，表明该地区第三产业相对发展较快，产业就业互助反哺能力较强。2021年，北京市人民政府印发《北京市"十四五"时期高精尖产业发展规划》，为加快科技创新构建高精尖经济结构，探索实践具有首都特色的产业转型升级之路，塑造参与全球产业合作和竞争新优势提供了政策指引。

在行动举措方面，北京市积极构建"2441"高精尖产业体系，努力做大新一代信息技术产业、医药健康产业两个国际引领支柱产业，做强集成电路产业、智能网联汽车产业、智能制造与装备产业、绿色能源与节能环保产业四个特色优势产业，做优区块链与先进计算产业、科技服务业、智慧城市、信息内容消费业四个创新链接产业，抢先布局生物技术与生命科学、碳减排与碳中和、前沿新材料、量子信息、光电子、新型存储器、脑科学与脑机接口等一批未来前沿产业。2021年，北京市高精尖产业发展驶入快车道，先后推出中关村新一轮先行先试重大改革举措，成立中关村国家实验室、怀柔国家实验室、昌平国家实验室，综合性国家科学中心取得阶段性成果，"三城一区"主平台建设迈出重要步伐；不断提升新一代信息技术、医药健康"双引擎"带动作用，加强集成电路全产业链布局，成为全国半导体领域最重要的科技创新和产业集聚区；推进大数据上云上链共享，"七通一平"数字底座成形。着力打造一批数据灯塔项目，国际大数据交易所设立运行，高级别自动驾驶示范区迭代升级。

5.3.2 转型力指标：绿色工业与能源结构

根据各地区转型力得分的高低顺序，依次将其划分为五个梯队（见表2-6）。

表2-6 全国各地区碳中和转型力指数排名

省份	第一梯队	第二梯队	第三梯队	第四梯队	第五梯队
北京市		★			
天津市		★			
河北省				★	
山西省			★		
内蒙古自治区				★	
辽宁省					★
吉林省					★
黑龙江省					★
上海市			★		
江苏省	★				
浙江省	★				
安徽省				★	
福建省	★				
江西省				★	
山东省	★				
河南省			★		

续表

省份	第一梯队	第二梯队	第三梯队	第四梯队	第五梯队
湖北省		★			
湖南省			★		
广东省	★				
广西壮族自治区					★
海南省			★		
重庆市		★			
四川省	★				
贵州省			★		
云南省			★		
西藏自治区					★
陕西省		★			
甘肃省				★	
青海省				★	
宁夏回族自治区					★
新疆维吾尔自治区					★

资料来源：笔者根据地方碳中和发展力指数（2022）中的转型力指标得分绘制。

第一梯队包括广东省、江苏省、浙江省、福建省、四川省和山东省，转型力指数平均分得为 15.14 分，极差为 1.28 分，小于成长力指标。

第二梯队包括湖北省、陕西省、河南省、天津市、重庆市及北京市，主要分布在华中及华北等地区，得分范围在 11.74—13.66 分，平均得分为 12.33 分。

第三梯队包括贵州省、山西省、湖南省、上海市、云南省和海南省，其转型力指标平均分值为 11.26 分，其中山西省在绿色工业方面排名全国前六，但在能源结构指标上的得分全国最低。总体来看，六省市该项得分相差较小，极差小于1.3分。

第四梯队分布在华东、华中、华南、华北及西北地区，包括河北省、安徽省、江西省、甘肃省、青海省及内蒙古自治区，其转型力平均得分为9.52分，其中河北省、安徽省、江西省在二级指标上表现较为均衡，其他地区在绿色工业或能源结构上各有侧重。

第五梯队包括黑龙江省、吉林省、辽宁省、广西壮族自治区、新疆维吾尔自治区、西藏自治区及宁夏回族自治区，得分范围在6.80—8.66分。其中广西壮族自治区、新疆维吾尔自治区的能源结构得分在全国排名靠前；而其余省区在两类指标上排名都相对靠后，仍需继续推动绿色工业发展，加快能源结构调整进程。

从转型力的二级分项指标来看，在绿色工业指标上，江苏省位居全国第一，华东地区的山东省、浙江省、福建省、华南地区的广东省和华北地区的山西省都表现卓越；在能源结构指标上广东省则独占鳌头，与四川省、青海省、浙江省、福建省及海南省一同位列全国前六名（见图2-35）。

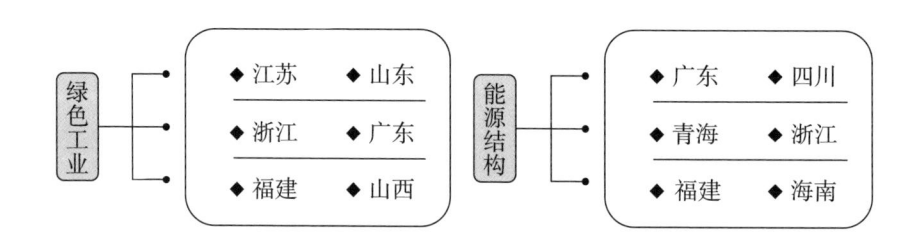

图2-35 转型力二级分项指标标杆省份

资料来源：笔者根据地方碳中和发展力指数（2022）中的转型力指标得分绘制。

【专栏】

广东省在全国转型力指标排名中表现优异，工业绿色化转型较快，清洁能源占能源消费比重较高，有效助力地区节能减排与减污降碳。高比例可再生能源发电量及相对较低的单位工业增加值污染排放量成为广东省发达转型力的重要表征。

从绿色工业的指标维度来看，2021年12月，广东省人民政府发布《关于加快建立健全绿色低碳循环发展经济体系的实施意见》，明确指出推进工业绿色升级，构建全产业链和产品全生命周期的绿色制造体系，培育一批工业产品绿色设计示范企业，积极创建绿色工厂和绿色园区。加快实施钢铁、石化、化工、有色、建材、纺织、造纸、皮革等行业绿色化改造。在实践层面，根据工业和信息化部2021年度国家级绿色制造名单，广东省成功入围绿色工厂35家、绿色设计产品316项、绿色供应链管理企业14家，远超全国其他地区，绿色制造体系建设不断完善。

从能源结构的指标维度上看，广东省着力推动新能源发电占比不断提升，尤其在推广光伏发电应用层面提出四大举措：一是因地制宜建设集中式光伏电站项目。结合国家光伏电站用地政策以及广东省资源条件，鼓励发展渔光互补、农光互补等复合型光伏发电项目，支持韶关积极探索"光伏+石漠化治理"新发展模式。二是大力支持分布式光伏发展。积极推进光伏建筑一体化和整县屋顶光伏试点建设，鼓励光伏在交通、通信、数据中心等领域的多场景应用。三是规范光伏发电项目管理。督促有关地市抓紧编制实施光伏发电发展规划和项目年度开发计划，加强项目滚动管理，促进光伏发电项目有序开发，引导行业健康发展。四是加强电网规划衔接，做好光伏发电项目配套电网工程规划建设，促进光伏发电项目电网消纳。

5.3.3 竞争力指标：基建水平与科技创新

根据各地区竞争力得分的高低顺序，依次将其划分为五个梯队（见表2-7）。

第一梯队包括江苏省、广东省、浙江省、山东省、安徽省及四川省，平均得分为14.10分，极差超过4.8分，表明六省之间竞争力水平仍存在较大差异。

第二梯队分布较为分散，包括位于华东地区的上海市、华北地区的北京市、东北地区的辽宁省、西北地区的陕西省及华中地区的湖南省和湖北省，得分范围在10.72—11.26分，平均得分为11.03分，其中河南省在基建水平上表现较为突出，排名全国第六，但在科技创新方面还需加大投入。各省份竞争力大致相当，但与第一梯队存在较大差距。

第三梯队包括河南省、河北省、福建省、山西省、云南省及内蒙古自治区，分布在华中、华北、华东及西南等地区，六省份竞争力平均得分为9.98分。其中，河北省、福建省、山西省及内蒙古自治区在二级指标上得分较为均衡，河南省和云南省在基建水平或科技创新方面各有侧重。

第四梯队包括新疆维吾尔自治区、广西壮族自治区、江西省、吉林省、甘肃省、天津市，竞争力指标得分范围在8.21—9.18分，平均得分为8.61。

第五梯队则包括贵州省、青海省、重庆市、黑龙江省、海南省、宁夏回族自治区及西藏自治区，主要集中在西北地区、西南地区和东北地区，平均得分为6.32分。

表 2-7　全国各地区碳中和竞争力指数排名

省份	第一梯队	第二梯队	第三梯队	第四梯队	第五梯队
北京市		★			
天津市				★	
河北省			★		
山西省			★		
内蒙古自治区			★		
辽宁省		★			
吉林省				★	
黑龙江省					★
上海市		★			
江苏省	★				
浙江省	★				
安徽省	★				
福建省			★		
江西省				★	
山东省	★				
河南省			★		
湖北省		★			
湖南省		★			
广东省	★				
广西壮族自治区				★	
海南省					★
重庆市					★
四川省		★	★		

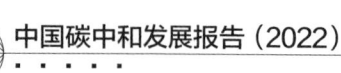

续表

省份	第一梯队	第二梯队	第三梯队	第四梯队	第五梯队
贵州省					★
云南省			★		
西藏自治区					★
陕西省		★			
甘肃省				★	
青海省					★
宁夏回族自治区					★
新疆维吾尔自治区				★	

资料来源：笔者根据地方碳中和发展力指数（2022）中的竞争力指标得分绘制。

从竞争力的二级分项指标来看，江苏省、广东省、安徽省、浙江省、山东省及河南省在基建水平指标上位居全国前六名。在科技创新方面，江苏省也位列第一，华东地区其他的浙江省、山东省也都榜上有名，华北地区的北京市及华南地区的广东省也在该项指标表现突出（见图2-36）。

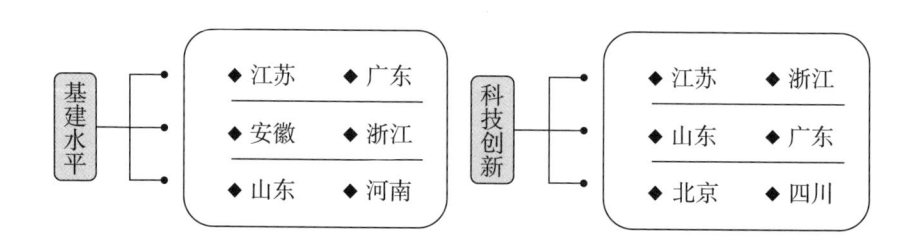

图2-36 竞争力二级分项指标标杆省份

资料来源：笔者根据地方碳中和发展力指数（2022）中的竞争力指标得分绘制。

【专栏】

以表现优异的江苏省为例进行分析。2022年江苏省竞争力指标得分在全国各地区依旧名列前茅，在基建水平及科技创新方面均处于全国领先地位，彰显了其在传统基建转换升级、新基建快速推进及科技创新实力不断强化上取得的突出成就，为实现碳达峰碳中和打造了优势条件，也为绿色低碳发展注入了不竭动力。公共交通运输产业快速发展、新能源汽车配套设施广泛铺设、5G基站数量不断增加及高强度的科技创新投入是江苏省竞争力接续处于全国领先地位的主要原因。

从基建水平的指标维度上看，2021年江苏省累计客运量43789万人次，远超全国平均水平，铁路运营里程增速列于全国第二，新能源汽车上牌量达23.9万辆，新建各类充电设施11.89万根，全年高速充电量位居全国第一，公共充电量位列全国第二。总体来看，江苏省在传统交通基础设施和新能源配套设施建设方面表现卓越。此外，江苏省2021年建成并开通5.9万个5G基站，总数达13万个，位列全国第二，同时稳步推进5G融合应用，在钢铁、交通、教育等重点领域实施2306个5G行业应用项目，打造699个示范应用标杆。未来，江苏省将继续拓展5G应用场景和商业模式，支持南京、苏州、无锡等具备条件的地区建设5G融合应用先导区。

从科技创新的指标维度上看，江苏省在科研论文发表、创新投入强度、有效发明专利、技术市场交易等多项指标仍保持全国领先地位。2021年江苏省科技创新工作取得重大突破，全社会研发投入达3300亿元左右，占地区生产总值比重达2.95%，接近创新型国家和地区中等水平；高新技术产业产值占规模以上工业产值比重达47.5%，增加1个百分点；万人发明专利拥有量达41件，是全国平均水平的2倍；科技进步贡献率达66.1%，提高1个百分点。紫金山实验室纳入国家战略科技力量布局，战略科技力量培育持续强化；集成实施200

> 余项产业前瞻与关键核心技术研发和重大科技成果转化项目,在系统设计与仿真验证平台软件、高强高模碳纤维等关键核心技术方面取得重要突破;加快科技上市企业培育,新增上市公司 86 家,其中主板 12 家、创业板 38 家、科创板 29 家、北创板 7 家。

5.3.4 协调力指标:金融财税与生态建设

根据各地区协调力得分的高低顺序,依次将其划分为五个梯队(见表 2-8)。

第一梯队包括广东省、黑龙江省、重庆市、吉林省、上海市和北京市,得分范围在 9.18—10.44 分,平均得分为 9.78 分,且六省份在金融财税得分上也名列前茅。

第二梯队包括青海省、四川省、江西省、湖南省、山东省和云南省,主要分布在西北、西南、华中和华东地区,得分范围在 8.18—9.03 分,均值为 8.54 分,同第一梯队相比存在一定差距。

第三梯队有浙江省、甘肃省、湖北省、海南省、宁夏回族自治区及河北省,得分范围在 7.95—8.09 分,平均为 8.01 分。

第四梯队包括福建省、内蒙古自治区、辽宁省、贵州省、广西壮族自治区和江苏省,得分范围在 7.63—7.89 分,平均为 7.79 分,各省份间差距较小。

第五梯队包括山西省、安徽省、天津市、新疆维吾尔自治区、西藏自治区、陕西省和河南省,得分范围在 6.74—7.42 分,平均分为 7.06 分,其中山西省在金融财税上表现良好,但在生态建设上还需加大投入力度。

表 2-8　全国各地区碳中和协调力指数排名

省份	第一梯队	第二梯队	第三梯队	第四梯队	第五梯队
北京市	★				
天津市					★
河北省			★		
山西省					★
内蒙古自治区				★	
辽宁省				★	
吉林省	★				
黑龙江省	★				
上海市	★				
江苏省				★	
浙江省			★		
安徽省					★
福建省				★	
江西省		★			
山东省		★			
河南省					★
湖北省			★		
湖南省		★			
广东省	★				
广西壮族自治区				★	
海南省			★		
重庆市	★				
四川省		★			
贵州省				★	

续表

省份	第一梯队	第二梯队	第三梯队	第四梯队	第五梯队
云南省		★			
西藏自治区					★
陕西省					★
甘肃省			★		★
青海省		★			
宁夏回族自治区			★		
新疆维吾尔自治区					★

资料来源：笔者根据地方碳中和发展力指数中的协调力指标得分绘制。

从协调力的二级分项指标来看，重庆市在金融财税指标方面表现最好，广东省、吉林省、上海市、甘肃省和北京市也居全国前六名。黑龙江省则在生态建设指标上表现最佳，这使其在协调力指标上得分位居前列。四川省凭借其得天独厚的自然条件在生态建设指标上名列前茅，东部地区的江苏省和上海市大力建设城市生态，在该指标上也表现优异（见图2-37）。

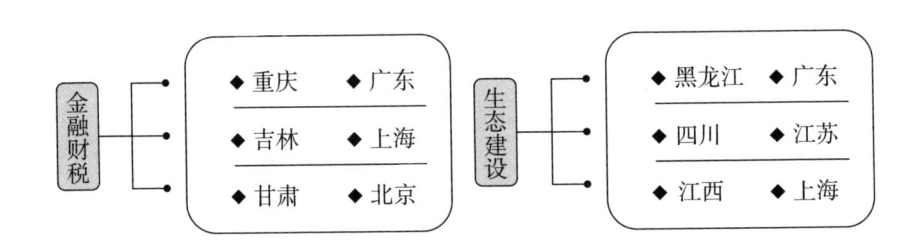

金融财税：◆ 重庆　◆ 广东　◆ 吉林　◆ 上海　◆ 甘肃　◆ 北京

生态建设：◆ 黑龙江　◆ 广东　◆ 四川　◆ 江苏　◆ 江西　◆ 上海

图 2-37　协调力二级分项指标标杆省份

资料来源：笔者根据地方碳中和发展力指数中的协调力指标得分绘制。

【专栏】

以上海市为例，2021年，上海市实现金融财税和生态建设工作提质增效，推动协调力稳步提升，为碳中和进程的稳步有序推进发挥了保驾护航作用，促进了生态环境持续改善。

首先，从金融财税指标维度上看，2021年上海市金融业增加值达到7973.25亿元，占全市经济总量的18.5%，占全国金融业增加值的8.7%，居各城市之首。金融市场交易额、融资额等核心指标已追平甚至赶超国际发达金融中心，持牌金融机构达1707家，金融机构总数逾万家，上海市金融从业人员达50万人，高层次金融人才数量以及专业化程度不断提升。同时出台实施全球资产管理中心、国际绿色金融枢纽、国际再保险中心建设支持政策，绿色金融发展势头强劲，为绿色低碳项目提供低成本稳定资金，推动了社会资本向绿色低碳行业倾斜。此外，2021年上海市在财税工作方面不断加大力度夯实税基、厚植税源，加强财政资源统筹，保持财政环保支出强度，在推动节能降碳、生态建设工作上发挥了重要的"源头活水"作用。

其次，从生态建设的指标维度上看，上海市全面推行林长制，推动落实世博文化公园北区开园，免费或延长开放公园增加42个，新增森林5.1万亩、绿地1031.8公顷、绿道212.6千米、立体绿化40.6万平方米。全面完成崇明世界级生态岛第四轮三年行动计划，成功举办第十届中国花卉博览会。2021年，上海市人民政府办公厅印发《上海市2021—2023年生态环境保护和建设三年行动计划》，指出将持续提升生态空间规模和品质，系统推进绿地、林地、湿地建设和保护，以近郊绿环、9条市域生态走廊、17条生态间隔带为市域生态骨架，聚焦重点结构性生态空间实施造林，持续增加森林面积，努力实现2021年至2023年，每年新建绿地1000公顷，加强生物多样性保护，持续深化崇明世界级生态岛建设，为上海市高质量开展生态建设工作提供了政策保障。

5.3.5 持续力指标：环境质量与绿色生活

根据各地区协调力得分的高低顺序，依次将其划分为五个梯队（见表2-9）。

第一梯队包括北京市、海南省、青海省、浙江省、天津市和上海市六个省份，得分范围在20.12—23.21分，平均分为21.47分。其中，除浙江省和天津市外，其他四省份都属于环境质量得分上的第一梯队。

第二梯队的分数分布在17.57—20.04分，平均为18.87分，主要包括位于西南地区的西藏自治区和重庆市、位于华东地区的福建省、位于西北地区的甘肃省和宁夏回族自治区以及位于华南地区的广西壮族自治区。

第三梯队的云南省和四川省都位于西南地区，其他省份包括湖南省、江西省、陕西省和江苏省，分数范围为16.57—17.04分，平均为16.82分。

第四梯队的分数较为集中，与第三梯队相差不大，包括贵州省、广东省、吉林省、安徽省、湖北省和河南省。该梯队极差小于1.4，得分较为均衡。

第五梯队有黑龙江省、河北省、新疆维吾尔自治区、辽宁省、山西省、山东省和内蒙古自治区，大部分位于北部地区，分数分布在10.24—14.37分，平均为12.44分。

表2-9 全国各地区碳中和持续力指数排名

省份	第一梯队	第二梯队	第三梯队	第四梯队	第五梯队
北京市	★				
天津市	★				

续表

省份	第一梯队	第二梯队	第三梯队	第四梯队	第五梯队
河北省					★
山西省					★
内蒙古自治区					★
辽宁省					★
吉林省				★	
黑龙江省					★
上海市	★				
江苏省			★		
浙江省	★				
安徽省				★	
福建省		★			
江西省			★		
山东省					★
河南省				★	
湖北省				★	
湖南省			★		
广东省				★	
广西壮族自治区		★			
海南省	★				
重庆市		★			
四川省			★		
贵州省				★	
云南省			★		
西藏自治区		★			
陕西省			★		
甘肃省		★			

续表

省份	第一梯队	第二梯队	第三梯队	第四梯队	第五梯队
青海省	★				
宁夏回族自治区		★			
新疆维吾尔自治区					★

资料来源：笔者根据地方碳中和发展力指数中的持续力指标得分绘制。

从持续力的二级分项指标来看，西藏自治区在环境质量上表现最佳，与青海省、北京市、海南省、重庆市和上海市位居全国前六，多数为南方城市。在绿色生活指标上，得分全国前六的省市主要位于我国华东地区，包括浙江省、江苏省、湖南省、北京市、广东省和福建省，得益于各省市在建设发展中积极推广绿色生活理念（见图2-38）。

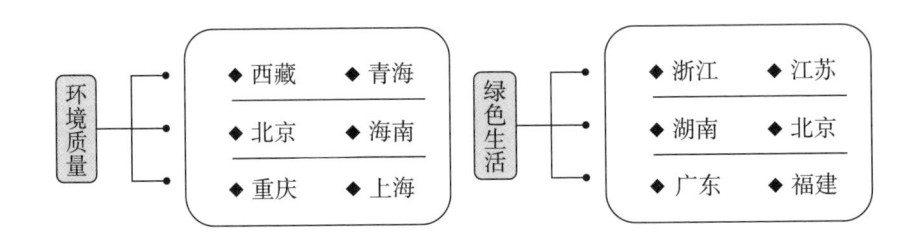

环境质量：◆西藏 ◆青海 ◆北京 ◆海南 ◆重庆 ◆上海

绿色生活：◆浙江 ◆江苏 ◆湖南 ◆北京 ◆广东 ◆福建

图2-38 持续力二级分项指标标杆省份

资料来源：笔者根据地方碳中和发展力指数中的持续力指标得分绘制。

【专栏】

浙江省的持续力指标位居全国前列，跃升至第一梯队，说明其碳中和持续力稳步提升，有利于为碳中和目标下的节能减排与低碳发展提供持久动力支撑。

其绿色生活水平排名第一，环境质量指标也排名靠前，是浙江省持续力增强的关键驱动因素。

从环境质量的指标维度上看，浙江生态环境状况指数持续保持全国前列。11个设区市中，9个为优，2个为良，PM 2.5平均浓度为24微克/立方米，比2020年下降4%。空气质量优良天数比率为94.4%，比2020年上升0.8个百分点。2021年，浙江省坚持科学治气、精准治水、依法治土、全域清废、全面治塑，稳步推进碳达峰碳中和，着力强化生物多样性保护和生态修复，闭环开展环保督察整改，高度重视数字化赋能生态环境监督工作，加快推进生态文明领域改革，深入实施环保服务高质量发展工程。

从绿色生活指标维度上看，浙江省绿色生活的大部分三级指标，如城镇绿色建筑占比、新能源汽车消费占比都处于全国领先水平。2021年，浙江省积极在全社会推广绿色发展方式和生活方式，大中城市中心城区绿色出行比例达73%、公共领域车辆新能源化比例达62%。城镇每万人口公共交通客运量74.9万人次，全省新能源汽车保有量71万辆，城镇绿色建筑面积占新建建筑比重达97.0%。未来，浙江省将继续提高城市公交、出租、物流等交通车辆新能源化率，城镇新建民用建筑全面实施低能耗建筑标准，加快发展超低能耗建筑，不断促进绿色生活水平跃升。

6. 中国碳中和发展力指数分析：城市篇

6.1 城市碳中和发展力指数的整体情况

中国碳中和发展力指数的核算结果表明，各地区代表性城市的整体表现分布在25—70分，平均分为45.09分。其中，25—30分的城市有4个，30—40分的城市有23个，40—50分的城市有24个，50—60

分的城市有23个，60—70分的城市有4个，杭州市、广州市、深圳市位居全国前三名。华北、东北、华东、华中、华南、西南和西北七个地区的城市碳中和发展力指数的平均得分分别为38.45分、41.05分、52.84分、44.86分、53.81分、45.07分和35.20分，其中华东、华南地区分数相对较高，如图2-39所示。整体来看，地级市层面碳中和发展力指数符合预期，分布合理，与各地区的经济发展模式、能源战略定位、环境治理能力等特征密切相关。

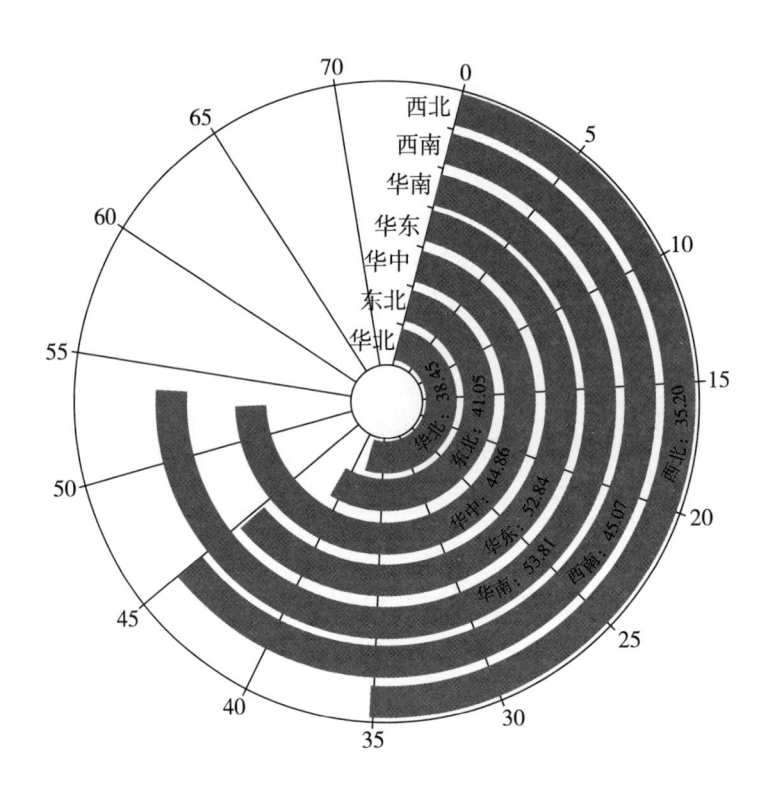

图2-39 七大地区代表性城市碳中和发展力指数分布情况

资料来源：笔者根据中国碳中和发展力指数（2022）绘制。

整体来看，各地区代表性城市碳中和发展力指数从高到低可以分为三个梯队，如表2-10所示。

第一梯队包括华东、华南地区，平均得分为52.84分、53.81分，代表性城市为上海市、厦门市、广州市、深圳市等；第二梯队为东北、华中、西南三个地区，碳中和发展力指数的平均得分为41.05分、44.86分、45.07分，代表性城市有沈阳市、大连市、昆明市、成都市等；第三梯队包括华北、西北两个地区，平均得分为38.45分、35.20分，代表性城市有石家庄市、保定市、西安市、兰州市等。

表2-10　全国各地区地级市碳中和发展力指数平均得分等级

地区	第一梯队	第二梯队	第三梯队
华中		★	
华南	★		
东北		★	
华东	★		
西南		★	
华北			★
西北			★

从"五力"角度来看，各地区的平均得分及排名情况如图2-40所示。成长力指标华南、华东地区表现较好，转型力指标华东地区表现最优，竞争力指标华南、华东地区处于领先地位，持续力指标西南地区表现最佳，协调力指标华东地区得分最高。

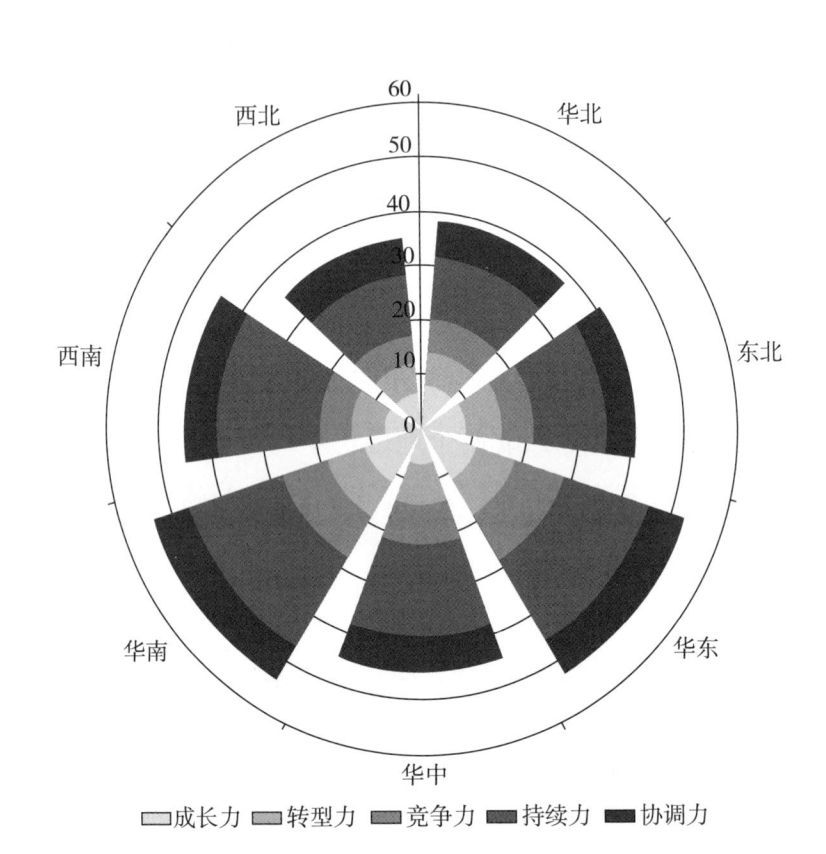

图 2-40　全国各地区碳中和发展力"五力"得分情况

资料来源：笔者根据中国碳中和发展力指数（2022）绘制。

6.2　碳中和发展力指数的最佳城市

从最终得分来看，杭州市、广州市、深圳市、南京市、厦门市、青岛市分别位居全国前六名，是我国地级市中碳中和发展力指数表现最佳的六个城市。从具体的"五力"得分来看，不同城市各具特色（见图 2-41）。

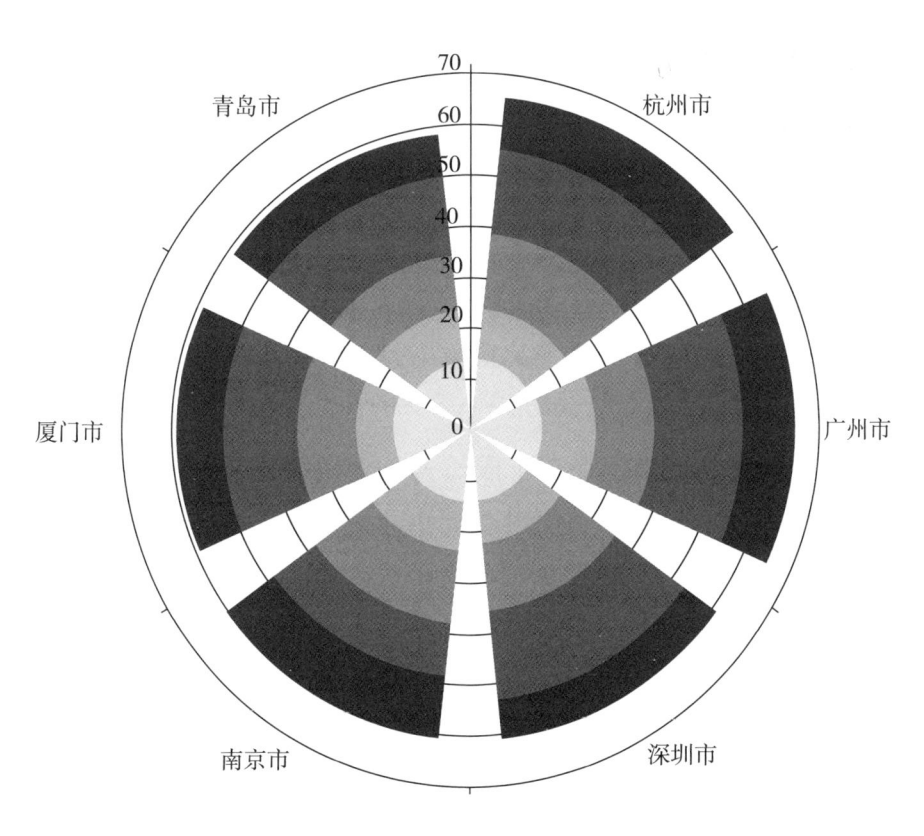

□成长力 ■转型力 ■竞争力 ■持续力 ■协调力

图 2-41　六大最佳地级市的"五力"得分比较

资料来源：笔者根据中国碳中和发展力指数（2022）绘制。

杭州市在竞争力和协调力两个方面体现出较大优势，在基建水平和科技创新水平方面均有较高得分，在实现碳中和过程中有利于吸引创新性要素集聚。

广州市在成长力、转型力和协调力上表现突出，这与其在经济发展、产业升级以及绿色工业转型、能源结构改善方面的大量投入密切相关，期待未来在碳中和发展路径上持续发力。

深圳市在竞争力方面表现优异，其该项指标得分在全国各地级市中排第 4 名，主要归因于其拥有大量的科研人才与科技创新投入，在实现碳中和过程中有利于优势要素的汇集。

南京市碳中和发展力的优势主要体现在竞争力和协调力方面。协调力在所有地级市中得分最高，这与南京市本身的较高生态建设水平、良好的金融财税发展密切相关。竞争力指标得分在全国排第 2 名，基建水平较高且科技创新能力强。

厦门市的指标突出特点在于成长力和协调力方面，成长力指标得分为全国第 1 名，协调力指标得分排第 7 名，厦门市具有良好的产业结构以及经济发展水平，且在生态建设方面走在全国前列。

青岛市在转型力方面表现较为突出，该指标在所有城市中排第 4 名，但与其他五市相比，在持续力与协调力方面则有较大的提升潜力。未来青岛市在碳中和相关工作中应注重环境质量以及科技创新水平的提高。

结合"五力"模型进一步分析"五力"对六个城市碳中和发展力的贡献率，即"五力"指标得分在总体指标得分中的占比情况。可以发现，各地级市的"五力"贡献率各有不同。具体而言，杭州市"五力"贡献率相对较大的是竞争力和持续力；广州市在成长力和持续力两个方面对碳中和发展力指数有较大的贡献程度；深圳市成长力与持续力贡献率最大，而转型力和协调力的贡献率相对较小；南京市的成长力、竞争力与协调力贡献率较大；厦门市与青岛市在"五力"贡献率结构上大体相似，其中成长力与持续力的贡献率最大，但厦门市转型力贡献率相对更低（见图 2-42）。

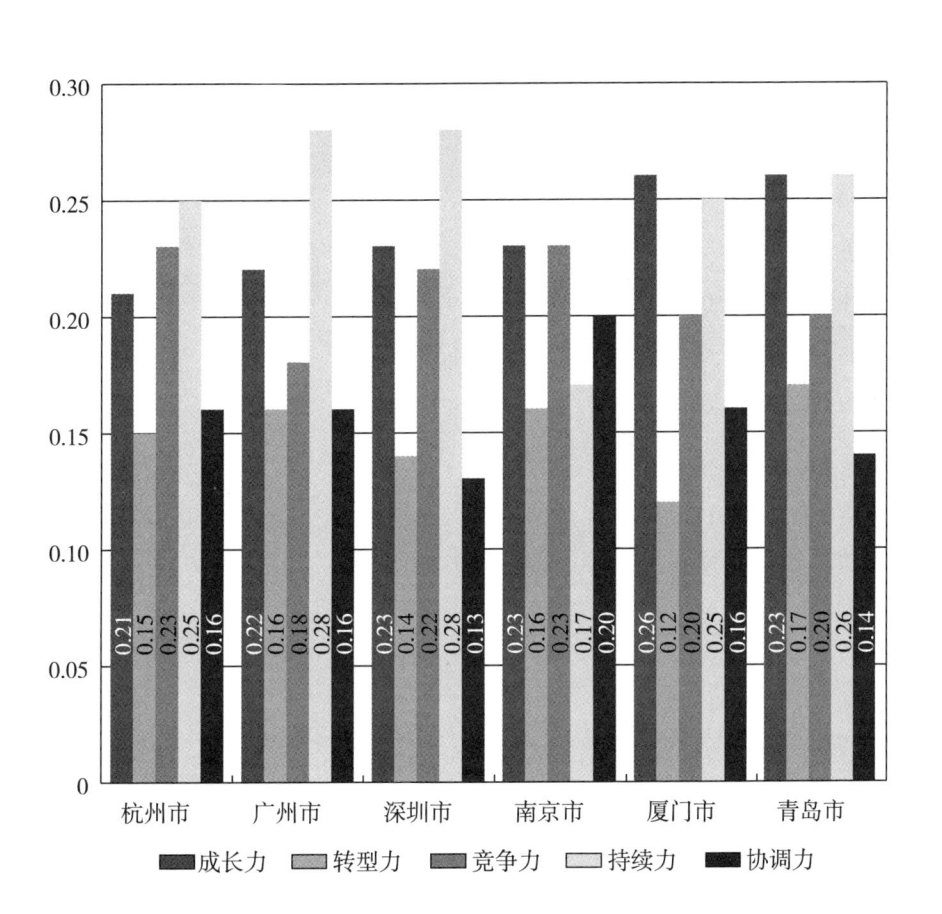

图 2-42 六大最佳城市的"五力"贡献分析

资料来源：笔者根据中国碳中和发展力指数（2022）绘制。

6.3 "五力"模型与城市碳中和发展力

6.3.1 成长力指标：经济发展与产业特征

根据成长力得分的高低顺序将代表性城市划分为四个梯队，如表 2-11 所示，①、②、③、④分别代表第一梯队到第四梯队。

表2-11 代表性城市碳中和成长力指数排名

城市	梯队	城市	梯队	城市	梯队
厦门	①	林芝	②	长沙	③
宁波	①	济南	②	咸阳	③
苏州	①	长春	②	贵阳	③
广州	①	合肥	②	温州	③
珠海	①	西宁	②	齐齐哈尔	③
南京	①	景德镇	②	开封	③
大连	①	大同	②	桂林	③
杭州	①	西安	②	四平	③
深圳	①	乌鲁木齐	②	绵阳	③
青岛	①	大庆	②	天水	③
烟台	①	南昌	②	哈尔滨	③
三亚	①	九江	②	吴忠	④
沈阳	①	襄阳	②	延安	④
福州	①	南宁	②	中卫	④
海口	①	唐山	③	宜宾	④
武汉	①	黄山	③	临汾	④
太原	②	扬州	③	保定	④
成都	②	吉林	③	岳阳	④
衢州	②	丽江	③	海东	④
鄂尔多斯	②	银川	③	张家界	④
芜湖	②	宜昌	③	安顺	④
呼和浩特	②	铁岭	③	遵义	④
北海	②	兰州	③	石家庄	④
包头	②	郑州	③	洛阳	④

续表

城市	梯队	城市	梯队	城市	梯队
泉州	②	昆明	③	吐鲁番	④
拉萨	②	日喀则	③	大理州	④

资料来源：笔者根据代表性城市碳中和发展力指数（2022）绘制。

第一梯队包括厦门市、南京市、广州市、苏州市等，集中在华南、华东地区，得分范围在11.27—15.64分，平均分为13.37分，该梯队极差超过3分，表明各地级市的碳中和成长力存在较大差异。

第二梯队主要分布在华东、华北、西南地区，其成长力指数平均得分为9.45分，得分范围在8.11—10.69分，其中衢州市、成都市等地表现较好，得分在10分以上，该梯队的极差小于3分，表明各地级市得分较为均衡。

第三梯队中，华中地区、东北地区、西北地区的代表性城市较多，包括哈尔滨市、兰州市、贵阳市、昆明市等。第三梯队成长力指数分布在6.24—7.99分，平均分为7.16分，各地市差异较小。

第四梯队主要集中在西南地区、西北地区，包括保定市、延安市、遵义市等，其成长力指标平均分为4.39分，但指数分布在1.71—5.84分，得分差异较大。该梯队城市在经济发展和产业升级方面还存在很大的提升空间，如吐鲁番市在产业升级方面表现不佳，海东市、延安市则在经济发展指标的得分较低。

从成长力的二级分项指标来看，宁波市、苏州市、广州市、深圳市、厦门市、杭州市在经济发展指标上位居全国前六名。厦门市在产业特征指标上也名列前茅，与大连市、烟台市、珠海市、沈阳市、海口市五个城市一同跻身产业特征指标的全国前六名（见图2-43）。

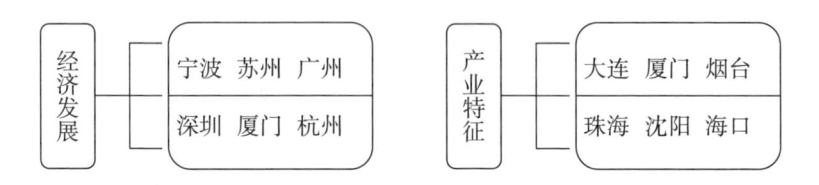

经济发展：宁波 苏州 广州 深圳 厦门 杭州

产业特征：大连 厦门 烟台 珠海 沈阳 海口

图 2-43 成长力二级分项指标标杆城市

【专栏】

以成长力指标在第一梯队的厦门市为例进行具体分析，厦门市具备相对较高的经济增长潜力与良好的产业特征，积极践行制造业数字化转型，逐步提高企业的数字化程度，达到节能、增效、降成本的效果，为碳中和提供了经济增长与绿色低碳协同发展的有力支撑。较高的经济发展水平和迅速的数字化技术产业发展是其背后的关键驱动因素。

从经济发展的指标维度上看，2021年厦门市居民人均可支配收入达到64362元，高于40126元的全国平均水平；城市化率90.10%，位居全国前五名，远超于63%的中国常住人口城镇化率。2021年，厦门市人民政府办公厅印发《厦门市国民经济和社会发展第十四个五年规划和二〇三五年远景目标纲要》，指出厦门将努力建成高质量发展引领示范区，更高水平建设高素质高颜值现代化国际化城市，大力发展数字经济、数字社会、数字政府，建设国家数字经济创新发展试验区。

从产业特征的指标维度上看，厦门市具有较高的产业高级化程度与较低的内外资企业比例，表明厦门市产业数字化结构转型比较成功，且能吸引大量外资企业投资。2019年厦门市人民政府办公厅印发《厦门市加快数字经济融合发展若干措施》（厦府办〔2019〕108号），支持新型信息基础设施建设，如5G网络设施建设，支持设立数字经济支撑服务机构等，推进数字经济与实体经济深度融合。

在行动举措方面，厦门市正加快构建"4+4+6"现代产业体系，把发展数字经济作为长期战略重点，全力做优做强电子信息支柱产业集群，前瞻布局第三代半导体、未来网络等未来产业，推动数字经济与实体经济深度融合，着力激发数字经济新动能，抢抓高质量发展新赛道，在勇担国家责任中创造发展机遇。

6.3.2 转型力指标：绿色工业与能源结构

根据各地区转型力得分的高低顺序，依次将其划分为四个梯队，如表2-12所示，①、②、③、④分别代表第一到第四梯队。

第一梯队包括广州市、青岛市、杭州市、温州市等地，转型力指数平均得分为9.78分，指标得分在9.06—10.66分，分布较为均衡。

第二梯队集中在华南地区、华中地区，主要有厦门市、泉州市、深圳市、南昌市等，得分范围在7.18—8.99分，平均得分为7.96分，第二梯队城市的转型力得分极差较小。

第三梯队包括衢州市、贵阳市、九江市、福州市等地，集中在西南地区和华东地区，转型力指标平均分值为5.89分。总体来看，第三梯队得分集中在5.02—6.93分，各市之间差距不大。

第四梯队城市主要为西北地区、华北地区的代表性城市，如中卫市、吴忠市、鄂尔多斯市、临汾市等，其转型力平均得分为4.44分，整体得分分布在2.79—4.99分。该梯队城市的转型力得分普遍较低，主要是因为其工业绿色转型成效较差，且能源结构转型步伐较慢。

表 2-12　代表性城市碳中和转型力指数排名

城市	梯队	城市	梯队	城市	梯队
广州	①	绵阳	②	乌鲁木齐	③
大连	①	襄阳	②	宜宾	③
沈阳	①	泉州	②	丽江	③
青岛	①	昆明	②	呼和浩特	③
宁波	①	唐山	②	拉萨	③
武汉	①	开封	②	银川	③
石家庄	①	厦门	②	景德镇	③
杭州	①	南昌	②	大同	③
成都	①	三亚	③	吉林	③
南京	①	扬州	③	包头	③
苏州	①	日喀则	③	衢州	③
济南	①	福州	③	四平	③
温州	②	张家界	③	齐齐哈尔	③
合肥	②	岳阳	③	铁岭	④
郑州	②	遵义	③	西宁	④
哈尔滨	②	兰州	③	延安	④
长春	②	珠海	③	北海	④
深圳	②	芜湖	③	海东	④
南宁	②	安顺	③	临汾	④
长沙	②	天水	③	吐鲁番	④
西安	②	咸阳	③	宜昌	④
保定	②	太原	③	大庆	④
桂林	②	黄山	③	鄂尔多斯	④

续表

城市	梯队	城市	梯队	城市	梯队
洛阳	②	九江	③	林芝	④
烟台	②	大理州	③	吴忠	④
海口	②	贵阳	③	中卫	④

资料来源：笔者根据代表性城市碳中和发展力指数（2022）绘制。

从转型力的二级分项指标来看，在绿色工业指标上，广州市位居全国第一，青岛市、石家庄市、宁波市、大连市、南京市位居前六名。在能源结构指标上代表性城市排名前六名的分别是杭州市、苏州市、沈阳市、武汉市、大连市、昆明市（见图2-44）。

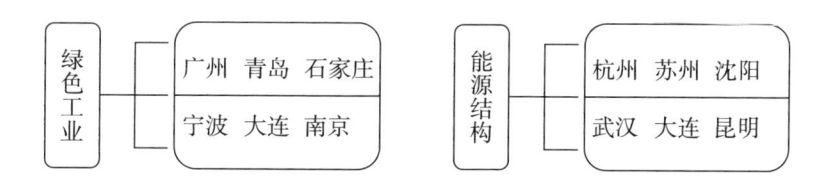

绿色工业：广州 青岛 石家庄 / 宁波 大连 南京

能源结构：杭州 苏州 沈阳 / 武汉 大连 昆明

图2-44 转型力二级分项指标标杆城市

【专栏】

以广州市为例进行分析，其转型力指数在全国代表性城市中表现优异，具备相对较高的工业绿色化率与清洁能源发展水平，有利于为稳步推进碳中和进程奠定坚实基础。较低的污染物排放及较高的治理率是推动广州市绿色低碳发展的关键因素。

从绿色工业的指标维度上看，2020年广州市的人均工业二氧化硫排放量仅为1.07吨，远低于26.51吨的平均水平，且一般工业固体废物综合利用率达到93.06%，高于73.4%的平均水平。广州市以汽车、化工、电子信息、医药、机械、家电、家居、轻工八大行业为重点领域，积极推动绿色制造体系建设示范项目建设。新能源汽车、新一代电子信息制造、绿色石化三大支柱产业和有色、电力等高耗能行业均创建了绿色制造示范项目，累计获得工业和信息化部支持资金超2亿元，推动广州市绿色工业转型发展。

从能源结构的指标维度上看，广州市的人均居民家庭用气总量（煤气、天然气）较为合理。2021年，全市二星级以上绿色建筑标识认证项目面积约1581万平方米，同比增长112%。2021年，广州市住建局依据《广州市能源资源节约总体方案》，对大型公共建筑能耗进行限额管理，积极推动低碳城市建设。

6.3.3　竞争力指标：基建水平与科技创新

根据各地区代表性城市竞争力指标得分的高低顺序，依次将其划分为四个梯队，如表2-13所示，①、②、③、④分别代表第一梯队到第四梯队。

第一梯队主要包括杭州市、南京市、广州市、厦门市等华东地区以及华南地区的城市，平均得分在12.02分，得分分布在10.16—14.90分，极差超过4.5分，表明第一梯队不同城市之间竞争力水平存在较大差异。

第二梯队包括昆明市、南宁市、乌鲁木齐市、长春市等地，主要为北方地区城市，整体得分在7.15—9.95分，平均分为8.33分。该梯队城市的科技创新能力相对较弱，基建水平与第一梯队城市的差距也较大，珠海市、南昌市、芜湖市、海口市的科技创新水平与基建水平得分较为均衡，昆明市、南宁市、长春市的科技创新水平明显低于其基建水平。

第三梯队集中在西南地区、华北地区以及华中地区，如呼和浩特市、开封市、保定市等，竞争力指标得分分布在4.14—6.93分，整体得分较为均衡。

第四梯队包括林芝市、吐鲁番市、九江市等，主要分布在西北地区，部分位于华东地区、东北地区，整体得分在0.65—3.95分，平均得分仅有2.55分。

表2-13　代表性城市碳中和竞争力指数排名

城市	梯队	城市	梯队	城市	梯队
杭州	①	大连	②	鄂尔多斯	③
南京	①	乌鲁木齐	②	拉萨	③
成都	①	遵义	②	桂林	③
深圳	①	长春	②	大同	③
宁波	①	银川	②	天水	③
长沙	①	哈尔滨	②	宜昌	③
郑州	①	扬州	②	襄阳	③
苏州	①	洛阳	②	四平	③
厦门	①	南昌	②	九江	④
广州	①	芜湖	②	岳阳	④
武汉	①	海口	②	临汾	④
青岛	①	兰州	③	铁岭	④
西安	①	南京	③	大庆	④
温州	①	呼和浩特	③	包头	④
沈阳	①	开封	③	西宁	④

续表

城市	梯队	城市	梯队	城市	梯队
贵阳	①	衢州	③	吉林	④
太原	①	宜宾	③	中卫	④
合肥	①	安顺	③	海东	④
福州	①	保定	③	大理州	④
昆明	②	景德镇	③	丽江	④
南宁	②	黄山	③	张家界	④
珠海	②	吴忠	③	延安	④
烟台	②	唐山	③	齐齐哈尔	④
济南	②	三亚	③	林芝	④
泉州	②	北海	③	吐鲁番	④
石家庄	②	咸阳	③	日喀则	④

资料来源：笔者根据代表性城市碳中和发展力指数（2022）绘制。

从竞争力的二级分项指标来看，南京市、深圳市、广州市、西安市、杭州市、成都市在基建水平指标上位居全国前六名。杭州市、长沙市、宁波市、郑州市、成都市、南京市在科技创新指标上排在全国前六位。其中，南京市、杭州市、成都市在基建水平和科技创新两个二级指标上都位居全国各地市前列（见图2-45）。

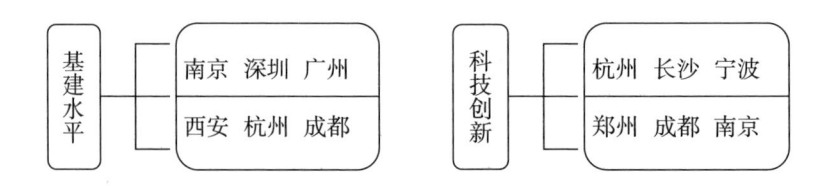

图2-45 竞争力二级分项指标标杆城市

【专栏】

以表现优异的深圳市为例进行分析，其在全国各地区代表性城市中的竞争力指标得分中名列前茅，在基建水平及科技创新方面均处于全国领先地位，为碳中和提供了良好的竞争基础和发展动力。公共交通运输产业迅速发展、新能源汽车配套设施广泛铺设及科技创新是提升深圳市竞争力处于全国领先地位的主要原因。

从基建水平的指标维度上看，2021年深圳市累计公路客运量5105万人次，位居全国前列。道路面积率位居全国第三，高速公路长度占公路长度比例为全国第一。2022年，深圳市新能源汽车充电桩数量达到4447个，位居全国第一。此外，其互联网宽带接入数量等通信设备方面也都居于全国一流水平。2022年，深圳市政府印发《深圳市支持新型信息基础设施建设的若干措施》，从城市网络基础设施、算力基础设施、物联感知基础设施等方面出台24项具体措施，推动深圳市新型基础设施建设。

从科技创新的指标维度上看，深圳市在创新投入强度、科技创新专利数、绿色专利发明数等多个指标方面均位居全国前列。深圳市统计局发布的《2021年深圳市科技经费投入统计公报》显示，2021年深圳研究与试验发展（R&D）经费投入为1682.15亿元，总量稳居全国大中城市第三位，同比增长11.3%，连续七年保持两位数增长。R&D经费投入强度（R&D经费占GDP的比重）为5.49%，连续七年攀升。

6.3.4 协调力指标：生态建设与金融财税

根据各地区代表性城市协调力指标得分的高低顺序，依次将其划分为四个梯队，如表2-14所示，①、②、③、④分别代表第一梯队到第四梯队。

第一梯队包括南京市、杭州市、广州市、厦门市、武汉市等地，得分范围在 9.17—12.36 分，平均分为 9.93 分，主要集中在华东地区、华南地区和西北地区。其中，乌鲁木齐市、拉萨市等城市在生态建设指标方面表现较优，广州市、武汉市等城市的金融财税指标得分较高。

第二梯队包括西安市、太原市、成都市、深圳市等地，分散在不同的地区，得分范围在 7.07—8.98 分，均值为 8.03 分，与第一梯队存在一定的差距。

第三梯队主要为华北地区、华中地区、西南地区的代表性城市，如呼和浩特市、襄阳市、贵阳市等，协调力得分整体分布在 5.03—6.99 分，平均分为 6.08 分。

第四梯队包括桂林市、遵义市、齐齐哈尔市、烟台市等城市，西南地区、东北地区代表性城市较多，平均分在 4.12 分，得分较为均衡。

表 2-14 代表性城市碳中和协调力指数排名

城市	梯队	城市	梯队	城市	梯队
南京	①	济南	②	哈尔滨	③
杭州	①	吴忠	②	石家庄	③
广州	①	宁波	②	芜湖	③
林芝	①	西宁	②	海东	③
大庆	①	扬州	②	延安	③
武汉	①	苏州	②	张家界	③
厦门	①	合肥	②	开封	③
珠海	①	福州	③	绵阳	③

续表

城市	梯队	城市	梯队	城市	梯队
拉萨	①	襄阳	③	海口	③
乌鲁木齐	①	贵阳	③	岳阳	③
包头	①	九江	③	桂林	④
西安	②	南宁	③	北海	④
太原	②	呼和浩特	③	遵义	④
郑州	②	安顺	③	临汾	④
中卫	②	吐鲁番	③	宜宾	④
黄山	②	昆明	③	泉州	④
成都	②	天水	③	烟台	④
青岛	②	宜昌	③	齐齐哈尔	④
鄂尔多斯	②	南昌	③	丽江	④
三亚	②	景德镇	③	咸阳	④
深圳	②	大同	③	兰州	④
长春	②	洛阳	③	温州	④
大连	②	保定	③	铁岭	④
银川	②	长沙	③	四平	④
衢州	②	唐山	③	大理	④
沈阳	②	日喀则	③	吉林	④

资料来源：笔者根据代表性城市碳中和发展力指数（2022）绘制。

从协调力的二级分项指标来看，南京市、大庆市、乌鲁木齐市、厦门市、珠海市、包头市在生态建设指标上表现突出，位于全国前六名。武汉市、广州市、哈尔滨市、保定市、宜昌市、襄阳市则是金融财税指标表现最佳的六个地级市（见图2-46）。

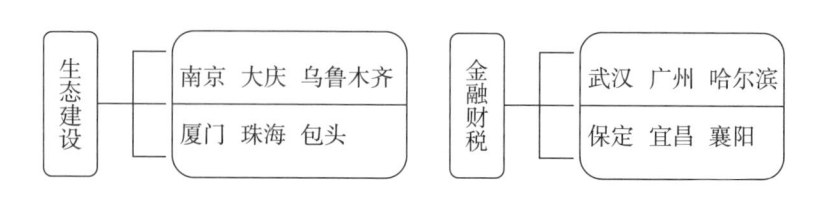

```
生态建设 ── 南京 大庆 乌鲁木齐    金融财税 ── 武汉 广州 哈尔滨
         厦门 珠海 包头                   保定 宜昌 襄阳
```

图 2-46　协调力二级分项指标标杆城市

【专栏】

以南京市为例，南京市的协调力指标得分位居全国各地区代表性城市榜首。依靠金融财税与创新性生态建设的优势，南京市完成了协调力指标的高分答卷，有利于为碳中和进程的深度有序推进提供良好的制度协调与机制保障。

从金融财税的指标维度上看，2021年末南京市金融机构存贷款余额位于全国前列。贷款规模的不断壮大有利于降低碳金融体系建设及低碳产业融资的难度。同时，南京市积极构建绿色金融体系，推出"双碳"创新贷款产品，在一定程度上解决了企业在环保、节能等方面的"融资难""融资贵"问题，有利于推动企业绿色转型升级，提升企业绿色效益水平。

从生态建设的指标维度上看，南京市人均绿地与广场建设面积、人均绿化覆盖率、人均公园绿地面积等指标得分均高于其他地级市，表明南京市生态建设成效显著。且南京市生态禀赋卓越，2021年浦口区被生态环境部命名为国家生态文明建设示范区，先后获评国家级生态示范区、国家生态建设示范区、国家生态区，生态环境质量全省领先。

6.3.5　持续力指标：环境质量与绿色生活

根据各地区代表性城市持续力指标得分的高低顺序，依次将其划分为四个梯队，如表2-15所示，①、②、③、④分别代表第一梯队到第四梯队。

第一梯队主要包括宜昌市、九江市、温州市、桂林市、福州市等地，集中分布在华中地区、西南地区、华东地区，整体上第一梯队的持续力得分在20.06—27.26分，平均分为22.74分，分数极差较大。

第二梯队的分数分布在15.39—19.99分，平均为17.47分，其中多分布在华北地区和华东地区，包括南昌市、泉州市、吉林市、衢州市等。其他地区也有部分地市表现优异，如深圳市、成都市等。

第三梯队包括厦门市、芜湖市、贵阳市、珠海市等，所在地区较为分散，整体分数范围为11.25—14.77分，平均为12.80分。

第四梯队的分数极差较大，分数分布在4.92—10.74分，平均为8.87分，主要城市包括南京市、哈尔滨市、乌鲁木齐市、西安市等，其中北方地区的城市较多。

表2-15　代表性城市碳中和持续力指数排名

城市	梯队	城市	梯队	城市	梯队
黄山	①	南昌	②	临汾	③
丽江	①	衢州	②	兰州	③
景德镇	①	吉林	②	郑州	③
拉萨	①	泉州	②	石家庄	③
遵义	①	四平	②	洛阳	③
张家界	①	北海	②	呼和浩特	③
大理	①	宜宾	②	开封	③
九江	①	广州	②	大同	③
温州	①	合肥	②	林芝	③
桂林	①	昆明	②	吐鲁番	④

续表

城市	梯队	城市	梯队	城市	梯队
安顺	①	深圳	②	沈阳	④
海口	①	襄阳	②	苏州	④
宜昌	①	延安	②	吴忠	④
鄂尔多斯	①	长春	②	南京	④
天水	①	成都	②	哈尔滨	④
绵阳	①	齐齐哈尔	③	济南	④
岳阳	①	厦门	③	银川	④
南宁	①	芜湖	③	西安	④
三亚	①	咸阳	③	中卫	④
长沙	①	珠海	③	海东	④
福州	①	贵阳	③	唐山	④
杭州	②	武汉	③	铁岭	④
日喀则	②	保定	③	乌鲁木齐	④
烟台	②	大庆	③	西宁	④
大连	②	宁波	③	包头	④
青岛	②	扬州	③	太原	④

资料来源：笔者根据代表性城市碳中和发展力指数（2022）绘制。

从持续力的二级分项指标来看，黄山市、丽江市、景德镇市、拉萨市、遵义市、张家界市在环境质量方面的表现名列前茅。在绿色生活指标上，得分位居全国前六名的城市包括深圳市、大连市、济南市、沈阳市、青岛市、杭州市，但这些地级市的环境质量指标得分较低（见图2-47）。

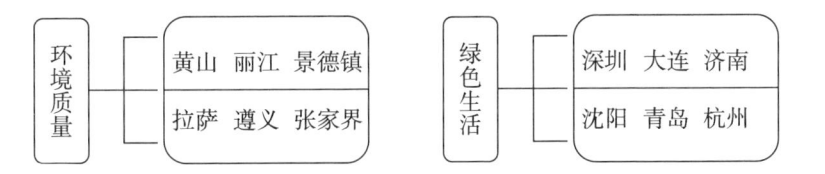

```
环境质量 ── 黄山  丽江  景德镇
            拉萨  遵义  张家界

绿色生活 ── 深圳  大连  济南
            沈阳  青岛  杭州
```

图 2-47　持续力二级分项指标标杆城市

【专栏】

  黄山市的持续力指标得分在各地区代表性城市中排名第一，说明其碳中和持续力最强，有利于为碳中和目标下的节能减排与低碳发展提供持久的动力支撑。较高的环境质量和绿色生活水平是黄山市持续力表现优异的主要原因。

  从环境质量的指标维度上看，黄山市可吸入颗粒物浓度为 20 毫克/立方米，小于平均值 33.06 毫克/立方米；人均碳排放量为 0.10 吨，小于平均值 0.28 吨；人均水资源总量位于全国第二。黄山市环境空气质量连续十年达到二级标准，2018—2021 年连续排名全国前五（2021 年排名全国第三），全市地表水、饮用水水源地水质达标率均达 100%。黄山市坚持以改善环境质量为目标，扎实推进生态建设和环境保护，环境质量水平保持全国前列。

  从绿色生活的指标维度上看，黄山市绿色生活的多数三级指标，如生活垃圾无害化处理率达到 100%，污水处理厂集中处理率达到 95.55%，都处于全国领先水平。此外，黄山市积极构建绿色制造体系，推广绿色制造单位先进经验做法，推荐华惠科技、松萝茶业等多家单位申报国家级绿色工厂、省级绿色工厂，加快推进绿色园区建设。2022 年黄山市政府颁布的《黄山市"十四五"城镇基础设施建设规划》中提到，要依托黄山市新型智慧城市建设工作，建设城市绿色物流、绿色公交体系，加快提高公共交通中新能源车辆的占比。

第三篇

地方加快"碳中和"相关工作的成效与亮点

摘 要

自我国于2020年9月提出碳达峰碳中和目标以来,加速推进绿色低碳转型日益成为各地区、各行业的发展共识。尤其是在我国区域发展不平衡与不充分矛盾依然突出的现实情况下,因地制宜推动各地梯次实现碳达峰碳中和的重要性也日益凸显。本篇聚焦2021年9月22日至2022年9月22日期间,全国31个省级行政区发布的碳达峰碳中和相关政策文件及行动举措,归纳总结各地碳中和相关政策实施特色、发力重点及工作成效,为下一阶段各地区深入推进"双碳"工作、实现"双碳"目标提供相关经验借鉴,助推我国碳中和目标的区域协同与综合部署。

整体来看,顶层设计方面,各地紧抓低碳发展机遇,积极出台支持碳达峰碳中和的系列政策文件,扎实稳步推进碳中和工作。根据地区资源禀赋、发展水平、战略定位和减排潜力等现实条件,各地方政府及相关部门出台的政策文件各有侧重。各地的碳中和政策重点聚焦于绿色低碳循环发展经济体系构建、产业结构优化升级及重点行业低碳转型、清洁低碳安全高效能源体系建设、生态修复与环境保护、绿色交通体系构建、城乡低碳发展、绿色金融服务等方面。行动举措方面,各地区加快低碳减排步伐,因地制宜采取行动举措,梯次推进完成碳达峰碳中和的阶段性任务,在落实碳中和目标的相关工作方面取得了较为明显的成效和进步,涌现出了一批低碳发展的典型案例和先进经验,推动了地区碳中和事业的有序发展。各地方政策发展特色和行动发力重点如附表所示。

附　　表

省份	政策发展特色和发力重点
北京	全力打造首届绿色低碳冬奥会
天津	发挥智慧零碳港口引航优势
河北	氢能成为绿色经济新增长极
山西	积极探索资源开发和生态保护最优解
内蒙古	打造稳定的生态碳汇供给基地
辽宁	深入实施城市控碳和生态修复行动
吉林	打造绿色增长极，抢占绿色能源高地
黑龙江	推动生态修复和资源资产永续利用
上海	确立国际绿色金融枢纽地位
江苏	全力促进能源经济系统低碳转型
浙江	强化财政支持碳达峰碳中和作用
安徽	立足绿色低碳要求，打造科技创新策源地
福建	探索降碳减污扩绿增长协同推进的福建经验
江西	更高标准打造美丽中国江西样板
山东	探索海洋碳汇发展之路
河南	多措并举助力新能源汽车行业发展
湖北	扎实推进新能源建设，围绕碳市场发展绿色金融
湖南	加强林业碳汇能力，多元化融资支持企业绿色发展
广东	建设大湾区碳排放权交易平台
广西	加快推进新能源汽车走出国门
海南	打造国家公园的"海南样板"
重庆	成渝联动促进区域绿色低碳高质量发展
四川	加快发展新经济，培育壮大新能源产业链
贵州	着力打造全国新能源材料产业基地
云南	加快实施生态资产价值实现工程
西藏	打造高原精品生态旅游示范工程
陕西	推进重污染资源有序替代
甘肃	推动戈壁荒漠转变为绿电生产基地
青海	高效打造国家清洁能源产业高地
宁夏	深化排污权有偿使用和交易改革
新疆	全面推进"三基地一通道"建设

北京：全力打造首届绿色低碳冬奥会

坚持节约优先，推动减污降碳协同增效，北京市以科技创新为牵引，大力开展节能全民行动，稳步推进碳中和行动。全面落实绿色、共享、开放、廉洁的办奥理念，深化区域生态环境协同治理，推进官厅水库生态修复，持续改善空气质量，推动出台节水条例，优化提升生态系统多样性、连通性和安全性，确保新一轮百万亩造林绿化圆满收官。

在顶层设计方面，北京市先后出台生态环境治理和可再生能源的相关文件，重视碳排放强度和总量双控。针对能源发展、生态环境、气象事业、农业科技发展等相关领域作出规定，为绿色办奥，提升"双奥之城"国际影响力奠定坚实基础。在行动举措方面，北京市积极探索氢能在制造业原燃料替代、储能、货运、非道路移动机械等领域的应用；深化京蒙全方位、多领域合作，共同建好内蒙古"绿电进京"通道；努力构建绿色低碳交通体系，制订新能源汽车推广应用实施方案，大力推进车辆"油换电"，促进产业良性发展，促进新能源汽车推广应用，加快推动一批辐射带动力强的重点项目落地；构建碳减排碳中和绿色科技创新体系，打造碳中和技术平台和产业链，促进工业近零排放和绿色技术替代；同时，利用土壤源热泵和空气源热泵技术，光伏晶硅发电、光伏薄膜发电、真空热管发热、水蓄热蓄冷、相变储热等储能技术，实现供热供冷用能100%自给自足，大力推动北京城市副中心绿色建筑实现规模化、品质化发展，初步形成高效绿色、生态友好的现代综合城市建设体系；通过森林健康抚育，对密度偏高的林地开展科学经营，进一步提高森林保持水土、防风固沙、调节空气、固碳增汇的生态作用。

1. 北京市碳中和相关政策文件

1.1 北京市人民政府文件

(1)《北京市人民政府关于印发〈北京市"十四五"时期能源发展规划〉的通知》(京政发〔2022〕10号)(2022-05-27)①。

相关政策要求：打造"能源谷"先进能源产业高地。依托未来科学城高端人才技术密集优势，深化能源企业与科研机构联动合作，集中打造氢能和氢燃料电池关键装备、新型电力系统、能源工业互联网等一批协同创新平台。设立能源产业发展基金，加快先进能源产业集聚。办好全球能源转型高层论坛等高端交流平台，提升北京能源创新国际影响力。

(2)《北京市人民政府关于印发〈北京市"十四五"时期生态环境保护规划〉的通知》(京政发〔2021〕35号)(2021-12-10)②。

相关政策要求：深入开展水生态保护和修复试点。建立水生态环境状况监测评价体系，开展流域水生态状况监测评价，推进底栖生物等生态标识物在水生态补偿、监管等领域的应用。上游地区利用自然恢复方式开展水生态修复，提升水生态系统功能；中下游地区通过湿地保护修复、河道水生态综合治理等措施开展人工修复试点，有效改善水生态系统功能。

---

① 资料来源：北京市人民政府网站，http://www.beijing.gov.cn/zhengce/zhengcefagui/202204/t20220401_2646626.html。

② 资料来源：北京市人民政府网站，http://www.beijing.gov.cn/zhengce/zhengcefagui/202112/t20211210_2559052.html。

(3)《北京市人民政府关于印发〈北京市"十四五"时期土地资源保护利用规划〉的通知》（京政发〔2022〕26号）（2022-07-01）①。

相关政策要求：坚守土地资源的安全底线，确保耕地安全，强化生态安全，提高城市韧性。贯彻碳达峰、碳中和决策部署，提高生态系统与农田土壤碳汇能力，探索碳汇价值核算体系，鼓励开发碳汇产品。严格执行节地标准，鼓励土地用途复合利用，支持共建共享，推动存量建设用地盘活，深化产业用地市场化配置。

(4)《北京市人民政府关于印发〈北京市"十四五"时期重大基础设施发展规划〉的通知》（京政发〔2022〕9号）（2022-03-03）②。

相关政策要求：大力推动可再生能源利用。切实转变城市能源发展方式，落实可再生能源优先理念，大力推动能源新技术应用与城乡规划建设融合发展，鼓励地源热泵、再生水源热泵等供热制冷技术与常规能源供热系统耦合利用，发挥重点区域绿色低碳示范引领作用，在具备条件的特色村镇试点建设一批"超低能耗建筑+可再生能源供能+智慧能源平台"的绿色能源示范村。

(5)《北京市人民政府关于印发〈北京市"十四五"时期交通发展建设规划〉的通知》（京政发〔2022〕17号）（2022-05-07）③。

相关政策要求：通过减少机动车道数量、压缩机动车道宽度，推

---

① 资料来源：北京市人民政府网站，http://www.beijing.gov.cn/zhengce/zhengcefagui/202207/t20220701_2761011.html。
② 资料来源：北京市人民政府网站，http://www.beijing.gov.cn/zhengce/zhengcefagui/202203/t20220303_2621094.html。
③ 资料来源：北京市人民政府网站，http://www.beijing.gov.cn/zhengce/zhengcefagui/202205/t20220507_2704320.html。

动道路空间向绿色出行方式倾斜。引导道路停车位减量化发展，结合实际需求动态调整，为绿色出行提供更多的通行空间。依托 MaaS 平台，通过碳交易等市场化手段，完善面向绿色出行群体的碳普惠激励模式，引导市民逐步形成低碳生活方式和消费理念。

(6)《北京市人民政府关于印发〈北京市"十四五"时期城市管理发展规划〉的通知》（京政发〔2022〕13 号）（2022-04-12）[①]。

相关政策要求：支持氢源保障技术创新和应用试点。合理布局电解水制氢规模，提高绿色氢能比例，构建低碳、经济的绿色氢能供应体系。探索利用垃圾沼气、污水污泥等生物质制氢，研究在阿苏卫循环经济园区等开展垃圾制氢的可行性，促进本市可再生能源高效循环利用。

(7)《北京市人民政府关于加快推进气象事业高质量发展的意见》（京政发〔2022〕24 号）（2022-06-13）[②]。

相关政策要求：助力生态文明建设。加强生态涵养区生态气候监测评估，助力林业生态修复。深化气象与生态环境部门联动机制，加强数据共享，合力做好空气污染气象条件预测预报，助力大气污染治理。强化应对气候变化科技支撑，加强风能、太阳能等气候资源合理开发利用能力，开展气候影响评估和应对措施研究。开展碳氧监测评估，促进碳减排，推动碳中和。

[①] 资料来源：北京市人民政府网站，http://www.beijing.gov.cn/zhengce/zhengcefagui/202204/t20220412_2672524.html。

[②] 资料来源：北京市人民政府网站，http://www.beijing.gov.cn/zhengce/zhengcefagui/202206/t20220613_2738722.html。

1.2 北京市发展和改革委员会文件

(1)《关于印发北京市创新型绿色技术及示范应用项目征集遴选管理细则（试行）的通知》（京发改规〔2021〕9号）（2021-10-09）①。

相关政策要求：北京市创新型绿色技术征集遴选的范围主要包括碳达峰碳中和、大气污染防控、节水和水环境综合治理、节能和环境服务业、固体废物减量化和资源化、污染场地与土壤修复、现代化能源利用、绿色智能交通、生态农林业、塑料污染防治、防止食品浪费等重点领域相关的技术、装备和产品。

(2)《北京市发展和改革委员会 北京市城市管理委员会关于印发北京市可再生能源电力消纳保障工作方案（试行）的通知》（京发改〔2021〕1524号）（2021-10-28）②。

相关政策要求：积极开展可再生能源电力消纳保障政策机制研究，探索超额消纳量不计入能耗总量考核的实施路径，加强可再生能源电力消纳与节能降耗、减排降碳等相关考核体系的融合，持续完善超额消纳权重指标交易配套机制，进一步丰富可再生能源电力消纳责任权重实现路径。

---

① 资料来源：北京市发展和改革委员会网站，http://fgw.beijing.gov.cn/fgwzwgk/zcgk/bwgfxwj/202110/t20211012_2510910.htm。

② 资料来源：北京市发展和改革委员会网站，http://fgw.beijing.gov.cn/fgwzwgk/zcgk/bwqtwj/202111/t20211104_2529347.htm。

(3)《北京市发展和改革委员会　北京市生态环境局关于印发北京市塑料污染治理行动计划 2022 年度工作要点的通知》（京发改〔2022〕577 号）（2022-04-27）①。

相关政策要求：将塑料污染治理相关内容纳入林地、公园绿地等园林绿化资源保护与监管工作，并作为各级林长考核的指标之一，全面清理林地、公园绿地塑料垃圾。

1.3　北京市生态环境局文件

(1)《关于印发〈北京市"十四五"时期低碳试点工作方案〉的通知》（京环发〔2022〕13 号）（2022-06-29）②。

相关政策要求：开展碳排放管理。建立碳排放管理体系、配备专职人员，积极开展碳排放核算和管理。纳入国家或北京市试点碳市场管理的重点排放单位加强排放数据管理，按时完成排放报告及履约等工作，开展碳资产管理。公开承诺目标，定期发布进展及碳排放信息，主动接受社会监督。

(2)《北京市生态环境局　北京市市场监督管理局关于印发〈北京市"十四五"时期地方生态环境标准发展规划〉的通知》（京环发〔2022〕4 号）（2022-04-07）③。

相关政策要求：构建以碳中和目标为导向的标准支撑体系，推动

---

① 资料来源：北京市发展和改革委员会网站，http：//fgw.beijing.gov.cn/fgwzwgk/zcgk/bwqtwj/202204/t20220428_2695992.htm。
② 资料来源：北京市生态环境局网站，http：//sthjj.beijing.gov.cn/bjhrb/index/xxgk69/zfxxgk43/fdzdgknr2/zcfb/hbjfw/2022/325868345/index.html。
③ 资料来源：北京市生态环境局网站，http：//sthjj.beijing.gov.cn/bjhrb/index/xxgk69/zfxxgk43/fdzdgknr2/zcfb/hbjfw/2022/325750572/index.html。

应对气候变化、节约能源、可再生能源利用和建筑绿色发展等方面的标准研究。发挥标准约束引领作用，对标国际先进标准，完善行业碳排放限额和先进值、碳排放核算评价标准体系，逐步形成完善的低碳先进标准体系。

(3)《北京市生态环境局关于做好 2022 年本市重点碳排放单位管理和碳排放权交易试点工作的通知》（京环发〔2022〕7 号）（2022-04-28）①。

相关政策要求：加强监督管理。市、区两级生态环境部门建立碳排放监督管理工作机制。各区生态环境局、北京经济技术开发区城市运行局要加强对排放单位的日常监督管理，督促辖区内单位按时开展碳排放核算、监测计划落实和履约工作，并完成排放报告和核查报告的初审。

1.4 北京市农业农村局文件

《北京市农业农村局关于印发〈北京市"十四五"时期农业科技发展规划〉的通知》（京政农发〔2021〕138 号）（2022-05-27）②。

相关政策要求：围绕碳中和碳达峰与生态循环农业发展，研发低碳、生态、环保的农业治理技术。重点突破土壤污染修复、耕地质量提升、农业废物资源化利用、养殖粪污治理、肥药减施增效、抗生素减量或替代、农林防灾减灾以及农产品绿色物流等关键技术研究。在

---

① 资料来源：北京市生态环境局网站，http://sthjj.beijing.gov.cn/bjhrb/index/xxgk69/zfxxgk43/fdzdgknr2/zcfb/hbjfw/2022/325814559/index.html。
② 资料来源：北京市农业农村局网站，http://nyncj.beijing.gov.cn/nyj/zwgk/zcwj/325851701/index.html。

农村领域，研究低碳发展新材料、新装备和技术模式，并加大转化应用。

1.5 北京市住房和城乡建设委员会文件

《关于印发〈北京市绿色建筑标识管理办法〉的通知》（京建法〔2022〕4号）（2022-04-01）①。

相关政策要求：规范北京市绿色建筑标识管理，推动绿色建筑高质量发展。明确绿色建筑标识是指表示绿色建筑星级并载有性能指标的信息标志，包括标牌和证书。绿色建筑标识由住房和城乡建设部统一式样，证书由授予部门制作或核发电子证书，标牌由申报单位根据不同应用场景按照制作指南自行制作。绿色建筑标识授予范围为本市符合绿色建筑星级标准的民用与工业建筑。

1.6 北京市经济和信息化局文件

《北京市经济和信息化局关于印发〈北京市"十四五"时期制造业绿色低碳发展行动方案〉的通知》（京经信发〔2022〕42号）（2022-06-09）②。

相关政策要求：有序推进有条件的企业使用电能替代化石燃料。加大光伏、光热、地热等可再生能源利用比例，企业新建建筑应安装太阳能系统，鼓励既有企业建筑屋顶实现光伏发电"应用尽用"。探

---

① 资料来源：北京市经济和城乡建设委员会网站，http：//zjw.beijing.gov.cn/bjjs/xxgk/fgwj3/gfxwj/zfcxjswwj/325742053/index.shtml。

② 资料来源：北京市经济和信息化局网站，http：//jxj.beijing.gov.cn/zwgk/zcwj/bjszc/202206/t20220609_2732932.html。

索氢能在制造业原燃料替代、储能、货运、非道路移动机械等领域的应用。鼓励企业参与电力市场化交易和绿色电力认购，提高可再生能源电力消纳量。

2. 北京市碳中和行动亮点

2.1 绿色冬奥

努力通过低碳场馆、低碳能源、低碳交通、低碳办公等措施，投入使用氢燃料电池汽车，最大限度减少碳排放，坚持生态优先、资源节约、环境友好，生态保护与场馆建设统筹规划、一体推进，守护赛区的绿水青山，在可持续发展方面发挥领先作用，实现全赛区100%绿电供应。

主要行动举措包括：

- 服务北京冬奥场馆的抽水蓄能电站投产发电。2021年12月30日，河北丰宁抽水蓄能电站投产发电，是服务北京冬奥场馆实现100%绿电供应的重点工程。保障该工程如期实现投产发电目标，为北京冬奥会以及其他重大活动、重要庆典承担保电重任。

- 北京冬奥会碳排放全部实现中和。2022年2月9日，北京冬奥会所产生的碳排放将全部实现中和。筹办6年多来，冬奥组委通过低碳场馆、低碳能源、低碳交通、低碳办公等措施，最大限度减少碳排放，同时采取林业碳汇、企业捐赠等方式实现碳补偿，从而保障了北京冬奥会碳中和目标的顺利实现。

- 氢能无人机巡检确保冬奥绿电供应安全。2022年2月12日，在国家电网冀北电力有限公司张北和延庆两大基地，8位身材轻巧的氢能无人机"电力保镖"正式上岗，对风机、光伏板、500千伏高压线路等关键输电场景开展巡检，确保冬奥绿电供应安全。

- 北京冬奥会投入816辆氢燃料电池汽车。2022年2月23日，北京冬奥会期间，816辆氢燃料电池汽车作为主运力开展示范运营服务，是迄今为止在重大国际赛事中投入规模最大的。

【专栏】

案例：北京冬奥会是历史上首届实现100%绿电供应的运动盛会

绿色场馆低碳办赛"北京冬奥会具有里程碑式意义！"

2022年2月20日晚，国家体育场"鸟巢"璀璨夺目，一场载入史册的冰雪盛会在此完美落幕。"大雪花"主火炬台上的微火，静静燃烧16天后正式熄灭。

全球瞩目之下，一缕微火取代熊熊大火，并在奥运史上首次以氢气点燃主火炬，实现了最大限度的碳减排。美国国家公共广播电台（NPR）网站评价："火炬采用氢气作燃料，无任何碳排放，符合北京冬奥会是史上最环保冬奥会的目标。"新西兰广播电台网站亦报道称，北京冬奥会的一大亮点是"绿色办奥"，中方的碳中和办赛承诺令人称道。

点火方式的颠覆性创新，源于铺展多年的绿色低碳"硬核"理念。作为"双奥之城"，北京因奥运和绿色结缘。早在2001年申办第29届奥运会时就提出"绿色奥运"理念，2008年成功举办奥运盛会后，"绿色北京"作为城市发展战略一直延续下来。

冬奥之约，中国之诺。放眼冬奥赛场内外，"绿色办奥"的美好愿景成为触手可及的现实。绿色低碳的理念，也在"双奥之城"深深扎根，铸就北京服务的亮丽底色。

> 位于山区的延庆场馆，建设过程中坚持以"避让"为第一原则，尽量就地保护原生树木，并同步开展生态修复。种种保护措施的落地，让"山林场馆、生态冬奥"成为现实。
>
> 冬奥会期间，张北一座座迎着寒风矗立的"白色风车"，正源源不断地将绿色能源送入冬奥赛场。张北的风点亮北京的灯，赛时三大赛区26个场馆已100%使用绿电；交通出行中，冬奥会节能与清洁能源车辆占全部赛时保障车辆的84.9%，为历届冬奥会最高。

2.2 新能源——氢能

探索氢能在制造业原燃料替代、储能、货运、非道路移动机械等领域的应用，发布政策文件促进氢能发展，推进氢燃料电池发动机核心技术、多重耦合安全技术、全气候动力电池技术等一系列最新技术的探索和应用，突破可再生能源高效电解水制氢工程化技术、规模化氢能储存和输配技术、交通运载和综合供能燃料电池等关键技术和核心装备。

主要行动举措包括：

- 大兴区发布促进氢能发展的《氢十条》2.0版。2022年4月15日，大兴区发布促进氢能产业发展的《氢十条》2.0版，在吸引"高精尖"企业入驻、降低企业运营成本、鼓励企业创新研发和科技成果转化等多个方面给予政策和资金支持，单项最高补贴2000万元。

- "十四五"拟建成投运74座加氢站。2022年4月20日，"十四五"时期，北京市将力争建成并投运加氢站74座，其中2023年前建成并投运37座。为规范建设流程，保障加氢站建设目标的顺利完成，市城市管理委员会同有关部门制定了《建设管理办法》。

- 大兴国际氢能示范区起步区建成投运。2022年5月2日，大兴国际氢能示范区起步区建成投运，40家氢燃料电池产业上下游高精尖企业签约入园，园区内部总计5.4万平方米的空间，可供氢能高精尖企业进行会议办公、研发测试和批量生产。
- 京能集团推动查干淖尔电厂国家级风光火储氢一体化项目。2022年7月28日，京能集团全力推动查干淖尔电厂国家级风光火储氢一体化示范项目建设，实现从煤到氢的能源一体化制备利用，同时实现由煤电联营的传统商业模式，拓展至"煤电联营+风光火打捆+氢气制储输用"多能源综合运用模式。

2.3 绿电设施

深化京蒙全方位多领域合作，共同建好内蒙古"绿电进京"通道，构建更为高效的区域能源合作新模式，积极助力首都绿色转型发展，同步开展生态修复专项治理，带动多产业融合发展。

主要行动举措包括：

- 国网北京市电力公司建设的输变电工程正式投运。2021年12月21日，由国网北京市电力公司负责建设运维的首体10千伏输变电工程正式投运，较原计划提前了4个月。至此，北京地区规划建设的12项北京2022年冬奥会配套电网工程圆满收官。
- 雄安启动电力调度生产运维中心。2022年1月7日，雄安电力调度生产运维中心是国内一个电力调度中心与220千伏变电站融合建设的项目启动，建成后将成为雄安新区电力系统的"大脑中枢"，优先调配张家口风电和光伏，做好可再生能源电力消纳，用绿电来"点亮雄安"。

- 国家能源集团国华投资综合智慧能源项目一期完成建设。2022年3月30日，国家能源集团国华投资综合智慧能源项目一期已经完成建设，项目全部投运后，不仅每年可生产"绿电"约3500万度，还能实时根据电网需求合理消纳或存储电能，实现清洁能源"聪明"使用。
- 京能集团加快推进"千万千瓦绿电进京基地"项目。2022年7月27日，京能集团将加快推进在锡林郭勒盟规划建设"千万千瓦绿电进京基地"项目，依托基地项目配套建设可再生能源制备绿氢、绿氨产业，输送至北京进行消纳，积极助力首都绿色转型发展，同步开展生态修复专项治理。

2.4 绿色交通

努力构建绿色低碳交通体系，制订新能源汽车推广应用实施方案，通过碳普惠平台调动更多人参与减污降碳行动，并限制高排放汽车进入五环地区，大力提倡车辆"油换电"，促进产业良性发展。

主要行动举措包括：

- 北京交通"碳普惠"平台累计碳减排14万吨。北京交通绿色出行一体化服务平台交通领域的"碳普惠"平台，正调动越来越多的人参与减污降碳。截至2022年6月15日，累计碳减排量14万吨，已经在北京市绿色交易所完成了2.4万吨碳减排量交易。
- 北京市将新建2万个电动汽车充电桩。2022年7月5日，市发改委介绍了《北京市2022年能源工作要点》的主要内容，指出，北京市将持续优化能源结构，聚焦8个方面提出30项重点任务。对于市民关心的民生领域，将有约8000户村民实施清洁取暖改造，新建各类电动汽车充电桩 2 万个。

- 北京市将适时限制国三汽油车进五环。2022 年 7 月 20 日，市商务局等 11 部门发布《关于加快二手车流通促进汽车消费升级的若干措施》，其中提出扩大限行老旧汽车范围，研究在原国一国二汽油车、国三柴油车限制进入五环行驶基础上，适时将限行车辆范围扩大到国三汽油车。

2.5 零碳项目

构建碳减排碳中和绿色科技创新体系，打造碳中和技术平台和产业链，聚焦零碳电力、零碳非电能源、原料燃料与工艺替代等，推进能源系统深度脱碳技术变革和外调绿电调峰储能技术攻关，促进工业近零排放和绿色技术替代。

主要行动举措包括：

- 冬奥主题花坛 3D 雪花传递零碳环保理念。2022 年 2 月 9 日，中碳春田（北京）能源科技有限公司将建筑垃圾等城市固废，包括建筑垃圾、一般工业固体废物、矿山垃圾等，通过 3D 打印变身"雪花"，助力"零碳"冬奥，长安街沿线花坛的展示结束后，"雪花"将被回收，循环利用。

- 国家能源集团规划建设一座零碳绿色生态园。2022 年 3 月 30 日，国家能源集团计划在北京国际财富中心东侧建设一座城市副中心零碳绿色生态园，不仅将大规模应用光伏发电设施进行发电，还将建设零碳科技长廊、光伏步道、光伏座椅、光伏路灯等市民可知可感的光伏设备，打造绿色零碳示范。

2.6 绿色建筑

在绿色建筑领域，北京市致力于构建智慧高效的新能源供应体系，利用土壤源热泵和空气源热泵技术，光伏晶硅发电、光伏薄膜发电、真空热管发热，水蓄热蓄冷、相变储热等储能技术，实现供热供冷用能100%自给自足，初步形成高效绿色、生态友好的现代综合城市建设体系。

主要行动举措包括：

- 北京大兴国际机场临空经济区发展服务中心满足绿色建筑标准。北京大兴国际机场临空经济区发展服务中心计划于2022年6月底投用，整个建筑群都满足绿色建筑三星级标准，配备约2000平方米光伏系统以及太阳能热水系统，可以节能约30%。

- 海淀西三旗地区再添一绿色科技园。2022年3月27日，北京西三旗金隅科技园一期已经投用，设计团队将城市文化、未来科技、绿色建筑概念相结合，构建围绕中央绿地的高效步行循环系统、下沉式景观设计使地下空间与地上绿化融为一体的立体园林式办公园区。

- 国家电投集团创新基地二期项目在北京市未来科学城开工。2022年3月27日，国家电投集团创新基地二期项目在北京市未来科学城开工，在绿色建筑方面，园区将达到设计绿建三星、运行绿建三星标准，在运行过程中，将采用低碳管理制度、智慧化运营等方式，实现园区的绿色低碳运行。

2.7 林业发展

注重改善森林植被质量，进一步巩固和提升山区生态功能，进一步丰富植物品种，完善林分结构，同时因地制宜保护和种植灌木以及原生草本，通过森林健康抚育，对密度偏高的林地开展科学经营，进一步提高森林保持水土、防风固沙、调节空气、固碳增汇的生态作用。

主要行动举措包括：

- 京津风沙源治理工程累计完成造林921.9万亩。2022年6月17日，京津风沙源治理工程已累计完成造林921.9万亩，通过植树种草、退耕还林、小流域及草地治理、生态移民等措施，恢复植被，涵养保护饮用水源，筑起一道京畿绿色屏障，保障首都生态安全，为京津冀协同发展注入绿色动能。

- 新一轮百万亩造林绿化工程超额完成。截至2022年6月22日，五年造林绿化面积已达100.8万亩，圆满超额完成新一轮百万亩造林任务，"一屏、三环、五河、九楔"市域绿色空间结构基本形成，古都北京成为山城共融的生态家园、城乡一体的宜居城市。

天津：发挥智慧零碳港口引航优势

天津市坚定不移贯彻新发展理念，加快建立健全绿色低碳循环发展的生产体系、流通体系和消费体系，推动产业结构、能源结构、运输结构优化，加快基础设施绿色升级，构建市场导向的技术创新体系，统筹推进高质量发展和高水平保护，努力打造天津港"智慧零碳"名片，引领全市绿色低碳产业发展，推动本市绿色发展迈上新台阶。

在顶层设计方面，天津市出台一系列推动建立健全绿色低碳循环发展经济体系的总领要求和系列规划，为产业结构调整、能源结构优化、生态环境改善增强绿色发展内生动力，为营造低碳生产生活方式提供政策引导和支持。在行动举措方面，天津市聚焦数字技术和清洁能源赋能智慧港口建设，努力打造国内顶尖、世界一流的智能低碳港口示范；着力光伏、风能、氢气等清洁能源项目的开发利用，不断提升可再生能源利用比重；推动数字赋能转型发展，统筹推进数字经济、数字社会建设，实施智能制造赋能工程，推进云计算、物联网、区块链等数字技术与制造业融合发展；壮大战略科技力量，支持超级计算机、新能源、新材料、高端装备制造等一系列战略新兴产业发展；持续推进生态环境保护工作，努力提升河湖陆空环境质量。

1. 天津市碳中和相关政策文件

1.1 天津市人民政府文件

(1)《天津市人民政府办公厅关于印发天津市智慧城市建设"十四五"规划的通知》(津政办发〔2021〕52号)（2021-12-31）[①]。

相关政策要求：统筹规划超大新型绿色数据中心建设，推广清洁算力，提高使用低碳、零碳能源比例。推进数字化车间和智能工厂建设，推进重点行业和重要领域绿色化改造，降低碳排放强度。稳步推进天津电力"双碳"先行示范区建设，在智慧能源、电力物联网等领域形成试点示范。健全能源资源要素市场化配置机制，提高工业能源利用效率和清洁化水平，提升重点领域节能降碳效率。

---

① 资料来源：天津市人民政府网站，http://www.tj.gov.cn/zwgk/szfwj/tjsrmzfbgt/202112/t20211231_5768063.html。

(2)《天津市人民政府办公厅关于印发天津市生态环境保护"十四五"规划的通知》(津政办发〔2022〕2号)(2022-01-17)①。

相关政策要求：构建完善党委领导、政府主导、企业主体、社会组织和公众共同参与的现代环境治理体系，推动减污降碳协同增效，促进经济社会发展全面绿色转型，保持力度、延伸深度、拓宽广度，深入打好污染防治攻坚战，加快推进生态保护修复建设，有效防范化解生态环境风险，持续改善生态环境质量。

(3)《天津市人民政府关于印发天津市加快建立健全绿色低碳循环发展经济体系实施方案的通知》(津政发〔2022〕7号)(2022-03-29)②。

相关政策要求：坚持重点突破、创新引领、稳中求进、市场导向，全方位全过程推行绿色规划、绿色设计、绿色投资、绿色建设、绿色生产、绿色流通、绿色生活、绿色消费，统筹推进高质量发展和高水平保护，加快建立健全绿色低碳循环发展的经济体系，确保实现碳达峰、碳中和目标，推动本市绿色发展迈上新台阶。

(4)《天津市人民政府关于印发天津市"十四五"节能减排工作实施方案的通知》(津政发〔2022〕10号)(2022-05-10)③。

相关政策要求：全面贯彻新发展理念，服务构建新发展格局，以提高能源利用效率和改善生态环境质量为目标，进一步健全节能减排政策机制，加快建立健全绿色低碳循环发展经济体系，确保完成"十

---

① 资料来源：天津市人民政府网站，http://www.tj.gov.cn/zwgk/szfwj/tjsrmzfbgt/202201/t20220117_5781111.html。
② 资料来源：天津市人民政府网站，http://www.tj.gov.cn/zwgk/szfwj/tjsrmzf/202203/t20220329_5842788.html。
③ 资料来源：天津市人民政府网站，http://www.tj.gov.cn/zwgk/szfwj/tjsrmzf/202205/t20220510_5877863.html。

四五"节能减排目标，为实现碳达峰、碳中和目标奠定坚实基础，为建设美丽天津提供有力支撑。

（5）《天津市人民政府办公厅关于印发天津市航空物流发展"十四五"规划的通知》（津政办发〔2022〕27号）（2022-05-16)[①]。

相关政策要求：注重科技赋能，推动大数据、云计算、物联网、区块链等新兴技术与航空物流深度融合，加快智能装备、新能源设施、绿色物流设备应用，提升天津航空物流绿色低碳智慧发展水平。

（6）《天津市人民政府办公厅关于印发天津市海水淡化产业发展"十四五"规划的通知》（津政办发〔2022〕28号）（2022-05-20)[②]。

相关政策要求：以应用场景为牵引，以培育壮大自主海水淡化产业为主线，以自主海水淡化装备制造为龙头，吸引国内外优势资源集聚天津，构建海水淡化全产业链条，突破关键核心技术、体制机制和政策瓶颈，推动海水淡化产业高质量发展，形成"天津模式"，推动全国海水淡化产业发展。

1.2 天津市发展和改革委员会文件

（1）《市发展改革委关于印发天津市节能"十四五"规划的通知》（津发改环资〔2022〕12号）（2022-01-19)[③]。

相关政策要求：把节能贯穿于经济社会发展全过程和各领域，积

---

① 资料来源：天津市人民政府网站，http：//www.tj.gov.cn/zwgk/szfwj/tjsrmzfbgt/202205/t20220516_5881965.html。
② 资料来源：天津市人民政府网站，http：//www.tj.gov.cn/zwgk/szfwj/tjsrmzfbgt/202205/t20220520_5885948.html。
③ 资料来源：天津市发展和改革委员会网站，http：//fzgg.tj.gov.cn/zwgk_47325/zcfg_47338/zcwjx/fgwj/202201/t20220121_5786220.html。

极推动产业、能源、交通运输等结构优化调整，坚决遏制"两高"项目盲目发展，着力推进重点领域节能工作，实施节能重点工程，强化创新驱动，完善体制机制，持续提高能源利用效率，严格能耗强度控制，合理控制能源消费总量并适当增加管理弹性，为全面建设社会主义现代化大都市、实现碳达峰碳中和目标奠定坚实基础。

(2)《市发展改革委关于印发天津市电力发展"十四五"规划的通知》（津发改能源〔2021〕407号）（2022-01-27）[①]。

相关政策要求：以推动高质量发展为主线，以保障电力供应安全为重点，进一步优化电源结构，推动煤电清洁高效利用与清洁能源发电并举，推动现役煤电机组节能改造，深化电力体制改革，完善能源市场体系加速绿色低碳发展，推进电力智慧高效运行，深化电力科技创新和体制改革，构建新能源占比逐渐提高的新型电力系统。

(3)《市发展改革委关于印发天津市可再生能源发展"十四五"规划的通知》（津发改能源〔2021〕406号）（2022-01-27）[②]。

相关政策要求：结合资源禀赋、发展需要和地方特色，以技术进步和发展方式创新为依托，以体制机制完善和产业体系建设为支撑，积极推动可再生能源全方位、多元化、规模化发展，加快扩大可再生能源开发利用规模，提高可再生能源消费比重，助力构建清洁低碳、安全高效的现代能源体系。

[①] 资料来源：天津市发展和改革委员会网站，http://fzgg.tj.gov.cn/zwgk_47325/zcfg_47338/zcwjx/fgwj/202201/t20220127_5791194.html。

[②] 资料来源：天津市发展和改革委员会网站，http://fzgg.tj.gov.cn/zwgk_47325/zcfg_47338/zcwjx/fgwj/202201/t20220127_5791174.html。

(4)《市发展改革委关于印发天津市能源发展"十四五"规划的通知》（津发改能源〔2022〕51号）（2022-03-11）①。

相关政策要求：围绕推动实施国家重大战略和加快形成新发展格局，以能源消费升级为牵引，以供给侧结构性改革为主线，以改革创新为动力，统筹发展和安全，从供需两侧协同发力，着力保安全、谋协同，强基础、补短板，调结构、优布局，促转型、提效率，抓示范、建高地，加快构建清洁低碳、安全高效的现代能源体系，打造能源革命先锋城市，推动能源高质量发展，为经济社会发展提供坚强能源保障。

(5)《市发展改革委关于印发〈关于做好用能保障推动绿色发展的十项措施〉的通知》（津发改双碳〔2022〕93号）（2022-04-01）②。

相关政策要求：完善能源消费强度和总量双控制度，推动能源要素向能效水平高的产业、企业、项目流动和集聚，确保完成节能约束性目标，有效增强各区能源消费总量管理弹性，有序推进高耗能行业能效水平提升，有力保障企业合理用能需求，加快完善合理用能政策机制，助力实现碳达峰碳中和。

(6)《关于印发〈关于振作天津市工业经济运行推动工业高质量发展的若干举措〉的通知》（津发改工业〔2022〕83号）（2022-04-08）③。

相关政策要求：加强监测预警和资源调度，持续做好能源电力保供，保障民生和重点用户用能需求。完善能耗双控有关政策，制订本

---

① 资料来源：天津市发展和改革委员会网站，http：//fzgg.tj.gov.cn/zwgk_47325/zcfg_47338/zcwjx/fgwj/202203/t20220311_5827375.html。

② 资料来源：天津市发展和改革委员会网站，http：//fzgg.tj.gov.cn/xxfb/tzggx/202204/t20220401_5846401.html。

③ 资料来源：天津市发展和改革委员会网站，http：//fzgg.tj.gov.cn/zwgk_47325/zcfg_47338/zcwjx/fgwj/202204/t20220408_5851653.html。

市"十四五"节能减排工作方案,增强能源消费总量管理弹性,保障工业发展合理用能。

(7)《关于印发〈天津市严格能效约束推动重点领域节能降碳工作实施方案〉的通知》(津发改工业〔2022〕119号)(2022-05-07)①。

相关政策要求:贯彻落实党中央、国务院关于碳达峰、碳中和重大战略部署,科学有序推动重点工业领域节能降碳和绿色转型,坚决遏制"两高"项目盲目发展,聚焦重点领域和关键环节,以节能降碳和绿色发展为引领,加快推广应用一批绿色低碳工艺技术装备,加快培育创建一批能效标杆骨干企业,加快推动建设一批节能降碳示范项目,带动全行业绿色低碳转型,确保如期实现碳达峰目标。

1.3 天津市工业和信息化局文件

《关于印发天津市工业节能与综合利用"十四五"规划的通知》(津工信节能〔2021〕6号)(2021-10-09)②。

相关政策要求:深入实施制造业碳达峰行动和绿色制造工程,进一步完善绿色制造体系,加强绿色技术创新和应用,全面提升工业能源资源利用效率,加大高端绿色产品供给,加快形成绿色低碳的产业结构和生产方式。

---

① 资料来源:天津市发展和改革委员会网站,http://fzgg.tj.gov.cn/zwgk_47325/zcfg_47338/zcwjx/fgwj/202205/t20220507_5876001.html。

② 资料来源:天津市发展和改革委员会网站,http://gyxxh.tj.gov.cn/ZWGK4147/ZC-WJ6355/wjwj/202201/t20220121_5785828.html。

1.4 天津市规划和自然资源局文件

《市规划资源局　市发展改革委关于支持能源结构调整规范光伏发电产业规划用地管理意见的通知》（津规资业发〔2021〕257号）（2021-12-31）①。

相关政策要求：合理规划光伏发电项目，光伏发电项目的选址建设应符合国土空间规划管控要求，符合相关行业主管部门编制的专项规划，统筹生态、农业等各类空间管制要求，合理利用新能源空间资源，科学布局项目选址，为光伏发电产业项目做好规划和土地保障，助力实现碳达峰碳中和目标。

1.5 天津市交通运输委员会文件

《天津市交通运输委员会关于印发天津市绿色交通运输"十四五"发展规划的通知》（津交发〔2022〕73号）（2022-04-20）②。

相关政策要求：将生态文明建设融入交通运输发展的各方面和全过程，积极推动形成交通运输绿色发展方式，深入推进交通运输污染防治工作，努力强化交通基础设施生态保护与修复，不断提升绿色交通治理水平，为加快建设交通强市、构建社会主义现代化大都市提供有力支撑。

---

① 资料来源：天津市工业和信息化局网站，http://ghhzrzy.tj.gov.cn/zwgk_143/zcwj/jjzcwj/202201/t20220111_5776413.html。

② 资料来源：天津市交通运输委员会网站，http://jtys.tj.gov.cn/ZWGK6002/ZCWJ_1/WZFWJ/202204/t20220428_5869546.html。

1.6 天津市生态环境局文件

《市生态环境局市发展改革委关于印发天津市"十四五"塑料污染治理行动方案的通知》(津环固〔2021〕96号)(2021-12-31)[①]。

相关政策要求：进一步完善塑料污染全链条治理体系，压实各区、各部门和企业责任，聚焦重点环节、重点领域、重点区域，积极推动塑料生产和使用源头减量、科学稳妥推广塑料替代产品，加快推进塑料废物规范回收利用，着力提升塑料垃圾末端安全处置水平，大力开展塑料垃圾专项清理整治，大幅减少塑料垃圾环境泄漏量，推动白色污染治理取得明显成效。

2. 天津市碳中和行动亮点

2.1 低碳海港

继续加强对物联网、车联网、5G、人工智能等新兴技术的应用，不断提升港口智能化、数字化、自动化水平，积极优化运力结构，拉动集装箱吞吐量和作业效率迈上新台阶，构建绿色运输模式，加快绿色能源系统并网应用，纵深完善"港口+无水港+海铁联运"的内陆市场服务体系，努力打造世界一流的智慧港口、绿色港口，以全新模式引领世界港口智能化升级和低碳发展。

---

① 资料来源：天津市生态环境局网站，http://sthj.tj.gov.cn/YWGZ7406/HJGL7886/GTFWGL6110/202201/t20220120_5784047.html。

主要行动举措包括：

- 天津港获颁全国港口"碳中和证书"。2022年1月17日，天津港第二集装箱码头公司获得了中国船级社"碳中和证书"认证，成为获得权威机构认证的绿色电能100%自产自足的碳中和码头。未来公司将积极打造零碳港区、零碳港口，将天津港打造成为我国港口行业碳达峰、碳中和的示范性港口。

- 规模清洁能源集卡在天津港投运。2022年1月30日，规模清洁能源水平运输车队在天津港投入生产运营。本次电动集卡实现了化石能源零消耗，与同等运力的燃油集卡相比，单机每百公里减少燃油消耗50千克、减少碳排放155千克，可实现集装箱码头装卸作业全流程零排放。

【专栏】

案例：智慧码头，力争建设全球绿色零碳港口样板

近年来，天津港在主动服务国家战略中精准定位，聚焦智慧低碳港口建设，踩下转型升级"油门"，不断开启高质量发展新航程。

2021年7月28日，在中国港口协会2021绿色与安全港口大会上，天津港集团宣布将把正在建设中的天津港C段智能化集装箱码头打造成为全球首个人工智能零碳码头。

同年10月17日，天津港C段智能化集装箱码头正式投产运营，成为全球首个"智慧零碳"码头，并实现四个全球首创：全球首个真正基于AI的智能水平运输管理系统；全球首个实现车路协同超L4级无人驾驶在港口规模化商用落地；全球首个实现真正意义上"5G+北斗"融合创新的全天候、全工况、全场景泛在智能；全球首个实现绿电自发自用、自给自足，运营全过程零碳排放的码头。

> 同年12月15日，全球首个零碳码头智慧绿色能源系统在天津港并网，这标志着天津港向零碳港口目标又迈出关键一步。
>
> 2022年3月2日，由天津港集团、华为和中国移动联合打造的"5G+智慧港口"项目荣获2022全球移动大奖，成为全球首个获此殊荣的智慧港口项目。项目聚焦自动化集装箱码头建设成本高、能源消耗大等难点、痛点，自主搭建安全高效的5G专网和工业物联网，实现了对码头全要素的自动感知与分析。
>
> 未来，天津港将努力打造世界一流的智慧港口、绿色港口，更加突出清洁能源利用，更加突出绿色低碳运输，更加突出绿色能源保障，建成"风、光、储、氢"等多源融合的绿色能源系统，以全新模式引领世界港口智能化升级和低碳发展。

2.2 生态保护

精准治污、科学治污，强化源头治理、系统治理、综合治理、协同治理；改善大气环境质量，强化系统治理；提升水生态环境质量，强化陆海统筹，巩固近岸海域生态环境质量。以更高标准打好蓝天、碧水、净土保卫战，集中攻克老百姓身边的突出生态环境问题，持续改善生态环境质量。

主要行动举措包括：

- 中新天津生态城第四社区中心获"碳中和"证书。2022年3月3日，经过碳排放核查、计算，中新天津生态城第四社区中心获得由天津排放权交易所颁发的"碳中和"证书，成为天津首个"零碳"社区商业项目，对全市的社区商业具有示范效应。

- 津门湖水系生态修复工程启动。2022年6月11日，天津市西青区启动津门湖水系生态修复工程。该工程总投资约4809万元，针对津门湖水系开展清淤除草、原位生态底质改良、新建和改建排水设施等治理措施，将多方位解决津门湖水体污染和排水不畅等问题，有效提升区域水环境质量。

2.3 绿色电力

进一步优化电源结构，提高可再生能源装机比重，提升可再生能源电力消纳水平，适度发展分布式气电，大力发展可再生能源，构筑多层次的电力供应体系，保障供电安全，持续推进交通、生活、工业等领域电能替代，提高电能占终端能源消费比重。

主要行动举措包括：

- 海上油田群岸电应用项目在津投产。2021年9月23日，由中海油天津分公司开发建设的渤海海域秦皇岛—曹妃甸油田群岸电应用示范项目正式投产。标志着我国海洋石油工业向绿色开发、高效开发、智能开发迈出历史性变革的一步。

- 天津市达成绿电市场化交易。2021年9月26日，天津市绿电市场化交易顺利达成，交易无补贴绿电600万千瓦时，可减排二氧化碳4785.6吨，这标志着天津开启绿电消费新模式，同时有利于提升产品国内国际竞争力，促进绿色能源生产消费规模大幅提升。

- 天津市打造绿电并网第一村。2021年12月20日，天津市宝坻区小辛码头村88户村民用上"绿色电"，是天津市绿电并网第一村。该村所用"绿色电"来源于同一天并网的大唐中电天锐30兆瓦风电项目，项目为包括小辛码头村在内的用电户提供充足绿电，可进一步提升区域电力供应保障及清洁能源供应比例。

- 中海油天津生产基地首次完成"绿电入海"。2022年4月13

日，中海油天津分公司首次完成绿电市场化交易，总量达 1.86 亿千瓦时，这是中国海油目前完成的单次最大绿电交易量，可减排二氧化碳 16.4 万吨，对改善环渤海地区空气环境质量具有重要意义。

- 天津宁河区实现百分百绿色电力供应。2022 年 5 月 26 日，宁河区新能源发电瞬时功率达到 316.4 兆瓦，全区实现百分百绿色电力供应。通过新能源电网建设，宁河区迈入能源绿色转型新阶段。目前，宁河区已投运 18 座新能源场站，服新 220 千伏新能源汇集站正在建设中，可进一步提升该区绿电外送能力。

2.4 数字经济

深化新一代信息技术与制造业融合发展，加强新一代信息技术对传统产业改造力度，推动企业生产数字化、智能化水平提升，以数字经济发展带动全要素、全行业提质转型，加快制造业智能化、绿色化转型，拓展数字技术应用场景，搭建数字化、智能化城市治理体系平台，打造全国新型智慧城市标杆。

主要行动举措包括：

- 8 大项目集中落户滨海—中关村科技园。2022 年 6 月 2 日，天津经开区高质量发展系列云签约活动举办了滨海—中关村科技园专场，8 个项目预计共投资 5.8 亿元，涉及智能科技、生物医药大健康、新能源新材料、科技服务业等领域，将进一步强化滨海—中关村科技园在京津冀协同和科技自主创新方面的竞争力。

- 第六届世界智能大会战略合作协议在津签约。2022 年 6 月 23 日，天津市政府与工业和信息化部签署推进天津制造业立市、建设全国先进制造研发基地战略合作协议。双方将以产业链为核心抓手，在提振工业经济运行、提升先进制造业集群竞争力、增强制造业创新能力、加快制造业智能化绿色化转型、加强产业协同发展等方面开展合作。

- 京津冀数字经济联盟成立大会在津举办。2022年6月24日，京津冀数字经济联盟成立大会暨京津冀数字产业高峰论坛在津开幕。联盟成立有利于推进天津数字经济核心产业培育和智能制造赋能工程，加快数字经济和实体经济深度融合发展，努力建设人工智能先锋城市和全国领先的信创产业基地。

- 我国海洋油气装备制造"智能工厂"投产。2022年6月29日，海洋油气装备制造"智能工厂"正式投产，标志着我国海洋油气装备行业智能化转型实现重大突破。该工厂致力于打造集海洋工程智能制造、油气田运维智慧保障及海工技术原始创新研发平台等功能为一体的综合性基地，推动我国海洋装备制造智能化。

2.5 清洁能源

坚持分布式和集中式并重，加快本地可再生能源开发，打造"盐光互补""风光互补"等百万千瓦级新能源基地，积极争取外部绿电，增强可再生能源消纳能力，提升可再生能源电力消费比重。推动新能源占比逐渐提高的新型电力系统建设，逐步形成风、光、水、地热、生物质等多元互补，源、网、荷、储平衡发展的可再生能源开发利用格局。

主要行动举措包括：

- 天津港保税区公司屋顶分布式光伏项目落地。2021年9月28日前，天津新天钢冷轧薄板有限公司8兆瓦屋顶分布式光伏发电项目正式并网投运。该项目每年生产光伏电约800万千瓦时，减排二氧化碳 7000 余吨，且可以补充企业近 4%的电力消耗，每年节约电费约 70 万元，经济生态效益巨大。

- 中环半导体 DW 智慧工厂助力天津硅产业发展。2021 年 11 月 18 日，中环半导体 DW 智慧工厂（三期）项目在天津滨海高新区开工，总占地面积 160 亩，投资总额预计将超 30 亿元，规划产能 25 吉瓦（GW），达产后年产值将超百亿元，项目建成后中环半导体在滨海高新区的 G12 光伏硅片总体产能将超过 50 吉瓦，成为全球最大的光伏单晶硅片生产基地。

- 年产能 1600 吨加氢母站正式投产。2022 年 1 月 26 日，天津新氢能源发展有限公司年产能 1600 吨加氢母站项目正式投产。此次投产的加氢母站项目一期年产能 1600 吨，满足高纯氢气指标要求和氢燃料电池用氢气质量指标要求。该项目是天津港保税区氢能产业基础设施建设的重要组成部分，将为滨海新区燃料电池汽车示范城市群建设提供氢能供给保障。

- 渤海湾首个千亿立方米大气田一期开工。2022 年 3 月 26 日，中海油天津分公司渤中 19-6 凝析气田一期开发工程项目开工，标志着我国渤海湾首个千亿立方米大气田开发正式进入工程实施阶段。该气田目前已探明天然气地质储量近 2000 亿立方米，对保障国家能源安全、优化我国能源结构具有重大意义。

- 国内大型单体容量"盐光互补"项目投建。2022 年 3 月 29 日，天津首个百万千瓦光伏发电项目——天津华电海晶 1000 兆瓦"盐光互补"光伏发电项目投建。该项目致力打造"绿色能源+特色盐业+高效渔业+舒适旅游+悠闲生活+健康休闲"一体化的经济运营体系。项目投产后，预计年可节约发电标准煤约 50.12 万吨，年减少二氧化碳约 125.66 万吨。

- "天津号"纯太阳能车研制成功。2022 年 4 月 11 日，"天津号"纯太阳能车亮相天津市科学技术奖励大会，这标志着天津在汽车行业方面要率先突破关键核心技术，率先在国内形成标杆，有利于下一步开展新一代太阳能车转化技术攻关及纯太阳能车技术迭代升级和产业化，探索实现"双碳"目标的新路径、新机制、新模式。
- 天津新天钢光伏项目并网。2022 年 4 月 26 日，新天钢集团天钢公司光伏发电项目并网运行。该项目投产后，预计年发电量 960 万千瓦时，按照"自发自用"原则，满足厂区生活用电后结余的 600 万千瓦时，将用于生产，预计每年减少二氧化碳排放 8600 吨。

2.6 战略性新兴产业

立足全国先进制造研发基地定位，推进工业绿色升级，聚焦信息技术应用创新、集成电路、车联网、生物医药、新能源、新材料、高端装备、汽车和新能源汽车、绿色石化、航空航天等产业链，推动战略性新兴产业、高技术产业发展，加快构建绿色低碳工业体系，推广产品绿色设计，推进绿色制造，促进资源循环利用。

主要行动举措包括：

- 天津汽车产业链全面实施链长制。2021 年 9 月 29 日，首届天津汽车发展论坛在天津举办。根据《天津市汽车及新能源汽车产业链工作方案》，天津将围绕汽车及新能源汽车产业链上整车制造、新能源核心零部件、汽车电子、汽车动力、汽车车身、汽车底盘 6 条产业子链，全面实施链长制，推动产业链高质量发展和汽车产业的转型升级。
- 津产大直径超小转弯 TBM 始发。2021 年 10 月 22 日，由中铁装备天津公司制造的大直径超小转弯硬岩掘进机（Tunnel Boring Machine，TBM）"抚宁号"在河北秦皇岛抚宁抽水蓄能电站项目始发，这是我国首次将9米级超小转弯半径硬岩掘进机应用到抽水蓄能建设领域。该设备具有施工速度快、安全环保、劳动力需求量少、自动化程度高等特点。

- 滨海高新区启动新能源产业基地项目。2022年6月26日，力神滨海新能源产业基地项目在滨海高新区启动。此次启动建设的力神新能源产业基地将建设24吉瓦时（GWh）动力电池、扩充锂电产能及研发中心等项目，达产后年产值预计可达120亿元，将有力促进天津完善动力电池产业生态，加速集聚上下游核心企业，做大做强新能源产业链条。

河北：氢能成为绿色经济新增长极

河北省积极服务和融入新发展格局，完整、准确、全面贯彻新发展理念，实施重点行业领域减污降碳和可再生能源替代行动，借助地区优良资源禀赋和区位优势，乘冬奥赛事之风，大力发展氢能产业，建设氢能示范企业、示范产业和示范城市，推动氢能全产业链建设，带动全省加快绿色转型，打造绿色经济新增长极。

在顶层设计方面，河北省委、省政府联合相关部门先后出台碳达峰碳中和路线图及各行业"十四五"行动规划，在氢能产业方面坚持创新驱动发展，有序开展氢能技术创新与产业示范，努力推动产学研有机互动，紧抓雄安新区建设、京津冀一体化发展和冬奥赛事良好机遇，构建"一区、一核、两带"产业格局，助力全省氢能产业高质量、高水平发展。同时，推动全省传统优势产业转型升级，大力发展以新能源、新材料为代表的战略性新兴产业，提前扶植高潜力未来产业，引领全要素、全行业、全领域低碳变革。行动举措方面，依托张家口国家可再生能源示范区建设优势，推动坝上地区氢能基地建设，打造燃料电池汽车及关键零部件技术创新和生产集群，开展多种形式终端应用场景示范，搭建国内领先技术研发和标准创新平台，打造张家口氢能全产业发展先导区。聚力产业高端化、数字化、绿色化、集约化，不断拓展智慧城市各领域应用场景，鼓励发展智能微电网，提升电力系统智能调节能力，提升绿色农业、绿色建筑发展水平，探索碳交易新模式，落实陆海河湖生态领域保护行动，坚定不移走生态优先、绿色低碳的高质量发展道路，为加快建设现代化经济强省、美丽河北增添绿色底蕴。

1. 河北省碳中和相关政策文件

1.1 河北省人民政府文件

(1)《河北省人民政府办公厅关于印发河北省建设全国产业转型升级试验区"十四五"规划的通知》（冀政办字〔2021〕143号）(2021-11-04)[①]。

相关政策要求：以建立京津冀协同发展的现代产业体系为目标，突出对全省经济社会发展具有支撑作用的重点产业，围绕固根基、扬优势、补短板、强弱项，着力优化产业结构，着力转换发展动能，着力提高质效水平，着力提升竞争能力，加快产业发展从规模速度型向

---

① 资料来源：河北省人民政府网站，http://info.hebei.gov.cn/eportal/ui?pageId=6806152&articleKey=6985278&columnId=6806589。

质量效益型转变，加快产业变革质量升级、效率升级、动力升级，推进产业基础高级化、产业链现代化。

(2)《河北省人民政府办公厅关于印发河北省建设京津冀生态环境支撑区"十四五"规划的通知》（冀政办字〔2021〕144号）(2021-11-15)①。

相关政策要求：以推动高质量发展为主题，立足新发展阶段，完整准确全面贯彻新发展理念，积极服务和融入新发展格局，着力构建区域生态安全屏障，建立健全环境治理体系，推进精准、科学、依法治污，全面推动资源能源节约和高效利用，持续改善生态环境，将河北省打造成为高水平的京津冀生态环境支撑区，支撑保障河北"三件大事"，为推动区域形成人与自然和谐发展的现代化建设新格局贡献河北力量。

(3)《河北省人民政府关于印发河北省生态环境保护"十四五"规划的通知》（冀政字〔2022〕2号）(2022-01-14)②。

相关政策要求：坚持生态优先、绿色发展，以实现减污降碳协同增效为总抓手，以改善生态环境质量为核心，突出精准治污、科学治污、依法治污，统筹污染治理、生态保护、应对气候变化，保持力度、延伸深度、拓宽广度，深入打好污染防治攻坚战，推进生态环境治理体系和治理能力现代化，以高水平生态环境保护推动高质量发展、创造高品质生活，加快建设首都水源涵养功能区、京津冀生态环境支撑区和绿色低碳、生态优美的现代化河北。

---

① 资料来源：河北省人民政府网站，http://info.hebei.gov.cn/eportal/ui?pageId=6806152&articleKey=6985861&columnId=6806589。

② 资料来源：河北省人民政府网站，http://info.hebei.gov.cn/eportal/ui?pageId=6806152&articleKey=7003059&columnId=6806589。

(4)《河北省人民政府办公厅关于印发河北省制造业高质量发展"十四五"规划的通知》(冀政办字〔2022〕7号)(2022-01-17)①。

相关政策要求：以智能制造为主攻方向，坚持"三六八九"工作思路，紧紧抓住京津冀协同发展和雄安新区建设战略契机，坚定不移实施制造强省战略，加快传统优势产业提档升级，大力发展战略性新兴产业，培育发展高潜未来产业，推进制造业产业基础高级化和产业链现代化，加速制造业高端化、智能化、绿色化发展，着力构建现代化制造业体系，加快建设全国转型升级试验区，努力打造具有全球影响力的先进制造业基地。

(5)《河北省人民政府办公厅关于印发河北省"十四五"时期"无废城市"建设工作方案的通知》（冀政办字〔2022〕37号）(2022-03-21)②。

相关政策要求：完整准确全面贯彻新发展理念，以推动固体废物减量化、资源化、无害化为主线，统筹集成制度、技术、市场、监管等要素，构建"无废"新能源、新产业、新旅游和新工厂，形成固体废物污染环境防治新发展格局，发挥减污降碳协同效应，推动城市绿色低碳转型，服务经济社会高质量发展。

(6)《河北省人民政府关于印发河北省"十四五"节能减排综合实施方案的通知》(冀政字〔2022〕18号)(2022-03-26)③。

相关政策要求：完善能源消费强度和总量双控、主要污染物排放

---

① 资料来源：河北省人民政府网站，http://info.hebei.gov.cn/eportal/ui?pageId=6806152&articleKey=7002846&columnId=6806589。
② 资料来源：河北省人民政府网站，http://info.hebei.gov.cn/eportal/ui?pageId=6806152&articleKey=7014577&columnId=6806589。
③ 资料来源：河北省人民政府网站，http://info.hebei.gov.cn/eportal/ui?pageId=6806152&articleKey=7017690&columnId=6806589。

总量控制制度，把节能减排贯穿于全省经济社会发展全过程和各领域，以经济社会发展全面绿色转型为引领，以能源清洁低碳发展为关键，组织实施节能减排重点工程，坚决遏制高耗能、高排放、低水平项目盲目发展，加快完善节能减排政策机制，统筹推进能源利用效率提升和主要污染物总量减排，为建设现代化经济强省、美丽河北奠定坚实基础。

(7)《河北省人民政府关于印发河北省"十四五"现代综合交通运输体系发展规划的通知》（冀政字〔2022〕25号）（2022-04-25)[①]。

相关政策要求：坚持"三六八九"工作思路，聚焦服从服务于京津冀协同发展和雄安新区建设国家重大战略、建设现代化经济体系、全面推进乡村振兴，着力补短板、强弱项、增动能、提质效、促融合，畅通国际和国内区际、省际、城际运输通道，构建区域联通、城乡融合的物流服务网络，加快构建安全、便捷、高效、绿色、经济的现代化综合交通运输体系。

1.2 河北省发展和改革委员会文件

(1)《关于印发〈河北省战略性新兴产业发展"十四五"规划〉的通知》（冀发改高技〔2021〕1620号）（2021-11-22)[②]。

相关政策要求：着力提升产业创新能力，加强关键核心技术攻关

---

① 资料来源：河北省人民政府网站，http://info.hebei.gov.cn/eportal/ui?pageId=6806152&articleKey=7017375&columnId=6806589。

② 资料来源：河北省发展和改革委员会网站，http://hbdrc.hebei.gov.cn/web/web/fzgh/2c9473847dff6925017e04db2a41371a.htm。

和科技成果产业化能力，培育先导性和支柱性产业，加快数字经济与实体经济融合发展，推进战略性新兴产业融合化、集群化、生态化发展，增强产业链供应链稳定性和竞争力，以高质量供给引领创造新需求、扩大新消费，着力打造现代产业体系新支柱。

(2) **《河北省发展和改革委员会 河北省自然资源厅关于印发〈河北省海水淡化利用发展行动实施方案（2021—2025 年）〉的通知》（冀发改环资〔2021〕1557 号）（2021-11-10）**[①]。

相关政策要求：以推动海水淡化规模化利用为目的，以科技研发为支撑，以培育海水淡化示范城市、建设海水淡化示范工业园区为重点，重点推进海水淡化规模化利用，扩大工业园区海水淡化利用规模，创新海水淡化发展模式和政策机制，构建独具特色的海水淡化产业链条，推动沿海地区经济社会实现高质量发展。

(3) **《河北省发展和改革委员会等五部门关于印发〈关于破解瓶颈制约助推数字经济健康发展的若干政策〉的通知》（冀发改高技〔2021〕1690 号）（2021-12-16）**[②]。

相关政策要求：支持数据中心绿色化、低碳化发展。鼓励数据中心企业通过绿色电力交易、认购可再生能源绿色电力证书等方式，提升可再生能源利用比例，优先支持可再生能源供电达到 50% 及以上的数据中心新建和扩建。加大数据中心节能改造力度，引入优秀的节能产品和方案，加快推进全闪存、液冷技术、间接蒸发冷却机组等绿色

---

① 资料来源：河北省发展和改革委员会网站，http://hbdrc.hebei.gov.cn/web/web/xxgkwzcwj/2c9473847d1d7f17017d228b68124b53.htm。

② 资料来源：河北省发展和改革委员会网站，http://info.hebei.gov.cn/hbszfxxgk/329975/329988/330035/6852718/6995735/index.html。

节能设备应用，鼓励数据中心配套建设余热回收供暖设施，有效推进数据中心低碳运行。

（4）《关于促进全省地热能开发利用的实施意见》（冀发改能源〔2022〕239号）（2022-02-25）①。

相关政策要求：以增加可再生能源供应、减少温室气体排放、实现可持续发展为导向，深入开展地热资源勘查，因地制宜推进地热能项目建设，规范和简化管理流程，建立完善信息统计和监测体系，促进全省地热能科学有序、清洁高效开发利用。

（5）《河北省发展和改革委员会等六部门关于印发〈河北省促进绿色消费实施方案〉的通知》（冀发改就业〔2022〕302号）（2022-03-04）②。

相关政策要求：大力发展绿色消费，增强全民节约意识，扩大绿色低碳产品供给和消费，完善有利于促进绿色消费的制度政策体系和体制机制，推进消费结构绿色转型升级，加快重点领域绿色消费转型，加强绿色消费科技和服务，加快形成简约适度、绿色低碳、文明健康的生活方式和消费模式，为推动高质量发展和创造高质量生活提供重要支撑。

（6）《河北省发展和改革委员会关于加快提升充电基础设施服务保障能力的实施意见》（冀发改能源〔2022〕478号）（2022-04-09）③。

相关政策要求：进一步优化主城区公共充电网络布局，加大外围城

---

① 资料来源：河北省发展和改革委员会网站，http：//hbdrc.hebei.gov.cn/web/web/xxgkwzcwj/2c9473847f574585017f63b94be112c3.htm。

② 资料来源：河北省发展和改革委员会网站，http：//info.hebei.gov.cn/eportal/ui?pageId=6778557&articleKey=7013852&columnId=6852718。

③ 资料来源：河北省发展和改革委员会网站，http：//info.hebei.gov.cn/eportal/ui?pageId=6778557&articleKey=7016119&columnId=6852718。

区公共充电基础设施建设力度，因地制宜布局充电站，扩大网络覆盖范围，提升公共充电服务保障能力。鼓励充电运营企业通过新建、改建、扩容、迁移等方式，逐步提高快充桩占比，并合理更换老旧充电桩，提升公共充电基础设施利用效率和用户充电体验，基本建成车桩相随、换充相济、适度超前、布局均衡、智能高效的充电基础设施体系。

（7）《河北省发展和改革委员会等四部门印发〈河北省重点领域严格能效约束推进节能降碳实施方案〉的通知》（冀发改产业〔2022〕437号）（2022-03-31）[①]。

相关政策要求：坚决落实制造强国、高质量发展战略部署，突出能耗总量大、碳排放高的重点产业领域，以有效提高能源利用效率、降低单位产品能耗强度为目标，坚决执行国家明确的能效标准，大力推进节能降碳先进工艺技术改造，全面强化节能监管政策措施，有效推动重点领域节能降碳，带动全行业绿色低碳转型，确保如期实现碳达峰目标。

（8）《河北省发展和改革委员会关于印发〈河北省电力需求响应市场运营规则〉的通知》（冀发改电力〔2022〕471号）（2022-04-07）[②]。

相关政策要求：推动将需求侧可调节资源纳入电力电量平衡，拓宽电力需求响应实施范围，建设运营需求响应市场，发挥市场在资源配置中的决定性作用，构建"需求响应优先、有序用电保底、节约用

---

① 资料来源：河北省发展和改革委员会网站，http://info.hebei.gov.cn/eportal/ui?pageId=6778557&articleKey=7015273&columnId=6852718。

② 资料来源：河北省发展和改革委员会网站，http://info.hebei.gov.cn/eportal/ui?pageId=6778557&articleKey=7016112&columnId=6852718。

电助力"的电力平衡保障新模式,促进电力充足供应。

1.3 河北省工业和信息化厅文件

《河北省工业和信息化厅关于印发〈河北省"十四五"工业绿色发展规划〉的通知》(冀工信节〔2021〕335号)(2021-12-14)[①]。

相关政策要求:以绿色技术创新为根本动力,着力优化产业结构,推动工业低碳转型,提高能源资源利用效率和清洁生产水平,深化绿色制造体系建设,推进产业生态化和生态产业化,工业产业结构、生产方式绿色转型取得显著成效,绿色低碳工艺技术装备广泛应用,能源资源利用效率大幅提高,绿色制造水平全面提升,为工业领域碳达峰奠定坚实基础。

1.4 河北省住房和城乡建设厅文件

(1)《关于有序做好绿色金融支持绿色建筑发展工作的通知》(冀建节科〔2022〕2号)(2022-05-27)[②]。

相关政策要求:金融机构对符合要求的绿色建筑项目给予重点支持。在授信额度方面,优先保障绿色建筑信贷投放;在利率定价方面,持续释放LPR改革潜力,引导金融机构降低绿色建筑项目贷款利率水平,促进企业综合融资成本稳中有降;在贷款受理审批方面,采取"绿色通道"模式,优先受理、优先审批、优先投放。

---

① 资料来源:河北省工业和信息化厅网站,http://gxt.hebei.gov.cn/hbgyhxxht/zcfg30/snzc/894934/index.html。

② 资料来源:河北省经济和城乡建设厅网站,http://zfcxjst.hebei.gov.cn/zhengcewenjian/tfwj/202205/t20220530_316382.html。

(2)《关于做好绿色金融支持绿色市政设施建设工作的通知》(冀建城建〔2022〕15号)(2022-06-09)①。

相关政策要求：抓住当前重大历史机遇，强化政策引导，发挥市场在资源配置中的决定性作用，把绿色金融资源更高效地配置到市政基础设施建设重点领域和薄弱环节，对符合要求的绿色市政设施建设项目给予金融支持，推进本省绿色市政设施高质量发展。

(3)《关于印发〈河北省2022年建筑施工扬尘污染防治工作方案〉的通知》(冀建质安函〔2022〕149号)(2022-04-01)②。

相关政策要求：各级建筑施工扬尘污染防治主管部门落实监管责任，压实企业主体责任，严格监督管理，强化督查执法，严肃责任追究，不断提高精细化管理水平，把"六个百分百""两个全覆盖"扬尘污染防治措施落地落细，实现建筑工地扬尘达标排放。

1.5 河北省科学技术厅文件

《河北省科学技术厅印发〈关于联动实施"四个一批"项目推动科技创新与实体经济深度融合实施方案〉的通知》(冀科区函〔2022〕19号)(2022-04-22)③。

相关政策要求：围绕全省主导产业和县域特色产业集群，支持市县科技部门聚焦钢铁、高端装备制造、信息智能、新能源、新材

---

① 资料来源：河北省经济和城乡建设厅网站，http://zfcxjst.hebei.gov.cn/zhengcewenjian/tfwj/202206/t20220609_316463.html。
② 资料来源：河北省经济和城乡建设厅网站，http://zfcxjst.hebei.gov.cn/zhengcewenjian/tfwj/202204/t20220401_315977.html。
③ 资料来源：河北省科技厅网站，https://kjt.hebei.gov.cn/www/xxgk2020/228104/228108/228109/259739/index.html。

料、节能环保、生物医药健康等产业领域需求，推动中央驻冀院所、中科院以及京津高科技成果和全省优势企业自有重大成果转化和产业化。

1.6 河北省自然资源厅文件

《河北省自然资源厅 河北省发展和改革委员会关于印发河北省海洋经济发展"十四五"规划的通知》（冀自然资发〔2022〕3号）（2022-01-27）[①]。

相关政策要求：支持海洋清洁能源与海水淡化、深远海养殖、油气平台、海洋观测等融合发展。积极推进海水氢能源开发利用。完善风电价格政策，创新补贴机制，推动可再生能源发电全额保障性收购制度全面落地。

2. 河北省碳中和行动亮点

2.1 新能源——氢能

立足氢能产业发展基础和区位优势，结合各市氢能产业发展定位，抢抓京津冀协同发展、雄安新区建设和冬奥会举办重大机遇，加强顶层设计，优化氢能产业布局，发挥氢能可再生能源研究院和产业创新中心引领作用，谋划布局128个氢能项目，构建"一区、一核、两带"产业格局，加快推动氢能产业高质量发展。

---

① 资料来源：河北省自然资源厅网站，http：//zrzy.hebei.gov.cn/heb/gongk/gkml/zcwj/zcfgk/zck/10690545650660962304.html。

主要行动举措包括：

- 国家级可再生能源示范区落地张家口。2021年9月29日，张家口可再生能源示范区能源大数据中心正式揭牌，该中心将充分发挥张家口可再生能源示范区资源禀赋和国家风光储输示范工程技术优势，重点聚焦能源科研、数字赋能、价值创造和管理支撑四大功能平台，努力形成"数字经济+产业联盟"的能源互联网创新生态。

- 张家口召开氢能产业发展情况专题会。2021年10月20日，张家口召开氢能产业发展情况专题会。会议指出，要高标准做好氢能产业园规划建设，进一步优化产业布局，加快标准化厂房等基础设施建设进度，尽快出台切实可行的支持政策，为招商引资、项目落地提供有力保障，为推动张家口市氢能产业快速高质量发展奠定坚实基础。

- 京津冀燃料电池汽车示范城市群启动会议召开。2021年12月25日，京津冀燃料电池汽车示范城市群启动会议在大兴国际氢能示范区召开。会议发布了《京津冀燃料电池汽车示范城市群实施方案（简本）》，设定了"1+4+5"的目标任务体系，旨在全力推动氢能产业高质量发展。

- 派瑞氢能公司成功入选"科改示范企业"名单。2022年3月8日，邯郸经开区中国船舶集团下属中船派瑞氢能公司成功入选国务院"科改示范企业"名单。此次入选，有助于派瑞氢能公司打造国有科技型企业改革样板和自主创新尖兵，努力建设成为世界可再生能源制氢的骨干力量，为实现"双碳"目标做出贡献。

【专栏】

案例：氢能先导，打造低碳经济增长新优势

作为可再生能源示范区，张家口市近年来加快推进氢能与可再生能源产业协同创新发展，高质量推动氢能产业技术创新和示范应用。

张家口市可再生能源资源丰富，大规模发展可再生能源制氢的基础扎实、潜力巨大。为抢抓机遇，2019年2月27日，张家口市氢能与可再生能源研究院成立，参与制定推进氢能产业发展的"1+N"政策体系，6月出台《氢能张家口建设规划（2019—2035年）》，后陆续发布《张家口市支持氢能产业发展的十条措施》，氢能产业政策体系初步建立。

2021年7月17日，河北省发改委印发《河北省氢能产业发展"十四五"规划》，规划明确指出，要构建"一区、一核、两带"产业格局，加快推动全省氢能产业高质量发展。其中"一区"指打造张家口氢能全产业发展先导区，依托张家口国家可再生能源示范区建设优势，推动坝上地区氢能基地建设，凸显张家口市在氢能发展中的示范地位。

2022年2月冬奥会期间，为助力"绿色办奥"，张家口市提前布局氢能综合利用产业体系，先后培育和引进18家氢能领域企业，初步形成氢能全产业链发展格局，全面满足冬奥会氢燃料汽车的保障要求。

2022年6月19日，国家氢能产业创新中心在张家口市签约，此举将继续助力探索氢能发展的技术、制度和模式创新，打造"可再生能源+氢"的全新绿色产业生态。

"氢能张家口"已成为张家口市绿色发展新名片。该市将借助可再生能源示范区优势，继续为加速国内氢能产业高质量发展作出有益尝试，打造国内领先、国际知名的氢能城市。

2.2 绿色电力

增强绿色电力消纳能力，开工建设一批抽水蓄能电站，鼓励风电、光伏等电站合理配置储能装置，推进火电机组灵活性改造，加强新能源电力配套电网和跨区域输电通道建设，深入推进电网智能化改造，积极开展局域电网、智能微网和直流配电网示范、试点，大幅度提高新能源电力消纳和储存能力，构建以新能源为主体的电力系统。

主要行动举措包括：

- 张家口冬奥场馆实现全生命周期使用绿色电能。2022年4月20日，省发改委举办北京冬奥会冬残奥会张家口赛区场馆绿电认证仪式。2019年至2022年，张家口冬奥场馆及训练基地累计使用新能源电量1.19亿千瓦时，相当于节约标准煤3.93万吨，减排二氧化碳9.42万吨。

- 雄安新区新建500千伏变电站投运。2022年6月27日，雄安新区新建500千伏变电站——雄东站建成投运。该工程是新区电力输送主通道的重要节点，也是新区实现100%绿电供应的重要枢纽，投运后将充分保障启动区、高铁站片区、雄东片区等发展用电需求，进一步加快构建雄安世界一流电网的步伐。

2.3 产业转型

统筹雄安新区、张家口张北地区"两翼"协调发展，明确区域产业定位，突出产业比较优势，优化产业空间布局，着力培育壮大战略性新兴产业，加速布局发展新能源汽车、清洁能源和绿色数据产业，推动新能源产业数字化，数字经济产业绿色化，构建与区域功能定位相适应、与资源环境承载力相匹配、与产业发展方向相契合的"一核、两极、四带、多集群"发展格局。

主要行动举措包括：

- 秦皇岛经济技术开发区注入产业发展新动力。2021年12月28日，元动新能源汽车生产项目签约仪式在秦皇岛经济技术开发区举行。此次签约有助于发挥开发区资源禀赋和区位优势，为新能源重卡产业和地方经济社会高质量发展作出积极贡献。

- 大数据产业基地"源网荷储"高峰论坛举行。2022年1月7日，张家口怀来大数据产业基地"源网荷储"高峰论坛举行。论坛与会人员表示，张家口市应围绕数据中心机房的配套设施、边缘计算中心以及微服务软件的开发、数据清洗、标注预处理服务等，尽早布局，打造信息产业高地，更大地提升张家口怀来大数据产业基地的效益。

- 新能源产业互联网基地项目落户张北。2022年1月24日，中国新能源产业互联网总部基地上线仪式暨能源数字高峰论坛在张家口市张北县举行。该项目有利于助力张北探索创新绿色高质量发展新路径，对于该县新能源产业数字经济发展具有重要的里程碑意义。

- 张家口市两数据中心入围国家绿色数据中心。2022年4月2日，张家口市阿里巴巴张北中都草原数据中心和腾讯怀来东园云数据中心入围2021年度国家绿色数据中心名单。该市全力构建数字经济发展新格局，逐步形成以张北云计算产业基地、怀来大数据产业基地等多个产业园区为核心，功能错位、特色鲜明、协同联动的大数据发展格局。

2.4 生态环境

推进智慧林场建设，着力提升林业经营管理智能化、数字化水平。加强海洋生态环境监测能力建设，强化海域污染防治，提升废物集中收储处置和资源化利用能力，推动海洋生态系统保护修复与监管，强化美丽海湾示范引领。

主要行动举措包括：

- "海洋垃圾桶"在秦皇岛港投入使用。2021年11月18日，秦皇岛港股份有限公司自主研发的10台自动清理、自主收集海域垃圾的"海洋垃圾桶"在秦皇岛港投入使用，开启全天候、高效率、自主清洁港口海域新模式。目前，"海洋垃圾桶"已在部分港区码头分布应用，可替代人工日常清洁，也可机动灵活调配位置。

- 塞罕坝林场"5G+智慧林草联合实验室"成立。2022年4月19日，塞罕坝林场"5G+智慧林草联合实验室"挂牌成立。实验室的建立将有效推进塞罕坝智慧林场建设，进一步优化提升塞罕坝林场基础服务保障能力，更好地满足生态保护及林业经营管理等方面的通信服务需求，对推动塞罕坝林场创新发展、绿色发展、高质量发展具有重要意义。

2.5 碳交易

加快深化排污权交易改革，同步推进排污权确权、政府储备、市场交易等制度创新，努力盘活闲置排污权指标，使有为政府和有效市场更好结合，破解建设项目排污权指标紧缺难题，探索可再生资源生态价值实现新路径，加快构建政府与企业、企业与企业间高效流转、公平交易的交易市场，激发企业自主减排内生动力，推进减污降碳协同增效。

主要行动举措包括：

- 河北省降碳产品价值实现机制进一步落实。2021年12月30日，河北省第二批降碳产品价值实现暨服务平台启动仪式在石家庄线上线下同步举办。本次降碳产品价值实现量为24.8483万吨二氧化碳当量，金额为1102.27万元。而且这是河北省降碳产品价值实现服务平台的首次应用，标志着河北省降碳产品价值实现迈出了坚实步伐，走上了快车道。

- 河北省碳交易市场建设取得新进展。2022年6月17日，河北省首批排污权市场交易启动暨深化降碳产品价值实现战略合作签约仪式在石家庄成功举办，标志着河北省在降碳产品价值实现方面，创新了政企合作新机制，实现了降碳产品供需精准对接，是深化降碳产品价值实现改革和排污权交易改革迈出的关键一步。

2.6 碳捕集

加大绿色低碳重大科技攻关和推广应用力度，集中力量突破关键技术，聚焦钢铁、煤电、水泥等高碳排放行业，加快布局节能减碳技术、工艺、材料、零部件、设备研究项目，攻克一批关键共性技术。深入推进碳捕集、利用与封存技术装备研发推广，努力走在碳捕集技术开发应用前沿。

主要行动举措包括：

- 工业尾气生物固碳项目取得新进展。2021年10月30日，中国农业科学院饲料研究所与北京首钢朗泽新能源科技有限公司共同宣布取得的突破性进展：在国际上实现了从一氧化碳到蛋白质的合成，并已形成万吨级的工业生产能力,这对降低大豆等饲料蛋白源进口依赖度,减少碳排放,保障国家能源、粮食安全具有重要意义。

2.7 绿色农业

加快发展现代农业,以保障粮食综合生产能力为前提,聚焦科技农业、绿色农业、品牌农业、质量农业,做大做强特色优势产业工程,推动设立示范典型,构建以都市农业和特色高效农业为主体的现代农业体系,积极推动农业现代化。

主要行动举措包括:

- 河北省绿色农业探索取得新成效。2022年2月23日,河北省围场满族蒙古族自治县和曲周县入选农业农村部办公厅发布的《2021年全国农业绿色发展典型案例》,此次入选有利于加强农业绿色发展经验的总结提炼和宣传推介,营造全社会共同推进农业绿色发展的良好氛围。

- 石家庄市"农业科技示范镇"揭牌。2022年3月4日,由石家庄市农林科学研究院、藁城区农业农村局、藁城区西关镇三方共建的"农业科技示范镇"正式揭牌。此次设立有利于市农林科学院充分发挥科研团队优势,建设特色优势农产品生产基地,打造最新农业科技成果的示范转化基地,带动全市农业高质量发展。

2.8 绿色建筑

加快超低能耗建筑建设,积极吸取各市各地区现有先进经验和做法,因地制宜制定本地措施,尤其是政府投资或以政府投资为主的工程可按照超低能耗建筑进行规划建设,落实好土地出让、开发销售等方面的支持政策,要加大监管力度,确保项目建设质量。

主要行动举措包括：

- 沧州市超低能耗建筑项目获重点支持。2021年9月26日，省工信厅公示《2021年河北省被动式超低能耗建筑产业发展项目》，沧州市的卡林热泵项目、新型绝热材料项目、装配式建筑PC构件产业化生产基地项目上榜，被纳入滚动支持项目库，获得重点支持，为发展被动式超低能耗建筑产业奠定了良好基础。

山西：积极探索资源开发和生态保护最优解

山西省坚持因地施策，科学有序实现"双碳"目标；坚持先立后破，推动能源安全与绿色转型平稳过渡；坚持政策引导，建立完善绿色低碳政策体系；坚持创新引领，推动产业链、价值链从低端向中高端延伸发展；坚持技术赋能，构建市场导向的绿色技术创新体系。

在顶层设计方面，山西省先后出台系列激励绿色低碳发展的相关文件，强化实现碳达峰碳中和目标的法律和政策保障。政策着力重点主要落在推动碳达峰碳中和目标实现的能源清洁化、产业转型、绿色金融、数字经济、绿色建筑、科技兴省、生态环境等相关领域。在行动举措方面，山西省在保障能源安全的前提下有序推进能源绿色低碳转型，先立后破，在加快形成清洁低碳能源可靠供应能力基础上，逐步对化石能源进行安全可靠替代；在原有大型火电基地的基础上，加强"风光火储一体化""源网荷储一体化"项目的开发；对火电、钢铁等主要高耗能企业，在鼓励节能减排、低碳技术研发利用方面争取给予更大的财税政策支持，助力高耗能企业转型发展；重视绿色金融体系的建设和发展。不断建立和完善绿色金融标准、创新绿色金融产品、健全绿色金融市场监管体系；加快碳达峰碳中和关键核心技术研发攻关和示范项目部署，围绕农业绿色发展技术研发应用、电气化转型、新能源发展、能源效率提升、减污降碳、零碳材料、循环利用等方向，凝练形成省级重点研发计划项目。

1. 山西省碳中和相关政策文件

1.1 山西省人民政府文件

(1)《山西省人民政府办公厅关于促进全省煤炭绿色开采的意见》（晋政办发〔2022〕39号）（2022-05-12）[①]。

相关政策要求：到2030年，绿色开采技术逐步推广应用，煤矿因地制宜开展充填开采、保水开采，资源回收率进一步提高，煤矸石综合利用或无害化处理能力进一步提升。对于条件适宜的特殊和稀缺煤类资源，除国家明文规定或安全生产需要外，无（小）煤柱开采得到进一步推广应用。

(2)《山西省人民政府办公厅关于促进煤化工产业绿色低碳发展的意见》（晋政办发〔2022〕53号）（2022-07-04）[②]。

相关政策要求：以科技创新为驱动，以龙头企业为引领，以重大项目为依托，以提升产业基础能力与延伸产业链条为重点，加快传统煤化工产业升级改造，培育壮大现代煤化工产业，探索煤炭清洁高效利用新路径，不断提升安全环保节能水平，推动煤化工产业高质量发展。

---

① 资料来源：山西省人民政府网站，http：//www.shanxi.gov.cn/sxszfxxgk/sxsrmzfzcbm/sxszfbgt/flfg_7203/bgtgfxwj_7206/202205/t20220517_966100.shtml。

② 资料来源：山西省人民政府网站，http：//www.shanxi.gov.cn/sxszfxxgk/sxsrmzfzcbm/sxszfbgt/flfg_7203/bgtgfxwj_7206/202207/t20220708_971334.shtml。

(3)《山西省人民政府关于加快建立健全我省绿色低碳循环发展经济体系的实施意见》（晋政发〔2022〕12号）（2022-04-26）①。

相关政策要求：全过程推进绿色规划、绿色设计、绿色投资、绿色建设、绿色生产、绿色流通、绿色生活、绿色消费，建立健全绿色低碳循环发展的经济体系，推动本省绿色发展迈上新台阶。

(4)《山西省人民政府关于印发山西生态省建设规划纲要（2021—2030年）的通知》（晋政发〔2021〕50号）（2022-01-25）②。

相关政策要求：深入践行"绿水青山就是金山银山"理念，坚持尊重自然、顺应自然、保护自然，坚持节约优先、保护优先，自然恢复为主，守住自然生态安全边界，下大力气推动产业结构和能源结构调整，促进经济社会发展绿色低碳转型，推动生态环境保护与经济社会发展全面深度融合。

1.2 山西省发展和改革委员会文件

(1)《山西发展和改革委员会关于组织申报2022年污染治理和节能减碳专项（煤电机组改造升级方向）中央预算内投资的通知》（晋发改资环发〔2022〕101号）（2022-03-25）③。

相关政策要求：发挥中央预算内投资带动作用，大力支持煤电机

---

① 资料来源：山西省人民政府网站，http://www.shanxi.gov.cn/sxszfxxgk/sxsrmzfzcbm/sxszfbgt/flfg_7203/szfgfxwj_7205/202204/t20220429_964435.shtml。

② 资料来源：山西省人民政府网站，http://www.shanxi.gov.cn/sxszfxxgk/sxsrmzfzcbm/sxszfbgt/flfg_7203/szfgfxwj_7205/202204/t20220401_961043.shtml。

③ 资料来源：山西省发展和改革委员会网站，http://fgw.shanxi.gov.cn/fggz/wngz/hjyzy/202203/t20220325_5574558.shtml。

组节能降耗改造、供热改造、灵活性改造"三改联动",促进电力行业节能减排,助力实现碳达峰、碳中和目标。

(2)《山西发展和改革委员会　山西省生态环境厅关于印发〈塑料污染治理(2022—2023年度)工作要点〉的通知》(晋发改资环发〔2022〕179号)(2022-05-27)①。

相关政策要求:严格医疗废物流向管控,打击废弃塑料进口。加大对违规生产超薄塑料购物袋、超薄聚乙烯农用地膜企业的执法力度。鼓励开展不同类型可降解塑料降解机理及影响研究,以及塑料污染防治等关键核心技术攻关,引导相关科技成果转化,不断提升产品质量和性能,降低应用成本。

(3)《山西发展和改革委员会　山西省自然资源厅　山西省住房和城乡建设厅　山西省能源局关于全面推广地热能在公共建筑应用的通知》(晋发改能源发〔2022〕165号)(2022-05-31)②。

相关政策要求:加强地热能与太阳能等其他可再生能源的互补综合利用,对于具备条件的政府投资新立项公共建筑,全部采用"地热能+"多能互补的形式解决供暖(制冷)用能需求。鼓励其他新立项公共建筑采用"地热能+"多能互补的形式解决供暖(制冷)需求,逐步提高地热能在公共建筑用能中的应用比例。

---

① 资料来源:山西省发展和改革委员会网站,http://fgw.shanxi.gov.cn/fggz/wngz/hjyzy/202205/t20220527_6113113.shtml。

② 资料来源:山西省发展和改革委员会网站,http://fgw.shanxi.gov.cn/fggz/wngz/nyfz/202205/t20220531_6206000.shtml。

(4)《山西省发展和改革委员会　山西省能源局　国家能源局山西监管办公室关于印发首批"新能源+储能"试点示范项目名单的通知》(晋发改能源发〔2021〕497号)(2021-12-31)①。

相关政策要求：有关市发展改革委、能源局要加强本辖区内试点示范项目的组织管理和跟踪调度，督促项目投资建设主体加快落实土地、环评、电网接入等各项建设条件，同时科学组织力量、合理安排工期，在确保安全生产的前提下，加快推动项目建设，确保首批"新能源+储能"试点示范项目2022年底建成投运，切实发挥应有示范效应。

1.3　山西省生态环境厅

《山西省生态环境厅　山西省财政厅关于印发〈山西省深化低碳试点推进近零碳排放示范工程建设实施方案〉的通知》(晋环发〔2022〕9号)(2022-05-05)②。

相关政策要求：全面深化全省低碳试点示范，加快推进近零碳排放示范工程建设，充分发挥试点示范引领带动作用，探索低碳发展模式，总结低碳发展经验，服务实现全方位推动高质量发展目标。

1.4　山西省住房和城市建设厅

《山西省住房和城乡建设厅关于印发〈山西省建筑节能、绿色建筑与科技标准"十四五"规划〉的通知》(晋建科字〔2022〕114号)(2022-06-30)③。

相关政策要求：到2025年，建筑能源利用效率稳步提升，建筑用

---

① 资料来源：山西省发展和改革委员会网站，http：//fgw.shanxi.gov.cn/fggz/wngz/ny-fz/202112/t20211231_4306933.shtml。

② 资料来源：江西省生态环境厅网站，https：//sthjt.shanxi.gov.cn/tfwj2/jhf/202205/t20220505_5943696.shtml。

③ 资料来源：山西省经济和城乡建设厅网站，http：//zjt.shanxi.gov.cn/zwgk/tfwj/202206/t20220630_6525305.shtml。

能结构逐步优化，基本形成绿色、低碳、循环的建设发展方式。城镇新建居住建筑、公共建筑分别执行节能83%、72%地方标准，持续推进既有建筑节能改造，完成既有建筑节能改造面积3000万平方米以上，建筑能效水平比2020年再提升20%。

1.5 山西省能源局

(1)《关于印发煤电机组节能减碳改造技术路线指南的通知》（晋能源电力发〔2022〕1号）（2022-01-04）[①]。

相关政策要求：在省内依靠技术进步，提高电源点建设能耗准入门槛，不断挖掘系统设备的节能潜力，结合电厂机组的实际运行状况，科学采用新技术、新工艺，实施在役煤电机组综合升级改造。

(2)《关于印发〈虚拟电厂建设与运营管理实施方案〉的通知》（晋能源规〔2022〕1号）（2022-06-21）[②]。

相关政策要求：以打造清洁低碳、安全高效的现代能源供给和消纳体系为指引，将"源网荷储"协同互动作为提升电力系统调节能力和安全保障能力的重要举措，以市场机制为依托，以技术革新为动力，加快推进虚拟电厂建设，扩大需求侧（储能）响应规模，提升本省新能源消纳及需求响应能力，形成"源网荷储"发展良性循环。

[①] 资料来源：山西省能源局网站，http://nyj.shanxi.gov.cn/zfxxgk/fdzdgknr/snyjwj/sjwj/202201/P020220110381309293936.pdf。

[②] 资料来源：山西省能源局网站，http://nyj.shanxi.gov.cn/zfxxgk/fdzdgknr/snyjwj/sjwj/202206/P020220623584188362990.pdf。

(3)《关于印发〈源网荷储一体化项目管理办法〉的通知》（晋能源电力发〔2022〕244号）（2022-05-26）①。

相关政策要求：源网荷储一体化项目坚持可研设计、项目评估、项目纳规、项目建设、项目并网、项目运营及项目监管共七个方面一体化。提升能源清洁利用水平和电力系统运行效率。

1.6 山西省自然资源厅

《山西省自然资源厅 山西省农业农村厅 山西省能源局 山西省林业和草原局关于加强光伏发电项目用地支持保障的通知》（晋自然资函〔2022〕323号）（2022-06-07）②。

相关政策要求：光伏发电项目选址要坚持保护优先、科学规划、因地制宜、合理利用的原则。光伏发电项目可在国土空间规划划定的生态保护红线、永久基本农田及法律法规规定禁止占用的区域外选址建设，同时尽量避开生态区位重要、生态脆弱和地形破碎区域。

1.7 山西省交通运输厅

《关于印发〈山西省绿色交通"十四五"发展规划〉的通知》（晋交科技发〔2021〕394号）（2021-12-31）③。

相关政策要求：以重点工程为依托，以重大政策和制度为保障，

---

① 资料来源：山西省能源局网站，http：//nyj.shanxi.gov.cn/zfxxgk/fdzdgknr/snyjwj/sjwj/202205/P020220530599483727153.pdf。

② 资料来源：山西省自然资源厅网站，https：//zrzyt.shanxi.gov.cn/zwgk/zwgkjbml/zcfg/dzgll/202206/t20220607_6290566.shtml。

③ 资料来源：山西省交通运输厅网站，http：//jtyst.shanxi.gov.cn/zwgk/gkml/ghjh/ghjjd/202207/t20220706_6590499.shtml。

推动形成交通运输绿色发展方式，深入推进交通运输污染综合防治工作，继续推进柴油货车污染治理，强化交通基础设施生态保护与修复，不断提升绿色交通治理能力，进一步健全绿色交通制度体系。

2. 山西省碳中和行动亮点

2.1 绿色煤炭

山西省持续推进煤炭生产关键环节的低碳化，探索"绿色煤炭"低碳生产。充填开采、保水开采、煤与瓦斯共采、无煤柱开采等煤炭绿色开采技术得到推广应用，煤矿智能化、数字化、绿色化转型全面提速。

- 2022年山西省计划建成20座智能化煤矿。2022年1月24日，山西省能源局发布《全省煤矿智能化建设指导手册》，明确将本年度新建20座智能化煤矿。煤矿智能化是第四次煤炭行业重大技术变革。
- 煤炭公路运费完成竞价交易。2022年4月24日，中国（太原）煤炭交易中心能源电子商务平台5000吨煤炭公路运费完成竞价交易。此次公路运费交易是该产品自4月22日正式上线运行以来的首笔竞价交易。

【专栏：煤炭保供，如何既增产又增绿？】[①]

绿色开采：寻求资源开发和生态保护最优解

作为不可再生资源，煤炭绿色开采就是要实现资源开发利用的最优化、生态环境影响的最小化。早在2013年，国家能源局、财政部等四部门就曾印发

---

① 资料来源：微信公众号，https://mp.weixin.qq.com/s?__biz=MzUzNzk5NDU0Ng==&mid=2247602258&idx=1&sn=7d5ccb7b3ab34e1bd2183e57454483df&chksm=fadd640fcdaaed191d79ded5d6737193612c5c9b441d8f3003f80d195c7be3e6d2eba1813def&scene=27#wechat_redirect。

《煤矿充填开采工作指导意见》，要求通过开采技术创新，促进资源开发和生态保护协调发展。

2019年起，产煤大省山西试点推进煤矿绿色开采，并出台减免资源税等一系列支持政策。目前，山西省已建成绿色开采试点煤矿32座。潞安化工集团高河煤矿达到了"矸石零排放、地面零沉降、水体零破坏"的标准；山西焦煤集团东曲煤矿创建了"地面不见矸石山、无矸石外排"的模式；山西义棠煤业保水开采实现带压区安全开采，保护奥灰水不受破坏；晋能控股集团成庄煤矿煤与瓦斯共采填补了高瓦斯矿区绿色开采行业空白。

与此同时，煤矿智能化建设加快推进。截至2022年8月，山西省已建成22座智能化煤矿、548处智能化采掘工作面，有23座煤矿实现5G入井，智能化采掘工作面减人比例在30%左右，智能化煤矿产能占全省生产煤矿总产能的40%以上。2022年5月，山西省进一步提出，将持续探索煤炭绿色开采技术路线，推动智能化、云计算、5G和物联网技术与绿色开采充分融合，提高绿色开采效率。

多元利用：推动煤炭由燃料向原料转变

2017年，中科院物理研究所在钠离子电池碳基负极材料研究上取得突破，无烟煤正是负极材料的上佳原料。利用丰富的无烟煤资源，华阳新材料科技集团联手中科海钠科技公司共同推进钠离子电池规模化应用。

在阳泉神堂嘴煤层气工业园区，煤层气制备金刚石的培育、打磨在有条不紊地进行着。在大唐云冈热电厂，燃煤排出的烟气顺着蜿蜒的管道进入捕集设备，经过冷却、吸收、解析、提纯等多道程序，成为高纯度的液态二氧化碳，最终转化为碳纳米管及其下游产品。

无烟煤制钠离子电池负极材料、煤层气制备金刚石、煤制特种油蜡……坚持"高端化、多元化、低碳化"发展方向，山西省推动煤炭清洁高效利用不断迈出坚实步伐。

2022年5月，山西晋南钢铁集团依托自身钢铁、焦化、化工的能源互补优势，首次在国内将氢气应用在1860立方米高炉，实现氢能炼钢，低碳冶金。7月，孝义市鹏湾氢港氢能产业园焦炉煤气制氢项目正式投产，这座煤城首次产出99.99%的高纯度氢气，当地首辆氢能重卡完成氢气加注。

钢—焦—化—氢、煤—焦—化—氢、煤—焦—碳素、煤—焦—精细化工、高硫煤清洁利用油化电热一体化等低碳产业链日益完善，煤炭正由单一燃料属性向燃料、原料方向并重转变，共同推动高碳能源低碳利用，黑色煤炭绿色发展。

2.2 清洁能源

积极推动相关能源节能技术的发展，推进能源的清洁化利用，探索能源清洁化的技术路径，推进能源绿色应用技术研发项目的落地。积极推进绿色煤矿建设和运输以及变煤为电项目建设，使煤炭的利用清洁化、高效化。大力发展光伏、氢能等清洁能源，助力省份低碳目标实现。积极召开煤炭清洁利用座谈会，为各行各业行动实践提供指南。

主要行动举措包括：

- 山西省绿色低碳校园示范项目在朔州市上线。2022年1月18日，由华电山西能源有限公司和朔州陶瓷职业技术学院共同打造的山西省内"绿色低碳校园"示范项目实现全容量并网，顺利投入运营。

- 吕梁市氢能产业园正式落地。2022年2月15日，美锦能源在山西吕梁兴县的美锦氢能产业园项目正式签约，在兴县规划建设6座氢能综合能源站和3座氢能LNG综合站，并与兴县合作建设氢能推广平台。

- 临汾市洪洞县 1GW 光伏发电项目签约仪式举行。2022 年 2 月 16 日，洪洞 1GW 光伏发电及光伏支架专业化生产基地项目签约仪式举行。有关各方在仪式上签订了《光伏支架专业化生产基地项目合作框架协议》《光伏支架供销协议》《洪洞 1GW 光伏发电项目土地租赁协议》。
- 山西焦煤集团完成氢能源运输车运煤工作。2022 年 5 月 14 日，山西焦煤集团煤焦销售物流公司首批氢能源运输车将煤炭产品安全及时运输至国能榆次热电有限公司，并前往榆次修文站完成铁路短倒任务。

2.3 科技降碳

山西省高度重视科技作为推动能源革命实现绿色低碳发展的重要作用，各行各业积极响应号召，在机场、冶金、煤炭开采等方面积极推广科技应用及其在区域间的均衡发展，充分挖掘绿色低碳科技创新的动力和潜力，在实现传统产业绿色转型的同时，培育壮大新兴产业，为全社会绿色转型发展提供示范路径。

- 围绕减碳、零碳、负碳等技术开展集中攻关。2021 年 10 月 15 日，山西省科技厅官网正式对外发榜 7 个省科技重大专项项目，其中由山西蓝焰煤层气集团有限责任公司等省内科技领军企业发榜 6 项重大关键核心技术问题，由省科技厅发榜 1 项重大基础前沿与民生公益类关键核心技术问题。
- 推动 90 万吨铬铁低碳冶金项目落地建设。2022 年 5 月 9 日，宝武太钢集团就宝武太钢 90 万吨铬铁低碳冶金项目建设选址用地开展实地考察调研，详细了解园区规划与布局、土地建设整体规划等相关建设条件，并就项目选址等工作进行了沟通和交流。

- 朔州煤电宏力公司余热回收装置获得国家专利。2022年5月17日，《山西日报》记者报道，日前，该公司下属企业宏力再生工业股份有限公司申请的实用新型专利"自然式煤矸石隧道窑热回收装置"获得了国家发明专利。该专利的运用将实现车间全年生产和节能减排、资源循环利用。

- 朔州民用机场全力打造业界零碳样板。截至2022年6月5日，零碳概念的朔州民用机场正在加紧施工建设。朔州民用机场全部采用可再生能源满足用能需求，将是一座真正意义上的"零碳"机场。

- 阳泉热电2×660兆瓦低热值煤热电项目烟囱外筒封顶。2022年5月20日，2022年省级重点工程项目——阳泉热电2×660兆瓦低热值煤热电项目烟囱外筒顺利封顶。这标志着该项目将转入设备安装和调试冲刺阶段。

2.4 绿色金融

将绿色金融作为战略核心，持续推动绿色创新金融产品在山西省落地，助力高质量转型发展，围绕金融支持山西能源革命综合改革和绿色转型，通过强化政策引领及"窗口指导"、推动绿色项目对接、推动绿色债券发行、强化激励约束机制等举措，积极推动山西绿色转型和低碳发展。

- 中国银行山西省分行发放碳减排项目贷款。2021年11月16日，中国银行山西省分行积极对接各新能源项目，利用绿色审批通道、预审会商机制等快速完成审批，发放了碳减排支持工具项目贷款。

- 山西省煤炭清洁高效利用专项再贷款投放。2021年11月26日，中国银行山西省分行投放了煤炭清洁高效利用专项再贷款，有力地支持了山西传统产业升级改造。

- 山西省能源转型私募基金正式通过备案。2021年12月10日，由山西太行产业投资基金管理有限公司负责设立的山西能源转型发展股权投资基金合伙企业（有限合伙）已通过中基协备案，基金总规模50亿元。标志着山西省在能源转型大背景下能源转型私募基金正式启航。

- 中国银行山西省分行发行绿色债券。2022年2月，中国银行山西省分行作为独家主承销商，为山西省重点电力企业格盟国际能源有限公司发行了1亿元绿色债券。

- 绿色贷款助力新能源智能制造发展。2022年3月31日，中国银行山西省分行向太原重工新能源装备有限公司提供了一笔5000万元的绿色贷款。贷款将有助于这家企业建设信息化和工业化深度融合的风电智能工厂。

- 山西银保监局探索发展绿色金融。2022年5月26日，山西银保监局组织召开2022年第2场银行业保险业例行新闻发布会。据中国银行山西省分行负责人介绍，"双碳"背景下，该行正加快金融业务创新，探索绿色金融新模式，加大绿色信贷投放，支持山西省绿色低碳转型。

2.5 产业转型

山西省积极推动省内产业向绿色低碳方向发展，大力发展新能源和可再生能源，有效推动传统能源大省向新型综合能源大省迈进。推动抽水蓄电、"源网荷储"、高端钻机等项目落地创收。推动环保企业、集团等成立，引领行业绿色发展。

- 山西大型地面煤层气高端钻机项目建成投产。2021年12月20日，晋能控股装备制造集团天和众邦山西能源技术有限公司在晋城揭牌，标志着山西大型地面煤层气高端钻机项目建成投产。

- 垣曲二期抽水蓄能电站"江源15号"TBM成功始发。2022年4月10日，中国水电五局TBM"江源15号"垣曲抽水蓄能电站地勘平硐TBM掘进项目成功始发，项目建设正在加速推进。

- 山西低碳环保产业集团有限公司成立。2022年5月7日，山西低碳环保产业集团有限公司在太原揭牌。该集团注册资本30亿元，注册地址为太忻一体化经济区太原片区。

- 山西省废钢铁应用协会在太原成立。2022年5月20日，山西省废钢铁应用协会在太原成立并举行第一届一次会员大会。该协会的成立，将推动山西省废钢铁产业资源综合利用，加强废钢铁产业资源化、规模化、高值化利用，促进废钢铁行业健康可持续发展。

- 朔州市低碳硅芯产业园源网荷储一体化项目推进会召开。2022年6月28日，市低碳硅芯产业园源网荷储一体化项目推进会议召开。会议指出，要进一步修改完善项目方案，积极推进储能项目，构建绿色产业体系，全链条提升综合能效、降低用能成本。

2.6 数字经济

山西省高度重视数字经济的战略部署，努力将数字经济打造成为经济增长的新引擎。不断提速新型基础设施建设，做好数字经济发展的关键支撑。加快关键核心技术攻关，培育数字经济新生态。提升数字产业融合水平，拓展数字业务发展规模。着力优化数字营商环境，营造数字经济发展新氛围。

- 山西数字大会在太原开幕。2021 年 12 月 27 日，2021 年山西数字经济成果展暨数字化转型助力"双碳"战略交流会在山西省展览馆盛大开幕，本届数字大会以"加快数字化转型助力'双碳'目标实现"为主题。

- 中煤平朔集团智能化综采工作面通过验收。2021 年 12 月 27 日，山西省能源发展中心专家组对中煤平朔集团有限公司井工三矿 39204 综采工作面智能化建设开展评定工作。该矿通过省级中级评定验收。

- 山西焦煤召开数字化智能化工作推进会。2022 年 5 月 18 日，山西焦煤集团公司召开数字化智能化工作推进会。会议强调，集团公司上下要坚持以数字化、智能化手段，全面构建起面向未来的企业发展模式和运营机制。

- 山西省能源互联网产学研联盟在综改区成立。2022 年 6 月 23 日，山西省能源互联网产学研联盟成立大会在山西综改示范区举行。成立大会上，联盟向所有成员单位发出倡议：同心协力，为山西省能源革命和"双碳"目标的安全可控达成，做出新的更大的贡献。

2.7 绿色建筑

推动绿色创新技术集成应用、大力推广装配式建筑、持续推进既有建筑节能改造等积极举措，全面提升建筑能源利用效率，优化建筑用能结构，推动建筑业转型升级和住房城乡建设绿色、高质量发展。

- 欢联 2022 技术交流联谊会在太原召开。2022 年 6 月 9 日，"绿色布线·碳索未来" ENJOYLink 欢联 2022 技术交流联谊会（太原站）在山西饭店盛大召开，共同探讨在"双碳"目标之下，以数据中心、5G 建设为代表的新基建如何成为加速绿色化进程的先锋。

- 山西省绿色会展中心正在筹建。2021 年 11 月底，潇河国际会展中心正在紧张有序地进行施工。该建筑利用中深层地热，提供供热制冷的冷热源，北侧屋顶采用分布式太阳能光伏技术，设置了 68607 平方米的光伏板进行光伏发电。

2.8 绿色农业

山西省积极探索农业低碳绿色发展新模式，走生态优先、节能减排、固碳增汇、循环利用、资源高效的现代农业高质量发展道路，以低碳发展带动农业绿色转型。积极开展地方特色农业绿色发展，为区域农业绿色发展转型升级闯出新路。加强农村污水处理，建设美丽乡村。不断完善碳减排技术的落地宣传工作。

- 山西省运城市万荣县成为 2021 年全国农业绿色发展典型案例。2022 年 3 月 7 日，农业农村部报道了山西省运城市万荣县绿色发展新闻，近年来，万荣县以创建国家农业绿色发展先行区为契机，努力为区域农业绿色发展转型升级闯出新路。

- 晋城市入选全国农村黑臭水体治理试点支持城市名单。2022 年 6 月 10 日，财政部、生态环境部相关部门公示 2022 年农村黑臭水体治理试点支持城市名单，山西省晋城市位居榜首，成为全国 15 个入选城市之一。

- 山西省畜牧业低碳减排技术培训班成功举办。2022 年 6 月 28

日，山西省畜牧业低碳减排技术培训班在线上成功举办，这次培训首次就"双碳"主题进行培训，首次覆盖全省的畜牧技术推广人员。

2.9 生态环境

坚定不移走好生态优先、绿色低碳发展道路，在实现碳达峰碳中和中作出山西贡献、体现山西担当。坚持因地施策，科学有序实现"双碳"目标。加强科学治污能力建设，初步建成了天地一体、上下协同、信息共享的生态环境监测网络，并紧盯重要环节、重要工程，不断提升环境治理水平和能力。

- 太原、晋城成功入选"无废城市"。2022年4月24日，生态环境部发布了《关于"十四五"时期"无废城市"建设名单的通知》，山西省太原、晋城两市成功入选。
- 山西低碳环保产业集团赴太原市尖草坪区交流座谈。2022年5月30日，山西低碳环保产业集团赴太原市尖草坪区交流座谈。山西低碳环保产业集团将积极支持尖草坪区把生态环境保护融入太忻一体化经济发展大局，推进杨兴河生态修复治理等重点环境治理。
- 石太高铁沿线（山西段）生态环境综合整治项目全面开工。2022年7月9日，石太高铁沿线（山西段）生态环境综合整治项目开工仪式在阳曲县凌井店乡南社村隆重举行。该项目的开工建设必将成为全省高铁高速沿线生态环境综合整治的示范引领，将为绘就美丽山西提供新标杆新样板。

2.10 宣传行动

山西省广泛开展绿色低碳宣传教育，普及应对气候变化、生态文明、绿色发展理念和知识，提升公众低碳意识，营造简约适度、绿色低碳、文明健康的社会风尚，以及推动碳达峰碳中和、节能降耗的工作成效，宣传了有关法律法规、政策措施和碳达峰、碳中和知识，不断增强全社会节能降碳意识和能力。

- 2022年山西省节能宣传周启动。2022年6月13日，山西省节能宣传周启动仪式在太原举行，通过布置展板，播放节能公益宣传片，展示节能新技术、新产品、新装备等多种形式，不断增强全社会节能降碳意识和能力。

- 太原市生态环境局开展全国节能宣传周主题活动暨全国低碳日活动。2022年6月15日，在第十个"全国低碳日"，太原市生态环境局发放500余份"全国低碳日"宣传手册，广泛宣传环境保护法律法规、低碳减排、生态文明建设等知识。

- 山西大学举办"低碳行动进校园'1+1+1+1'系列活动"。2022年6月15日，山西大学举办"落实'双碳'行动，共建美丽家园——低碳行动进校园'1+1+1+1'"系列活动。

- 山西科城能源环境创新研究院开展线上交流分享会。2022年6月15日，山西科城能源环境创新研究院开展了主题为"关注气候变化、骑游保护古建"的线上交流分享会，与会专家分享了关于"骑行、古建、气候变化"的基本知识及故事。

- 临汾市生态环境局开展"内外"两块阵地节能降碳宣传活动。2022年6月15日，临汾市生态环境局开展"内外"两块阵地节能降碳宣传活动，在市局内和市局外广泛开展活动，号召"低碳生活，从我做起，低碳家园，你我共建"。

内蒙古：打造稳定的生态碳汇供给基地

内蒙古自治区聚焦碳达峰、碳中和工作，始终坚持生态文明建设的战略方向，以减污降碳协同增效为总体目标，统筹污染治理、生态保护。充分发挥风光资源富集优势，科学布局、积极发展新能源产业。不断健全绿色低碳循环发展的生产体系，推动源网荷储一体化和风光氢储一体化发展，筑牢我国北方重要生态安全屏障和祖国北疆万里绿色长城。

在顶层设计方面，自治区政府印发《内蒙古自治区人民政府办公厅关于印发自治区"十四五"节能规划的通知》《内蒙古自治区人民政府办公厅关于印发自治区"十四五"能源发展规划的通知》等文件，相关部门积极编制与"双碳"相关的文件，政策着力点主要聚焦碳减排、新能源、绿色电力、科技兴蒙、绿色交通、数字经济、产业转型、绿色金融、生态环境等相关领域。在行动举措方面，自治区坚决筑牢我国北方重要的生态安全屏障；健全绿色低碳循环发展的生产体系；加快完善新型基础设施，促进产业数字化转型、智能化升级；创建低碳零碳示范园区，促进产业绿色化转型；大力发展以风、光发电为主的新能源产业；坚持"科技兴蒙"与"双碳"目标共推全区高新技术发展；加强黄河流域生态环境保护治理，走生产发展、能源节约之路。

1. 内蒙古自治区碳中和相关政策文件

1.1 内蒙古自治区人民政府文件

（1）《内蒙古自治区人民政府办公厅关于印发自治区"十四五"节能规划的通知》（内政办发〔2022〕11号）（2022-03-01）①。

相关政策要求：坚决遏制"两高"项目盲目发展，着力推进工业、能源、建筑、交通、公共机构、农牧业、商贸流通、城镇等重点领域节能降耗，大力实施节能重点工程，强化创新驱动，完善体制机制，严格法规标准，突出重点，系统推进，推动能源利用效率大幅提高，能源消费总量得到合理控制，确保完成能耗强度约束性目标任务，为实现碳达峰碳中和目标奠定坚实基础，推动全区扎实走好以生态优先、绿色发展为导向的高质量发展新路子。

（2）《内蒙古自治区人民政府办公厅关于印发自治区"十四五"能源发展规划的通知》（内政办发〔2022〕16号）（2022-02-28）②。

相关政策要求：以满足经济社会发展和人民日益增长的美好生活清洁用能需求为根本目的，以促进碳达峰、碳中和为工作重点，统筹发展和安全，着力壮大能源新型产业，着力构建新型电力系统，着力补齐能源技术短板，着力培育能源新型业态，着力提升能源普遍服务，坚定不移走以生态优先、绿色发展为导向的高质量发展新路子，全力

---

① 资料来源：内蒙古自治区人民政府网站，https：//www.nmg.gov.cn/zwgk/zfgb/2022n/202205/202203/t20220321_2020146.html。

② 资料来源：内蒙古自治区人民政府网站，https：//www.nmg.gov.cn/zwgk/zfgb/2022n/202207/202205/t20220505_2049372.html。

做好现代能源经济这篇文章。

(3)《内蒙古自治区人民政府办公厅关于印发自治区新能源装备制造业高质量发展实施方案（2021—2025年）的通知》（内政办发〔2021〕72号）（2021-11-16）①。

相关政策要求：强化以企业为主体，支持区内外技术交流合作，推动新能源装备制造科技创新和成果转化，努力走出一条符合战略定位、体现内蒙古特色，以生态优先、绿色发展为导向的新能源装备制造业高质量发展新路子。

(4)《内蒙古自治区人民政府关于促进制造业高端化、智能化、绿色化发展的意见》（内政发〔2022〕6号）（2022-02-18）②。

相关政策要求：全力以赴调结构、转功能、提质量，扎实推进绿色农畜产品加工、现代装备制造、新型化工、新材料、生物医药产业高端化、智能化、绿色化发展，扎实走好以生态优先、绿色发展为导向的高质量发展新路子。

(5)《内蒙古自治区人民政府办公厅关于推动全区风电光伏新能源产业高质量发展的意见》（内政办发〔2022〕19号）（2022-03-04）③。

相关政策要求：坚持风电、光伏新能源产业高质量配置、高质量建设、高质量运行，带动风光产业链高质量协同发展，健全新能源高质量发展支撑体系。建立多元化并网机制，优先支持全额自发自用和不占用电网

---

① 资料来源：内蒙古自治区人民政府网站，https://www.nmg.gov.cn/zwgk/zfgb/2021n/202122/202112/t20211222_1983364.html。
② 资料来源：内蒙古自治区人民政府网站，https://www.nmg.gov.cn/zwgk/zfgb/2022n/202207/202205/t20220505_2049612.html。
③ 资料来源：内蒙古自治区人民政府网站，https://www.nmg.gov.cn/zwgk/zfgb/2022n/202207/202204/t20220429_2048048.html。

调峰空间的市场化并网消纳项目，有序组织保障性并网消纳项目。高标准、高质量推进新能源项目按期建设，严格准入标准，强化监管措施。

(6)《内蒙古自治区人民政府办公厅关于促进氢能产业高质量发展的意见》（内政办发〔2022〕15号）（2022-02-28）①。

相关政策要求：立足自治区可再生能源资源丰富、氢能应用场景广阔的优势基础，把握能源经济绿色转型发展的战略性机遇，打造绿氢生产应用基地，推进氢能多领域应用，培育和发展氢能装备制造业，建立自主可控的自治区氢能全产业链，支撑国家现代能源经济示范区建设。

(7)《内蒙古自治区人民政府办公厅关于科学绿化的实施意见》（内政办发〔2021〕83号）（2021-12-23）②。

相关政策要求：统筹推进山水林田湖草沙治理，强化质量监管，完善政策机制，全面推行林长制，科学开展国土绿化行动，有效增强生态系统功能和生态产品供给能力，提升生态系统碳汇增量，促进生态环境改善，为建设美丽内蒙古提供保障。

(8)《内蒙古自治区人民政府办公厅关于加快推动新型储能发展的实施意见》（内政办发〔2021〕86号）（2021-12-28）③。

相关政策要求：到2025年，实现新型储能从商业化初期向规模化发展转变。在源、网、荷侧应用场景建设一批多元化新型储能项目，

---

① 资料来源：内蒙古自治区人民政府网站，https：//www.nmg.gov.cn/zwgk/zfgb/2022n/202206/202203/t20220331_2026438.html。
② 资料来源：内蒙古自治区人民政府网站，https：//www.nmg.gov.cn/zwgk/zfgb/2022n/202202/202202/t20220228_2010643.html。
③ 资料来源：内蒙古自治区人民政府网站，https：//www.nmg.gov.cn/zwgk/zfgb/2022n/202202/202202/t20220228_2010634.html。

规模布局与新型电力系统发展相适应。全面提升技术创新能力与应用水平，建立健全标准体系与管理机制，培育完善市场环境和商业模式。建成并网新型储能装机规模在 500 万千瓦以上。

1.2 内蒙古自治区发展和改革委员会文件

（1）《自治区发展和改革委员会 工信厅等 5 部门关于内蒙古自治区严格能效约束推动重点领域节能降碳工作的实施方案》（内发改产业字〔2022〕142 号）（2022-02-11）①。

相关政策要求：支持企业加强节能降碳先进适用工艺技术装备研发，加大技术攻关集成和成果转化示范。支持关联产业集群化发展，构建企业首尾相连、互为供需和生产装置互联互通的产业链，提高资源综合利用水平，减少物流运输能源消耗。鼓励重点行业利用绿色数据中心等新型基础设施实现节能降耗。加快存量数据中心的节能降耗改造工作，推动数据中心运营企业统一接入能耗在线监测平台。

（2）《内蒙古自治区发展和改革委 生态厅 工信厅等 12 部门关于印发〈"十四五"内蒙古自治区清洁生产实施方案〉通知》（内发改环资字〔2022〕364 号）（2022-03-17）②。

相关政策要求：积极使用清洁能源，推广二氧化碳空气源热泵、LNG 加气拌和站等新产品、新技术。大力支持节能减排技术开发和应用，构建重点产品生态设计和绿色供应链，研发固废高值循环利用技

---

① 资料来源：内蒙古自治区发展和改革委员会网站，http://fgw.nmg.gov.cn/zfxxgk/fdzdgknr/bmwj/202203/t20220307_2013508.html。

② 资料来源：内蒙古自治区发展和改革委员会网站，http://fgw.nmg.gov.cn/zfxxgk/fdzdgknr/bmwj/202204/t20220407_2030755.html。

术设备、多源废物协同处理与生产生活循环链接技术。

(3)《内蒙古自治区发展改革委 邮政管理局等 8 部门关于印发〈关于加快推进快递包装绿色转型的实施意见〉通知》(内发改环资字〔2021〕1333 号)(2021-12-12)①。

相关政策要求：选择一批自治区特色商品品类，推广电商快件原装直发，推进产品与快递包装一体化，减少电商商品在寄递环节的二次包装。研究将绿色、可循环快递包装生产和规模化应用企业列入绿色信贷支持范围，在债券发行等方面予以支持。鼓励企业开展绿色包装技术研发，推动绿色环保包装材料、智能打包、胶带与纸箱分离等技术应用。

1.3 内蒙古自治区工业和信息化厅文件

(1)《关于印发〈内蒙古自治区 2022 年促进制造业高端化、智能化、绿色化发展政策清单〉的通知》(内工信投规字〔2022〕130 号)(2022-03-31)②。

相关政策要求：对工业园区基础设施、充电基础设施等专项债支持项目，盟市、旗县（市、区）工业和信息化部门应当与同级发改、财政部门及时沟通对接，做好项目储备和申报工作。各级工业和信息化部门、财政部门应当积极稳妥处置项目建设、资金管理等方面问题，提高资金使用效益。

---

① 资料来源：内蒙古自治区发展和改革委员会网站，http：//fgw.nmg.gov.cn/zfxxgk/fdzdgknr/bmwj/202112/t20211227_1985619.html。

② 资料来源：内蒙古自治区工业和信息化厅网站，http：//gxt.nmg.gov.cn/zwgk/fdzdgknr/tzgg/202203/t20220331_2026395.html。

（2）《关于深入开展 2022 年重点行业自愿性清洁生产工作的通知》（内工信节综字〔2022〕80 号）（2022-03-03）①。

相关政策要求：对工信部绿色制造系统集成项目，自治区级以上绿色园区、绿色工厂等绿色示范单位，按照绿色体系建设要求，要主动提出资源能源节约、污染物削减目标，开展清洁生产审核和技术改造工作。

1.4 内蒙古自治区财政厅文件

《内蒙古自治区水污染防治资金管理办法》（内财资环规〔2021〕22 号）（2022-01-10）②。

相关政策要求：水污染防治资金是指自治区本级财政安排用于支持水污染防治和水生态环境保护、地下水污染防治的对下转移支付资金。坚持结果导向，统筹考虑重点地区、重点流域、重点任务完成情况及水环境质量改善情况。突出对水污染防治任务重、资金使用绩效好和水生态环境质量改善显著地区的支持。

1.5 内蒙古自治区能源局

《内蒙古自治区能源局关于进一步做好煤矿建设项目核准管理有关工作的通知》（内能煤开字〔2021〕957 号）（2021-11-30）③。

相关政策要求：国家规划矿区内新增年生产能力 120 万吨及以上

---

① 资料来源：内蒙古自治区工业和信息化厅网站，http：//gxt.nmg.gov.cn/zwgk/fdzdgknr/tzgg/202203/t20220303_2012289.html。
② 资料来源：内蒙古自治区财政厅网站，http：//czt.nmg.gov.cn/zwgk/zfxxgk/fdzdgknr/zcfb/202201/t20220110_1991892.html。
③ 资料来源：内蒙古自治区财源局网站，http：//nyj.nmg.gov.cn/zwgk/zfxxgkzl/fdzdgknr/xzgfxwj/202111/t20211130_1965479.html。

煤炭开发项目，由自治区能源局转报国家发展和改革委员会、国家能源局核准；国家规划矿区内的其余煤炭开发项目和一般煤炭开发项目由自治区能源局核准。

2. 内蒙古自治区碳中和行动亮点

2.1 碳减排

不断加强绿色低碳技术创新能力建设，强化前沿技术布局，在清洁能源开发、碳汇技术、新能源高端装备制造、智慧电网等领域加大关键核心技术攻关力度。成立首个国家碳计量中心，积极探索碳计量路径和模式。多次召开有关"双碳"会议，明确低碳发展目标和方向。

主要行动举措包括：

- 鄂尔多斯开展零碳产业峰会。2021年10月12日，2021鄂尔多斯零碳产业峰会开幕。本次峰会旨在通过项目签约、高峰对话、专家论坛等形式，分享零碳转型成功经验，探讨产业重构示范路径。

- 达茂旗低碳总部经济园开园。2022年2月8日，达茂旗低碳总部经济园开园。40个重点项目集中签约，总投资501亿元。其中，有新能源、新材料、"三招三引"项目10个。

- 鄂尔多斯市的零碳产业园一期项目建成投产。2022年4月8日，远景鄂尔多斯零碳产业园一期项目建成投产。到2025年，远景鄂尔多斯零碳产业园将助力当地实现3000亿元绿色新工业产值，创造10万个绿色高科技岗位，实现1亿吨二氧化碳年减排的目标。

- 国家碳计量中心落户内蒙古。2022年5月9日，国家市场监管总局批准依托内蒙古自治区计量测试研究院筹建"国家碳计量中心（内蒙古）"。

【专栏】

案例：点碳成金，"双碳"战略下的内蒙古行动[①]

作为国家重要的能源基地，内蒙古在保障国家能源安全中有着举足轻重的地位，也承担着绿色转型的重任。同时，作为我国北方重要生态安全屏障，内蒙古肩负着维护国家生态安全的重大政治责任。

节能减排驱动转型升级

实现"双碳"目标，能源是主战场。内蒙古积极向高能耗、高排放企业"亮剑"；坚决遏制"两高"低水平项目盲目发展，通过"遏制一批、置换一批、缓建一批"合理控制"两高"产业规模，推动"两高"违规项目整改"清零"；向提升能效水平发力。执行工业领域化解过剩产能3年计划，工业节能技改计划、煤电节能降耗和灵活性改造等一系列计划措施有效实施。2021年，内蒙古退出电石206万吨、铁合金33万吨、焦炭60万吨落后产能，淘汰落后煤电机组8.6万千瓦。能耗"双控"指标实现了从倒数到领先，能耗无序增长被扭转。积极调整产业结构、能源结构，壮大"风光氢储"四大产业集群，提高新能源在能源供给中的比重。截至2021年底，内蒙古新能源装机全国第一。依托丰富的风光资源，内蒙古正推动新能源产业从单一发电卖电向全产业链发展转变，从传统能源大区向清洁能源大区转变。

固碳增汇打造全国最稳定的生态碳汇供给基地

内蒙古特殊的地理位置、地貌和气候环境，塑造了辽阔草原、广袤森林、雄浑荒漠和多样的湿地生态系统，孕育着独具特色的动植物类群，形成了我国

---

① 资料来源：正北方网，http://szb.northnews.cn/nmgrb/html/2022-06/15/content_36921_183351.htm。

北方最大的生态系统碳库。经测算，全区林地、草地、湿地总碳储量为105.49亿吨，占全国林草湿碳储量（885.86亿吨）的11.91%，位居全国第二。2020年全区林草湿碳汇量为1.19亿吨，占全国林草湿碳汇量（12.61亿吨）的9.44%，位居全国第一。丰富的碳储量和碳汇量，为内蒙古发展碳汇经济、助推"双碳"目标实现奠定了坚实基础。

固碳——全面停止天然林、公益林商业性采伐，全面保护天然草原，严格落实禁牧休牧、草畜平衡。严厉打击毁林毁草毁湿等各类违规违法行为，减少不合理土地利用、土地破坏等活动导致的碳排放，减少因病虫鼠害破坏林草资源造成的碳排放。

增汇——统筹山水林田湖草沙系统治理，依托国家重点生态工程和项目，大规模推进国土绿化，深入开展全民义务植树活动。"十三五"期间全区累计完成造林4736.74万亩，年均完成种草任务3000万亩，均位居全国第一。

同时，启动并推动建设全区首个碳达峰碳中和林草碳汇（包头）试验区，探索森林、草原、湿地增汇措施和途径，形成可推广、可复制的北方干旱、半干旱地区林草碳汇发展模式。

2.2 新能源——氢能

内蒙古风光资源全国第一、发电成本全国最低，发展氢能产业具有得天独厚的优势。近年来，充分发挥氢能清洁低碳特点，构建全国重要的绿氢生产输出基地、燃料电池重卡示范基地、氢能装备生产制造基地，成为国内领先、国际知名的氢能产业发展聚集地，亮出"北疆绿氢城"的新名片。

- 万辆级氢能重卡产业链项目在鄂尔多斯开工。2021年10月13日，"风光氢储车"上汽红岩鄂尔多斯项目开工仪式在鄂尔多斯市伊金霍洛旗蒙苏工业园区举行。该项目总投资 20 亿元，总用地面积约 1200 亩。

- 达旗光储氢车零碳生态链示范项目进入工程建设阶段。2021 年 11 月 25 日，达拉特旗光储氢车零碳生态链示范项目开工动员大会在光伏基地召开。此次会议标志着达拉特旗光储氢车零碳生态链示范项目从规划设计阶段转向工程建设阶段。

- 赤峰市与远景科技集团举行战略合作签约仪式。2022 年 3 月 28 日，赤峰市与远景科技集团举行战略合作签约仪式，签约金额约 400 亿元。双方将以零碳产业园为载体，推动风电、光伏、储能与智能物联网系统发展，实现 100% 绿电制氢，打造绿氢及应用一体化示范。

- 内蒙古区党委召开风光制氢一体化示范项目高质量发展座谈会。2022 年 7 月 8 日，内蒙古区党委召开风光制氢一体化示范项目高质量发展座谈会。研究如何加快推进示范项目建设，推动氢能产业高质量发展。

2.3 绿色电力

内蒙古大力推动电力基础设施建设，推动电网运输能力跨越升级。立足区位优势，依托丰富的风光资源，坚持风电、光伏新能源产业高质量配置、高质量建设、高质量运行。在工程项目建设中，充分考虑新能源发电的特征，为新能源高效并网提供安全保障；应用先进的科技创新和节能环保技术，向国家"双碳"政策靠拢。

- 国家能源集团胜利电厂 1 号机组投产发电。2021 年 10 月 12 日，国家能源集团胜利电厂 1 号机组于当日 18 时 18 分正式投产发电。

在工程建设中，能耗指标和环保指标按照行业领先、近零排放标准设计。

- 光伏发电项目在布尔台采煤沉陷区实现并网发电。2021年11月，被重新命名为"天骄绿能"的光伏发电项目在布尔台采煤沉陷区实现并网发电。采煤沉陷区的"光伏+生态"模式，是矿山治理方式的一次新实践。

- 三峡乌兰察布新一代电网友好绿色电站示范项目首批机组成功并网试运行。2021年12月29日，三峡乌兰察布新一代电网友好绿色电站示范项目首批机组（50万千瓦）成功并入内蒙古电网。该项目是当地源网荷储一体化示范项目的重要组成部分。

- 国网蒙东电力科右中电厂500千伏送出工程开工。2022年3月24日，国网蒙东电力科右中电厂500千伏送出工程正式开工建设。工程竣工投产后，可保证科右中电厂2×660兆瓦发电机组的顺利输送电。

- 160万千瓦风电项目风机完成吊装。2022年3月27日，上海庙至山东直流特高压输电通道配套阿拉善可再生能源基地160万千瓦风电项目风机完成吊装，该项目是阿拉善首个特高压清洁电力外送项目，也是国家首批以沙漠、戈壁、荒漠地区为重点的大型风电基地项目。

- 蒙东电网超高压工程建成投运。2022年5月4日，蒙东电网超高压工程——金沙500千伏变电站扩建项目工程建成投运并送电成功，全年500千伏电网工程建设首战告捷，蒙东电网建设实现"开门红"。

- 世界首套交流可控自恢复消能装置投运。2022年6月2日，由国家电网公司研制的世界首套交流可控自恢复消能装置，在±800千伏扎鲁特—青州特高压直流输电工程中成功投运，可为新能源高效并网与消纳提供安全保障。

2.4 科技兴蒙

自治区以"科技兴蒙"行动为统领，紧扣"两个屏障""两个基地"和"一个桥头堡"的战略定位，开展绿色低碳科技创新行动，加快先进低碳技术攻关和推广应用，开展碳达峰碳中和试点、低碳试点、零碳及近零碳试点建设，引领全区低碳高质量发展，支撑自治区走好以生态优先、绿色发展为导向的高质量发展新路子。

- 百吨级自卸车电能替代项目顺利通过验收。2022年3月15日，国家电投集团内蒙古公司南露天煤矿世界首台120吨级纯电动交流传动矿用电动轮自卸车研究与应用项目顺利通过专家组验收，标志着该公司的主要矿山生产设备迈出了向智慧零碳升级的关键一步。

- 自治区套L4级智能无人驾驶集装箱卡车问世。2022年3月21日，在北奔重汽总装公司院内试验场，新研发的自治区套L4级智能无人驾驶集装箱卡车在模拟的口岸场景中进行演示。

- 久泰二氧化碳制芳烃工业试验项目开工。2022年6月5日，清华大学与久泰集团合作建设的万吨级二氧化碳制芳烃工业试验项目开工仪式在准格尔经济开发区大路产业园举行。该项目以二氧化碳和氢气为原料，是万吨级以碳氢化合物为产品的二氧化碳利用项目。

- 自治区启动实施双碳科技创新重大示范工程。2022年7月8日，自治区政府新闻办召开新闻发布会，重点围绕新能源与新型电力系统、煤炭高效清洁利用、传统优势产业节能降碳3大方向，双碳科技创新重大示范工程形成 12 项技术榜单，最终确定 12 个项目，支持经费 1.49 亿元。

2.5 绿色交通

内蒙古不断加快新能源重卡汽车的发展，打造具有国际一流水准的现代化新能源重卡产业链，在汽车产业新赛道上跑出新速度，实现能源经济绿色低碳发展。优化能源开发布局，强化创新支撑引领，加快构建以"风光氢储车"为核心的绿色能源供应体系和以能源转型为引领的"零碳生态链"创新体系。

- 达拉特旗光储氢车零碳生态链示范项目开工。2021 年 11 月 25 日，达拉特旗光储氢车零碳生态链示范项目开工，该项目是已批准备案的国内光储氢车零碳示范类项目中建设规模最大、系统化集成度最高、技术先进性最前沿的标杆项目。

- 上汽红岩鄂尔多斯基地天隆工厂正式投产。2022 年 1 月 14 日，上汽红岩鄂尔多斯基地天隆工厂投产暨首批车辆下线仪式在伊金霍洛旗举行。这一项目的投产将进一步推动鄂尔多斯市加快建成全国重要的绿氢生产输出基地和燃料电池重卡应用基地。

- 自治区新能源重卡产业发展大会暨 G7 西部陆港观摩活动圆满成功。2022 年 6 月 17 日，自治区新能源重卡产业发展大会暨 GT 西部陆港观摩活动的成功举行，向社会各界多维地展示了"新能源+散改集"智慧甩箱项目。

2.6 数字经济

改造提升传统产业，培植壮大新兴产业，大力推进工业经济生态化发展。大力推进数字经济发展，着力推动乳业向高端化、智能化发展。全面支撑各领域发展方式转变、结构优化和增长动力转换，强调融合赋能。激发传统产业向数字化、智能化转型。

- 碳达峰数字化系统在鄂尔多斯市上线。2022年6月6日，碳达峰数字化系统在鄂尔多斯市达拉特旗上线运行。该系统具备重点用能企业能源消费全覆盖全种类、全流程实时监测预警等功能特点。

2.7 产业转型

推动产业转型升级迈出新步伐，系统改造、全面优化现有产业体系和产业生态，重点围绕战略性新兴产业、先进制造业和现代服务业，着力培育壮大新的经济增长点，加快发展壮大绿色低碳产业，积极构建多元发展、多极支撑的现代产业新体系。以绿色转型发展促进现代产业体系建设迈出更大步伐，大力实施主导产业培优增效行动。

- 全区工业经济高质量发展大会在呼和浩特市召开。2022年2月21日，内蒙古全区工业经济高质量发展大会在呼和浩特市召开。会议强调，要以新能源全产业链发展为突破口和切入点，推进能源和战略资源基地绿色低碳转型。

- 乌兰察布市打造3个新兴产业基地。2022年2月12日上午，乌兰察布市第五届人民代表大会第一次会议开幕。乌兰察布市聚力推动新兴产业发展，打造清洁能源基地、数字产业基地、文旅康养基地3个基地。

- 锡林郭勒盟150多亿元清洁能源项目落地。2022年3月30日，锡林郭勒盟召开2022春·锡林郭勒云招商大会，共签署落地25个产业投资项目，总投资为213.6亿元，掀开了该盟2022年招商引资的大幕。其中包括京能国际投资100亿元风光储氢制绿氨项目、盛屯集团投资近30亿元储能电池模组自动化生产线项目、远景能源投资20多亿元风储一体化高端总装基地项目等。

- 中国银行金融科技中心和林格尔新区项目首栋建筑单体封顶。2022年6月19日，在建重点工程中国银行金融科技中心和林格尔新区项目首栋建筑单体顺利封顶。项目建成后，对自治区打造高端产业生态链，实现产业结构转型、集约发展具有重要意义。

- 包头市总投资140亿元的双良40吉瓦单晶硅一期项目投产。2021年9月30日，总投资140亿元的双良40吉瓦单晶硅一期项目（20GW）在包头市稀土高新区正式点火投产。标志着稀土高新区落实"双碳"目标，推动经济社会发展全面绿色转型。

2.8 绿色金融

积极开发、建设林业碳汇项目，推进林权制度改革，盘活林业资源的存量碳资产，将林业碳汇交易作为碳市场的重要补充。积极探索林票、碳票和碳金融等多元化的生态产品价值实现机制，拓宽融资渠道，以金融创新推动碳汇市场向纵深发展。完成了自治区首单森林碳汇价值保险签约。

- 内蒙古召开能源保供和能源基地建设融资对接会。2021年11月4日，自治区地方金融监管局联合自治区能源局召开能源保供和能源基地建设融资对接会，自治区能源局要求处理好发展与减排、整体与局部、短期与中长期的关系，确保关键节点和重点行业企业平稳运行。

- 内蒙古森工集团碳汇交易竞拍价格再创新高。2021年11月

10 日，国际核证碳减排标准内蒙古大兴安岭克一河 6 万吨林业碳汇被北京千予汇国际环保投资有限公司成功竞价，碳汇单吨价格再创历史新高。

- 北方联合电力有限责任公司成功发行"碳中和"中期票据。北方联合电力有限责任公司于 2021 年 11 月 17—18 日发行 2021 年度第一期绿色中期票据（碳中和债），以助力内蒙古企业低碳高质量发展。

- 自治区森林碳汇价值保险签约。2022 年 3 月 28 日，自治区首单森林碳汇价值保险在呼伦贝尔市鄂温克族自治旗成功落地，这是内蒙古更好地保障林草固碳能力、促进绿色发展的一次全新探索。

- 自治区林业碳汇预期收益权质押贷款在鄂尔多斯市签约。2022 年 6 月 15 日，自治区首例林业碳汇预期收益权质押贷款签约仪式在鄂尔多斯市杭锦旗举行。此次签约，内蒙古伊泰北牧田园资源开发有限公司以 50 万亩碳汇林碳汇预期收益权为质押品，获得蒙商银行的绿色贷款融资。

2.9 生态环境

内蒙古全面加强生态环境保护治理，持续用力推进生态保护和修复，深入抓好大黑河、小黑河、哈素海及大青山等重点区域生态综合治理，持续抓好燃煤、交通、扬尘等污染源治理，全力抓好黄河大保护大治理。坚定不移走绿色发展、能源节约之路。

- 自治区能源局召开能源保供政策吹风会。2021 年 10 月 12 日，自治区能源局召开了能源保供政策吹风会。会议指出，自治区将坚定不移地走以生态优先、绿色发展为导向的高质量发展新路子，绝不允许打着保供的旗号破坏生态环境、回头走老路。

- 内蒙古荒漠化沙化土地面积持续"双减少"。2022年6月17日，是世界防治荒漠化和干旱日。党的十八大以来，全区年均完成防沙治沙面积1200万亩，占全国治理面积的40%以上，荒漠化和沙化土地面积连续多年保持"双减少"，实现了从"沙进人退"到"绿进沙退"的历史性转变。

- 内蒙古2022年节能宣传周正式启动。2022年6月13日上午，自治区发展改革委和自治区机关事务管理局联合举办"自治区节能宣传周暨公共机构节能宣传周启动仪式"，正式开启全区节能宣传各项活动。

- 2022年全区草原普法宣传活动在呼伦贝尔市举办。2022年6月25日，以"依法保护草原 建设生态文明"为主题的2022年全区草原普法宣传活动在呼伦贝尔市举办。号召大家保护生态环境，共建美好家园。

辽宁：深入实施城市控碳和生态修复行动

辽宁省充分认识实现"双碳"目标的重要性，顶住转型阵痛，摆脱路径依赖，保持战略定力，着力推动经济社会发展全面绿色转型，在实现"双碳"目标中体现辽宁担当、作出辽宁贡献。

为推进城市控碳、乡村减碳及生态修复增碳，辽宁省人民政府、省发改委等部门先后出台相关加快辽宁建立健全绿色低碳循环发展经济体系的政策文件，扎实推进城市控碳、生态修复等关键领域的各项重点工作，确保推进碳达峰碳中和取得积极成效。合理发展天然气，安全发展核电，大力发展水电、风电等非化石能源，实施可再生能源替代行动；改善能源供给、转化和利用方式，形成少排碳、不排碳的新模式；加快产业结构转型升级，坚持项目化推进，扎实做好结构调整"三篇大文章"；建设绿色农业产业基地，将生态资源转变为农业发展资本，综合提高农业废物的回收利用效率。巩固提升生态系统碳汇能力，推进山水林田湖草沙一体化保护和修复，发展富碳农业，持续推进生态系统保护修复重大工程，着力提升生态系统质量和稳定性，为巩固和提升我国碳汇能力筑牢基础。

1. 辽宁省碳中和相关政策文件

1.1 辽宁省人民政府文件

(1)《辽宁省人民政府办公厅关于印发辽宁省"十四五"生态环境保护规划的通知》（辽政办发〔2022〕16号）（2022-01-20）[①]。

相关政策要求：以减污降碳协同增效为总抓手，更加突出精准治污、科学治污、依法治污，深入打好污染防治攻坚战，持续改善生态环境质量，维护生态安全，全面提升生态环境治理体系与治理能力现代化水平，为辽宁全面建设社会主义现代化开好局、起好步奠定坚实的生态环境基础。展望二〇三五年，广泛形成绿色生产生活方式，碳排放达峰后稳中有降，生态环境根本好转，基本建成人与自然和谐共生的美丽辽宁。

[①] 资料来源：辽宁省人民政府网站，http://www.ln.gov.cn/zwgkx/zfwj/szfbgtwj/zfwj2011_153687/202202/t20220211_4502958.html。

(2)《辽宁省人民政府办公厅关于印发辽宁省加快建立健全绿色低碳循环发展经济体系任务措施的通知》（辽政办发〔2021〕29号）（2021-11-16）①。

相关政策要求：加强能源消费总量和强度"双控"管理，坚决遏制高耗能高排放项目盲目发展，统筹推进高质量发展和高水平保护，全省万元地区生产总值能源消费量、碳排放量、用水量持续下降，确保实现碳达峰、碳中和目标，推动本省绿色发展迈上新台阶。

(3)《辽宁省人民政府办公厅关于印发辽宁省"十四五"生态经济发展规划的通知》（辽政办发〔2022〕3号）（2022-01-03）②。

相关政策要求：在节能优先、高效利用资源、有效控制碳排放的基础上，统筹推进产业绿色高质量发展。构建产业生态化和生态产业化为主体的生态经济体系，明确产业生态化转型措施，制定生态产业化发展路径，构建新发展格局，建设人与自然和谐共生的现代化生态经济体系，推进经济社会高质量发展。

(4)《辽宁省人民政府关于印发辽宁省"十四五"节能减排综合工作方案的通知》（辽政发〔2022〕16号）（2022-06-25）③。

相关政策要求：完善实施能源消费强度和总量"双控"、主要污染物排放总量控制制度，完善节能减排政策机制，处理好发展与减排、整体与局部的关系，组织推进节能减排重点工作，推动能源利用效率

---

① 资料来源：辽宁省人民政府网站，http://www.ln.gov.cn/zwgkx/zfwj/szfbgtwj/zfwj2011_148489/202111/t20211124_4380551.html。

② 资料来源：辽宁省人民政府网站，http://www.ln.gov.cn/zwgkx/zfwj/szfbgtwj/zfwj2011_153687/202201/t20220114_4491486.html。

③ 资料来源：辽宁省人民政府网站，http://www.ln.gov.cn/zwgkx/zfwj/szfbgtwj/zfwj2011_153753/202207/t20220706_4609115.html。

大幅提高、主要污染物排放总量持续减少,实现节能降碳减污协同增效、生态环境质量持续改善,确保完成辽宁省"十四五"节能减排目标,创造条件尽早实现能耗"双控"向碳排放总量和强度"双控"转变,为实现碳达峰、碳中和目标奠定坚实基础。

(5)《辽宁省人民政府办公厅关于印发辽宁省"十四五"历史遗留矿山生态修复治理攻坚战行动计划的通知》(辽政办〔2022〕20号)(2022-05-07)①。

相关政策要求:坚持节约优先、保护优先、自然恢复为主的方针,突出生态安全和生态功能、兼顾景观功能和转型利用,系统布局和科学实施矿山生态修复治理,有效解决重点区域历史遗留矿山生态破坏问题,使矿区周边人居环境明显改善,废弃土地综合利用价值明显提升,区域生态系统服务功能和环境质量逐步恢复,增进民生福祉、促进生态保护和高质量发展。

(6)《辽宁省人民政府办公厅关于印发辽宁省"十四五"林业草原发展规划的通知》(辽政办发〔2022〕4号)(2022-01-03)②。

相关政策要求:统筹山水林田湖草沙系统治理,以林业、草原、国家公园融合发展为主线,结合实际,立足当前、着眼长远,以实施重大战略、推进重大工程、深化改革创新、完善重大制度为抓手,全面推行林长制,着力加强资源保护和生态修复,科学推进国土绿化,推动绿色低碳发展,提升林草生态系统碳汇能力,积极创建辽河国家

---

① 资料来源:辽宁省人民政府网站,http://zrzy.ln.gov.cn/zwgk/ttzgg/202206/P020220609590942827686.pdf。

② 资料来源:辽宁省人民政府网站,http://www.ln.gov.cn/zwgkx/zfwj/szfbgtwj/zfwj2011_153687/202201/t20220114_4491497.html。

公园，加强自然保护地建设，增进绿色惠民，强化基础保障，实现新时代林业草原事业高质量发展。

1.2 辽宁省发展和改革委员会文件

《关于进一步深化燃煤发电上网电价市场化改革等有关事项的通知》（辽发改价格〔2021〕414号）（2021-10-22）[①]。

相关政策要求：进一步推进燃煤发电上网电价市场化改革，根据国家"两放开、一扩大、一稳定"的改革思路，充分发挥市场在资源配置中的决定性作用、更好发挥政府作用，有序放开全部燃煤发电电量上网电价、取消工商业目录销售电价、建立电网企业代理购电机制和保持居民、农业用电价格稳定，保障电力安全稳定供应，促进产业结构优化升级。

1.3 辽宁省生态环境厅文件

《关于印发〈辽宁省"十四五"海洋生态环境保护规划〉的通知》（辽环发〔2022〕8号）（2022-04-25）[②]。

相关政策要求：以"美丽海湾"建设为统领，以持续改善海洋生态环境质量为核心，统筹污染治理、生态保护、应对气候变化，加快构建现代海洋环境治理体系，提升海洋环境治理能力，协同推进沿海地区经济高质量发展和生态环境高水平保护，为建设"美丽辽宁"提

---

① 资料来源：辽宁省发展和改革委员会网站，http：//fgw.ln.gov.cn/zc/zxzc/202110/P020211025687128998998.pdf。

② 资料来源：辽宁省生态环境厅网站，http：//sthj.ln.gov.cn/hjgl/hysthj/hyzhzl/202205/P020220526352652647908.pdf。

供优质海洋生态环境。

1.4 辽宁省住房与城乡建设厅文件

(1)《关于开展2022年辽宁省建筑节能宣传周和低碳日活动的通知》（辽住建科〔2022〕18号）（2022-06-10）[①]。

相关政策要求：高度重视"节能宣传周"活动，认真组织开展相关宣传活动，提升全社会建筑节能意识和节能能力，并以此为契机推动形成绿色低碳生产生活方式，促进经济社会发展全面绿色转型。积极开展城乡建设领域碳达峰、碳中和工作宣传。宣传建筑节能和绿色建筑工作取得的成效，倡导绿色低碳生活方式。引导群众用好各类绿色设施，合理控制室内采暖空调温度，倡导居民行为节能，使绿色建筑发挥实际效益。

(2)《辽宁省住房和城乡建设厅关于发布辽宁省地方标准〈绿色建筑评价标准〉的公告》（辽住建科〔2022〕14号）（2022-05-12）[②]。

相关政策要求：为贯彻落实绿色发展理念，推进绿色建筑高质量发展，节约资源，保护环境，满足人民日益增长的美好生活需要，制定辽宁省绿色建筑评价标准。绿色建筑评价应遵循因地制宜的原则，结合建筑所在地域的气候、环境、资源、经济和文化等特点，以人为本，满足建筑功能，对建筑全寿命期内的安全耐久、健康舒适、生活

---

① 资料来源：辽宁省住房和城乡建设厅网站，https://zjt.ln.gov.cn/zjt/tfwj/cswj/5E15F434AC1144D5B5C4B87136F71E67/index.shtml。

② 资料来源：辽宁省住房和城乡建设厅网站，https://zjt.ln.gov.cn/zjt/gsgg/2022110818091794733/index.shtml。

便利、资源节约、环境宜居等性能进行综合评价。

(3)《关于进一步做好绿色建筑标识管理工作的通知》（辽住建科〔2021〕44号）（2021-10-12）①。

相关政策要求：全省绿色建筑标识认定工作，统一通过住房和城乡建设部建立的绿色建筑标识管理信息系统申报、推荐、认定。省住房和城乡建设厅建立省级星级绿色建筑标识认定工作专家库，市住房和城乡建设局可根据工作需要建立本级专家库。建立绿色建筑台账和星级绿色建筑项目库，对具备星级评价条件和潜力的项目进行跟踪指导，提升星级绿色建筑数量。加强绿色建筑标识认定工作权力运行制约监督机制建设，明确管理责任事项和监督措施，切实防控廉政风险。

(4)《辽宁省住房和城乡建设厅关于发布辽宁省地方标准〈辽宁省既有建筑绿色改造评价标准〉的公告》（辽住建科〔2021〕28号）（2021-10-13）②。

相关政策要求：既有建筑绿色改造应结合现有条件、当地气候条件和地理环境等对场地进行改造再利用，并应对场地的风环境、光环境、热环境、声环境、水环境等进行重新组织和优化。贯彻落实绿色发展理念，引导辽宁省既有建筑绿色改造高质量发展，节约资源，保护环境，满足人民日益增长的美好生活需要。

---

① 资料来源：辽宁省住房和城乡建设厅网站，https：//zjt.ln.gov.cn/zjt/tfwj/gfxwj/EC7AAC50D1C64AA4B2029715873E7695/index.shtml。

② 资料来源：辽宁省住房和城乡建设厅网站，http：//zjt.ln.gov.cn/zfxxgk_145864/fdzdgknr/lzyj/bbmgfxwj/cswj_148041/202110/t20211013_4271361.html。

1.5 辽宁省交通运输厅文件

《辽宁省交通运输厅关于印发〈2022年度生态文明建设和环境保护工作要点〉的通知》（辽交规划〔2022〕61号）（2022-03-10）[①]。

相关政策要求：加速行业绿色低碳转型发展，以交通运输高质量发展为经济社会全面绿色转型提供有力支撑。着力完善绿色交通技术创新体系，开展绿色基础设施建设、新能源运输工具装备、交通污染综合防治等应用研究，强化节能环保、智能交通等关键技术推广应用，积极吸引绿色金融信贷支持，有效处理好发展和防污降碳的关系。

2. 辽宁省碳中和行动亮点

2.1 城市控碳

坚定不移推进生态文明建设和绿色低碳转型发展，开展拆围覆绿工作，提高城市绿地面积，大力发展城市林下经济，探索新能源降碳的生活方式，提高城市空气质量。深入实施城市控碳行动，严格落实碳排放强度控制要求，加快城市转型发展。

主要行动举措包括：

- 丹东市城市环境空气质量优良天数比例达到94.6%。2021年前11个月，丹东市城市环境空气质量优良天数比例达到94.6%，居全省首位；全市12个地表水国控断面优良比例达到100%。

---

① 资料来源：辽宁省交通运输厅网站，http://jtt.ln.gov.cn/zc/bmwjj/202206/t20220610_4575830.html。

- 锦州市拆围覆绿，新增绿地面积近 40 万平方米。截至 2021 年 12 月，锦州市改造完成 15 处拆围覆绿地块，建设城市小树林 12 处，口袋公园 2 处，林荫停车场 1 处。新建绿地总面积达 39 万平方米，栽植各类绿化树木 1.75 万株。

- 阜新市率先打造"零碳取暖"示范市。2021 年，阜新市 7 万农户一改烧秸秆、烧煤取暖的旧习惯，探索新能源降碳的生活方式。到 2023 年，阜新市在全省率先打造"零碳取暖"示范市。

- 重点行业减少二氧化碳排放 75.3 万吨。截至 2021 年底，辽宁省在能源、冶金、菱镁等重点行业减少二氧化碳排放 75.3 万吨。近年来，推进国家清洁取暖项目，预计可节约标准煤近 300 万吨，减排二氧化碳 400 余万吨。

- 本溪市森林覆盖率超 76%，林下经济规模达 300 万亩。截至 2022 年 5 月，本溪市森林覆盖率已达 76.31%，是辽宁省唯一森林覆盖率超七成的城市，林下经济规模达到 300 万亩。

2.2 生态修复

启动"绿满辽宁"百亿工程及"山水项目"生态修复工作，组织开展辽西北防风治沙固土三年攻坚行动，完成历史遗留矿山生态修复。深入打好污染防治攻坚战，持续改善生态环境质量，推动全省生态环境高水平保护。

主要行动举措包括：

- 阜新市加速推进城市绿化覆盖率。2021 年，阜新市锁定"双碳"目标，大力推进百里矿区生态恢复带、百万亩草原生态带建设以及新增百万亩国土绿化行动，全市森林覆盖率由 22.3%提高到 28%，城市绿化覆盖率由 34.14% 提高到 43.26%。

- 超百亿工程"绿满辽宁"全面启动建设。截至 2022 年 4 月，"绿满辽宁"工程六大类项目均已全面启动建设。预计 2025 年底前，可恢复废弃矿山面积 11.5 万亩。
- 辽宁省开展辽西北防风治沙固土三年攻坚行动。2022 年 4 月，辽宁省出台方案实施辽西北防风治沙固土三年攻坚行动。到 2024 年，计划完成草原生态修复 59.5 万亩、草原有害生物防治 424.1 万亩。
- "山水项目"推动盘锦生态修复工程。2022 年 6 月，盘锦市全面推进辽河流域（浑太水系）山水林田湖草沙一体化保护和修复工程，主要工作内容聚焦于湿地保护等相关工程。

【专栏】

案例：阜新百年矿区打造新场景优势，开启新"赛道"[①]

运煤小道成了越野赛道，长满蒿草的矿区成了赛车大观园……沧桑巨变的背后，是阜新人立下愚公志，砥砺前行的不懈努力，是一份生态产业化、产业生态化的典型样本，更是百年矿区打造新场景优势、再创新辉煌的生动实践。

2018 年，随着最后一家煤矿关闭退出，阜新市新邱区长达 120 余年的煤炭采掘业就此终结。历经百余年开采，整个矿区千疮百孔，分布着深达百米的露天矿坑群，堆积着数亿立方米的矸石山群。滑坡、地面塌陷、残煤自燃等地质灾害时常发生。

2018 年底，阜新市以"政企合作、产业先行"的发展理念，联手北京中科盛联集团，在 30 平方千米矿区内规划建设 5 个主题赛车公园，打造地形复杂、赛道种类多样、赛事类型齐全的阜新百年国际赛道城。

---

① 资料来源：环球网，https://city.huanqiu.com/article/463y8G4eaKA。

> 新邱区以赛事为契机，全面改造城区环境，新增绿化面积7万平方米，新建和改造10个文化主题公园，城乡环境发生翻天覆地变化。
>
> 2022年4月，赛道城入选全国生态环境导向的开发（EOD）模式试点项目。赛道城落地的产业涵盖赛车、演出、国防主题教育和线上线下联动游戏，预计每年带来百万级客流量。
>
> 阜新市通过政企合作找到一条"点石成金"的前进通道，实现产业开发对生态环境治理的收益反哺，生态环境治理与产业项目的有机融合。百年矿山经过转型蝶变，正在新的征程上开启全新"赛道"。

2.3 绿色工业

强力打造绿色工业基地，大幅降低能源消耗和污染物排放，引导工业高端化、智能化、绿色化、服务化发展，积极建设清洁能源高质量项目集群。将培育绿色产业作为抓手，让业态越丰、规模越大。

主要行动举措包括：

- 辽宁省塑造绿色工业新优势。2021年，29家企业获评国家绿色制造示范单位，全省累计89家，恒力石化等3家企业获评国家绿色设计示范企业；2021年1月至11月，全省高技术制造业增加值同比增长14%。

- 辽宁省石化碳排放履约盈余实现节能降碳。2022年前4个月，辽宁石化坚持"双碳"发展战略，碳排放履约盈余达3.8万吨。截至5月，装置发电功率提升至2778千瓦，同比增长6.68%，实现了节能与降碳双赢。

- 辽河油田统筹实施"绿色低碳613工程"。2022年7月，辽河油田统筹实施"绿色低碳613工程"，到2025年末，辽河油田常规能耗总量确保控制在 220 万吨标准煤以内，常规能耗同比 2019 年降低 25%以上。

2.4 生态环境

积极争取中央资金治理生态环境，召开论坛共商绿色发展计划，打造绿色长城并主动退耕还湖，取得空气质量历史最优的成绩。努力做到完整、准确、全面贯彻新发展理念，让绿色成为辽宁高质量发展的鲜明底色。

主要行动举措包括：

- 辽宁省筹措资金深入治理生态环境。2021 年，针对污染防治工作中的薄弱环节和突出问题，辽宁省积极争取中央资金，筹措省以上资金 118.4 亿元，为深入打好污染防治攻坚战提供有力支撑保障。
- 辽宁省计划退耕（林）还河生态封育 134 万亩。2022 年辽宁省退耕（林）还河生态封育涉及沈阳、鞍山、铁岭、葫芦岛等九市 134 万亩，坚持不懈地做好生态封育工作，为建设美丽河湖、推进生态文明建设创造条件。

2.5 绿色农业

先后建设绿色农业产业基地，将生态资源转变为农业发展资本，综合提高农业废物的回收利用效率，采取措施保护黑土地资源，实现绿色农业发展入选全国典型案例。

主要行动举措包括：

- 辽宁省治理黑土地退化及分类实施黑土地保护项目。辽宁省治理黑土地退化面积 110 万亩以上。2022 年辽宁省将分类实施黑土地保护项目 1000 万亩。

- 庄河农业成功入选全国绿色发展典型案例。2022 年 3 月，"庄河市做好'三'字文章、着力构建农业绿色发展新格局"，成功入选 51 个全国农业绿色发展典型案例。
- 农业废物回收利用率超 80%。2022 年，辽宁省开展一场针对农业面源污染的"绿色革命"。开展秸秆综合利用重点县项目，秸秆综合利用率在 90% 以上；推进废弃农膜回收利用，回收率在 85% 以上。

2.6 新能源发电

践行新发展理念，坚持生态优先、绿色发展，以光伏发电、风力发电和生物质能发电及其他重点新能源产业项目为支撑，积极建设千万千瓦级清洁能源生产基地，大幅减少二氧化碳排放。

主要行动举措包括：

- 大连市庄河海上风电项目全容量并网发电。2021 年 12 月 29 日，我国北方海上风电项目——中国华能集团大连市庄河海上风电项目实现了全容量投产发电。项目每年可节约标准煤 54 万吨，减少污染物排放 112 万吨。
- 抚顺市新能源发电总投资在 400 亿元以上。"十四五"期间，抚顺市聚焦水电、光伏、生物质发电等产业，谋划推进重点能源产业项目 32 个，总投资在 400 亿元以上。
- 清洁能源生产基地总装机容量达 2000 万千瓦。截至 2022 年 6 月，庄河市已初步建立风、光、水、核、氢（储）"五位一体"绿色能源体系产业格局，业已形成千万千瓦级清洁能源生产基地布局，规划总装机容量 2000 万千瓦。

- 大连市清洁能源装机容量占比位居东北高位。截至 2022 年 6 月，大连地区清洁能源装机容量占比为 61.3%，位居东北第一、全国前列。每年减排二氧化碳 430 万吨，相当于植树 2.3 亿棵。

2.7 海洋经济

积极举办海洋产品相关展会，依靠产供销一站式平台发展海洋经济，引导政府和金融机构基于海洋产业项目资金支持，以创新提升海洋产业核心竞争力，推动海洋产业绿色化、高端化、集群化发展。

主要行动举措包括：

- 海洋融资余额超过 160 亿元。截至 2021 年 9 月末，兴业银行青岛分行服务海洋客户突破 250 户，海洋融资余额超过 160 亿元，跨境结算服务每年超 100 亿美元。

- 海蜇产业签约项目额达 7.5 亿元。2021 年 9 月，2021 中国（营口）海蜇节暨中国·营口国际渔业博览会召开。3 天展会期间，签约项目额达 7.5 亿元，线上交易金额达 3270 万元，线下交易金额达 2.04 亿元。

- 对海洋经济项目给予 200 万—800 万元不等资金支持。为促进辽宁省海洋经济发展，从 2021 年 11 月 30 日起受理 2021 年度省级促进海洋经济发展项目申报工作，将对通过的项目给予 200 万—800 万元不等的资金支持。

2.8 产业转型

充分发挥产业数字化的场景资源优势和数字产业化的数据资源优势，全力推动工业数字化转型。引导钢铁产业与信息技术融合，为产业转型升级插上数字翅膀。

主要行动举措包括：

• 抚顺市钢铁生产过程向数据分析转变。2021年，抚顺市以传统产业数字化转型提升为重点，实现全产业链集成化应用。抚顺新钢铁从经验型管控生产过程向数据分析、全流程科学管控生产过程转变，各项生产指标均创历史最高水平。

• 鞍山市依托12条产业链数字化转型。2022年，鞍山市依托12条"老原新"重点产业链，全力推动工业数字化转型，强健经济发展新引擎。力争到2025年，数字化研发设计工具普及率达99%，打造形成2000个数字化示范应用场景的发展目标。

吉林：打造绿色增长极抢占绿色能源高地

为实现碳达峰碳中和，把握新发展阶段，贯彻新发展理念，构建新发展格局，吉林省加快形成绿色低碳循环发展的经济体系，大幅提升重点行业能源利用效率，推动经济社会发展全面绿色转型取得显著成效，争取顺利实现"双碳"目标。

在构建全省碳达峰"1+6"政策体系过程中，吉林省重点围绕新能源发电、新能源汽车、产业转型等领域做好顶层设计，加强"一主六双"高质量发展战略与碳达峰碳中和目标衔接，构建有利于碳达峰碳中和的高质量发展新格局。吉林省全面建设生态强省，把碳达峰碳中和纳入全省经济社会发展全局，以经济社会发展全面绿色转型为引领，调整优化产业结构，推动经济高质量发展；以能源绿色低碳发展为关键，着力构建清洁安全高效能源体系，促进生产和生活方式绿色化变革；坚定不移走生态优先、绿色低碳的高质量发展道路，全力推进国家级清洁能源生产基地建设，打造吉林"陆上风光三峡"；支持新能源汽车产业发展，加快推进辽源新能源汽车产业配套基地、奥迪一汽新能源汽车等重大项目建设，确保吉林省如期实现碳达峰、碳中和目标任务。

1. 吉林省碳中和相关政策文件

1.1 吉林省人民政府文件

(1)《吉林省人民政府办公厅关于印发吉林省生态环境保护"十四五"规划的通知》（吉政办发〔2021〕67号）（2022-01-26）[①]。

相关政策要求：围绕"突出一条主线、实施两个路径、统筹三个区域、强化四个保障、实现五个突破、达到六新目标"开展各项工作，全面推进生产生活绿色化、资源利用高效化、生态保护系统化、环境治理精细化、治理能力现代化，协同推进经济高质量发展和生态环境高水平保护。

(2)《吉林省人民政府关于2021年度政府生态环境保护目标责任制考评情况的通报》（吉政函〔2022〕27号）（2022-06-16）[②]。

相关政策要求：加快推进生态强省建设，大力推动绿色低碳转型，深入开展污染防治攻坚，坚决整改中央生态环保督察发现的问题，生态

---

① 资料来源：吉林省人民政府网站，http://xxgk.jl.gov.cn/szf/gkml/202201/t20220126_8387488.html。

② 资料来源：吉林省人民政府网站，http://xxgk.jl.gov.cn/szf/gkml/202206/t20220616_8480045.html。

安全和生态环境保护工作取得积极进展，实现"十四五"良好开局。

(3)《吉林省人民政府办公厅关于印发吉林省黑土地保护工程实施方案（2021—2025年）的通知》（吉政办函〔2021〕141号）(2021-10-09)①。

相关政策要求：切实把握黑土地这一"耕地中的大熊猫"保护好、利用好的重要指示精神，全面落实省委十一届九次全会精神，深入实施黑土地保护工程，坚持保护优先，推动工程与生物、农机与农艺、用地与养地相结合，逐步改善黑土区耕地内在质量、设施条件和生态环境，实现黑土地永续利用，夯实国家粮食安全基础，为全面推进乡村振兴提供有力支撑。

(4)《吉林省人民政府办公厅关于印发吉林省全域统筹推进畜禽粪污资源化利用实施方案的通知》（吉政办发〔2022〕5号）(2022-05-23)②。

相关政策要求：坚持源头减量、过程控制、末端利用的治理路径，以提高畜禽粪污综合利用率、保护黑土地、加快农业供给侧结构性改革、改善农村人居环境为目标，以种养结合、农牧循环、就近消纳、综合利用为主线，健全制度体系，强化责任落实，严格执法监管，加强设施保障，全面推进畜禽粪污资源化利用，加快构建种养结合、农牧循环的可持续发展新格局。

---

① 资料来源：吉林省人民政府网站，http://xxgk.jl.gov.cn/szf/gkml/202110/t20211009_8239102.html。

② 资料来源：吉林省人民政府网站，http://xxgk.jl.gov.cn/szf/gkml/202205/t20220523_8456643.html。

1.2 吉林省发展和改革委员会文件

(1)《关于乾安县国综10万千瓦风力发电+储能项目核准的批复》(吉发改审批〔2022〕57号)(2022-03-09)①。

相关政策要求：充分利用吉林省丰富的风能资源，有利于加快建立清洁低碳、安全高效的现代能源体系，尽早实现碳达峰碳中和目标。经研究，原则同意乾安县国综10万千瓦风力发电+储能项目建设。

(2)《省发展改革委关于吉林龙湾国家级自然保护区基础设施建设项目可行性研究报告的批复》(吉发改审批〔2022〕10号)(2022-02-14)②。

相关政策要求：为保护和恢复湿地资源、维持生态平衡、促进区域生物多样性、维护当地乃至周边地区的生态平衡，同意吉林龙湾国家级自然保护区湿地水质治理84公顷、垣壁修复1000米、珍稀树种繁育15.2万株、植被恢复工程500公顷；建设沿湖木质巡护步道1500米，维护巡护道路36千米等基础设施建设；建设监控中心1处，购置相关设施设备等。

1.3 吉林省生态环境厅文件

(1)《吉林省生态环境厅关于组织推荐"十四五"时期"无废城市"建设候选城市的通知》(吉环固体字〔2022〕1号)(2022-01-05)③。

相关政策要求：统筹城市发展与固体废物管理，强化制度、技术、

---

① 资料来源：吉林省发展和改革委员会网站，http://jldrc.jl.gov.cn/zfgk/zdjsxm/jggs/202205/t20220527_8461128.html。
② 资料来源：吉林省发展和改革委员会网站，http://jldrc.jl.gov.cn/zfgk/zdjsxm/jggs/202202/t20220214_8394796.html。
③ 资料来源：吉林省生态环境厅网站，http://sthjt.jl.gov.cn/xxfb/zfxxgk/zfxxgkxl/?contentObj。

市场、监管等保障体系建设，大力推进减量化、资源化、无害化，发挥减污降碳协同效应，提升城市精细化管理水平，推动城市全面绿色转型，为深入打好污染防治攻坚战、推动实现碳达峰碳中和、建设美丽中国作出贡献。

（2）《吉林省生态环境厅关于征集生态环境保护项目融资企业及融资需求的通知》（吉环科财字〔2022〕10号）（2022-03-09）①。

相关政策要求：为有效缓解污染治理项目融资难题，引导金融机构加大环境治理项目支持力度，举办助力环境治理金融对接会，邀请金融机构介绍支持绿色低碳产业发展有关政策、环境治理及环保产业绿色金融产品和服务，并组织银行机构与企业一对一进行现场交流对接。

（3）《吉林省生态环境厅关于做好先进水污染防治技术推荐有关工作的通知》（吉环科财字〔2022〕13号）（2022-05-16）②。

相关政策要求：为充分发挥先进技术在水污染防治攻坚的作用，做好先进水污染防治技术推荐有关工作，吉林省各地严密组织辖区内环保企业推荐水污染防治领域的先进实用技术，认真做好水污染防治技术征集和筛选工作。

（4）《吉林省生态环境厅关于开展2022年度"'美丽中国，我是行动者'提升公民生态文明意识行动计划"先进典型宣传推选活动的通知》（吉环宣字〔2022〕1号）（2022-03-07）③。

相关政策要求：各地要按照推荐条件要求，在充分征求本级文明

---

① 资料来源：吉林省生态环境厅网站，http：//sthjt.jl.gov.cn/xxfb/zfxxgk/zfxxgkxl/？content。

② 资料来源：吉林省生态环境厅网站，http：//sthjt.jl.gov.cn/xxfb/zfxxgk/zfxxgkxl/？content。

③ 资料来源：吉林省生态环境厅网站，http：//sthjt.jl.gov.cn/xxfb/zfxxgk/zfxxgkxl/？content。

办意见的基础上，拟推选百名最美生态环境志愿者、十佳公众参与案例、十佳环保设施开放单位，并宣传典型事迹和典型经验。省生态环境厅将按有关要求认真组织推选工作，部分成果在"六五环境日"期间向社会集中展示和推介，充分发挥典型示范和引领作用。

(5)《吉林省生态环境厅关于做好 2022 年重点企业清洁生产审核工作的通知》（吉环科财字〔2022〕5 号）（2022-02-17）[①]。

相关政策要求：列入审核名单的重点企业，要充分认识开展清洁生产审核的法定义务和责任，认真组织实施、加大资金投入，按照边审核、边实施、边见效的要求，落实清洁生产方案，提高清洁生产水平，达到"节能、降耗、减污、增效"目的。各地生态环境部门要督促列入审核名单的重点企业制订清洁生产审核计划，按照清洁生产审核要求、程序和进度开展审核。

(6)《吉林省生态环境厅关于印发〈深化生态环境领域依法行政和优化营商环境持续强化依法治污实施意见〉的通知》（吉环法规字〔2022〕1 号）（2022-02-15）[②]。

相关政策要求：认真落实关于法治吉林建设重要决策部署，依法全面履行生态环境部门职责，不断提高生态环境监管执法水平，在法治轨道上推进生态环境治理体系和治理能力现代化，运用法治思维和法治方式统筹污染治理、生态保护、应对气候变化、核与辐射安全，为促进生态环境持续改善提供全面有力的法治保障。

[①] 资料来源：吉林省生态环境厅网站，http://sthjt.jl.gov.cn/xxfb/zfxxgk/zfxxgkxl/?content。

[②] 资料来源：吉林省生态环境厅网站，http://sthjt.jl.gov.cn/xxfb/zfxxgk/zfxxgkxl/?content。

（7）《吉林省生态环境厅关于推进落实机动车排放定期检验规范等五项国家生态环境标准的通知》（吉环大气字〔2022〕3号）（2022-01-27）①。

相关政策要求：进一步规范机动车检验机构检测和重型车辆排放远程监管工作，各地要认真贯彻落实生态环境部公告有关要求，高度重视，加强组织领导，确保新标准顺利实施；持续加强监督管理，督导辖区内检验机构落实主体责任；积极推进重型车排放远程监控工作，实现车企平台、地方平台和国家平台的互联互通；充分利用新闻媒体，广泛开展新标准相关政策宣传解读，引导企业积极主动实施软件、硬件升级改造。

1.4 吉林省住房与城乡建设厅文件

（1）《关于召开"碳达峰碳中和目标背景下的超低能耗建筑发展"培训会议的通知》（吉建函〔2021〕1428号）（2022-12-10）②。

相关政策要求：建设超低能耗建筑是实施"碳达峰碳中和"行动、转变城乡建设发展方式的重要技术路径。为确保各地各部门准确了解、快速推广超低能耗建筑，按照吉林省住房与城乡建设厅年度培训计划安排，结合疫情防控要求，经研究决定召开"碳达峰碳中和目标背景下的超低能耗建筑发展"培训会。

（2）《吉林省住房和城乡建设厅关于贯彻执行〈绿色建筑工程验收标准〉的通知》（吉建科〔2022〕4号）（2022-03-09）③。

相关政策要求：进一步规范绿色建筑施工、验收阶段管理，确保

---

① 资料来源：吉林省生态环境厅网站，http：//sthjt.jl.gov.cn/xxfb/zfxxgk/zfxxgkxl/?content。

② 资料来源：吉林省住房与城乡建设厅网站，http：//xxgk.jl.gov.cn/zcbm/fgw_98022/xxgkmlqy/202112/t20211210_8318871.html。

③ 资料来源：吉林省住房与城乡建设厅网站，http：//xxgk.jl.gov.cn/zcbm/fgw_98022/xxgkmlqy/202203/t20220309_8408837.html。

"到 2025 年，城镇新建建筑全面建成绿色建筑，高品质绿色建筑比例稳步提高"，各地各部门要认真落实《绿色建筑设计标准》和《绿色建筑工程验收标准》，将其纳入工程建设要求。建设单位在组织工程验收时，一并对绿色建筑内容进行验收，收集、整理绿色建筑施工、监理等相关材料，加强新建建筑设计、图审、施工、监理及验收全过程监管，确保绿色建筑标准落实到位。

(3)《关于开展 2021 年度建筑节能与绿色建筑工作情况专项检查的通知》（吉建科〔2021〕7 号）（2021-10-15)[①]。

相关政策要求：为加强建筑节能目标责任评价考核，全面了解各地 2021 年度建筑节能、绿色建筑工作目标完成情况，总结推广各地好的经验和做法，查找工作中的不足，在专项检查中检查建筑节能，包括新建建筑执行建筑节能强制性标准情况、公共建筑节能监管体系工作开展情况及能耗监测项目运行情况、可再生能源建筑应用等推进情况；绿色建筑方面，重点检查新建民用建筑执行绿色建筑标准情况，地方相关配套政策制定实施情况，以及地方监管模式创新情况等；绿色建材方面，重点检查绿色建材推广应用情况。

2. 吉林省碳中和行动亮点

2.1 清洁能源

吉林省稳步推进新能源开发利用，并带动新能源装备制造业发展，

---

① 资料来源：吉林省住房与城乡建设厅网站，http://xxgk.jl.gov.cn/zcbm/fgw_98022/xxgkmlqy/202110/t20211015_8248543.html。

实现资源开发与装备制造相互促进。全面启动"陆上风光三峡"工程，打造国家级"绿氢"规模化供应基地，不断增加新能源发电装机数量，为新时代吉林振兴发展注入不竭动能。

主要行动举措包括：

- 吉林省全力打造国家松辽新能源保障基地核心区。2021年，大力发展风电、光伏发电，建设3个千万千瓦级新能源基地。计划到"十四五"末，全省新能源装机在3000万千瓦以上，其中，风电装机2200万千瓦以上，光伏装机800万千瓦以上。

- "陆上风光三峡"工程全面启动。2021年10月28日，吉林省"陆上风光三峡"工程建设全面启动。作为东北地区首个"光热+新能源"创新示范项目，全部建成后年可替代115万吨标准煤，对于未来吉林省绿色低碳转型具有重要示范意义。

- 吉林省以氢能之变聚振兴之力。吉林省谋划推动"长春—松原—白城"氢能走廊建设，将白城、松原等西部城市打造成为国家级"绿氢"规模化供应基地，建设"中国北方氢谷"。

- 中车松原500万千瓦新能源产业基地项目全面启动。2022年2月28日，中车松原新能源产业基地项目全面启动。项目总投资450亿元，风光发电总装机规模500万千瓦，成为中国中车集团在吉林省的第二大产业基地。

- 新能源发电装机超1200万千瓦。截至2022年5月末，吉林省已建成风光发电项目装机1232.42万千瓦，其中风电867.15万千瓦、太阳能发电365.27万千瓦。吉林省新能源发电装机不断增加，为新时代吉林振兴发展注入不竭动能。

- 乾安县全力打造清洁能源产业大县。截至2022年6月，乾安县已并网装机87万千瓦，在建项目55万千瓦，拟建项目174.41万千瓦。2023年末可实现并网装机316.41万千瓦。

- 白城市打造吉林西部生态经济区。截至2022年6月，白城市依托风能和太阳能资源，大力推进新能源产业发展。实现清洁能源装机816万千瓦，占全省70%以上，清洁能源年发电量127亿千瓦时，占全市总发电量的63%。

【专栏】

案例："陆上风光三峡"——抢占绿色能源高地[①]

白城市地处吉林省西部平原区，风电和光热条件优越。作为国家首批千万千瓦风电基地、全国唯一的风电本地消纳示范区、国家新能源示范城市和国家光伏发电应用领跑基地，白城市积极承接"陆上风光三峡"工程。

2020年，吉林省提出创新发展氢能、风能、太阳能、生物质能等新能源，并整合东部抽水蓄能和西部新能源资源，建设吉林"陆上三峡"工程。

2021年6月8日，吉林省能源安全暨碳达峰碳中和工作领导小组会议强调，加快"陆上风光三峡"建设，着力构建清洁安全高效能源体系，奋力实现碳达峰碳中和目标。10月28日，在白城通榆吉西基地鲁固直流140万千瓦外送项目建设现场，吉林省"陆上风光三峡"工程建设全面启动。该项目自2013年实现并网发电，2020年度发电量达9199万千瓦时，风电利用小时数达3066小时，位列全省前五名。

截至2021年11月，全省已建成风电、光伏发电装机952万千瓦，其中风电612万千瓦、光伏340万千瓦。全省清洁能源产业链项目17个，计划投资约110亿元。丰厚的"风""光"优势结合有效的绿电消纳方式，"陆上风光三峡"逐渐成为助力吉林省打造绿色增长极的有力措施和实现新旧动能平稳转换的重要抓手。

---

① 资料来源：国际在线网，http://jl.cri.cn/n/20211109/eabbe64d-d6c3-effa-40af-9d927acd43b6.html。

2.2 新能源汽车

紧密与碳达峰碳中和目标结合，全面实现新能源汽车产品的智能化、数字化、网联化，吉林省新能源汽车产业迈向中高级发展阶段。全面启动奥迪一汽新能源汽车项目和一汽弗迪新能源动力电池项目，加速新能源汽车零碳动力研发，助力建设世界一流的长春国际汽车城。

主要行动举措包括：

- 奥迪一汽新能源汽车项目正式启动。2022 年 2 月 18 日，奥迪一汽新能源汽车项目在长春正式启动，一期建成后预计年产新能源汽车 15 万辆，是奥迪在华首个专门生产纯电动车型的生产基地。

- 一汽弗迪新能源动力电池项目开工。2022 年 2 月 26 日，一汽弗迪动力电池项目落地长春国际汽车城，加快促进产业集群集聚，持续完善产业生态体系，助力建设世界一流的长春国际汽车城，推动民族汽车品牌在新能源新赛道上实现超越领先。

- 一汽解放直喷氢气发动机成功运行。2022 年 6 月 8 日，一汽解放自主设计研发的直喷氢气发动机成功点火并稳定运行，标志着一汽解放在零碳动力研发、氢能高效利用、核心技术转化等自主技术方面实现突破性进展。

2.3 产业转型

落实"链长制"，实施"四图"作业，全力推动国家级 EOD 试点项目，延伸优化产业链条，推动经济高质量发展，加大产业链项目谋划包装力度。

主要行动举措包括：

- 延边州蓄力产业绿色蜕变。延边州建设绿色制造示范企业，宝利祥蜂业、吉林长白山统一企业矿泉水等企业被核准为国家级和省级绿色制造示范企业。截至2021年上半年，全州工业增加值能耗同比下降10.5%。

- 白山江源区探索绿色转型高质量发展。白山江源区全力推动国家级EOD试点项目。项目总投资27.87亿元，将煤炭产业的"黑色经济"转变为文旅产业的"绿色经济"。

2.4 绿色农业

依托良好的生态资源禀赋，大力发展绿色特色农业产业，坚持农业现代化与农村现代化一体化标准。加大投入农田水利建设和土壤培肥改良，稳步推进高标准农田建设，提高粮食综合生产能力，全力维护国家粮食安全。

主要行动举措包括：

- 高标准农田改造织出丰收"锦绣图"。3年间，长春市新建、在建高标准农田达266.2万亩，2022年计划新建高标准农田550万亩，全省建成面积累计达到4580万亩，占粮食播种面积的53.4%。

- 上百万斤鱼苗"以鱼净水"。2022年4月，查干湖春季增殖放流活动开启。2022年查干湖计划投放鱼苗110万斤，现已投放70万斤、约700万尾。查干湖逐步改善水域生态环境，保障了"年年有鱼，年年有余"。

- "绿色+特色"推动产业兴农富农。截至2022年7月，白城市特色经济作物实际播种面积131万亩，居全省前列；全市共新规划建设 30 亩以上标准化棚膜园区 5 个，现已建成 3 个，新建棚室 1537.9 亩。白城市依托良好的生态资源禀赋，大力发展绿色特色农业产业，突出"三条线"。

2.5 生态环境

持续推进重大生态工程建设，加快长白山中部生态经济区、"万里绿水长廊"、"两山"理念试验区、林草湿生态修复等重点项目建设，切实把生态强省建设各项任务抓细抓实抓出成效。

主要行动举措包括：

- 携手建设"两山"理念试验区。2021 年 10 月 8 日，清华校友齐聚白山市，举办助力白山市振兴发展大会，为白山市绿色转型高质量发展全面振兴给予精准指导、提供强劲支持，全面助力白山市打造具有国际品质、东北特色的世界生态名城。

- 四平市空气质量创历史最佳水平。2021 年，四平市空气质量优良天数为 328 天，同比增加 19 天，优良天数比例为 89.8%，同比增加 5.4 个百分点。优良天数比例、PM2.5 平均浓度均超额完成省定考核要求，空气质量持续达到国家二级标准，再创有监测纪录以来最佳水平。

- 河长制绿色防控面积超 4 万亩。2022 年 2 月，白山市浑江区深入推进河湖长制工作，实现绿色防控面积为 4.15 万亩，各级河长从源头发力，加大水污染治理防治，用实际行动守护域内河湖实现长治久清。

- 长白山中部生态经济区率先启航。2022 年 6 月 2 日，白山—长白山保护开发区稳经济增长暨长白山中部生态经济区协同发展启动会议召开，这标志着中南北三大生态经济区的"旗舰"率先启航。

2.6 低碳发展

推进风电、太阳能发电大规模开发和高质量发展，全力推进西部国家级清洁能源生产基地建设。积极推广热泵、燃气、生物质能等清洁低碳取暖。加大农村地区清洁取暖推广力度，优化城乡建筑用能结构。

主要行动举措包括：

- 预计碳减排135万吨。2022年辽源市开展"煤改气""煤改电"等清洁取暖改造项目47个，预计可减少用煤量折合标准煤51万吨，减少二氧化碳排放135万吨。

- 洮南市全链条集群打造"零碳绿城"。2022年2月，大唐向阳风电场二期工程600兆瓦风电项目正式并网发电、如期投产，该项目每年将提供清洁电能20亿千瓦时，可节约标准煤约65万吨，减少二氧化碳排放量约158万吨。

- 乾安县全力发展新能源产业，力争经济翻3.82倍。截至2022年2月，乾安县已并网装机87万千瓦，在建项目55万千瓦，拟建项目174.41万千瓦。2023年末可实现并网装机316.41万千瓦。项目全部达产后，年可实现产值42.8亿元，是2021年的3.82倍，乾安县经济将得到翻天覆地的变化。

- 松原市发展清洁取暖，全力节能减碳。截至2022年6月，松原市区共推进8个电能清洁供暖项目，新增采暖面积14万平方米；推进13个生物质供暖项目，新增生物质能供暖面积23万平方米。

2.7 数字经济

深入推进"四新"设施建设，在基础设施建设上有突破。在打造数字经济产业生态上有突破，围绕旅游业等重点产业，发展工业云、数字车间、智慧物流等，享受更多的数字红利。积极引导政企大数据合作，获取政府项目资金支持。

主要行动举措包括：

- 数字技术赋能冰雪技术。2021年10月，新电商助力冰雪经济发展论坛召开。北大湖度假区已实现5G信号全覆盖和缆车WiFi全覆盖，2020—2021年雪季，线上经济收入达6400万元。

- 加强政企间大数据战略合作。2021年11月26日，四平市工信局与国网四平供电公司签署政企间大数据战略合作协议，加强政企合作，深化"数字吉林"工作部署，促进社会治理现代化。

- 吉林省智能信息网累计投资超30亿元。截至2021年底，吉林省新基建"761"工程智能信息网入库项目319个，总投资526.95亿元，已完成投资59.63亿元。2020—2021年，全省智能信息网已完工项目共计28个，累计投资34.48亿元。

- 数字经济项目总投资达1023.5亿元。2022年2月28日上午，通化市与全省举办2022年全省春季项目集中开工活动。2022年，通化市计划实施5000万元以上项目220个，总投资1023.5亿元，全年投资预计增长10%以上。

黑龙江：推动生态修复和资源资产永续利用

围绕实现碳达峰碳中和目标任务，贯彻落实东北复兴战略要求，推进科技创新为主导的经济高质量发展建设，黑龙江省发挥自身优势，以推进资源资产化为重点战略方向，以大力推进生态环境建设，推进旅游生态项目建设，推进森林碳汇建设为主要发力点。把碳达峰碳中和纳入生态城市建设布局以及生态文明建设整体布局，积极构建绿色低碳循环发展经济体系，促进经济社会发展全面绿色转型。

在政策制定方面，黑龙江省先后出台系列激励绿色低碳发展的相关文件，强化实现碳达峰碳中和目标的法律和政策保障。政策着力重点主要落在推动碳达峰碳中和目标实现的生态建设、绿色发展、科技进步等相关领域。在行动举措方面，黑龙江省大力推进生态建设与区域合作，大力推动产业转型，为推进新能源发展提供有力支撑。大力推进资源产业化，建设生态银行，推进林业碳汇发展。

1. 黑龙江省碳中和相关政策文件

1.1 黑龙江省人民政府文件

(1)《黑龙江省人民政府关于印发黑龙江省"十四五"科技创新规划的通知》（黑政发〔2021〕10号）（2021-09-28）[①]。

相关政策要求：坚定不移贯彻新发展理念，高效利用资源、严格保护生态环境，加强绿色低碳技术创新与推广应用，依靠科技创新支撑引领碳达峰碳中和与经济社会同步发展。

(2)《黑龙江省人民政府关于印发黑龙江省"十四五"生态环境保护规划的通知》（黑政规〔2021〕18号）（2021-12-29）[②]。

相关政策要求：以解决突出环境问题为导向，以生态环境治理体

[①] 资料来源：黑龙江省人民政府网站，https://www.hlj.gov.cn/n200/2021/1025/c668-11023779.html。

[②] 资料来源：黑龙江省人民政府网站，https://www.hlj.gov.cn/n200/2021/1231/c1040-11027694.html。

系和治理能力现代化为支撑，深入打好污染防治攻坚战，协同推进应对气候变化与生态保护修复和环境治理，防范生态环境风险，筑牢北方生态安全屏障，不断提升人民群众对生态环境的获得感、幸福感和安全感，为加快黑龙江全面振兴、全方位振兴奠定坚实的生态环境基础，实现生态文明建设新突破。

(3)《黑龙江省人民政府关于印发黑龙江省"十四五"土壤地下水和农村生态环境保护规划的通知》（黑政规〔2021〕19号）（2021-12-29）[①]。

相关政策要求：把握黑龙江省生态环境保护的坐标和定位，推动土壤环境保护和黑土资源永续利用，贯彻实施乡村振兴战略，突出精准治污、科学治污、依法治污，以保障农产品质量安全、人居环境安全、地下水生态环境安全为目标，聚焦土壤、地下水和农业农村生态环境问题，完善法规标准和监测体系，提升监管能力和治理水平，保障"生态安全"。

(4)《黑龙江省人民政府办公厅关于印发黑龙江省"十四五"综合交通运输体系发展规划的通知》（黑政办规〔2021〕47号）（2021-12-31）[②]。

相关政策要求：生态优先，创新驱动。贯彻生态文明理念，全面做好交通运输领域碳达峰具体工作，促进交通与自然和谐共生。坚持交通运输运行安全与战略安全保障并重，增强系统韧性。坚持创新核

[①] 资料来源：黑龙江省人民政府网站，https://zwgk.hlj.gov.cn/zwgk/publicInfo/detail?id=450616。

[②] 资料来源：黑龙江省人民政府网站，https://zwgk.hlj.gov.cn/zwgk/publicInfo/detail?id=450653。

心地位，以新科技深度赋能为重点，推动技术、机制、政策及管理方式改革创新，营造良好的市场环境和政策环境。

(5)《黑龙江省人民政府关于印发黑龙江省"十四五"生物经济发展规划的通知》（黑政发〔2022〕10号）（2022-03-22）[①]。

相关政策要求：坚持以改革创新为根本动力，提升生物科技创新和产业化应用能力，促进生物技术与信息技术融合发展，推动生物产业重点领域取得新突破，加快构建多元发展、多点集聚的现代生物产业体系，形成生物技术、生物产业、生物经济一体化发展格局，打造黑龙江全面振兴、全方位振兴新引擎，扎实推进生物安全风险防控和治理体系建设，加强生物资源保护利用，为维护国家生物安全作出贡献。

(6)《黑龙江省人民政府关于印发黑龙江省"十四五"节能减排综合工作实施方案的通知》（黑政发〔2022〕11号）（2022-03-30)[②]。

相关政策要求：到2025年，全省单位地区生产总值能源消耗比2020年下降14.5%，能源消费总量得到合理控制，化学需氧量、氨氮、氮氧化物、挥发性有机物重点工程减排量分别达到7.14万吨、0.2万吨、5.02万吨和0.74万吨。节能减排政策机制更加健全，重点行业能源利用效率和主要污染物排放控制水平基本达到国际先进水平，经济社会发展绿色转型取得显著成效。

---

① 资料来源：黑龙江省人民政府网站，https://www.hlj.gov.cn/n200/2022/0331/c1040-11031457.html。

② 资料来源：黑龙江省人民政府网站，https://zwgk.hlj.gov.cn/zwgk/publicInfo/detail?id=450865。

(7)《黑龙江省人民政府关于印发黑龙江省中长期科学和技术发展规划（2021—2035年）的通知》（黑政发〔2021〕11号）（2021-09-28）①。

相关政策要求：落实"绿水青山就是金山银山"和"生态就是资源、生态就是生产力"的总体要求，围绕生态强省建设，在绿色、资源、环境、节能减排等领域取得关键技术突破，为维护生态安全，实现碳达峰碳中和目标，构筑尊崇自然、绿色发展的生态经济体系提供科技支撑。

(8)《黑龙江省人民政府关于进一步激发林草发展活力助力全省经济高质量发展的意见》（黑政规〔2021〕13号）（2021-10-13）②。

相关政策要求：践行"绿水青山就是金山银山"发展理念，落实黑龙江省"十四五"规划，推进"六个强省"战略实施，围绕科学高效利用林草资源，加速打造绿色经济发展引擎，助力全省经济高质量发展。

(9)《黑龙江省人民政府关于印发黑龙江省建立健全绿色低碳循环发展经济体系实施方案的通知》（黑政规〔2021〕23号）（2021-12-31）③。

相关政策要求：全方位全过程推行绿色规划、绿色设计、绿色投资、绿色建设、绿色生产、绿色流通、绿色生活、绿色消费，统筹推

---

① 资料来源：黑龙江省人民政府网站，https：//zwgk.hlj.gov.cn/zwgk/publicInfo/detail?id=450087。

② 资料来源：黑龙江省人民政府网站，https：//zwgk.hlj.gov.cn/zwgk/publicInfo/detail?id=450200。

③ 资料来源：黑龙江省人民政府网站，https：//zwgk.hlj.gov.cn/zwgk/publicInfo/detail?id=450655。

进经济高质量发展和生态环境高水平保护，建立健全绿色低碳循环发展的经济体系，确保实现碳达峰碳中和目标。

(10)《黑龙江省人民政府办公厅关于印发黑龙江省推动工业振兴若干政策措施的通知》（黑政办规〔2022〕8号）（2022-03-12）①。

相关政策要求：支持企业绿色化改造。实施绿色低碳制造行动，对年能耗5000吨标准煤及以上工业企业实施节能降碳绿色化改造，并实现年节能量1000吨标准煤以上，或减少碳排放2500吨以上，或单位产品能耗达到国家标杆水平的，给予100万元奖励。对上一年度被评为国家级绿色工厂或绿色供应链管理企业的，一次性给予100万元奖励。

(11)《黑龙江省人民政府办公厅关于推进社会信用体系建设高质量发展促进形成新发展格局的实施意见》（黑政办规〔2022〕17号）（2022-05-21）②。

相关政策要求：完善生态环保信用制度。全面实施环保、水土保持等领域信用评价。加强水土保持领域信用体系建设，围绕监督管理、预防治理、监测和信息化、改革创新等方面开展信用评价。落实全国碳排放权交易市场信用监管要求。聚焦实现碳达峰碳中和要求，完善全国碳排放权交易市场制度体系，加强登记、交易、结算、核查等环节信用监管。

---

① 资料来源：黑龙江省人民政府网站，https：//zwgk.hlj.gov.cn/zwgk/publicInfo/detail?id=450828。
② 资料来源：黑龙江省人民政府网站，https：//zwgk.hlj.gov.cn/zwgk/publicInfo/detail?id=450978。

(12)《黑龙江省人民政府关于印发黑龙江省产业振兴行动计划（2022—2026年）的通知》（黑政发〔2022〕15号）（2022-06-17）①。

相关政策要求：立足农业和矿产资源优势，依托拥有核心技术的龙头企业和科研院所，以大力发展绿色产业和精深加工为主攻方向，推广资源循环、高效节能、清洁生产的运行模式，推动新材料产业链绿色化、现代化发展。

1.2 黑龙江省发展和改革委员会文件

《关于印发〈关于进一步完善峰谷分时电价政策措施〉的通知》（黑发改价格函〔2022〕55号）（2022-02-24）②。

相关政策要求：充分发挥分时电价信号作用，引导电力用户削峰填谷，改善电力供需状况，保障电力系统安全稳定经济运行，促进能源绿色低碳发展，统筹考虑电力系统负荷曲线、新能源出力、企业用电成本等因素，实施峰谷分时定价。

1.3 黑龙江省生态环境厅文件

《关于进一步做好强制性清洁生产审核工作的通知》（黑环办发〔2022〕112号）（2022-06-17）③。

相关政策要求：做好强制性清洁生产审核工作，有助于充分发挥

---

① 资料来源：黑龙江省人民政府网站，https://zwgk.hlj.gov.cn/zwgk/publicInfo/detail?id=451021。

② 资料来源：黑龙江省发展和改革委员会网站，http://drc.hlj.gov.cn/art/2022/3/1/art_146_36226.html。

③ 资料来源：黑龙江省发展和改革委员会网站，http://www.hljdep.gov.cn/qjsczcwj/22545.jhtml。

清洁生产服务减污降碳、促进产业升级的重要作用，为深入打好污染防治攻坚战提供强有力支撑。全面深入推进辖区内强制性清洁生产审核相关工作，进一步挖掘企业节能减排潜力，加快形成绿色发展方式。

2. 黑龙江省碳中和行动亮点

2.1 产业转型

积极发展绿色清洁产业，立足当地特点，推进绿色产业发展，推进产业转型升级，积极发挥示范带动作用。坚定不移走高质量发展道路与高品质生活之路，将推动产业结构升级转型融入地区经济发展，积极探索国家碳达峰、碳中和发展道路。

主要行动举措包括：

- 黑龙江绿色矿山项目顺利通过复核。龙煤双鸭山矿业公司从燃煤锅炉、瓦斯排放、沉陷区荒地等方面入手，积极打造绿色矿山项目，降低碳排放。其名下双阳煤矿、新安煤矿、东荣一矿、东荣三矿已于2021年9月顺利通过复核。

- 钢铁产业绿色低碳改造项目建设持续推进。截至2022年1月25日，建龙北满特殊钢有限责任公司大力实施综合改造项目，将建成35兆瓦余热余气综合利用项目，该项目将在实现副产煤气的零排放的同时创造较高的效益，从而达到节能增效。

- 飞鹤乳业"煤改气"工程减排效益显著。截至2021年12月，飞鹤"煤改气"工程累计投入5000万元，减排二氧化碳17.7万吨，相当于减少标准煤燃烧6.8万吨。

2.2 绿色金融

构建绿色金融体系，打造生态文明高地，发挥金融市场在经济发展中的作用。着力探索金融在碳达峰、碳中和方面的运用，用投资交易理念推动黑龙江省生态发展建设，助力低碳绿色发展。

主要行动举措包括：

- 黑龙江省碳中和股权并购项目投资落地。2021年10月，建设银行联合建信理财成功为国家电投绿拓新能源股权并购项目提供2.6亿元融资，为推动黑龙江省绿色金融高质量发展起到了示范作用。

- 黑龙江省碳汇交易平台上线试运行。2022年6月，黑龙江交易集团与龙江森工集团碳汇产业合作签约仪式在哈尔滨市举行，交易集团搭建的黑龙江省碳汇交易平台上线试运营。

- 线上标准化碳中和服务交易落地哈尔滨市。2022年6月28日，线上标准化碳中和服务交易落地哈尔滨市，兴业银行哈尔滨分行成功竞标林业碳汇超1.5万吨，用于中和本年产生的温室气体排放，实现"零碳"经营。

2.3 生态建设

深入调查生态环境问题，开展森林生态旅游项目、开展生态环境保护，加强生态、环境监督工作，大力发展森林碳汇，加强生态环境建设，助力国家碳达峰、碳中和战略实施。

主要行动举措包括：

- 大兴安岭加速开发森林碳汇项目。截至2022年1月3日，已开发建设了图强、十八站、松岭、西林吉4个林业碳汇项目；在全国已审定公示的 83 个林业碳汇项目中大兴安岭占 4 个，在已备案的 15 个林业碳汇项目中占 2 个，成为碳汇项目最多的地区。

- 伊春市稳步推进森林经营增汇试点。2022 年 5 月，伊春市委书记在党代会上表示，伊春市要深耕森林生态旅游主业，坚持"生态立市、旅游强市"不动摇，要向森林要碳库，储备开发高质量林业碳汇项目，稳步推进森林经营增汇试点。

2.4 新能源

加快新能源发电发展，促进氢能建设，加快推进清洁能源发电，积极推进优势企业间能源交流合作，不断促进新能源技术发展，着力打造新能源示范城市，推动碳达峰、碳中和战略实施。

主要行动举措包括：

- 哈尔滨工业大学研发钌/碳点催化剂助力氢能生产。2021 年 10 月，哈尔滨工业大学材料学院团队首次研发了钌/碳点催化剂，揭示了强电子结合提高电催化析氢活性机制，为清洁新能源氢能的生产提供了助力。

- 宝泰隆积极探索和布局氢能产业。截至 2021 年 11 月 30 日，宝泰隆积极探索和布局氢能产业，谋划启动了燃料电池氢项目氢气提纯及充装装置项目，拟在七台河建设首座油氢电综合示范站，推动氢能产业核心技术、设备开发和市场推广。

- 黑龙江省高速公路新能源项目开工建设。2021 年 12 月，黑龙江省高速公路新能源项目全面开工建设，计划建设 134 兆瓦，年发电量约 1.56 亿千瓦时，相当于每年减少标准煤燃烧 5.4 万吨，减少二氧化碳排放 15.1 万吨，减少二氧化硫排放 4530 吨，减少氮氧化物排放 2265 吨，减少粉尘排放 4.1 万吨。

- 哈尔滨新区燃气热电项目主体完工。2022 年 7 月，捷能热力电站有限公司哈尔滨新区燃气热电联产项目主体完工，预计年底前投产供热发电，不但可改善供热质量和空气质量，而且年减碳可达 48 万吨。

2.5 宣传行动

加强生态文明宣传教育，开展多种形式的线上、线下活动，实施环境保护激励措施，传播碳达峰、碳中和知识，建立民众统一的生态文明价值观，助力实现碳达峰碳中和战略目标。

主要行动举措包括：

- 黑龙江省举行纪念"六五"环境日主题宣传活动。2022 年 6 月 2 日，省生态环境厅、《黑龙江日报》报业集团、省广播电视台共同主办的"共建清洁美丽世界"主题宣传活动在哈尔滨市举办。
- 黑龙江省委等公共机构开展"节能宣传周"和"低碳体验日"活动。2022 年 6 月 15 日，省委、省人大、省政府、省政协机关等公共机构开展"节能宣传周"和"低碳体验日"活动。全省 2 万多家公共机构统一行动，各地各部门围绕节能降碳、反食品浪费、生活垃圾分类、塑料污染治理等，开展了各具特色的宣传体验活动。

2.6 低碳试点

积极推动低碳试点项目发展，推广低碳示范项目建设，进一步发挥重点项目示范作用。因地制宜探索地区碳减排路径，突出黑龙江特色，降低环境污染，助力实现碳达峰碳中和战略目标。

主要行动举措包括：

- 大庆油田绿色低碳示范项目成果斐然。截至 2022 年 4 月 17 日，开展 7 项新能源标准规范编制和 16 项新能源技术攻关，已取得阶段性进展；推进 2 项多能互补示范工程和 3 项产能分布式光伏工程；加快新能源先导示范项目落地实施。葡 47 区块微光伏发电先导试验工程已并网投产，多能互补、绿色发展战略新格局正在加速形成。

- 黑龙江省启动近零碳排放区试点工作。2022 年 7 月，省生态环境厅组织召开近零碳排放区试点建设座谈会，协调试点单位与技术单位进行对接，启动近零碳排放区试点工作，此次近零碳排放区试点覆盖农业、旅游等领域。

2.7 碳交易

发挥社会主义市场经济的积极作用，推动碳交易市场项目，鼓励开发碳交易产品，有效利用碳市场在降低企业成本的同时减少环境污染。拓宽融资渠道，以金融创新推动黑龙江碳市场发展。

主要行动举措包括：

- 黑龙江省 91 家企业利用市场机制减少温室气体排放。截至 2021 年 11 月 18 日，黑龙江省进入全国碳市场交易企业获得的配额盈亏相抵，略有盈余。黑龙江省有 91 家发电企业参与其中，利用市场机制控制和减少温室气体排放。

- 黑龙江省交投集团顺利完成 CCER 项目。2021 年 12 月，"黑龙江省大顶子山 66 兆瓦水电项目"以 149.7 万吨减排量在北京绿色交易所碳交易市场完成交易。

- 黑龙江省顺利完成碳市场履约周期工作任务。截至 2022 年 2

月 14 日，我省重点排放单位碳排放配额累计买入量为 691 万吨、成交额达到 3.01 亿元，累计卖出量为 907 万吨、成交额达到 3.89 亿元；纳入履约范围的 91 家重点排放单位履约完成率达 99.6%，顺利完成碳市场履约周期工作任务。

2.8 绿色创新

积极推进企业、研究机构绿色创新，优化产业结构，提高能源利用效率，逐步实现清洁低碳发展，利用产学研优势，推动经济社会转型升级，构建清洁低碳、安全高效的能源利用体系。助力社会实现碳达峰碳中和战略目标。

主要行动举措包括：

- 博能环保科技有限公司打造 14 座低碳生态循环产业园。截至 2022 年 1 月，哈尔滨市博能环保科技有限公司已投资 15 亿元，通过自身核心技术，在全省建设 14 座低碳生态循环产业园。
- 飞鹤乳业建成全产业链生态循环项目。2022 年 3 月，据黑龙江飞鹤乳业介绍，飞鹤乳业建成了我国高寒地区规模最大的全产业链生态循环项目，突破风干秸秆发酵的技术难题，实现以畜禽粪污和玉米秸秆为原料，通过高浓度厌氧发酵，制取生物天然气和有机肥。

上海：确立国际绿色金融枢纽地位

围绕实现碳达峰碳中和目标任务，上海市从绿色金融着手，以发展新能源产业、推进产业转型升级、促进零碳示范区发展为重点战略方向，大力推进能源清洁、产业优化进程，以加快打造国际绿色金融枢纽为主要发力点。把碳达峰碳中和纳入生态城市建设布局以及生态文明建设整体布局，积极构建绿色低碳循环发展经济体系，促进经济社会发展全面绿色转型。

在政策制定方面，上海市先后出台系列激励绿色低碳发展的相关文件，强化实现碳达峰碳中和目标的法律和政策保障。政策着力重点主要落在推动碳达峰碳中和目标实现的产业转型、金融支持、生态建设、示范区发展、经济高质量发展等相关领域。在发展情况方面，上海市充分发挥金融市场促进作用，加快新能源产业部署和项目建设，为能源经济系统低碳转型提供有力支撑；大力推进绿色建筑建设；实施重点产业转型升级行动，先行开展生态项目工程的建设工作；大力推进零碳绿色示范区的发展，大力推动新能源汽车配套产业发展；推进能源清洁化进程；同时，大力开发有利于碳达峰碳中和的绿色信贷、绿色债券、绿色保险、绿色投资等绿色金融产品。

1. 上海市碳中和相关政策文件

1.1 上海市人民政府文件

(1)《上海市人民政府办公厅关于印发〈上海加快打造国际绿色金融枢纽服务碳达峰碳中和目标的实施意见〉的通知》（沪府办发〔2021〕27号）（2021-10-08）[①]。

相关政策要求：以实现碳达峰碳中和目标为引领，将绿色发展理念与国际金融中心建设紧密结合。到2025年，提升绿色金融市场能

---
① 资料来源：上海市人民政府网站，https://www.shanghai.gov.cn/202123bgtwj/20211206/fa06aa40562645cea24f2b18684a1a47.html。

级，凸显绿色直接融资主平台作用，提高绿色信贷占比，促进绿色金融产品业务创新，完善绿色金融组织机构体系，形成国际一流绿色金融发展环境，建成具有国际影响力的碳交易、定价、创新中心，确立国际绿色金融枢纽地位。

(2)《上海市人民政府关于印发〈上海市关于加快建立健全绿色低碳循环发展经济体系的实施方案〉的通知》（沪府发〔2021〕23号）(2021-09-29)[①]。

相关政策要求：到2025年，产业结构、能源结构、运输结构持续优化，减污降碳协同增效持续增强，生态环境稳定向好，市场导向的绿色技术创新体系更加完善，绿色低碳循环发展的生产体系、流通体系、消费体系初步形成。到2035年，绿色发展内生动力显著增强，现代环境治理体系成为全国典范，碳排放达峰后稳中有降，生态环境质量更为优良，生态之城基本建成。

(3)《上海市人民政府办公厅关于印发〈上海市生态环境领域市与区财政事权和支出责任划分实施方案〉的通知》（沪府办发〔2021〕30号）(2021-11-29)[②]。

相关政策要求：通过优化市、区两级生态环境领域财权和事权划分，建立权责清晰、财力协调、区域均衡的市和区财政关系，推进生态文明体制改革，加快构建现代环境治理体系，为协同推进本市经济高质量发展和生态环境高水平保护，建设美丽上海提供有力支撑。

---

① 资料来源：上海市人民政府网站，https：//www.shanghai.gov.cn/nw12344/20211021/bb02574688eb469aaa8a3b2e6a6cc5eb.html。

② 资料来源：上海市人民政府网站，https：//www.shanghai.gov.cn/nw12344/20211202/655982d44eef4bab86a04535a7b434c0.html。

(4)《上海市人民政府办公厅印发〈关于本市进一步推动充换电基础设施建设的实施意见〉的通知》(沪府办规〔2022〕1号)(2022-01-25)①。

相关政策要求：形成适度超前的城市充电网络，到2025年，满足125万辆以上电动汽车的充电需求，全市车桩比不高于2∶1。建立新型充换电基础设施体系，实现行业发展"五个转型"。一是从均衡发展转向聚焦重点；二是从建设为主转向建管并重；三是从慢充为主转向快慢并重；四是从无序充电转向有序充电；五是从企业为主转向全社会多方参与。

(5)《上海市人民政府办公厅关于印发〈上海市资源节约和循环经济发展"十四五"规划〉的通知》(沪府办发〔2022〕6号)(2022-04-05)②。

相关政策要求：以"源头减量、循环使用、再生利用"为理念统领，以优化结构、控制总量、提升效率为主要途径，以绿色技术创新和产业发展为关键支撑，加快建立健全绿色低碳循环发展经济体系，推动上海经济社会高质量发展。

(6)《上海市人民政府关于印发〈上海市能源发展"十四五"规划〉的通知》(沪府发〔2022〕4号)(2022-04-16)③。

相关政策要求：全面落实国家能源安全新战略和碳达峰碳中和目

---

① 资料来源：上海市人民政府网站，https：//www.shanghai.gov.cn/nw12344/20220224/b2effcc0bbde45d28c21f4afd5b67fb1.html。

② 资料来源：上海市人民政府网站，https：//www.shanghai.gov.cn/nw12344/20220509/a00971c96ede444eade8000cb9c12766.html。

③ 资料来源：上海市人民政府网站，https：//www.shanghai.gov.cn/nw12344/20220515/b0a5838d0ae944619d8559fd95b66bf1.html。

标任务，以能源高质量发展为主线，从供需两侧加快推动能源新旧动能转换，以科技创新和体制改革为双动力，加快打造与超大城市相适应的安全、清洁、高效、可持续的现代能源体系，为城市的高质量发展、高品质生活提供有力保障。

(7)《上海市人民政府印发〈关于加快推进南北转型发展的实施意见〉的通知》（沪府发〔2022〕5号）（2022-06-13）[①]。

相关政策要求：以产业转型为核心全面统筹空间转型和治理转型，坚持勇担使命、服务全局，坚持创新引领、绿色发展，坚持系统谋划、分步推进，坚持市区联动、以区为主，通过整体性、系统性转型将南北地区打造成为绿色低碳转型发展的主力军，为上海更好地服务构建新发展格局提供坚实支撑。

(8)《上海市人民政府办公厅关于印发促进绿色低碳产业发展、培育"元宇宙"新赛道、促进智能终端产业高质量发展等行动方案的通知》（沪府办发〔2022〕1号）（2022-06-24）[②]。

相关政策要求：发挥上海绿色低碳产业基础优势，培育产业发展新动能，实现绿色低碳产业规模快速增长。推动创新能力稳步提升，工艺水平显著提升。培育一批龙头企业、核心企业、特色企业，使市场主体逐步壮大。力争打造特色产业园区，实现园区体系健全完善。

---

① 资料来源：上海市人民政府网站，https：//www.shanghai.gov.cn/nw12344/20220620/cb84d38b94bf476999d832889a204915.html。

② 资料来源：上海市人民政府网站，https：//www.shanghai.gov.cn/nw12344/20220708/ab632a9b29b04ed2adce2dbcb789412c.html。

1.2 上海市发展和改革委员会文件

(1)《关于印发上海市2022年碳达峰碳中和及节能减排重点工作安排的通知》(沪发改环资〔2022〕69号)(2022-06-09)①。

相关政策要求：与"十四五"规划目标要求相衔接，分解落实规划目标。加快推动碳达峰碳中和顶层设计和示范试点，推动各区科学制订本区碳达峰实施方案。统筹推进能耗双控和碳达峰行动，加快能源产业绿色升级。加强主要污染物减排和环境综合治理，不断提升环境基础设施能力和水平。完善基础保障措施，强化目标责任落实。

(2)《关于印发〈关于进一步支持本市资源循环利用行业稳定发展的实施意见〉的通知》(沪发改环资〔2021〕133号)(2021-10-18)②。

相关政策要求：到2025年，资源产出率和废物循环利用率进一步提高，部分废物循环再生利用达到国际先进水平，全面实现原生生活垃圾零填埋，努力实现全市固体废物近零填埋，为实现碳达峰、碳中和目标提供有力支撑。

(3)《关于印发〈上海市推进污水资源化利用实施方案〉的通知》(沪发改环资〔2022〕6号)(2022-01-27)③。

相关政策要求：坚持"节水优先、空间均衡、系统治理、两手发

---

① 资料来源：上海市发展和改革委员会网站，https://fgw.sh.gov.cn/fgw_zyjyhhjbh/20220615/89e7398e8f584c69b9eec00802e2b70c.html。
② 资料来源：上海市发展和改革委员会网站，https://fgw.sh.gov.cn/fgw_zyjyhhjbh/20211101/df76ba2290a3459d9040d1c0b8c21140.html。
③ 资料来源：上海市发展和改革委员会网站，https://fgw.sh.gov.cn/fgw_zyjyhhjbh/20220210/0b252c29910c403ebf129456f1ffb409.html。

力"的治水思路，助力实现碳达峰、碳中和目标，在城镇、工业、农业等领域因地制宜开展污水资源化利用，做好顶层设计，加强统筹协调，完善政策措施，强化监督管理，开展试点示范，推动本市污水资源化利用实现高质量发展。

(4)《关于印发〈上海市氢能产业发展中长期规划（2022—2035年）〉的通知》（沪发改高技〔2022〕54号）（2022-05-08）[①]。

相关政策要求：发挥上海已有产业优势，以打造基于自主创新的现代氢能产业为导向，以关键核心技术为突破，以重大示范工程为依托，逐步构建绿氢为主的供应保障体系，提升对氢能产业发展的包容性，完善管理制度，规范有序发展，夯实上海在氢燃料电池、整车制造、检验检测等方面的产业优势，抢占氢能冶金、氢混燃气轮机、氢储能等未来发展先机，提高氢能在能源消费结构中的比重，为构建清洁低碳、安全高效的能源体系提供有力支撑。

(5)《关于印发〈关于严格能效约束推动我市重点领域节能降碳的实施方案〉的通知》（沪发改产〔2022〕16号）（2022-06-24）[②]。

相关政策要求：到2025年，通过实施工业领域碳达峰行动和重点行业节能降碳行动，行业整体能效水平明显提升，碳排放强度明显下降，绿色低碳发展能力显著增强。到2030年，重点行业能源资源利用效率、整体能效水平和碳排放强度达到国际先进水平，节能低碳技术取得突破性进展，绿色低碳转型发展取得显著成效。

---

① 资料来源：上海市发展和改革委员会网站，https：//fgw.sh.gov.cn/fgw_gjscy/20220617/f380fb95c7c54778a0ef1c4a4e67d0ea.html。

② 资料来源：上海市发展和改革委员会网站，https：//fgw.sh.gov.cn/fgw_zyjyhhjbh/20220628/1075b9c394e24776b64bf0a5ab681221.html。

1.3 上海市经济和信息化委员会文件

(1)《上海市经济信息化委关于印发〈上海市生产性服务业发展"十四五"规划〉的通知》(沪经信生〔2021〕1111号)(2021-12-08)①。

相关政策要求：聚焦碳中和、碳达峰，推进节能环保服务体系建设，加快各类专业化节能技术和服务升级。重点培育节能环保专业服务机构，发展节能环保服务体系。丰富合同能源管理商业模式，推动碳交易、碳资产管理等发展。加快发展特殊生产制造环境所需的室内洁净技术，依托低碳经济生产性服务业功能区等，推进节能环保服务产业集聚发展。

(2)《上海市经济信息化委关于印发〈上海市高端装备产业发展"十四五"规划〉的通知》(沪经信智〔2021〕1059号)(2021-11-26)②。

相关政策要求：围绕碳达峰、碳中和重大决策部署，发展清洁高效发电、智能电网及先进储能等高端能源装备，加快前沿技术布局，强化能源安全保障，提升高效绿色能源解决方案供给能力。以绿色高效、国产配套为重点，加大核心技术研发投入力度，开展绿色装备认证评价，提升节能环保技术装备国产化水平与绿色竞争力。

---

① 资料来源：上海市经济和信息化委员会网站，http://sheitc.sh.gov.cn/cyfz/20211220/827ba9e2bd294178bfba507ded8f113b.html。

② 资料来源：上海市经济和信息化委员会网站，http://sheitc.sh.gov.cn/xxfw/20211214/1016bdd7be764c66ad7592af9dffd5b2.html。

(3)《上海市经济和信息化委员会关于印发〈上海市产业绿色发展"十四五"规划〉的通知》(沪经信节〔2021〕1229号)(2022-01-04)①。

相关政策要求：全面实施产业绿色发展战略，坚持生态优先、绿色发展。聚焦应对气候变化、产业结构升级、节能潜力挖掘、环保治理攻坚、资源综合利用、绿色制造体系建设、数字技术应用、构建绿色低碳技术体系、综合施策九个领域，实施二十五项重点任务，为推动社会经济高质量发展打下坚实基础。

(4)《上海市经济和信息化委员会关于印发〈上海市节能环保产业发展"十四五"规划〉的通知》(沪经信节〔2021〕1198号)(2021-12-27)②。

相关政策要求：到2025年，节能环保产业实现高质量发展，产业规模显著提高，核心技术取得突破，推广一批具有国际先进水平的技术装备产品，培育一批具有国际竞争力的节能环保服务企业，为产业绿色低碳发展提供有力支撑。

(5)《上海市经济信息化委关于开展2021年度上海市大数据联合创新实验室申报工作的通知》(沪经信推〔2021〕790号)(2021-09-30)③。

相关政策要求：面向碳达峰、碳中和战略任务，联合能源企业、

---

① 资料来源：上海市经济和信息化委员会网站，http://sheitc.sh.gov.cn/jnzhly/20220106/d5bd5faf144b48ed8f7e08bf1d094e0d.html。

② 资料来源：上海市经济和信息化委员会网站，http://sheitc.sh.gov.cn/jnzhly/20220107/0c6858c4583d45758c5a72b03b83d2c0.html。

③ 资料来源：上海市经济和信息化委员会网站，http://sheitc.sh.gov.cn/xxfw/20211009/faf4005be3904ce997c34eaf2c5bfc8c.html。

碳排放监管机构、环保技术企业，整合碳排放相关数据，面向全市碳排放优化提供统一平台化数据服务。

(6)《上海市经济和信息化委员会　上海市发展和改革委员会关于印发上海市工业和通信业节能降碳"百一"行动计划（2022—2025）的通知》（沪经信节〔2022〕167号）（2022-06-02）[①]。

相关政策要求：通过源头变革、能效提升、数字化升级、零碳示范、能力建设，到2025年，工业和通信业用能企业绿色转型发展取得明显成效，能源利用效率持续提高，力争平均每年节约1%的用能量。

1.4　上海市生态环境局文件

《上海市生态环境局关于印发〈关于持续创新生态环保举措　精准服务经济高质量发展的若干措施〉的通知》（沪环综〔2021〕224号）（2021-10-10）[②]。

相关政策要求：进一步加大改革创新力度，充分激发市场主体活力，增强企业绿色发展能力，努力提升上海城市核心竞争力和城市软实力。深化行政审批制度改革，优化生态环境执法监管，强化企业服务和保障，提升企业绿色低碳发展能力。

[①] 资料来源：上海市经济和信息化委员会网站，http://sheitc.sh.gov.cn/jnzhly/20220602/db330bf5472b42359a58615201154a13.html。

[②] 资料来源：上海市生态环境局网站，https://www.shanghai.gov.cn/nw49248/20211015/64ea01c6c1104b738d7557393280d74a.html。

1.5 上海市交通委员会文件

《上海市交通委员会关于印发〈上海市智能网联汽车示范应用场景拓展工作实施方案（2021—2023年）〉的通知》（沪交科〔2021〕872号）（2021-11-08）[①]。

相关政策要求：推动智能网联汽车从技术研发迈向商业落地的前瞻探索，是落实交通强国战略的重要抓手，是加快城市数字化转型的集中体现，是实现交通领域碳达峰、碳中和的具体举措。

2. 上海市碳中和行动亮点

2.1 碳交易

积极探索减排路径、完善碳交易市场项目，推进因地制宜开发碳交易产品，盘活碳资产，有效利用碳市场降低企业资金的使用成本。积极提高能源利用效率，优化能源结构，提高碳金融多元化的生态产品价值实现机制，拓宽融资渠道，以金融创新推动上海乃至全国碳市场向纵深发展。

主要行动举措包括：

- 上海将建成具有国际影响力的碳交易中心。2021年10月8日，上海印发《上海加快打造国际绿色金融枢纽 服务碳达峰碳中和目标的实施意见》，明确打造国际绿色金融枢纽服务碳达峰碳中和目标，将在2025年基本建成具有国际影响力的碳交易中心。

[①] 资料来源：上海市交通委员会网站，http://jtw.sh.gov.cn/zxzfxx/20211108/31d2410179 704661b3d6112456efa303.html。

- 上海正全力打造国际金融枢纽。2021年11月26日,全国碳市场碳排放配额累计成交量3722.82万吨,累计成交额15.97亿元,上海国际金融中心持续发力,率先探索绿色金融改革创新,全力打造国际绿色金融枢纽。

2.2 新能源

加快清洁能源发展,加大与发电企业合作,共同研究探讨新能源发电的发展思路,安全高效、积极发挥上海的产学研优势,推动技术研究与合作,抢先布局氢能、储能项目,抢立潮头,抢抓"双碳"发展机遇。同时,推广新能源汽车的运用。

主要行动举措包括:

- 上海市政府与国家电网签署"十四五"战略合作框架协议。2021年11月4日,上海市政府与国家电网在沪签署"十四五"战略合作框架协议。双方将围绕促进电网高质量发展、加大能源电力保障服务、推进能源电力改革创新、落实国家"双碳"目标等进一步加强合作,推进具有中国特色国际领先的能源互联网企业战略在上海落地实施,更好地服务上海经济社会高质量发展。

- 上海市政府与中国能源建设集团有限公司签署全面战略合作框架协议。2021年12月14日,上海市政府与中国能源建设集团有限公司在沪签署全面战略合作框架协议。双方将围绕上海总部基地落户、能源电力服务、"双碳"技术研究、新型海洋经济、城市更新、国企改革等领域持续开展深入合作,共同推进绿色低碳技术应用落地。

- 沪企自主研发生物制气将绿废变可用能源。截至2022年3月9日,上海嘉定外冈一建材科技企业两个生产基地所用热能全部来自绿化废物。该企业一年消纳 3.2 万吨细碎废枝条，产出生物质燃气 4.8 万立方米，可生产蒸气 6 万余吨，转换为标准煤，一年约 1.1 万吨，与上海两家市级"能耗大户"的用量相当。

- 上海市政府部署氢能产业发展。2022 年 3 月 21 日，上海市政府党组会议、常务会议通过的《上海市氢能产业发展中长期（2022—2035 年）》，要求有序推进氢能在交通领域的示范应用，拓展在储能、分布式发电、工业等领域的应用，推动规模化发展，加快探索形成有效的氢能产业发展的商业化路径。

- 长兴岛电厂 10 万吨级燃机碳捕集装置正式动工。2022 年 6 月 18 日，全国首套 10 万吨级碳捕集装置，由国家电投集团长兴岛电厂正式动工，该工程结合了长兴岛岛域各制造基地的二氧化碳应用需求。项目建成后，每年总二氧化碳减排量达到 10 万吨，相当于种植了 556 万棵树，减排效果显著。

- 新能源交通运输结构不断优化。2022 年 6 月 13 日，市交通委发布的《2021 年上海绿色交通发展年度报告》显示，上海市投放新能源汽车 67.8 万辆；全市累计建成各类充电桩超过 50 万根。上海交通运输结构和能源结构不断调整优化，交通能源利用效率持续提升，交通环境水平整体向好。

2.3 产业转型

加快产业转型升级，引入环保工序，逐步淘汰环境污染较大的企业与工序，推进产品生产的上游、中游、下游满足低碳需求，共同研究探讨新型低碳科技的发展运用思路。加强企业、院校、科研机构的合作，充分发挥上海的产学研优势，加快形成节约资源和保护环境的产业结构，抢抓"双碳"发展机遇。

主要行动举措包括：

- 金山区临港碳谷绿湾首发项目启动。2021年9月29日，金山区举行重大产业项目第三季集中开工仪式，12个项目集中启动，计划总投资额111亿元。临港碳谷绿湾首发项目的启动，成为金山区第二工业区转型升级的重要组成部分。

- 全球低碳冶金创新联盟在沪成立。2021年11月18日，来自15个国家的钢铁企业、高等院校、科研机构共62家单位齐聚上海，在世界最大钢铁企业中国宝武的倡议下，成立全球低碳冶金创新联盟。此次联盟成立，相当于向全球钢铁行业碳减排工作投入一剂"催化剂"。

2.4 绿色金融

发挥金融市场在经济发展中的作用，着力探索金融在碳达峰碳中和方面的运用，不断创新绿色金融产品体系，加强企业与金融机构的合作，推广与绿色发展相关的金融产品，不断促进企业达成碳达峰碳中和目标。

主要行动举措包括：

- 《上海市浦东新区绿色金融发展若干规定》通过。2022年6月21日，市十五届人大常委会第四十一次会议召开，会议旨在讨论如何构建全方位的绿色金融产品及服务体系，并于2022年6月22日通过《上海市浦东新区绿色金融发展若干规定》。

【专栏】

案例：上海国际金融中心全力打造国际绿色金融枢纽

上海国际金融中心正在持续发力，率先探索绿色金融改革创新，全力打造国际绿色金融枢纽。

金融机构正大力推进"绿色金融"工程建设。金融机构要充分收集各类环保信息，动态分析评估企业的环境和社会表现，并把这些融入贷前、贷中、贷后全流程中。

浦发银行上海分行发放的可持续发展关联贷款，就创新地将企业的可持续发展目标、碳减排目标与融资利率紧密挂钩。企业碳账户中的碳积分，来源于企业在浦发银行办理绿色金融业务所对应的二氧化碳减排量，绿色金融业务包括绿色信贷、绿色债券等。

携手不断创新绿色金融产品。中国太保产险与上海环交所、交通银行、申能集团一起，开发了全国首笔碳排放配额质押贷款保证保险业务。"产业绿贷金融创新融资服务试点平台2.0"，针对符合条件的绿色供应链金融项目，提供在线申报、绿色评价、金融机构审查和核心企业审核等功能。有上海国际金融中心为上海自贸试验区临港新片区的绿色企业提供更便利的跨境投融资服务。

2.5 低碳项目

深入开展低碳项目，先后完成碳汇数据库构建，启动低碳工厂建设，以产业的低碳经济发展带动城市低碳化建设，推动绿色技术运用；支持科研机构绿色低碳研究，鼓励有条件的企业进行低碳项目合作，助力碳达峰、碳中和战略的实现。

主要行动举措包括：

- 上海构建215种常见园林植物碳汇数据库。2022年2月10日，上海植物园、上海辰山植物园的研究团队历经16年，构建了215种上海常见园林植物碳汇数据库，这是目前国内植物种类最多的园林植物碳汇数据库。
- 上海碳中和化妆品工厂将投产运营。2022年2月7日，《上海建设世界一流"设计之都"的若干意见》正式发布，上海碳中和化妆品工厂——林清轩碳中和设计智造基地，2023年底将在松江投产运营。
- 中国绿色低碳技术用于国际航运。2022年3月10日，绿色技术银行与马士基集团宣布，双方就绿色甲醇供应签署谅解备忘录，并建立战略合作伙伴关系。从2024年起，绿色技术银行每年向马士基提供5万吨绿色甲醇，作为这家集装箱航运物流跨国公司的船舶燃料，后续有望增至每年30万吨。这项合作将使中国绿色低碳技术用于国际航运，为应对全球气候变暖作出积极贡献。

2.6 绿色建筑

推进绿色建筑工程建设，要求与国内外优秀机构合作，学习国内外先进经验，充分发挥上海本地优势，通过智慧城市建设，逐步建设高质量、低碳环保、资源节约的绿色工程，助力碳达峰碳中和目标实现。

主要行动举措包括：

- "世界城市日"中国主场低碳经济主题论坛举办。2021年10月30日，在"世界城市日"中国主场活动首场主题论坛——低碳经济主题论坛上，与会专家从多个维度出发，探讨通过能源技术、减排技术创新，以及金融支持等方式，助力建筑业减碳。

【专栏】

案例：智慧城市助力产业绿色低碳高质量发展

2021年10月29—31日，上海国际城市与建筑博览会开幕。与往年各类建材和建筑模型不同，今年主要展出建筑的智慧元素，建筑工业化、建筑智慧化都可以降低碳排放，实现绿色低碳转型。在建筑施工环节，上海正在探索优化工艺、提升效率，减少建设过程的碳排放；延长建筑的使用周期是建筑碳减排的重点，上海建工四建集团自主研发的水磨石配比信息智能分析仪可大大提高建设效率。

建筑领域实现碳达峰和碳中和目标，对建筑高效运维提出了新要求。上海建科研发的城市更新微项目风险管控平台，将全市各个街道的小微工程纳入监管，通过大数据处理实现风险地图、风险指数、风险状态的统计与展示，直观反映小微工程项目的安全状态，达到精细化管理。"数字江海国际产业城区"正推动打造数字孪生城市的数字化技术支撑平台。平台将导入"编织城市"理念，把城区规划、建筑设计、设施分布等数字化信息"编织"到平台里。

围绕碳减排和城市数字化转型，越来越多建筑龙头，开始整合资源，打造专业研发力量。上海建工的全新二级公司环境科技有限公司成立，聚焦提供土壤修复全产业链服务。该企业由多家企业合并而成，合并前的企业分别在土壤修复领域、产业链前端的咨询规划、后端的施工建设各有侧重，合并后将形成互补效应。

2.7 零碳示范区

践行低碳理念，强化推广数字经济，围绕立足新发展阶段、贯彻新发展理念、构建新发展格局，努力打造世界一流的智慧港口、绿色港口，更好地服务京津冀协同发展和共建"一带一路"。智慧城市建设，助力碳达峰碳中和目标实现，参与上海市企业数字化转型升级，携手共同发展，实现互利共赢。全力做好服务，创新应用场景，努力为企业在沪发展创造一流投资环境、营商环境。

- 水乡客厅打造近零碳示范园。2021年12月，《示范区碳达峰碳中和工作指导意见》正式下发。2022年示范区将制订实施碳达峰行动方案，编制实施示范区水乡客厅等重点片区零碳专项规划建设导则；到2025年，示范区两区一县各初步建成1—2个近零碳社区（实践区）；到2035年，水乡客厅等重点片区基本建成零碳示范园区。

2.8 环保宣传

扎实推进碳达峰、碳中和工作，通过博览会等方式，向市民、企业宣传环保意识，使城市居民逐渐接受绿色产品，享受绿色生活方式，让环保意识深入人心，助力碳达峰碳中和目标的实现。

主要行动举措包括：

- 消费绿色产品成第五届进博会新潮流。2021年11月6日，进博会部分参展企业通过"低碳溯源"的方式，掌握碳排放的基本情况。部分参展企业亮出了自己的绿色新技术，部分参展企业展示了产品处理回收端的绿色行动，消费绿色产品已经成为新时尚、新潮流。

• 上海举办碳中和国际博览会。2022年2月15日，经上海市人民政府批准，首届上海国际碳中和技术、产品与成果博览会将在国家会展中心举办。展会主要聚焦技术产品与成果，宣传碳中和产品技术。

江苏：全力促进能源经济系统低碳转型

围绕实现碳达峰碳中和目标任务，江苏省以发展新能源、推进产业转型、促进绿色金融发展为重点战略方向，并以低碳项目建设为主要发力点。把碳达峰碳中和纳入生态城市建设布局以及生态文明建设整体布局，积极构建绿色低碳循环发展经济体系，促进经济社会发展全面绿色转型。

在政策制定方面，江苏省先后出台系列激励绿色低碳发展的相关文件，强化实现碳达峰碳中和目标的法律和政策保障。政策着力重点主要落在推动碳达峰碳中和目标实现的产业转型、金融支持、生态建设、交通运输、经济高质量发展等相关领域。在行动举措方面，江苏省充分发挥金融市场促进作用，加快风电、光伏、核能等可再生能源发电产业部署和项目建设，为能源经济系统低碳转型提供有力支撑；大力开发有利于碳达峰碳中和的绿色信贷、绿色债券、绿色保险、绿色投资等绿色金融产品；实施碳排放重点行业企业减污降碳行动，先行开展生态工程的建设工作；大力推进产业转型升级，大力发展低碳项目建设；推进能源清洁化进程，加快建设绿色金融体系。

1. 江苏省碳中和相关政策文件

1.1 江苏省人民政府文件

(1)《省政府办公厅关于印发江苏省"十四五"新能源汽车产业发展规划的通知》(苏政办发〔2021〕91号)(2021-11-06)①。

相关政策要求:构建新发展格局,以深化供给侧结构性改革为主线,坚持电动化、网联化、智能化、数字化、绿色化发展方向,加快推动融合创新,突破关键核心技术,构建新型产业生态,完善基础设施体系,优化产业发展环境,培育具有全球竞争力的企业和品牌,提升产业基础高级化和产业链现代化水平,打造国内领先、国际有影响的新能源汽车高质量发展高地。

(2)《省政府办公厅关于印发江苏省"十四五"生态环境保护规划的通知》(苏政办发〔2021〕84号)(2021-09-28)②。

相关政策要求:到2025年,江苏省碳排放强度、主要污染物排放总量持续下降,生态环境质量取得稳定改善,环境风险有效控制,生态环境治理体系和治理能力显著增强,基本建成美丽中国示范省份。

(3)《省政府办公厅关于江苏省"十四五"全社会节能的实施意见》(苏政办发〔2021〕105号)(2021-12-20)③。

相关政策要求:到2025年,全省能源利用效率和产出效益显著提

---

① 资料来源:江苏省人民政府网站,http://www.jiangsu.gov.cn/art/2021/11/24/art_46144_10124132.html。

② 资料来源:江苏省人民政府网站,http://www.jiangsu.gov.cn/art/2021/10/29/art_46144_10091249.html。

③ 资料来源:江苏省人民政府网站,http://www.jiangsu.gov.cn/art/2021/12/26/art_46144_10231198.html。

升，工业领域和重点行业能耗强度持续下降，二氧化碳排放增量得到有效控制，绿色低碳循环发展的经济体系初步形成。全省单位地区生产总值能耗比 2020 年下降 14% 左右。

(4)《省政府办公厅关于印发江苏省全域"无废城市"建设工作方案的通知》（苏政办发〔2022〕2 号）（2022-01-09）[①]。

相关政策要求：到 2025 年，完成全域"无废城市"建设任务，4 个以上设区市建成国家"无废城市"，减污降碳协同增效作用充分发挥，基本实现固体废物管理信息"一张网"，"无废"理念得到广泛认同。到 2030 年，所有设区市均达到国家"无废城市"建设要求。大宗工业固体废物贮存处置总量趋近零增长，"无废城市"建设达到国内领先水平。

(5)《省政府关于深入推进计量工作的意见》（苏政发〔2022〕72 号）（2022-07-23）[②]。

相关政策要求：设立省碳计量中心，争创国家级碳计量中心，推动计量服务支撑碳达峰碳中和目标实现。加强碳排放关键计量测试和精密测量技术研究，开发有关测量器具，探索建立碳排放计量审查制度和碳计量服务体系，设立碳计量实验室，强化碳计量研究，推进碳评估、碳计算向碳计量转变，逐步实现碳排放数据的准确、可靠。建立完善能源资源环境计量体系，服务绿色低碳循环发展。

---

① 资料来源：江苏省人民政府网站，http://www.jiangsu.gov.cn/art/2022/1/18/art_46144_10320648.html。

② 资料来源：江苏省人民政府网站，http://www.jiangsu.gov.cn/art/2022/7/28/art_46143_10555787.html。

(6)《省政府办公厅转发人民银行南京分行等部门关于大力发展绿色金融指导意见的通知》（苏政办发〔2021〕80号）(2021-09-22)①。

相关政策要求："十四五"时期，全省绿色融资规模持续增长，绿色信贷余额和新增占比位居全国前列，绿色信贷资产质量稳中有升，绿色债券、绿色股权融资等直接融资规模稳步扩大，绿色金融标准体系加快完善，金融机构组织体系日益丰富，产品和服务体系更加多元，科技支撑体系明显增强，风险控制体系不断健全，初步构建形成政策协调顺畅、支撑体系完整、保障机制完善、区域特色彰显的绿色金融生态。

(7)《省政府办公厅转发省市场监管局等部门关于深入推进绿色认证促进绿色低碳循环发展意见的通知》（苏政办发〔2022〕21号）(2022-03-19)②。

相关政策要求：到2025年，江苏省绿色认证制度更加完备，标准体系、认证体系、监管体系、公共服务体系和区域合作互认体系基本完善，绿色认证覆盖面逐步拓展，各类绿色产业组织（企业）的质量管理能力明显增强，绿色产品和服务供给更好满足消费需求，市场份额和质量效益进一步提升，生产生活方式绿色转型成效显著。

(8)《省政府关于加快建立健全绿色低碳循环发展经济体系的实施意见》（苏政发〔2022〕8号）(2022-01-24)③。

相关政策要求：到2025年，产业结构、能源结构、交通运输结构、用地结构明显优化，绿色产业比重显著提升，基础设施绿色化达

---

① 资料来源：江苏省人民政府网站，http：//www.jiangsu.gov.cn/art/2021/9/26/art_46144_10028297.html。
② 资料来源：江苏省人民政府网站，http：//www.jiangsu.gov.cn/art/2022/3/25/art_46144_10389180.html。
③ 资料来源：江苏省人民政府网站，http：//www.jiangsu.gov.cn/art/2022/1/25/art_46143_10331301.html。

到新水平,生产生活方式绿色转型成效明显,市场导向的绿色技术创新体系更加完善,法规政策体系更加有效,绿色低碳循环发展的生产体系、流通体系、消费体系初步形成。

(9)《省政府关于实施与减污降碳成效挂钩财政政策的通知》(苏政发〔2022〕31号)(2022-02-25)①。

相关政策要求:进一步强化各级政府生态环境保护责任,加强减污降碳协同增效,深入打好污染防治攻坚战,推进美丽江苏建设,"十四五"期间在全省实施与减污降碳成效挂钩的财政政策。

(10)《省政府办公厅转发省总工会等部门关于在全省开展"建功'十四五'奋进新征程"主题劳动和技能竞赛意见的通知》(苏政办发〔2021〕95号)(2021-11-30)②。

相关政策要求:着力培育绿色文化。动员广大职工积极投身生态文明建设主战场,以加强节能环保教育,融入企业文化、职工文化建设,教育引导广大职工树立"绿色低碳环保"理念,严格执行生态文明制度,自觉践行绿色行为方式。

1.2 江苏省发展和改革委员会文件

(1)《省发展改革委关于我省2021年光伏发电项目市场化并网有关事项的通知》(苏发改能源发〔2021〕949号)(2021-09-28)③。

相关政策要求:通过自建、合建共享或购买服务等市场化方式落

---

① 资料来源:江苏省人民政府网站,http://www.jiangsu.gov.cn/art/2022/3/10/art_46143_10373992.html。
② 资料来源:江苏省人民政府网站,http://www.jiangsu.gov.cn/art/2021/12/14/art_46144_10191240.html。
③ 资料来源:江苏省发展和改革委员会网站,http://fzggw.jiangsu.gov.cn/art/2021/10/8/art_84097_10036933.html。

实并网条件后，由电网企业予以并网。并网条件主要包括配套新增的新型储能、抽水蓄能、压缩空气储能，以及现役供热气电、煤电机组灵活性改造。

(2)《省发展改革委关于组织开展整县（市、区）屋顶分布式光伏开发试点工作的通知》（苏发改能源发〔2021〕1176号）（2021-12-14）[①]。

相关政策要求：聚焦碳达峰碳中和战略目标，坚持市场主导和政府引导，围绕党政机关、公共建筑、工商业以及居民户用等各类屋顶资源进行整体设计，系统推进城区、园区、镇街和农村光伏发电规模化应用，全力打造"千家万户沐光"的江苏示范。

(3)《省发展改革委等部门关于印发〈江苏省促进绿色消费实施方案〉的通知》（苏发改就业发〔2022〕535号）（2022-06-10）[②]。

相关政策要求：到2025年，全省绿色消费政策制度体系及激励约束机制建立健全，重点领域和部分地区率先实现消费绿色转型，形成一批促进绿色消费的先进模式和经验，初步建立绿色低碳循环发展的消费体系。到2030年，全省绿色消费政策制度体系和体制机制更加完善，各领域各地区全面实现消费绿色转型升级，重点领域消费绿色低碳循环发展模式更加成熟，高标准建成全国促进绿色消费的"江苏样板"。

[①] 资料来源：江苏省发展和改革委员会网站，http://fzggw.jiangsu.gov.cn/art/2021/12/14/art_51012_10192000.html。

[②] 资料来源：江苏省发展和改革委员会网站，http://fzggw.jiangsu.gov.cn/art/2022/6/10/art_84097_10465280.html。

1.3 江苏省工业和信息化厅文件

《关于印发江苏省工业领域节能技改行动计划（2022—2025年）的通知》（苏工信节能〔2022〕229号）（2022-05-19）①。

相关政策要求：到2025年，规模以上工业单位增加值能耗比2020年下降17%以上，工业能效水平位居全国前列，绿色低碳发展水平显著提升。钢铁、水泥、平板玻璃、炼油、乙烯、烧碱、合成氨等高耗能行业单位产品能耗全部达到基准水平，其中达到标杆水平的产能比例在30%以上；其他高耗能行业单位产品能耗达到能效先进水平的产能比例在30%以上。

1.4 江苏省住房与城乡建设厅文件

(1)《省住房城乡建设厅关于印发〈2022年全省建筑业工作要点〉的通知》（苏建建管〔2022〕83号）（2022-04-08）②。

相关政策要求：加强智慧工地技术应用研究。逐步推进信息化技术在质量管理、绿色施工、生产进度、物料管控等方面的运用，在南京市、常州市和如皋市等地开展智慧工地技术应用试点。

(2)《省住房城乡建设厅关于印发〈2022年江苏省建筑工地扬尘专项治理工作方案〉的通知》（苏建质安〔2022〕109号）（2022-05-25）③。

相关政策要求：进一步落实工程项目参建各方主体责任和政府监

---

① 资料来源：江苏省工业和信息化厅网站，http://gxt.jiangsu.gov.cn/art/2022/5/19/art_80179_10529499.html。

② 资料来源：江苏省住房与城乡建设厅网站，http://jsszfhcxjst.jiangsu.gov.cn/art/2022/4/8/art_8639_10409988.html。

③ 资料来源：江苏省住房与城乡建设厅网站，http://jsszfhcxjst.jiangsu.gov.cn/art/2022/5/25/art_8639_10460800.html。

管责任，完善扬尘控制责任制度，强化扬尘治理"六个百分之百"要求。持续推进绿色智慧工地建设，提高工地扬尘治理智慧化水平，推动政府投资规模以上新建工程智慧工地全覆盖。继续做好工地扬尘管控差别化管理，实施分级分类管控，落实重污染天气应急管控豁免政策，提高全省建筑工地文明施工管理精细化水平。

(3)《省住房和城乡建设厅关于进一步推进全省智慧工地建设的通知》(苏建质安〔2022〕129号)(2022-06-16)[①]。

相关政策要求：加强智慧工地技术在轨道交通、市政等工程领域的应用试点，逐步推进智慧工地技术在质量管理、绿色施工、生产进度等方面的拓展运用，不断丰富智慧工地建设内容。

2. 江苏省碳中和行动亮点

2.1 碳交易

积极探索减排路径，完善碳交易市场项目，盘活碳资产，有效利用碳市场降低企业资金的使用成本，以金融创新推动碳市场向纵深发展。

主要行动举措包括：

- 江苏省配额履约率达到99.92%。2022年初，在第一个履约周期内，江苏省纳入全国碳市场的209家发电行业重点排放单位配额履约率达到99.92%。
- 江苏奥喜埃化工通过全国碳市场交易平台完成两笔碳交易。

---

① 资料来源：江苏省住房与城乡建设厅网站，http://jsszfhcxjst.jiangsu.gov.cn/art/2022/6/16/art_48915_10500963.html。

2022 年上半年，江苏奥喜埃化工通过全国碳市场交易平台完成两笔碳交易，总共转让 1000 吨碳排放配额。

2.2 产业转型

积极推进产业转型，扩展绿色产业业务发展，进一步发挥社会主义市场经济的作用。鼓励地方政府招商转向高质量，发挥政府的作用，积极推动绿色工程，推进生态产业发展，降低环境污染，助力实现碳中和碳达峰战略目标。

主要行动举措包括：

- 江苏建设"绿色工厂"助力实现"双碳"目标。2021 年 11 月，江苏积极探索开展"近零碳园区（工厂）"和"碳中和工厂"建设，选择有条件的地区和工业园区开展"碳排放达峰先行区"创建示范。

- 远景动力电池制造基地二期项目在无锡开工建设。2022 年 3 月 4 日，远景动力电池制造基地二期项目在无锡开工建设，项目总投资 100 亿元，将生产最新一代高质量、高安全性能、零碳的动力电池产品，规划产能超过 15 吉瓦时，预计 2023 年建成投产。

- 南京市重大招商项目暨央企区域总部项目视频签约活动成功举办。2022 年 4 月 21 日，2022 年南京市重大招商项目暨央企区域总部项目视频签约活动成功举办，华能集团在秦淮区设立江苏光伏总部项目，中石化南京工程公司在栖霞区建设 CCUS（碳捕集、利用与封存）工程技术研究中心，中电建南京工程有限公司投资 30 亿元在玄武区上马新能源项目。

- 中车环境总部及产业生态项目"云签约"仪式举行。2022 年 4 月 20 日，中车环境总部及产业生态项目"云签约"仪式在北京、无锡两地同步举行，签约双方将发起设立绿色低碳产业发展基金，共建中车低碳产业园，力争"十四五"末实现中车节能环保产业营业收入超100亿元。

2.3 碳减排

扎实推进碳达峰、碳中和工作，政府坚定减排目标，推进减排政策制定，加大环保技术创新力度，企业结合自身特点推进实现管控降碳，主动转型，加快推动碳达峰和降碳排放的发展思路，展现企业社会责任。推动高质量发展、构建新发展格局，全力推动碳减排，加快实现绿色低碳发展。

主要行动举措包括：

- 快递物流企业加快实行绿色减排方针。2021年，快递物流企业加快实行绿色减排方针，减碳节能装备上岗，智能合单、智能切箱等技术将直接减少包材使用量。同时，物流园区内的分布式光伏电站，也将继续提供清洁能源，合力减碳。
- 江苏深入开展公共机构绿色低碳引领行动。2022年6月，江苏深入开展公共机构绿色低碳引领行动。全省公共机构准确把握新形势新要求，加快推进绿色低碳转型发展，更好发挥示范引领作用，促进碳达峰目标实现，助力美丽江苏建设。

2.4 新能源

加快清洁能源发展，加大与发电企业合作，加大与国内外企业合作，共同研究探讨核电、光伏、风能等项目发展思路，安全高效、积极发挥核电作用，抢先布局新能源项目、抢立潮头，抢抓"双碳"发展机遇。同时，开展新能源应用研究，推进相关产业建设。

主要行动举措包括：

- 中外合资海上风电项目顺利并网发电。2021年11月20日，中外合资海上风电项目——国家能源集团国华投资江苏东台海上风电项目成功实现全容量并网发电。项目全部投运后，预计年发电量能达到13.9亿千瓦时，相当于节省标准煤44.19万吨，减排二氧化碳93.75万吨、二氧化硫1704吨。

- 国信集团首个风电项目正式并网发电。2021年12月6日，国信集团首个风电项目正式并网发电，预计未来一年上网电量可达10亿千瓦时，减排二氧化碳大约60万吨。

- 广陵基地成为碳中和认证的非工业园区。2022年1月，国网扬州供电公司的广陵基地成为获得碳中和认证的非工业园区。园区屋顶光伏建设面积达17854平方米，屋顶面积开发比例为100%，年发电量约115万千瓦时。同时还新建了120米长光伏围栏，年发电量约2.07万千瓦时。

- 连云港绿色低碳示范变电站投运。2022年5月30日，连云港市赣榆区的220千伏梁丘变电站全电压等级全部投运，投运后全站每年可减少碳排放480吨。

2.5 绿色金融

发挥金融市场在经济发展中的作用，着力探索金融在碳达峰、碳中和方面的运用，不断创新绿色金融产品体系，发挥政府在金融领域的引导作用，促进企业与金融机构的合作，不断促进企业达成碳达峰碳中和的目标。

主要行动举措包括：

- 江苏省明确"十四五"时期绿色金融发展的主要目标。2021年10月，江苏省《关于大力发展绿色金融的指导意见》印发，明确

"十四五"时期全省绿色金融发展主要目标：初步构建形成政策协调顺畅、支撑体系完整、保障机制完善、区域特色彰显的绿色金融生态。

- 光大银行南京分行对公绿色贷款较去年增长。截至2021年10月，光大银行南京分行对公绿色贷款较去年增长43.28亿元，增幅52.5%，远超各项贷款增速。该行2021年单独成立了碳达峰碳中和领导小组，以及绿色金融工作组、环境和气候风险管理工作组、银行低碳发展转型工作组三个领导小组，针对绿色金融业务方向、目标客户、产品配置以及营销方案作出了明确要求。
- 江苏省财政下达2021年度绿色金融奖补资金。2021年11月，省财政下达2021年度绿色金融奖补资金7493万元，助力碳达峰、碳中和工作，加快构建绿色低碳循环发展经济体系。
- 江苏省与工商银行签订战略合作框架协议。2022年1月，江苏省生态环境厅与中国工商银行江苏省分行签订战略合作框架协议，约定建立长期战略合作关系，未来5年，工商银行江苏省分行将提供不低于2000亿元意向授信额度用于支持生态环境领域发展。
- 2022年第一季度江苏省碳减排贷款规模位居全国第二。2022年第一季度，江苏省碳减排贷款规模位居全国第二，全国性银行在南通分支机构共申报绿色低碳项目贷款41亿元，其中39亿元贷款已获得碳减排支持工具支持，累计惠及南通绿色项目47个，加权平均利率4.02%，预计带动碳减排量73万吨。

2.6 生态建设

深入开展生态工程建设，先后启动环保规划和低碳活动，以政府引领低碳发展带动城市低碳化建设；率先发布多项低碳验收技术规范，推进绿色低碳发展。

主要行动举措包括：

- 中国科学院南京土壤研究所举行第八个世界土壤日活动。2021年12月5日，中国科学院南京土壤研究所举行第八个世界土壤日活动。土壤学家们提出，要从开发节水治理技术、培育耐盐碱植物等方面入手，以新路径精准治理盐渍土，为地球"换肤"，让盐碱地变良田；锁住温室气体，为碳减排作出贡献。

- 江苏省安排2022年度生态环境保护和治理资金。2022年2月，江苏省安排年度生态环境保护和治理资金预计近120亿元，相比2021年有大幅提升。

2.7 低碳项目

推进绿色低碳项目发展，要求与国内外优秀机构合作，学习先进经验，充分发挥本地产学研优势，利用数字化技术，建设高质量、低碳环保、资源节约的绿色项目，助力碳达峰碳中和目标实现。

主要行动举措包括：

- 南京工业大学研制低碳智能催芽育种系统装置。2021年9月，南京工业大学研制出一种低碳智能催芽育种系统装置。该系统装置通过等离子体技术灭除种子表面微生物，促进种子萌发，用新型绿色能源产生的电能代替传统化学药剂对种子的处理，减少化学污染物的排放，真正实现低碳绿色催芽育种。

- 远景科技集团与无锡高新区携手共建"双碳大脑"方舟碳管理平台。2021年9月，远景科技集团与无锡高新区携手共建"双碳大脑"方舟碳管理平台，打造数字化碳排放综合管理体系，对园区、企业的碳排放指标进行可跟踪、可分析、可视化的统一管理。

- 镇江市能源暨碳管理大数据中心管理平台发布。2021年10月16日，国网镇江供电公司建设的镇江市能源暨碳管理大数据中心管理平台发布，该平台可对全市各行各业的能耗水平、碳排放水平进行有效监控，助力镇江市经济社会发展全面绿色低碳转型。

- 江苏省"双碳"科技创新专项资金指南首批遴选39个项目。2021年11月，江苏省编制"双碳"科技创新专项资金指南，首批遴选39个项目，科研机构和企业从能源消耗、数字化改造、产业技术研究方面着力构建低碳绿色发展的技术创新体系。

- 北汽蓝谷麦格纳汽车有限公司推出高端纯电量产轿车。2021年底，北汽蓝谷麦格纳汽车有限公司首款搭载鸿蒙智能座舱的高端纯电量产轿车小规模推出，该车从传统燃油车转向智能网联新能源汽车，符合镇江低碳城市的发展战略。

- 工业用途核能供汽工程正式开工。2022年6月，工业用途核能供汽工程——中核集团田湾核电站蒸汽供能项目正式开工，核能正在从单一发电向综合利用有序转变。

2.8 绿色建筑

推进绿色建筑工程建设，要求与相关企业合作，利用数字化手段推动建筑绿色化，推进绿色建筑平台建设，充分发挥江苏优势，严格遵守绿色建筑要求，逐步建设高质量、低碳环保、资源节约的绿色工程，助力碳达峰碳中和目标实现。

- 江北新区推动绿色建筑工程建设。2021年10月，江北新区提出，核心区范围内新建民用建筑全面推行绿色建筑二星及以上标准，城镇绿色建筑占新建建筑比例达到99%。

- 东禾建筑碳排放计算分析软件2.0版正式对外发布。2022年3月,东禾建筑碳排放计算分析软件2.0版正式对外发布。东南大学与中建集团等业内龙头企业合作对该软件做了重大功能升级。该软件可以通过输入相应参数,快速编辑计算出建筑碳排放。

浙江:强化财政支持碳达峰碳中和作用

着力推动绿色低碳发展,浙江省大力推行绿色低碳生产生活方式,坚持先立后破、通盘谋划,科学有序推进碳达峰碳中和,落实好新增可再生能源和原料用能不纳入能源消费总量控制的政策,坚决遏制"两高"项目盲目发展,坚决避免"一刀切""运动式减碳",实施全面节约战略,推进资源节约集约循环利用,倡导简约适度、绿色低碳的生活方式。

在顶层设计方面,浙江省先后出台生态环境保护和能源发展的相关文件,重视能源装备发展的可持续性和生态环境保护的科学性。在能源发展、生态环境修复、畜牧业发展等相关领域作出规定,为浙江建设"生态省"奠定坚实基础;在行动举措方面,浙江省探索清洁、零碳的多元化供能模式,围绕能源管理、绿色管理、可再生能源利用及绿色电力、碳中和四个方面指导开展"零碳"公共机构建设工作;大力发展风电光伏,突出以整县规模化开发分布式光伏,以高质量推广生态友好型集中式光伏发展,积极打造潮汐与光伏协调运行发电的新模式;通过设计标准化绿电产品,拓展数字化销售渠道,满足更多中小型用户潜在的绿色消费需求;加大对气候投融资的激励,通过碳减排支持工具重点支持清洁能源、节能环保和碳减排技术等重点领域发展。同时，扩大气候投融资特色机构覆盖面，培育一批气候投融资特色市场主体，引领带动现代绿色低碳产业集聚发展；建立财政奖惩机制，推动能源、建筑、工业、交通等领域产业转型升级，重点支持能源、工业、建筑、交通、农业、居民生活、科技领域碳达峰；积极布局新能源汽车生产及全产业链发展，整车和零部件产业链同频集聚强劲转型势能，构建智能设备、智慧供应链、大数据智脑"三位一体"的电动汽车智能制造体系。

1. 浙江省碳中和相关政策文件

1.1 浙江省人民政府文件

(1)《浙江省人民政府办公厅关于印发浙江省能源发展"十四五"规划的通知》（浙政办发〔2022〕29号）（2022-05-19）[①]。

相关政策要求：推动能源装备产业发展。全力支持风电、光伏、储能、氢能等能源装备产业可持续发展，鼓励企业从单纯设备制造商向综合服务商转型。发挥本省光伏产业链齐全优势，补齐风电产业链短板。推动安全高效、绿色环保的新型电化学储能产业发展，构建退役动力电池回收及储能再利用产业链。强化氢能产业链上游制氢优势，培育可再生能源制氢产业，延伸发展氢能储运及加注产业。

---

① 资料来源：浙江省人民政府网站，https：//www.zj.gov.cn/art/2022/5/19/art_1229019365_2404305.html。

(2)《浙江省人民政府办公厅关于印发浙江省八大水系和近岸海域生态修复与生物多样性保护行动方案（2021—2025年）的通知》（浙政办发〔2021〕55号）（2021-09-24）①。

相关政策要求：提升优化产业绿色布局。严格推动实施长江经济带发展负面清单制度。探索海洋碳汇，科学发展浅海贝藻养殖。探索推进生态环境导向的开发模式。推动海洋渔业、石化、化工、港航物流等传统产业转型升级，加快海洋产业提质增效。

(3)《浙江省人民政府办公厅关于加快畜牧业高质量发展的意见》（浙政办发〔2021〕61号）（2021-11-18）②。

相关政策要求：提升畜牧业绿色化水平。提标推进美丽牧场建设，深化农牧对接循环，支持大型养殖场废水纳管处理，加快推广应用养殖臭气综合治理技术。加强节能减碳技术应用，合理开发使用太阳能、生物质能、地热能等清洁可再生能源，通过农光互补、沼气发电等低碳循环模式，减少养殖场化石能源消费，建成美丽牧场1500个，畜禽粪污资源化利用和无害化处理率保持在92%以上。

(4)《浙江省人民政府办公厅关于开展未来乡村建设的指导意见》（浙政办发〔2022〕4号）（2022-02-07）③。

相关政策要求：打造未来低碳场景。全面保护和修复生态环境，使绿水青山成为未来乡村最显著的标志。扎实做好农业农村领域节能

---

① 资料来源：浙江省人民政府网站，https://www.zj.gov.cn/art/2021/10/14/art_122901 9365_2369091.html。
② 资料来源：浙江省人民政府网站，https://www.zj.gov.cn/art/2021/11/18/art_122901 9365_2375916.html。
③ 资料来源：浙江省人民政府网站，https://www.zj.gov.cn/art/2022/2/7/art_122901 9365_2392197.html。

减排工作，大力提倡节约用水，积极发展太阳能、天然气、风能等可再生能源，优化电网、气网等基础设施布局，提高乡村生产生活的电气化、清洁化水平。弘扬生态文化，建设生态文化基地和生态文化村。倡导取之有度、用之有节的低碳理念。

(5)《浙江省人民政府办公厅关于印发浙江省"4+1"重大项目建设计划 2022 年实施计划的通知》（浙政办发〔2022〕6 号）（2022-02-07）[①]。

相关政策要求：促进资源要素向重大项目集中。加强对省"4+1"重大项目的土地、能耗、资金等资源要素保障。争取更多项目纳入国家用地保障范围，加强低效用地再开发和盘活存量建设用地，完善省重大产业项目用地保障机制。争取更多重大项目纳入国家能耗单列范围，建立能耗"双控"、能效标准与重大项目联动机制，优先保障高效低耗项目用能。

1.2 浙江省发展和改革委员会文件

(1)《省发展改革委 省能源局关于浙江省加快新型储能示范应用的实施意见》（浙发改能源〔2021〕393 号）（2021-11-09）[②]。

相关政策要求：有序开展电源侧储能建设。支持"微网+储能""新能源+共享储能"等电源侧储能项目建设，鼓励新增的海上风电、集中式光伏电站综合新能源特性、系统消纳空间、调节性能和经济性

---

① 资料来源：浙江省人民政府网站，https：//www.zj.gov.cn/art/2022/2/7/art_1229019365_2392221.html。

② 资料来源：浙江省发展和改革委员会网站，https：//fzggw.zj.gov.cn/art/2021/11/9/art_1229123351_2372518.html。

等实际因素，建设或购买新型储能（服务）。鼓励集中式储能电站为新能源提供容量出租或购买服务。鼓励燃煤电厂配套建设新型储能设施，与燃煤机组联合调频，提升综合竞争力。

(2)《省发展改革委等 12 部门关于印发〈关于科学利用林地资源促进木本粮油和林下经济高质量发展的实施意见〉的通知》（浙发改农经〔2022〕107 号）（2022-04-21）[①]。

相关政策要求：强化央行政策工具支持，引导发展基于森林资源的绿色金融产品和服务模式创新，推进林业中长期贷款支持，探索开展林下经济预期收益贷款，支持符合条件的木本粮油和林下经济龙头企业在国内资本市场上市，在银行间市场发债融资。鼓励保险机构精准对接木本粮油和林下经济产业风险需求，扩大业务范围和保险覆盖面，开发林业全产业链保险，统筹推进林农和林业经营主体参保。

1.3 浙江省财政厅文件

《浙江省财政厅关于支持碳达峰碳中和工作的实施意见》（浙财资环〔2022〕37 号）（2022-06-21）[②]

相关政策要求：统筹考虑经济发展、能源安全、碳排放、居民生活，聚焦关键变量，坚持降碳、减污、扩绿、增长协同推进，发挥财政基础性和支柱性作用，加快构建支持低碳绿色发展的财税政策体系，推动有为政府和有效市场更好结合，为争创国家碳达峰碳中和示范省

---

① 资料来源：浙江省发展和改革委员会网站，https：//fzggw.zj.gov.cn/art/2022/4/28/art_1229123351_2402502.html。

② 资料来源：浙江省财政厅网站，http：//czt.zj.gov.cn/art/2022/6/21/art_1164164_58924533.html。

提供坚实的财政保障。与省碳达峰碳中和实施意见的主要目标相衔接，围绕经济发展、能源安全、碳排放和居民生活四个维度，找准近期目标和长期发展的平衡点，把握财政政策着力点，建立健全财政支持碳达峰碳中和政策体系。

1.4 浙江省经济和信息化厅文件

《浙江省经济和信息化厅关于印发浙江省工业节能降碳技术改造行动计划（2022—2024年）的通知》（浙经信绿色〔2022〕134号）（2022-07-01）[①]。

相关政策要求：有序实施节能降碳数字赋能行动，加快工业碳效码推广应用。依托工业碳效码应用，精准识别高碳企业，将其纳入重点节能监察名单，依法开展节能监察。优化项目申报、碳金融、绿电交易等重点应用，推动碳效评价结果应用覆盖金融、用地、用能、排污等领域。支持各地开发基于碳效码平台的创新应用，择优推广一批优秀节能降碳技术改造场景应用。

1.5 浙江省自然资源厅文件

《浙江省自然资源厅 浙江省经济和信息化厅 浙江省科学技术厅 浙江省财政厅 浙江省生态环境厅 浙江省水利厅 浙江省应急管理厅 浙江省市场监督管理局关于印发〈浙江省绿色矿山管理办法〉的通知》（浙自然资规〔2022〕5号）（2022-06-27）[②]。

相关政策要求：矿山企业应按照计划开展绿色矿山建设，自评估达

[①] 资料来源：浙江省经济和信息化厅网站，http://jxt.zj.gov.cn/art/2022/7/4/art_1229123402_2410365.html。

[②] 资料来源：浙江省自然资源厅网站，http://zrzyt.zj.gov.cn/art/2022/6/29/art_1229098242_2409655.html。

标后，向矿山所在地县级自然资源主管部门申请纳入绿色矿山名录库。矿山企业应健全绿色矿山管理制度，加强绿色矿山建设成果质量保持；应主动接受社会监督，建立重大安全、环保、社会风险事件回应机制，及时回应民众、社会团体和其他利益相关者诉求，树立良好企业形象。

1.6 浙江省生态环境厅文件

《浙江省生态环境厅关于印发浙江省重金属污染防控工作方案的通知》（浙环发〔2022〕14号）（2022-06-23）[①]。

相关政策要求：积极协同经信部门优化涉重金属产业布局，提高重点行业企业集聚度和发展质量，以绿色园区、绿色工厂为载体，重点扶持培育一批国际一流、全国领先的涉重金属生产和污染治理行业样板园区和龙头企业，带动涉重金属产业做强做优，促进行业绿色高质量发展。

1.7 浙江省林业局文件

《浙江省林业局关于印发〈浙江省林业固碳增汇试点建设管理办法〉的通知》（浙林绿〔2022〕37号）（2022-06-30）[②]。

相关政策要求：试点建设在提升林业碳汇能力的同时，要积极探索市场、财税、金融、土地、数字化等手段，建立可持续经营管理和多元化投融资机制，开展"林业碳账户""新时期国乡合作经营""用

---

① 资料来源：浙江省生态环境厅网站，http：//sthjt.zj.gov.cn/art/2022/6/23/art_1229116580_2409106.html。

② 资料来源：浙江省林业局网站，http：//lyj.zj.gov.cn/art/2022/6/30/art_1229135294_2409937.html。

能企业+碳汇经营主体""森林碳汇+竹木碳库"产业链等模式创新。要同步开展林业碳汇科普教育和公益减排社会实践,推动林业碳汇建设深入人心。

1.8 浙江省住房和城乡建设厅文件

《浙江省住房和城乡建设厅 浙江省城乡风貌整治提升工作专班办公室关于进一步加强城市园林绿化工作 助力城乡风貌整治提升和未来社区建设行动的通知》(浙建〔2022〕5号)(2022-06-20)[①]。

相关政策要求:加快绿道网建设,重点打通"断头路",各地围绕"十线筑基、提标密网、环山连海、傍水穿林、诗情画意、城乡共融"的省级绿道网框架,着力打造一批名山、森林、河湖、古道、诗路等特色风情绿道,将城市公园绿地、水系、景点等串珠成链,推动风景名胜区、自然保护地、历史文化街区等生态、文化资源成片成景,打造城乡景观线、风貌带。同时,大力推进水体、铁路沿线、沿海防护林等绿地建设,提升城市防护功能。

2. 浙江省碳中和行动亮点

2.1 产业转型

建立财政奖惩机制,推动能源、建筑、工业、交通等领域产业转型升级,重点支持能源、工业、建筑、交通、农业、居民生活、科技领域碳达峰,将发行债券募集资金用于新能源等产业升级,加强与学

---

① 资料来源:浙江省住房和城乡建设厅网站,http://jst.zj.gov.cn/art/2022/6/20/art_1229159074_2408448.html。

界合作，打造生态工业创新研究院。

主要行动举措包括：

- 山区 26 县首家生态工业创新研究院成立。2022 年 6 月 15 日，在衢州市浙江工业大学生态工业创新研究院启动仪式上，龙游县和浙江工业大学签署《共建衢州市浙工大生态工业创新研究院协议》。研究院将重点围绕生态工业研究领域，支撑碳基纸基新材料、精密数控、食药、化工等产业转型升级。

- 10 亿元债券成功发行助力产业升级。2022 年 6 月 15 日，宁波通商集团首次成功发行 2022 年第一期 10 亿元公司债券，本期债券募集资金主要用于通商管理的产业类基金出资，并通过基金投向市委、市政府确定的战略性新兴产业，如新能源汽车、半导体等重点领域产业，推动产业升级和创业创新。

- 浙江建立碳排放财政奖惩机制。2022 年 7 月 21 日，浙江省财政厅发布《关于支持碳达峰碳中和工作的实施意见》，浙江成为全国首个发布财政支持"双碳"政策的省份，将重点支持能源、工业、建筑、交通、农业、居民生活、科技领域碳达峰。

【专栏】

案例：浙江成为全国首个发布财政支持"双碳"政策的省份①

2022 年 7 月 21 日，浙江省财政厅发布《关于支持碳达峰碳中和工作的实施意见》（以下简称《实施意见》），浙江成为全国首个发布财政支持"双碳"政策的省份。

---

① 资料来源：浙江省财政厅网站，http：//czt.zj.gov.cn/art/2022/6/21/art_1164164_58924533.html。

根据《实施意见》，浙江将重点支持能源、工业、建筑、交通、农业、居民生活、科技领域碳达峰。针对各领域碳达峰痛点、难点、堵点，结合集中财力办大事政策体系，有针对性提出财政支持重点和方向。实现"双碳"目标，能源变革是关键，这也是浙江财政支持"双碳"的重点领域。根据《实施意见》，省财政将重点聚焦实施"风光倍增"工程，支持海上风电发展，推动构建以新能源为主体的新型电力系统。

"双碳"领域的科技创新也是财政支持重点。浙江将对绿色低碳发展相关科研活动予以支持，如支持实施"双碳"领域"尖兵""领雁"攻关项目；支持建设白马湖实验室（能源与碳中和浙江省实验室），实施重大科研项目、购置大型科研仪器设备、引进培育高层次人才团队等。

根据计划部署，2022年，浙江将兑现2021年度绿色发展财政奖补资金140.26亿元。

2.2 零碳项目

探索清洁、零碳的多元化供能模式，围绕能源管理、绿色管理、可再生能源利用及绿色电力、碳中和四个方面指导开展零碳公共机构建设工作。发动企事业单位捐赠林业碳汇等方式实现碳中和，全力打造首届零碳亚运赛事。

主要行动举措包括：

- 杭州亚运低碳氢电耦合应用示范项目。2021年10月18日，"杭州亚运低碳氢电耦合应用示范项目"在钱塘江入海口附近的格力园区启动，这也是全国首个融合柔性直流、氢电耦合、多能互补的零碳绿色园区，建成后预计一年可减少碳排放860吨。

- 杭州西子航空零碳工厂正式投入运营。2021年11月19日，杭州市钱塘区的西子航空零碳工厂正式投入运营。零碳工厂集成了光伏发电、熔盐储能、液流及氢燃料电池、钙钛矿幕墙发电等多项新能源技术，可提供电、热、冷、压缩空气等多种能源，实现节能减碳。

- 杭州致力打造全国首届碳中和亚运会。2022年4月20日，杭州亚组委相关负责人表示，在实施亚运会、亚残运会绿色行动，最大限度减少碳排放的基础上，将通过发动企事业单位和个人捐赠林业碳汇、碳信用、碳配额、碳普惠等方式实现碳中和，努力打造亚运会、亚残运会历史上首届碳中和赛事。

- 浙江发布零碳创建标准与评价细则。2022年8月11日，省机关事务管理局组织编写的地方标准《公共机构"零碳"管理与评价规范》正式发布，该标准着重围绕能源管理、绿色管理、可再生能源利用及绿色电力、碳中和四个方面指导开展零碳公共机构建设工作。

2.3 新能源——光伏、储能等

大力发展风电光伏，突出以整县规模化开发分布式光伏，以高质量推广生态友好型集中式光伏，着力打造百万千瓦级海上风电基地，加大建设改造力度，扩大智能并网断路器的覆盖范围，提高配电网智能化水平，唤醒光伏发电的调节功能，提升配电网接纳分布式新能源的能力，积极打造潮汐与光伏协调运行发电的新模式。

主要行动举措包括：

- 宁波市出台氢能补贴新政。2022年1月12日，为了促进氢能产业发展，加快加氢站建设、运营及燃料电池汽车推广应用，宁波市出台有关补贴政策，对加氢站建设予以最高500万元的补贴，对加氢站加氢予以每千克最高14元的补贴。

- 横店影视城创新探索摄影棚"光伏+"模式。2022年3月28日,横店创新探索摄影棚"光伏+"模式,以"自发自用,余电上网"方式,合理利用摄影棚顶部资源,打造"绿色"摄影棚,达到节能降耗、低碳减排的目标,摄影棚光伏项目在提升经济效益的同时,也增加了生态效益和社会效益。

- 温州全链打造新能源创新发展高地。2022年4月28日,总投资1258亿元的12个新能源产业重大项目集中签约,此次签约的项目覆盖了新能源"核风光水蓄氢储"全链条,建成投产后预计年产值达1889亿元。短短半年多,温州新能源产业实现了从点上布局到全链发展的飞跃。

- 全国首座潮光互补型光伏电站在浙江投运。2022年5月30日,全国首座潮光互补型光伏电站——国家能源集团龙源电力浙江温岭潮光互补智能光伏电站投运,这也是我国首次将太阳能和潮汐能互补开发,预计在20年的运行期内,年平均发电小时数可达1092小时,年发电量超过1亿千瓦时。

- 白马湖能源与碳中和实验室揭牌成立。2022年6月7日,在杭州高新区物联网小镇,白马湖实验室(能源与碳中和浙江省实验室)揭牌成立。目前,白马湖实验室已启动建设氢能储运技术、太阳能转化与催化、能源清洁低碳、电化学储能技术和新能源材料等首批5个研究所。

- 浙江首个屋顶分布式光伏智能并网段路器调试成功。2022年6月13日,浙江首个屋顶分布式光伏智能并网断路器在余姚谢家路村安装调试成功,电网企业将实时监控光伏发电状态、及时调整电压,避免高电压对居民家中电器造成损坏。

- 宁海打造千亿级光储产业链。2022年8月3日,宁波南部滨海经济开发区,"旗滨光能"两条1200万吨光伏玻璃基材生产线项目完成80%的项目桩基工程。项目投产后，每年能为宁海光伏产业提供35亿元产值的上游补链产品，还能带动光电产业一体化项目等一批光伏领域先进制造业项目入驻。

2.4 绿电工程

充分发挥企业自身平台优势，积极聚合社会的优质碳资源，解决上下游的供需问题；并通过设计标准化绿电产品，拓展数字化销售渠道，满足更多中小型用户潜在的绿色消费需求。

主要行动举措包括：

- 浙能1号海上风电场正式开工。2022年3月24日，总投资42亿元的临海风光储一体化项目——浙能台州1号海上风电场正式开工。项目主要建设总装机容量300兆瓦的海上风电发电机组，配套建设1座220千伏海上升压站和一座陆上集控站。

- 浙江首笔绿电社会化聚合交易落地宁波。2022年4月19日，国网宁波供电公司与宁波绿光光伏科技有限公司、宁波北仑宇晟新能源有限公司分别签署绿电交易委托协议，将聚合的绿电用于狮丹努集团股份有限公司等企业的进出口贸易绿色减碳。至此，浙江首笔绿电社会化聚合交易在宁波完成。

- 宁波40万千瓦时绿电助力杭州亚运会。2022年4月24日，国网宁波供电公司通过北京电力交易中心E交易平台，完成了与宁波象山半边山沙滩排球中心、松兰山亚帆中心两个场馆的"绿电"交易。本次交易中的"绿电"将为位于宁波象山的两个亚运会比赛场馆及设施提供清洁能源近40万千瓦时。

- 温州零碳风电产业园正式启动建设。2022年7月18日，深远海漂浮式海上风电研发中心揭牌、温州零碳风电产业园启动建设，温州的新能源产业发展又迎来巨大机遇，根据协议，金风深远海海上风电零碳总部基地项目总投资达 430 亿元。

- 湖州西塞科学谷开园。2022 年 8 月 15 日，湖州西塞科学谷开园，中子科学实验室、国科绿氢研究院等 7 个科创项目集中签约，西塞科学谷以服务绿色低碳产业为方向，重点瞄准光电通信及半导体领域，努力打造引领全省乃至长三角绿色光电领域发展的高能发动机。

2.5 绿色金融

激励气候投融资，综合利用碳减排工具重点支持清洁能源、节能环保和碳减排技术等重点领域发展。同时，扩大气候投融资特色机构覆盖面，培育一批气候投融资特色市场主体，引领带动现代绿色低碳产业集聚发展。为节水企业、节水项目和节水服务提供便捷优惠的金融支持。支持对海洋有积极的环境、经济和气候效益影响的项目，推动海洋保护和海洋资源可持续利用。

主要行动举措包括：

- 浙江 5 家企业分别与银行签署节水贷合作意向书。2022 年 8 月 10 日，在"节水贷"金融助企服务政银企集中签约仪式现场，绍兴伽瑞印染有限公司等 5 家企业分别与多家银行签订了"节水贷"合作意向书，获得 21.8 亿元绿色金融支持。

- 浙能集团公开发行浙江首笔蓝色债券。2022 年 8 月 10 日，浙能集团公开发行浙江首单 5 亿元蓝色债券，年利率 2.95%，创全国蓝色债券发行利率新低。募集资金将专项用于嘉兴 1 号海上风电和竹根沙海上风电项目，为新能源产业发展注入新的资本动能。

- 丽水入选全国首批气候融资试点名单。2022年8月12日,生态环境部、国家发展和改革委员会等九部委联合公布全国首批气候投融资试点名单,丽水作为浙江唯一参选城市入选。丽水气候投融资试点计划打造气候投融资联合创新实验室,整合"政银保"多方资源,精准对接支持气候投融资项目。

- 湖州依托大数据和算法打造绿色信贷工厂。2022年8月13日,从湖州金融办获悉,该市依托大数据和算法打造了智能系统——"绿色信贷工厂",通过绿色低碳智能画像、融资需求智能感知、银企对接智能派单等功能模块,持续加大对绿色产业的金融服务力度。

2.6 新能源汽车

积极布局新能源全产业链发展,建设具有国际领先技术标准的规模化换电站制造、销售、示范运营平台,布局新能源汽车生产,整车和零部件产业链同频集聚强劲转型势能,构建智能设备、智慧供应链、大数据智脑"三位一体"的电动汽车智能制造体系。

主要行动举措包括:

- 宁波150辆氢能大巴助力北京冬奥会。2021年12月13日,由宁波研发和制造的氢燃料电池动力系统大巴被陆续运往冬奥会赛场。有约150辆"宁波造"氢能大巴服务冬奥会。相较于电动客车,氢燃料客车不仅同样环保,更具备能量补给速度快、用时少,可在$-20°C$的条件下平稳运行等优势。

- 台州与比亚迪股份有限公司签署战略合作协议。2022年4月3日,台州市、仙居县以"云签约"的方式,与比亚迪股份有限公司签署战略合作协议,年产22吉瓦时新能源刀片电池项目落户仙居,成为台州近年来单体投资体量最大的制造业项目之一。

- 比亚迪新能源动力电池项目在嵊州上线投产。2022年6月14日，投资130亿元的比亚迪新能源动力电池项目在嵊州上线投产。该项目位于嵊州经济开发区新能源高端装备万亩千亿产业园内，生产新能源电池及相关配套产业核心产品等。
- 中金项目将建设换电项目制造和销售中心。2022年8月10日，中金协鑫碳中和基金项目落户诸暨，这是中金资本联合协鑫能科打造的以"碳中和"为主题的百亿级规模产业基金。该基金项目首个补能产业换电站项目同步在诸暨落地，将建设年产能达1000套换电站的制造和销售中心。

安徽：立足绿色低碳要求，打造科技创新策源地

安徽省紧盯碳达峰碳中和目标，把握形势，抢抓机遇，协调好经济增长、能源消费和碳减排之间的关系，充分发挥有为政府和有效市场"两只手"的作用，坚持推进产业发展绿色转型，通过加快调整产业结构、能源结构，培育壮大新能源产业，大力推动传统产业改造升级，实现了减污降碳协同增效。探索符合安徽实际的碳达峰、碳中和路径，以绿色低碳发展开启新阶段现代化美好安徽建设新征程。

在顶层设计方面，省人民政府、省发改委等多部门协同发力，研究制订实现碳达峰、碳中和的系统实施方案，在新能源汽车、科技、新能源、产业转型、绿色生态、绿色金融、碳交易、绿色农业等多个方面加快统筹规划，推动构建绿色低碳循环发展经济体系。在行动举措方面，安徽省围绕新能源产业链持续加大科技投入和政策支持，优化产业链布局，实施新

能源汽车和智能网联汽车产业技术创新工程；全面实施创新驱动发展战略，着力加快科技创新攻坚力量和科技成果转化运用体系建设，奋力打造具有重要影响力的科技创新策源地；以产业结构优化调整为突破，扩大清洁能源应用领域，深入推进低碳工艺革新和数字化转型，实现减污降碳协同增效；大力发展绿色信贷，加快创新绿色债券、绿色票据等绿色金融产品，利用金融工具为清洁能源、节能环保、生态环境等产业提供支持；积极引导高排放单位进入碳交易市场，最大化发挥碳价的激励约束作用；打造绿色农产品加工基地，构建农业绿色发展技术体系。

1. 安徽省碳中和相关政策文件

1.1 安徽省人民政府文件

(1)《安徽省人民政府办公厅关于印发安徽省"十四五"科技创新规划的通知》（皖政办秘〔2022〕12 号）（2022-02-22）[①]。

相关政策要求：建设科技创新攻坚力量体系和科技成果转化应用体系，推进长三角科技创新共同体建设，力争在量子信息、核聚变、集成电路、生命健康等领域取得关键性技术突破，支撑碳达峰碳中和目标如期实现，助力建设经济强、格局新、环境优、活力足、百姓富的现代化美好安徽。

(2)《安徽省人民政府关于印发安徽省"十四五"节能减排实施方案的通知》（皖政秘〔2022〕106 号）（2022-07-05）[②]。

相关政策要求：全面落实能源消费强度和总量双控、主要污染物

---

① 资料来源：安徽省人民政府网站，https://www.ah.gov.cn/public/1681/554100401.html。
② 资料来源：安徽省人民政府网站，https://www.ah.gov.cn/public/1681/554149111.html。

排放总量控制制度，进一步完善节能减排政策机制，组织实施节能减排重点工程，推动能源利用效率大幅提高、主要污染物排放总量持续减少，实现节能降碳减污协同增效，生态环境质量持续改善，确保完成国家下达的"十四五"节能减排目标任务，为加快建设现代化美好安徽奠定坚实基础。

(3) 《安徽省人民政府办公厅关于进一步加强水运基础设施建设和管理的通知》(皖政办〔2021〕12号)（2021-09-29）[①]。

相关政策要求：以交通强省建设为统领，以调整优化交通运输结构为方向，以促进水运高质量发展为目标，以提升水运基础设施现代化水平为支撑，以协同推进长三角港航一体化发展为重点，以创新多元化投融资模式为保障，建设安全、便捷、高效、绿色、经济的现代水运体系，为加快打造具有重要影响力的"三地一区"、建设新阶段现代化美好安徽当好先行。

(4) 《安徽省人民政府办公厅印发关于实施城市更新行动推动城市高质量发展实施方案的通知》(皖政办〔2021〕13号)（2021-10-22）[②]。

相关政策要求：实施城镇老旧小区改造工程，优先改造供水、供气、排水、电信等地下管线及二次供水设施，支持符合条件的既有建筑加装电梯，完善道路、消防、安防、停车、充电、照明、养老、智能信包（快件）箱等公共基础设施及社区服务设施。实施城镇棚户区改造工程，建立棚户区改造项目储备库，加强棚户区改造项目施工质量和安全监管。

---

① 资料来源：安徽省人民政府网站，https://www.ah.gov.cn/public/1681/554045481.html。
② 资料来源：安徽省人民政府网站，https://www.ah.gov.cn/public/1681/554053831.html。

(5)《安徽省人民政府办公厅关于印发加快"数字皖农"建设若干措施的通知》(皖政办〔2021〕18号)(2022-01-13)①。

相关政策要求：以乡村振兴数字化改革为重点，以砀山、长丰、金寨、歙县、桐城5个县（市）数字乡村试点和种业、生猪、稻米、水产、茶叶、蔬菜、水果、中药材8个农业细分行业产业互联网建设（以下简称"5+8"试点）为抓手，推进农业农村数字化，助力乡村全面振兴和农业农村现代化。

(6)《安徽省人民政府办公厅关于推动绿色食品产业高质量发展的实施意见》(皖政办〔2022〕3号)(2022-03-21)②。

相关政策要求：以推动绿色食品产业全产业链发展、提高绿色食品产业质量效益和竞争力为目标，以土地规模化、组织企业化、技术现代化、经营市场化、服务社会化为路径，用市场逻辑、资本力量、平台思维大力开展"双招双引"，促进产业链、供应链、创新链、资本链、人才链、政策链"多链协同"，推动绿色食品产业高质量发展。

(7)《安徽省人民政府办公厅关于印发鼓励和支持社会资本参与生态保护修复若干措施的通知》(皖政办秘〔2022〕26号)(2022-04-19)③。

相关政策要求：集中连片修复达到一定规模和预期目标的生态保护修复主体，可依法依规取得一定份额的自然资源资产使用权，从事旅游、康养、体育、设施农业等相关产业开发；以林草地修复为主的项目，可利用不超过3%的修复面积，从事生态产业开发。社会资本在

---

① 资料来源：安徽省人民政府网站，https：//www.ah.gov.cn/public/1681/554089051.html。
② 资料来源：安徽省人民政府网站，https：//www.ah.gov.cn/public/1681/554112101.html。
③ 资料来源：安徽省人民政府网站，https：//www.ah.gov.cn/public/1681/554120431.html。

完成生态修复的建设用地规模内，可优先获得自然资源开发权益。

(8)《安徽省人民政府办公厅关于印发安徽省国土空间生态修复规划（2021-2035年）的通知》（皖政办〔2022〕7号）（2022-05-27）①。

相关政策要求：以全面提升长三角生态屏障和长江中下游生态带生态质量、促进生态系统良性循环和永续利用为目标，切实发挥安徽省重点生态区作用，锚固全省"一心两屏四廊多点"生态安全格局，以山水林田湖草沙一体化保护修复为主线，大力实施国土空间生态修复，促进形成优质高产的农业空间、山清水秀的生态空间和健康安全的城镇空间。

(9)《安徽省人民政府关于印发"科大硅谷"建设实施方案的通知》（皖政〔2022〕61号）（2022-06-29）②。

相关政策要求：以基础研究引领应用研究，以应用研究倒逼基础研究，充分发挥市场和资本作用，集聚全球高端创新资源，聚力打造创新人才荟萃、市场主体圆梦的新高地，创新机制灵活、改革系统集成的新特区，创新环境卓越、展示安徽形象的新窗口，创新要素引领、高端产业汇聚的新品牌，成为极具活力、引领未来、享誉世界的创新之谷。

(10)《安徽省人民政府关于印发安徽省深化科技创新体制机制改革加快科技成果转化应用体系建设行动方案的通知》（皖政〔2022〕64号）（2022-07-15）③。

相关政策要求：以需求为牵引、以产业化为目的、以企业为主体，强化工业互联网思维，破除体制机制障碍，育强创新主体和转化主体，

---

① 资料来源：安徽省人民政府网站，https://www.ah.gov.cn/public/1681/554139141.html。
② 资料来源：安徽省人民政府网站，https://www.ah.gov.cn/public/1681/554147541.html。
③ 资料来源：安徽省人民政府网站，https://www.ah.gov.cn/public/1681/554151631.html。

强化中试孵化、对接交易、科技金融支撑，加快建设科技成果转化应用体系，下好创新"先手棋"，引领高质量发展。建立研发经费投入持续增加机制，各市应持续加大财政科技投入。

1.2 安徽省发展和改革委员会文件

(1)《安徽省"十四五"汽车产业高质量发展规划》（皖发改产业〔2022〕92号）（2022-03-25）[①]。

相关政策要求：充分发挥传统汽车基础比较优势，落实国家碳达峰行动方案，持续推进汽车节能减排，着力提升产品和服务品质，扩大市场份额；坚定不移发展新能源汽车和智能汽车，把握产业转型重大历史机遇，扎实推进"双招双引"，加快存量转型和增量集聚，重点落实扶优扶强，合力培育世界级汽车企业和新型产业生态，抢占未来产业发展制高点。

(2)《安徽省发展改革委 安徽省财政厅 安徽省自然资源厅关于印发〈安徽省推进资源型地区高质量发展"十四五"行动方案〉的通知》（皖发改皖西〔2022〕307号）（2022-05-17）[②]。

相关政策要求：开展传统产业绿色改造，构建绿色制造体系，到2025年培育打造省级绿色工厂100家左右。推进尾矿、煤矸石、粉煤灰、冶炼废渣等大宗固体废物综合利用，高质量推进淮南、淮北、宁国经开区等大宗固体废物综合利用示范基地建设。推动沿江、沿淮资源型城市创建"无废城市"。

[①] 资料来源：安徽省发展和改革委员会网站，http：//fzggw.ah.gov.cn/public/7011/146578851.html。

[②] 资料来源：安徽省发展和改革委员会网站，http：//fzggw.ah.gov.cn/public/7011/146662321.html。

(3)《安徽省发展改革委关于印发支持新能源汽车和智能网联汽车产业提质扩量增效若干政策的通知》(皖发改产业〔2022〕391号)(2022-07-04)①。

相关政策要求:充分利用省重大产业创新计划、省关键核心技术攻关计划等政策,对符合条件的攻关项目给予支持。支持具有较强资金实力、技术创新和经营管理能力的龙头企业在本省投资建设新能源汽车和智能网联汽车项目。制定新能源汽车和智能网联汽车产业补短板清单,对企业投资建设清单内项目,符合基金投资条件的,省新兴产业引导基金按照市场化方式支持。

1.3 安徽省生态环境厅文件

(1)《安徽省生态环境厅关于印发安徽省生态环境厅突发环境事件应急预案的通知》(皖环发〔2021〕38号)(2021-10-15)②。

相关政策要求:厅应急领导小组负责全省突发环境事件预防、监测预警体系建设;组织指导突发环境事件的应急监测,提出污染控制、消除处置建议;会同有关部门做好事件信息发布和调查处理等工作。

(2)《安徽省生态环境厅 安徽省财政厅关于印发〈安徽省地表水断面生态补偿办法〉的通知》(皖环发〔2022〕19)(2022-04-12)③。

相关政策要求:按照"谁超标、谁赔付,谁保护、谁受益"的原则,在全省建立以市级横向补偿为主、以省级纵向补偿为辅的地表水

---

① 资料来源:安徽省发展和改革委员会网站,http://fzggw.ah.gov.cn/public/7011/146745261.html。

② 资料来源:安徽省生态环境厅网站,https://sthjt.ah.gov.cn/public/21691/120603031.html。

③ 资料来源:安徽省生态环境厅网站,https://sthjt.ah.gov.cn/public/21691/120922371.html。

断面生态补偿机制。省生态环境厅负责补偿断面的确定，原则上以地表水国家考核断面为主；断面责任和水质目标以国家下达的断面责任和水质目标为准，省政府另有更严要求的，从其规定。

(3)《安徽省生态环境厅关于印发〈安徽省危险废物"点对点"定向利用许可证豁免管理实施方案（试行）〉的通知》（皖环发〔2022〕39号）（2022-07-01）①。

相关政策要求：坚持问题导向，紧盯危险废物资源化需求，切实解决危险废物产生、利用方面存在的问题。针对产生量大或回收利用经济价值高的特定类别危险废物开展"点对点"定向利用许可证豁免管理。强化危险废物产生单位和利用单位监管，在环境风险可控前提下，开展特定类别危险废物"点对点"定向利用许可证豁免管理，实现豁免管理的危险废物收集、贮存、转移、利用全过程追溯。

1.4 安徽省自然资源厅

(1)《安徽省自然资源厅关于印发〈安徽省废弃矿山生态修复管理办法（暂行）〉的通知》（皖自然资规〔2021〕5号）（2021-12-30）②。

相关政策要求：贯彻生态优先、绿色发展理念，坚持节约优先、保护优先、自然恢复为主的方针，按照"整合资源、以用定治"原则，建立政府主导、企业主体、社会组织和公众参与机制，因地制宜采用自然恢复、辅助再生、生态重建、综合利用等方式进行修复。支持将废弃矿山生态修复与乡村振兴、山水林田湖草沙一体化保护修复等有机结合、协同推进。

---

① 资料来源：安徽省生态环境厅网站，https：//sthjt.ah.gov.cn/public/21691/121062301.html。

② 资料来源：安徽省自然资源厅网站，https：//zrzyt.ah.gov.cn/public/7021/146376371.html。

(2)《安徽省自然资源厅关于印发科技项目和资金管理办法的通知》（皖自然资规〔2022〕2号）（2022-01-20）①。

相关政策要求：科技项目主要指围绕安徽省自然资源领域重大需求，重点在自然资源调查监测、国土空间规划、资源开发和利用、耕地保护、生态保护修复、地质灾害防治、地质矿产勘查、测绘地理信息等领域，以及大数据、人工智能、区块链等新兴技术在自然资源管理中的应用等，开展应用研究、关键技术研究和决策咨询研究，为自然资源事业高质量发展提供科技支撑。

(3)《安徽省自然资源厅关于开展已设露天开采矿山剥离物中砂石土矿产资源有偿处置工作的通知》（皖自然资规〔2022〕3号）（2022-05-13）②。

相关政策要求：省自然资源厅负责对省级出让登记采矿权的已设露天开采矿山组织开展剥离物中砂石土矿产资源有偿处置工作，负责省级出让登记采矿权的已设露天开采矿山剥离物中砂石土矿产资源勘查评价报告评审，以及全省已设露天开采矿山剥离物中砂石土矿产资源有偿处置相关统计、调研、评估、分析、总结等工作。

1.5 安徽省林业局

《关于征集林业碳汇自筹科技攻关项目的通知》（林科函〔2022〕106号）（2022-03-07）③。

相关政策要求：征集方向主要有林业抵御自然灾害、防治病虫害、

---

① 资料来源：安徽省自然资源厅网站，https：//zrzyt.ah.gov.cn/public/7021/146420181.html。

② 资料来源：安徽省自然资源厅网站，https：//zrzyt.ah.gov.cn/public/7021/146644161.html。

③ 资料来源：安徽省林业局网站，https：//lyj.ah.gov.cn/public/9913203/40523494.html。

开展灾后生态修复等技术研究，以及提高林草固碳能力机理途径的相关基础研究。提高安徽省主要树种（杉木、马尾松、国外松、竹子、杨树、软阔、硬阔等）造林、经营及生产管理技术能力，进行高碳吸收速率树种的筛选。因地制宜制定适用于CCER林业碳汇项目开发的方法学。

2. 安徽省碳中和行动亮点

2.1 新能源汽车

安徽省合肥市围绕新能源汽车产业，大力发展动力电池制造项目，培养和引进一批动力电池生产企业，不断提升电池产能，满足新能源汽车对动力电池的产能需求。同时，当地围绕新能源产业链持续加大科技投入和政策支持，优化产业链布局，整体提升新能源汽车供应链稳定性和竞争力。

主要行动举措包括：

- 两个重大新能源汽车配套产业项目落地签约仪式成功举办。2022年5月11日，安徽旭欧精密机械制造基地项目和南通鸿劲铝合金精密压轴件用铝溶体直供及铝合金锭项目于金安成功签约，两个项目将助力金安形成新能源汽车产业集聚，推动新能源汽车产业园的快速发展。

- 国轩高科发布360瓦时/千克（Wh/kg）半固态电池。2022年5月28日，国轩高科第十一届科技大会在安徽合肥举办，国轩发布了两款新产品——360瓦时/千克半固态电池和易佳电智能移动储能充电桩。该技术将进一步推动新能源汽车产业发展。

- 总投资50亿元的低碳车轮项目落户安徽巢湖。2022年6月17日上午，金固阿凡达低碳车轮项目开工仪式在安徽巢湖经济开发区顺利举行。金固阿凡达低碳车轮项目的开工建设，将加快新能源汽车产业基地建设。
- 合肥国轩成立电池制造新公司。2022年6月29日，合肥国轩宇能新能源科技有限公司注册成立，经营范围涵盖电子专用材料研发、电子专用材料制造和电子专用材料销售。企业致力于电池技术的研发和产品质量的提升。
- 比亚迪合肥基地首车下线，新能源汽车之都再添新动能。2022年6月30日上午，位于安徽合肥长丰（双凤）经济开发区下塘产业园的比亚迪合肥工厂首台整车下线，达到每50秒下线一台车，为比亚迪汽车产能提供强有力的支撑，标志着安徽新能源汽车产业迈出了具有里程碑意义的重要一步。

2.2 新能源

聚焦碳达峰和碳中和目标，安徽省大力推进新能源与环保产业落地，多措并举，推动光伏产业应用发展，推动家庭光伏助力乡村振兴。稳步推进煤炭消费减量替代，优化调整能源消费结构，让经济发展更加绿色、更具活力。

主要行动举措包括：

- 合肥高新区新能源和节能环保产业项目集中签约。2021年10月25日，合肥高新区聚力新能源和节能环保产业"双招双引"项目集中签约仪式在中安创谷科技园举行。本次签约的22个项目主要集中在新能源和节能环保产业领域，为实现碳达峰碳中和提供先进的科技支撑。

- 合肥大恒智慧能源智造基地项目落户安徽巢湖经济开发区。2021年11月12日，大恒能源科技有限公司与安徽巢湖经济开发区管委会正式签约投资建设合肥大恒智慧能源智造基地项目。该项目的实施将助推光伏产业发展，加速实现"双碳"目标。

- 安徽天长成功签约百亿元20吉瓦时锂电池生产基地项目。2022年2月17日，捷威动力与安徽滁州天长市人民政府签署战略合作协议，双方就捷威动力20吉瓦时锂电池生产基地项目落户滁州达成合作。项目产品类型涵盖磷酸铁锂、三元材料体系，将主要用于先进动力锂离子电池的生产，项目计划于2023年底前投入使用。

- 氢能源示范项目落地安徽阜阳。2022年2月24日，安徽阜阳市政府与东方电气集团签署战略合作协议，并签订氢能源示范项目投资协议。双方以此次签约为起点，不断深化和拓展综合能源站、光伏发电、燃料电池中心等领域的合作。

- 郊区铜山镇杨村光伏发电项目全容量并网。2022年6月，郊区铜山镇90兆瓦光伏发电项目全容量并网。运营期内预计年均上网电量1.04亿千瓦时、销售收入4000万元、利润1500万元、税收450万元。当地利用丰富的光照资源，在发展光伏产业的基础上，探索"一地两用"新模式。

- 国内首座兆瓦级氢能综合利用示范站在皖投运。2022年7月6日，国内首座兆瓦级氢能综合利用示范站在六安市投运，标志着我国首次实现兆瓦级"制氢—储氢—氢能发电"的全链条技术贯通。

2.3 科技降碳

安徽省始终把科技创新摆在发展全局的核心位置，坚定下好创新"先手棋"，全面实施创新驱动发展战略，着力加快科技创新攻坚力量和科技成果转化运用体系建设，奋力打造具有重要影响力科技创新策源地。依托高校优势，不断培育和集聚优秀科技资源，推进核心技术攻关。

主要行动举措包括：

- 三碳（安徽）科技研究院成立。2021年11月3日，芜湖市与三碳（安徽）科技研究院有限公司举行项目合作签约活动，在芜湖高新区投资建设"三碳（安徽）科技研究院"。该研究院以"产业降碳、技术减碳、绿色低碳"为研究方向，打造高层次"三碳"创新平台。

- 5.5代线大尺寸无机电致变色玻璃生产线产品正式下线。2022年5月16日下午，我国首条5.5代线大尺寸无机电致变色玻璃生产线产品于蚌埠市正式下线，其下线意味着我国在大尺寸无机电致变色玻璃领域首次打破了国外垄断封锁，造福建筑节能减排技术发展，填补了我国绿色建筑工程事业的空白。

2.4 产业转型

准确把握"双碳"的内在逻辑，以产业结构优化调整为突破，扩大清洁能源应用领域，深入推进低碳工艺革新和数字化转型，实现减污降碳协同增效，助力实现碳达峰碳中和目标。

主要行动举措包括：

- 忽米芜湖工业互联网创新基地落户。2022年1月7日，2022忽米芜湖工业互联网创新基地签约仪式暨全国工业互联网数智赋能行（芜湖站）成功举办，基地的建设致力于为芜湖市鸠江区打造产业数智化新引擎，搭建国家级新型基础设施。

- 国家工业互联网大数据安徽分中心签约仪式成功召开。2022年2月18日，中国工业互联网研究院安徽分院暨国家工业互联网大数据安徽分中心签约仪式在安徽省合肥市举行。安徽分院分中心将主动融入长三角工业互联网产业创新发展的战略大局，聚集"政、产、研、用、金"等各领域创新协同。

- 绿色建材认证宣传。2022年6月8日，安徽省市场监管局、省住房和城乡建设厅联合举办2022年"世界认可日"暨绿色建材认证宣传活动，旨在进一步推进绿色建材产品认证，促进建材工业和建筑业转型升级，推进建筑领域节能降碳大有可为。

- 省属企业高端化、智能化、绿色化发展。2022年6月17日，安徽省国资委在马钢集团召开省属企业"高端化、智能化、绿色化发展"现场推进会，坚持高端化引领、智能化驱动、绿色化转型，积极布局发展绿色环保产业，着力推动省属企业减污降碳协同增效，奋力推动实现省属企业高质量发展。

- 淮北高新区的南京中比新材料基地项目签约仪式举行。2022年7月4日，南京中比新材料基地项目签约仪式在安徽淮北高新区举行，该项目总投资50亿元，计划建设年产10万吨锂电负极和2万吨硅碳负极生产基地。企业坚持不唯煤、延伸煤和超越煤。

【专栏】

案例："绿色水泥"是这样"智造"的①

由于存在"高排放、高污染"问题，水泥行业被称为"灰色制造"行业。近年来，海螺集团以创新引领、数字赋能、绿色转型为主线，持续探索节能减排低碳技术，实现了从"灰色制造"到"绿色智造"的蝶变。

数字赋能，建工业互联网促进要素耦合

数字化技术与建材行业的深度融合已是大势所趋。早在"十三五"初期，海螺集团就运用"大智移云"技术，在全椒海螺建成了全球首个水泥全流程智能工厂。实施智能质量和优化控制之后，全椒海螺系统能耗下降8%，矿山生产效率提升约12%，操作员劳动强度降低90%以上，人员劳动强度下降24%，检测频次提高50%，产品标准偏差降低43%，获得了良好的经济社会效益。

"十四五"时期，工业互联网成为整合数字化、智能化技术和各生产要素的"集大成者"，引领现代制造业的发展方向。在"智能工厂"等前期经验基础上，海螺集团构建工业互联网的思路逐渐清晰。按照"先内后外"的步骤，分"两步走"：至2022年6月，初步建成面向水泥、型材两个产业的垂直型工联网平台；以低碳、节能和绿色材料为重点方向横向扩展，于2022年底建成跨行业、跨领域"双跨"的平台，孵化新产业新业态，促进更多要素之间互动耦合、形成生态，使数智技术成为推动发展的"新引擎"。

绿色转型，推进全流程实现低碳循环

2020年10月，枞阳海螺生物质替代燃料项目一期工程建成投产。这是国内水泥行业首套生物质替代燃料系统，每年可利用秸秆等生物质15万吨，节约原煤4.9万吨，减排二氧化碳13万吨。这一项目缓解了水泥行业对煤炭的依赖性，对行业节能减排和废物资源化利用具有重要意义。

---

① 资料来源：安徽新闻网，https://szb.ahnews.com.cn/ahrb/content/202201/08/c880024.html。

为提升水泥生产"绿色"含量,海螺集团多管齐下。应用 SCR 脱硝技改,实现氮氧化物排放大幅降低;完成 39 套湿法脱硫生产线改造,同步实施纯石粉制备,进一步提升脱硫效率,二氧化硫排放浓度优于地方环保部门要求;完成 234 台窑头窑尾电改袋升级,推广主收尘器扩容改造,有效降低了颗粒物排放。同时,积极拓展清洁能源供应,截至 2021 年底,该集团累计建成 19 个光伏电站,3 个储能电站,2021 全年供应光伏发电 1.63 亿千瓦时,储能放电 2464 万千瓦时。在山东济宁,当地的海螺工厂利用光伏发电、风力发电等,实现全程电力"零"外购。

海螺集团的绿色转型之路,不仅在于关键工艺节点的突破,更是贯穿企业全生命周期,实现由点到面的整体绿色升级。作为资源依赖型企业,海螺集团正围绕"双碳"目标,积极推行绿色低碳循环发展,在推动制造业深层次绿色化变革中,舞出了自己的精彩。

2.5 绿色生态

坚持以生态文明示范创建为抓手,深入推进生态文明建设和打好污染防治攻坚战,积极探索以生态优先、绿色发展为导向的高质量发展新路,努力建设人与自然和谐共生的现代化美好安徽。

主要行动举措包括:

- 安徽省快递包装绿色发展产业联盟正式组建。2022 年 1 月 5 日,为加速推动行业生态环保进程,促进全省快递包装绿色产业有序良性发展,安徽省快递包装绿色发展产业联盟成立大会在合肥召开。会议提出,到 2022 年,快递包装标准化、绿色化、循环化水平进一步提升,为生态文明建设做出应有贡献。

- 实施新一轮巢湖综合治理。2022 年 3 月 23 日,在安徽省第十三届人民代表大会常务委员会第三十三次会议上,指出将实施新一轮巢湖综合治理，落实引江济淮工程治污规划，加强集中式饮用水水源地监管。

2.6 绿色金融

为助力"双碳"目标实现，安徽省积极推进绿色金融，为可再生能源行业发展提供资金支持保障，大力发展绿色信贷，加快创新绿色债券、绿色票据等绿色金融产品，利用金融工具为清洁能源、节能环保、生态环境等产业提供支持，推动企业绿色化转型；同时有效抑制污染性投资，推动全省金融改革创新，切实着力安徽省绿色转型。

主要行动举措包括：

- 安徽"林业碳汇预期收益权质押贷款"落地宣城。2021 年 9 月 22 日，中国农业银行泾县支行、建设银行泾县支行分别与泾县国有林业公司、泾县兆林木材加工厂举行"林业碳汇预期收益权质押贷款"签约仪式，标志着林业碳汇收益权质押贷款正式落地宣城。

- 浦发银行合肥分行成立绿色金融中心。2021 年 10 月 22 日，上海浦东发展银行合肥分行绿色金融中心揭牌仪式举行，浦发银行将构建涵盖绿色信贷、绿色债券、绿色租赁、绿色理财、绿色供应链等多门类的产品服务体系。

- 建行固镇支行发放基础建设贷款。2022 年 1 月 1 日，建行固镇支行为固镇整县推进分布式光伏发电项目成功发放基础建设贷款 9166 万元，为这个有着两千多年历史的皖北县城注入了新动能。

- 科技银行碳排放权质押贷款落地。2022 年 4 月，科技银行碳排放权配额质押贷款业务落地，为安徽某热电公司发放贷款 600 万元。这是科技银行在绿色金融业务领域的新突破。

- 2022 年度安徽省绿色非金融企业债务融资工具落地。2022 年

6月29日，由兴业银行合肥分行牵头主承销的铜陵市建设投资控股有限责任公司2022年度绿色中期票据成功发行。

- 中国银行安徽省分行与安徽省生态环境厅签署战略合作协议。2022年7月1日下午，中国银行安徽省分行与安徽省生态环境厅在合肥举行《深化政银合作、助力绿色发展战略合作协议》签约仪式，此次签约标志着双方银政合作再上新台阶，将为安徽省绿色环保产业高质量发展持续增添金融动力。

- 兴业银行合肥分行与安徽省生态环境厅签署战略合作协议。2022年7月4日，兴业银行合肥分行与安徽省生态环境厅签署绿色金融战略合作协议，计划未来5年向安徽省新能源和节能环保产业提供不低于300亿元意向性绿色融资额度。

- 7家基金公司正式成立并举行集中揭牌仪式。2022年7月12日，安徽省国资系统一次性成立7家基金公司。具体包括新兴产业发展基金、产业转型升级基金、碳中和基金、工业互联网基金、新型基础设施建设基金、混合所有制改革基金和战略投资基金。

2.7 碳交易

安徽省的碳交易潜力巨大，有效推进建立和完善碳排放交易体系，对高排放单位积极加以引导进入碳交易市场，最大化发挥碳价的激励约束作用，推进"双碳"目标的实现。探索碳汇交易新机制，实现首批林业碳票发放并完成相关交易。

主要行动举措包括：

- "零碳"会议落地黄山。2021年11月1日，2021新安江绿色发展论坛暨生态产品博览会承办方北京易二零环境股份有限公司和歙县歙西林场在江南林交所正式签订林业碳汇项目交易协议,安徽省林业碳汇项目完成线上交易。

- 电厂、自备电厂进入碳交易市场。2021年12月24日,电厂、自备电厂进入安徽省碳交易市场,全市单位地区生产总值能耗同比下降2.6%。

- 重点排放单位碳排放配额清缴完成和处理情况公布。2022年2月25日,安徽省生态环境厅对安徽省全国碳市场第一个履约周期重点排放单位碳排放配额清缴完成和处理情况进行公示,共计69家单位,其中68家完成相应配额清缴。

- 安徽省林业碳票发放并完成交易。2022年5月18日,安徽省滁州市举行林业碳票交易仪式,颁发全省林业碳票共计3.15万吨二氧化碳当量。随后,滁州滁能热电有限公司和滁州市润森林业投资开发有限责任公司现场签署了全省林业碳票申购协议。

- 安徽省皖能能源交易有限公司签署"双碳"战略合作协议。2022年6月17日,北京和碳公司与安徽省皖能能源交易有限公司签署"双碳"战略合作协议。双方进一步加深资源对接与优势互补,通过碳市场活动与绿色金融创新及碳金融创新等业务合作,助力安徽省"双碳"目标的实现。

2.8 绿色农业

立足于系统资源优势和组织网络优势,围绕特色农业,积极招商引资,打造绿色农产品加工基地,构建农业绿色发展技术体系,推动农业废物资源化利用,发展绿色清洁农业,打造安徽农业强省。

主要行动举措包括:

- 绿色种养循环农业试点方案项目评审。2021年12月16日，长丰县农业技术推广中心召开2021年绿色种养循环农业试点项目专家评审会。内容包括在全县建立10个绿色种养循环农业万亩示范区及若干粪肥还田百亩示范片等。

- 第二批省级长三角绿色农产品生产加工供应基地公布。2022年4月29日，安徽省农业农村厅加快长三角绿色农产品生产加工供应基地全产业链发展示范县建设，认定125家基地，并确定110家基地开展2022年省级长三角基地示范创建，10个县参与全产业链发展示范创建。

- 农作物秸秆综合利用项目重点县确立。2022年5月11日，安徽省农业农村厅公示2022年中央财政农作物秸秆综合利用项目（第二批）重点县名单，旨在建立秸秆综合利用长效机制，打造可推广、可复制、可持续的秸秆综合利用典型模式，推动农业绿色转型。

- 壮大乡村振兴的"绿色动能"。2022年6月23日，长三角绿色食品加工业（小岗）大会开幕。其主旨是以"两强一增"行动为统领，聚焦"双招双引"，签约项目总投资3.6亿元，做强绿色食品产业，赋予乡村振兴的"绿色动能"，推动长三角绿色食品高质量发展。

福建：探索降碳减污扩绿增长协同推进的福建经验

围绕完善碳中和"1+N"政策体系，福建省以节能减排为重点战略方向，坚持降碳、减污、扩绿、增长协同推进，积极创建国家级绿色金融改革创新试验区，加快建设国家新能源产业创新示范区，构建以国家公园为主题的自然保护地体系，探索将绿水青山转化为金山银山的福建经验。

在顶层设计方面，福建省先后出台一系列激励绿色低碳发展的相关文件，强化实现碳达峰碳中和目标的法律与政策保障。政策重点落在推动碳达峰碳中和目标实现的产业转型、金融支持、生态建设、林业改革、高质量发展等相关领域。在行动举措方面，福建省充分发挥森林、湿地、海洋、土壤等自然生态系统固碳作用，积极发展农业、海洋等碳汇产品，拓展农业绿色金融应用能力；先行开展零碳工作活动，统筹推进重大活动碳中和工作，实现绿色办展办会；积极推动海洋碳汇交易平台建设，推动打造生态活力海岸带，抢占海洋碳汇制高点；加快绿色交通建设，推动省内外龙头企业深入合作，倡导绿色低碳出行理念；同时引金融活水润绿色经济，创新绿色金融产品，拓宽企业融资渠道；建立以电能为中心的能源规划思路，促进能源结构清洁低碳转型；壮大新能源汽车全产业链、加大新能源汽车推广应用；全方位高质量推进林业改革发展，着力深化集体林权制度改革、林业生态文明体制改革，推动福建在全国率先开展集体林权制度改革。

1. 福建省碳中和相关政策文件

1.1 福建省人民政府文件

(1)《福建省人民政府关于印发福建省"十四五"节能减排综合工作实施方案的通知》（闽政〔2022〕17号）（2022-06-08）①。

相关政策要求：围绕生态省和国家生态文明试验区建设，立足全方位推进高质量发展超越，坚持降碳、减污、扩绿、增长协同推进，

---

① 资料来源：福建省人民政府网站，https：//www.fujian.gov.cn/zwgk/zfxxgk/szfwj/jgzz/fzggwjzc/202206/t20220617_5932061.htm。

实施节能减排重点工程，完善节能减排制度体系，提升节能减排治理能力，完善实施能源消费强度和总量双控，强化污染物总量控制，推动能源利用效率大幅提升，主要污染物排放总量持续减少，生态环境质量持续改善，确保完成"十四五"节能减排目标，为实现碳达峰、碳中和目标奠定坚实基础。

(2)《福建省人民政府关于印发福建省"十四五"生态省建设专项规划的通知》（闽政〔2022〕11号）（2022-04-21）①。

相关政策要求：坚持绿色发展。深入贯彻新发展理念，以经济社会发展全面绿色转型为引领，以能源绿色低碳发展为关键，加快推动产业结构、能源结构、交通运输结构、用地结构调整，推进绿色低碳技术研发和推广应用，"绿水青山就是金山银山"转化通道进一步拓宽，全省绿色经济发展再上新台阶。

(3)《福建省人民政府办公厅关于印发福建省新能源汽车产业发展规划（2022—2025年）的通知》（闽政办〔2022〕22号）（2022-04-18）②。

相关政策要求：壮大宁德、厦门、漳州、南平、福州、龙岩等新能源电池产业规模，打造世界级新能源汽车动力电池及材料先进制造业中心，形成万亿级产业集群。夯实福州、厦门、宁德、泉州、莆田、龙岩、南平等零部件配套产业；积极支持有条件的地市发展智能网联汽车和氢燃料电池汽车产业。

---

① 资料来源：福建省人民政府网站，https：//www.fujian.gov.cn/zwgk/zfxxgk/szfwj/jgzz/fzggwjzc/202204/t20220427_5900528.htm。

② 资料来源：福建省人民政府网站，https：//www.fujian.gov.cn/zwgk/zfxxgk/szfwj/jgzz/jmgjgz/202204/t20220422_5897880.htm。

(4)《福建省人民政府办公厅关于印发福建省"十四五"全民科学素质行动规划纲要实施方案的通知》（闽政办〔2022〕13号）（2022-02-26）。

相关政策要求：树立相信科学、和谐理性的思想观念。重点围绕保护生态环境、节约能源资源、绿色生产、卫生健康、移风易俗等提供科普服务。大力开展领导干部和公务员科学素质培训工作，把数字福建、碳达峰碳中和、科学思维与决策等内容纳入领导干部培训计划和党校（行政学院）教学安排。

(5)《福建省人民政府关于进一步推进气象事业高质量发展若干措施的通知》（闽政〔2021〕23号）（2021-10-05）[①]。

相关政策要求：增强"清新福建"生态文明气象服务能力。推进中国气象局温室气体及碳中和监测评估中心福建分中心建设，建立温室气体观测网，强化温室气体、碳通量观测以及臭氧等环境监测数据共享，提升典型生态系统碳汇和温室气体等监测评估能力。

(6)《福建省人民政府办公厅关于进一步支持漳州古雷石化基地加快开发建设的通知》（闽政办〔2022〕23号）（2022-04-19）[②]。

相关政策要求：统筹环境容量及能耗指标。古雷开发区加强与云霄核电等周边地区的清洁和可再生能源企业合作，进一步释放能耗和控碳空间。省生态环境厅积极指导古雷开发区重大建设项目对标国际先进水平，从源头降低污染物排放；指导漳州市组织实施污染深度治理、能源清洁化替代等重点减排工程，腾出环境容量，切实保障重大项目建设需要。

---

① 资料来源：福建省人民政府网站，https：//www.fujian.gov.cn/zwgk/zfxxgk/szfwj/jgzz/nlsyzcwj/202110/t20211013_5704085.htm。

② 资料来源：福建省人民政府网站，https：//www.fujian.gov.cn/zwgk/zfxxgk/szfwj/fzsj/202204/t20220422_5897832.htm。

1.2 福建省发展和改革委员会文件

（1）《福建省发展和改革委员会 福建省生态环境厅关于印发〈福建省"十四五"塑料污染治理行动方案〉的通知》（闽发改规〔2022〕2号）（2022-01-06）①。

相关政策要求：推广塑料制品绿色设计，落实部分塑料制品禁限规定，强化快递包装绿色治理，开展可循环快递包装应用试点，实现物流周转箱循环共用，落实绿色包装认证制度。

（2）《福建省发展和改革委员会等六部门关于印发福建省促进绿色消费实施方案的通知》（闽发改规〔2022〕6号）（2022-06-06）②。

相关政策要求：面向碳达峰碳中和目标，大力发展绿色消费，增强全民节约意识，扩大绿色低碳产品供给和消费，完善有利于促进绿色消费的制度政策体系和体制机制，推进消费结构绿色转型升级，加快形成简约适度、绿色低碳、文明健康的生活方式和消费模式，为推动高质量发展和创造高质量生活提供重要支撑。

1.3 福建省工业和信息化厅文件

（1）《福建省工业和信息化厅关于印发冶金、建材、石化化工行业"十四五"节能降碳实施方案的通知》（闽工信规〔2022〕1号）（2022-03-07）③。

相关政策要求：加快节能降碳改造。对能效低于行业基准水平的

---

① 资料来源：福建省发展和改革委员会网站，http://fgw.fujian.gov.cn/zfxxgkzl/zfxxgkml/bwgfxwj/202201/t20220117_5819574.htm。

② 资料来源：福建省发展和改革委员会网站，http://fgw.fujian.gov.cn/zfxxgkzl/zfxxgkml/bwgfxwj/202206/t20220621_5933064.htm。

③ 资料来源：福建省工业和信息化厅网站，http://gxt.fujian.gov.cn/gk/zfxxgk/zfxxgkml/gfxwj/202203/t20220315_5860395.htm。

存量项目，应加快节能降碳、提质增效改造，并于2024年前完成改造升级，未能按期完成改造升级的项目坚决予以淘汰。实现绿色低碳发展。

(2)《福建省工业和信息化厅　福建省财政厅关于印发推动工业节能降碳和资源综合利用若干措施的通知》（闽工信规〔2022〕2号）（2022-03-29）[①]。

相关政策要求：推动工业领域节能降碳、资源综合利用和绿色低碳发展，稳步提升工业能效水平，提高资源综合利用率，支持企业加快节能改造，严格重点领域能效约束，强化能效标杆示范带动，提升节能服务管理水平，深化绿色制造体系建设，加大节能设备开发应用，创新绿色金融产品服务。

1.4　福建省生态环境厅文件

《福建省生态环境厅等八部门关于印发〈福建省大型活动和公务会议碳中和实施方案（试行）〉的函》（闽环函〔2021〕27号）（2021-11-30）[②]。

相关政策要求：到2025年，建立全社会各行业、各领域共同参与的大型活动和公务会议碳中和工作体系，社会参与度明显提高，省内举办的各类大型活动、公务会议均落实绿色低碳的要求并实现碳中和，把绿色理念转化为全体人民的自觉行动。

[①] 资料来源：福建省工业和信息化厅网站，http://gxt.fujian.gov.cn/gk/zfxxgk/zfxxgkml/gfxwj/202204/t20220408_5879467.htm。

[②] 资料来源：福建省生态环境厅网站，http://sthjt.fujian.gov.cn/zwgk/zfxxgkzl/zfxxgkml/mlwrfz/202112/t20211216_5795003.htm。

1.5 福建省林业局文件

(1)《福建省林业局关于印发福建省森林质量精准提升工程方案（2021—2025年）的通知》（闽林文〔2022〕35号）（2022-04-22）[①]。

相关政策要求：以提高林地生产力和森林蓄积量、优化树种材种结构、提升森林生态效益和森林景观效果、增强森林生态系统稳定性和碳汇能力为目标，采取科学、精准、高效的营造林技术措施，推进全省森林资源增量、结构增优、生态增效、景观增色、作用增强和林农增收。

(2)《福建省林业局关于印发〈全省重点区域林相改善行动方案〉的通知》（闽林文〔2022〕36号）（2022-04-24）[②]。

相关政策要求：以优化林分结构、改善森林林相为发力点和落脚点，推动造林绿化高质量发展，丰富森林结构层次，增强固碳中和能力，保护生物多样性，筑牢生态安全屏障。

1.6 福建省住房和城乡建设厅文件

(1)《福建省住房和城乡建设厅等12部门印发〈关于进一步推进生活垃圾分类工作的实施方案〉的通知》（闽建管〔2021〕6号）（2021-10-21）[③]。

相关政策要求：推行环保、绿色、低污染等生态设计理念，优先

[①] 资料来源：福建省林业局网站，http：//lyj.fujian.gov.cn/zfxxgk/zfxxgkml/ywwj/nslpy/202205/t20220506_5904372.htm。

[②] 资料来源：福建省林业局网站，http：//lyj.fujian.gov.cn/zfxxgk/zfxxgkml/ywwj/nslpy/202205/t20220507_5904745.htm。

[③] 资料来源：福建省住房和城乡建设厅网站，http：//zjt.fujian.gov.cn/xxgk/zfxxgkzl/xxgkml/dfxfgzfgzhgfxwj/qt_3796/202110/t20211025_5749032.htm。

选用生态环保和节能减排材料,提高产品可回收性。推动建立垃圾分类标识制度,逐步在产品包装上设置醒目的垃圾分类标识。

(2)《关于做好 2022 年全省住建行业科技计划项目申报工作的通知》(闽建科函〔2022〕42 号)(2022-06-24)[①]。

相关政策要求:围绕住建行业高质量发展超越、城乡建设绿色发展、城市品质提升等工作重点,突出理论创新、技术创新、模式创新和机制创新。

1.7 福建省科技厅文件

《福建省科学技术厅关于组织申报科技支撑碳达峰碳中和等创新战略定向项目的通知》(闽科政〔2021〕7 号)(2021-10-18)[②]。

相关政策要求:为加强科技助力实现碳达峰、碳中和目标,并持续推进国务院和省委、省政府关于加强科研诚信建设的有关精神的贯彻落实,经研究,决定开展相关省创新战略定向项目研究。

2. 福建省碳中和行动亮点

2.1 农业碳汇

福建省积极开发、建设农业碳汇项目,以绿色凭证促进农村绿色交易、以绿色交易促进农民绿色增收、以绿色金融促进乡村绿色发展,

---

① 资料来源:福建省住房和城乡建设厅网站,http://zjt.fujian.gov.cn/xxgk/zfxxgkzl/xxgkml/dfxfgzfgzhgfxwj/jskj_3794/202206/t20220629_5941480.htm。

② 资料来源:福建省科技厅网站,http://kjt.fujian.gov.cn/xxgk/zfxxgkzl/zfxxgkml/yzdgkdqtxx/202110/t20211019_5745628.htm。

推动农业生产转化为碳交易产品，拓展农村绿色金融应用场景，为广大农户提供"农业碳汇+绿色金融"的下沉式服务，实现经济效益、生态效益和社会效益良性循环。

主要行动举措包括：

- 厦门建成农业碳汇交易平台。2022年5月5日，厦门建成农业碳汇交易平台，可提供农业碳汇开发、测算、交易、登记等一站式服务。同时，现场发放了首批农业碳票，首批农业碳汇交易项目签约，助力碳达峰、碳中和战略与乡村振兴融合发展。

- 厦门成立农业碳汇服务驿站。2022年5月23日，厦门产权交易中心（厦门市碳和排污权交易中心）与厦门农商银行合作，在同安区军营村设立农业碳汇服务驿站，为广大农户提供"农业碳汇+绿色金融"的下沉式服务。

- 厦门实现个人运用数字人民币购买农业碳汇。2022年6月7日，个人运用数字人民币线上购买农业碳汇的交易在厦门市同安区莲花镇白交祠村达成，上万名个人通过厦门产权交易中心农业碳汇交易平台，运用农业银行数字人民币线上购买莲花镇的农业碳汇，开启了全国领先的"农业碳汇+数字人民币+乡村振兴"新机制。

- 碳卫星为农业碳汇交易提供科技支撑。厦门天卫科技有限公司超前部署碳排放卫星监测项目，借助厦门绿色金融试验中心和首个农业碳汇交易平台的前期优势，与金融机构和交易平台进行深度战略合作，提供具备超高时空分辨率的独家高精度数据验证服务，促进碳交易市场的发展。

【专栏】

案例：厦门建成农业碳汇交易平台

全国首个农业碳汇交易平台在厦门落地

2022年5月5日，厦门建成农业碳汇交易平台。同时，首批农业碳票现场发放，首批农业碳汇交易项目签约，助力碳达峰、碳中和战略与乡村振兴融合发展。

同安区是厦门的农业大区，农业资源丰富。作为此次试点开发农业碳汇载体的军营村、白交祠村，拥有生态茶园7755亩、生态公益林7600亩。首批农业茶园碳汇交易的达成也是绿色发展带来的福利。今后将把碳汇交易所得资金用于村庄的生态保护，继续保护好绿水青山。

2022年5月23日，由厦门市农业农村局指导，厦门产权交易中心（厦门市碳和排污权交易中心）与厦门农商银行合作，在同安区军营村设立了农业碳汇服务驿站，为广大农户提供"农业碳汇+绿色金融"的下沉式服务。

此次"乡村振兴碳汇贷"采取"整村授信+承包经营户贷款"的福建农信创新模式，按照厦门产权交易中心登记的本村农业碳汇量确定整村授信额度，向茶园承包户发放茶园种植经营类贷款，用于茶园种植面积扩容，提升茶园种植的数字化、现代化、绿色无公害化水平，提高茶农收入的同时提升未来整村碳汇量，实现经济效益、生态效益、社会效益良性循环。首批"乡村振兴碳汇贷"的成功发放，标志着厦门开启了"以绿色凭证促进农村绿色交易、以绿色交易促进农民绿色增收、以绿色金融促进乡村绿色发展"的新模式、新机制。

下一步，厦门产权交易中心将以农业碳汇服务驿站为支点，依托福建农信"党建+金融助理+多社融合"服务模式与厦门农商银行合作进一步拓展"乡村振兴碳汇贷"的农户受惠面，全力做好农村绿色金融服务链的建链、延链、强链工作。

2.2 零碳项目

福建省建立市域内碳中和、碳达峰领域合作机制，统筹推进重大活动碳中和工作，实现绿色办展办会。先后在国际渔业博览会、金鸡百花电影节等全国性、国际性会议上采用购买林业碳汇、海洋碳汇等形式中和会议期间因交通、餐饮、住宿等活动所产生的碳排放，实现"零碳办会"。

主要行动举措包括：

- 国贸中心通过购买碳汇实现碳中和。2021年10月26日，厦门国贸集团股份有限公司通过实施购买二氧化碳排放量等程序，抵销了大楼产生的温室气体排放，国贸中心大厦实现了"碳中和"，成为厦门市首个"零碳大厦"。

- 省政协首次实现"零碳协商"。2021年11月5日，福建省政协年度最后一场专题协商会以"深化我省生态文明建设，推进碳达峰、碳中和工作"为主题，向福建海峡资源环境交易中心购买2吨福建省林业碳汇，用以抵销该场会议产生的全部温室气体，首次实现"零碳协商"。

- 金鸡百花电影节首次实现"零碳排放"。2021年12月28日，中国金鸡百花电影节碳中和试点工作启动仪式在厦门举行，该届电影节创新实施碳中和试点工作，通过购买林业碳票的方式抵销本次电影节产生的碳排放，并由厦门市碳和排污权交易中心出具碳中和证书，实现了中国金鸡百花电影节历史上的首次碳中和。

- 连江用海洋碳汇实现"零碳"会议。2022年6月6日，连江县召开金融助力海洋经济发展大会暨海洋经济产业项目集中签约会，兴业银行福州分行捐赠了6000千克海洋碳汇，抵销了此次大会的碳排放，创造了全国首次由海洋碳汇实现碳中和的"零碳"会议。

- 中国国际渔业博览会实现碳中和。2022年6月10日，2022海峡（福州）渔业周·中国（福州）国际渔业博览会在福州海峡会展中心开幕，是全国首场以海洋碳汇抵销会议碳排放、实现零碳目标的大型展会。

2.3 海洋经济

福建省积极推动海洋碳汇交易平台建设，促进渔业碳汇交易发展，推动沿海蓝碳生态系统管理，积极推进碳达峰、碳中和工作，抢占海洋碳汇制高点。

主要行动举措包括：

- 连江县完成海洋渔业碳汇交易。2022年1月1日，连江县依托厦门产权交易中心（厦门市碳和排污权交易中心）这一全国海洋碳汇交易平台，完成1.5万吨海水养殖渔业海洋碳汇交易项目，交易额12万元，开启了全国海洋渔业碳汇交易先例。

- 双壳贝类海洋渔业碳汇交易项目落地。2022年5月19日，莆田市秀屿区依托海峡资源环境交易中心完成了双壳贝类海洋渔业碳汇交易。福建华峰新材料有限公司作为买方，其购买的10840吨双壳贝类海洋渔业碳汇将用于抵销其2021年生产经营活动所产生的温室气体排放量。

- "厦门·天卫科技壹号"先导星成功发射。2022年2月27日，厦门市人民政府与厦门天卫科技有限公司深度合作的城市定制卫星——"厦门·天卫科技壹号"先导星成功发射。该卫星将助力厦门健全完善碳排放监测体系，同时在海洋监测监查、海洋碳汇调查等领域发挥重要作用。

2.4 绿色交通

福建省加快绿色交通建设，拓宽新能源汽车市场；推动省内外龙头企业深入合作，联合打造国家级新能源电动船舶研发制造基地；绿色银行携手绿色航空，通过购买碳汇抵销碳排放，推出"碳中和机票"，将可持续发展理念融入企业管理和旅客服务中，倡导"绿色低碳"出行理念，推崇无纸化低碳旅程。

主要行动举措包括：

- 闽两车企推出纯电动轻型客车。2022年6月21日，东南汽车携手金龙客车推出 SEM DELICA 纯电动轻型客车。在纯电领域，东南汽车不仅完成了总投资约1.5亿元的新能源车研发能力提升工程项目建设，还成功自主开发新能源三电系统软件，实现新能源领域的关键技术突破。

- 绿色智能混合动力拖轮项目在福建签约。2022年7月5日，5000马力绿色智能型新能源混合动力拖轮项目签约及启动会在福建省马尾造船股份有限公司召开。该船是国内首艘同时满足串联式混合动力、绿色船舶、智能船舶附加标志的高技术高附加值拖轮。

- 厦门航空推出"碳中和机票"。2021年11月12日，兴业银行联合厦门航空在全国范围内推出的"碳中和机票"正式上线，旅客通过购买有"碳中和"标识的机票，在日常的空中旅途中就能践行碳减排。

- 福建绿色智能船舶研究分院揭牌成立。2022年5月8日，武汉长江船舶设计院有限公司福建绿色智能船舶研究分院揭牌仪式在晋安区举行，此次研究分院落地福建，对补强福建省电动船舶产业链、提升电动船舶研发设计水平、助力打造电动船舶产业发展样板区和示范区具有重要意义。

2.5 绿色金融

福建省引金融活水润绿色经济，服务"30·60"碳达峰、碳中和愿景目标的机制路径，不断创新绿色金融产品体系，将绿色金融服务触角延伸至碳汇交易市场，利用碳排放权、排污权等质押担保方式为企业提供绿色融资支持，拓宽企业融资渠道，为福建省碳交易和绿色信贷市场注入金融活力。

主要行动举措包括：

- 厦门市发布首批绿色融资企业。2022年6月15日，厦门市金融监管局、人行厦门中心支行在厦门产权交易中心举办了厦门市首批百家绿色融资企业及项目发布会，根据党中央、国务院关于建立健全绿色金融标准体系的要求，联合出台了《厦门市绿色融资企业及绿色融资项目认定评价办法（试行）》。

- 永安农商行在全省发放首笔"福碳贷"。2022年2月18日，永安市东成新型材料有限公司获得了永安农商行150万元的首笔以"碳排放权"和"排污权"为质押物的"福碳贷"绿色信贷支持，金融助力企业降低生产能耗和碳排放强度，并向绿色低碳转型发展。

- 工行落地在厦门首单绿色债券。2022年3月29日，工行成功落地该行在厦门首单绿色债券"厦门航空有限公司2022年度第一期绿色中期票据"，发行规模达1亿元，发行期限3年，票面利率3%，创区域内同期限同评级绿色中期票据新低，募集资金将用于厦门航空总部大厦绿色项目建设。

2.6 电力工程

福建省促进能源结构清洁低碳转型，建立以电能为中心的能源规划思路，积极进行隧道照明节能改造，促进集风电系统、屋顶光伏系统、储能及微网控制系统于一体的"智能微网系统"的建设，加速开展陆上升压站、风场监控一体化系统等配套设施的优化完善工作，同时推动"福州—厦门1000千伏特高压工程"建设，保障高质量完成全容量并网发电的每一个环节。

主要行动举措包括：

- 华龙一号示范工程全面建成。2022年3月25日，我国自主三代核电华龙一号示范工程第二台机组——中核集团福清核电6号机组正式具备商运条件，至此，华龙一号示范工程全面建成投运。建成后，相当于每年减少标准煤消耗624万吨，减少二氧化碳排放1632万吨。

- 全国首个"多端互联低压柔性微电网"在湄洲岛并网。2022年6月7日，在湄洲岛轮渡码头，全省首个"多端互联低压柔性微电网"项目接入电网，莆田供电公司利用柔性互联装置多个端口功率均可控制的特性，把分布式光伏发出的直流电就近提供给周边的居民，并且优先保障直流充电桩用电。

- "零碳工厂"项目启动建设。2021年10月24日，福建华港纺织有限公司厂区内第一批分布式光伏发电设施开始安装，将为公司提供清洁能源。

- 厦门市11座隧道换上LED灯。2021年11月11日，包括成功大道隧道群和云顶隧道、环岛干道隧道群等在内的11座隧道均已完成LED灯照明节能改造，每年可节约用电1400万千瓦时左右，节约标准煤约 5600 吨，可减少排放二氧化碳约 14000 吨。

- 亚洲单机容量最大风电机组在榕下线。2022 年 2 月 22 日，由东方电气集团自主研制的 13 兆瓦海上风电机组，在位于福清的福建三峡海上风电国际产业园下线，这是我国已下线的亚洲地区单机容量最大、叶轮直径最大的风电机组，也是我国下线的首台 10 兆瓦级以上风电机组。
- 福州—厦门 1000 千伏特高压工程开工。2022 年 3 月 24 日，国家电网有限公司召开福州—厦门 1000 千伏特高压交流工程开工动员大会，福州—厦门特高压工程总投资 71 亿元，计划于 2023 年建成投运，该工程将推动能源清洁低碳转型，助力实现碳达峰碳中和目标。
- 建发股份与施耐德电气签订战略合作协议。2021 年 11 月 6 日，建发股份与施耐德电气签订战略合作协议，未来双方将在智慧能源、储能、碳中和、绿色智能制造等领域展开合作，共同打造行业内低碳与绿色智能标杆项目，携手助力供应链上下游企业实现绿色减排的目标。

2.7 新能源产业

福建省加快推动新能源产业领域的技术革新，进一步打造新能源产业的"福建样本"，着力推动省内外龙头企业加强合作，联合打造国家级新能源产业研究开发生产制造基地，助力福建新能源产业腾飞。

主要行动举措包括：

- ABB 厦门工业中心推进光伏系统建设。2021 年，ABB 厦门工业中心继续推进光伏系统的建设和储能系统的优化。待相关项目建成后，ABB 厦门工业中心将实现光伏发电、储能及微电网系统应用，投运后预计园区内 40% 的用电负荷可通过清洁能源的自我消纳来实现。
- 厦门时代新能源研究院成立。2021 年 11 月 19 日，由宁德时代与厦门大学牵头共建的厦门时代新能源研究院正式成立，在智慧能源、储能技术、高功率器件、下一代动力电池等重点领域联合策划组织科技产业项目，为宁德时代新能源产业在厦门的发展壮大提供科技与人才支撑。

- 福建省多项举措推动新能源汽车产业发展。2022年4月25日，《福建省新能源汽车产业发展规划》明确培育和壮大3个生产基地，即"福宁岩莆"新能源乘用车、"厦漳"新能源客车、"岩明"新能源货车和专用车生产基地，打造闽东北新能源乘用汽车和闽西南新能源商用汽车两个产业集群。

- 海辰储能签署新西兰最大新能源项目。2022年6月7日，厦门海辰新能源科技有限公司在厦门海辰产业园举办主题为"百G海辰·千亿芯光"的锂电二期奠基仪式。海辰储能对外公布签署新西兰最大新能源项目——250兆瓦/兆瓦时光伏储能项目情况。

2.8 林业发展

福建省全方位高质量推进林业改革发展，推动林业治理体系和治理能力现代化，努力实现林业综合效益最大化，推动福建在全国率先开展集体林权制度改革，着力深化林业生态文明体制等改革，持续提升森林质量，进一步增强林业碳汇能力。

主要行动举措包括：

- 福建省6年建设沿海防护林75.43亩。2022年6月17日，"世界防治荒漠化和干旱日"中国的主题为"携手防治荒漠化，共建命运共同体"。福建坚持把防沙治沙与沿海防护林体系建设紧密结合，过去6年，全省累计完成沿海防护林建设75.43万余亩。

- 福建省被列为森林价值核算试点省份。2022年6月22日，国家林业和草原局、国家统计局联合印发通知，决定在福建等五省区开展森林资源价值核算试点，科学反映森林的功能和作用，推动建立生态产品价值实现机制。

- 福建省将建设 4 条省级森林步道。2022 年 7 月 11 日，省林业局在福州组织召开"福建省森林步道选线"专家咨询会，决定以闽中三大山系为基础，推动一批森林步道建设，与已规划的武夷山国家森林步道配套衔接，逐步建成全省森林步道生态慢行系统。

江西：更高标准打造美丽中国江西样板

江西省把碳达峰、碳中和纳入经济社会发展和生态文明建设整体布局，以科技创新、制度创新为动力，以结构调整、产业转型为关键，有序达峰、防范风险，努力在推进碳达峰、碳中和进程中走前列、作示范，加快促进全省经济社会发展全面绿色转型，为全国实现碳达峰、碳中和提供"江西方案"，作出"江西贡献"，彰显"江西担当"。

在顶层设计方面，江西省先后出台"十四五"系列工作方案的相关文件，完善能源强度和总量双控。针对产业转型、林下经济、数字经济、新能源产业高质量发展等相关领域作出规定，为更高标准打造美丽中国"江西样板"提供有力支撑，为实现碳达峰碳中和目标奠定坚实基础。在行动举措方面，江西省通过不同节能方式减少自身碳排放，增加绿色能源的使用以及加强对原材料的回收利用；不断创新碳金融产品体系，激励企业加强生产过程"碳管理"，降低企业融资成本，实现绿色低碳发展；建立健全生态产品价值实现机制，加快推进生态产业化，全面倡导绿色低碳生活新风尚，加快推动生态文明共建、生态成果共享；

同时，不断通过科技创新支撑能源结构不断优化，应用低碳技术促进碳排放强度下降；加大新能源开发利用力度，大力推进光伏开发，有序推进风电开发，统筹推进生物质和城镇生活垃圾发电发展；大力推进重点区域生态保护修复，充分发挥森林、湿地等资源的固碳作用，以实际行动奏响绿色低碳发展转型与高质量发展的"交响乐"。

1. 江西省碳中和相关政策文件

1.1 江西省人民政府文件

(1)《江西省人民政府关于印发江西省碳达峰实施方案的通知》（赣府发〔2022〕17号）（2022-07-08）[①]。

相关政策要求：重点行业绿色低碳发展模式基本形成，清洁低碳安全高效的能源体系初步建立。经济社会发展全面绿色转型走在全国前列，重点耗能行业能源利用效率达到国内先进水平。新能源占比大幅增加，煤炭消费占比逐步减少，绿色低碳技术实现普遍应用，绿色低碳循环发展政策体系全面建立。

(2)《江西省人民政府办公厅关于印发江西省"十四五"能源发展规划的通知》（赣府厅发〔2022〕15号）（2022-05-07）[②]。

相关政策要求：统筹新能源快速发展和电力安全稳定供应，推动"源网荷储"各环节的新型技术应用和运行模式创新，推动电力系统

[①] 资料来源：江西省人民政府网站，http：//www.jiangxi.gov.cn/art/2022/7/18/art_4975_4032897.html。

[②] 资料来源：江西省人民政府网站，http：//www.jiangxi.gov.cn/art/2022/5/17/art_4968_3961051.html。

向适应大规模、高比例新能源方向发展。鼓励氢能、发电侧储能等新型能源利用方式，探索"新能源+储能"发展模式，合理确定储能配置比例，提升新能源并网友好性和电力支撑能力。鼓励具备条件的现役和新建煤电开展深度调峰灵活性改造，鼓励有条件的地方布局天然气发电项目，推动提升电力系统调峰能力。

(3)《江西省人民政府关于印发江西省"十四五"节能减排综合工作方案的通知》（赣府字〔2022〕31号）（2022-06-06）[①]。

相关政策要求：坚持和完善能源消费强度和总量双控、主要污染物排放总量控制制度，组织实施节能减排重点工程，进一步健全节能减排政策机制，推动能源利用效率大幅提高、主要污染物排放总量持续减少，实现节能降碳减污协同增效、生态环境质量持续改善，确保完成国家下达的"十四五"节能减排约束性目标，为更高标准打造美丽中国"江西样板"提供有力支撑，为实现碳达峰碳中和目标奠定坚实基础。

(4)《江西省人民政府关于印发江西省"十四五"科技创新规划的通知》（赣府发〔2021〕22号）（2021-10-15）[②]。

相关政策要求：充分发挥科技创新支撑引领作用，推动科技创新与经济生态社会的全面融合，努力建设产业技术创新示范区、绿色发展引领区、开放协调发展先行区、创新政策和体制机制改革试验区，打造长江经济带经济与生态联动发展的创新高地。推动鄱阳湖国家自创区"一核一圈一带"创新发展一体化，促进"绿色+科技"融合发

---

① 资料来源：江西省人民政府网站，http://www.jiangxi.gov.cn/art/2022/6/14/art_4969_3993099.html。

② 资料来源：江西省人民政府网站，http://www.jiangxi.gov.cn/art/2021/11/2/art_4968_3704125.html。

展，构建具有核心竞争力的创新型产业集群，基本实现从要素、投资驱动向创新驱动经济发展的战略转变。

(5)《江西省人民政府办公厅关于印发江西省"十四五"新型基础设施建设规划的通知》（赣府厅发〔2021〕28号）（2021-10-15）①。

相关政策要求：推进数据中心绿色化发展，推动绿色数据中心建设，支持对省内效益差、能耗高的小散数据中心进行整合和绿色节能升级改造，提高数据中心能源利用效率。支持数据中心运营商使用清洁可再生能源，运用先进适用绿色技术，采用液冷、分布式供电、智能运维等技术以及整机柜、模块化机房、云化IT设备、高效制冷系统、高效供配电系统等绿色产品。

(6)《江西省人民政府办公厅关于印发长江中游城市群发展"十四五"实施方案江西省分工方案的通知》（赣府厅字〔2022〕46号）（2022-05-23）②。

相关政策要求：坚持生态优先、绿色发展，深入践行生态文明理念，全力推进生态文明试验区建设，实现人与自然和谐共生。统筹布局区域性煤炭储备基地，鼓励煤炭应急储备项目建设，抓好煤炭清洁高效利用。实施新能源倍增行动，因地制宜推进浅层地热能开发，促进农村可再生能源充分开发和就地消纳。大力发展绿色金融，积极参与碳达峰碳中和试点建设。

---

① 资料来源：江西省人民政府网站，http：//www.jiangxi.gov.cn/art/2021/11/8/art_4968_3711667.html。

② 资料来源：江西省人民政府网站，http：//www.jiangxi.gov.cn/art/2022/6/3/art_4969_3981929.html。

(7)《江西省人民政府办公厅关于支持江西省电力高质量发展的若干意见》（赣府厅发〔2022〕10号）（2022-04-15）①。

相关政策要求：到2025年，全省电力供应能力稳步提升，省内特高压主干电网基本形成；电力科技创新稳步开展，源网荷储一体化提升系统运行效率；电力绿色转型稳步推进，可再生能源消纳比例不断提高；电力惠民力度稳步提高，电力营商环境持续优化，为"十四五"经济社会发展提供有力保障。

(8)《江西省人民政府办公厅关于印发江西省数字政府建设三年行动计划（2022—2024年）的通知》（赣府厅字〔2022〕49号）（2022-05-27）②。

相关政策要求：推进绿色低碳数字化应用。全面集成碳考核、碳市场、能源活动等相关数据，持续推进国家统一碳市场登记系统和交易系统的联建联维，整合本省碳排放权交易系统，提高碳市场信息化水平。构建重点领域、重点行业碳排放智能监测和动态核算体系，推动形成集约节约、循环高效、普惠共享的绿色低碳发展新格局，助力碳达峰碳中和目标顺利实现。

(9)《江西省人民政府办公厅关于印发江西省推动湘赣边区域合作示范区建设行动方案的通知》（赣府厅字〔2022〕48号）（2022-05-24）③。

相关政策要求：加强土壤污染防治和固体废物治理，完善危险废

---

① 资料来源：江西省人民政府网站，http://www.jiangxi.gov.cn/art/2022/4/20/art_4975_3929434.html。

② 资料来源：江西省人民政府网站，http://www.jiangxi.gov.cn/art/2022/6/13/art_4969_3991952.html。

③ 资料来源：江西省人民政府网站，http://www.jiangxi.gov.cn/art/2022/5/28/art_4969_3975632.html。

物收集运输和处理处置体系。加大萍乡矿山综合整治，建设国家战略能源储备基地。严格落实矿山生态修复基金制度，支持建设绿色矿山和生态示范矿山，争取采煤沉陷区综合治理列入国家新一轮政策支持范围。推进碳达峰碳中和工作，坚持绿色制造和清洁生产，加快淘汰落后产能，坚决遏制"两高"项目盲目发展。

(10)《江西省人民政府办公厅关于推进林下经济高质量发展的意见》（赣府厅发〔2022〕21号）（2022-06-20）[①]。

相关政策要求：以保护生态环境为前提，以提高林地综合效益为核心，以促进农民增收为目的，进一步释放林地资源潜力，优化资源管理制度，科学规划产业布局，切实加大政策引导力度，全面推动林下经济向规模化、产业化、市场化、高效化发展，促进林业增效、农民增收、农村发展。

1.2 江西省发展和改革委员会文件

《关于印发江西省促进工业经济平稳增长的行动方案的通知》（赣发改产业〔2022〕280号）（2022-04-13）[②]。

相关政策要求：加快绿色低碳转型发展。出台工业领域碳达峰"1+4"方案，有序推进工业领域和钢铁、建材、石化、有色金属4个重点行业碳达峰。持续完善绿色项目库建设，做大"碳中和"项目板块，加大项目对接力度，推动产融合作。强化污染天气分级管控，实施差异化减排。

---

① 资料来源：江西省人民政府网站，http：//www.jiangxi.gov.cn/art/2022/6/29/art_4975_4010369.html。

② 资料来源：江西省发展和改革委员会网站，http：//drc.jiangxi.gov.cn/art/2022/4/13/art_14651_3917768.html。

1.3 江西省工业和信息化厅文件

(1)《江西省工业和信息化厅关于印发〈江西省"十四五"新能源产业高质量发展规划〉的通知》(赣工信新兴字〔2021〕236号)(2021-11-15)[①]。

相关政策要求：推动企业绿色升级改造，鼓励企业按照绿色制造相关标准要求，全面推进绿色化改造，减少资源消耗以及污染物排放，加快研发推广能源高效利用、污染减量化、废物资源化利用和无害化处理等方面的工艺技术，实现新能源产业绿色升级。

(2)《江西省工业和信息化厅关于印发江西省"十四五"工业绿色发展规划的通知》(赣工信节能字〔2021〕249号)(2021-11-16)[②]。

相关政策要求：加强产融衔接，拓宽绿色制造产业融资渠道，引导和支持各类金融机构加大对传统制造业绿色改造升级、绿色新技术和新产品产业化应用、绿色制造体系建设等重点领域的支持力度，充分引导社会资本参与绿色制造重大工程建设。

1.4 江西省生态环境厅文件

《江西省生态环境厅 江西省发展和改革委员会关于印发江西省"十四五"应对气候变化规划的通知》(赣环气候〔2021〕23号)(2022-01-07)[③]。

相关政策要求：坚定不移走生态优先、绿色发展之路，以降碳为

[①] 资料来源：江西省工业和信息化厅网站，http://www.jxciit.gov.cn/Item/75121.aspx。
[②] 资料来源：江西省工业和信息化厅网站，http://www.jxciit.gov.cn/Item/75121.aspx。
[③] 资料来源：江西省生态环境厅网站，http://sthjt.jiangxi.gov.cn/art/2022/6/9/art_42202_3989685.html。

重点战略方向，以能源、工业、城乡建设、交通领域绿色低碳发展为关键，控制温室气体排放，主动适应气候变化，推进应对气候变化治理体系和治理能力现代化。

1.5 江西省住房和城乡建设厅文件

(1)《关于印发江西省海绵城市建设"十四五"专项规划的通知》（赣建城〔2021〕19号）（2022-05-17）[①]。

相关政策要求：高标准高质量建设"自然积存、自然渗透、自然净化"的海绵城市，全面推动全省生态文明建设取得新进步，修复城市水生态，提高城市水安全，改善城市水环境，以更高标准打造美丽中国"江西样板"。全省市县全面开展海绵城市建设，最大限度地减少城市开发对生态环境的影响，将70%的降雨就地消纳和利用，城市生态环境和水环境明显改善，内涝防治体系基本建立，城市韧性明显提升，人民群众安全感获得感幸福感明显提高。

(2)《关于加强全装修成品住宅建设管理的指导意见》（赣建字〔2021〕10号）（2021-12-24）[②]。

相关政策要求：坚持新发展理念，落实绿色低碳发展、高质量发展和碳达峰碳中和目标的要求，坚持政府引导、市场主导、因地制宜、因城施策的原则，着力提高全装修成品住宅在新建住房的比例，适应人民对美好居住生活的需要，推动房地产开发建设转型升级。

---

① 资料来源：江西省住房和城乡建设厅网站，http://zjt.jiangxi.gov.cn/art/2022/5/18/art_40712_4013027.html。

② 资料来源：江西省住房和城乡建设厅网站，http://zjt.jiangxi.gov.cn/art/2022/1/19/art_40723_3837922.html。

1.6 江西省林业局文件

《江西省林业局　江西省发展和改革委员会关于印发〈江西省林业发展"十四五"规划〉的通知》(赣林财字〔2021〕66号)(2022-05-11)[①]。

相关政策要求：立足新发展阶段，贯彻新发展理念，融入新发展格局，努力践行以人民为中心的发展思想，始终将政府重视、社会关切和人民期待作为动力源泉，着力拓宽"两山"转化通道、纵深推进国家生态文明试验区建设，加快将生态优势转化为发展优势。

2. 江西省碳中和行动亮点

2.1 零碳项目

通过技术创新、精益生产、管理节能、工艺节能、效率提升、设备更新换代、转换绿色电力等节能方式减少自身碳排放，制订明确的减排目标，增加绿色能源使用，加强对原材料的回收利用，践行绿色发展理念，共同助力实现碳中和目标。

主要行动举措包括：

- 金力永磁成为全球稀土行业首家"零碳工厂"。2022年6月30日，国际公认的测试、检验和认证机构SGS向江西金力永磁科技股份有限公司颁发PAS 2060碳中和达成宣告核证证书。该证书系SGS颁发的稀土永磁行业全球首张碳中和达成证书，标志着金力永磁成为全

---

① 资料来源：江西省林业局网站，http://ly.jiangxi.gov.cn/art/2022/5/11/art_39809_3954349.html。

球稀土永磁行业首家"零碳工厂"。

- 国家生态文明试验区建设（江西）论坛实现碳中和。2022年7月2日，第五届国家生态文明试验区建设（江西）论坛在国家级生态县浮梁县举行，论坛所有由交通、餐饮、住宿等产生的碳排放，通过购买碳减排量进行中和。

2.2 绿色金融

不断创新碳金融产品体系，通过发放"碳足迹"支持披露贷款，激励企业加强生产过程"碳管理"，降低企业融资成本，实现绿色低碳发展，建设"湿地银行"，以金融手段促进湿地生态产品价值实现，积极探索金融服务"双碳"目标的有效路径。

主要行动举措包括：

- 资溪两家企业获全国 CQC 固碳产品证书。2021 年 11 月 15 日，江西竺尚竹业有限公司、江西庄驰家居科技有限公司喜获中国质量认证中心（CQC）颁发的产品碳足迹证书。
- 江西首家"湿地银行"挂牌成立。2022 年 1 月 24 日，全省首批启动"湿地银行"建设的试点县——万年县挂牌成立了江西省首家"湿地银行"，完成了全省首笔湿地占补平衡指标交易，交易面积 270 亩、交易金额 1890 万元。
- 赣江新区发放 1500 万元"碳足迹"披露支持贷款。2022 年 3 月 19 日，江西佳因光电材料有限公司，以"生产 1 公斤三甲基镓产品的碳足迹核证值"作为关键指标向金融机构进行申请贷款，经评估后，将获得建设银行赣江新区分行发放的 1500 万元"碳足迹"披露支持贷款。

- 九江银行发放全省首笔湿地经营权贷款。2022年3月30日，崇义县正式挂牌成立全省首家湿地资源运营中心，九江银行向章源控股有限公司发放全省首笔湿地经营权贷款1000万元，用于发展生态养殖及保护阳明湖湿地水域，促进湿地生态产品价值实现。
- 赣江新区构建以"碳减排"为核心的绿色金融体系。2022年4月24日，赣江新区初步构建了以"碳减排"为核心的绿色金融体系，积极探索金融服务"双碳"目标的有效路径。

2.3 生态建设

统筹有序推进碳达峰碳中和工作，坚持完整、准确、全面贯彻新发展理念，着力构建系统完整的生态文明制度体系，在全国率先出台省级国土空间生态修复规划，深入推进生态环境综合治理保护，推进节约型园林建设，建设适合观光的树林生态景观，加快推进生态产业化，坚持生态优先、绿色发展，把厂区打造成生态森林旅游式工厂。

主要行动举措包括：

- 南昌入选第二批国际湿地城市名单。2022年6月9日，《湿地公约》官方网站公布第二批国际湿地城市名单，南昌成功入选，该称号是目前国际上在城市湿地生态保护方面规格高、分量重的一项荣誉，代表一个城市湿地生态保护的最高成就。
- 方大特钢工业旅游景区获批国家4A级旅游景区。2022年7月7日，位于南昌市青山湖区的方大特钢工业旅游景区正式获批成为国家4A级旅游景区，方大特钢工业旅游景区集观光、研学、企业文化展示于一体，内容包括钢铁生产工艺、钢铁冶炼发展历史，以及适合观光的树林景观带生态景观。

- 南昌推进节约型园林绿化建设。2022年7月9日，南昌市倡导使用乡土树种开展绿化，推广应用生物防治等绿色环保防治方法，在位于象湖的新优植物引种栽培示范基地，有10亩地专门用来进行引种驯化，筛选适应南昌市气候且景观表现良好的植物品种，最终应用于城市园林绿化。

2.4 产业转型

通过科技创新支撑能源结构不断优化，应用低碳技术促进碳排放强度下降，开发负排技术达成碳排放目标，加快向清洁能源转型的产业布局，加强企业间联动，自愿成立减污降碳联盟，联手探索减污降碳协同增效的可持续发展之路。

主要行动举措包括：

- 方大九钢超高温亚临界发电机组正式投产运行。2021年10月20日，方大九钢新建125兆瓦超高温亚临界发电机组正式投产运行，在碳达峰碳中和目标要求下，该机组的并网发电为方大九钢实现节能减排目标、推动企业能源转型升级再增"砝码"。

- 中国石化加快以氢能为核心的产业布局。2022年1月3日，中国石化江西公司首座集加氢、加油、充电等于一体的综合能源服务站在九江市投入运营，标志着中国石化在江西加快以氢能为核心的新能源产业布局，满足大众多样化出行需求。

- 方大特钢由排放大户向减排大户转型。2022年4月25日，方大特钢245平方米烧结机烟气超低排放改造项目收尾，投运后，245平方米烧结机烟气排放将达到国家超低排放标准。

- 江西省企业自愿减污降碳联盟成立。2022年6月15日，由江西铜业集团有限公司、江西省建材集团有限公司等企业发起成立江西省企业自愿减污降碳联盟，40多家企业积极响应参与，旨在畅通信息渠道，实现资源共享，集思广益，联手探索减污降碳协同增效的可持续发展之路。

- 麦园将生活垃圾转化为电能。2022年7月1日，江西省麦园生活垃圾填埋场全面封场，垃圾被HDPE膜严实遮盖，其间有沼气引流管、外围有防渗墙等环保处理措施，以垃圾发电、沼气发电等为主体的固废处理循环经济产业园得到发展，麦园重现天蓝水清山绿的秀美容颜。

- 重大水利工程项目建设开工仪式在南昌县举行。2022年7月15日，江西省赣抚平原灌区"十四五"续建配套与现代化改造工程（二期）开工仪式在南昌县举行，建成后对保障灌区粮食生产安全，以及区内农业、工业、生活、生态用水安全，提高区域生态治理和生态保护水平具有十分重要的意义。

2.5 新能源汽车

推广应用新能源汽车，逐步降低传统燃油车在新车产销和汽车保有量中的比例，推动公共交通、物流配送等城市公共服务和机场运行车辆电动化替代。推广以电力、氢燃料为动力的重型货运车辆。进一步布局锂电池全产业链，打造"新能源生态圈"，共同抢抓碳达峰碳中和带来的巨大产业机遇，构建新能源全绿色产业发展体系。

主要行动举措包括：

- 宜春时代新型锂离子电池生产制造基地项目奠基。2021年10月29日，由宁德时代投资建设的宜春时代新型锂离子电池生产制造基地项目在宜春经开区正式奠基。项目竣工后，将助力宜春构建"锂资源—锂电材料—动力电池—电动车"新能源全绿色产业发展体系、打造绿色"亚洲锂都"。

- 优化营商环境助力江西新能源汽车驶向全球。2022年3月2日，赣江新区海关继续落实进口"船边直提"和出口"抵港直装"业务改革，实现工厂到船边"两点一线"不落地，提高了生产急需的关键设备及零部件的进口通关便利化水平，保障企业供应链稳定，为新能源汽车大批量生产创造条件。

- 南昌经开区与科达利举行动力电池精密结构项目签约。2022年3月9日，南昌经开区与深圳市科达利实业股份有限公司举行动力电池精密结构件项目签约活动，项目建成后，将进一步提升经开区新能源汽车及动力电池产业发展水平，完善动力电池产业上下游的产业链配套。

- 鹰潭高新区成功签约磷酸铁锂电池项目。2022年4月27日，鹰潭高新区与耀宁科技年产20吉瓦时磷酸铁锂电池项目成功签约，总投资100亿元，该项目将有效整合新能源汽车锂电池产业链。

- 抚州市新能源汽车产业"人才飞地"正式揭牌。2022年6月24日，抚州市新能源汽车产业（长沙）"人才飞地"暨驻湖南招才引智工作站正式揭牌，"人才飞地"计划引入中高层技术研发人才120余名，致力为抚州新能源汽车产业发展提供人才培养和技术支持。

2.6 新能源——光伏

大力发展光伏等战略性新兴产业，建设分布式光伏"零碳小镇""智慧能源"项目，加大新能源开发利用力度，大力推进光伏开发，有序推进风电开发，统筹推进生物质和城镇生活垃圾发电发展。创新"光伏+"应用场景，积极推进"光伏+水面、农业、林业"和光伏建筑一体化等综合利用项目建设。

主要行动举措包括：

- 新能源资源开发项目正式落户南昌县。2021 年 12 月 30 日，南昌县与华能江西清洁能源有限公司、景能科技有限公司举行合作协议签约仪式，总投资 260 亿元的华能（南昌）新能源资源开发项目和总投资 102 亿元的景能（南昌）零碳产业基地项目正式落户南昌县，开发项目包括开发光伏电站项目及风电项目。

- 枫林水库形成"光伏+养殖"综合一体化生态产业链。2022 年 6 月 8 日，通过"光伏+养殖"，枫林水库形成综合一体化乡村生态产业链，光伏板在遮挡阳光、降低水面温度、减少水分蒸发的同时抑制藻类生长，为渔业养殖提供了绝佳的环境。

- 江西电建获"光伏工程品牌企业"殊荣。2022 年 6 月 28 日，中国电建集团江西省电力建设公司获得中国施工企业管理协会 2022 年度"光伏工程品牌企业"殊荣。江西电建充分利用央企品牌优势，加快推进分布式能源战略布局。

山东：探索海洋碳汇发展之路

山东省坚定不移抓好"八大发展战略""九大改革攻坚""十强现代优势产业集群""七个走在前列""九个强省突破"等既有工作部署，落实"六个一"发展思路、"六个更加注重"策略方法、"十二个着力"重点任务，高质量发展迈出坚实步伐，实现"十四五"良好开局。

在顶层设计方面，山东省基于"十四五"规划和2035年远景目标纲要，针对海洋经济、信息技术、高端装备制造、新能源、新材料、自然资源保护、绿色建筑、绿色交通、污染治理等行业出台了一系列行动计划和细致部署，为推动各领域创新增效、各行业转型升级、各要素扩增需求提供了完备的制度保障和政策指引。在行动举措方面，山东省坚定不移加快新旧动能转换，精准管控"两高"行业，巩固数字经济新优势，打造先进计算、集成电路、新型智能终端、超高清视频等数字产业集群，做强做大工业互联网；重点推进海洋强省建设，加快建设世界一流海洋港口，积极构建现代海洋产业体系，筑牢蓝色生态屏障，实施海洋蓝色碳汇行动，探索建立测算评估标准体系；扎实开展绿色低碳转型行动，引导重点排放单位参与全国碳排放权交易，举办碳达峰碳中和国际论坛，推动开展智能低碳城市试点；坚定不移实施黄河国家战略，深入落实黄河流域生态保护和高质量发展规划纲要。

1. 山东省碳中和相关政策文件

1.1 山东省人民政府文件

(1)《山东省人民政府关于印发山东省"十四五"自然资源保护和利用规划的通知》（鲁政字〔2021〕168号）（2021-09-24）[①]。

相关政策要求：全面构建国土空间开发保护新格局，全面提升生态系统质量和稳定性，提高自然资源利用效率，以更加严格的制度深

[①] 资料来源：山东省人民政府网站，http：//www.shandong.gov.cn/art/2021/9/24/art_1 07851_114399.html。

化耕地保护，以更加有力的措施实施海洋强省突破，着力构建基础支撑、基础制度、科技引领、安全保障四大体系，精准履责、科学担责、奉献尽责，持续推进自然资源治理体系和治理能力现代化，努力在自然资源高水平保护和高效率利用上走在全国前列，为新时代现代化强省建设贡献力量。

(2)《山东省人民政府办公厅关于印发山东省"十四五"海洋经济发展规划的通知》（鲁政办字〔2021〕120号）（2021-11-09）①。

相关政策要求：着力提升海洋科技自主创新能力，加快建设世界一流的海洋港口、完善的现代海洋产业体系、绿色可持续的海洋生态环境，努力打造具有世界先进水平的海洋科技创新高地、国家海洋经济竞争力核心区、国家海洋生态文明示范区、国家海洋开放合作先导区，推动新时代现代化强省建设，为海洋强国建设作出更大贡献。

(3)《山东省人民政府办公厅关于印发"十大创新""十强产业""十大扩需求"2022年行动计划的通知》（鲁政办字〔2022〕28号）（2022-04-06）②。

相关政策要求：全面完成国家下达的节能减排降碳约束性指标和环境质量改善目标，产业结构、能源结构、交通运输结构不断调整优化，绿色产业比重进一步提升，可再生能源发电装机达到6700万千瓦，基础设施绿色化水平不断提高，主要污染物排放总量持续减少，碳排放强度进一步降低，生产生活方式绿色转型成效明显。

---

① 资料来源：山东省人民政府网站，http：//www.shandong.gov.cn/art/2021/11/9/art_1 07851_115119.html。

② 资料来源：山东省人民政府网站，http：//www.shandong.gov.cn/art/2022/4/6/art_1 07851_118359.html。

(4)《山东省人民政府办公厅关于推动"两高"行业绿色低碳高质量发展的指导意见》(鲁政办字〔2022〕44号)(2021-05-12)①。

相关政策要求:立足山东省"两高"行业发展实际,精准落实党中央、国务院"双碳"要求,增强系统观念,坚持稳中求进,协同推进节能、降碳、压煤、提质、增效,提升"两高"行业管理科学化、信息化、精准化水平,完善监督检查工作体系,提升服务效能,加快实施节能降碳技术改造,推动"两高"行业绿色低碳高质量发展。

(5)《山东省人民政府办公厅关于推动城乡建设绿色发展若干措施的通知》(鲁政办发〔2022〕7号)(2022-05-06)②。

相关政策要求:促进绿色建筑高质量发展。实施绿色建筑统一标识制度,城镇新建民用建筑全面执行绿色建筑标准,积极发展星级绿色建筑,全面推广高星级绿色建筑及装配式建筑,鼓励其他具备条件的地区明确高星级绿色建筑及装配式建筑全面推广区域。开展绿色建筑、绿色社区、节约型机关、绿色学校、绿色医院创建行动,深入推进既有建筑节能改造,探索推动绿色化改造。

1.2　山东省发展和改革委员会文件

(1)《关于印发〈山东省能源科技创新"十四五"规划〉的通知》(鲁发改能源〔2021〕1097号)(2022-01-05)③。

相关政策要求:聚焦"双碳"重大战略决策,面向世界能源科技

---

① 资料来源:山东省人民政府网站,http://www.shandong.gov.cn/art/2022/5/12/art_107851_118999.html。
② 资料来源:山东省人民政府网站,http://www.shandong.gov.cn/art/2022/5/6/art_107851_118879.html。
③ 资料来源:山东省发展和改革委员会网站,http://nyj.shandong.gov.cn/art/2022/1/5/art_100399_10291073.html?xxgkhide=1。

前沿，锚定全省能源结构"四增两减一提升"优化调整目标，以科技创新为引领，着力实施"四大提升工程"，打造"四大创新高地"，建设"三大支撑平台"，补齐技术短板，强化产业优势，深化能源科技创新体制机制改革，助力全省能源产业链提质增效，为新时代现代化强省建设提供科技支撑。

（2）《关于印发〈关于加快节能环保产业高质量发展的实施意见〉的通知》（鲁发改环资〔2022〕189号）（2022-03-25）①。

相关政策要求：聚焦节能环保产业高效节能、先进环保、资源循环利用和绿色交通车船和设备制造4大领域，强化目标导向、问题导向和结果导向，坚持政府引导、市场主导，坚持统筹推进、重点突破，坚持改革引领、创新驱动，大力发展节能环保技术、装备和服务，推动节能环保产业快速、提质、创新和集聚发展。

（3）《山东省发展和改革委员会关于印发〈长岛海洋生态文明综合试验区建设行动计划〉的通知》（鲁发改动能办〔2022〕133号）（2022-02-25）②。

相关政策要求：锚定国际零碳岛总体目标，开展"双碳"发展战略及路径研究，制定"双碳"规划和行动方案。积极衔接半岛北风电项目，探索清洁电能供给。全面推行绿色低碳设施建设，城镇新建建筑全面执行绿色建筑标准，发展超低能耗建筑、低碳建筑。继续推进全域供暖清洁能源替代工程，全面实施汽车、船舶清洁能源替代。整体推进生态系统保护和

---

① 资料来源：山东省发展和改革委员会网站，http：//fgw.shandong.gov.cn/art/2022/3/25/art_91102_10346455.html。

② 资料来源：山东省发展和改革委员会网站，http：//fgw.shandong.gov.cn/art/2022/2/25/art_91102_10343132.html。

修复，加快海草床规模营造，科学布局藻类、贝类生态养殖，提升固碳能力，对接融入全国碳交易市场，争创碳达峰碳中和先行区。

1.3 山东省生态环境厅文件

（1）《印发关于深入推进生态工业园区建设的若干措施的通知》（鲁环发〔2021〕7号）（2021-11-10）[①]。

相关政策要求：将生态工业园区建设作为创建生态文明建设示范区、"绿水青山就是金山银山"实践创新基地、"无废城市"等生态文明示范创建工作的重要参考；鼓励生态文明建设示范区内符合条件的园区积极开展生态工业园区建设；优先支持生态工业园区内符合条件的企业申请重大科技创新项目、申报生态环保工程技术中心和科普基地、创建生态环境科技成果转移转化基地和省级服务业创新中心。

（2）《山东省应对气候变化领导小组办公室关于印发山东省"十四五"应对气候变化规划的通知》（鲁气候办〔2022〕1号）（2022-03-17）[②]。

相关政策要求：以降碳为重点战略方向，将应对气候变化作为推进生态文明建设、实现高质量发展的重要抓手，坚定不移走生态优先、绿色发展的现代化道路，推动产业、能源、建筑和交通领域绿色低碳发展，严格控制温室气体排放，增强适应气候变化能力，保障气候安全，为实现美丽山东奠定坚实基础。

---

① 资料来源：山东省生态环境厅网站，http://kjygjc.sdein.gov.cn/dtxx/202111/t20211110_3770513.html。

② 资料来源：山东省生态环境厅网站，http://xxgk.sdein.gov.cn/zfwj/lhf/202204/t20220407_3895013.html。

(3)《关于印发山东省"十四五"农业农村生态环境保护行动方案的通知》(鲁环发〔2022〕2号)(2022-03-25)①。

相关政策要求：按照实施乡村振兴战略总部署，突出精准治污、科学治污、依法治污，深入开展农村环境整治，推进农业面源污染防治，健全农业农村生态环境监管体系，解决农业农村突出生态环境问题，为打造乡村生态振兴齐鲁样板奠定坚实基础。

(4)《关于印发山东省农业面源污染治理与监督指导实施方案（试行）的通知》(鲁环发〔2022〕6号)(2022-05-12)②。

相关政策要求：以削减土壤和水环境农业面源污染负荷、促进土壤和水环境质量改善为核心，以黄河干流及重要支流、南四湖流域、东平湖流域、饮用水水源地等环境敏感区为重点区域，强化源头减量、循环利用、过程控制、末端治理，持续深化推进农业生产污染防治和有机废物资源化利用，提升农业面源污染治理体系和治理能力，为打造乡村生态振兴齐鲁样板奠定坚实基础。

1.4 山东省住房和城乡建设厅文件

《关于印发〈山东省"十四五"绿色建筑与建筑节能发展规划〉的通知》(鲁建节科字〔2022〕4号)(2022-04-13)③。

相关政策要求：锚定住房城乡建设事业高质量发展总目标，以转

---

① 资料来源：山东省生态环境厅网站，http://xxgk.sdein.gov.cn/zfwj/lhf/202203/t20220325_3885349.html。

② 资料来源：山东省生态环境厅网站，http://xxgk.sdein.gov.cn/zfwj/lhf/202205/t20220513_3921544.html。

③ 资料来源：山东省住房和城乡建设厅网站，http://zjt.shandong.gov.cn/art/2022/4/13/art_102884_10306483.html?xxgkhide=1。

变城乡建设模式和发展方式为核心，建立健全绿色低碳发展体系，推动形成绿色发展格局、生产方式、生活方式，为新时代现代化强省建设提供坚实支撑。

1.5 山东省交通运输厅文件

(1)《山东省交通运输厅关于印发山东省交通运输节能环保"十四五"发展规划的通知》（鲁交发〔2021〕8号）（2021-12-30）[①]。

相关政策要求：以绿色交通系列任务为关键抓手，以推动交通运输碳达峰碳中和工作为重点，注重创新驱动，强化多点突破，协同推进交通运输高质量发展和生态环境高水平保护，加快形成绿色低碳运输方式，促进交通与自然和谐发展，提升绿色交通发展水平，有效支撑新旧动能转换和交通强省建设。

(2)《山东省交通运输厅关于印发〈山东省"十四五"多式联运发展规划〉的通知》（鲁交发〔2021〕7号）（2021-12-08）[②]。

相关政策要求：以服务高水平对外开放和黄河流域生态保护和高质量发展等国家战略为导向，加快运输结构优化调整，打造衔接顺畅、经济高效、绿色低碳的多式联运体系，为山东交通强省建设、实现"碳达峰、碳中和"目标提供强力支撑。

---

① 资料来源：山东省交通运输厅网站，http://jtt.shandong.gov.cn/art/2021/12/30/art_100465_10296874.html?xxgkhide=1。

② 资料来源：山东省交通运输厅网站，http://jtt.shandong.gov.cn/art/2021/12/8/art_100537_10296000.html。

1.6 山东省自然资源厅文件

《山东省自然资源厅关于印发山东省"十四五"林业保护发展规划的通知》(鲁自然资发〔2021〕17号)(2022-01-05)①。

相关政策要求：以提高国土绿化水平、提升生态品质为主线，统筹山水林田湖草沙系统治理，推深做实林长制，着力构建以国家公园为主体的自然保护地体系，着力保护修复森林和湿地两大生态系统，着力实施林业改革创新突破和基础保障能力提升两大工程，构建现代林业保护发展新格局，为建设美丽山东，推进新时代社会主义现代化强省建设贡献自然资源力量。

1.7 山东省能源局文件

《山东省能源局关于印发 2022 年全省能源工作指导意见的通知》(鲁能源办〔2022〕1号)(2022-03-04)②。

相关政策要求：全面落实"四个革命、一个合作"能源安全新战略，统筹发展和安全、当前和长远、省内和省外、政府和市场、城市和乡村，积极有序调整能源结构，全面提升供应保障能力，增强能源行业发展新动能，着力构建安全可靠、清洁低碳"能源保障网"，加快推动新时代能源高质量发展。

---

① 资料来源：山东省自然资源厅网站，http://dnr.shandong.gov.cn/zwgk_324/xxgkml/ywdt/tzgg_29303/202202/t20220211_3856595.html。

② 资料来源：山东省能源局网站，http://nyj.shandong.gov.cn/art/2022/3/4/art_100393_10291772.html?xxgkhide=1。

2. 山东省碳中和行动亮点

2.1 蓝碳经济

实施滨海湿地固碳增汇行动,开展典型滨海湿地蓝碳本底调查工作,推进盐沼生态系统修复,增加海草床面积、海草覆盖度,提高海洋生态系统碳汇能力。探索以近海海洋牧场和深远海养殖为重点的现代化海洋渔业发展新模式,高水平建设海洋牧场示范区。开展滨海湿地、海洋微生物、海水养殖等典型生态系统碳汇储量监测评估,探索建立蓝碳数据库。建设海洋负排放研究中心、黄渤海蓝碳监测和评估研究中心等创新平台,加强海洋碳汇技术研究。

主要行动举措包括:

- 海洋贝类蓝碳智慧平台项目落户烟台。2022年3月10日,渔贝牧场海洋科技有限公司在烟台开发区注册,标志着海洋贝类蓝碳智慧管理平台项目正式落户。该项目将创新研发智能硬件和海水贝类养殖管理SaaS系统,全程采集贝类养殖过程中的固碳数据,每亩养殖海区可实现年固碳量约4吨。

- 海洋碳汇指数保险落地威海。2022年5月7日,荣成楮岛水产有限公司为其100亩海草购置首单海洋碳汇指数保险。该险种以海草床为保险标的,以海草床碳汇富余价值,包括固碳经济价值和修复成本等作为补偿依据,以海草床因特定海洋环境变化造成的碳汇减弱事件为保险责任,充分保障海草床固碳的生态效益和经济价值。

【专栏】

案例：威海——打造蓝色"碳"索样本[①]

近年来，山东威海市充分发挥得天独厚的"碳库"资源优势，在全国率先出台《蓝碳经济发展行动方案》，从科研攻关、机制探索、价值实现等方面着手，全力打造海洋碳汇研究、供给体系、生态经济三大体系，全面搭建海洋碳汇发展的基础架构。

2021年11月18日，全国唯一的海洋生态经济主题院士工作站——山东省海洋负排放焦念志院士工作站（以下简称工作站）揭牌。26日，工作站桑沟湾养殖海域碳汇摸底调查首航；28日，围隔海上实验平台在荣成万亩海带养殖码头下水。两项活动将为海洋碳汇实验提供数据基础，最终实现碳汇交易。12月，经过唐启升院士团队一年多的研发，"贝—藻—参"多营养层次生态养殖模式试验成功。2022年5月，工作站"海洋负排放大科学计划海水碱性矿物固碳试验"项目在威海正式启动，该项目通过在海水中添加碱性矿物，研究海水微生物对二氧化碳的捕获和封存能力。

两大院士团队相继落户威海，使威海蓝碳研究建立起"双核"优势。随着一系列研究中心、创新中心、试验站等接连在威海落地，威海成为国内最早开展海洋碳汇研究、研究团队最多的地区之一，走出了一条独具特色的海洋碳汇的威海"碳"索之路。

2.2 产业转型

把培育战略性新兴产业集群作为推动产业高质量发展的关键抓手，

[①] 资料来源：百度，https：//baijiahao.baidu.com/s?id=1723150116664552876&wfr=spider&for=pc。

加快形成链式整合、园区支撑、集群带动、协同发展的新模式。聚焦新一代信息技术、高端装备、新能源新材料、现代海洋、医养健康"五强"新兴产业，加快高端化、智能化、绿色化步伐，推动产业加速崛起、扩容倍增，推动形成战略性新兴产业发展主体力量。

主要行动举措包括：

- 山东能源互联网产业再添新动能。2021年10月24日，山东能源互联网产业研究创新基地揭牌活动在济南举行，成立了山东能源互联网产业战略联盟，并进行了项目签约。此举将进一步融合数字经济、现代金融、智能制造等新兴主导产业，着力打造电、油、气、网协同互济，助力全省实现能源结构持续优化和新兴产业提挡升级。

- 济南入围全国"双智"试点城市。2021年12月3日，住建部、工业和信息化部公布了智慧城市基础设施与智能网联汽车协同发展第二批试点城市，济南市成功入围。这是济南继国家新能源汽车换电模式应用试点之后，在汽车产业领域取得的又一项国家级试点，标志着济南汽车产业电动化、网联化、智能化发展迈出新步伐。

- 济南加快集成电路产业集群发展。2021年12月22日，新能源汽车用8英寸高功率芯片生产项目在济南顺利通线并获国家认可。该项目实现了完全国产化，补齐了芯片产业应用领域一块重要短板。

- 山东四大海上风电装备项目同日开工。2022年4月16日，东营海上风电装备制造产业园共有四大重点项目集中开工。该项目总投资38.5亿元，是海上风电规模化开发建设支撑"利器"，标志山东海上风电装备制造产业弯道超车、跨越发展迈向新台阶。

- 异质结光伏电池片生产基地落户东营。2022年4月21日，水发能源集团有限公司与东营经济技术开发区举行5吉瓦异质结光伏电池片及配套项目线上签约仪式。该项目一期计划投资20亿元，落地后既能延伸开发区光伏产业链条，也将打造山东省首条异质结光伏电池片生产线，填补全省乃至华北地区异质结光伏电池片生产空白。

- 18个现代海洋产业项目签约。2022年6月2日，山东与世界500强连线现代海洋产业合作专场在济南举行。本场活动共签约18个现代海洋产业项目，总投资15.4亿美元，合同外资6.03亿美元，项目来自挪威、日本、韩国、新加坡、意大利等9个国家和地区，主要涉及海洋牧场、装备制造、海上新能源、海洋生物医药等领域。

- 山东省环保发展集团正式成立。2022年6月30日，山东省环保发展集团在济南正式揭牌成立。该集团将立足于全省环境治理的市场化支撑平台、省级环保科技成果研发转化平台、环保产业项目投融资平台、环保产业市场化综合服务平台"四个平台"的功能定位，引领、带动全省环保产业实现转型升级和高质量发展。

2.3 低碳项目

全方位、全过程推行绿色规划、绿色技术、绿色建设、绿色生产，明确经济全链条绿色发展要求，统筹推进高质量发展，打造绿色城市、绿色低碳项目示范区等，推动绿色低碳循环经济发展迈上新台阶。

主要行动举措包括：

- 多功能净零排放综合加能站在济南正式开业。2021年9月26日，济南58站作为集加油、加气、加氢、充换电、光伏发电、易捷便利等多功能于一体的超级综合加能站正式开业，其分布式光伏发电系统年发电量近25万千瓦时，年可减少二氧化碳排放近230吨。

- "云"碳中和平台第一批应用场景上线。2021年10月28

日，日照市新能源云碳中和支撑服务平台"碳日照""碳监测""碳账户""碳画像"四大应用场景发布上线。该平台定位于为政府、企业、社会用户提供全面的碳监测、碳管理、碳应用服务，全力支撑日照市"碳达峰、碳中和"工作有序推进，为日照市"新旧动能转换"工作助力。

- 临沂小商品城低碳项目投运。2021年11月26日，临沂小商品城"供电+能效服务"多站合一低碳示范项目正式投运。该项目集光伏电站、电动汽车充电站、储能站、5G基站等功能于一体。其中，光伏电站是由省综合能源投资运营的规模最大的分布式光伏发电项目，可用于"削峰填谷"，存储"谷电"及光伏电站发电量，满足"峰电"时段需求。

- 威海"精致电网"建设再添新成果。2022年2月18日，韩乐坊"源网荷储"友好互动试点示范项目完成基于融合终端的能量互济等五大控制策略验证，标志着全国首个基于边边通讯和组群式策略的"源网荷储"友好互动智能微电网在威海建成，也标志着国内首次实现"集中+分散"模式多台区柔性互联。

2.4 新能源

加快能源结构调整步伐，实施"四增两减"工程，聚焦可再生能源、核能、天然气、省外来电做加法，打造全国重要的核电基地、海上风电基地、沿海LNG接卸基地、跨区域电力消纳基地和鲁北风光储输一体化基地；突出煤炭、煤电做减法，淘汰低质低效产能，实现能源消费增量全部由清洁能源供给、电力消费增量主要由清洁电力供应。

主要行动举措包括：

- 核电并网发电取得新突破。2021年12月20日，华能石岛湾高温气冷堆核电站示范工程成功并网发电。本次示范工程并网发电，标志着全球首座具有第四代先进核能系统特征的球床模块式高温气冷堆建成，实现了高温气冷堆核电技术的"中国引领"。

- 港口加氢站在青岛开建。2021年12月29日，山东港口青岛港前湾港区加氢站建设项目启动，这是全国港口首个氢燃料电池汽车充装示范运营项目，对建设"碳达峰、碳中和"港口、打造"东方氢岛"、建设"氢进万家"示范工程等具有重要意义。

- 山东再添新型储能巨型"充电宝"。2021年12月29—30日，华能济南黄台100兆瓦/200兆瓦时储能示范项目、三峡新能源庆云100兆瓦/200兆瓦时储能示范项目相继并网试运，每台设施一次充电量达20万千瓦时，可满足1000余户家庭一个月用需求，年可增加新能源电力消纳量1亿千瓦时，有效替代标准煤3万吨，减排二氧化碳7.8万吨。

- "吉电入鲁"配套外送风电基地项目试运。2022年1月25日，由水发集团投资建设的"吉电入鲁"首批配套外送风电基地项目——通榆50万千瓦风电项目全容量并网试运。项目建设116台风电机组，年发电量17.5亿千瓦时，年可节约标准煤48.5万吨，减排二氧化碳126.1万吨。

- 山东开辟"矿地融合"能源利用新模式。2022年2月25日，华电多能互补能源综合体项目在淄博开工。该项目总投资33亿元，通过利用煤矿闭坑土地资源，规划建设30万千瓦农光互补电站、地源热泵能源站等，建成投运后，年可提供绿电4.2亿千瓦时，替代标准煤

12.6 万吨，减排二氧化碳 37.8 万吨，实现产值收入 5 亿元。

- 山东多能互补探索取得新突破。2022 年 4 月 11 日，山东海阳核电"核能+光伏"项目正式投运。项目立足核能发电，科学布局分布式光伏发电，装机容量 1009 千瓦，年发电量约 126 万千瓦时，实现光伏发电"自发自用，就地消纳"，每年有效替代标准煤 414 吨，减排二氧化碳 1260 吨、二氧化硫 38 吨和氮氧化物 19 吨。

- 平价海上风电项目开工。2022 年 4 月 16 日，山东能源集团渤中 A 场址 50 万千瓦首批平价海上风电项目开工活动在东营举行。项目总投资约 67 亿元，计划于 2022 年底全容量并网发电，建成投运年发电量 17 亿千瓦时，可替代标准煤 51 万吨，减排二氧化碳 132.6 万吨。

- 山东核能产业添技术创新新动能。2022 年 5 月 16 日，山东先进核能技术创新中心揭牌成立。中心将以能源结构调整优化为导向，在智慧核电、核电安全及运维技术、核能综合利用、综合智慧能源、核电厂环境监测防控、核电建造及装备制造六大领域探索创新，形成关键技术成果，加速推进关键设备国产化进程。

- 华电章丘重点燃机项目启动。2022 年 6 月 18 日，山东华电章丘 2×400 兆瓦燃气机组项目启动。该项目是山东首批、济南首个启动的重点燃机项目，总投资 22.64 亿元，建成投运后可有效提升全省清洁发电占比和调峰保供能力，与同等容量超净燃煤机组相比，碳排放减少 60% 左右，对于优化调整能源结构、促进经济社会绿色低碳发展具有重要意义。

2.5 绿色交通

着力深化交通运输供给侧结构性改革，不断优化全省交通运输的能源结构、装备结构和方式结构，促进行业转型升级。加快构建绿色出行体系，加快城际轨道交通和联程运输发展，完善城市群内轨道交通网络，推动城际铁路公交化运营，推动特大城市和大城市构建以城市轨道和快速公交为骨架、常规公交为主体的公共交通出行体系，加快新能源和清洁能源运输装备推广应用，强化交通资源集约利用，建设集约化、一体化交通运输枢纽。

主要行动举措包括：

- 青岛轨道交通产业示范区双创园项目投用。2022年1月17日，青岛轨道交通产业示范区国创中心双创园项目正式投入使用。该项目是山东新旧动能转换重大项目之一，定位于轨道交通产业创新资源聚集、科技成果外溢输出的创新创业服务社区，将成为青岛轨道交通产业示范区实施创新驱动发展和集聚先进制造项目的重要载体。

- 华人运通中国总部落户青岛。2022年1月17日，华人运通正式与青岛签署合作协议，双方将共同打造面向全球的世界级研发技术中心，填补青岛在高端新能源汽车研发制造领域空白，助力青岛抢抓汽车产业向新能源和智能网联汽车变革的关键窗口期。

- 济南建成高速公路"负碳服务区"。2022年6月18日，济南东服务区投入运营。通过可再生能源利用系统、零碳智慧管控系统、污废资源化处理系统、林业碳汇提升系统等，该服务区每年可减少碳排放3400吨以上，实现"负碳运营"。

2.6 生态环保

以减污降碳协同增效作为总抓手，建立健全绿色低碳循环发展体系，加快形成绿色发展方式和生活方式，促进经济社会全面绿色转型。

打造陆海统筹生态保护样板区，促进"河—陆—滩—海"生态系统良性循环，不断提高生物多样性。落实黄河流域生态保护和高质量发展战略，争当黄河流域生态保护和高质量发展排头兵。

主要行动举措包括：

- 黄河口国家公园进入创建实施阶段。2021年11月30日，山东省政府新闻办举行"黄河流域生态保护和高质量发展"主题系列新闻发布会第三场。会上通告黄河口国家公园已进入创建实施阶段。项目旨在科学实施生态保护修复，加强生物多样性保护，凸显黄河三角洲自然保护区重要生态地位。

- 山东两地入选美丽河湖海岸优秀案例。2022年1月24日，生态环境部发布2021年度全国18个美丽河湖、8个美丽海湾优秀案例，其中山东淄博市马踏湖、青岛市灵山湾分别位列美丽河湖和美丽海湾优秀案例第1名。此次入选有助于为全国各地美丽河湖、美丽海湾保护与建设发挥示范带动作用。

河南：多措并举助力新能源汽车行业发展

河南锚定"两个确保"，实施"十大战略"，把创新摆在发展的逻辑起点和现代化建设的核心位置，抢滩占先5大高成长产业，前瞻布局6大未来产业，构建具有核心竞争力的战略性新兴产业和未来产业体系。

在顶层设计方面，河南坚持扩大内需战略基点，突出"项目为王"鲜明导向，聚焦主导产业提质增效，培育壮大高成长产业，谋篇布局未来产业，构建区域绿色发展格局，优化升级绿色发展方式，出台了系统有效、科学规范的政策体系。在行动举措方面，河南省抢抓国家燃料电池汽车示范应用机遇，大力推广氢能源为主导的新能源汽车产业，深入开展动力电池基础研究，打造氢能汽车产业示范集群，加快融入全国新能源汽车产业发展格局；大力发展高端装备、新材料、智能制造等优势产业，持续提升产业能级和综合优势，全面增强品牌影响力和市场竞争力；着力推广大数据应用，加快建设省级大数据中心和一批数据基地落地，赋能"智慧+"建设；积极推广绿色建筑，扩大装配式建筑生产应用规模；大力发展节能环保产业，推进资源循环利用产业发展。大力发展以废旧产品再利用为主的再制造产业；加强黄河流域生态保护治理，打造黄河流域生态保护和高质量发展示范区。

1. 河南省碳中和相关政策文件

1.1 河南省人民政府文件

(1)《河南省人民政府关于印发河南省 2022 年国民经济和社会发展计划的通知》(豫政〔2022〕9 号)(2022-03-29)[①]。

相关政策要求：有序推进碳达峰碳中和，坚持先立后破发展绿色能源，抓好煤炭高效清洁利用，持续壮大绿色产业，推动 80% 的重点用能单位完成节能改造，积极推广绿色建筑，扩大装配式建筑生产应用规模，推进工程渣土、工程垃圾、装修垃圾等资源化利用。加强绿色政策供给，落实新增可再生能源和原料用能不纳入能源消费总量控制政策，

---

① 资料来源：河南省人民政府网站，https://www.henan.gov.cn/2022/03-29/2422527.html。

推行用能权有偿使用和交易，推动重点排放企业参与全国碳排放权交易，尽早实现能耗"双控"向碳排放总量和强度"双控"转变。

(2)《河南省人民政府办公厅关于印发河南省钢铁行业"十四五"转型升级实施方案的通知》（豫政办〔2021〕72号）（2021-12-09）[①]。

相关政策要求：加快构建新发展格局，以供给侧结构性改革为主线，优化钢铁行业布局，大力实施创新驱动发展战略，推动绿色低碳发展，着力提升工艺装备、产品质量、资源利用和节能减排水平，努力打造现代化钢铁产业体系，实现高质量发展。

(3)《河南省人民政府关于印发河南省"十四五"战略性新兴产业和未来产业发展规划的通知》（豫政〔2021〕50号）（2022-01-24）[②]。

相关政策要求：把创新摆在发展的逻辑起点和现代化建设的核心位置，着力抓创新、强主体、育集群、促融合、拓开放、优生态、提能级，高位嫁接4大优势主导产业，抢滩占先5大高成长产业，前瞻布局6大未来产业，推动产业链、创新链、供应链、要素链、制度链深度耦合，构建具有核心竞争力的战略性新兴产业和未来产业体系，实现战略性新兴产业和未来产业整体跃升。

(4)《河南省人民政府关于印发河南省"十四五"制造业高质量发展规划和现代服务业发展规划的通知》（豫政〔2021〕49号）（2022-01-26）[③]。

相关政策要求：统筹推进提质发展传统产业、培育壮大新兴产业、

---

① 资料来源：河南省人民政府网站，https：//www.henan.gov.cn/2021/12-09/2362897.html。
② 资料来源：河南省人民政府网站，https：//www.henan.gov.cn/2022/01-24/2387551.html。
③ 资料来源：河南省人民政府网站，https：//www.henan.gov.cn/2022/01-26/2389089.html。

前瞻布局未来产业，推动"河南制造"进入国内大循环和国内国际双循环的关键环、中高端，建设高能级创新生态、高赋能智能制造、高耦合"两业"融合、高质量群链共生、高融通企业发展、高水平产业平台、高层次开放合作、高覆盖绿色制造、高协同区域发展体系，推动产业链、创新链、供应链、要素链、制度链"五链"深度耦合，加快形成"能级更高、结构更优、创新更强、动能更足、效益更好"的先进制造业体系。

(5)《河南省人民政府关于印发河南省"十四五"现代综合交通运输体系和枢纽经济发展规划的通知》（豫政〔2021〕57号）（2022-01-26）[①]。

相关政策要求：强化通道、枢纽、网络衔接，构建安全、便捷、高效、绿色、经济的现代综合交通运输体系，强化枢纽资源要素组织和产业链、供应链协同，推动交通运输与现代产业发展、城镇开发、内需扩大、区域联动、高水平开放等深度融合和精准适配，加快交通区位优势向枢纽经济优势转变，打造具有国际影响力的枢纽经济先行区。

(6)《河南省人民政府关于印发河南省"十四五"自然资源保护和利用规划的通知》（豫政〔2021〕45号）（2022-02-14）[②]。

相关政策要求：落实高质量发展要求，锚定"两个确保"，支撑以人为核心的新型城镇化、乡村振兴、绿色低碳转型、全面深化改革等战略实施，统筹保障与保护、发展与安全，提高自然资源利用效率，

---

① 资料来源：河南省人民政府网站，https：//www.henan.gov.cn/2022/01-26/2389095.html。
② 资料来源：河南省人民政府网站，https：//www.henan.gov.cn/2022/02-14/2397798.html。

提升生态系统质量和稳定性，优化国土空间布局，持续深化自然资源管理改革创新，全面推进自然资源治理体系和治理能力现代化，实现自然资源助推高质量发展迈上新台阶。

(7)《河南省人民政府关于印发河南省"十四五"现代能源体系和碳达峰碳中和规划的通知》（豫政〔2021〕58号）（2022-02-22）①。

相关政策要求：统筹能源传统产业转型升级、新兴产业重点培育、未来产业谋篇布局，坚持节能优先、能源优化、外引多元、创新引领，着力推进能源绿色低碳发展，着力强化节能降碳增效，着力增强能源安全保障能力，着力深化能源领域改革创新，持续推动能源高质量发展，加快构建清洁低碳、安全高效的现代能源体系，为中部地区绿色崛起、谱写新时代中原更加出彩绚丽篇章提供坚实可靠的能源保障。

(8)《河南省人民政府关于印发河南省"十四五"生态环境保护和生态经济发展规划的通知》（豫政〔2021〕44号）（2022-02-23）②。

相关政策要求：把握减污降碳总要求，激励与约束并举，增容与减排并重，统筹推进绿色低碳转型、环境污染治理、生态系统保护、生态经济发展、环境风险防控、治理能力提升，加快建设生态强省，促进大河大山大平原保护治理实现更大进展、生态文明建设实现新进步，为确保高质量建设现代化河南、确保高水平实现现代化河南奠定坚实生态环境基础。

---

① 资料来源：河南省人民政府网站，https://www.henan.gov.cn/2022/02-22/2402738.html。
② 资料来源：河南省人民政府网站，https://www.henan.gov.cn/2022/02-23/2403328.html。

(9)《河南省人民政府办公厅关于印发河南省加快新能源汽车产业发展实施方案的通知》（豫政办〔2021〕67号）（2021-11-25）[①]。

相关政策要求：坚持电动化、网联化、智能化发展方向，优化产业布局，强化创新驱动，加强市场培育，完善基础设施，扩大产业规模，积极融入、服务新发展格局，加快提升新能源汽车产业基础能力和产业链现代化水平，努力向汽车强省目标迈进。

(10)《河南省人民政府办公厅关于印发河南省加快传统产业提质发展行动方案等三个方案的通知》（豫政办〔2022〕4号）（2022-01-21）[②]。

相关政策要求：以制造业高质量发展为主攻方向，以深化供给侧结构性改革为主线，聚焦传统产业高端化、智能化、绿色化、服务化转型，大力实施"六新"（新技术嫁接、新模式提质、新链条重塑、新空间拓展、新品牌培育、新生态构建）工程，推动传统产业通过高位嫁接形成"新制造"，焕发新活力，再造新优势，为建设先进制造业强省提供坚实支撑。

(11)《河南省人民政府办公厅关于印发河南省用能权有偿使用和交易试点实施方案的通知》（豫政办〔2022〕41号）（2022-05-18）[③]。

相关政策要求：以优化能源资源配置为导向，健全用能权有偿使用和交易制度体系，增强能源消费总量管理弹性，引领产业绿色转型发展，持续提升能源利用效率，发挥市场在资源配置中的决定性作用，

---

① 资料来源：河南省人民政府网站，https://www.henan.gov.cn/2021/11-25/2354617.html。
② 资料来源：河南省人民政府网站，https://www.henan.gov.cn/2022/01-21/2386186.html。
③ 资料来源：河南省人民政府网站，https://www.henan.gov.cn/2022/05-18/2450657.html。

探索用能权指标有偿使用新机制，从源头合理控制新增高耗能、高排放、低水平项目用能，以增量优化带动存量调整，推动能源要素向优质项目、企业、产业流动和集聚，助力实现碳达峰碳中和。

1.2 河南省发展和改革委员会文件

《河南省发展和改革委员会关于印发河南省"十四五"循环经济发展规划的通知》（豫发改环资〔2021〕1113号）（2021-12-30）[①]。

相关政策要求：坚持节约资源和保护环境的基本国策，着力建设资源循环型产业体系，加快构建废旧物资循环利用体系，深化农业循环经济发展，广泛形成绿色生活方式，全面提高资源利用效率，提升再生资源利用水平，建立健全绿色低碳循环发展经济体系，为经济社会可持续发展提供资源保障。

1.3 河南省生态环境厅文件

《河南省生态环境厅办公室关于开展工业固体废物排污许可管理工作的通知》（豫环办〔2022〕5号）（2022-01-24）[②]。

相关政策要求：依法逐步将产生工业固体废物单位的工业固体废物环境管理要求纳入其排污许可证，指导产废单位做好申报准备工作，加强排污许可证审核把关，审查排污许可证中的工业固体废物许可事项时，应重点审核申请材料中自行贮存/利用/处置设施是否符合污染防控技术要求，环境管理台账记录和执行报告要求是否符合工业固体

[①] 资料来源：河南省发展和改革委员会网站，https：//fgw.henan.gov.cn/2022/01-27/2389680.html。

[②] 资料来源：河南省生态环境厅网站，https：//sthjt.henan.gov.cn/2022/01-27/2389255.html。

废物技术规范。

1.4 河南省科学技术厅文件

《关于印发〈河南省绿色技术创新示范企业（基地）培育和管理办法〉的通知》（豫科〔2021〕165号）（2021-11-12）①。

相关政策要求：强化科技创新对碳达峰、碳中和工作的支撑引领作用，加快构建绿色技术创新体系，强化企业绿色技术创新主体地位，提升高校院所绿色技术创新能力，为培育国家绿色技术创新企业做好储备。

1.5 河南省住房和城乡建设厅文件

《河南省住房和城乡建设厅关于印发〈河南省农村住房节能改造与品质提升技术导则（试行）〉的通知》（豫建村〔2022〕108号）（2022-05-18）②。

相关政策要求：贯彻落实国家和河南省关于乡村振兴战略和实施乡村建设行动的决策部署，巩固拓展脱贫攻坚成果，规范河南省农村住房节能改造与品质提升项目建设，实施农村住房改造时，在确保安全、可靠的前提下，鼓励应用和推广新技术、新材料、新工艺，严禁使用禁止或淘汰的材料和产品，保障农村住房安全性能和品质提升效果。

---

① 资料来源：河南省科学技术厅网站，https：//kjt.henan.gov.cn/2021/11-16/2347796.html。

② 资料来源：河南省住房和城乡建设厅网站，https：//hnjs.henan.gov.cn/2022/05-26/2456029.html。

2. 河南省碳中和行动亮点

2.1 绿色交通

顺应汽车产业电动化、网联化、智能化趋势，强化技术创新、示范应用，全面推进新能源及智能网联汽车产业发展，培育汽车与能源、交通等融合发展新业态，建设全国重要新能源及智能网联汽车产业基地。加快氢燃料商用车研发布局，开展氢燃料汽车动力系统集成、整车系统动力匹配、氢燃料电池等研发与产业化。加快燃料电池汽车示范应用城市群建设，布局与氢燃料电池汽车需求相适应的氢能基础设施。

主要行动举措包括：

- 郑州燃料电池汽车应用示范城市群获批。2021年12月28日，财政部等五部门印发通知，正式批复郑州燃料电池汽车应用示范城市群实施方案。此次入选将吸引新能源汽车产业链优势企业集聚，助力河南省打造自主可控的燃料电池产业链，对于加快建设现代产业体系、深入实施换道领跑战略意义重大。

- 智能制造产业园助力新乡产业转型。2022年2月16日，跃薪新能源智能制造产业园开工仪式在新乡举行。该产业园计划投资5亿元左右，建成后可年产纯电动智能矿用卡车3000台、纯电动挖掘机500台、纯电动钻孔机500台，可装备50座智慧矿山，带动就业700人。

- 氢能汽车产业园项目签约落户洛阳市。2022年4月17日，由洛阳高新实业集团和东旭集团有限公司合作建设的氢能汽车产业园项目落地。该项目拟计划建设新能源专用车、车载和储能锂离子动力电池、制氢储氢加氢装备制造一体化、合成生物基新材料等多个项目，重点聚焦氢燃料电池、氢燃料发动机、制氢储氢加氢等产业链相关产品。

- 焦作添新能源电池材料产业发展平台。2022年4月22日，焦作市新能源电池材料产业联盟成立大会召开。联盟旨在充分利用焦作市新能源电池材料产业的基础优势，充分发挥新能源电池材料产业联盟的平台作用，全力推动新能源电池材料产业高端化、智能化、绿色化、集群化发展，提升焦作市新能源电池材料产业整体竞争力。
- 濮阳与PGO达成战略合作。2022年6月1日，濮阳市政府与光伏绿色生态合作组织（Photovoltaic Green-ecosystem Organization，PGO）氢能与燃料电池产业研究院签订战略合作协议。此举对濮阳市进一步抢抓河南省建设郑汴洛濮"氢能走廊"政策机遇，充分发挥PGO氢能与燃料电池产业研究院专业优势，科学规划布局氢能产业，促进濮阳氢能产业高质量发展、实现换道领跑具有重要意义。
- 濮阳首批30辆氢燃料电池商用车集中投用。2022年6月30日，"七一向党献礼"氢燃料电池商用车应用场景启动仪式在华龙区氢能产业园举行，标志着濮阳市首批氢燃料电池商用车集中投入使用。

【专栏】

案例：新乡——"氢"能抢抓新能源汽车发展赛道

新乡市是省内重要的新能源电池和汽车零部件产业基地，发展新能源汽车相关产业具有较好的基础。近年来，新乡市抢抓新一轮能源革命机遇，以"应用引领、产业支撑、保障供应、构建生态"为路径，加快氢能与燃料电池产业发展。

新乡市在全省率先成立高规格的氢能与燃料电池产业发展指挥部，于2020年制订出台《新乡市氢能与燃料电池产业发展规划》。2022年2月，新乡市印发《加快新能源汽车相关产业发展的实施意见》（以下简称《实施意见》）。《实施意见》指出要积极发展动力电池产业，加快氢燃料电池产业布局，加大产业链企业引导和培育力度，推进公共领域车辆应用新能源化等，为新乡市新能源汽车产业发展指明道路和方向。

加氢站是氢能源产业发展的重要基础设施，是示范应用的重点和关键。中石化河南石油分公司积极与新乡市开展加氢站建设合作，在2021年建成全省第一座综合加氢站的基础上，2022年又启动了第二批加氢站建设。2022年3月23日，新乡市在卫辉市唐庄镇举行燃料电池汽车示范应用暨中石化加氢站建设启动仪式。6月6日，新乡市政府与中石化河南石油分公司签署合作发展协议，合力打造氢能产业高地，双方充分发挥技术和能源网络优势，加大投入力度，助力新乡加氢站设备在全省加快布局。

2022年新乡市将进一步优化营商环境，吸引产业链优势企业集聚，完善加氢站网络规划布局，加快推广燃料电池汽车应用场景，构建"产氢、运氢、储氢、加氢、燃料电池电堆、系统集成、关键零部件"全产业链，推动新乡市氢能与燃料电池产业做大做强，为试点城市群探索路子，积累经验。

2.2 产业转型

聚焦新一代信息技术、生物技术、新材料、节能环保等优势主导产业，大力建链延链补链强链，加快引进培育一批头部企业和拥有核心技术的零部件企业，提升产业链水平和自主可控能力。加强关键技术装备的突破应用和数字技术的融合赋能，促进新兴技术加速向高端装备、新能源、新能源及智能网联汽车、航空航天等领域广泛渗透，培育形成具有更强创新力、更高附加值的新业态和新模式。

主要行动举措包括：

- 创新平台助力产学研用。2021年10月16日，首批10家河南省产业研究院正式揭牌。10家产业研究院涵盖新一代信息技术、高端装备、生物医药、新能源、新材料等领域，将探索以创新链、产业链深度融合为纽带的多样化组建模式，打造集研发、产业化、工程化等于一体的创新联合体。

- 绿色能源与材料国际联合实验室在郑州揭牌。2021年10月23日，绿色能源与产业发展战略高峰论坛暨绿色能源与材料国际联合实验室揭牌活动在郑州举办。该实验室将在绿色能源与材料领域开展关键核心技术攻坚，助推能源供给多元化、清洁化和低碳化发展。

2.3 新能源

加快推动太阳能产业高质量发展，积极推动太阳能热利用与建筑一体化发展，促进分布式利用技术与储能技术融合，推进风能装备产业链更加完备，积极发展生物质能和地热能，推进多种形式新能源规模化、产业化发展，打造一批国内领先的新能源产业研发、制造与应用示范基地，构建适应能源互联网的基础支撑技术体系，促进"互联网+"智慧能源建设。

主要行动举措包括：

- 电力直接交易合同改签换签完成。2021年10月29日，河南省完成电力直接交易合同的改签换签工作，共有53家发电侧市场主体、86家用电侧市场主体达成交易，成交电量231亿千瓦时，标志着其"能跌能涨"市场化电价机制初步形成。

- 安阳能源转型发展再添新动力。2021年11月10日，安阳市首个生活垃圾焚烧发电项目——静脉园垃圾发电厂顺利并网投产。该项目总投资12.71亿元，配置25兆瓦发电机组2台，每日可处理2250吨生活垃圾，年处理能力75万吨，可有效节约土地，改善城乡人居环境。
- 许昌添集中式储能电站项目。2022年2月22日，鄢陵县政府与河南九域恩湃电力技术有限公司集中式储能电站项目签约仪式举行。项目主要建设电化学储能电站，一期建设规模为100兆瓦/200兆瓦时，建成后将对鄢陵县电力体制改革和绿色经济发展起到重要的助推作用，有助于打造全省样板项目。
- 许昌新增大单光伏发电项目。2022年4月2日，许昌市人民政府与华润电力新能源投资有限公司举行新能源项目合作签约仪式。该项目为200兆瓦光伏发电项目，同步配套建设200兆瓦储能项目，总投资约15亿元。该项目的签约，将对推动许昌能源结构调整、加快能源生产和消费方式变革、促进生态文明建设具有重要意义。

2.4 低碳行动

大力推广循环型生产方式，推进工业绿色升级，强化重点行业清洁生产，建设节能环保产业基地，推进大宗固体废物综合利用，提升再生资源循环利用水平，增强企业自主创新能力，搭建技术创新合作平台，加强废旧资源回收利用，推进生产生活系统循环连接，倡导绿色消费方式，树立绿色消费理念。

主要行动举措包括：

- 河南省就废物循环利用展开国际合作。2021年10月24日，河南—德国产业合作对接会项目签约仪式暨欧绿保集团项目开工仪式在郑州举行。此次签约将进一步深化双方在餐厨废物处理及分类、工业废物处置及循环利用等领域的合作，并引荐更多优质企业来河南省投资兴业，共同推进绿色低碳转型。

- 河南省2021年"绿色商场"名单公布。2021年11月24日，河南省商务厅发布2021年河南省绿色商场名单，共认定9家省级绿色商场。其评选标准涵盖具有自然采光和自然通风功能、提高绿色节能商品销售比例、引导消费者减少使用一次性塑料制品等，将有助于营造良好的社会氛围，让绿色消费观念深入人心。

- 超硬材料循环经济产业园项目落户三门峡。2022年2月17日，三门峡市委一行赴长沙签约河南超硬材料循环经济产业园项目。该项目计划总投资5亿元，将建设超硬材料闭路循环利用生产线，进一步完善三门峡市新材料产业体系，加快新材料产业发展，有效推动三门峡市转型创新发展向更高层次迈进。

- 平顶山加快推进循环产业发展。2022年2月28日，河南新天力锂电循环科技产业园项目（一期）开工仪式举行。一期工程将建设国内领先型锂电池材料循环与综合利用生产线，实现年处理能力8万吨，年产电池级碳酸锂、磷酸铁各1万吨，有力填补河南省新能源循环产业的空白。

- 济源就清洁能源项目展开新合作。2022年4月22日，济源示范区管委会和华能集团河南分公司举行仙口抽水蓄能电站暨碳捕集项目投资框架协议签约仪式。此次签约双方将聚焦绿色低碳发展方向，在抽水蓄能等多类别清洁能源项目上开展更加广泛的合作，加快能源结构优化升级。

2.5 绿色金融

着力推广绿色信贷、绿色债券、绿色保险等绿色金融试点项目，灵活创新运用货币政策工具支持清洁能源、节能环保、碳减排技术等重点领域的发展，不断创新绿色金融产品体系，拓宽企业融资渠道，向符合条件的项目、企业提供优惠利率融资，发挥示范效应，加强绿色金融政策保障和方向指引。

主要行动举措包括：

- 河南"区块链+供应链金融"平台上线。2021年12月8日，河南水利投资集团正式投产"水易链"平台，标志着河南省首家省管企业自建"区块链+供应链金融"平台落地。该平台可实现供应链金融范畴内多种金融业务的支撑及优化，将有助于发展科技金融、绿色金融、供应链金融，为全省企业提供一站式全链条的供应链金融服务平台。

- 鹤壁市运用金融政策助力企业"减碳增绿"。2022年4月8日，鹤壁市金融工作领导小组印发了《鹤壁市金融支持绿色经济发展实施方案》，要求积极引导符合条件的6家银行机构充分运用碳减排支持工具和支持煤炭清洁高效利用专项再贷款两项货币政策工具，向符合条件的项目、企业提供优惠利率融资，发挥示范效应，支持本市绿色经济发展。

- 林业碳汇保险落地商丘。2022年4月12日，河南省首单林业碳汇保险在中原农险商丘市民权县营销服务部签单落地，将为商丘市民权县1000亩国有林场提供70万元风险保障，开启河南省保险业探索绿色保险发展新模式，填补了河南省林业碳汇保险的空白。

- 濮阳制定绿色金融发展行动方案。2022年4月28日，濮阳市召开新闻发布会，发布《濮阳市"绿色信易贷"助力绿色低碳发展行动方案》。该方案聚焦绿色低碳发展，从加强信用融资服务、加快发展绿色信贷、强化货币政策保障三个方面推出多项举措，有利于创新"绿色信易贷"信贷产品和服务方式，助力绿色低碳领域市场主体纾困发展。

2.6 绿色建筑

积极贯彻绿色发展要求，大力发展绿色装配式建筑，提高新建建筑绿色建材使用比例，推进钢结构装配式住宅试点工作，引进、发展一批绿色建筑领军企业，着力打造绿色建筑示范区和示范城市，推进绿色建材产品认证制度实施，制定完善绿色建筑评价标准，引导建立健全绿色低碳循环发展经济体系，为推动绿色发展迈上新台阶贡献力量。

主要行动举措包括：

- 杭萧钢构绿色装配式钢结构基地落户信阳。2021年11月23日，杭萧钢构股份有限公司与信阳市人民政府签署协议，合作共建杭萧钢构绿色装配式钢结构建筑产业基地项目。此次合作，双方将以建造绿色装配式钢结构建筑产业体系为依托，携手打造绿色钢结构建筑产业园、示范园，加快推进信阳市装配式建筑产业化集聚发展进程。
- 鹤壁政府助力绿色建材产销对接。2022年5月19日，鹤壁市工信局组织召开全市绿色建材行业产销对接活动，现场成功签订1项战略合作和5项产销合作协议，10家企业现场签订产销合同金额5668万元。本次活动共计达成产销合作意向合同44项，合计金额2.82亿元。

2.7 生态保护

统筹推进山水林田湖草沙综合治理、系统治理和源头治理，提升水陆空生态环境科学治理水平，打造黄河流域生态保护和高质量发展示范区，探索省际生态补偿新模式，拓宽生态保护资金支持渠道，持续改善黄河流域生态环境质量，切实守牢黄河流域生态环境安全底线。

主要行动举措包括：

- 黄河实验室揭牌成立。2021年10月20日，河南省第三家省实验室——黄河实验室揭牌仪式在郑州举行。黄河实验室建设目标为：全面提升黄河流域水安全保障能力，加速推进流域区域高质量发展，打造世界一流的基础和应用基础学科群，建设与国际接轨的高水平、开放性、充满活力的新型研发机构。
- 豫鲁黄河流域生态保护新机制见成效。2022年4月30日，河南省、山东省为黄河水质签下"对赌"协议满一年，2021—2022年河南省共可获得生态补偿金1.26亿元。豫、鲁两省携手打造省际横向生态补偿机制，初步形成黄河流域生态治理共担共享的新格局。

湖北：扎实推进新能源建设，围绕碳市场发展绿色金融

围绕实现碳达峰碳中和目标任务，贯彻落实碳峰值碳中和要求，湖北省以发展碳市场交易、推进新能源项目建设、促进绿色金融发展为重点战略方向，大力推进能源清洁化进程，以全国碳排放权注册登记系统建设为优势，把碳交易、绿色金融作为主要发力点。把碳达峰碳中和纳入生态城市建设布局以及生态文明建设整体布局，积极构建绿色低碳循环发展经济体系，促进经济社会发展全面绿色转型。

在政策制定方面，湖北省先后出台系列激励绿色低碳发展的相关文件，强化实现碳达峰碳中和目标的相关规定和政策保障。政策着力重点主要落在推动碳达峰碳中和目标实现的金融支持、产业转型、林业碳汇、生态项目推进、经济高质量发展等相关领域。在发展情况方面，湖北省充分发挥金融市场促进作用，加快风电、光伏、储能等可再生能源发电产业部署和项目建设，为能源经济系统低碳转型提供有

力支撑；大力开发有利于碳达峰碳中和的绿色金融产品；实施碳排放重点行业企业减污降碳行动，先行开展林业碳汇的建设工作；大力推进新能源发电与新能源汽车的发展，推进能源清洁化进程；同时，加快发挥全国碳排放权注册登记系统的建设优势。

1. 湖北省碳中和相关政策文件

1.1 湖北省人民政府文件

（1）《省人民政府关于印发湖北省科技创新"十四五"规划的通知》（鄂政发〔2021〕18号）（2021-09-24）[①]。

相关政策要求：坚持"绿水青山就是金山银山"理念，组织实施"绿色低碳科技赋能工程"，助力实现碳达峰碳中和发展目标，服务长江生态系统质量总体改善，为建设美丽湖北，率先实现绿色崛起提供科技支撑。加快推进长江生态大保护关键技术攻关，增强碳减排碳中和技术支撑能力，大力发展资源高效开发与循环利用技术。

（2）《省人民政府关于印发湖北省制造业高质量发展"十四五"规划的通知》（鄂政发〔2021〕29号）（2021-10-29）[②]。

相关政策要求：推进制造业绿色化转型。健全绿色制造体系，引导企业推行产品绿色设计，开发绿色产品，建设绿色工业园区。加快循环经济发展，严格落实碳排放要求，实现能源高效低碳化利用。提

[①] 资料来源：湖北省人民政府网站，https://www.hubei.gov.cn/zfwj/ezf/202110/t20211020_3818129.shtml。

[②] 资料来源：湖北省人民政府网站，https://www.hubei.gov.cn/zfwj/ezf/202111/t20211119_3871028.shtml。

升制造业企业本质安全水平。

(3)《省人民政府关于印发湖北省推进农业农村现代化"十四五"规划的通知》(鄂政发〔2021〕19号)(2021-09-30)①。

相关政策要求：围绕"农民要效益、市民要放心、环境要绿色"，推动沿长江流域畜禽粪污综合治理、农作物秸秆资源化利用等，打造稻渔综合种养生态循环农业样板；推动四大生态屏障区加快构建现代绿色产业体系。

(4)《省人民政府关于印发湖北省生态环境保护"十四五"规划的通知》(鄂政发〔2021〕31号)(2021-11-14)②。

相关政策要求：坚持减污降碳协同、减缓和适应并重，围绕落实碳达峰目标与碳中和愿景，全面推进碳达峰行动，高水平推进碳市场和低碳试点示范建设，强化气候安全保障，积极应对气候变化。

(5)《省人民政府关于印发湖北省新型城镇化规划(2021—2035年)和湖北省"十四五"推进新型城镇化建设实施方案的通知》(鄂政发〔2021〕20号)(2021-10-01)③。

相关政策要求：实施生态修复工程，依托自然基底建设城市生态绿色廊道，开展国土绿化，加强水环境保护修复。推进城市绿色生产，推动城市绿色转型，制定实施碳达峰、碳中和总体方案。推进零碳排放示范区建设，建立绿色低碳循环发展经济体系，加快循环经济示范市（县）建设。倡导城市绿色生活，倡导绿色文明的健康生活习惯，

---

① 资料来源：湖北省人民政府网站，https://www.hubei.gov.cn/zfwj/ezf/202111/t20211104_3845099.shtml。
② 资料来源：湖北省人民政府网站，https://www.hubei.gov.cn/zfwj/ezf/202112/t20211221_3925769.shtml。
③ 资料来源：湖北省人民政府网站，https://www.hubei.gov.cn/zfwj/ezf/202111/t20211118_3869820.shtml。

倡导绿色交通出行，推进绿色消费。

(6)《省人民政府办公厅关于印发湖北省城乡人居环境建设"十四五"规划的通知》（鄂政办发〔2021〕45号）（2021-10-11）①。

相关政策要求：建设宜居、韧性、智慧、绿色、人文的城乡人居环境，推进生态文明建设、促进新型城镇化和乡村振兴、实施长江大保护、建设美丽中国，构建系统完备、高效实用、智能绿色、安全可靠的现代化基础设施体系，推动城市空间结构优化、功能完善和品质提升，建设荆楚美丽宜居乡村，形成绿色生产和生活方式，打造中国特色城镇发展和乡村振兴的湖北样本。

(7)《省人民政府关于印发湖北省综合交通运输发展"十四五"规划的通知》（鄂政发〔2021〕22号）（2021-10-15）②。

相关政策要求：巩固长江、汉江核心区港口码头岸线整治成果，加大力度促进资源节约利用，强化节能减排和污染防治，加强交通生态环境保护修复，重塑新时代交通运输行业发展的生态文明观，打造节约集约、低碳环保的绿色交通体系。

(8)《省人民政府关于印发湖北省服务业发展"十四五"规划的通知》（鄂政发〔2021〕28号）（2021-10-29）③。

相关政策要求：大力发展生态金融，加快建设以武汉为龙头的全

---

① 资料来源：湖北省人民政府网站，https：//www.hubei.gov.cn/zfwj/ezbf/202111/t20211104_3844304.shtml。

② 资料来源：湖北省人民政府网站，http：//www.hubei.gov.cn/zfwj/ezf/202111/t20211119_3870613.shtml。

③ 资料来源：湖北省人民政府网站，https：//www.hubei.gov.cn/zfwj/ezf/202111/t20211119_3870817.shtml。

国碳金融中心，建好全国碳排放权注册登记结算系统，打造全国碳交易中心和碳金融中心。

(9)《省人民政府办公厅关于印发湖北省自然资源保护与开发"十四五"规划的通知》（鄂政办发〔2021〕51号）（2021-11-05）[①]。

相关政策要求：提升生态系统碳汇能力，稳定森林、湿地、耕地等碳库固碳作用。加强二氧化碳地质封存调查评价和试点示范，优先在能源基地和高碳排放集中区开展相关科研工作，进行试点示范。大力发展非化石能源，逐步提高非化石能源在能源消费中的比重。

(10)《省人民政府办公厅关于印发湖北省林业发展"十四五"规划的通知》（鄂政办发〔2021〕55号）（2021-11-27）[②]

相关政策要求：高质量推进国土绿化、资源管护、湿地修复和绿色富民，有效实施重要生态系统保护和修复等重大工程，构建更加牢固的生态安全屏障，林业生态文明建设实现新进步。着力构建自然保护地体系，全面推进林长制等制度体系建设。切实加强林业支撑保障和基础设施建设，林业治理体系逐步完善，林业治理效能得到新提升。

(11)《省人民政府关于印发湖北省金融业发展"十四五"规划的通知》（鄂政发〔2021〕37号）（2021-12-30）[③]。

相关政策要求：大力发展绿色金融，建立健全绿色金融服务体系，

[①] 资料来源：湖北省人民政府网站，http://zrzyt.hubei.gov.cn/fbjd/zhengce/gfwj/zxgfxwj/202111/t20211119_3872584.shtml。

[②] 资料来源：湖北省人民政府网站，https://www.hubei.gov.cn/zfwj/ezbf/202201/t20220107_3955327.shtml。

[③] 资料来源：湖北省人民政府网站，http://dfjrjgj.hubei.gov.cn/zfxxgk_GK2020/zc_GK2020/gfxwj_GK2020/202201/t20220117_3967399.shtml。

探索建立针对绿色项目、绿色信贷、绿色债券等的绿色评级体系。加强碳金融市场建设，支持全国碳排放权注册登记机构引入战略投资者，创新碳排放交易产品，丰富碳交易市场主体。创新发展绿色金融产品，鼓励金融机构开发绿色信贷产品。拓展绿色融资渠道。

(12)《省人民政府关于印发湖北省能源发展"十四五"规划的通知》（鄂政发〔2022〕13号）（2022-05-19）[①]。

相关政策要求：绿色转型。加快构建新型电力系统，使清洁能源成为能源消费增量的主体，单位地区生产总值二氧化碳排放下降完成国家下达目标。节能增效，能源系统灵活性显著增强。

(13)《省人民政府关于加快建立健全绿色低碳循环发展经济体系的实施意见》（鄂政发〔2021〕25号）（2021-11-18）[②]。

相关政策要求：到2025年，产业结构、能源结构、运输结构、用地结构明显优化，提高基础设施绿色化，完成国家下达的减排目标任务，形成绿色低碳循环发展的生产体系、流通体系和消费体系。到2035年，绿色发展内生动力显著增强，重点行业、重点产品能源资源利用效率达到国内先进水平，广泛形成绿色生产生活方式。

(14)《省人民政府关于新时代支持革命老区振兴发展的实施意见》（鄂政发〔2021〕23号）（2021-10-17）[③]。

相关政策要求：支持革命老区构建清洁低碳、安全高效能源体

[①] 资料来源：湖北省人民政府网站，https：//www.hubei.gov.cn/zfwj/ezf/202205/t20220519_4134056.shtml。

[②] 资料来源：湖北省人民政府网站，https：//www.hubei.gov.cn/zfwj/ezf/202111/t20211118_3869632.shtml。

[③] 资料来源：湖北省人民政府网站，https：//www.hubei.gov.cn/zfwj/ezf/202111/t20211102_3840842.shtml。

系。实施农村电网巩固提升工程，推动发展新能源产业。加强革命老区重点生态功能区建设，统筹推进山水林田湖草沙一体化保护和修复。坚持"绿水青山就是金山银山"理念，倡导绿色生产生活方式。推进革命老区资源就地转化和综合利用，推进绿色低碳发展。

(15)《省人民政府办公厅关于印发湖北·汉襄宜国家科技成果转移转化示范区建设方案的通知》（鄂政办函〔2021〕38号）（2021-10-19）①。

相关政策要求：提升高质量成果供给能力，夯实原创性科技成果供给基础，推进农业微生物，碳捕集、利用与封存等重大科技基础设施建设。强化面向产业的科技成果产出能力，围绕构建"51020"现代产业体系，支持襄阳市聚焦新能源汽车，宜昌市聚焦绿色化工领域。

1.2 湖北省发展和改革委员会文件

(1)《关于印发湖北省加快推动制造服务业高质量发展实施意见的通知》（鄂发改服务〔2021〕325号）（2021-12-15）②。

相关政策要求：实施制造业绿色改造工程。开展绿色产业示范基地建设，搭建绿色发展促进平台，培育一批具有自主知识产权和专业化服务能力的市场主体，推动行业绿色化水平。

---

① 资料来源：湖北省人民政府网站，https://www.hubei.gov.cn/zfwj/ezbh/202112/t20211221_3925754.shtml。

② 资料来源：湖北省发展和改革委员会网站，http://fgw.hubei.gov.cn/fbjd/zc/gfwj/gf/202112/t20211231_3947374.shtml。

(2)《关于印发振作工业经济运行推动工业高质量发展行动方案的通知》(鄂发改工业〔2022〕127号)(2022-04-02)①。

相关政策要求:加快实施技术改造项目。加快省级制造业高质量发展专项资金使用拨付,落实差别化电价政策,在冶金、石化等重点领域开展节能减污降碳行动。启动战略性新兴产业倍增计划,加快实施核心关键技术攻关、原始创新能力提升等12大工程。开展消费扩容升级行动。继续实施新能源汽车购置补贴、充电设施奖补和车船税减免优惠政策。开展新能源汽车、智能家电和绿色建材下乡行动。

1.3 湖北省经济和信息化厅文件

《省经信厅 省科技厅 省财政厅 省商务厅 省国资委 省金融局 湖北证监局关于加快培育发展制造业优质企业的实施意见》(鄂经信产业〔2022〕13号)(2022-02-22)②。

相关政策要求:引导优质企业高端化、智能化、绿色化发展,大力增加绿色低碳技术供给,提高传统制造业附加价值。鼓励钢铁、石化、化工、建材、纺织、食品等行业优质企业构建绿色供应链管理体系,树立资源节约标杆,支持参与实施工业低碳行动和绿色制造工程,在落实碳达峰、碳中和目标中发挥示范引领作用。

---

① 资料来源:湖北省发展和改革委员会网站,http://fgw.hubei.gov.cn/fbjd/zc/gfwj/gf/202204/t20220419_4089509.shtml。
② 资料来源:湖北省经济和信息化厅网站,http://jxt.hubei.gov.cn/fbjd/zc/gfxwj/202203/t20220304_4023245.shtml。

1.4 湖北省生态环境厅文件

《关于印发 2022 年全省生态环境工作要点的通知》（鄂环发〔2022〕2号）（2022-01-24）[①]。

相关政策要求：加快推动绿色低碳发展，积极应对气候变化，做好全国碳排放权交易市场第二个履约周期管理。扎实推进生态省建设，推动湖北省生态信息管理平台建设。

1.5 湖北省住房和城乡建设厅文件

《关于实施〈建筑节能与可再生能源利用通用规范〉和〈低能耗居住建筑节能设计标准〉的通知》（鄂建文〔2022〕16 号）（2022-04-24）[②]。

相关政策要求：公共建筑、居住建筑和设置供暖空调系统的工业建筑项目应在可行性研究报告、建设方案和初步设计文件中，对建筑能耗、可再生能源利用及建筑碳排放进行分析，并出具专题报告。在施工图设计文件中，应明确建筑节能措施及可再生能源利用系统运行管理的技术要求。

2. 湖北省碳中和发展情况梳理

2.1 碳交易

积极探索减排路径、完善碳交易市场项目，盘活碳资产，更好地

[①] 资料来源：湖北省生态环境厅网站，http：//sthjt.hubei.gov.cn/fbjd/xxgkml/ghjh/202201/t20220128_3985499.shtml。

[②] 资料来源：湖北省住房和城乡建设厅网站，http：//zjt.hubei.gov.cn/zfxxgk/zc/gfxwj/202205/t20220505_4110746.shtml。

发挥碳市场的减排作用，保持并发展湖北省在全国碳市场的领先地位。积极提高能源利用效率、优化能源结构，推进更多企业主体参与，助力实现碳达峰、碳中和战略目标。

主要行动举措包括：

- 湖北省碳市场纳入332家控排企业。截至2021年10月，湖北碳市场纳入332家控排企业，全部为年能耗1万吨标准煤以上的工业企业。

- 湖北省碳排放累计成交量达3.48亿吨，成交额81.83亿元。截至2021年10月22日，湖北省碳排放累计成交量达3.48亿吨，成交额81.83亿元。交易规模、引进社会资金量、企业参与度等指标居全国首位。

- 湖北省碳排放权交易中心与中南财经政法大学签署低碳领域战略合作协议。2021年12月，湖北省碳排放权交易中心与中南财经政法大学签署战略合作协议，双方就低碳领域人才培养、能力建设培训及评价考核、"双碳"领域多学科研究、创新性合作等方面达成协议，并将共建碳排放管理员职业能力等级评价基地。

- 湖北省碳市场主要指标居全国前列。截至2022年4月，湖北碳交易二级市场全年累计成交3.54亿吨，占全国的42.03%；成交额83.59亿元，占全国的53.75%，市场交易规模、连续性等主要市场指标持续居于全国前列。

2.2 新能源

加快清洁能源发展，统筹规划湖北省新能源发展，加大与发电企业合作，加强与科研机构合作，共同研究探讨光伏、储能、新能源汽车等项目发展思路，大力发展能源管理现代化，安全高效、积极发挥清洁能源作用，抢先布局新能源潮头，抢抓"双碳"发展机遇。

主要行动举措包括：

- 荆门动力储能电池产业园开工。2021年11月5日，荆门动力储能电池产业园开工，总投资达463亿元，园区聚集了锂电行业细分领域5家头部企业——亿纬锂能、格林美、恩捷、新宙邦、科达利，达产后年产值有望突破千亿元大关。

- 大悟县与中国电建集团签署协议。2021年11月10日，国家绿色能源示范县大悟县与中国电建集团签署协议，共同建设百万千瓦级多能互补新能源基地，包含新能源、绿色建材、生态环保、基础设施建设、科技信息等领域，项目总投资规模约200亿元。

- 随州新能源发电量突破200亿千瓦时。2021年11月14日，随州风电和光伏累计发电量200.03亿千瓦时，约占全省新能源累计发电量的27%；新能源累计并网装机容量296.69万千瓦，占全省新能源装机容量的18.24%，双双位居全省第一。

- 国网公司推动电力系统升级。截至2021年11月，国网湖北公司坚持推动传统电力系统跨越升级，湖北省风电、光伏发电总装机容量分别达到682.3万千瓦、828.8万千瓦，比2016年增长了260.6%和350.3%。

- 宁德时代邦普一体化新能源产业项目开工。2021年12月5日，宁德时代邦普一体化新能源产业项目开工，项目总投资约320亿元。

2.3 产业转型

积极发展绿色产业，立足当地特点，推进相关产业发展，推进产业转型升级，积极发挥示范带动作用。坚定不移走高质量发展道路，更好地推动红色革命老区与南水北调示范区高质量发展，积极探索国家碳达峰、碳中和发展道路。

主要行动举措包括：

- 零碳产业园项目集中签约。2021年10月28日，仙桃市举行零碳科技产业园规划评审发布暨项目签约活动，5个项目集中签约，总投资75.7亿元，涵盖氢能制备、储运、应用等多个产业链环节。

- 规划建设南水北调后续工程高质量发展示范区。2021年12月12日，郧阳区委书记谈论全力建设南水北调后续工程高质量发展示范区的路径。郧阳先后关停并迁企业近百家，拒绝不符合环保要求项目200多个，并发展四大低碳产业，努力形成2000亿元的产业规模。

- "十四五"期间绿色印刷企业达三成。2021年12月7日，印刷包装产业经济论坛暨全国印刷经理人年会在武汉举行。提出"十四五"期间，湖北省绿色发展应成为印刷业常态，力争达到绿色印刷企业数量占全省印刷企业总数30%以上的目标。

- 湖北省再添29家国家级"绿色工厂"。2021年12月，湖北省再添29家国家级"绿色工厂"，新增数量与北京市、广东省并列全国第一。

2.4 林业碳汇

积极开展、建设林业碳汇项目，推动"林长制"工作建设，盘活林业资源的存量碳资产。大力控制温室气体排放，引导全社会参与碳达峰、碳中和行动，为湖北省在中部地区率先实现绿色崛起增加原动力。

主要行动举措包括：

- 湖北省召开"林长制"工作推进会。2021年11月23日，湖北省召开林长制工作推进会。省委书记主持会议并强调，林草资源是陆地生态资源的主体，全面推行林长制是湖北生态省建设的重要举措。要有效发挥森林、草原、湿地等固碳作用，提升生态系统碳汇增量。

- 十堰市157.9万人参加义务植树活动。2022年春季，十堰市有157.9万人参加义务植树活动，栽植苗木811.95万株，完成营造林面积42.78万亩，完成新育苗面积0.365万亩；实施林相季相改造18.32万亩，占计划30万亩的61%。

2.5 绿色金融

发挥金融市场在经济发展中的作用，着力探索金融在碳达峰、碳中和方面的运用，不断创新绿色金融产品体系，鼓励环保企业更多地利用金融市场进行发展，更好地用金融服务工业企业与相关工程建设，不断促进企业达成碳达峰碳中和的目标。

主要行动举措包括：

- 农发行以金融服务湖北省绿色发展。截至2021年10月，农发行累计投放长江大保护贷款322亿元，用于加大水生态治理修复、河湖水系连通、水源地保护等重大水利工程项目。并累计投放水利贷款76亿元，助力长江经济带绿色发展。

- 邮储银行助力湖北省绿色低碳转型发展。截至2021年10月底，邮储银行绿色贷款余额约 120 亿元，本年净增约 27 亿元、增幅 30%以上；绿色融资余额约 178 亿元，本年净增约 30 亿元、增幅 20%以上。

- 湖北省发放新能源汽车积分贷款。2021 年 11 月 26 日，星晖新能源智能汽车有限公司获得农业银行 1000 万元"绿车贷"。这是全国率先落地的新能源汽车积分收益权质押贷款。
- 武汉天源环保创业板 IPO 注册获批。2021 年 12 月 1 日，武汉天源环保创业板 IPO 注册获批，天源环保深耕垃圾渗滤液治理行业多年，已自主研发 8 项核心技术，拥有 57 项专利，处于行业第一梯队。

2.6 低碳项目

深入开展低碳项目建设，加强校企合作，加强科技交流，启动低碳工业园区建设，以产业的低碳经济发展带动城市低碳化建设，发布多项低碳技术规范，推进绿色低碳发展。

主要行动举措包括：

- 湖北省双碳校企科技成果转化基地启动。2021 年 10 月 29 日，湖北大学—光谷·大学园科技成果转化基地在武汉启动，该基地是湖北首个聚焦"双碳"领域的校企科技成果转化基地。
- 华侨华人创业发展洽谈会引资签约"碳中和科技产业园"项目。2021 年 11 月，长江新城管委会和武汉伟鹏控股有限公司签订"碳中和科技产业园"项目，是全国首个碳中和先锋产业园区，总投资达 100 亿元。
- 湖北省发布绿色建造科技创新联合体手册。2021 年 12 月 15 日，湖北省发布绿色建造科技创新联合体手册，让建筑建造减少污染、更加节能。标志着绿色建筑建造有了设计规范，绿色建造技术迈入新阶段。

- 武汉举行中非碳达峰碳中和科技研讨会。2021年12月22日，中非碳达峰碳中和科技研讨会在武汉举行，双方分享前沿研究，探索加快实现高碳经济向低碳经济转型，促进不可持续的黑色工业革命转向可持续的绿色工业发展的道路。
- 宜昌市高新区全面整治入河排污口。2021年12月，宜昌市高新区投资400万元，全面整治白洋镇桂溪湖闸入江沟渠，实现雨污分流和生活污水收集处置，入选省生态环境厅第三批长江入河排污口溯源整治典型案例。

2.7 宣传活动

扎实推进碳达峰、碳中和工作，通过线上、线下的方式，向市民、企业宣传环保意识，使城市居民逐渐接受并参与城市绿色建设。享受绿色生活方式，让环保意识深入人心，助力碳达峰、碳中和的实现。

主要行动举措包括：

- 湖北省各地积极开展志愿者服务，倡导文明绿色旅游。2022年10月，省文化和旅游厅鼓励全省各地积极营造绿色旅游氛围，积极开展志愿者服务活动，倡导形成旅游新风尚。
- 武汉引导企业投身植树造林活动。2022年3月12日，武汉市黄陂区联合中国五矿在武汉部分企业，引导企业投身植树造林等绿色低碳的公益活动，共同组织开展"播撒一片绿色 争做护绿使者"文明实践志愿服务活动。
- 武汉市出台环保宣传行动计划。2022年4月22日，武汉市委宣传部发布《武汉市"美丽中国，我是行动者"新时代助力高质量发展、提升公民生态文明意识实施方案（2021—2025）》，推动实施生态文明建设宣传、开展生态文明志愿服务。

- 湖北省公共机构节能宣传周线上启动。2022年6月14日，湖北省公共机构节能宣传周暨绿色低碳引领行动，以线上直播形式云启动。主题是"绿色低碳，节能先行"，旨在广泛开展节能降碳宣传教育，大力倡导绿色低碳生产生活方式，积极营造节能降碳的浓厚氛围。
- 湖北省各级公共机构开展低碳日体验活动。2022年6月15日，湖北省各级公共机构将同步开展能源紧缺体验活动，以低碳的办公模式和出行方式体验能源紧缺，倡导绿色低碳生活方式。

湖南：加强林业碳汇能力，
多元化融资支持企业绿色发展

围绕实现"碳达峰、碳中和"目标任务，湖南省以着眼乡村振兴，推进林长制改革为重点战略方向，大力推进新能源建设，推进绿色产业发展，以发展林业碳汇为主要发力点。把碳达峰碳中和纳入生态城市建设布局以及生态文明建设整体布局，积极构建绿色低碳循环发展经济体系，促进经济社会发展绿色转型升级。

在政策制定方面，湖南省先后出台系列激励绿色低碳发展的相关文件，强化实现碳达峰碳中和目标的法律和政策保障。政策着力重点主要落在推动碳达峰碳中和目标实现的生态建设、绿色发展、产业转型等相关领域。在发展情况方面，湖南省大力推进新能源发电的建设与区域合作，为能源经济系统低碳转型、能源清洁化提供有力支撑；大力推进林业碳汇发展，把林业建设融入地区绿色金融建设工作；大力推进新能源建设,深入发展光伏产业,发展清洁能源建设;开展生态环境保护行动,坚决整治生态领域突出问题。

1. 湖南省碳中和相关政策文件

1.1 湖南省人民政府文件

(1)《湖南省人民政府办公厅关于印发〈湖南省"十四五"生态环境保护规划〉的通知》(湘政办发〔2021〕61号)(2021-09-30)①。

相关政策要求:生产生活方式绿色转型成效显著,能源资源配置更加合理、利用效率大幅提高,生态环境质量持续改善,重大生态环境风险基本化解,生态安全屏障更加牢固,生态环境治理体系和治理能力现代化水平明显增强,生态文明建设实现新进步。

(2)《湖南省人民政府办公厅关于印发〈湖南省"十四五"农业农村现代化规划〉的通知》(湘政办发〔2021〕64号)(2021-10-09)②。

相关政策要求:深入贯彻落实国家关于做好碳达峰碳中和工作的指导意见,开展农业农村碳排放测算和碳达峰行动研究,加强农业农村领域碳达峰碳中和与粮食安全、产业发展等工作的有效衔接,全面提升农业农村领域绿色低碳发展整体水平。重点做好种植业减排固碳、

---

① 资料来源:湖南省人民政府网站,http://www.hunan.gov.cn/hnszf/xxgk/wjk/szfbgt//202110/t20211022_20838349.html。
② 资料来源:湖南省人民政府网站,http://www.hunan.gov.cn/xxgk/wjk/szfbgt/202110/t20211021_20836452.html。

畜禽养殖业控污降碳、水产养殖业减排增汇、农机节能减排、可再生能源替代等工作。

(3)《湖南省人民政府关于印发〈湖南省 2022 年国民经济和社会发展计划〉的通知》(湘政发〔2022〕7 号)(2022-03-23)①。

相关政策要求：全面推进绿色低碳循环发展。推动能耗"双控"逐步向碳排放"双控"制度转变，加强资源节约、集约、循环利用，加快循环经济产业园建设，广泛开展绿色行动。深入打好污染防治攻坚战，抓好突出生态环境问题整改。打好长江保护修复攻坚战，加强洞庭湖总磷污染控制与削减，加强生态系统保护修复。积极创建国家生态产品价值实现机制试点，加快郴州国家可持续发展议程创新示范区建设。推进环境信用评价、排污权交易、碳排放市场机制建设。

(4)《湖南省人民政府办公厅关于印发〈湖南省促进工业经济平稳增长的若干政策〉的通知》(湘政办发〔2022〕15 号)(2022-03-28)②。

相关政策要求：建立省级项目库，引导金融资源向工业绿色低碳领域汇聚。落实煤电等行业绿色低碳转型金融政策，支持碳减排和煤炭清洁高效利用重大项目建设。坚持绿色发展，建立统一的高耗能行业阶梯电价制度。落实能耗"双控"有关政策，保障工业发展合理用能。完善能耗考核方式，落实好国家重大项目能耗单列政策。

---

① 资料来源：湖南省人民政府网站，http：//www.hunan.gov.cn/hnszf/xxgk/wjk/szfwj/202204/t20220402_22729107.html。
② 资料来源：湖南省人民政府网站，http：//www.hunan.gov.cn/hnszf/xxgk/wjk/szfbgt//202203/t20220328_22724403.html。

(5)《湖南省人民政府办公厅关于科学绿化的实施意见》（湘政办发〔2022〕8号）（2022-02-14）①。

相关政策要求：到2025年，森林资源得到有效保育，森林覆盖率稳定在59%以上，建成区绿化覆盖率达到42%，着力推进科学绿化试点示范工作。到2035年，生态系统整体功能大幅提高，稳定性大幅增强，森林覆盖率达到60%，城市绿地生态系统布局和结构进一步完善，推动生态环境根本好转。

(6)《湖南省人民政府办公厅关于印发〈推动开放型经济高质量发展打造内陆地区改革开放高地行动方案（2021—2023年）〉〈推动流通创新发展促进消费提质扩容行动方案（2021—2023年）〉的通知》（湘政办发〔2021〕66号）（2021-11-02）②。

相关政策要求：推进绿色消费，推动建设绿色市场，倡导优先使用工业绿色设计产品，支持企业开展"以旧换新"，鼓励新能源汽车、绿色智能家电。完善回收处理体系，支持简易包装和循环包装配送模式，完善末端回收体系，促进循环消费。

(7)《湖南省人民政府办公厅关于印发〈湖南省贯彻落实〈中华人民共和国长江保护法〉实施方案〉的通知》（湘政办发〔2022〕6号）（2022-01-18）③。

相关政策要求：完善生态环境管控措施，强化和落实河湖长

---

① 资料来源：湖南省人民政府网站，http://www.hunan.gov.cn/hnszf/xxgk/wjk/szfbgt//202202/t20220222_22486705.html。

② 资料来源：湖南省人民政府网站，http://www.hunan.gov.cn/hnszf/xxgk/wjk/szfbgt//202111/t20211115_21034964.html。

③ 资料来源：湖南省人民政府网站，http://www.hunan.gov.cn/hnszf/xxgk/wjk/szfbgt//202201/t20220129_22475424.html。

制、林长制。加强长江流域自然保护地体系建设，推动依法设立国家公园、自然保护区、自然公园等自然保护地。加强水资源保护与利用，加强生态用水保障。推进湿地生态保护，严格管理具有调节气候、涵养水源、保持水土、防风固沙等特殊作用的基本草原。维护湿地生态功能。加强生物多样性保护，建立生物多样性基础数据库。

(8)《湖南省人民政府办公厅关于推进草原生态保护修复的实施意见》（湘政办发〔2022〕7号）（2022-02-11）[①]。

相关政策要求：推进草原生态修复治理，按照宜林则林、宜草则草、林草结合原则，统筹山水林田湖草沙系统治理，促进林草融合。合理开发利用草原资源，大力发展草种业，组织开展草种种质资源普查，建立草种种质资源档案。

(9)《湖南省人民政府办公厅关于印发〈洞庭湖总磷污染控制与削减攻坚行动计划（2022—2025年）〉的通知》（湘政办发〔2022〕29号）（2022-06-01）[②]。

相关政策要求：系统治理重点内湖及内河水生态环境，因地制宜划定河湖生态缓冲带。加强河湖湿地生态修复，到2025年，恢复湿地面积20万亩，湿地保护率稳定在72%以上。

---

① 资料来源：湖南省人民政府网站，http：//www.hunan.gov.cn/hnszf/xxgk/wjk/szfbgt/202202/t20220222_22486657.html。

② 资料来源：湖南省人民政府网站，http：//www.hunan.gov.cn/hnszf/xxgk/wjk/szfbgt//202206/t20220622_26399400.html。

(10)《湖南省人民政府关于印发〈长株潭都市圈发展规划〉的通知》（湘政发〔2022〕6号）（2022-03-22）①。

相关政策要求：生态环境质量更加优良。区域环境污染联防联控联治机制高效运转，跨界水污染、大气复合污染等问题明显改善，城市空气质量优良天数比率保持在85%以上，跨界河流断面水质达标率达到100%，地级及以上城市实现功能区声环境质量自动监测，声环境功能区夜间达标率达到85%，全面完成自然保护地整合优化和勘界立标。

1.2 湖南省发展和改革委员会文件

《湖南省发展和改革委员会关于印发〈湖南省"十四五"可再生能源发展规划〉的通知》（湘发改能源规〔2022〕405号）（2022-05-31）②。

相关政策要求：把发展可再生能源作为能源系统低碳转型的重要路径，进一步扩大开发利用规模，优先拓展本地可再生能源发电空间，积极利用区外可再生能源来电，推动可再生能源成为本省"十四五"期间能源消费增量主体，发挥可再生能源对能源低碳转型的引领作用，实现可再生能源大规模发展。

---

① 资料来源：湖南省人民政府网站，http://www.hunan.gov.cn/hnszf/xxgk/wjk/szfwj/202203/t20220329_22725038.html。

② 资料来源：湖南省发展和改革委员会网站，https://fgw.hunan.gov.cn/fgw/xxgk_70899/zcfg/gfxwj/202206/t20220627_26526958.html。

1.3 湖南省自然资源厅文件

《湖南省自然资源厅关于印发〈湖南省探索利用市场化方式推进历史遗留矿山生态修复实施办法〉的通知》（湘自然规〔2021〕8号）(2021-12-23)[①]。

相关政策要求：探索建立市场化运作、科学化治理的矿山生态修复工作机制，提升国土空间生态修复能力，推进生态文明建设。重点推动自然保护地、重要景观区、居民集中生活区周边和重要交通干线、河流湖泊直观可视范围内，视觉污染严重，生态修复产出综合效益高的历史遗留矿山生态修复。鼓励支持各类市场主体通过公开竞争等方式参与生态修复。因地制宜，科学规划，精准施策。

1.4 湖南省住房和城乡建设厅文件

《湖南省住房和城乡建设厅关于进一步强化建筑节能监管工作的通知》（湘建科〔2022〕11号）(2022-01-14)[②]。

相关政策要求：结合《湖南省绿色建筑发展条例》宣贯，多形式、多渠道纵深推进建筑节能宣贯工作；通过比对、实测、体验等方式，把建筑节能身边人、身边事、身边建筑更直观地进行宣传推广；加大对建筑节能相关标准的宣贯学习，加大对建筑节能先进工艺的宣传推介，努力营造建筑节能人人知晓、人人支持、人人参与的浓厚氛围。

---

① 资料来源：湖南省自然资源厅网站，https：//zrzyt.hunan.gov.cn/zrzyt/tgfxwj/202201/t20220120_22467114.html。

② 资料来源：湖南省住房和城乡建设厅网站，https：//zjt.hunan.gov.cn/zjt/c101183/c101185/202203/t20220309_22498634.html。

2. 湖南省碳中和行动亮点

2.1 产业升级

积极发展绿色清洁产业，立足当地特点，推进绿色产业发展，推进矿业绿色化，推进农业绿色化，推进制造业向绿色建设方向偏移，积极发挥政府的作用。坚定不移走高质量发展道路与高品质生活之路，推动产业结构升级转型，不断融入国家碳达峰、碳中和发展战略。

主要行动举措包括：

- 正威汨罗项目一期 10 万吨精密铜线投产。2021 年 11 月 15 日，正威汨罗再生资源产业基地项目一期投产竣工，万元 GDP 能耗仅为 8.6 千克标准煤。将为推动湖南产业结构升级转型贡献力量。

- 推动主要高耗能企业万元产值综合能耗下降。2022 年 5 月 22 日，湖南省工业通信业节能监察中心发布统计报告，第一季度全省 146 家主要高耗能企业的万元产值综合能耗同比下降 15%。

2.2 绿色金融

构建绿色金融体系，打造生态文明高地，发挥金融市场在经济发展中的作用。推进多元化融资支持，鼓励金融机构支持企业绿色融资，着力探索金融在碳达峰、碳中和方面的运用，用投资理念推动湖南生态发展建设，助力低碳绿色发展。

主要行动举措包括：

- 《湘乡市推动碳达峰碳中和工作方案》出台，力争形成特色"碳中和"模式。2021 年 10 月，《湘乡市推动碳达峰碳中和工作方案》

出台，力争在全国形成具有鲜明特色的县域经济湘乡"碳中和"模式，方案明确要以发展绿色金融为突破口，培育新兴市场主体。

- 全省金融机构通过碳减排支持工具发放贷款56.2亿元。截至2022年3月28日，全省金融机构通过碳减排支持工具发放贷款56.2亿元，平均利率为4.1%，惠及企业59家；通过煤炭专项再贷款发放贷款3.6亿元，平均利率为4%，投向清洁高效煤电建设5个项目。

- 工行在湘第一季度投放的绿色信贷增长。2022年第一季度，工行投放各项贷款781.22亿元，较年初净增299.76亿元，贷款投放重点向制造业、绿色能源等实体经济领域倾斜。

- 邮储银行率先推出"个人碳账户"。2022年6月24日，金融助力"双碳"战略高峰论坛在长沙举行，邮储银行湖南省分行宣布在全省金融同业率先推出"个人碳账户"，围绕绿色金融、绿色生活、绿色乡村、绿色公益四大低碳场景，让用户直观感受每一次绿色行为带来的减碳成就。个人碳积分达到一定数量，可以用于兑换权益或申请绿色贷款。

【专栏】

案例：推动多元化融资支持，引导企业绿色发展

2021年10月18日，湖南省地方金融监管局联合人民银行长沙中心支行在长沙举办"金融助力碳达峰碳中和——绿色投融资培训暨项目对接会"，全省各大园区和高耗能企业、金融机构参加。

会上发布《金融助力碳达峰碳中和——绿色投融资项目手册》，汇集了全省14个市州的800多个项目，总投资规模达3596.8亿元，总融资需求超过2483亿元，涵盖节能环保、清洁生产、绿色服务等领域。

> 全省 20 家银行机构推出了多达 82 款绿色金融产品，涉及农业、基建、科技、节能、环保等领域，体现了近年来的投资热点和市场需求。
>
> 会议邀请了中国人民银行、中国银行间市场交易商协会、中国人民大学、澳大利亚国家工程院等机构的专家授课。

2.3 绿色项目

深入开展生态环境绿色项目，开展低碳建设，加强生态环境监督工作，开展地区间、行业间生态保护项目合作，助力国家碳达峰、碳中和战略实施。

主要行动举措包括：

- 湖南省与亚洲开发银行签订新的关于促进绿色低碳发展的备忘录。2021 年 10 月，湖南省与亚洲开发银行签订新的关于促进绿色低碳发展的备忘录，双方将进一步深化合作，探索碳达峰和碳中和目标的最佳实践和创新解决方案。

- 株洲 239 家机关已被授牌为节约型机关。截至 2021 年 12 月底，株洲市有党政机关 673 家，其中 239 家已被国家相关部委授牌为节约型机关。该市党政机关人均综合能耗、单位建筑面积能耗、人均用水量较两年前分别下降 35.21%、24.2% 和 31.2%。

- 省碳达峰碳中和专家咨询委员会在长沙成立。2022 年 6 月 16 日，省碳达峰碳中和专家咨询委员会在长沙成立，省委常委出席成立大会并强调，要充分发挥专家咨询委员会以及 8 个专业委员会在把握宏观政策走向、瞄准全球理论前沿、了解先进技术成果等方面的功能作用，促进和保障战略规划、政策措施与操作方案的制定和实施更加科学务实。充分发挥专家学者的引领示范作用，广泛宣传低碳理念，有效传播科学知识，大力倡导简约生活方式。

2.4 新能源工程

加快新能源发电发展，促进光伏发电建设，加快推进清洁能源发电，积极推进区域能源交流合作，不断促进新能源技术发展，着力推进新能源产品开发运用，推动碳达峰、碳中和战略实施。

主要行动举措包括：

- 电力专家考察娄底高新区储能电站项目。2021年10月，电力专家就娄底高新区储能电站项目的电力系统进行现场勘察。该项目投产后，每年能促进娄底新能源电量消纳10亿千瓦时，碳减排75万吨。

- 中联重科发布多项新能源产品。2021年11月26日，中联重科推出全球首款纯电动泵车、全球首款60米级别的混合动力泵车、全球最大118吨非公路纯电动宽体自卸车，采用的是纯电动、氢燃料电池、混合动力多类新能源组合。

- "碳达峰碳中和·清洁能源"委员工作室揭牌。2021年12月8日，省政协主席在长沙开展"清洁能源和自然资源管理"专题调研，并为"碳达峰碳中和·清洁能源"委员工作室揭牌。

- 娄底生态治理100万千瓦光伏项目在冷水江市锡矿山开工。2022年1月11日，娄底生态治理100万千瓦光伏项目在冷水江市锡矿山开工。该项目是全国第一批以沙漠、戈壁、荒漠地区为重点的大型风电、光伏基地建设项目，建成后每年可生产清洁电量12.7亿千瓦时。

- 新能源发电量占全省总发电量比重达13.5%。2022年1月12日，从新能源应用暨智慧能源创新发展高峰论坛获悉，2021年全省新能源装机持续增长，能源结构调整成效显著。新能源发电装机规模达到1365万千瓦，同比增加16%，在电源总装机中占比提升至25.2%；新能源发电量占全省总发电量比重达13.5%。

- 湘企加速布局新能源开发。2022年3月7日，五凌电力成功取得100兆瓦光伏项目建设指标，将进一步发展风力发电和光伏发电等新能源，助力湖南能源低碳转型。

- 长株潭首个整县屋顶光伏发电项目并网发电。2022年5月25日，在岳塘区的长株潭首个整县屋顶光伏发电项目并网发电，可年发电40多万千瓦时，减排二氧化碳380吨，2022—2025年，该区整县屋顶光伏发电装机容量预计年均开发30兆瓦。到2025年，整县屋顶光伏规模将达120兆瓦，远期有望开发至160兆瓦。

2.5 低碳宣传

加强生态文明宣传教育，积极开展义务活动，推动民主监督活动，建立民众统一的生态文明价值观，开展全民生态保护活动，助力实现碳达峰、碳中和的战略目标。

主要行动举措包括：

- 湖南省开展第44个全民义务植树节。2022年3月12日，湖南省开展第44个全民义务植树节，省委书记讲话表示，全省各级领导干部要率先垂范，以实际行动带领群众像对待生命一样对待生态环境。

- 怀化开展"一江一湖四水'十年禁渔'"民主监督。2022年5月5—7日，省政协主席率调研监督组在怀化开展"一江一湖四水'十年禁渔'"民主监督。监督组招募志愿者、青年学生和公益人士参加，分赴全省禁捕退捕领导小组办公室确定的102个禁捕县市区实地踏察，采用文字及图片、视频、音频等方式，将踏察结果上传至政协云相应板块。引导社会各界有序参与，增进社会共识，让绿色发展理念更加深入人心。

2.6　生态建设

积极推广生态建设项目，出台相关生态保护措施，更好地发挥政府的作用，推动生态环境示范工程建设，降低环境污染，助力实现碳中和、碳达峰的战略目标。

主要行动举措包括：

- 洞庭湖区域生态修复再获中央奖补20亿元。2022年6月，湖南省申报的洞庭湖区域山水林田湖草沙一体化保护和修复工程成功入选"十四五"期间第二批山水林田湖草沙一体化保护和修复工程项目，将获中央财政20亿元支持。

2.7　林业经济

贯彻落实生态文明思想，积极推进林草业建设，增强全社会爱绿护绿意识，加大林草资源保护力度，推进森林高质量发展，加强碳汇能力，推进碳达峰、碳中和工作推进。

主要行动举措包括：

- "双碳峰会、绿博会"将认领生态林作为永久碳中和林。2021年10月13日，省林业局介绍，双碳峰会将认领一片生态林，永久设立为峰会的"碳中和林"，用来抵销峰会产生的碳排放。
- 湖南省发布第一号总林长令。2022年4月19日，湖南省第一号总林长令签署，要求加强建设森林草原防灭火队伍和防灭火基础设施，加强生态安全保护。

【专栏】

案例：提升湖南森林质量，加强林业碳汇能力

湖南省约六成国土面积都是森林，这一比例几乎达到极限，省林业局专家表示，简单提升森林覆盖率不可行，关键要提升森林质量。

截至2021年底，湖南森林覆盖率达59.97%，省林业局明确提出2022年全年造林目标：森林覆盖率至少提高0.01%，森林覆盖率实现59.98%以上，意味着要新增超过3万亩森林。

林业碳汇是最重要、最有效的碳汇。原始林、天然林这些自然界本来就存在的森林不能计入碳汇，只有通过人工栽种和抚育的树林，并且经过备案验收，才算碳汇林，未来可加入碳汇交易。而在2019年测算时，湖南省乔木林面积900多万公顷，每公顷年产碳汇15吨；竹林面积100多万公顷，每公顷年产碳汇12吨，合计年产碳汇量大约1.5亿吨。这表明，湖南省森林覆盖率增长0.01%，理论上可形成新碳汇约25万吨至31万吨。

湖南省将制定完善园林绿化养护管理技术规范和养护定额标准，计划充分利用生态退化区域增加绿化面积，并进一步开展全民义务植树活动。

2.8 绿色建筑

积极推动既有居住建筑节能改造，加强对绿色建筑发展探讨，不断完善绿色建筑政策法规和标准体系，开展绿色建筑创建行动，节约资源，切实提高人民生活质量，助力社会实现碳达峰、碳中和的战略目标。

主要行动举措包括：

- 建筑业转型升级与高质量发展高峰论坛在长沙举行。2022年

6月27日,建筑业转型升级与高质量发展高峰论坛在长沙举行,多名院士专家出席,分享土木工程领域前沿减碳技术最新研究成果,提出对建筑业转型升级与高质量发展的建议。

广东:建设大湾区碳排放权交易平台

统筹有序推进碳达峰碳中和战略目标,广东省扎实抓好污染防治和生态文明建设,大力推动绿色低碳转型,实施绿色制造工程和重点行业绿色化改造,深入打好污染防治攻坚战,强化生态系统保护修复,加快完善能源供应保障体系,推进能源结构调整,促进能源高效利用,创造条件尽早实现能耗"双控"向碳排放总量和强度"双控"转变。

在顶层设计方面,广东省充分发挥地域优势,积极对接粤港澳大湾区绿色金融资源,针对能源发展、自然资源、海洋资源、交通运输体系等相关领域作出规定,积极培育绿色交易市场机制,研究建设粤港澳大湾区碳排放交易市场,并推动碳排放交易外汇试点。在行动举措方面,广东省建立健全碳核算和绿色金融标准体系,加大绿色融资支持力度,支持建设碳排放期货交易市场;充分发挥粤港澳大湾区氢能发展的重要桥梁和纽带作用,全力搭建合作平台,推进产业合作,开展氢能核心技术创新突破,探索氢能技术产业化、商业化的路径;全面要求新建民用建筑强化室内环境和绿色性能的检测,工业建筑全部按照节能和绿色建筑标准进行建设;支持具备资源条件的地区利用农户闲置土地和农房屋顶建设分布式风电和光伏发电,鼓励建设光伏+现代农业;同时,加快交通运输工具低碳转型,大力推广新能源汽车,持续提升运输工具能源利用效率。促进交通用能低碳多元化,积极扩大电力、氢能、天然气、先进生物液体燃料等在交通运输领域的应用；大力发展循环型钢铁产业、循环型石化产业，打造世界级高水平的绿色低碳循环现代产业园，以世界前沿的绿色能源生产工艺共同建设可持续航空燃料产业基地。

1. 广东省碳中和相关政策文件

1.1 广东省人民政府文件

(1)《广东省人民政府办公厅关于印发广东省发展绿色金融支持碳达峰行动实施方案的通知》（粤办函〔2022〕219号）（2022-07-13)[①]。

相关政策要求：提高金融服务沿海经济带绿色产业发展能级。支持省域副中心城市汕头、湛江市积极对接粤港澳大湾区绿色金融资源。引导金融机构加大资金投入力度，综合运用信贷、债券、租赁、产业基金等方式，支持海上风电、光伏发电、核电和气电等新能源、清洁低碳能源产业发展，支持煤电机组节能降耗改造、供热改造和灵活性改造制造"三改"联动，推动可再生能源补贴确权贷款等金融服务创新。开展海洋、湿地等碳汇核算试点。鼓励符合要求的企业及金融机构探索蓝色债券等创新型产品，支持蓝色经济可持续发展。

(2)《广东省人民政府办公厅关于印发广东省能源发展"十四五"规划的通知》（粤府办〔2022〕8号）（2022-04-13)[②]。

相关政策要求：实施重点行业领域节能降碳工程，在工业领域实

[①] 资料来源：广东省人民政府网站，http://www.gd.gov.cn/zwgk/wjk/qbwj/ybh/content/post_3972447.html。

[②] 资料来源：广东省人民政府网站，http://www.gd.gov.cn/zwgk/wjk/qbwj/yfb/content/post_3909371.html。

施重点用能设备能效提升、能量系统优化、余热余压深度利用等节能重点工程，推进能源综合梯级利用，在建筑领域持续提升建筑节能标准，大力发展节能低碳建筑，推进既有建筑的节能改造，鼓励新建建筑规模化应用太阳能等可再生能源。在交通领域加快形成绿色低碳运输方式，大力推广应用新能源汽车，推动内河观光纯电动船推广应用，大力倡导绿色出行。

(3)《广东省人民政府办公厅关于印发广东省自然资源保护与开发"十四五"规划的通知》（粤府办〔2021〕31号）（2021-11-03）[①]。

相关政策要求：筑牢南岭生态屏障。实施南岭山地森林及生物多样性保护修复重点工程，加强原生型亚热带常绿阔叶林保护，推进高质量水源林、水土保持林建设，优化林分结构，精准提升森林质量，增强森林生态功能，实施退化湿地、草地修复，坚持山水林田湖草沙生命共同体理念，大力实施重要生态系统保护和修复重大工程，不断提升生态系统质量和稳定性，逐步形成生态保护修复新格局。

(4)《广东省人民政府办公厅关于印发广东省海洋经济发展"十四五"规划的通知》（粤府办〔2021〕33号）（2021-12-14）[②]。

相关政策要求：筑牢探索海洋生态产品经济价值实现机制，推进海洋生态产品价值实现机制试点，推动海洋生态资源权益市场化交易，探索建立海岸线占补、蓝色碳汇交易等产权指标交易市场，鼓励金融机构加大对海洋生态产品经营开发主体中长期贷款支持力度，探索海

[①] 资料来源：广东省人民政府网站，http://www.gd.gov.cn/zwgk/wjk/qbwj/yfb/content/post_3625284.html。

[②] 资料来源：广东省人民政府网站，http://www.gd.gov.cn/zwgk/wjk/qbwj/yfb/content/post_3718595.html。

洋生态产品证券化路径和模式，培养新型的生态产业化经营主体。

(5)《广东省人民政府办公厅关于印发〈广东省综合交通运输体系"十四五"发展规划〉的通知》（粤府办〔2021〕27号）（2021-09-29）①。

相关政策要求：制定交通运输领域碳达峰实施方案。加大清洁能源和新能源在运输装备中的应用，推动氢能源公交、氢能源轨道交通和电动汽车、电动船发展。推进港口岸电建设，鼓励船舶靠港使用岸电，在港口装卸机械和运输装备中优先使用电能或天然气。全面规范实施飞机辅助动力装置（APU）替代。加快淘汰高耗能、高排放老旧车辆和工程机械。

(6)《广东省人民政府办公厅关于印发广东省绿色矿业发展五年行动方案（2021—2025年）的通知》（粤府办〔2021〕38号）（2021-11-11）②。

相关政策要求：全面推进绿色矿山建设。发挥政府的主导作用，落实矿山企业主体责任，完善绿色矿山建设标准，全面推进绿色矿山建设。新建矿山要按照绿色矿山建设标准进行规划、设计、建设和运营，现有矿山应要按照绿色矿山建设标准进行提质达标，未达标的按要求进行整改，确保2023年底前全省持证在采矿山100%达到绿色矿山建设标准。

---

① 资料来源：广东省人民政府网站，http：//www.gd.gov.cn/zwgk/wjk/qbwj/yfb/content/post_3554890.html。

② 资料来源：广东省人民政府网站，http：//www.gd.gov.cn/zwgk/wjk/qbwj/yfb/content/post_3635941.html。

(7)《广东省人民政府关于加快建立健全绿色低碳循环发展经济体系的实施意见》(粤府〔2021〕81号)(2021-12-17)①。

相关政策要求：培育绿色交易市场机制。推进用水权、用能权、排污权和碳排放权市场化交易。研究建设粤港澳大湾区碳排放权交易市场，推动碳排放交易外汇试点，支持符合条件的境外投资者参与广东碳排放权交易。联合港澳开展碳标签互认机制研究与应用示范。加快建立初始分配、有偿使用、市场交易、纠纷解决、配套服务等制度，做好绿色权属交易与相关目标指标的对接协调。

1.2 广东省发展和改革委员会文件

《广东省发展改革委 广东省生态环境厅关于印发广东省塑料污染治理行动方案(2022—2025年)的通知》(粤发改资环函〔2022〕1250号)(2022-08-04)②。

相关政策要求：推行塑料制品绿色设计。推动塑料制品全生命周期各环节技术绿色化，优化产品结构设计，减少产品材料设计复杂度，增强塑料制品安全性和易回收利用性。严格落实国家绿色设计、生态设计、绿色评价等相关标准，鼓励企业采用新型绿色环保功能材料，增加使用符合质量控制标准和用途管制要求的再生塑料，有效增加绿色产品供给。加大限制商品过度包装标准的宣贯力度，加强对商品过度包装的执法监管。

---

① 资料来源：广东省人民政府网站，http://www.gd.gov.cn/zwgk/wjk/qbwj/yf/content/post_3721142.html。

② 资料来源：广东省发展和改革委员会网站，http://drc.gd.gov.cn/ywtz/content/post_3988162.html。

1.3 广东省生态环境厅文件

《广东省生态环境厅关于印发〈广东省碳普惠交易管理办法〉的通知》（粤环发〔2022〕4号）（2022-04-06）[①]。

相关政策要求：积极推广碳普惠经验，推动建立粤港澳大湾区碳普惠合作机制。积极与国内外碳排放权交易机制、温室气体自愿减排机制等相关机制进行对接，推动跨区域及跨境碳普惠制合作，探索建立碳普惠共同机制。

1.4 广东省工业和信息化厅文件

《广东省淘汰落后产能工作协调小组关于印发广东省2022年推动落后产能退出工作方案的通知》（粤工信规划政策函〔2022〕67号）（2022-05-07）[②]。

相关政策要求：依据强制性节能标准，突出抓好重点用能企业、重点用能设备的节能监管，依法公开监察结果和公布违规企业名单，督促违规企业整改落实。加强节能监察信息化建设和规范标准建设，加强节能监察结果的分析应用，鼓励企业积极参与节能诊断、实施节能技术改造，推进重点行业、区域工业能效水平提升。

[①] 资料来源：广东省生态环境厅网站，http://gdee.gd.gov.cn/shbtwj/content/post_3905563.html。

[②] 资料来源：广东省工业和信息化厅网站，http://gdii.gd.gov.cn/zcgh3227/content/post_3926613.html。

1.5 广东省住房和城乡建设厅文件

(1)《关于印发〈广东省绿色建筑创建行动实施方案(2021—2023)〉的通知》(粤建科〔2021〕166号)(2021-10-20)①。

相关政策要求：探索绿色住宅使用者监督机制。房地产开发商应当在售楼现场明示绿色建筑等级，并将住宅的绿色建筑等级、绿色性能相关指标纳入商品房买卖合同、商品房质量保证书和商品房使用说明书，明确质量保修责任和纠纷处理方式。开展绿色住宅购房人验房试点，引导购房人做好验房工作。鼓励保险公司为绿色建筑提供工程质量保险，逐步完善工程质量保证和保修机制。

(2)《广东省住房和城乡建设厅关于印发〈2022年广东省建筑领域节能宣传月活动方案〉的通知》(粤建科函〔2022〕459号)(2022-06-08)②。

相关政策要求：开展城乡建设绿色发展和碳达峰碳中和工作宣传。积极宣传城乡建设绿色发展和"双碳"工作的背景、重大意义，重点解读当前政策体系的指导思想、主要目标和行动举措。结合广东省建筑节能与绿色建筑发展"十四五"规划，举办"助推绿色发展共建低碳城市"高峰论坛，用案例讲好广东城乡建设绿色发展故事。

---

① 资料来源：广东省住房和城乡建设厅网站，http://zfcxjst.gd.gov.cn/xxgk/wjtz/content/post_3581862.html。
② 资料来源：广东省住房和城乡建设厅网站，http://zfcxjst.gd.gov.cn/xxgk/wjtz/content/post_3946777.html。

1.6 广东省农业农村厅文件

（1）《关于印发〈广东省农业农村厅关于促进农业产业化龙头企业做大做强的实施意见〉的通知》（粤农农〔2021〕359号）（2022-01-04）①。

相关政策要求：引导绿色生态发展。围绕"碳达峰、碳中和"战略目标导向，支持龙头企业探索实践适应性广、实用性强的绿色技术模式，开展清洁、节能、减损、减排、固碳等技术的示范应用。大力推广节水灌溉、精准施肥用药、废物循环利用、生态健康养殖等绿色生产技术，推广应用高效低毒低残留农药、生物农药、生物有机肥等绿色投入品以及黏虫板、杀虫灯等病虫绿色防控技术产品。

（2）《关于印发〈广东省2022年绿色种养循环农业试点实施方案〉的通知》（粤农农函〔2022〕797号）（2022-07-27）②。

相关政策要求：统筹考虑区域内种养实际，做好畜禽养殖场与农田对接使用畜禽粪污的规划和顶层设计，使创新和绿色贯穿项目实施始终，合理确定试点项目实施区域与示范区范围以及试点作物、面积和种养对接模式，进一步完善粪肥还田服务组织运行机制，优化粪肥还田技术模式、细化技术要点并建立示范区。

2. 广东省碳中和行动亮点

2.1 绿色金融

建立健全碳核算和绿色金融标准体系，完善工业绿色发展信息共

---

① 资料来源：广东省农业农村厅网站，http://dara.gd.gov.cn/tzgg2272/content/post_3753781.html。

② 资料来源：广东省农业农村厅网站，http://dara.gd.gov.cn/tzgg2272/content/post_3982290.html。

享机制，加强产融合作平台建设，加大绿色融资支持力度，创新绿色金融产品和服务，提高绿色保险服务水平，加快发展绿色基金，发挥金融科技对绿色金融推动作用，支持绿色金融改革创新试点。

主要行动举措包括：

- 支持广州期货交易所建设碳期货市场。2021年11月5日，工业和信息化部、人民银行、银保监会、证监会联合发布《关于加强产融合作推动工业绿色发展的指导意见》，在指导意见中四部门表示，鼓励金融机构开发气候友好型金融产品，支持广州期货交易所建设碳期货市场，规范发展碳金融服务。

- 东莞办理省内首笔碳减排领域票据再贴现业务。2022年6月18日，东莞成功办理广东首笔碳减排领域票据再贴现业务，投放再贴现资金265万元，带动年度碳减排量约2600吨。这是人民银行东莞中心支行再贴现工具在绿色低碳领域运用的一次创新尝试。

【专栏】

案例：广东四部门支持广州期货交易所建设碳期货市场

2021年11月5日，工业和信息化部、人民银行、银保监会、证监会联合发布《关于加强产融合作推动工业绿色发展的指导意见》（工信部联财〔2021〕159号）（以下简称《指导意见》），建立商业可持续的产融合作推动工业绿色发展路径，推动建设工业绿色低碳转型与工业赋能绿色发展相互促进、深度融合的产业体系，以工业绿色化引领高端化、智能化发展，促进工业稳增长和有效投资，助力制造强国和网络强国建设，推动经济社会绿色发展，为应对全球气候变化贡献力量。

在《指导意见》中，四部门表示，鼓励金融机构开发气候友好型金融产品，支持广州期货交易所建设碳期货市场，规范发展碳金融服务。

文件提出了建立健全碳核算和绿色金融标准体系、完善工业绿色发展信息共享机制、加强产融合作平台建设、加大绿色融资支持力度、创新绿色金融产品和服务、提高绿色保险服务水平、加快发展绿色基金、发挥金融科技对绿色金融推动作用、支持绿色金融改革创新试点9项任务。

广东省地方金融监管局发布关于印发《关于完善期现货联动市场体系 推动实体经济高质量发展实施方案》的通知。该方案提出，要高标准建设广州期货交易所。基于现货市场和优势产业，丰富区域特色商品期货品种，支持碳排放权、电力、商品指数、工业硅、多晶硅、锂等期货品种在广州期货交易所上市。强化广州期货交易所与香港联合交易所、深圳证券交易所的联动合作，打造服务经济高质量发展、粤港澳大湾区建设和"一带一路"倡议的重要平台。

2.2 新能源——氢气

重点支持油、氢、气一体化综合能源站、制加一体站建设，鼓励利用现有加油（气）站改扩建加氢站，充分发挥粤港澳大湾区氢能发展的重要桥梁和纽带作用，全力搭建合作平台，推进产业合作，开展氢能核心技术创新突破，探索氢能技术产业化、商业化的路径，助力探索打造广东氢能产业发展的成熟商业模式。

主要行动举措包括：

- 氢能进万家智慧能源示范社区项目在佛山投运。2021年11月24日，氢能进万家智慧能源示范社区项目在佛山南海正式投运，未来，示范项目二期工程还将依托周边工业园区的光伏发电，输出电解水制氢，形成局域氢气管网，让所有可再生能源向氢气管网集结储能，替代化石能源。

- 大湾区将建成天然气—氢气双燃料9HA电厂。2021年12月24日，广东省能源集团旗下的惠州大亚湾石化区综合能源站正式向通用电气公司及哈电集团订购含两台9HA.01重型燃气轮机的联合循环机组,将成为中国内地首座天然气—氢气双燃料9HA电厂。

- 宝钢湛江钢铁开建百万吨级氢基竖炉。2022年2月15日,宝钢湛江钢铁零碳示范工厂百万吨级氢基竖炉工程正式开工。该项目通过风能、光伏等可再生能源发电制取"绿氢",生产过程中基本不产生温室气体,从源头上杜绝碳排放,是有望实现近零碳排放的钢铁冶炼过程。

- 中山市综合气体岛氢能供应基地动工。2022年6月15日,北京中科富海低温科技有限公司投资建设的综合气体岛项目在中山市三角镇动工建设,将建设中山市首个氦资源和氢能供应基地,项目产品包括高纯氢气(液氢)、高纯氦气、高纯氩气等以及气体应用一体化工程解决方案。

2.3 新能源——光伏

将能源绿色低碳发展作为乡村振兴的重要基础和动力,支持具备资源条件的地区利用农户闲置土地和农房屋顶建设分布式风电和光伏发电,鼓励建设光伏+现代农业,规模化系统化开发光伏和风电资源,统筹整县(市、区)推进屋顶分布式光伏开发建设。

主要行动举措包括:

- 广东能源集团将建设10兆瓦分布式光伏发电项目。2021年12月27日,广东能源集团绿色清洁能源综合配套项目将在新会区崖门镇新增建设"2×800兆瓦9H级燃气—蒸汽联合循环热电联产机组"和"10兆瓦分布式光伏发电"项目,并配套建设供热(冷)管网工程。

- 渔光互补为广东省乡村振兴注入新动力。2022年1月19日,日照资源充足的粤东、粤西、粤北地区通过渔业养殖与光伏发电相结合，在鱼塘水面上方架设光伏板阵列，光伏板下方水域可以进行鱼虾养殖，形成"上可发电、下可养鱼"的发电新模式。

- 肇庆将打造粤港澳大湾区绿色能源基地。2022年4月10日，肇庆将打造粤港澳大湾区绿色能源基地。"十四五"期间肇庆拟投资约1000亿元建设164个绿色能源项目，拟打造一批光伏、抽水蓄能、新型储能、农林生物质发电等示范引领项目，为粤港澳大湾区绿色发展作出肇庆贡献。

- 连州促进产业优化将建设4个"百亿级"产业项目。2022年5月22日，连州将充分挖掘当地特色资源和用好产业平台，用五年时间建设4个"百亿级"产业，全面推进经济社会高质量发展，以风电、光伏、水电应用为主导，积极培育风光水互补的新能源发展方式，打造"百亿级"新能源产业。

- 始兴整县推进屋顶分布式光伏项目。2022年5月22日，韶关探索产城融合绿色发展新路径，投入韶钢产业园加氢站项目、推进始兴整县屋顶分布式光伏项目启动、加速建设碳中和产业园，韶关向打造碳达峰碳中和先行示范区迈出坚实步伐。

2.4 绿色工业

着力推进产业园区"绿色、低碳、循环、生态化、智慧化"建设，加快推动绿色低碳循环经济高质量发展，大力发展循环型钢铁产业、循环型石化产业，打造世界级高水平的绿色低碳循环现代产业园，以世界前沿的绿色能源生产工艺共同建设可持续航空燃料产业基地。

主要行动举措包括：

- 可持续航空燃料产业基地落地茂名。2022年2月25日，东华能源股份有限公司与霍尼韦尔 UOP 在广东茂名签署战略合作协议，携手打造国内首个可持续航空燃料产业基地，双方将在茂名建设年产量达 100 万吨的可持续航空燃料生产基地。

- 湛江经开区打造绿色低碳循环现代产业园。2022 年 5 月 22 日，经开区坚持以经济建设为中心，发挥东海岛石化与钢铁产业毗邻耦合发展的优势，力促石化产业与钢铁产业实现互供共享最大化，大力发展循环型钢铁产业、循环型石化产业，打造世界级高水平的绿色低碳循环现代产业园。
- 惠州大亚湾开发区建设世界级绿色石化产业高地。2022 年 5 月 22 日，恒力（惠州）PTA 项目、埃克森美孚惠州乙烯项目等大项目的落成投产，将推动石化产业高端化、绿色化发展，如今大亚湾石化区已成长为国家重点建设的七大石化产业基地之一和第一批绿色制造体系建设示范绿色园区。
- 海上碳封存示范工程设备建造完工。2022 年 6 月 15 日，中国海洋石油集团有限公司经过近 10 个月的研发制造，我国首个海上碳封存示范工程设备建造全部完成。项目将海上油田伴生的二氧化碳分离和脱水后，回注至地下咸水层，永久封存于地层深处。
- 广东发布省级碳标签。2022 年 6 月 28 日，广东省 2022 年全国低碳日活动之广东碳标签发布会在广州举行，广东碳标签主要覆盖石化化工、家电、电子、金属制品、汽车等行业，企业在获得碳标签后，即可在产品介绍时使用。

2.5 绿色建筑

政策扶持范围扩展到绿色建筑产业链上下游，同时将政策受益面覆盖到建设、改造、购买、运行绿色建筑各阶段各主体，在传统财政资金补贴基础上，进一步提出公积金贷款、容积率奖励、绿色金融、提前预售等政策。

主要行动举措包括：

- 深圳使用公积金购买绿色建筑贷款额度可上浮。2022年2月4日，深圳将立法全面提升建筑建设标准，拟规定特区内新出让土地上的新建建筑，全部按照不低于现行国家标准一星级进行建设，使用住房公积金贷款购买绿色建筑的，贷款额度可以上浮，具体比例由市住房公积金管理部门确定。

- 广东多地建成绿色建筑集聚区。2022年6月19日，在广州、深圳、佛山、珠海等多地，已建成高星级绿色建筑发展聚集区，其中，南沙灵山岛新建建筑获得国家首个最高等级三星级绿色生态城区规划设计标识，是广东绿色建筑实现突破性发展的重要体现。

2.6 绿色交通

加快推进低碳交通运输体系建设。大力发展多式联运，推动铁路、公路、水路、民航和城市交通顺畅衔接。加快交通运输工具低碳转型，大力推广新能源汽车，持续提升运输工具能源利用效率。促进交通用能低碳多元化，积极扩大电力、氢能、天然气、先进生物液体燃料等在交通运输领域的应用。

主要行动举措包括：

- 宁德时代肇庆项目正式投产。2022年5月30日，宁德时代肇庆项目正式投产，首期投资120亿元的宁德时代动力及储能电池项目从签约到投产仅用14个月，标志着宁德时代正式成为粤港澳大湾区中的一员，将全力打造成为全球灯塔工厂，助力广东制造向智能制造转型。

- 小鹏智能汽车配套零部件产业园开工。2022年5月30日，小鹏智能汽车配套零部件产业园开工，计划未来2—3年引入小鹏汽车上下游供应链企业项目80—100个，小鹏汽车将与肇庆高新区一道推进肇庆大旺新能源智能汽车产业城建设，共同打造世界级新能源智能汽车产业集群。

- 肇庆两项新能源汽车产业链相关项目正式动工。2022年6月30日，肇庆举行产业项目动工仪式，包括两个计划投资超10亿元新能源汽车产业链相关项目，其中吉阳智能建设的锂电装备制造和零部件制造基地未来产值将达50亿元，震裕科技投资建设新能源动力电池结构件生产基地。

- 广州加码补贴拉动新能源汽车消费。2022年7月8日，《广州市加快个人领域新能源汽车推广应用工作方案》提出，2022年7月1日至12月31日期间，对个人消费者在广州购买并使用自主品牌新能源汽车（含油电混动）给予综合性补贴，最高可获补贴1万元。

- 广州首批24辆氢能环卫车在黄浦区正式上岗。2022年8月8日，广州首批24辆氢能环卫车在黄埔区正式"上岗"，新海能源联新加氢站正式启动投运。该批车辆将配发部分镇街和区环美中心试用，主要承担黄埔区主要干道路面冲洗清扫、洒水降尘等环卫保洁工作。

广西：加快推进新能源汽车走出去

围绕实现碳达峰碳中和目标任务，处理好发展和减排、整体和局部、长期和短期、政府和市场的关系，把碳达峰碳中和纳入经济社会发展全局，在推动绿色发展上迈出新步伐，为建设新时代中国特色社会主义壮美广西做出重要贡献。

在顶层设计方面，广西完整准确全面贯彻新发展理念，做好碳达峰碳中和工作的实施意见。政策着力点主要落在推动碳达峰碳中和目标实现的绿色生态环境保护、入河入海排污口监督管理、新兴产业发展、现代林业产业示范区等相关方面。低碳项目投资的关键行业领域为节能环保、新能源、低碳交通运输装备和组织方式等。在行动举措方面，广西依托蚕桑优势等特色产业，大力发展绿色农业；带动中国内燃机行业进入零碳能源动力系统赛道，同时推动新能源汽车向世界展现中国新能源汽车实力；保护生态环境，加强低碳宣传；做实做优传统优势产业，做强主导产业，推动产业结构优化升级；加快新型储能推广应用，构建以新能源为主体的新型电力系统；推动银行业金融机构加大对绿色领域的信贷支持力度，积极发展绿色金融。

1. 广西壮族自治区碳中和相关政策文件

1.1 广西壮族自治区人民政府文件

(1)《广西壮族自治区人民政府办公厅关于印发广西生态环境保护"十四五"规划的通知》（桂政办发〔2021〕145号）（2022-01-14)[①]。

相关政策要求：要锚定凝心聚力建设新时代中国特色社会主义壮美广西的总目标，深入打好污染防治攻坚战，充分发挥生态环境保护

---

① 资料来源：广西壮族自治区人民政府网站，http://www.gxzf.gov.cn/zfwj/zzqrmzfbgtwj_34828/2021ngzbwj_34845/t11147440.shtml。

的引导、优化、促进作用，助力经济社会高质量发展，开启加快建设美丽广西和生态文明强区新征程。

(2)《广西壮族自治区人民政府办公厅关于印发广西战略性新兴产业发展三年行动方案（2021—2023年）的通知》（桂政办发〔2021〕97号）（2021-09-28）①。

相关政策要求：聚焦新一代信息技术、生物技术、新能源、新材料、高端装备制造、智能及新能源汽车、绿色环保、数字创意及新兴服务业、未来产业九大领域，每年滚动实施一批战略性新兴产业重大项目，推动战略性新兴产业规模化、高端化、集群化发展。到2023年，力争战略性新兴产业总产值达到5650亿元，增加值达到1860亿元，增加值占全区地区生产总值比重达到7%，2021—2023年战略性新兴产业投资完成985亿元以上。

(3)《广西壮族自治区人民政府 国家林业和草原局关于印发广西现代林业产业示范区实施方案的通知》（桂政发〔2022〕2号）（2022-02-21）②。

相关政策要求：到2025年，力争广西在森林覆盖率、森林蓄积量、森林生态功能稳步提升的同时，林业产业结构更加优化、木材供给更加充足、创新能力更加突出、一二三产更加融合，林业产业总产值规模突破1万亿元，其中木材产量在5000万立方米以上，油茶籽产量超过100万吨，林下经济发展面积达到7000万亩，林业产业发展质

---

① 资料来源：广西壮族自治区人民政府网站，http：//www.gxzf.gov.cn/zfwj/zzqrmzfbgtwj_34828/2021ngzbwj_34845/t10266965.shtml。

② 资料来源：广西壮族自治区人民政府网站，http：//www.gxzf.gov.cn/zfwj/zzqrmzfwj_34845/t11306645.shtml。

量和效益显著提高,基本建成森林生态美、林业产业强、林区百姓富、生态文化兴的现代林业强区。

(4)《广西壮族自治区人民政府办公厅关于支持河池市建设绿色发展先行试验区的指导意见》(桂政办发〔2022〕30号)(2022-04-29)①。

相关政策要求:到2035年,重点耗能行业能源利用效率达到国际先进水平,非化石能源消费比重显著提高;生态产品价值实现机制、多元化生态保护补偿机制全面建立,绿色金融体系基本形成,生态环境质量保持全国领先水平,城乡人居环境更加优美,广泛形成绿色生产生活方式,实现人与自然和谐共生,基本建成生态绿色富美新河池,与全国全区同步基本实现社会主义现代化。

(5)《广西壮族自治区人民政府办公厅关于印发广西入河入海排污口监督管理工作方案(2022—2025年)的通知》(桂政办发〔2022〕36号)(2022-06-09)②。

相关政策要求:2025年6月底前,基本完成辖区内所有国家地表水考核断面所在河流、近岸海域范围内所有排污口排查。2025年底前,基本完成珠江流域、长江流域和入海河流的重点干支流,铁山港湾、大风江口、银滩岸段、钦州湾钦州段和防城港东湾、西湾已查明的排污口整治;建成技术体系科学、管理体系高效的排污口监督管理制度体系。

---

① 资料来源:广西壮族自治区人民政府网站,http://www.gxzf.gov.cn/zfwj/zxwj/t11834659.shtml。

② 资料来源:广西壮族自治区人民政府网站,http://www.gxzf.gov.cn/zfwj/zzqrmzfbgtwj_34828/2022ngzbwj/t12004529.shtml。

1.2 广西壮族自治区发展和改革委员会文件

（1）《广西壮族自治区发展和改革委员会关于印发〈广西新能源汽车充电基础设施规划（2021—2025年）〉的通知》（桂发改电力函〔2021〕2818号）（2021-10-15）①。

相关政策要求：建成与新能源汽车保有量相适应的车桩相随、适度超前、智能高效的城乡公共充电基础设施服务网络体系，满足全区电动汽车充电服务需求，在全区形成统一开放、竞争有序的充电服务市场。

（2）《广西壮族自治区发展和改革委员会等4部门关于印发广西壮族自治区新能源汽车推广应用三年行动财政补贴实施细则的通知》（桂发改电力规〔2022〕112号）（2022-01-26）②。

相关政策要求：进一步发挥财政资金的引导作用，提高资金使用效率，持续加快推动广西新能源汽车推广应用。全区各级各部门、各有关企业相关部门和单位要高度重视新能源汽车推广应用财政补贴工作。

（3）《广西壮族自治区发展和改革委员会等部门关于印发〈广西壮族自治区贯彻落实碳达峰碳中和目标要求 推动数据中心和5G等新型基础设施绿色高质量发展若干举措〉的通知》（桂发改高技〔2022〕432号）（2022-04-26）③。

相关政策要求：全区数据中心和5G基本形成绿色集约的一体化运

---

① 资料来源：广西壮族自治区发展和改革委员会网站，http：//fgw.gxzf.gov.cn/zfxxgk-zl/wjzx/zyzc/ghwj/t10584420.shtml。
② 资料来源：广西壮族自治区发展和改革委员会网站，http：//fgw.gxzf.gov.cn/zfxxgk-zl/wjzx/zyzc/zdyj/t11266170.shtml。
③ 资料来源：广西壮族自治区发展和改革委员会网站，http：//fgw.gxzf.gov.cn/zfxxgk-zl/wjzx/tzgg/P020220507389277376771.pdf。

行格局。合理布局和均衡全区算力，数据中心利用率提高到50%以上，算力有序增长。数据中心运行电能平均利用效率和可再生能源利用率明显提升。建立能耗动态监测机制，健全综合产出测算体系和统计方法。

(4)《广西壮族自治区发展和改革委员会　广西壮族自治区工业和信息化厅　广西壮族自治区自然资源厅　广西壮族自治区生态环境厅关于印发〈广西碳酸钙产业高质量发展"十四五"规划〉的通知》（桂发改工服〔2021〕1216号）（2021-12-27）[①]。

相关政策要求：碳酸钙产业是近年来广西依托资源优势发展起来的特色产业。推进碳酸钙产业高质量发展，实现优势资源节约利用和绿色发展，探索一条资源高效开发与生态环境保护相协调的新路径，对加快建设新时代中国特色社会主义壮美广西具有重大意义。

1.3　广西壮族自治区生态环境厅文件

(1)《自治区生态环境厅　自治区农业农村厅　自治区住房城乡建设厅　自治区水利厅　自治区乡村振兴局关于印发广西农业农村污染治理攻坚战实施方案（2021—2025年）的通知》（桂环发〔2022〕30号）（2022-06-30）[②]。

相关政策要求：全区农村环境整治水平显著提升，农业面源污染得到初步管控，农村生态环境持续改善。新增完成1600个行政村环境整治，农村生活污水治理率为20%左右（奋斗目标30%），基本消除较大面积农村黑臭水体，其中国家监管的农村黑臭水体治理率达到

[①] 资料来源：广西壮族自治区发展和改革委员会网站，http：//fgw.gxzf.gov.cn/zfxxgk-zl/wjzx/zyzc/ghwj/t11088845.shtml。

[②] 资料来源：广西壮族自治区生态环境厅网站，http：//sthjt.gxzf.gov.cn/zfxxgk/zfxxgkgl/fdzdgknr/hjglywxx/trhjgl/t12782968.shtml。

100%；化肥农药使用量持续减少；农膜回收率达到85%；畜禽粪污综合利用率保持在85%以上。

(2)《自治区生态环境厅　自治区卫生健康委　自治区发展改革委　自治区财政厅　广西军区保障局转发关于加快补齐医疗机构污水处理设施短板提高污染治理能力的通知》（桂环函〔2021〕1330号）（2021-09-23）[①]。

相关政策要求：加快补齐医疗机构污水处理设施建设短板，健全污水处理设施、完善设施运维管理，提高污染治理能力和环境管理水平，保障人民群众生命健康和生态环境安全。

(3)《自治区生态环境厅办公室关于转发〈关于进一步完善建设项目环境保护"三同时"及竣工环境保护自主验收监管工作机制的意见〉的通知》（桂环办函〔2021〕296号）（2021-09-30）[②]。

相关政策要求：完善工作机制。梳理近年来在建设项目"三同时"及自主竣工验收工作中存在的问题，对照《意见》提出的要求，进一步加强环评机构与执法机构的沟通协调，完善信息共享机制，确保高效查处。

(4)《自治区生态环境厅　自治区高级人民法院　自治区人民检察院　自治区公安厅　自治区司法厅印发〈关于加强生态环境保护行政执法与刑事司法衔接工作的意见〉的通知》（桂环发〔2022〕29号）（2022-06-16）[③]。

相关政策要求：紧紧围绕凝心聚力建设新时代中国特色社会主义

[①] 资料来源：广西壮族自治区生态环境厅网站，http://sthjt.gxzf.gov.cn/zfxxgk/zfxxgkgl/hbzw/gwtz/t10346319.shtml。

[②] 资料来源：广西壮族自治区生态环境厅网站，http://sthjt.gxzf.gov.cn/zfxxgk/zfxxgkgl/hbzw/gwtz/t10346318.shtml。

[③] 资料来源：广西壮族自治区生态环境厅网站，http://sthjt.gxzf.gov.cn/zfxxgk/zfxxgkgl/hbzw/gwtz/t12656153.shtml。

壮美广西"1+1+4+3+N"目标任务体系，扎实推进生态环境保护，通过进一步健全完善衔接工作机制，充分发挥行政和司法机关的职能作用，强化部门协作配合，构建权责明确、行为规范、协调一致、监督有效的行政执法与刑事司法无缝衔接体系，形成依法惩治环境违法犯罪行为的强大合力，为加快建设美丽广西和生态文明强区提供坚实保障。

1.4 广西壮族自治区住房和城乡建设厅文件

(1)《自治区住房城乡建设厅关于印发〈广西壮族自治区绿色建筑标识管理办法〉的通知》（桂建发〔2021〕3号）(2021-11-25)[①]。

相关政策要求：规范广西绿色建筑标识管理，促进绿色建筑高质量发展。做好绿色建筑建设全过程服务，推动绿色建筑与绿色金融等相关政策有效衔接，按照星级绿色建筑标准进行设计建设的项目。

(2)《自治区住房城乡建设厅关于批准发布〈农村生态建筑设计规范〉等两项广西工程建设地方标准的通知》（桂建标〔2021〕13号）(2021-12-08)[②]。

相关政策要求：华蓝设计（集团）有限公司编制的《农村生态建筑设计规范》《二次加压供水设施技术规程》等两项广西工程建设地方标准已获专家评审通过，现予以批准发布。

[①] 资料来源：广西壮族自治区住房和城乡建设厅网站，http：//zjt.gxzf.gov.cn/zfxxgk/fdzdgknr/wjtz/t10849000.shtml。

[②] 资料来源：广西壮族自治区住房和城乡建设厅网站，http：//zjt.gxzf.gov.cn/zfxxgk/fdzdgknr/wjtz/t11603402.shtml。

（3）《自治区住房城乡建设厅　自治区财政厅　自治区机关事务管理局关于组织申报 2022 年度自治区本级财政节能减排（建筑节能）专项资金补助项目的通知》（桂建科〔2022〕2 号）（2022-03-04）[①]。

相关政策要求：切实发挥自治区本级财政节能减排专项资金促进建筑节能工作的带动引导作用，进一步提升建筑能效水平，推动绿色建筑高质量发展，实现广西建筑领域碳达峰目标。

1.5　广西壮族自治区林业局文件

（1）《广西壮族自治区林业局　广西壮族自治区发展和改革委员会　广西壮族自治区财政厅　广西壮族自治区乡村振兴局关于印发广西实现巩固拓展生态脱贫成果同乡村振兴有效衔接实施方案的通知》（桂林财发〔2022〕18 号）（2022-03-23）[②]。

相关政策要求：到 2025 年，脱贫人口和防贫监测对象通过参与生态保护、开展国土绿化和发展生态产业，收入水平逐步提高，乡村特色产业提质增效，生态环境持续改善，优质生态产品供给能力明显增强，生态脱贫成果得到有效巩固。到 2035 年，脱贫地区生态环境更加优美，生态产业发展水平显著提升，生态美、百姓富"双赢"局面基本实现。

（2）《广西壮族自治区林业局关于印发〈广西红树林资源保护和监管工作机制〉的通知》（桂林发〔2021〕21 号）（2022-01-05）[③]。

相关政策要求：依照把红树林保护好的重要指示精神，全面强化

---

① 资料来源：广西壮族自治区住房和城乡建设厅网站，http：//zjt. gxzf. gov. cn/zfxxgk/fdzdgknr/wjtz/t11368379. shtml。

② 资料来源：广西壮族自治区林业局网站，http：//lyj. gxzf. gov. cn/zfxxgkzl/fdzdgknr/flfgzcwj/bbmwj/zdgkwj/t11633305. shtml。

③ 资料来源：广西壮族自治区林业局网站，http：//lyj. gxzf. gov. cn/zfxxgkzl/fdzdgknr/flfgzcwj/bbmwj/zdgkwj/t11096181. shtml。

沿海三市和自治区各相关部门的红树林资源保护和监管责任,加快构建自治区、市、县三级及红树林自然保护地管理机构综合协调、齐抓共管机制,形成共治共管的监管体系,切实提升监管能力和水平,共同做好红树林资源保护与监管工作,进一步夯实红树林资源监管基础,提升滨海湿地生态承载力。

1.6 广西壮族自治区交通运输厅文件

《广西绿色交通"十四五"发展规划》(桂交科教发〔2022〕4号)(2022-01-24)[①]。

相关政策要求:到2025年,全区交通运输绿色发展方式和出行模式基本形成,交通用能结构不断优化,客货运输结构更趋合理,运输组织效率进一步提升,初步实现基础设施生态化、运输装备清洁化、运输组织高效化、资源利用集约化循环化、绿色治理能力现代化,绿色交通发展水平适应交通强区和生态文明强区建设的阶段性要求。

2. 广西壮族自治区碳中和行动亮点

2.1 绿色农业

广西依托蚕桑优势特色产业,按照"向点集聚、沿带展开、带动各片区"的布局思路,打造实现"蚕桑茧丝绸千亿元产业集群"

---

① 资料来源:广西壮族自治区交通运输厅网站,http://jtt.gxzf.gov.cn/zfxxgk/fdzdgk/zcfg/gfxwj/t11330982.shtml。

发展目标。此外，进一步深化产业合作，携手推动农业产业高质量发展。

主要行动举措包括：

• 玉林跨省区产业链综合党委揭牌。2022年2月17日，玉林市玉州区举行"产业链上党旗红"行动暨特色产业链综合党委揭牌仪式。玉州区现代农业产业链综合党委着力探索"地域相邻、产业相连、功能相近、资源相融、发展互促"模式，推动产业链党建与乡村振兴同频共振。

• 广西河池蚕桑产业集群入选国家级优势特色产业集群。2022年4月28日，农业农村部官方网站正式发布2022年农业产业融合发展项目创建名单。河池作为主导市，申报广西蚕桑优势特色产业集群，成功入围"2022年优势特色产业集群建设名单"，成为以蚕桑产业作为主导产业的国家级优势特色产业集群。

• 广西农业重点产业链招商传捷报。2022年6月29日，"相约桂垦共创未来——广西农垦集团打造现代一流食品企业高峰论坛暨招商推介会"在南宁举行，现场签订38个合作协议。此次高峰论坛和招商推介，旨在进一步深化产业合作，携手推动农业产业高质量发展。

2.2 新能源汽车

广西通过搭建全球小型电动车平台，努力创建国内一流的创新平台，积极争创国家级重大科技创新基地，在零碳能源动力系统赛道上迈出新步伐，支撑国家的"双碳"战略目标。新能源汽车在深耕国内市场的同时，积极响应国家"走出去"号召和"一带一路"倡议，向世界展现中国新能源汽车实力。

主要行动举措包括：

- 柳州新能源汽车协助共建"绿色普洱"。2021年12月17日，上汽通用五菱与云南省普洱市政府、云南中机汽车贸易有限公司共同签署战略合作框架协议。上汽通用五菱将协助普洱市提升当地电动化率，促进碳达峰，加速碳中和，并结合普洱市的区位优势，不断拓展合作圈层，助力打造"绿色普洱"。

- 广西首家自治区实验室获批组建。2022年3月14日，自治区政府正式批准组建广西新能源汽车实验室。该实验室是广西批准组建的首家自治区实验室，将对标对表国家实验室和全国重点实验室，是广西最高层次、最高水平的科技研发平台。

- 广西弗迪动力电池项目开工活动举行。2022年4月29日，2022年第二季度全区重大项目集中开工暨广西弗迪年产45吉瓦时动力电池项目开工活动举行。广西弗迪公司年产45吉瓦时动力电池项目带动产业链上下游企业落地，形成产业集聚效应，为广西新能源汽车产业高质量发展再添动力。

- 上汽通用五菱全自主知识产权关键控制器下线。2022年5月14日，上汽通用五菱首个全自主知识产权的关键控制器零件正式下线，成为国内汽车行业首个自产这一关键控制器的汽车企业。

- 广西YCK16H燃氢发动机成功点火。2022年6月30日，广西玉柴机器股份有限公司YCK16H燃氢发动机在中国高效节能环保内燃机国家工程研究中心成功点火。该产品可广泛用于49T牵引车等重型商用车和分布式能源等场景。

【专栏】

案例：加快推进新能源汽车走出国门[①]

2022年6月1日，中国五菱首款新能源全球车型五菱Airev在印度尼西亚首都雅加达首度亮相。活动现场，上汽通用五菱宣布正式成为2022年G20峰会官方用车合作伙伴，正式开启了五菱以全球造车品质向世界展现中国新能源汽车实力的新篇章。

近年来，上汽通用五菱在深耕国内市场的同时，积极响应国家"走出去"号召和"一带一路"倡议，将全球化业务作为公司发展的三大战略板块之一，从初期的单一整车出口贸易模式，逐渐向多元化的"借船出海"和"造船出海"并行的业务模式转变，于2017年成立上汽通用五菱印度尼西亚汽车有限公司，成为国内首家在印度尼西亚投资建厂的中国汽车企业，实现了中国汽车企业知识产权、品牌与产品、人力资源与团队、业务运营与模式等全方位海外输出。

未来，中国五菱新能源将加大全球化战略布局，以"三步走"战略快速推进新能源体系走出去：第一阶段以印度尼西亚为中心，打通东南亚、中东市场；第二阶段开拓印度、埃及等市场，关键零部件走出去，在海外建厂供货，提高海外工厂国产化率；第三阶段进军欧洲、日韩等市场，全面建立起中国五菱新能源产品的全球竞争力。

2.3 生态环境

广西积极探索建立海洋生态修复项目储备库，打造国家级农村产业融合发展示范园区建设样板和基于生态环境导向的开发模式（Eco-environment-oriented Development，EOD）的乡村振兴发展样板，注重

[①] 资料来源：骆万丽、韦锦途：《中国五菱新能源车登上国际舞台》，《广西日报》2022年6月3日。

海岸线（带）生态修复，通过陆海统筹和河海统筹，致力实现海岸带生态环境治理和生态减灾，对受损、退化、服务功能下降的生态系统进行整体保护、系统修复和综合治理。

主要行动举措包括：

- 广西获中央下达海洋生态修复资金7.5亿元。2021年11月26日，广西获中央提前下达2022年海洋生态保护修复资金7.5亿元。该项资金是广西治理好北部湾海域环境、促进区域生态系统结构进一步优化、提升近海生态质量和生态服务功能、提高海岸带防灾减灾能力的重要举措。

- 广西2个项目入选国家第二批EOD模式试点。2022年5月11日，生态环境部、国家发展和改革委员会、国家开发银行联合印发《关于同意开展第二批生态环境导向的开发（EOD）模式试点的通知》，其中广西宾阳县农村环境治理与产业融合发展项目、桂林经开区罗汉果小镇生态环境治理与产业发展项目入选第二批国家级EOD模式试点项目。

- "国际生物多样性日"广西主场活动在南宁举办。2022年5月22日，"国际生物多样性日"广西主场活动在广西药用植物园成功举办。本次活动主题为"共建地球生命共同体"，旨在宣传习近平生态文明思想，共建地球生命共同体，共同探讨生物多样性保护与可持续利用、生物安全以及生物多样性保护中国实践等内容。

- 北海红树林湿地生态保护综合治理项目启动。2022年6月2日，法国开发署贷款广西北海市红树林湿地生态保护综合治理项目启动会正式举行。广西北海市红树林湿地生态保护综合治理项目于2022年3月列入国家备选项目规划，拟利用法国开发署贷款1亿欧元。

- 漓江流域开展横向生态保护补偿试点工作。2022年，广西壮族自治区本级财政继续统筹生态环境保护、自然资源事业发展等专项资金 3.8 亿元，支持桂林漓江流域山水林田湖草沙一体化保护和修复工程建设。

2.4 电力工程

广西以"双碳"目标为引领，有力保障电力可靠供应，加快进军新能源领域，重点打造海上风电及陆上光伏、风电等能源业态，持续巩固完善绿色电力交易机制和市场体系，更大规模推动广西绿色电力发展。打造抽水蓄能电站项目和光伏、陆上风电项目，积极有序推进能源板块转型发展，确保广西能源供应的安全性、基础性和保障性。

主要行动举措包括：

- 广西规模最大的风电产业集群基地开工建设。2022 年 3 月 28 日上午，中车百色新能源装备产业基地项目在百色市百东新区深百产业园开工。该项目及其后续产业项目建成后，将成为广西规模最大的风电产业集群基地，为百色革命老区推进能源革命、实现乡村振兴战略目标装上强劲绿色引擎。

- 70 万吨锂电新能源材料一体化基地重大项目接电投产。2022 年 3 月 25 日，玉林龙潭产业园区 70 万吨锂电新能源材料一体化基地项目一期工程顺利实现接电投产。锂电项目的开工建设同样给玉林电网发展带了重大机遇。据估计，2022 年，玉林电网新增负荷超 18 万千瓦，未来三年新增负荷 48.3 万千瓦，将有力地促进玉林供电局增供扩销。

- 广西投资集团积极推进全区能源低碳转型探索。2022 年 3 月 24 日，广西投资集团所属企业广投能源集团与武宣县签订项目框架协议，将投资 200 亿元，打造天牌岭抽水蓄能电站项目和光伏、陆上风电项目，实现多能源互补，提升新能源消纳。

- 广西绿电交易"开市"成交电量 6600 万千瓦时。2022 年 4 月 20 日，广西首场绿色电力交易顺利完成，成交电量 6600 万千瓦时，预计可降低二氧化碳排放量 5.8 万吨。此次交易是广西落实碳达峰、碳中和的重要举措，标志着广西开启绿电消费新模式，充分发挥市场作用激发供需两侧绿电消纳潜力。
- 广西首条 500 千伏跨海"能源大动脉"正式投运。2022 年 6 月 17 日，广西首条 500 千伏跨海线路正式投运，自治区重大电源项目送出工程、南方电网公司重点工程 500 千伏国能广投北海电厂送出工程——电厂至福成线顺利投产送电。

2.5 绿色金融

广西在加强绿色金融发展规划、完善绿色金融组织体系、强化绿色金融服务创新等方面全面布局，积极搭建涉绿色发展项目企业与金融机构融资对接平台，引导金融机构加大对低碳项目、绿色转型项目的支持力度。

主要行动举措包括：

- 10 家绿色发展项目业主获意向授信 495 亿元。2022 年 6 月 21 日，全区绿色发展项目专题金融推介会在南宁举办。10 家绿色发展项目业主代表与金融机构签订了授信（合作）协议，现场意向授信 495 亿元。此外，推介会还发布了一批近期有融资需求的绿色发展项目清单，融资需求约 1000 亿元。
- 桂林绿色贷款余额达 276.81 亿元。2022 年 5 月 12 日，从桂林市绿色金融发展暨桂林银行 2021 年环境信息披露报告新闻发布会上获悉，桂林市绿色贷款余额达 276.81 亿元。其中，风电绿色贷款规模排广西第一。此外，桂林市还优化绿色金融服务平台，建设桂林绿色金融服务子平台，促进绿色项目与金融机构实现融资对接。

2.6 低碳宣传

持续举办"全国海洋宣传日"活动普及海洋知识、传播海洋文化、提升海洋意识，在全社会形成关心海洋、认识海洋的浓厚氛围；举办低碳日系列活动，加快形成绿色低碳生产生活方式，构建政府积极发挥主导作用、企业主动承担减污降碳主体责任、公众自觉践行绿色生活的共建共治共享良好局面。

主要行动举措包括：

- 北海举办世界海洋日暨全国海洋宣传日。2022 年 6 月 8 日，2022 年世界海洋日暨全国海洋宣传日在北海举行。主题是"保护海洋生态系统人与自然和谐共生"，旨在提高全社会共同保护海洋生态系统的意识，助力实现人与自然和谐共生的美好愿景。
- 广西南宁启动节能宣传周和低碳日活动。2022 年 6 月 13 日，广西节能宣传周和低碳日活动在南宁启动，旨在倡导绿色低碳生产生活，促进经济社会发展全面绿色转型，助力实现碳达峰和碳中和。

海南：打造国家公园的"海南样板"

围绕实现碳达峰碳中和目标任务，海南省落实"双碳"工作政策体系，抓紧"三区一中心"战略定位，蹄疾步稳推进国家生态文明试验区建设，确保如期实现碳达峰，争当"双碳"工作优等生。

在顶层设计方面，海南省通过出台系列文件推进碳达峰碳中和工作。政策重点聚焦于开展全省林草湿调查监测工作，建立健全绿色低碳循环发展经济体系，推动重点领域节能降碳技术改造实施，推进装配式建筑高质量绿色发展，保护海洋生态系统和改善海洋环境质量。在行动举措方面，建好国际碳排放权交易中心，积极进行绿色金融实践；大力推广新能源汽车与装配式建筑，逐步加强交通和建筑领域节能减排力度；利用海洋优势，借助互联网、大数据等新兴技术，大力发展数字经济和海洋经济；建立现代农业产业技术体系，促进形成农业科研与产业发展紧密结合的有效途径；开发光伏、风电、海洋能等可再生能源，稳步发展核电，推动海南氢能产业发展，逐步构建清洁能源体系；坚持生态立省，打造好国家公园的"海南样板"。

1. 海南省碳中和相关政策文件

1.1　中共海南省委文件

(1)《中共海南省委办公厅　海南省人民政府办公厅关于印发〈海南省建立健全生态产品价值实现机制实施方案〉的通知》（琼办发〔2021〕56号）（2022-01-05）[①]。

相关政策要求：全面建立一套行之有效的生态产品价值实现制度体系，广泛形成绿色生产生活方式，建立面向国际的生态产品交易平台、认证体系和生态品牌，完善政府主导、企业和社会各界参与、市场化运作、可持续的生态产品价值实现路径，形成一批可复制、可推

[①] 资料来源：海南省人民政府网站，https://www.hainan.gov.cn/hainan/swygwj/202201/7eee77f588314c6fa081fa3252fbf165.shtml。

广的"海南模式""海南经验",为建设生态环境世界一流的自由贸易港提供有力支撑,为基本实现美丽中国建设目标贡献海南力量。

(2)《中共海南省委　海南省人民政府关于支持儋州洋浦一体化发展的若干意见》(琼发〔2022〕9号)(2022-05-09)[①]。

相关政策要求:不断优化生态环境。支持儋州创建国家生态文明建设示范区。支持环新英湾地区生态修复和环境整治,推进大气、水、土壤等协同防治和综合整治,推动减污降碳协同增效。支持推广光伏等清洁能源,降低碳排放强度,探索碳中和实现机制。优化生态环境空间布局,构筑与资源环境承载力相匹配的生态安全、新型城镇化和产业发展格局。

1.2　海南省人民政府文件

(1)《海南省人民政府办公厅关于加快建立健全绿色低碳循环发展经济体系的实施意见》(琼府办〔2021〕69号)(2021-12-16)[②]。

相关政策要求:以新发展理念为引领,以清洁能源岛等标志性工程为抓手,深入推进国家生态文明试验区(海南)建设,构建绿色低碳循环发展的生产体系、流通体系和消费体系,全链条统筹推进源头减量化、过程控制清洁化、废物资源化和末端处置无害化,加快基础设施绿色升级,完善绿色低碳循环经济发展的保障体系,建立健全具有海南特色的绿色低碳循环发展经济体系。

---

① 资料来源:海南省人民政府网站,https://www.hainan.gov.cn/hainan/flfgxzgfxwj/202205/b9e8fa7ccacb40a4ab2ce565681ea201.shtml。

② 资料来源:海南省人民政府网站,https://www.hainan.gov.cn/hainan/szfbgtwj/202112/d49a32787a1b466b8c34d3b699bd65ae.shtml。

(2)《海南省人民政府办公厅关于印发〈海南自由贸易港进一步优化营商环境行动方案（2022—2025 年）〉的通知》（琼府办函〔2022〕183 号）（2022-06-20）①。

相关政策要求：制订实施碳达峰碳中和行动方案，推动建设碳中和示范市县（区）。深入推进自然资源资产产权制度和有偿使用制度改革，试点开展排污权、用能权、用水权和碳排放权市场化交易。建好国际碳排放交易中心，积极参与国际碳排放权交易。高水平建设海南国际蓝碳研究中心，推进蓝碳增汇等示范工程。建立健全生态产品价值实现机制，推进全省陆域生态系统生产总值（GEP）核算和应用。

(3)《海南省人民政府关于印发〈海南省创新型省份建设实施方案〉的通知》（琼府〔2022〕10 号）（2022-03-03）②。

相关政策要求：科技助力国家生态文明试验区建设。推进热带雨林国家公园建设，促进降塑、清洁能源领域技术研发应用。开展"绿汇""蓝汇"关键技术研发与示范。在碳达峰与碳中和、污染治理、陆海生态保护与修复、生态状况监测评价、生物多样性保护、智慧环保等重点领域，开展关键技术研究和先进装备研发，推动建设近零碳排放示范区，为推动国家生态文明试验区建设发挥科技支撑作用。

---

① 资料来源：海南省人民政府网站，https：//www.hainan.gov.cn/hainan/szfbgtwj/202206/e919993c128c4862b2540280200f42ca.shtml。

② 资料来源：海南省人民政府网站，https：//www.hainan.gov.cn/hainan/szfwj/202203/c1371eb08543496aac8807c63bc31cf8.shtml。

(4)《海南省人民政府办公厅关于进一步推进我省装配式建筑高质量绿色发展的若干意见》(琼府办〔2022〕24号)(2022-05-12)[1]。

相关政策要求：大力推广装配式内装修，实现装配式内装修从示范应用到应做尽做。推动装配式建造技术从房屋建筑工程向市政工程的拓展应用。积极培育基于建筑业的上下游产业集群，涵盖研发设计、部品部件生产、施工安装、培训教育的装配式建筑产业链基本形成，建筑工业化、数字化、智能化、低碳化水平大幅提升。

1.3 海南省发展和改革委员会文件

(1)《关于印发〈严格能效约束推动海南省重点领域节能降碳技术改造实施方案〉的通知》(琼发改产业〔2022〕207号)(2022-03-11)[2]。

相关政策要求：全省以重点领域节能降碳行动技术改造为契机，加快政策配套，逐步建立完善重点领域绿色发展体系，推动"五行业一中心"节能水平显著提升、碳排放强度明显降低和绿色发展能力持续增强。

(2)《海南省发展和改革委员会 海南省工业和信息化厅关于促进工业经济平稳增长的行动方案的通知》(琼发改产业〔2022〕337号)(2022-04-25)[3]。

相关政策要求：出台鼓励使用新能源汽车若干措施，保持2022年

---

[1] 资料来源：海南省人民政府网站，https://www.hainan.gov.cn/hainan/szfbgtwj/202205/4fdcded3460b47e4b5bf19ce9490a32c.shtml。

[2] 资料来源：海南省发展和改革委员会网站，http://plan.hainan.gov.cn/sfgw/0503/202203/eca5a0a5718444d0a5ed278beac5b414.shtml。

[3] 资料来源：海南省发展和改革委员会网站，http://plan.hainan.gov.cn/sfgw/0503/202204/ecadc75b5b424b8b8c193d5c601dd00b.shtml。

对新能源汽车推广的财政支持力度不减。继续实施电动汽车充电基础设施建设运营补贴、新能源汽车车船税减免优惠政策。

(3)《海南省发展和改革委员会关于开展2022年度海南省集中式光伏发电平价上网项目工作的通知》（琼发改能源〔2022〕12号）(2022-01-06)①。

相关政策要求：集中式光伏发电平价上网项目应采取农光互补、渔光互补等模式进行建设。禁止以任何方式占用永久基本农田和一般耕地中的水田、严禁在国家法律法规和规划明确禁止的生态保护红线等区域内建设光伏发电项目。不支持利用水库、海面及海滩、河面及河滩开发建设光伏发电项目。

1.4 海南省工业和信息化厅文件

(1)《海南省信息化建设领导小组办公室关于印发〈海南省加快工业互联网创新发展三年行动计划（2021—2023年）〉的通知》（琼信组办〔2021〕14号）(2021-09-30)②。

相关政策要求：带动供应链产业升级。围绕现代医药、海洋科技、清洁能源等新技术产业，推进现代供应链服务体系和供应链公共服务平台建设，连接国内国际的供应链生产端、需求端、市场供应、物流运输等环节，培育数据驱动的"智能制造、协同制造、云制造"的产业集群生态，驱动本省制造业产业链、供应链优化升级。

---

① 资料来源：海南省发展和改革委员会网站，http://plan.hainan.gov.cn/sfgw/0400/202201/53bdae878c14477885a9da42277f1c92.shtml。

② 资料来源：海南省工业和信息化厅网站，https://www.hainan.gov.cn/hainan/tjgw/202109/ac34ccc3d00846c8a78b1a0ca77f8b94.shtml。

(2)《海南省工业和信息化厅关于印发〈海南省新能源汽车换电模式应用试点实施方案〉的通知》（琼工信汽车〔2021〕195号）(2021-11-08)①。

相关政策要求：按照"政府支持、企业为主、市场运作、区域推动"的原则，通过2021—2022年的应用试点，力争本省换电模式发展走在全国前列。构建布局合理、适度超前的新能源汽车换电网络。以公共服务、社会运营领域换电模式试点先行，逐步辐射带动私人领域换电模式发展，鼓励探索"车电分离"等商业、金融模式创新，降低新能源汽车购车成本，研究制定换电行业相关标准，形成海南新能源汽车充换电模式互补的良性发展生态。

(3)《海南省工业和信息化厅关于印发〈海南省2022年鼓励使用新能源汽车若干措施〉的通知》（琼工信汽车〔2022〕52号）(2022-03-30)②。

相关政策要求：加快新能源汽车推广应用，确保2022年本省新能源汽车在新增车辆中占比超过30%，促进交通运输领域"碳达峰碳中和"目标实现。

(4)《海南省工业和信息化厅 海南省农业农村厅 海南省商务厅 海南省发展和改革委员会关于开展2022年海南省新能源汽车下乡活动的通知》（琼工信汽车〔2022〕101号）(2022-06-17)③。

相关政策要求：支持新能源汽车消费，引导农村居民绿色出行，促进

---

① 资料来源：海南省工业和信息化厅网站，https://www.hainan.gov.cn/hainan/tjgw/202111/909be470c63149539e65680f3527b8b0.shtml。

② 资料来源：海南省工业和信息化厅网站，https://www.hainan.gov.cn/hainan/tjgw/202203/ee4404d44cd543e3905e34689b9c0dd7.shtml。

③ 资料来源：海南省工业和信息化厅网站，http://iitb.hainan.gov.cn/iitb/bmwjjj/202206/7ed22825349a4560950c6647ef635b75.shtml。

乡村全面振兴，助力实现碳达峰碳中和目标。同时，结合本省出台的《海南省促进消费若干措施》有关要求，进一步释放汽车消费潜力，2022年继续促进本省农村地区新能源汽车推广应用，助力清洁能源岛建设。

1.5 海南省自然资源和规划厅

《海南省自然资源和规划厅 海南省林业局关于开展2022年全省森林、草原、湿地调查监测工作的通知》（琼自然资函〔2022〕970号）(2022-06-02)①。

相关政策要求：开展2022年全省林草湿调查监测工作，及时掌握全省森林、草地、湿地资源现状和变化情况，科学评价其质量和生态状况，同步支撑年度国土变更调查，为科学开展森林、草地、湿地生态系统保护修复、监督管理、林长制督查考核、实施碳达峰碳中和战略等提供决策支撑，为履行统一行使全民所有自然资源资产所有者职责、统一行使所有国土空间用途管制和生态保护修复职责提供服务保障，为生态文明建设目标评价考核提供科学依据。

1.6 海南省生态环境厅

(1)《海南省生态环境厅关于印发〈海南省"十四五"海洋生态环境保护规划〉的通知（琼环海字〔2021〕4号）(2021-12-31)②。

相关政策要求：以问题和目标为导向，以保护海洋生态系统和改

---

① 资料来源：海南省自然资源和规划厅网站，https：//www.hainan.gov.cn/hainan/tjgw/202206/ae413045061d46f08613b9a494b7e08a.shtml。
② 资料来源：海南省生态环境厅网站，http：//hnsthb.hainan.gov.cn/xxgk/0200/0202/hjywgl/ghjh/202201/t20220114_3129541.html。

善海洋环境质量为核心，贯通陆海污染防治和生态保护，以"管用、好用、解决问题"为出发点和立足点，对"十四五"时期海洋生态环境保护的目标任务作出部署安排，为本省海洋生态环境质量持续稳定改善提供规划引领与约束，着力推进海洋生态环境治理体系和治理能力现代化。

（2）《海南省生态环境厅关于进一步加强和规范入海排污口管理工作的通知》（2021-10-14）[①]。

相关政策要求：入海排污口设置包括入海排污口的新建、改建和扩建。入海排污口设置应当符合海洋功能区划、海水动力条件和有关规定，经科学论证后，由入海排污口设置单位报市、县生态环境行政主管部门备案（含洋浦经济开发区，具体以各市县政府部门职能划定为准）。入海排污口污染物排放执行国家、地方或相关行业污染物排放标准，同时满足海洋功能区、近岸海域环境功能区的环境管理要求。

1.7 海南省住房和城乡建设厅

《海南省住房和城乡建设厅关于印发〈海南省住房和城乡建设事业"十四五"规划〉的通知》（琼建法〔2021〕307号）（2022-01-13）[②]。

相关政策要求：坚持以人民为中心的发展思想，坚持生态优先、

[①] 资料来源：海南省生态环境厅网站，https：//www.hainan.gov.cn/hainan/tjgw/202110/cd863e1c8276404691bbc56ee403e2eb.shtml。

[②] 资料来源：海南省住房和城乡建设厅网站，http：//zjt.hainan.gov.cn/szjt/0413/202201/b5fa46d4e9554e8c9ff7972c3605255b.shtml。

绿色发展理念，加快推动城乡建设发展方式向绿色低碳发展转变，加强环境基础设施建设，大力推进建筑单体向绿色、低碳、节能和装配化发展，提升绿色建材推广应用水平和建筑垃圾资源化利用率，逐步缓解"城市病"问题，促进城乡建设质量和资源环境承载能力明显提升。

2. 海南省碳中和行动亮点

2.1 绿色金融

海南省作为自由贸易试验区有许多便利条件，在设立国际能源、碳排放权等交易场所方面有着十分可观的发展想象空间。在海南自贸港"国家生态文明试验区"和"清洁能源岛"战略目标下，政策性银行、各商业银行都在积极进行绿色金融实践。

主要行动举措包括：
- 海南国际碳排放权交易中心获批设立。2022 年 2 月 7 日，海南国际碳排放权交易中心获批设立。海南国际碳排放权交易中心是落实国家绿色发展战略的重要实践，将构建市场化生态补偿机制，通过碳金融推进经济社会低碳转型。
- 海南碳中和挂钩项目贷款落地。2022 年 6 月 2 日，海南省碳中和挂钩项目贷款成功落地。该笔贷款总金额 4000 万元，期限 15 年，专项用于定安县龙湖镇尧什村农光互补发电项目建设。
- 海南自贸港建设投资基金设立子基金。2022 年 6 月 16 日，中国农业银行海南省分行推动农银金融资产投资管理有限公司与海南省财金集团合作设立了海南自由贸易港建设投资基金子基金——海南穗达股权投资基金，并已实现"乡村振兴+绿色低碳+专精特新"项目投资落地。

2.2 新能源汽车

大力宣传新能源汽车品牌，助推汽车行业实现新发展，促进消费升级。新能源汽车数据接入省级监管平台，加强新能源汽车安全监管。通过搭建"一张网"服务平台，有效推动新能源汽车行业的高质量发展，加快打造可复制、可推广、可持续发展的"一张网"海南模式。

主要行动举措包括：

- 第七届西部惠民车展在儋州启幕。2021年10月22日，由海南日报报业集团举办的第七届西部惠民车展在儋州市民文化广场开幕。本次车展打造属于儋州的会展活动品牌，推动儋州市新能源汽车普及，引领车市消费升级，为海南车市的健康发展贡献力量。

- "海南造"新能源特种车下线。2021年11月12日，由海南平野新能源有限公司装配生产的16台丰田新能源特种车在海口国家高新区量产下线，这是"海南造"新能源特种车，实现海南新能源汽车制造业新的破题。

- 海南启动新能源汽车数据接入省级监管平台工作。2022年4月6日，为充分发挥省新能源汽车监管平台安全监管作用，进一步掌握全省新能源汽车运行安全状态、行驶里程和充电量等情况，省工业和信息化厅下发相关通知，启动相关数据接入平台工作。该平台是国家、地方、车企三级平台管理体系的重要一环。

- 海南电网大型集中电动汽车充电站投入运行。2022年4月30

日，为支持"绿色智慧出行新海南"建设，南方电网海南电网公司大型集中电动充电站在海口正式投入运行。该充电站由南方电网（海南）电动汽车服务有限公司投资建设。

- 新能源汽车充电难题一网打尽。2022 年 5 月 25 日，海南省充换电一张网服务有限责任公司（以下简称"一张网"公司）在海口揭牌成立。"一张网"公司是新能源汽车充换电基础设施"一张网"运营模式实施主体，将重点解决新能源汽车车主找桩难、油车占位、充电桩利用率低、支付方式不统一等问题，并推动尽快实现"一个 App 畅行全省"的目标。

2.3 数字经济

推动互联网、大数据等新兴技术与绿色低碳产业深度融合：从海南热带森林碳汇监测网络构建、气候变化背景下热带森林碳汇变化动态及其驱动机制等方面进行深入研究；推动海底数据中心建设，逐步建立起以海底数据中心为核心的综合性海洋新技术产业园；形成"高频率、多维度、高精度"的碳排放统计核算监测体系，实现温室气体排放"有迹可循"；以智能化手段预测每日车客量，为打造经济、高效的海峡水上运输通道奠定坚实基础。

主要行动举措包括：

- 科技力量助力打造"智慧雨林"。2021 年 9 月 26 日，中国林业科学研究院和海南省林业科学研究院联合公布了海南热带雨林国家公园体制试点区 2019 年 GEP（生态系统生产总值）核算结果。此项核算成果是由中国林业科学研究院热带林业研究所尖峰岭生态站科研人员联合海南省林业科学院共同完成的，尖峰岭生态站长期野外监测数据为此提供了重要支撑。

- 全国商用海底数据中心落户三亚。2021年12月26日，三亚海底数据中心项目签约暨绿色低碳信息基础设施产业推进会举行，全国商用海底数据中心落户三亚。未来三亚将携手该行业领域的领军企业和优质企业，联动数字经济、海洋科技等产业发展，打造新的经济增长极。
- 海南盛丰高科为减碳提供系统数据支撑。2022年1月19日，《华盛昌江水泥厂温室气体排放报告》制作完成，该报告使用了6种核算方法，对华盛昌江水泥厂的排放因子进行统计核算。海南盛丰高科技有限公司与海南低碳经济政策与产业技术研究院为摸清本省企业的碳排放情况和全岛节能减排、绿色生产提供了重要依据。
- 海南应对气候变化智慧管理平台正式上线。2022年3月1日，省生态环境厅与海南电网公司在海口签订战略合作协议，且共同打造的海南应对气候变化智慧管理平台正式上线。该平台是全国政企合作建设的省域"应对气候变化智慧管理平台"。
- 试行船舶智能配载全预约出岛。2022年3月7日起，海南海峡航运股份有限公司将以秀英港（"海口至海安"航线）为试点，全面试行船舶智能配载全预约出岛模式。为打造"安全、便捷、高效、绿色、经济"的琼州海峡水上运输通道奠定坚实基础。

2.4 海洋经济

海南省海洋经济规模大幅提升，海洋科技创新能力显著增强，现代海洋产业体系初步构建，海洋生态文明建设水平不断提高，海洋合作网络不断扩大。推广LNG动力船舶，更好地保护海南大气环境和南海海洋环境；投资建设高端海洋装备制造项目，打造国际运营和创新研发的高地。

主要行动举措包括：

- 明阳海南高端海洋装备制造项目开工。2021年12月9日，明阳海南高端海洋装备制造项目开工暨海上风电示范项目前期工作启动仪式在东方市临港产业园举行。东方市引进明阳集团头部企业发展新能源产业，"十四五"时期，明阳集团计划在东方市投资230亿元。

【专栏】

案例：我国沿海 LNG 船舶加注站在琼投运

2021年11月20日，在澄迈中海油马村码头，由中国海油气电集团建设运营的我国沿海LNG船舶加注站宣布正式投运。该加注站的投用填补了国内沿海LNG船舶加注站的空白，为我国推广海洋船舶应用LNG起到示范引领作用。LNG作为船舶动力燃料，具有绿色低碳、燃料成本低、推进效率高、性能优越等优势。相比燃油，船舶以LNG为动力，每年可减少排放硫氧化物和悬浮颗粒物100%，氮氧化物90%，同时降低燃料成本。

目前，中国海油正以"气化长江""气化珠江""气化运河""气化沿海"为目标，与各地政府积极合作，全力推动"绿色航运"产业发展，LNG动力船舶的推广对于持续改善沿海和内河城市空气质量，保护内河和海洋环境具有重要作用。

马村LNG船舶加注站是撬装模块化加注站点，设计年加注规模2.5万吨，具有投资小、建设周期短、占地面积小等特点。加注站最大加注能力为每小时54立方米，与加注柴油相当。该站自2022年3月15日开始试运行，已累计为

> "海洋石油550"和"海洋石油551"两艘LNG动力守护船安全加注12船次。随着中国海油清洁能源船舶项目的实施，预计到2022年底将有6艘LNG动力守护船在海南投入使用。
>
> 中国海油气电集团海南地区负责人表示，该集团将发挥LNG产业先发优势，积极打造海南环岛LNG船舶加注网络，大力推动现有燃油渔船、拖轮和客滚船等船舶"油改气"以及新建船舶采用LNG作为动力，以实际行动助力海南船舶领域燃料清洁化，为海南省率先实现碳达峰碳中和目标贡献价值。

2.5 绿色农业

发展共享农庄实现了效率和公平的有机统一，推进了农民、农村和企业互促共赢。引领推进升级版美丽渔港、美丽渔村和特色产业小镇、共享农庄、田园综合体建设。建立现代农业产业技术体系，促进形成农业科研与产业发展紧密结合的有效途径，推进实施乡村振兴战略。

主要行动举措包括：

- 共享农庄大会在三亚举行。2021年12月14日，以"共建·共享·共富"为主题的共享农庄大会在三亚举行。海南近5年的探索实践证明，发展共享农庄实现了效率和公平的有机统一，推进了农民、农村和企业互促共赢，是农民农村实现共同富裕的重要路径。

- 临高借冬交会展示高效农业规模化、品牌化发展。2021年12月16日，在中国（海南）国际热带农产品冬季交易会乡村振兴馆之临高展馆，充分展示临高农业发展成果。该县是全省著名的乳猪生产基地、冬季瓜菜生产基地、优质米生产基地、水稻制种基地和亚洲最大的深海网箱养殖基地。

- 海南现代农业产业技术体系启动。2022年5月7日，海南省棕榈类（槟榔）现代农业产业技术体系已经顺利启动。该体系是海南省启动的现代农业产业技术体系，将提升海南槟榔产业系统性创新能力，助力农民增收和乡村振兴。

2.6 新能源——光伏

多能互补，发挥传统能源和新能源各自的禀赋和优势，使新旧能源融合成一个能够支撑生活生产发展稳定的、可靠的、安全的能源；供需互动，互动需要靠技术和市场。把供需互动融合到一起，按需所取。充分发挥现代信息化技术，使能源流、信息流、价值流等多流融合。

主要行动举措包括：

- 乐东最大单体光伏项目启动。2021年11月15日，装机容量100兆瓦单体光伏项目在乐东黎族自治县莺歌海盐场启动。这是海南"十四五"最大单体光伏项目，也是乐东目前最大单体光伏项目。它的建设对增加电力能源供应，带动乐东重大项目建设，推动乐东经济社会又好又快发展，造福乐东人民具有重大而深远的意义。
- 海南核电一期工程商运发电量累计超500亿千瓦时。2022年1月4日，海南核电一期工程双机组商运发电量累计超500亿千瓦时，等效减排二氧化碳4000万吨，减少标准煤消耗1500余万吨，对优化能源结构、推动绿色低碳发展，助力海南实现碳达峰碳中和目标具有重要意义。海南核电双机组商运并网，有效地缓解了海南长期面临的缺电现象。

- 海南电网"一站式"服务新能源项目并网。2022年2月25日，从南方电网海南电网公司获悉，该公司近日已开辟太阳能、风力、生物质能、地热能和海洋能发电等新能源并网服务绿色通道，进一步简化、优化新能源发电项目并网流程，为客户提供"一站式"并网服务。

- 大唐文昌翁田农光互补+储能项目投产。2022年4月17日上午，由大唐海南能源开发有限公司投资建设的大唐文昌翁田集中式光伏基地100兆瓦农光互补+储能示范项目顺利建成投产发电。该项目是海南省重点项目，是目前海南单体容量最大的"光伏+储能"项目。该项目助力海南电网构建以新能源为主体的新型电力系统。

- 论坛年会实现100%"绿电"供应。2022年4月20日，博鳌亚洲论坛年会在海南博鳌举行。"绿电"供应是博鳌亚洲论坛2022年年会推进"绿色办会"的一项重要举措。为了保证博鳌亚洲论坛绿色电力安全可靠，海南电网公司做好500千伏联网线路的综合运检，保障省间送受电通道畅通。

- 中国海油油气能源院士工作站在琼成立。2022年6月25日，由中国工程院院士谢玉洪主持的中国海油油气能源院士工作站在海口市举行揭牌仪式，意味着海南油气科技领域自主创新、关键核心技术攻关、绿色能源转型综合科研平台进入实质性运营阶段。

2.7 新能源——氢能

进一步推动氢燃料电池汽车产业化和氢能商业化。以"绿氢"为发展核心，在交通、能源、储能、发电等多个应用场景实现运用。进一步推动海南氢能产业发展，加速海南氢能产业化、规模化和商业化进程。

主要行动举措包括：

- 海马汽车制氢加氢站落成。2021年12月10日，海口光伏制氢及高压加氢一体站正式落成，海马汽车氢能布局与落地迈出坚实步伐，开启"氢"时代。海马汽车将结合自主研发的氢燃料电池汽车以及即将投入运营的光伏发电项目，打造全球"光伏发电—电解水制氢—氢燃料电池汽车运营"的全产业链零碳排放新能源汽车试运营项目。

- 助推海南在氢能领域开展国际合作。2022年3月9日，中日减污降碳与氢能发展论坛在琼召开。当天，海南天宇科技有限公司与湖北宜昌枝江市政府签订了《氢能战略框架合作协议》。同时，大唐海南能源开发有限公司与东方电气集团东方锅炉股份有限公司签订了《氢能产业综合示范合作框架协议》。

- 推进氢能产业协同创新。2022年3月26日，大唐海南氢能产业发展中心揭牌活动在海口举行。海南氢能产业发展中心的成立，是推动海南氢能产业健康有序发展的重要举措，旨在进一步把握好海南氢能产业快速发展的窗口期，聚焦海南氢能发展定位，加快产业新旧动能转换。

2.8 绿色建筑

坚持生态优先的绿色发展理念，以装配式为抓手开展绿色建筑创建行动，加快推动海南绿色建筑高质量发展。推动既有绿色建筑绿色改造，以及推动可再生能源建筑应用，让绿色建材应用进一步扩大。

主要行动举措包括：

● 三亚亚特兰蒂斯喜获碳中和证书。2021年11月4日从复星旅文·三亚亚特兰蒂斯获悉，此公司获得由中国质量认证中心（CQC）签发的碳中和证书，该证书也是海南省旅游企业获得的碳中和证书。复星旅文·三亚亚特兰蒂斯从设计之初就秉承绿色发展设计理念，将"绿色与可持续"理念充分融合到建筑全生命周期中。

● 2021年新开工装配式建筑占新建建筑比例达六成。2022年5月16日，从省政府办公厅印发文件《关于进一步推进我省装配式建筑高质量绿色发展的若干意见》的新闻发布会上获悉，海南计划2022年新开工的装配式建筑占新建建筑的比例达60%；到2025年，新开工的装配式建筑占新建建筑的比例大于80%。

2.9 生态环境

坚持生态立省，建设生态一流、绿色低碳的自由贸易港。有力打破部门分割、地域屏障，形成治水护水强大合力。全面评估森林资源价值核算方法的科学性、匹配性和可操作性，完成森林资源价值量核算工作。加快推进标志性工程建设，倾心保护好热带雨林，努力实现生态保护、绿色发展和民生改善相统一。

主要行动举措包括：

第三篇
地方加快"碳中和"相关工作的成效与亮点

- 推动赤田水库流域综合治理工作。2021年10月20日，海南省赤田水库流域联合整治指挥部、三亚市赤田水库流域生态补偿机制创新试点工作领导小组办公室在赤田水库揭牌成立，这标志着三亚市、保亭黎族苗族自治县两地共同推进赤田水库流域综合治理和生态补偿试点工作迈出实质性一步。

- 支持东寨港湿地生态修复工程建设。2022年6月5日获悉，省发展和改革委员会同省林业局争取到重点区域生态保护和修复专项2022年中央预算内投资6000万元，专项用于东寨港（三江湾）生态修复项目建设。项目实施后，将显著扩大保护区红树林面积，改善红树林生态系统结构与功能，保护东寨港红树林湿地生态系统完整性与生物多样性。

- 海南被列入全国森林资源价值核算试点名单。2022年6月12日获悉，国家林业和草原局与国家统计局联合下发通知，决定在海南、内蒙古、福建、河南、青海五省区开展森林资源价值核算试点。海南2019年度海南热带雨林国家公园的生态系统生产总值（GEP）为2045.13亿元，海南"无价"的绿水青山有了实实在在的"身价"。

【专栏】

案例：打造好国家公园的"海南样板"

2021年10月12日，在云南昆明举行的《生物多样性公约》第十五次缔约方大会领导人峰会上，中国宣布正式设立海南热带雨林国家公园等5个国家公园。

海南热带雨林国家公园建设是我国生物多样性保护成就的一个缩影，折射出我国生物多样性保护取得了扎实成效。建设海南热带雨林国家公园也是海南推进国家生态文明试验区建设的标志性工程。近年来，海南不断推进热带雨林国家公园建设，从成立海南热带雨林国家公园管理局，到出台《国家生态文明试验区（海南）实施方案》，从加大热带雨林生态修复力度，到实施核心保护区生态搬迁工程，在省委省政府以及各方力量不断努力下，海南热带雨林保护和生物多样性保护成效不断显现。

在建设海南热带雨林国家公园的过程中，需要增强"一盘棋"意识，也需要准确协调全局和局部的关系，让全局性的理念在每一个局部得到落实，方能行稳致远，真正实现"绿水青山就是金山银山"理念，打造好国家公园的"海南样板"。

重庆：成渝联动促进区域绿色低碳高质量发展

1. 重庆市碳中和相关政策文件

川渝两地肩负着筑牢长江上游重要生态屏障、如期实现碳达峰碳中和目标的重大历史使命，必须深化成渝地区"双碳"合作，加快建设"绿色经济圈"，推动高质量发展。

为推动双城经济圈生态环境保护，重庆市正加快制定"1+2+6+N"政策体系，围绕实现碳达峰碳中和愿景，加快建设"绿色经济圈"，从能源、产业、交通运输等方面制定政策，明确路径，推动成渝两地形成"以点带面、协同联动"推进碳达峰、碳中和的工作格局，促进区域经济社会发展向绿色低碳高质量转型。产业绿色低碳可持续发展，是推动成渝地区双城经济圈建设"低碳产业圈+绿色经济圈"、实现碳达峰碳中和目标的重要支柱。集群发展新兴产业和未来产业，实现对高能耗、高排放产业的绿色化数字化改造升级，如以电动车、氢能源车等新能源汽车制造业替代和淘汰燃油车制造业。严格落实林长制，大力实施"两岸青山·千里林带"工程，推进森林数量、质量双提升。携手打造互联互通的氢能经济网络，组建成渝氢走廊技术创新生态圈联盟和物流专线联盟。打造成渝电走廊，加快推动川渝省际高速公路服务区充电桩建设。

1.1 重庆市人民政府文件

(1)《重庆市人民政府办公厅 四川省人民政府办公厅关于印发成渝地区双城经济圈碳达峰碳中和联合行动方案的通知》（渝府办发〔2022〕22号）(2022-02-23)[①]。

相关政策要求：全面落实关于碳达峰、碳中和以及推动成渝地区双城经济圈建设的部署要求，完整、准确、全面贯彻新发展理念，牢固树立"一盘棋"思想和一体化发展理念，推动成渝地区形成"统筹共建、协同联动"推进碳达峰、碳中和的工作格局，促进区域经济社会绿色低碳高质量发展。

(2)《重庆市人民政府关于印发重庆市生态环境保护"十四五"规划（2021—2025年）的通知》（渝府发〔2022〕11号）(2022-02-08)[②]。

相关政策要求：坚持"两点"定位、"两地""两高"目标，发挥"三个作用"和推动成渝地区双城经济圈建设等重要指示要求，保持

---

① 资料来源：重庆市人民政府网站，http://www.cq.gov.cn/zwgk/zfxxgkml/szfwj/qtgw/202202/t20220223_10426102.html。

② 资料来源：重庆市人民政府网站，http://www.cq.gov.cn/zwgk/zfxxgkml/szfwj/qtgw/202202/t20220208_10375209.html。

加强生态环境保护的战略定力，把修复长江生态环境摆在压倒性位置，以改善生态环境质量为核心，以减污降碳协同增效为主线，以深化生态文明体制改革为动力，协同推进高质量发展和生态环境高水平保护，彰显重庆山水自然之美、人文精神之美、城乡特色之美、产业素质之美，全面开启山清水秀美丽之地建设新征程。

(3)《重庆市人民政府关于加快建立健全绿色低碳循环经济体系的实施意见》（渝府发〔2021〕31号）（2021-10-11）[①]。

相关政策要求：坚持"两点"定位、"两地""两高"目标、发挥"三个作用"和推动成渝地区双城经济圈建设等重要指示要求，完整、准确、全面贯彻新发展理念，坚持重点突破、创新引领、稳中求进、市场导向，全方位全过程推行绿色规划、绿色设计、绿色投资、绿色建设、绿色生产、绿色流通、绿色生活、绿色消费，统筹推进高质量发展和高水平保护，建立健全绿色低碳循环发展的经济体系，确保如期实现碳达峰碳中和目标。

(4)《重庆市人民政府 四川省人民政府关于明月山绿色发展示范带总体方案的批复》（渝府〔2021〕57号）（2021-11-02）[②]。

相关政策要求：立足新发展阶段，完整、准确、全面贯彻新发展理念，服务和融入新发展格局，坚持生态优先、绿色发展，统一谋划、一体部署、相互协作、共同实施，培育绿色发展新动能，构建自然和谐生态环境、绿色低碳产业体系、舒适宜居生活空间，实现绿色经济、

---

① 资料来源：重庆市人民政府网站，http://www.cq.gov.cn/zwgk/zfxxgkml/szfwj/xzgfxwj/szf/202110/t20211025_9886445.html。

② 资料来源：重庆市人民政府网站，http://www.cq.gov.cn/zwgk/zfxxgkml/szfwj/qtgw/202111/t20211102_9915854.html。

高品质生活、可持续发展有机统一，打造践行"绿水青山就是金山银山"理念的新样板。

(5)《重庆市人民政府关于高质量创建广阳湾智创生态城的意见》（渝府〔2022〕5号）（2022-02-11）①。

相关政策要求：立足新发展阶段，完整、准确、全面贯彻新发展理念，积极融入和服务新发展格局，坚持生态优先、绿色发展的战略导向，紧扣长江风景眼、重庆生态岛和智创生态城定位，做亮广阳岛城市功能名片，聚焦"八个绿色""六个示范"，坚定不移走"智慧+""绿色+"高质量发展之路，建设生态文明，推动绿色低碳循环发展，促进经济社会发展全面绿色转型，高水平引领重庆在推进长江经济带绿色发展中发挥示范作用。

(6)《重庆市人民政府办公厅关于印发重庆市创建国家生态园林城市工作方案的通知》（渝府办〔2022〕11号）（2022-03-11）②。

相关政策要求：坚持"两点"定位、"两地""两高"目标，发挥"三个作用"和推动成渝地区双城经济圈建设等重要指示要求，立足新发展阶段，完整、准确、全面贯彻新发展理念，积极融入和服务新发展格局，加快建设"近悦远来"的美好城市，让人民群众在城市生活得更方便、更舒心、更美好。

---

① 资料来源：重庆市人民政府网站，http://www.cq.gov.cn/zwgk/zfxxgkml/szfwj/xzgfxwj/szf/202202/t20220211_10384340.html。

② 资料来源：重庆市人民政府网站，http://www.cq.gov.cn/zwgk/zfxxgkml/szfwj/qtgw/202203/t20220311_10496232.html。

1.2 重庆市发展和改革委员会文件

《重庆市发展和改革委员会　重庆市生态环境局关于印发 2022 年塑料污染治理工作要点的通知》（渝发改资环〔2022〕596 号）（2022-05-18）①。

相关政策要求：坚持"两点"定位、"两地""两高"目标、发挥"三个作用"和推动成渝地区双城经济圈建设等重要指示要求，持续加强塑料污染全链条治理，稳步推进"无废城市"试点建设，到 2022 年底，全市一次性塑料制品消费量明显减少，替代产品得到推广，塑料废物资源化、能源化利用比例大幅提升，形成一批可复制、可推广的塑料减量和绿色物流模式。

1.3 重庆市住房和城乡建设委员会文件

《关于印发〈重庆市绿色社区创建、完整居住社区建设操作指南（试行）〉的通知》（渝建人居〔2021〕18 号）（2021-10-09）②。

相关政策要求：坚持"两点"定位、"两地""两高"目标，发挥"三个作用"和推动成渝地区双城经济圈建设等重要指示要求，统筹推进"一点三区一地"建设，坚持以人民为中心，推动绿色发展理念融入居民生活和社区建设治理中，满足人民日益增长的美好生活需要，促进社区建设质量、服务水平和管理能力全面提升，不断增强人民获得感、幸福感和安全感。

---

① 资料来源：重庆市发展和改革委员会网站，http://fzggw.cq.gov.cn/zwgk/zfxxgkml/zcwj/qtwj/202205/t20220518_10730862.html。

② 资料来源：重庆市住房和城乡建设委员会网站，http://zfcxjw.cq.gov.cn/zwgk_166/fdzdgknr/zcwj/qtwj/202206/t20220601_10770381.html。

1.4 重庆市林业局文件

《重庆市林业局 重庆市财政局 重庆市乡村振兴局关于印发〈重庆市生态护林员管理细则〉的通知》（渝林规范〔2022〕1号）（2022-06-14）①。

相关政策要求：逐步调整优化生态护林员政策，建立由林业、财政、乡村振兴等部门组成的工作协调机制。各级林业主管部门牵头，与财政、乡村振兴部门密切配合，根据业务职能划分管理职责。

1.5 重庆市财政局文件

（1）《重庆市财政局关于调整下达2022年市级林业生态保护恢复专项资金预算指标的通知》（渝财农〔2022〕60号）（2022-06-14）②。

相关政策要求：下达巫山县2022年林业生态保护恢复资金60万元，专项用于主办2022年全国第六个"世界文化和自然遗产日"主题活动相关支出。加强资金管理，切实提高资金使用效益。同时调减2022年市林业局（本级）林业生态保护恢复资金60万元。

（2）《重庆市财政局关于下达2022年生态保护和修复支撑体系专项中央基建投资预算的通知》（渝财农〔2022〕51号）（2022-06-01）③。

相关政策要求：项目预算指标专项用于生态保护和修复支撑体系，

---

① 资料来源：重庆市林业局网站，http://www.cqck.gov.cn/bm/lyj/zwgk_70831/zfxxgkml/zcwj/xzgfxwj/202206/t20220617_10825542.html。

② 资料来源：重庆市财政局网站，http://czj.cq.gov.cn/zwgk_268/zfxxgkml/zcwj/qtwj/202206/W020220623611433513973.pdf。

③ 资料来源：重庆市财政局网站，http://czj.cq.gov.cn/zwgk_268/zfxxgkml/zcwj/qtwj/202206/t20220601_10772053.html。

按规定用途安排使用，接受财政部重庆监管局等部门的监督。将资金分解下达到具体项目，加强资金管理，加快预算执行进度，强化资金绩效管理与监督。

(3)《重庆市财政局关于下达 2022 年重点区域生态保护和修复专项中央基建投资预算的通知》（渝财农〔2022〕52 号）（2022-05-31)[①]。

相关政策要求：项目预算指标专项用于生态保护和修复支撑体系，按规定用途安排使用，接受财政部重庆监管局等部门的监督。将资金分解下达到具体项目，加强资金管理，加快预算执行进度，强化资金绩效管理与监督。按照预算绩效管理的有关规定，做好绩效监控，确保年度绩效目标如期实现和项目建设顺利实施；预算执行结束后，组织开展绩效自评，并将绩效自评报告报送相关主管部门。

(4)《重庆市财政局关于下达 2022 年中央林业草原生态保护恢复资金预算的通知》（渝财农〔2022〕43 号）（2022-05-16)[②]。

相关政策要求：2022 年中央林业草原生态保护恢复资金用于辖区内退耕还林还草、生态护林员两个支出方向。根据预算绩效管理有关规定及年度目标任务，及时分解下达绩效目标。请各区县按照绩效目标要求，做好预算绩效管理工作，确保绩效目标如期完成。严格按照有关资金管理规定，切实加强资金管理，保证资金使用规范安全，提高资金使用效益。

---

① 资料来源：重庆市财政局网站，http://czj.cq.gov.cn/zwgk_268/zfxxgkml/zcwj/qtwj/202206/W020220624395525899097.pdf。

② 资料来源：重庆市财政局网站，http://czj.cq.gov.cn/zwgk_268/zfxxgkml/zcwj/qtwj/202205/W020220624407533539388.pdf。

(5)《重庆市财政局关于调整下达 2022 年市级林业生态保护恢复专项资金预算指标的通知》（渝财农〔2022〕37 号）（2022-05-09）[①]。

相关政策要求：下达重庆缙云山国家级自然保护区 2022 年林业生态保护恢复资金 11 万元，主要用于 11 株一级古树和名木的复壮保护。加强资金管理，切实提高资金使用效益。同时调减 2022 年北碚区林业生态保护恢复资金 11 万元。

(6)《重庆市财政局关于提前下达 2022 年中央农业生产发展资金和市级农业资源与生态保护资金预算指标的通知》（渝财农〔2021〕121 号）（2021-12-02）[②]。

相关政策要求：增强区县预算编制的完整性，加快中央转移支付资金支出进度，2022 年中央农业生产发展资金和市级农业资源与生态保护资金，用于发放耕地地力保护补贴和种粮大户补贴。

(7)《重庆市财政局关于提前下达 2022 年市级林业改革发展和林业生态保护恢复专项资金预算指标的通知》（渝财农〔2021〕125 号）（2021-12-02）[③]。

相关政策要求：将 2022 年市级林业改革发展资金、市级林业生态保护恢复资金预算主要用于森林资源管护、国土绿化、国家级自然保护区、湿地等生态保护，以及天然林保护、退耕还林政策实施、生态护林员等方面。

---

① 资料来源：重庆市财政局网站，http://czj.cq.gov.cn/zwgk_268/zfxxgkml/zcwj/qtwj/202205/W020220624408562808114.pdf。
② 资料来源：重庆市财政局网站，http://czj.cq.gov.cn/zwgk_268/zfxxgkml/zcwj/qtwj/202112/t20211202_10066058.html。
③ 资料来源：重庆市财政局网站，http://czj.cq.gov.cn/zwgk_268/zfxxgkml/zcwj/qtwj/202112/t20211202_10065043.html。

(8)《重庆市财政局关于调整下达 2021 年市级林业生态保护恢复专项资金预算指标的通知》（渝财农〔2021〕109 号）（2021-11-24）[1]。

相关政策要求：下达 2021 年林业生态保护恢复资金 2000 万元（其中垫江县 1000 万元，云阳县 1000 万元），主要用于奖补垫江县、云阳县创建国家森林城市通过国家林业和草原局审核备案。加强资金管理，切实提高资金使用效益。同时调减 2021 年林业生态保护恢复资金 2000 万元（其中北碚区 1000 万元，梁平区 1000 万元）。

2. 重庆市碳中和行动亮点

2.1 生态环境

以"两岸青山·千里林带"等重点工程建设为抓手，高质量推进国土绿化提质增效，加快完成生态环境修复工作，实施生态环保项目工作。以宜林荒山荒地荒滩、荒废受损山体、退化林地草地为主开展绿化，提高重庆植被覆盖率。

主要行动举措包括：

- 北碚河道自然岸线保有率在 80%以上。2022 年 1 月 12 日，北碚滨江路（二期）通车。北碚区采取最小干预的方式，规划建设滩涂景观带、石滩艺术区、湿地寻踪区和北碚之源区。北碚河道自然岸线保有率在 80%以上。

- 重庆年内实施营造林 500 万亩。2022 年 2 月 10 日，重庆市召开林业工作视频会议，将以"两岸青山·千里林带"等重点工程建设

---

[1] 资料来源：重庆市财政局网站，http://czj.cq.gov.cn/zwgk_268/zfxxgkml/zcwj/qtwj/202111/t20211124_10030365.html。

为抓手，预计年内实施营造林 500 万亩，建设"两岸青山·千里林带"50 万亩，确保森林覆盖率在 55% 以上。

- 重庆森林覆盖率排名进入全国前十。截至 2022 年 3 月，全市林地面积达 6909 万亩，森林面积 6742 万亩，森林覆盖率 54.5%、排名进入全国前十。重庆市不断探索造林新模式，科学推进国土绿化。

- 广阳植被覆盖率在 90% 以上。截至 2022 年 3 月，广阳生态修复主体完工，广阳岛植被覆盖率在 90% 以上，岛上记录植物从生态修复前的 383 种增加到 594 种，新增记录鸟类 20 种，其中包括中华秋沙鸭等珍稀鸟类。

- 北碚入选生态保护修复案例。截至 2022 年 3 月，缙云山累计拆除各类建筑物 62 万平方米，栽种植物 77.4 万株（棵），覆土复耕复绿 42 万平方米。2021 年，缙云山北碚片区生态环境综合整治入选重庆市生态保护修复十大案例。

- 重庆力争森林覆盖率超 60%。2022 年 4 月。重庆市"两岸青山·千里林带"建设现场推进会召开。力争到 2030 年，将"两岸青山·千里林带"项目区森林覆盖率提高到 60% 以上。

【专栏】

案例：重庆北碚：厚植生态优势　聚力绿色转型[①]

重庆市北碚区立足新发展阶段，贯彻新发展理念，构建新发展格局，坚持生态优先绿色发展，深入打好污染防治攻坚战，辖区环境质量持续改善。

2022 年 5 月 14 日，北碚区嘉陵江右岸水土大桥段消落区综合治理工程正式

---

① 资料来源：中国网，http://cq.china.com.cn/2022-06/06/content_41993538.html。

开工建设。该项目通过进行现状湿地保护、消落带生态修复，治理岸线2.9千米，面积360亩。

北碚区细化大气污染防治工作任务，将工业、交通、扬尘、生活4类大气污染源管控持续推向纵深。截至2022年5月25日，共巡查检查工地600余次、工业企业300余家次、运渣车4500余辆、堆场80余次、餐饮企业800余家次、加油站80余次、路检车辆4000余辆；全区空气优良天数达到133天，空气质量综合指数3.707。

2022年4月28日，生态环境部等部门公布了第二批生态环境导向的开发（EOD）模式试点项目名单，北碚区环缙云山生态建设及生态产业化项目作为重庆市两个试点项目之一，被成功纳入国家EOD模式试点。

北碚区在全市率先探索并完成GEP核算，通过构建符合自身实际的GEP核算框架体系，摸清整体及各部分生态系统的家底，为全区绿水青山贴上了337亿元的"价格标签"。

北碚区将在巩固已有成效基础上，深入打好污染防治攻坚战，突出碧水、蓝天、净土保卫战，促进经济社会发展全面绿色转型，持续推动山清水秀美丽北碚建设。

2.2 双城经济圈

实现成渝交通一体化，共同打造成渝氢走廊和电走廊，把成渝地区双城经济圈建成具有全国影响力的重要经济中心，合力打造区域协作的高水平样板，打造带动全国高质量发展的重要增长极和新的动力源。

主要行动举措包括：

- 300亿元双城经济发展基金落地。2022年1月17日，"推动成渝地区双城经济圈建设"专题记者会召开。成渝计划联合打造电子信息世界级产业集群，落地总规模 300 亿元的成渝地区双城经济圈发展基金，加速"双碳"经济发展。

• 川渝将共建氢走廊和电走廊。2022 年 2 月 23 日，《成渝地区双城经济圈碳达峰碳中和联合行动方案》发布。该《方案》以成都—内江—重庆发展轴为重点，共同打造成渝氢走廊和成渝电走廊。

2.3 绿色工业

加速围绕企业层面推进能效"领跑者"和绿色工厂创建，从生产源头降低能源消耗，削减碳排放和污染物排放。持续推进节能低碳化改造、清洁化改造和绿色基础能力提升，加快构建绿色制造体系。

主要行动举措包括：

• 涪陵绿色工厂竞争力居全市前列。2021 年，涪陵区实施页岩气钻井平台"油改电"等节能改造项目 38 个，加快构建绿色制造体系。截至 2021 年底，涪陵建成国家绿色工厂 5 个，市级绿色工厂 6 个，获评国家级绿色设计产品 2 个。

• 渝北区绿色工厂建设成效明显。截至 2021 年底，渝北成功创建 3 家国家级绿色工厂、8 家市级绿色工厂，完成 150 余个智能化改造项目，建成 28 个市级数字化车间和 2 个智能工厂，工业数字化转型成效明显。

• 重庆 2022 年计划培育创建 50 家绿色工厂。2022 年 3 月 14 日，重庆市启动 2022 年度绿色制造示范单位创建，计划年内培育创建市级绿色工厂 50 家，市级绿色工业园区 5 个。

• 三一重机挖掘机设计达到最高国四排放标准。2022 年 3 月，三一重机积极筹备，计划向世界经济论坛（WEF）申请成为全球制造业领域"灯塔工厂"。三一重机植入绿色工厂理念，挖掘机设计达到最高国四排放标准。

- "十四五"重庆绿色新兴产业计划实现8000亿元产值。2022年6月17日，重庆市工业绿色发展业务能力提升培训会召开，到2025年，计划全市绿色新兴产业总产值突破8000亿元。

2.4 新能源汽车

"重庆造"新能源汽车产品依靠背后鲜明的市场逻辑，推动新能源汽车产销量超国内平均水平。在新能源汽车动力研发领域利用国内领先技术，大大缩短充电时间。多方面融资募集资金，用于新能源技术研发等多个领域。

主要行动举措包括：

- 新能源汽车充电时间缩短一半。2022年金康动力将研发出一款高压电驱产品并实现量产，这款新产品可以让新能源汽车充电时间大约缩短一半。

- 两江新区长安新能源完成融募资49.773亿元。2022年1月24日，重庆长安新能源汽车公司（以下简称长安）在两江新区进行B轮融资签约仪式，共募集到资金49.773亿元，将用于长安新能源技术研发、市场拓展和品牌塑造等多个领域。

- 长安新能源汽车销量远超全国平均增长水平。2022年6月，长安自主新能源车型批售量达18268辆，同比增长33.12%；2022年1—6月，销量达84958辆，同比增127.26%，远超全国平均增长水平。

2.5 产业转型

加快推动数字产业化、产业数字化，打造西部数字产业基地。推动数字经济与实体经济融合发展，发展一批高技术性和高成长性企业，加快涪陵建峰、秀山锰矿等企业的传统产业转型，建设一批数字车间、智能工厂和"灯塔工厂"。

主要行动举措包括：

- 重庆提速工业绿色低碳转型。截至2021年底，重庆累计创建绿色工厂171家、绿色园区15个。2022年，重庆计划创建市级绿色工厂50家，市级绿色工业园区5个，提速工业低碳转型。

- 秀山淘汰"黑色"产业端上"绿色"饭碗。2022年2月秀山锰矿开采、加工企业已全部停产退出。该县医药产业、食品加工业成链成群，2021年新培育规上工业企业17家，文化旅游实现融合发展，经济社会绿色转型态势良好。

2.6 新能源——氢能

紧抓成渝地区双城经济圈建设战略机遇，组建成渝氢走廊技术创新生态圈联盟和物流专线联盟。依托龙头企业大力推动氢燃料电池汽车示范应用，并配套建设加氢站，汇聚各方力量聚力打造"西部氢谷"。

主要行动举措包括：

- "成渝氢走廊"正式启动。2021年11月30日，"成渝氢走廊"启动暨氢燃料电池物流车首发仪式在重庆九龙坡区及四川成都、内江三地同时举行。川渝两地将携手打造互联互通的氢能经济网络。

- 九龙打造千亿级"氢谷"。2021年12月23日,九龙坡区举行2021年第四季度招商项目集中签约活动,16个项目总投资达430亿元。九龙将抓好氢能示范应用场景建设,打造集研发、制造、应用于一体的千亿级"氢谷"。
- 重庆已建和在建加氢站达6个。2022年3月,重庆市2022年启动建设的、位于江北港城园区的加氢站公示,重庆市将建成10座加氢站,推广1000台氢燃料电池汽车示范运行,培育氢能汽车产业链企业超过50家。

2.7 电力工程

加强外电入渝重要输电通道,川渝特高压交流工程计划开工。积极投运用户侧化学储能项目,减轻高峰期用电压力。推动农村电气化建设,建设数智化乡村"电力驿站",为乡村企业提供优质电力供应,助力乡村振兴。

主要行动举措包括:

- 重庆电力投资18.9亿元助力乡村振兴。2022年,国网重庆市电力公司计划再投资18.9亿元,持续推动农村电气化建设,为乡村企业提供优质电力供应,助力乡村振兴。
- 重庆用户侧电化学储能项目投运。2022年3月4日,储能项目正式接入电网,标志着重庆用户侧电化学储能项目投运。储能项目降低企业成本,通过"削峰填谷"方式减轻了高峰时期全市的供电压力。
- 重庆数智化乡村"电力驿站"投运。2022年3月9日,由国网重庆市南供电公司打造的"电力驿站"正式投入使用,这是重庆市数智化乡村"电力驿站"。

- 500千伏变电站综合检修完成。2022年5月8日，国网重庆超高压公司组织完成500千伏张家坝变电站以及500千伏张马一线、二线和张州一张、二线"四回同停"大型综合检修。

2.8 环保工程

扎实推进市属国有重点企业的生态环保督察全覆盖，推动经济社会发展全面绿色转型。统筹山水林田湖草系统治理，进一步强化"上游意识"、担起"上游责任"，促进生态环保项目投资和环保产业增值。

主要行动举措包括：

- 率先实现国有重点企业环保督察全覆盖。截至2021年11月，重庆市对30家市属国有重点企业进行了生态环保专项督察，在全国范围内率先实现了对市属国有重点企业的生态环保督察全覆盖。

- 22.1亿元泰山电缆环保搬迁。2021年12月，泰山电缆顺利完成搬迁验收，彻底解决了原厂址周边交通拥堵、噪声及废气扰民等问题。2022年春节期间，总建筑面积约28万平方米、总投资22.1亿元的泰山电缆新厂正式启用。

- 重庆环保产业将实现产值2000亿元。2021年12月16日，"四川省节能环保品牌推广川渝行暨川渝节能环保人才技能大赛"举行。重庆市将在"十四五"推动环保产业实现2000亿元产值，建成长江经济带重要的节能环保产业基地。

- 耐德新明和垃圾运输"滴水不漏"。截至2022年4月，耐德新明和承建的第19届亚洲运动会三个环保项目已经实现安全运营。2000

吨的生活垃圾将减量15%—20%，垃圾体积压缩近2/3，厨余垃圾减量可达70%。

● 重庆市级重大生态环保项目完成投资同比提高12.5%。2022年第一季度重庆市级重大生态环保项目累计完成投资24.8亿元，投资进度达25.5%，高于市级重大项目平均水平3.6个百分点，同比提高了12.5%。

四川：加快发展新经济，培育壮大新能源产业链

四川省以经济社会发展全面绿色转型为引领，以产业结构调整为重点，以能源绿色低碳发展为关键，加快形成节约资源和保护环境的产业结构，确保如期实现碳达峰、碳中和。

为建设"水风光"互补绿色清洁能源示范基地，四川省人民政府、省发改委等部门先后出台相关加快构建清洁低碳安全高效能源体系的政策文件，扎实推进绿色能源基地、电力工程等关键领域的各项重点工作，确保推进碳达峰碳中和取得积极成效。立足四川省资源禀赋，建设集气、水、风、光于一体的现代能源网络。持续改善电源结构，着力推进凉山州风电基地和"三州一市"光伏基地建设，推动金沙江、雅砻江、大渡河流域"水风光"互补开发。加快建设川渝特高压交流等重点工程，推动天然气增储上产，打造国家天然气千亿立方米级产能基地，加快实施一批天然气发电重大项目。大力发展绿色低碳循环农业，加快实施工业节能和绿色化改造，推进工业领域低碳工艺革新和数字化转型。加大新能源汽车推广应用力度，逐步降低传统燃油汽车在新车产销和汽车保有量中的占比。积极推动城市公共服务

车辆电动化替代，推动氢燃料电池中重型车辆应用。推进绿色低碳交通示范引领，在成渝主轴通道示范建设"电走廊""氢走廊"，为实现碳达峰、碳中和奠定坚实基础。

1. 四川省碳中和相关政策文件

1.1 四川省人民政府文件

(1)《四川省人民政府办公厅 重庆市人民政府办公厅关于推进成渝地区双城经济圈"无废城市"共建的指导意见》（川办发〔2022〕52号）（2022-06-23）[①]。

相关政策要求：坚决贯彻党中央关于成渝地区双城经济圈建设的战略部署，立足新发展阶段、贯彻新发展理念、融入新发展格局、推动高质量发展，紧密围绕减污降碳协同增效，牢固树立"川渝一盘棋"思维，着力提升固体废物减量化、资源化、无害化水平，推进城市固体废物精细化管理，为深入打好污染防治攻坚战、推动实现碳达峰碳中和、建设美丽中国作出贡献。

(2)《四川省人民政府办公厅关于印发四川省巩固污染防治攻坚战成果提升生态环境治理体系和治理能力现代化水平行动计划（2022—2023年）的通知》（川办发〔2021〕82号）（2021-12-23）[②]。

相关政策要求：牢固树立绿色发展理念，围绕"巩固污染防治攻

[①] 资料来源：四川省人民政府网站，https：//www.sc.gov.cn/10462/zfwjts/2022/6/23/2721d5d21a88411 d88292b0a68b2de56. shtml。

[②] 资料来源：四川省人民政府网站，https：//www.sc.gov.cn/10462/zfwjts/2021/12/25/238449eca6fc436 689f0f9f4015f5f97. shtml。

坚战成果 提升生态环境治理体系和治理能力现代化水平"主题，突出精准治污、科学治污、依法治污，在巩固污染防治攻坚战阶段性成效的基础上，坚持方向不变、力度不减，推进减污降碳协同增效，抓好源头防控，补齐治理短板，统筹实施一批污染防治和生态环境保护能力建设重大工程，推动全省生态环境质量持续改善，加快构建现代环境治理体系，打造高品质生活宜居地，筑牢长江黄河上游生态屏障。

(3)《四川省人民政府关于促进高新技术产业开发（园）区高质量发展的实施意见》（川府发〔2021〕28号）（2021-11-04）①。

相关政策要求：按照碳达峰、碳中和要求，加快高新区绿色低碳循环经济体系建设，支持高新区企业参与碳排放权交易和用能权交易。支持国家高新区创建国家生态工业示范园区，严格控制高耗能、高排放企业入驻。

(4)《四川省人民政府办公厅关于加快发展新经济培育壮大新动能的实施意见》（川办发〔2021〕93号）（2022-01-04）②。

相关政策要求：实施示范应用牵引工程，加快发展太阳能、风能等新能源产业，推进核能、氢能、地热能开发，完善智能电网、分布式能源、新型储能等新能源产业链，建设全国重要的风电、光伏等新能源开发基地。加快构建氢能应用场景和产业链，打造氢能示范应用区和产业基地。

---

① 资料来源：四川省人民政府网站，https：//www.sc.gov.cn/10462/zfwjts/2021/11/4/9c8b6 3e22934451a 9aeb295f0c614a0c.shtml。

② 资料来源：四川省人民政府网站，https：//www.sc.gov.cn/10462/zfwjts/2022/1/4/f0e79 4d492ae43a1 beb7e4dfef6b81a9.shtml。

(5)《四川省人民政府办公厅关于印发〈增强协同创新发展能力行动方案〉的通知》（川办发〔2022〕13号）（2022-01-24）①。

相关政策要求：协同打造重大战略创新平台，积极创建国家级创新中心。川渝协同推动国家工程技术研究中心转建国家技术创新中心，共建矿产资源开发、碳中和等技术创新中心。

(6)《四川省人民政府办公厅关于新增宜宾动力电池特色小镇和德阳清洁能源装备特色小镇为四川省特色小镇创建对象通知》（川办函〔2022〕33号）（2022-06-07）②。

相关政策要求：新增宜宾动力电池特色小镇和德阳清洁能源装备特色小镇为四川省特色小镇创建对象。宜宾市、德阳市要完整、准确、全面贯彻新发展理念，坚持高质量发展，强化用地、财税、金融、人才等政策支持，聚力发展主导产业，促进产城人文融合，打造经济高质量发展新平台。

(7)《四川省人民政府办公厅关于印发四川省制造业企业"贡嘎培优"行动计划的通知》（川办发〔2022〕27号）（2022-02-25）③。

相关政策要求：抢抓构建国内国际"双循环"、成渝地区双城经济圈建设等重大战略机遇，聚焦高成长性企业，加大引导和支持力度，建立重点企业协调服务机制，努力打造一批资源消耗少、环境影响小、科技含量高、产出效益好、发展可持续的制造业优质企业，为制造业

---

① 资料来源：四川省人民政府网站，https：//www.sc.gov.cn/10462/zfwjts/2022/1/29/4de9bf4702644ff98bfc6c3a4c03957d.shtml。
② 资料来源：四川省人民政府网站，https：//www.sc.gov.cn/10462/zfwjts/2022/6/7/549446f683bd4eccbfa487f02cd42efc.shtml。
③ 资料来源：四川省人民政府网站，https：//www.sc.gov.cn/10462/11555/11563/2022/4/11/3f464dbe53584378abc64c71fb86d827.shtml。

高质量发展提供坚强支撑。

(8)《四川省人民政府办公厅转发省发展改革委关于促进特色小镇规范健康发展实施意见的通知》（川办函〔2021〕88号）（2021-12-04）①。

相关政策要求：落实碳达峰、碳中和部署要求，支持特色小镇安全高效利用清洁能源，引导非化石能源消费和分布式能源发展。促进工业、建筑、交通等领域低碳转型，坚决遏制"两高"项目盲目发展，大力发展绿色建筑，推广装配式建筑、节能门窗和绿色建材，推进绿色施工。规划建设污水、垃圾处理等市政基础设施和环境卫生设施，加强再生水等非常规水源利用。严格执行"三线一单"，严格落实自然保护地管理规定，坚决防止破坏山水田园和大地风貌。

(9)《四川省人民政府办公厅关于印发支持建筑业企业发展十条措施的通知》（川办规〔2022〕5号）（2022-06-09）②。

相关政策要求：加快建筑领域绿色低碳发展，大力推进装配式建筑和智能建造，从省级城乡建设发展专项中安排资金对二星级、三星级绿色建筑、超低能耗建筑项目以及高装配率、智能建造示范项目予以奖补。

(10)《四川省人民政府关于命名首批省级生态县的决定》（川府函〔2022〕26号）（2022-01-28）③。

相关政策要求：命名成都市郫都区、双流区等14个县（市、区）

---

① 资料来源：四川省人民政府网站，https://www.sc.gov.cn/10462/zfwjts/2021/12/6/bea092f45908430692e213d74f80b57e.shtml。
② 资料来源：四川省人民政府网站，https://www.sc.gov.cn/10462/zfwjts/2022/6/10/8542139c1cc54fd8b9036fa58e8f44b7.shtml。
③ 资料来源：四川省人民政府网站，https://www.sc.gov.cn/10462/11555/11562/2022/4/26/1203d243910c4428a351d76ad7a154dd.shtml。

为首批省级生态县。认真学习借鉴首批省级生态县的经验做法，深入打好污染防治攻坚战，以生态环境高水平保护推动经济社会高质量发展，不断增强人民群众的幸福感和获得感。

1.2 四川省发展和改革委员会文件

（1）《四川省发展和改革委员会关于 2022 年新建风电、光伏发电项目上网电价政策有关事项的通知》（川发改价格〔2022〕194 号）（2022-04-26）①。

相关政策要求：2022 年，对新核准陆上风电项目、新备案集中式光伏电站和工商业分布式光伏项目上网电价，延续平价上网政策，按四川省燃煤发电基准价每千瓦时 0.4012 元执行；新建项目可自愿通过参与市场化交易形成上网电价，市场化增加新能源发电能力供给和电量消纳，促进能源绿色低碳转型发展。

（2）《四川省发展和改革委员会　四川省能源局关于印发〈四川省可再生能源电力消纳保障实施方案（试行）〉的通知》（川发改能源〔2021〕496 号）（2021-12-02）②。

相关政策要求：深入落实"四个革命、一个合作"能源安全新战略，推动四川发挥全国优质清洁能源基地和国家清洁能源示范省作用，促进可再生能源电力优先消纳，确保完成国家下达四川省的年度最低可再生能源电力消纳责任权重和非水电可再生能源电力消纳责任权重，

---

① 资料来源：四川省发展和改革委员会网站，http：//fgw. sc. gov. cn//sfgw/tzgg/2022/4/26/7f97f4d664b54a22b2f5cd6ed83b5fa9. shtml。

② 资料来源：四川省发展和改革委员会网站，http：//fgw. sc. gov. cn//sfgw/tzgg/2021/12/21/89fc6dd7a8914d9b81218ea4c1fdae29. shtml。

实现可再生能源持续健康发展。

(3)《四川省发展和改革委员会关于印发〈沱江绿色发展经济带建设总体方案〉的通知》（川发改地区〔2022〕210号）（2022-04-26）①。

相关政策要求：以成渝地区双城经济圈建设为引领，深入实施"一干多支"发展战略，坚持生态优先、绿色发展，全面加强沱江流域生态建设和环境保护，建设现代化经济体系，创新流域一体化发展体制机制，提升全方位开放水平，不断增进民生福祉，推动沱江流域实现高质量发展，加快建成美丽宜居、充满活力、富有魅力、幸福和谐的绿色发展经济带。

(4)《四川省发展和改革委员会关于印发〈川电外送增发火电成本分摊机制（试行）〉的通知》（川发改价格〔2021〕263号）（2021-07-30）②。

相关政策要求：贯彻落实国家碳达峰碳中和目标要求，按照"谁受益、谁承担"原则，积极推动"水火打捆"外送，进一步增强本省绿色低碳清洁能源稳定外送能力；在实现"水火打捆"充分外送前，对未能通过外送疏导的增发火电成本，由电网、火电、水电按照本机制明确的方式公平分摊。

---

① 资料来源：四川省发展和改革委员会网站，http：//fgw.sc.gov.cn//sfgw/zcwj/2022/4/28/e08625207a1e4259b7d57724a2a3bd04.shtml。
② 资料来源：四川省发展和改革委员会网站，http：//fgw.sc.gov.cn//sfgw/tzgg/2021/8/9/223a953fd26c48ce8be6e4863f16bc37.shtml。

1.3 四川省经济和信息化厅文件

(1)《四川省经济和信息化厅对省政协十二届五次会议〈对四川水泥行业实现"双碳"目标的建议〉提案答复的函》(川经信提案〔2022〕39号)(2022-05-25)①。

相关政策要求：做好水泥行业重点排放单位碳排放核查工作，确保核查数据准确、可靠，帮助指导企业增强碳资产管理能力，为水泥行业纳入全国碳排放权交易市场打下良好基础。以绿色低碳发展为导向，推动四川水泥行业绿色低碳、高质量发展。

(2)《关于开展2022年工业节能诊断服务工作的通知》(川经信办函〔2022〕219号)(2022-06-15)②。

相关政策要求：围绕企业主要技术装备、关键工艺工序、能源计量管理开展能效诊断，在企业优化用能结构、提升用能效率、强化用能管理等方面提出措施建议，推动重点行业领域节能降碳工作有序开展。

1.4 四川省生态环境厅文件

(1)《关于印发〈四川省"十四五"农业农村生态环境保护规划〉的通知》(川环发〔2022〕3号)(2022-05-17)③。

相关政策要求：充分考虑当前形势需要和"三农"工作实情，全

---

① 资料来源：四川省经济和信息化厅网站，https：//jxt.sc.gov.cn//scjxt/xzzxtad/2022/5/25/943c0267075f43ba94b4eb91e902159f.shtml。

② 资料来源：四川省经济和信息化厅网站，https：//jxt.sc.gov.cn//scjxt/wjfb/2022/6/15/604e69144faf4b4ab4e46dc00749b296.shtml。

③ 资料来源：四川省生态环境厅网站，http：//sthjt.sc.gov.cn/sthjt/wjtztw/2022/5/17/1e7ca744d86f4747b07a73e3a420bbb3.shtml。

面推进乡村振兴战略实施,牢固树立绿色发展理念,从农民群众对美好生态环境的期待和需求出发,深化农村空间管控,系统开展农村环境整治,加强农业面源污染治理与监督指导,提升农业农村生态环境监管水平,着力解决与农民群众密切相关的突出生态环境问题,打造"绿富美"生态乡村。

(2)《关于加快推进实施土壤污染源头管控项目的通知》(川环办函〔2022〕222号)(2022-06-21)①。

相关政策要求:认真落实生态环境部关于规划纲要102项重大工程土壤污染源头管控项目工作座谈会要求,加快推进四川省9个土壤污染源头管控项目顺利实施。各地要迅速行动,集中力量,有序组织开展项目方案编制、入库和实施,加快项目推进,确保任务按期完成。切实加强组织领导,强化沟通协调,建立健全工作推进机制,多层级、多层面联动,形成强大工作合力。

1.5 四川省住房和城乡建设厅文件

《四川省住房和城乡建设厅关于公布第一批绿色社区名单的通知》(川建城建函〔2021〕1643号)(2021-10-20)②。

相关政策要求:以绿色社区建设为契机,认真贯彻落实新发展理念,推动绿色低碳发展,务求新的更大成效;要加大城市社区人居环境建设和整治工作力度,解决一批居民的操心事、烦心事、揪心事,

---

① 资料来源:四川省生态环境厅网站,http://sthjt.sc.gov.cn/sthjt/tbh/2022/6/21/01250d849d9946f3a8325c5ace2560bc.shtml。
② 资料来源:四川省住房和城乡建设厅网站,http://jst.sc.gov.cn/scjst/c101428/2021/10/20/fc88f8e66357497295e5ed0f9ad91e29.shtml。

推动建设安全健康、设施完善、管理有序的完整居住社区，为打造高品质生活宜居地作出新的贡献。

2. 四川省碳中和行动亮点

2.1 绿色能源基地

持续改善电源结构，着力推进凉山州风电基地和"三州一市"光伏基地建设，推动金沙江、雅砻江、大渡河流域"水风光"互补开发，提速总投资 7100 亿元的川渝天然气千亿立方米产能基地建设。

主要行动举措包括：

• 广元拟建百万千瓦级风电基地。截至 2021 年 11 月，广元市已建成并网风力发电项目 9 座，装机容量 71.92 万千瓦。广元市正积极推进 63 万千瓦的风电项目建设，全市风电产业处于快速发展阶段，广元市还将建设百万千瓦级风电基地。

• 清洁能源装备产值突破 575 亿元。截至 2021 年底，清洁能源装备产值突破 575 亿元、较"十二五"末实现翻番。目前已形成产业规模较大、技术装备先进、研制水平领先、配套体系完善的现代能源装备工业体系。

• 甘孜启动 40 万千瓦光伏基地项目。截至 2022 年 2 月，甘孜州已建成光伏电站 24 座，装机 37.4 万千瓦，在建 20 万千瓦竞价光伏项目，启动 40 万千瓦实证实验基地光伏项目，2022—2024 年拟开发光伏项目近 500 万千瓦。

• 凉山可开发风电资源超全省 60%。截至 2022 年 4 月，在现有技术条件下，凉山州可开发风电资源量达 1248.8 万千瓦，占全省 60%以上。凉山州风电基地规划场址总计121个，规划总规模1048.6万千瓦。

● 川渝天然气千亿立方米产能基地建设提速。2022年，四川省储气库群预计2023年完成施工建设，2025年正式投产。作为共建成渝地区双城经济圈重大项目，总投资7100亿元的川渝天然气千亿立方米产能基地建设正在提速，力争2025年川渝两地产气量达635亿立方米。

【专栏】

案例：甘孜州基地化规模化集约化开发光伏资源[①]

四川省甘孜州坚定深入组织实施"碳达峰十大行动"，科学有序开发清洁能源，不断提升甘孜州推动绿色低碳高质量发展的能力水平。锚定"双碳"目标，充分利用光伏资源优势，甘孜州积极探索绿色低碳发展之路。

2015年7月10日，甘孜县火古都村光伏电站成功并入甘孜220伏变电站，开了新能源公司在四川境内建设大型光伏项目的先河。该项目总装机容量50兆瓦，年平均发电量达到7700万千瓦时。

2021年12月14日，总装机40万千瓦、全球超高海拔光伏实证基地项目——国家电投四川甘孜州南部正斗光伏实证实验基地项目启动，预计2022年9月30日前全容量并网发电。

为推动清洁能源发展，甘孜州坚持"基地化、规模化、集约化"开发光伏资源。目前，全州已建成光伏电站24座，装机37.4万千瓦，在建20万千瓦竞价光伏项目，启动40万千瓦实证实验基地光伏项目，2022—2024年拟开发光伏项目近500万千瓦，持续推进"水光"互补和"源网荷储""1+N"项目实

[①] 资料来源：《甘孜低碳"加法"这样做》，《四川日报》2022年2月25日，https://epaper.scdaily.cn/shtml/scrb/20220225/270104.shtml。

施建设。

未来，甘孜州将新建的风电、光电项目装机容量5500万千瓦以上，带来直接总投资超2000亿元，间接带动数千亿产业规模，将有力促进甘孜州就业和增加长期稳定税收，帮助群众增收致富。

2.2 绿能工程——水能

科学有序开发水电，积极引导风电等新能源发展，持续提升四川省电力供应保障能力。积极建设白鹤滩水电站和雅砻江两河口水电站，有序开建抽水蓄能电站，打造国内国产化全功率变速抽水蓄能示范电站，全力保障经济社会平稳健康发展。

主要行动举措包括：

- 四川省最大水库电站投产发电。2021年9月29日，雅砻江两河口水电站正式投产发电。两河口水电站总装机300万千瓦，是四川省内最大的水库，每年可提供超过750亿千瓦时的清洁电力。

- 白鹤滩水电站吊装就位。2022年1月18日，白鹤滩水电站最后一台百万千瓦水电机组转子吊装就位，标志着电站16台百万千瓦水电机组转子全部安装完成。

- 抽水蓄能建设"超级充电宝"。2022年1月，四川省有序开建抽水蓄能电站，初步推选出15处已建成水利工程与抽水蓄能相结合站点，总装机粗估为764万千瓦。

- 全功率变速抽水蓄能示范电站。2022年1月，四川省新型电力系统研究院联合产学研单位，在阿坝州小金县打造"水光蓄"多能互补联合发电示范工程样板，这是国产化全功率变速抽水蓄能示范电站。

- 水电装机容量将超1700万千瓦。2022年2月，在建和拟建的

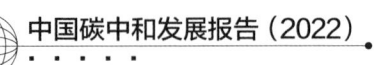

水能开发项目，装机容量为2000余万千瓦。到2026年，甘孜州将新增水电装机容量500万千瓦以上，水电装机容量将超1700万千瓦。

2.3 绿色工业

着眼集聚发展培育一批具有支撑带动能力的市场主体。大力支持雅安建设绿色钢铁厂、南充绿色工厂和沱牌绿色生态食品产业园，提高工业固体废物综合利用率，为实现碳达峰碳中和目标作出更大贡献。

主要行动举措包括：

- 雅安安山钢铁被评全国绿色钢铁厂。2021年12月雅安安山钢铁有限公司被评为全国24家绿色钢铁厂之一。公司主营再生资源回收废钢铁重新冶炼；能源绿色，全部使用水电；生产过程节能降耗，"一键炼钢"每吨可节约能耗25%。
- 广安园区工业固体废物利用率达96.69%。近5年，广安经开区共建成日处理4万吨工业污水处理厂2座、24小时全方位安全监管信息化平台1个。2021年，园区工业固体废物综合利用率达96.69%。
- 锂电产业营收预计突破400亿元。2022年1月18日，遂宁锂电企业项目在加快建设。2022年，多个锂电产业项目将陆续投产，锂电产业营收预计突破400亿元。
- 南充又添国家级"绿色工厂"。2022年1月，四川燕京啤酒有限公司新晋入选第六批国家绿色制造名单，南充市又添一座国家级"绿色工厂"。预计到2025年，清洁能源消费比重达75%。

2.4 绿色农业

加快推进现代特色高效农业健康发展，通过建设雅安绿色农业基地、广元绿色食品生产基地和绿色"两减"示范基地，探索乡村振兴发展道路。

主要行动举措包括：

• 广元大力推广低碳农业技术。截至2022年1月，以现代农业园区为载体，大力推广节肥、节能、节水、节地和种养循环等低碳农业技术，建成全国绿色食品原料标准化生产基地166万亩。

• 四川省建设300万亩绿色低碳示范基地。2022年，四川省加强耕地"非粮化"、耕地撂荒管控，推进粮油绿色高质高效行动、化肥农药减量行动，力争建设250万亩小春粮油绿色高质高效示范基地、300万亩绿色"两减"示范基地。

2.5 环保工程

扎实推进大熊猫国家公园建设，加快建立完善自然保护地体系。奋力推动生态环境保护和高质量发展，大力实施"绿化全川广元行动"，共建成渝"绿色"经济圈，筑牢黄河流域绿色屏障。

主要行动举措包括：

• 光伏发电项目可满足300余户用电。2021年，南充市陆续完成了屋顶分布式光伏电站的试点建设。安平中学光伏项目占地面积约1000平方米，全年能够发电约20万千瓦时。截至目前，该项目已累计发电量388087千瓦时，可满足300余户居民每日用电。

• "绿化全川广元行动"取得成效。2021年大力实施"绿化全川广元行动"，广元森林覆盖率从48%增长到57.47%，城市环境空气质量优良天数比例持续保持在97%以上，嘉陵江、白龙江、南河等主要河流水质达到或接近Ⅰ类水质。

- 70%以上学校将建成"绿色学校"。2022年5月，四川省教育系统将实施"六大行动""五大工程"，到2025年，70%以上大中小学建成"四川省绿色学校"，40%以上高校建成节水型高校，10%中小学校建成节水型中小学校。

2.6 新能源汽车

为推动交通运输向绿色低碳转型，促进新能源汽车消费，对购买新能源汽车给予奖励，公交车更换为新能源汽车，加快建设充电桩，大力布局引进锂电相关企业，努力营造绿色出行的环境氛围。

主要行动举措包括：

- 成都新能源汽车超27万辆。截至2022年1月，成都市已累计推广新能源汽车27.6万辆，实际保有量达到25.5万辆，占全市汽车总量的4.4%，排名居全国第七位。

- 南充加快绿色出行。截至2022年1月，南充新能源公交车总量已接近300辆，建成充电桩近2000根。南充市新能源汽车保有量已近6000辆。

- 公交车全部采用新能源汽车。从2022年起，四川省新增和更新城区公交车，除特殊地区外原则上全部采用新能源汽车；甘孜州等地新增车辆使用新能源汽车比例原则上不低于80%，更新车辆原则上不低于30%。

- 四川动力电池项目产能居全国第二。2022年3月18日，欣旺达发布公告，拟在德阳什邡投资80亿元，建设20吉瓦时动力电池及储能电池生产基地。四川动力电池核心项目累计年产能超过300吉瓦时，居全国第二位。

2.7 新能源——氢能

川渝双方携手打造"成渝氢走廊",推动汽车产业转型升级。大力推动氢燃料电池汽车示范应用,并配套建设加氢站。全力以赴推进氢能及燃料电池汽车产业发展,大力开展核心技术攻关,持续完善上下游产业链。

主要行动举措包括:

- "成渝氢走廊"已见雏形。2021年11月30日,四川省和重庆市同时举行"成渝氢走廊"启动暨氢燃料电池物流车首发仪式。截至2021年12月,两地已累计投入运营氢燃料电池汽车440辆,建成加氢站15座,互联互通的"成渝氢走廊"已见雏形。

- 物流车率先"氢"装上阵。2021年11月30日,一辆载重4.5吨的氢燃料电池冷藏车在成都市龙泉驿区成都公路口岸亮相。氢燃料电池冷藏车加气时间短,续航里程长,加氢3—5分钟,敞跑450千米。

- 内江氢能发电约23.75亿千瓦时。截至2021年11月,该项目已完成前期工作,投产后年发电量约23.75亿千瓦时。上海汉兴能源页岩气制氢项目、华电集团国家燃气轮机创新发展示范项目加速布局内江。

- 四川省氢能汽车亮相冬奥。2022年2月,四川生产的107辆氢燃料电池柯斯达客车亮相北京冬奥会。同时登上冬奥会舞台的,还有从南充驶出的80台吉利星际氢燃料电池城市客车。

- 四川省氢能示范规模西部第一。截至2022年4月,四川省已累计推广应用氢燃料电池汽车400辆,建成加氢站11座,示范规模西部第一、国内领先。四川以冲刺姿态切入氢能赛道。

- 成渝联手推广应用氢燃料电池汽车。2022年6月23日，一场以"成渝地区双城经济圈汽车产业链供需对接"为主题的沙龙活动举行。到2025年，成都力争新增推广氢燃料电池汽车5000辆；重庆推广应用氢燃料电池汽车，到2025年规模达到1500辆。

2.8 生态环境

从严从实抓好生态环境保护督察及发现问题整改，毫不犹豫开出生态环境损害最大赔偿单，开展四川生态修复司法案件，积极稳妥推进全省小水电分类整改，不断巩固提升全省生态环境质量。

主要行动举措包括：

- 水生态环境质量实现历史性突破。2021年，四川省203个国考断面中195个达标，优良率达96.1%，近七成断面水质达到地表水Ⅱ类标准，Ⅴ类、劣Ⅴ类断面全面稳定消除；重要江河湖泊水域功能区水质达标率为99.3%。

- 甘孜生态立州擦亮"绿"底色。2022年，甘孜州明确了生态立州战略，力争在2024年获得国家生态文明建设示范州称号。近五年来，甘孜州完成"山植树"4.64万亩、"路种花"449.2千米、"河变湖（湿地）"0.45万亩，净增森林面积8442平方千米。

贵州：着力打造全国新能源材料产业基地

落实"双碳"战略既是贵州的重大政治任务，也是推动高质量发展的必然要求。贵州把"双碳"工作纳入全省经济社会发展全局，坚定不移走生态优先、绿色低碳的高质量发展路子，科学制订落实碳达峰实施方案，确保如期实现碳达峰碳中和目标。

在顶层设计方面，贵州陆续出台了"十四五"规划相关文件，强化实现碳达峰碳中和目标的政策保障。政策着力重点主要落在推动碳达峰碳中和目标实现的生态环境保护、油气产业发展、"两高"项目管理、能源科技创新和建设科技与绿色建筑发展、新能源汽车产业等方面。贵州也采取了一系列行动举措向"双碳"目标奋进：利用丰富的林业资源，开展单株碳汇项目开发；利用丰富的材料优势，着力打造全国新能源材料产业基地；大力推动新能源汽车行业发展，加速构建现代能源体系，打造新型综合能源基地；加强低碳宣传，实现生态文旅的高质量发展；推动全省能源数字化智能化发展；创新和丰富贵州绿色金融体系。

1. 贵州省碳中和相关政策文件

1.1 贵州省人民政府文件

(1)《省人民政府关于贵州省"十四五"生态环境保护规划的批复》（黔府函〔2022〕74号）（2022-06-02）。[①]

相关政策要求：牢牢守好发展和生态两条底线，深入打好污染防治攻坚战，创新完善生态环境保护重大政策，实施生态环境保护重大工程，解决生态环境突出问题，全力打造生态文明建设先行区，持续

---

① 资料来源：贵州省人民政府网站，https://www.guizhou.gov.cn/zwgk/zcfg/szfwj/qfh/202206/t20220610_74741484.html。

巩固提升生态环境质量，奋力在生态文明建设上出新绩。

(2)《省人民政府关于贵州省"十四五"重点流域水生态环境保护规划的批复》（黔府函〔2022〕22号）（2022-03-09）①。

相关政策要求：牢牢守好发展和生态两条底线，坚持深入打好污染防治攻坚战，大力实施水生态修复，系统解决重点行业领域、重点区域水环境突出问题，进一步巩固优良水环境质量，奋力在生态文明建设上出新绩。

(3)《省人民政府办公厅关于印发贵州省"十四五"自然资源保护和利用规划的通知》（黔府办发〔2022〕5号）（2022-01-23）②。

相关政策要求：自然资源是高质量发展的物质基础、空间载体和能量来源，在贵州推进经济社会高质量发展中发挥要素保障、空间支撑、发展赋能的重要作用。构建国土空间规划管控体系，构建服务高质量发展的自然资源支撑体系，构建重要生态系统保护修复体系，构建自然资源保护和高效利用体系，构建自然资源资产管理体系，构建自然资源治理现代化的基础保障体系和规划实施保障。

(4)《省人民政府关于贵州省"十四五"国家生态文明试验区建设规划的批复》（黔府函〔2021〕207号）（2021-12-21）③。

相关政策要求：以高质量发展统揽全局，牢牢守好发展和生态两

---

① 资料来源：贵州省人民政府网站，https：//www.guizhou.gov.cn/zwgk/zcfg/szfwj/qfh/202203/t20220314_72969104.html。
② 资料来源：贵州省人民政府网站，https：//www.guizhou.gov.cn/zwgk/zfgb/gzszfgb/202204/t20220418_73483116.html。
③ 资料来源：贵州省人民政府网站，https：//www.guizhou.gov.cn/zwgk/zcfg/szfwj/qfh/202112/t20211223_72108766.html。

条底线。要坚定不移走生态优先、绿色发展新路，推动传统产业绿色化改造和绿色低碳发展，优化产业结构、能源结构，推动减污降碳协同增效。要深入打好污染防治攻坚战，系统解决重点行业、重点领域环境污染问题。要深化生态文明制度改革，持续运用市场化手段推进生态优势转化为经济优势，努力在生态文明建设上出新绩，将本省从国家级生态文明建设"试验区"打造成为"示范区"。

(5)《省人民政府关于贵州省"十四五"油气产业发展规划的批复》（黔府函〔2021〕155号）（2021-09-23)[①]。

相关政策要求：统筹发展和安全工作，聚焦碳达峰、碳中和"双碳"目标任务，进一步强化油气资源保障，加快油气管网建设，完善天然气产供储销和油气安全储备体系，培育壮大油气消费市场，推动油气产业安全发展，深化油气领域体制机制改革，不断提升本省油气资源供给保障能力，加快构建清洁低碳、安全高效的现代能源体系。

(6)《省人民政府办公厅关于加强"两高"项目管理的指导意见》（黔府办发〔2022〕12号）（2022-04-29)[②]。

相关政策要求：到2022年底，有效杜绝"两高"行业违规新增产能。到2025年，重点"两高"行业能效达到标杆水平的产能比例超过30%。到2030年，重点"两高"行业能效基准水平和标杆水平进一步提高，为如期实现碳达峰目标提供有力支撑。严格甄别不符合要求的项目，严格项目核准（备案）管理，严格项目节能审查，严格项目环

[①] 资料来源：贵州省人民政府网站，https：//www.guizhou.gov.cn/zwgk/zfgb/gzszfgb/202110/t20211025_71188992.html。

[②] 资料来源：贵州省人民政府网站，https：//www.guizhou.gov.cn/zwgk/zfgb/gzszfgb/202206/t20220616_75000006.html。

评审批，严格能耗强度约束性要求，强化在建项目复核评估，强化拟建项目论证，强化存量项目节能减排潜力挖掘，强化项目事中事后监管，强化监督检查和责任追究。

(7)《省人民政府关于贵州省强化危险废物监管和利用处置能力专项行动方案的批复》（黔府函〔2022〕58号）（2022-05-10）[①]。

相关政策要求：多措并举提升危险废物监管和利用处置能力，有效防控危险废物生态环境安全风险，切实维护人民群众身体健康和生态环境安全，奋力在生态文明建设上出新绩。切实加强组织领导，明确任务分工，建立工作调度机制，强化危险废物监管和利用处置能力。

(8)《省人民政府关于贵州省深化乌江流域生态保护专项行动方案的批复》（黔府函〔2022〕33号）（2022-04-06）[②]。

相关政策要求：深入实施大生态战略行动，坚决打好水污染防治攻坚战，持续推进乌江流域水环境保护和生态修复，进一步巩固乌江流域水环境质量。切实加强组织领导，明确任务分工，建立工作调度机制，不断深化乌江流域生态保护。

(9)《省人民政府关于贵州省深化磷污染防治专项行动方案的批复》（黔府函〔2022〕29号）（2022-03-24）[③]。

相关政策要求：要坚持以习近平新时代中国特色社会主义思想为

---

① 资料来源：贵州省人民政府网站，http://www.guizhou.gov.cn/zwgk/zcfg/szfwj/qfh/202205/t20220516_74074836.html。

② 资料来源：贵州省人民政府网站，http://www.guizhou.gov.cn/zwgk/zcfg/szfwj/qfh/202204/t20220406_73244862.html。

③ 资料来源：贵州省人民政府网站，http://www.guizhou.gov.cn/zwgk/zfgb/gzszfgb/202205/t20220516_74071928.html?isMobile=true。

指导，深入贯彻落实习近平生态文明思想和习近平总书记视察贵州重要讲话精神，深入实施大生态战略行动，深化打好磷污染防治攻坚战，巩固提升乌江、清水江等重要流域（区域）水环境质量，筑牢长江上游生态安全屏障。

1.2 贵州省生态环境厅文件

(1)《贵州省"十四五"集中式饮用水水源地环境保护规划》（2022-04-11）①。

相关政策要求：全面规划全省集中式饮用水水源地建设，合理优化饮用水水源地布局，构建布局合理、配置均衡、经济可行、覆盖城乡的供水体系。巩固集中式饮用水水源地规范化建设成效，提升水源地风险防范水平，补齐乡镇及农村集中式饮用水水源地规范化建设短板。坚持依法依规和因地制宜相结合，按照能划则划、科学定界原则，积极推进农村集中式饮用水水源保护区划定。落实水源地保护"党政同责""一岗双责"，坚持饮用水水源地建设与监管并重。

(2)《贵州省生态环境厅关于印发〈贵州省重点监管排污单位监控设备暂行管理办法〉的通知》（黔环综合〔2022〕31号）（2022-05-11）②。

相关政策要求：重点监管排污单位因长期停产或因调整后不再属于重点监管排污单位的，省环境监控中心可根据工作需要对现场端监

---

① 资料来源：贵州省生态环境厅网站，https://sthj.guizhou.gov.cn/zwgk/zfxxgk1/fdzdgknr/lzyj/zcwj/202204/t20220411_73298660.html。

② 资料来源：贵州省生态环境厅网站，https://sthj.guizhou.gov.cn/zwgk/zfxxgk1/fdzdgknr/lzyj/zcwj/202205/t20220511_74034066.html。

控设备进行拆除回收。重点监管排污单位的自动监测设备应当满足数据传输标准的相关要求,具备上传自动监测数据、运行状态、工作参数等信息的功能。自动监测设备不符合上述要求导致无法有效联网的,排污单位依法承担相应法律责任。

(3)《贵州省生态环境厅关于印发〈贵州省生态环境保护行政处罚自由裁量基准〉(2021年版)的通知》(黔环综合〔2021〕67号)(2021-11-17)①。

相关政策要求:促进全省生态环境行政机关依法严格规范、公正文明执法,实现裁量基准统一、裁量模式统一和裁量结果统一。该《基准》所列行政处罚事项,是依照2021年以前有效的生态环境保护法律、法规和规章对应的贵州省生态环境厅行政处罚全责清单确定的。本《基准》将根据生态环境保护法律、法规和规章的立、改、废情况,与行政处罚权力清单实行同步动态调整。

1.3 贵州省能源局文件

《关于印发〈贵州省能源科技创新发展"十四五"规划〉的通知》(黔能源发〔2022〕7号)(2022-05-31)②。

相关政策要求:深入实施能源工业运行新机制,加快推动能源技术创新,有力支撑安全高效能源科技创新体系建设和碳达峰碳中和目标实现,紧密结合大数据、新基建等新技术发展,以能源科技创新及

---

① 资料来源:贵州省生态环境厅网站,https://sthj.guizhou.gov.cn/zwgk/zfxxgk1/fdzdgknr/lzyj/zcwj/202112/t20211202_71901596.html。
② 资料来源:贵州省能源局网站,http://nyj.guizhou.gov.cn/zwgk/xxgkml/zcwj_2/zfgz/202205/t20220531_74492889.html。

其衍生产业带动本省产业优化升级。本《规划》凝练提出煤炭安全高效绿色智能开采、油气能源开发、安全智能电力、新能源开发和数字能源与综合能源技术5个重点创新任务，并提出了6项保障措施。

1.4 贵州省林业局文件

《省林业局关于印发〈贵州省林业局贯彻落实《贵州省协同推进赤水河流域生态优先绿色发展工作方案》三年行动计划（2021—2023年）〉的通知》（2021-12-23）①。

相关政策要求：扎实推动赤水河流域生态治理和一体化保护修复，率先走出一条生态优先、绿色发展的新路子，促进全流域林业高质量发展。到2023年，赤水河流域森林质量得到提升，林业生态保护修复取得明显成效，流域内森林覆盖率稳定在64%以上。流域内生态优势转化为经济发展优势的能力明显增强，流域内各类自然保护地得到有效的保护。

1.5 贵州省住房和城乡建设厅文件

《省住房城乡建设厅关于印发〈贵州省"十四五"建设科技与绿色建筑发展规划〉的通知》（黔建科通〔2021〕95号）（2021-12-10）②。

相关政策要求：围绕落实二氧化碳排放达峰目标与碳中和愿景，

---

① 资料来源：贵州省林业局网站，http：//lyj.guizhou.gov.cn/zfxxgk/fdzdgknr/ghjh_5620837/202112/t20211223_72099091.html。

② 资料来源：贵州省住房和城乡建设厅网站，http：//zfcxjst.guizhou.gov.cn/so/search.shtml?tenantId=268&tenantIds=&configTenantId=&searchWord=%E7%BB%BF%E8%89%B2&dataTypeId=1053&sign=&granularity=LAST_YEAR&beginDateTime=&endDateTime=。

明确提出了本省建设科技和绿色建筑发展的指导思想、基本原则和发展目标，提出了重点任务以及保障措施。该文件是引领全省"十四五"建设科技与绿色建筑发展的指导性文件。

1.6 贵州省工业和信息化厅文件

《贵州省新能源汽车产业"十四五"发展规划》(2021-11-12)[①]。

相关政策要求：发展新能源汽车产业是本省牢牢守好发展和生态两条底线，深入实施乡村振兴、大数据、大生态三大战略行动，围绕"四新"主攻"四化"的必然选择，更是在新征程上奋力推动贵州工业大突破，开创高质量发展新局面赋予的重大使命。旨在明确"十四五"时期贵州新能源汽车产业发展的总体思路、发展目标、发展路径、主要任务和保障措施。

2. 贵州省碳中和行动亮点

2.1 林业碳汇

通过将企业林权资源变资产进行林权抵质押，有效破解林农融资难、融资贵问题，推动形成活树变活钱、资源变资产、资产变资本、生态变效益的多赢局面。积极探索生态产品价值实现机制，助推林业"双碳"工作，开展"林业碳票"探索。

主要行动举措包括：

---

① 资料来源：贵州省工业和信息化厅网站，https://gxt.guizhou.gov.cn/zwgk/xxgkml/zdly/ghjh/202111/t20211112_71655119.html。

- 全省第一张林业碳票落地毕节黔西。2022 年 2 月 15 日，贵州首发林业碳票。这一创新实践，得益于毕节市打造绿色发展新高地的举措，进一步巩固森林生态系统碳汇能力，发挥森林固碳效益。

- 全省生态环境司法绿碳实践基地揭牌成立。2022 年 6 月 1 日，贵州省生态环境司法绿碳实践基地——黔东南生态环境司法绿碳实践基地，在黔东南州揭牌成立。该基地的建立，表明黔东南州积极响应国家推进碳达峰碳中和战略目标，使黔东南"司法+碳汇补偿"有了"试验田"。

- 贵州邮储系统林权抵押贷款发放。2022 年 6 月 10 日，邮储银行江口县支行向江口县雷声绿色产业开发有限公司发放贵州邮储系统林权抵押贷款 200 万元，成功化解企业在发展中缺资金的问题，有效拓宽林权主体融资渠道。

- 单株碳汇项目购碳活动启动仪式举行。2022 年 6 月 15 日，由省生态环境厅、中国农工民主党贵州省委员会主办的大方县单株碳汇项目购碳活动启动仪式在贵阳举行。省农工党党员代表和爱心企业、爱心人士现场共购买近 7 万棵树木的 70 万千克碳汇，为当地百姓增收 20.6 万元。

2.2 新能源材料

贵州材料资源丰富，具备得天独厚的资源优势，力促新能源材料产业快速发展。当地政府与公司通过共同投资新能源材料的方式，实现政企双赢；宁德时代将深耕贵州，抢抓碳达峰、碳中和带来的巨大产业机遇，全力以赴把新能源产业做大做强，为贵州高质量发展贡献力量。

主要行动举措包括：

• 福泉牵手磷化集团投资 40 亿元建设新能源项目。2021 年 11 月 8 日，福泉市政府与贵州磷化（集团）有限责任公司举行新能源项目签约仪式，双方将在黔南高新区马场坪工业园区共同投资 40 亿元，建设年产 20 万吨磷酸铁、10 万吨磷酸铁锂的生产线及相关附属配套设施。

• 瓮安投资 70 亿元新能源项目签约。2021 年 12 月 3 日，欣旺达电子股份有限公司与黔南州瓮安县政府、贵州川恒化工股份有限公司达成项目合作，将建设 60 万吨/年电池用磷酸铁生产线、50 万吨/年食品级净化磷酸生产线、6 万吨/年无水氟化氢生产线及配套装置项目，项目投资协议签订总投资额达 70 亿元。

• 宁德时代贵州项目集中开工仪式举行。2021 年 12 月 24 日，宁德时代贵州项目集中开工仪式在贵安新区宁德时代贵州新能源动力及储能电池生产制造基地项目现场举行。此次集中开工仪式设省主会场和息烽县、开阳县、福泉市等分会场，共开工新能源电池、电池材料及电池回收等 5 个项目。

【专栏】

案例：打造全国新能源材料产业基地

2022 年 9 月 16 日，总投资 259.6 亿元的新能源材料产业推介会暨重大项目签约仪式在福泉举行。瓮福（集团）有限责任公司、贵州川恒化工股份有限公司、贵州胜威福全化工有限公司、深圳盛屯集团有限公司、湖南裕能新能源电池材料股份有限公司 5 家企业分别与福泉市政府签订了协议。这 5 家企业里，既有长期"扎根"福泉、一路相互支持共同成长的"老朋友"，也有首次"牵手"福泉、准备大展拳脚的"新同志"。

福泉抓项目有底气：2022年1—10月，全市累计生产磷矿720.87万吨，预计全年产量1000万吨，可满足150万吨以上磷酸铁、100万吨以上磷酸铁锂生产，为磷化工项目提供了原材料保障。福泉抓项目有方向：以磷及磷化工为首位产业，有机精细化工、新材料和节能环保为潜力产业，形成了"一区三园"的产业和空间布局。

福泉市委书记、市长表示，福泉将深入学习贯彻党的十九届六中全会精神和省委十二届十次全会精神，坚持以高质量发展统揽全局，抢抓新型工业化发展的重大机遇，奋力开展半年攻坚行动，以高端化、绿色化、集约化为主方向，以磷化工产业集群化发展为主抓手，围绕新能源材料产业强链、补链、延链，形成闭环的产业链条，着力打造全国新能源材料产业基地，奋力在2024年前实现"工业倍增"目标，为高质量建设经济更强、百姓更富、生态更美的新福泉提供强大动力。

2.3 新能源汽车

强化铝精深加工产业链延链强链，积极推动铝产业向生产高附加值的高端产品发展，为动力电池提供配套服务；贵州新能源汽车消费仍处于快速增长期，新能源汽车市场持续走强的趋势已经形成。随着贵州充电基础设施的完善，未来新能源汽车会更受欢迎。

主要行动举措包括：

● 贵州省新能源汽车有限公司获增资。2021年10月20日，贵州省新型工业化发展股权投资基金向贵州省新能源汽车有限公司增资15亿元，成为该公司第二大股东，持股比例为49.02%。贵州省新能源汽车有限公司是贵安产控集团旗下子公司，主要负责新能源汽车产业研究及投资业务，重点投资新能源汽车及其上下游产业链。

- 贵铝新材料股份有限公司年产2.8万吨箔轧项目开工。2022年1月15日，贵州贵铝新材料股份有限公司年产2.8万吨箔轧项目开工建设，将以已落户贵阳贵安的新能源动力电池企业为目标客户，面向全国拓展市场，努力成为国内乃至国际新能源汽车动力电池铝箔及其他高端铝箔的优质供应商。
- "中国（遵义）首届新能源汽车展览会"举行。2022年6月3日，遵义市红花岗区商务局在遵义市凤凰山广场主办了"2022中国（遵义）首届新能源汽车展览会"，进一步践行绿色发展理念，引导企业开展促消费活动，激发市场主体活力，持续为经济运行带来更多活力，为群众带来更多实惠。

2.4 低碳宣传

全国节能宣传周活动旨在不断增强全社会节能降碳意识和能力，为贵州奋力谱写多彩贵州现代化建设新篇章贡献力量；设立"贵州生态日"是贵州利用生态优势、挖掘生态潜力、激发生态活力、建设生态文明的有效载体；建立"碳达峰碳中和"的司法教育实践基地以宣传碳汇理念等。贵州采用丰富多彩并结合线上线下的宣传方式，力争低碳概念深入人心，助力"双碳"目标。

主要行动举措包括：

- 贵州省暨贵阳市全国节能宣传周活动正式启动。2022年6月13日，贵州省暨贵阳市2022年全国节能宣传周活动启动。启动仪式采取"现场+云直播"方式进行，并在往年活动安排的基础上，对活动内容和宣传方式进行丰富和创新，通过新兴媒体加载节能宣传视频、线上宣传资料等，让节能知识通过线上方式进行传播。

- 顺海林场建设生态文化教育基地。2022年6月13日，贵州省关注森林活动组织委员会2022年全体会议在贵阳鹿冲关森林公园召开。会上，贵阳市顺海林场被授牌为"贵州省生态文化教育基地"。

- 全省"碳达峰碳中和司法实践教育基地"揭牌。2022年6月14日，江口县人民法院与江口县人民检察院联合建立的全省"碳达峰碳中和司法实践教育基地"正式揭牌。该基地为集碳汇理念宣传教育、环境司法保护、生态警示预防、异地修复治理等多功能于一体的综合性司法实践教育基地。

- 贵阳举行低碳出行打卡宣传活动。2022年6月15日是第十个"全国低碳日"，由贵阳市生态环境局主办的"低碳出行你我他——我是低碳潮人"打卡宣传活动当天在中天甜蜜小镇举行。此次活动以"落实双碳行动 共建美丽家园"为主题，共同推动美丽生态贵阳建设。

2.5 生态文旅

产业融合，跨区域联动，以实现生态文旅的高质量发展。以产品和服务数字化、智能化为导向，着力提高消费便捷程度、提升旅游服务质量、丰富旅游线路产品，不断推出消费惠民新措施，培育文旅消费新业态、新模式，继续探索激活旅游市场、拉动旅游消费的举措。

主要行动举措包括：

- "强产业融合·促旅游提质"主题大会开幕。2021年9月26日，以"强产业融合·促旅游提质"为主题的2021国际山地旅游暨户外运动大会和第十六届贵州旅游产业发展大会在铜仁市碧江区隆重开幕。国际山地旅游暨户外运动大会和全省旅游产业发展大会首次联合举办，面向市场主体，更加注重市场导向，更加注重提质增效。

• 黔东南"生态旅游""林特产品"亮相博览会。2021 年 12 月 9 日，2021 年（第六届）海南世界休闲旅游博览会在海南国际会展中心开展。黔东南州林业局在省林业局组织下积极参与，大力推荐和宣传黔东南州独特的生态旅游资源，重点展示黔东南州生态旅游地独特森林风景资源和民族文化风情、生态旅游精品线路、基地及黔东南州特色林特产品。

2.6 电力工程

进一步提升农村电气化水平，着力构建以新能源为主体的新型电力系统，实现新能源有序发展和充分消纳。通过精准匹配发用两侧绿色电力消费意愿，支撑绿色能源高效利用，进一步引领用户用能向绿色低碳转型。加速构建现代能源体系，打造新型综合能源基地，以风电、光伏为代表的新能源不断发展。

主要行动举措包括：

• 荔波县光伏电站项目集中开工。2021 年 10 月 25 日，荔波县举行 2021 年农业光伏电站项目集中开工仪式。荔波县水功一期农业光伏电站项目、茂兰镇水庆农业光伏电站项目、甲良镇新场石板农业光伏电站项目和甲良农业光伏电站项目同时开工。实现清洁能源与农业、林业相结合，助力高效农业示范发展。

• 黔西北架设"电力高速公路"。2021 年 12 月 7 日，由毕节供电局建设管理的威宁（乌撒）500 千伏变电站新建工程获得 2020—2021 年度国家优质工程奖，是该年度贵州省内唯一获此荣誉的电网项目。威宁（乌撒）500 千伏变电站新建工程项目总投资 9.39 亿元，是贵州近年来单项投资最大的电网项目，包括新建500千伏变电站一座，架设输电线路169千米。

- "电亮先锋+黔电驿站"赋能乡村振兴。2021年12月7日，南方电网贵州电网公司"电亮先锋·乡村振兴行动"启动暨"黔电驿站"揭牌仪式在贵州省六盘水市水城区海坪村举行。该项目将进一步提升农村电气化水平，着力构建以新能源为主体的新型电力系统，实现新能源有序发展和充分消纳。

- 安顺市与贵州盘江煤电集团签署战略合作协议。2022年2月14日，安顺市与贵州盘江煤电集团签署战略合作协议，着力打造以安顺盘江普定电厂及其配套新能源项目为核心电源支撑，以新建电源项目统筹接入安顺盘江普定电厂送出线路为主网线，以市境内大工业用电企业及周边地区高耗电企业为消纳主体，以抽水蓄能电站为用电低谷期电源储能设施，着力打造从电源侧到用电侧的源网荷储一体化示范试点基地。

- 加速构建现代能源体系，打造新型综合能源基地。2022年4月11日，中核汇能息烽县小寨坝镇装机10万千瓦的农业光伏电站项目开工建设。与此同时，独山百泉100兆瓦农业光伏项目工程已在安装光伏组件，预计年底并网发电。根据相关规划，到2025年，贵州初步建成新型综合能源基地。

- 贵州"绿色电力"中长期交易协议签订。2022年6月17日，贵州绿色电力中长期交易协议正式签订：华能国际电力股份有限公司贵州清洁能源分公司与TCL华科能源互联网（贵州）股份有限公司协议约定，前者10年内向后者提供绿色电能10亿千瓦时。这标志着贵州绿色电力交易正式全面启动，进一步引领用户用能向绿色低碳转型。

2.7 产业转型

在重点领域节能技术改造、产业升级、信息化能力建设等方面继续发力，深耕绿色发展新篇章。贵州将以能源安全新战略为引领，按照国家"碳达峰、碳中和"要求，大力实施综合数字能源建设，推动全省能源数字化智能化发展，为贵州生态文明建设提供绿色动力。

主要行动举措包括：

• 低碳智能装备产业园项目开工仪式举行。2021年12月23日，钜城国际（晴隆）低碳智能装备产业园项目开工仪式在晴隆县举行，一期项目建成投产后预计年产值能达到3.5亿元。晴隆县明确要大力实施"工业强县"战略，全力做优做强"地上""地下"两篇文章，打造全省能矿产业富集区，促进全县工业高质量发展。

• 贵州20家企业和工业园区入选2021国家级绿色制造名单。2022年3月1日，在工信部公布的2021年度绿色制造名单里，贵州获评3个国家级绿色工业园区、17个国家级绿色工厂，全省绿色制造体系正有序推进，企业、开发区绿色意识、生产理念进一步提升。

2.8 绿色金融

碳资产用于交易能帮助电力企业解决融资难问题，有助于开启企业节能减排、低碳环保、绿色转型发展的新局面。通过项目贷款、绿色债券等多元化绿色金融产品，持续助力光伏发电等新能源领域的发展，为建设多彩贵州作出新的更大贡献。

主要行动举措包括：

• 黔西电厂用碳排放权抵押成功贷款2817万元。2021年10月29

日，国家电投集团贵州金元黔西中水发电有限公司依托全国碳排放权注册登记结算系统获得的全国市场碳排放权抵押贷款2817万元已注入该公司"资金池"，为公司发展增添了新的活力。

- 屋顶分布式光伏项目前期贷款落地。2022年1月11日，兴业银行贵阳分行发放屋顶分布式光伏发电项目前期贷款138万元，这是该行在绿色信贷领域的全新实践和突破。兴业银行贵阳分行将持续以项目贷款、绿色债券等多元化绿色金融产品助力光伏发电等新能源产业高质量发展，助力贵州绿色发展再提速。

- 黔东南州获生态环保发展基金投资。2022年6月2日，黔东南州水利投资（集团）有限责任公司下属子公司贵州云上生态环境科技有限责任公司申报的黔东南州供排污一体化项目获投贵州省生态环保发展基金1.896亿元，是2022年贵州省生态环保发展基金投资金额最大的项目。

云南：加快实施生态资产价值实现工程

围绕实现碳达峰碳中和目标任务，云南省以推进新能源工程为重点战略方向，大力推进产业绿色化升级，推进绿色金融发展，以打造碳中和示范省为主要发力点。把碳达峰碳中和纳入生态城市建设布局以及生态文明建设整体布局，积极构建绿色低碳循环发展经济体系，促进经济社会发展全面绿色转型。

在政策制定方面，云南省先后出台系列激励绿色低碳发展的相关文件，强化实现碳达峰碳中和目标的法律和政策保障。政策着力重点主要落在推动碳达峰碳中和目标实现的生态建设、节能减排、新能源发展等相关领域。在发展情况方面，云南省大力推进新能源发电的建设与区域合作，为能源经济系统低碳转型、能源清洁化提供有力支撑；大力推进林草业发展，把林草建设融合入地区绿色宣传活动；大力推进产业绿色化升级，深入探讨生态环境发展问题，开展生态环境保护，坚决推进绿色建筑建造工程。

1. 云南省碳中和相关政策文件

1.1 云南省人民政府文件

(1)《云南省人民政府关于印发云南省"十四五"节能减排综合工作实施方案的通知》（云政发〔2022〕34号）（2022-06-09）①。

相关政策要求：到2025年，全省单位地区生产总值能源消耗比2020年下降13%以上，能源消费总量得到合理控制；全省化学需氧量、氨氮、氮氧化物、挥发性有机物排放总量等主要污染物重点工程减排量分别为5.16万吨、0.33万吨、1.28万吨和0.83万吨。节能减排政策机制更加健全，重点行业能源利用效率和主要污染物排放控制水平稳步提升，确保如期完成"十四五"节能减排约束性目标。

(2)《云南省人民政府办公厅关于印发云南省"十四五"环保产业发展规划的通知》（云政办发〔2022〕41号）（2022-06-09）②。

相关政策要求：到2025年，环保产业发展成为本省重要的战略性

---

① 资料来源：云南省人民政府网站，http://www.yn.gov.cn/wap/zfxxgkpt/fdzdgknr/zc-wj/zdgkwjyzf/202206/t20220609_243020.html。

② 资料来源：云南省人民政府网站，http://www.yn.gov.cn/zwgk/zcwj/yzfb/202206/t20220609_243003.html。

新兴产业，基本形成布局合理、特色鲜明、竞争力强、功能完善的现代环保产业体系。产业规模不断壮大，特色优势领域整体提升，产业发展环境持续优化。

(3)《云南省人民政府办公厅关于印发云南省"十四五"现代服务业发展规划的通知》(云政办发〔2022〕12号)(2022-03-15)①。

相关政策要求：着力发展绿色金融。围绕实现碳达峰碳中和目标，将绿色能源、生态价值优势转化为绿色金融发展优势。引导金融机构发行绿色金融债券、绿色信贷资产证券化产品，拓宽绿色信贷资金来源。鼓励金融机构创新绿色金融产品，降低交易费率，支持绿色企业发展，扩大绿色保险覆盖面。探索碳排放权、用能权、林权、排污权等抵(质)押融资业务，创新绿色项目担保机制。探索建立绿色金融治理体系，不断满足传统产业转型升级、生态环境治理、绿色农业发展、绿色消费等重点领域绿色金融需求。

(4)《云南省人民政府办公厅关于印发云南省"十四五"综合交通运输发展规划的通知》(云政办发〔2022〕1号)(2022-01-13)②。

相关政策要求：将绿色发展理念贯穿交通发展全过程。要求交通运输把绿色发展摆在全局工作的突出地位，在环境效益、社会效益、经济效益等多重目标中寻求动态平衡，坚定不移地走资源节约型和环境友好型发展道路，将生态环保理念贯穿交通建设与发展的全过程，推进集约运输、绿色运输和交通循环经济建设，努力实现交通运输与

---

① 资料来源：云南省人民政府网站，http：//www.yn.gov.cn/ztgg/zxylcyfzqy/zcjyz/zczl/202203/t20220315_238759.html。

② 资料来源：云南省人民政府网站，http：//www.yn.gov.cn/zwgk/zcwj/yzfb/202201/t20220113_234725.html。

生态环境和谐发展。

(5)《云南省人民政府关于印发云南省"十四五"新型基础设施建设规划的通知》（云政发〔2022〕28号）（2022-05-09）①。

相关政策要求：绿色普惠，集约建设。坚持生态环保、绿色低碳，优先应用节能技术产品。坚持普惠原则，鼓励智慧应用适老化及无障碍改造，消除数字鸿沟。坚持集约化建设，最大限度发挥新型基础设施建设效益。

(6)《云南省人民政府关于印发云南省加快建立健全绿色低碳循环发展经济体系行动计划的通知》（云政发〔2022〕1号）（2022-01-13)②。

相关政策要求：到2025年，生产生活方式绿色转型成效明显，高质量发展的绿色元素更加丰富，绿色产业比重显著提升，基础设施绿色化水平不断提高，能源资源配置更加合理，能源资源利用效率大幅提高，主要污染物排放总量持续减少，碳排放强度明显降低，碳汇水平持续提升，绿色技术创新和法规政策体系更加有效，绿色低碳循环发展的生产体系、流通体系、消费体系初步形成。绿色生产生活方式广泛形成，碳排放达峰后稳中有降，生态环境持续优良，全面建成我国生态文明建设排头兵。

---

① 资料来源：云南省人民政府网站，http://www.yn.gov.cn/zwgk/zfxxgkpt/fdzdgknr/zc-wj/zdgkwjyzf/202205/t20220509_241852.html。
② 资料来源：云南省人民政府网站，http://www.yn.gov.cn/zwgk/zcwj/yzf/202201/t20220113_234722.html。

（7）《云南省人民政府印发关于加快光伏发电发展若干政策措施的通知》（云政发〔2022〕16号）（2022-03-30）①。

相关政策要求：进一步规范光伏资源开发管理，坚持绿色发展、安全发展、智能发展，切实解决光伏发电项目开发建设中遇到的困难和问题，加快推进光伏发电项目建设、接网和消纳，实现未来3年新增新能源装机5000万千瓦的目标。

（8）《云南省人民政府关于印发云南省新能源电池产业发展三年行动计划（2022—2024年）的通知》（云政发〔2022〕18号）（2022-04-06）②。

相关政策要求：实施产业链完善提升行动。聚焦新能源电池四大关键材料和循环梯次综合利用，推进动力电池和储能电池项目建设，有序布局电池循环梯次综合利用项目。实施产业集群优化行动，结合云南省产业基础和比较优势，统筹考虑要素资源优势和环境承载能力，实现产业聚集。

（9）《云南省人民政府关于印发云南省推动制造业高质量发展若干措施的通知》（云政发〔2022〕36号）（2022-06-28）③。

相关政策要求：加快推进绿色制造。贯彻落实碳达峰碳中和发展要求，编制工业领域碳达峰行动方案，深入推动创建国家绿色能源与绿色制造融合发展示范区。加快绿色制造体系建设，支持建设一批省

---

① 资料来源：云南省人民政府网站，http://www.yn.gov.cn/zwgk/zfxxgkpt/fdzdgknr/zc-wj/zdgkwjyzf/202203/t20220330_239900.html。

② 资料来源：云南省人民政府网站，http://www.yn.gov.cn/zwgk/zcwj/zxwj/202204/t2022 0406_240189.html。

③ 资料来源：云南省人民政府网站，http://www.yn.gov.cn/zwgk/zcwj/yzf/202206/t20220628_243663.html。

级以上绿色工厂、绿色园区、绿色供应链管理企业和省级绿色低碳产业园区，开发一批国家级绿色设计产品，培育创建一批综合利用行业规范企业。

1.2 云南省发展和改革委员会文件

(1)《云南省发展和改革委员会　云南省工业和信息化厅关于印发光伏产业发展三年行动及配套政策措施的通知》（云发改产业〔2022〕553号）（2022-06-15）[①]。

相关政策要求：推动绿色低碳循环发展。充分发挥绿色能源优势，支持光伏龙头企业领建零碳工厂、低碳园区，推动光伏产品碳足迹认定，支持光伏企业提高清洁生产水平，建立能源管理体系，加大节能减排改造力度，提高能源利用效率，支持光伏企业和园区申报绿色制造试点，鼓励有条件的企业和园区开展碳中和试点示范。

(2)《云南省发展和改革委员会　云南省工业和信息化厅关于印发绿色铝产业发展三年行动及配套政策措施的通知》（云发改产业〔2022〕552号）（2022-06-15）[②]。

相关政策要求：推动节能降碳减排协同增效。提升绿色铝产业能效水平，统筹推进减污降碳协同治理，推进清洁生产。谋划绿色铝碳排放管理和控制，加强绿色铝产品全生命周期碳足迹研究。提升废铝再生回收和利用水平。提升绿色铝产业资源综合利用水平。

---

① 资料来源：云南省发展和改革委员会网站，http://yndrc.yn.gov.cn/xzgfxwj/80208。
② 资料来源：云南省发展和改革委员会网站，http://yndrc.yn.gov.cn/xzgfxwj/80207。

(3)《云南省发展和改革委员会　云南省工业和信息化厅关于印发云南省新材料产业发展三年行动及支持新材料产业发展的若干政策措施的通知》（云发改高技〔2022〕543号）(2022-06-22)①。

相关政策要求：支持建设绿色低碳园区。支持园区新材料企业开展数字化、智能化、绿色化改造，坚持按照技术装备先进、节能环保领先的标准推动新材料项目入园，支持新材料产业主导作用明显且能效水平领先的园区率先打造绿色低碳示范产业园，省级有关专项资金对符合条件的项目给予支持。

1.3　云南省工业和信息化厅文件

(1)《关于印发〈5G应用"扬帆"云南行动计划（2022—2024年）〉的通知》（云工信设施〔2022〕35号）(2022-02-08)②。

相关政策要求："5G+"智慧电力。搭建融合5G网络的电力通信管理支撑系统和边缘计算平台，到2024年，支撑云南境内各类水电站、风电站、光伏电站等打造安全、可靠、经济、高效的设备运行维护环境，打造3个"5G+"智慧电力试点示范项目。

(2)《关于印发云南省工业绿色发展"十四五"规划的通知》（2021-09-30）③。

相关政策要求：着力优化调整工业结构，提升工业能效水平，推

---

① 资料来源：云南省发展和改革委员会网站，http：//yndrc.yn.gov.cn/xzgfxwj/80290。
② 资料来源：云南省工业和信息化厅网站，http：//gxt.yn.gov.cn/zwgk/fdzdgknr/flfgjg-fx2 ynsgxw/zfwj2yn sgxw/content_ 31063。
③ 资料来源：云南省工业和信息化厅网站，http：//gxt.yn.gov.cn/zwgk/fdzdgknr/ghjh2 ynsgxw/content_ 30816。

动全省工业绿色低碳高质量发展。以促进传统工业转型升级为抓手，着力推动传统产业绿色化改造，聚焦传统产业延链补链强链，实现产业基础再造。

1.4 云南省生态环境厅文件

《云南省生态环境厅关于印发云南省"十四五"生态环境保护规划的通知》（云环发〔2022〕13号）（2022-04-27）[①]。

相关政策要求：支持有条件的地方率先达峰，开展碳中和试点示范。支持国家低碳试点地区开展率先达峰行动，探索实施二氧化碳排放强度和总量双控。支持开展近零碳排放示范工程和碳中和示范区建设。实施重大林业碳汇与生态系统恢复工程，实施气候变化对生物多样性影响观测。

1.5 云南省林业和草原局文件

《云南省林业和草原局 云南省能源局关于进一步规范光伏复合项目使用林草地有关事项的通知》（云林规〔2021〕5号）（2021-10-29）[②]。

相关政策要求：加快云南绿色能源产业结构优化升级和高质量发展，突出"生态优先、绿色发展"的生态文明建设理念，引导和规范光伏发电项目节约集约使用林地和健康发展。加强植被保护。光伏复合项目在满足正常运营的同时，须保证电池组件阵列下方不得改变林

---

① 资料来源：云南省生态环境厅网站，http://www.yn.gov.cn/ztgg/ynghgkzl/sjqtgh/zxgh/202205/t20220505_241696.html。

② 资料来源：云南省林业和草原局网站，http://www.yn.gov.cn/zwgk/zfgb/2022/2022d3q/sjbmwj/202203/t20220301_237181.html。

草地用途，不得裸露地表、硬化或作其他用途。

2. 云南省碳中和行动亮点

2.1 产业升级

积极发展绿色清洁产业，立足云南当地特点，推进绿色产业发展，推进产业低碳化建设，积极发挥政府的引导作用。淘汰落后产能，推进资源节约循环利用，坚定不移走高质量发展道路与高品质生活之路，推动产业结构升级转型，不断融入国家碳达峰碳中和发展战略。

主要行动举措包括：

● 楚雄州坚持绿色发展，不断推进资源节约和循环利用。截至2021年9月底，楚雄州坚持绿色发展，以新能源、新材料和先进制造业为依托，构建现代化产业体系，不断推进资源节约和循环利用，走绿色低碳循环发展之路。该州共实施新材料绿色制造产业项目94个，协议引资额达648亿元。

● 云南省推动水泥企业淘汰落后低效产能，建设节能降耗新工厂。截至2021年12月，云南易门大椿树水泥有限责任公司淘汰原有落后低效生产线，通过产能置换建设1条日产4000吨新型干法水泥熟料生产线。该项目配套建设6兆瓦余热发电项目，实现低温余热回收利用，可替代生产线所需电量的20%。相较改造前，生产效率提高24%，运营成本降低11.8%，能源利用率提高12.6%，年可节约标准煤1680吨。

● 云景林纸公司通过开发林业固碳推进碳中和。2022年，云南云景林纸股份有限公司表示，预计"十四五"末，企业可实现单位产品二氧化碳排放量和单位产品能耗较"十三五"末分别下降20%和30%，基本实现碳达峰。通过开发林业固碳，力争2025年实现企业内部碳中和。

2.2 绿色金融

构建绿色金融体系，打造生态文明高地，发挥金融市场在经济发展中的作用。着力探索金融在碳达峰、碳中和方面的运用，用金融服务的理念推动云南生态发展建设，助力低碳绿色发展。

主要行动举措包括：

- 建行云南分行通过绿贷实现节能减排。截至2021年9月末，建行云南省分行绿色信贷余额为507.37亿元，通过绿色信贷支持实现节能减排二氧化碳1566.7万吨，节约标准煤约632.85万吨。
- 邮储银行助力云南绿色发展。截至2021年9月末，邮储银行云南分行绿色信贷余额为69.95亿元，其中，前三季度新增绿色贷款14.89亿元，增幅27.04%。
- 全国碳市场第一个履约周期云南履约完成率为99.95%。截至2021年末，云南共有19家发电行业重点排放单位纳入全国碳市场第一个履约周期，全省履约完成率为99.95%，高于全国平均水平。

2.3 生态建设

深入探讨生态环境问题，开展生态环境保护，开展生态环境建设，加强生态环境监督工作，开展地区间生态保护合作，助力国家碳达峰、碳中和战略实施。

主要行动举措包括：

- 安宁启动多层次高段位的城市绿地项目系统建设。2021年，安宁启动了多层次高段位的城市绿地项目系统建设。截至2021年11月底，新增公园绿地面积13万平方米，人均公园绿地面积达14.18平方米，公园绿地服务半径覆盖率在90%以上，全年新增城市绿地面积30公顷。

2.4 新能源

加快新能源发电发展，加快能源清洁化利用及配套设施建设，促进光伏发电建设，加快推进清洁能源发电，积极推进区域能源交流合作，不断促进新能源技术发展，着力打造新能源基地，推动碳达峰、碳中和战略实施。

主要行动举措包括：

- 云南首个碳中和智慧型综合加能站在昆明建成投入运营。2021年10月20日，云南首个碳中和智慧型综合加能站在昆明广福B站建成投入运营，加油站实现了由传统向智慧型、绿色低碳及综合加能转型。综合加能站建成投入运营是云南石油积极贯彻落实国家生态文明建设和碳达峰、碳中和战略部署的重要举措。

- 中石化云南石油加速综合加能站建设。2021年10月，中石化云南石油负责人表示，公司将加大综合加能站建设，计划建设近100座光伏站、50座充换电站和1座加氢站。

- 华能澜沧江公司将绿色低碳纳入发展战略，推进清洁能源发展。2021年，华能澜沧江公司将绿色低碳纳入发展战略，规划了西藏澜沧江清洁能源基地、澜沧江云南段水风光一体化可再生能源综合开发基地、曲靖风光煤电一体化清洁能源基地建设，全面构建水、火、风、光、储等多能互补、国内国际协调发展的综合能源开发格局。

- 通威集团一期5万吨项目投产。2021年12月底，通威集团设计年产26万吨高纯晶硅及配套新能源项目的一期5万吨项目投产。2025年通威集团在滇项目全部建成后，将实现产值超500亿元，带动就业人数4000人以上，光伏产业聚集效应将更加显现。
- 云南第一片高效太阳能电池片在晶科能源公司正式下线。2021年12月1日，云南第一片高效太阳能电池片在晶科能源公司正式下线，该公司看好云南的清洁能源，楚雄又是云南重要的电力通道，能源配套设施完善。光伏产业的上下游在云南都有布局。
- 绿色能源跃升成为云南第一大支柱产业。截至2021年底，云南绿色能源装机突破9500万千瓦，绿色发电量为3309.85亿千瓦时。西电东送电量累计突破1万亿千瓦时，约为10个三峡水电站的年发电量，相当于为南方区域减少标准煤消耗2.9亿吨，减排二氧化碳7.7亿吨。
- 云南绿色能源领域的多项指标领先全国。截至2021年底，云南绿色能源有多项指标领先全国，其中，绿色能源装机占比为84.9%、绿色能源发电量占比为88.37%，分别高出全国平均水平的44个百分点和60个百分点；清洁能源交易量占比为97%。
- 百斯德新能源碳中和储能基地落地禄丰。2022年1月19日，百斯德新能源与楚雄签约，将碳中和储能基地落地禄丰，意味着楚雄将同时具备磷酸铁锂储能电池产能，绿色能源产业链进一步完善。
- 云广直流工程累计送电逾3000亿千瓦时。截至2022年5月23日，云广直流工程累计向广东珠三角负荷中心输送云南清洁水电超过

3000亿千瓦时，相当于节约标准煤0.86亿吨，减少二氧化碳排放2.3亿吨，减少二氧化硫排放166万吨。

- 溪洛渡水电站累计发电量逾5000亿千瓦时。2022年6月2日，溪洛渡水电站累计生产清洁电能超过5000亿千瓦时，相当于替代标准煤约1.52亿吨，减排二氧化碳约4.16亿吨。
- 昆明市级行政中心屋顶分布式光伏项目实现全部并网发电。2022年7月，昆明市级行政中心屋顶分布式光伏项目实现全部并网发电。经测算，行政中心全年可消纳光伏发电量177.02万千瓦时，自用电量占发电总量的95%。

2.5 绿色宣传

发挥党员干部带头作用，加强生态文明宣传教育，实施环境保护激励措施，建立民众统一的生态文明价值观，开展全民生态保护活动，助力实现碳达峰碳中和战略目标。

主要行动举措包括：

- 云南举办生态文明建设科普宣传周。2022年5月，云南省委宣传部、省文明办、省生态环境厅、省社科联主办"全面推进生态文明建设，努力建设人与自然和谐共生的现代化"为主题的云南2022年度社会科学普及宣传周。积极推进社科普及活动，深入宣传生态保护相关知识。
- 云南领导参加义务植树活动。2022年5月24日，省委书记、省长等省领导和当地干部群众一起义务植树。在城市街道社区、乡村房前屋后、交通道路沿线、工矿园区、校园、景区等广泛开展绿化工作，推进全省国土全域绿化美化，建设绿美云南。

2.6 绿色项目

深入贯彻落实"两山理论"思想，积极推广碳达峰、碳中和绿色项目发展，深入探讨绿色项目合作与绿色城市建设，降低环境污染，助力实现碳达峰碳中和战略目标。

主要行动举措包括：

● 云南设立了2022年科技支撑碳达峰碳中和专项。2021年，云南专门设立了2022年科技支撑碳达峰碳中和专项，涉及重点行业能源燃烧后二氧化碳捕集技术研究与应用示范、二氧化碳生物转化利用技术研究、区块链技术开展有价垃圾回收实现碳汇交易、气候温和地区绿色城市和低碳建筑关键技术研究等，目前已正式向社会发布项目申报指南。

2.7 林业碳汇

贯彻落实生态文明思想，积极推进林草业建设，增强全社会爱绿护绿意识，加大林草资源保护力度，利用金融手段助力林草业发展，推进碳达峰、碳中和工作推进。

主要行动举措包括：

● 云南首单林业碳汇指数保险落地文山州。2022年3月，云南首单林业碳汇指数保险落地文山州，该保单是中国人寿财险云南省分公司为文山金文山丰产林有限公司22.39万亩林木所提供的300万元碳汇损失风险保障。

● 云南首笔林业碳汇质押融资贷款项目落户云景林纸。2022年3月，景谷信用社向云南云景林纸股份有限公司发放600万元的林业碳汇质押融资贷款，成为云南首笔成功落地的林业碳汇质押融资贷款项目。

- 普洱市碳汇项目规划通过评审。2022年3月，《普洱市碳汇项目规划（2020—2060）》（以下简称《规划》）专家评审会在昆明召开，《规划》分析了普洱市碳汇项目的背景和必要性，碳排放变化及碳汇潜力，提出提升普洱市全域碳中和应对及适应能力、构建与低碳相适应的交通及城乡发展体系、严控三个领域排放、提升减排能力等方面的目标。

- 昭通市计划3年新植苗木1.5亿株。2022年5月，昭通市林业和草原局表示，3年内新植绿化苗木1.5亿株，着力打造生态昭通、绿色昭通和美丽昭通。

2.8 绿色建筑

打造绿色建筑标杆，推进建筑绿色改造工作，将绿色理念和技术贯穿于建筑的设计和建造，扩大城镇绿色建筑覆盖面，全力构建绿色生态城市。

主要行动举措包括：

- 云南城镇新建绿色建筑提前完成年度目标。截至2021年9月，全省城镇新建建筑面积4706.72万平方米，其中城镇新建绿色建筑面积3282.77万平方米，占比达69.7%，超额完成60%的年度目标任务。

西藏：打造高原精品生态旅游示范工程

西藏准确把握"双碳"工作的战略性要求、规律性特征和变革性实践，以高水平"双碳"推进高质量发展。

全面建设美丽中国西藏样板，在顶层设计方面，西藏各单位以加强顶层设计为引领,加快制定全区碳达峰实施方案和支持政策,健全标准,强化法治保障。在行动举措方面,以优化能源结构为重点,做好传统能源和新能源、清洁能源优化组合的文章,建设好国家清洁能源基地;以生态环境保护为底线,用最高标准、最严要求履行生态环保责任,切实抓好中央生态环境保护督察反馈问题整改;以植绿护绿爱绿为支撑,高质量、大规模推进拉萨南北山绿化工程,带动构建全民环保行动体系,实施好绿色低碳示范创建;以低碳转型升级为抓手,严控"两高"项目,发展碳汇经济,促进生态富民,加快培育一批绿色项目、绿色工厂、绿色园区和绿色产业链。西藏压紧压实工作责任链条,加强监督考核,推动"双碳"工作迈出实质性步伐、取得实质性成果。积极践行"绿水青山就是金山银山""冰天雪地也是金山银山"理念,加强生态环境治理、筑牢生态安全屏障、提质绿色产业发展,建设生态美、产业兴、百姓富的美丽中国西藏样板,让绿色成为高质量发展的底色。

1. 西藏自治区碳中和相关政策文件

1.1 西藏自治区人民政府文件

(1)《西藏自治区人民政府关于命名西藏自治区生态文明建设示范区(第一批)的决定》(藏政发〔2022〕9号)(2022-05-19)[①]。

相关政策要求:锚定"四件大事",实现"四个确保",把创建生

---

① 资料来源:西藏自治区人民政府网站,http://www.xizang.gov.cn/zwgk/xxfb/zfwj/202205/t20220519_299153.html。

态文明建设示范区作为"四个创建"的重要抓手和有利契机，不断巩固生态文明建设成果，积极发挥典型示范作用。

(2)《西藏自治区人民政府关于印发西藏自治区江河源保护行动方案的通知》（藏政发〔2021〕21号）（2021-11-26）①。

相关政策要求：坚持生态保护第一，坚持山水林田湖草沙冰一体化保护和系统治理，统筹水资源、水环境、水生态、水安全、水文化，深入实施江河源保护"三大行动九项工程"，确保江河源区生态环境质量保持良好，生态系统维持稳定，生态功能不断提升，为建设美丽幸福西藏、筑牢国家生态安全屏障夯实基础。

(3)《西藏自治区人民政府办公厅关于科学绿化的实施意见》（藏政办发〔2022〕25号）（2022-07-14）②。

相关政策要求：科学推进大规模高质量国土绿化行动，切实改善城乡生态环境，增强生态系统稳定性和生态产品供给能力，提升生态系统碳汇能力，提高城乡居民生活环境质量。

(4)《西藏自治区人民政府办公厅关于表扬2021年度实行最严格水资源管理制度考核先进地（市）的通报》（藏政办发〔2022〕4号）（2022-04-12）③。

相关政策要求：为表彰先进、树立典型，对2021年度实行最严格水资源管理制度考核结果等级为优秀的山南市人民政府、林芝市人民

---

① 资料来源：西藏自治区人民政府网站，http://www.xizang.gov.cn/zwgk/xxfb/zfwj/202111/t20211126_271580.html。

② 资料来源：西藏自治区人民政府网站，http://www.xizang.gov.cn/zwgk/xxfb/zbwj/202207/t20220714_314172.html。

③ 资料来源：西藏自治区人民政府网站，http://www.xizang.gov.cn/zwgk/xxfb/zbwj/202204/t20220412_293016.html。

政府进行通报表扬。各地（市）、各部门要以先进典型为榜样，立足新发展阶段，完整准确全面贯彻新发展理念，服务融入新发展格局，锚定"四件大事""四个确保"，着力推进"四个创建"、努力做到"四个走在前列"，奋力建设团结富裕文明和谐美丽的社会主义现代化新西藏。

（5）《西藏自治区人民政府办公厅关于推进人影响天气工作高质量发展的实施意见》（藏政办发〔2021〕34号）（2022-01-18）[①]。

相关政策要求：优化针对湿地的人工影响天气业务布局，强化藏西北沙化土地、盐碱地、荒漠化土地、草原退化区域的增雨（雪）作业。强化针对"两江四河"流域造林绿化、骨干水库蓄水、水土流失重点区域水土保持的常态化增雨（雪）作业。推进青藏高原生态屏障区人工影响天气生态保障示范基地建设。

1.2 西藏自治区经济和信息化厅文件

《关于印发〈西藏自治区促进中小企业高质量发展若干措施〉的通知》（藏中小发〔2022〕1号）（2022-03-24）[②]。

相关政策要求：坚持节能低碳发展，推动企业绿色转型。引导中小企业参与实施工业低碳行动和绿色制造工程，支持开发应用绿色技术，设计绿色产品，建设绿色工厂，申报绿色产品认证，开展工业固体废物资源综合利用，打造一批绿色发展标杆。

---

① 资料来源：西藏自治区人民政府网站，http://www.xizang.gov.cn/zwgk/xxfb/zbwj/202201/t20220119_280244.html。

② 资料来源：西藏自治区经济和信息化厅网站，http://jxt.xizang.gov.cn/xzweb/detail?id=2918&channelId=9&categoryId=63。

1.3 西藏自治区生态环境厅文件

(1)《关于印发〈西藏自治区生态环境系统法治宣传教育第八个五年规划(2021—2025年)〉的通知》(藏环发〔2021〕99号)(2022-03-25)①。

相关政策要求：以增强生态环境系统普法针对性和实效性为工作着力点，完善和落实"谁执法，谁普法"普法责任制，深入推进生态环境法治建设，为"十四五"时期生态环境事业发展营造良好法治环境，打造国家生态文明高地提供坚实法治保障。

(2)《关于印发〈西藏自治区"美丽中国，我是行动者"提升公民生态文明意识行动计划(2021—2025年)实施方案〉的通知》(藏环发〔2021〕98号)(2022-03-25)②。

相关政策要求：逐步调整优化生态，着力推动绿色发展，着力打造生态文明建设"大宣教"格局，形成人人关心、支持、参与生态环境保护的良好局面，为筑牢国家生态安全屏障、打造国家生态文明高地营造良好社会氛围。

(3)《关于印发〈西藏自治区生态环境行政处罚裁量基准适用规定〉的通知》(藏环发〔2021〕77号)(2021-10-08)③。

相关政策要求：本规定适用于全区生态环境主管部门行政处罚裁

---

① 资料来源：西藏自治区生态环境厅网站，http://ee.xizang.gov.cn/zwgk/gsgg_3568/202112/t20211229_276843.html。

② 资料来源：西藏自治区生态环境厅网站，http://ee.xizang.gov.cn/zwgk/gsgg_3568/202112/t20211229_276842.html。

③ 资料来源：西藏自治区生态环境厅网站，http://ee.xizang.gov.cn/zwgk/gsgg_3568/202110/t20211008_264447.html。

量。各地市生态环境主管部门可在本基准基础上，参照制定适用于本辖区的生态环境行政处罚裁量基准。

1.4 西藏自治区住房和城乡建设厅文件

(1)《关于印发〈关于推进城乡建设绿色发展　建设美丽幸福西藏的实施意见〉的通知》（藏建办〔2022〕251号）（2022-05-05）①。

相关政策要求：推动城乡建设绿色转型，构建城乡绿色发展新格局。围绕建设国家生态文明高地目标，构建腹心、藏东、藏西北、边境四大空间区域，分类施策，协调推进城乡建设绿色发展。

(2)《关于印发〈西藏自治区房屋建筑和市政基础设施工程全面推广应用绿色建材实施方案〉的通知》（藏建办〔2022〕232号）（2022-04-22）②。

相关政策要求：牢固树立和践行"绿水青山就是金山银山"的理念，坚持走生态优先、绿色发展之路，加快推广绿色建材应用，推动建筑建材业转型升级，推动减污降碳协同增效，努力建设美丽幸福西藏。

2. 西藏碳中和行动亮点

2.1 环保工程

围绕污染防治攻坚战阶段性目标任务，扎实推进生态文明建设和

---

① 资料来源：西藏自治区住房和城乡建设厅网站，http://zjt.xizang.gov.cn/xxgk/zjtwj/2022 06/P020220620419461472290.pdf。

② 资料来源：西藏自治区住房和城乡建设厅网站，http://zjt.xizang.gov.cn/xxgk/zjtwj/2022 06/P020220620419415862775.pdf。

生态环境保护各项工作。做好慈巴沟国家保护区建设，配合推进高黎贡山（西藏片区）国家公园创建。统筹"三大行动九项工程"，全面加强江河源系统保护。加强自然保护地监管，配合推进三江源国家公园建设。

主要行动举措包括：

● 拉萨投入127.1亿元保护西藏生态安全。2021年，拉萨统筹"三大行动九项工程"，全面加强以33条重要河流为主的江河源系统保护，着力提升"亚洲水塔"生态功能与服务价值，累计投入127.1亿元实施西藏生态安全屏障保护与建设规划。

● 西藏自然保护区整改完成率达94%。截至2022年2月，西藏加强自然保护地监管，配合推进三江源（唐北片区）国家公园建设。深入开展"绿盾2021"自然保护地强化监督工作，核查人类活动点位3488个，年度问题"增量"、历年问题"存量"持续递减，整改完成率达94%。

● 察隅推进高黎贡山国家公园创建。截至2022年4月，察隅县推进国土绿化，实施造林绿化面积1.7万亩，完成森林抚育面积6万余亩，修复然察公路、搬迁村庄等地方生态600亩。扎实做好慈巴沟国家保护区建设，配合推进高黎贡山（西藏片区）国家公园创建。

● 昌都清理土壤垃圾1900余吨。截至2022年5月，昌都市开展危险废物转移审批工作，审批转移各类危险废物共计805.62吨，收集处置医疗废物261.88吨；积极开展环境大整治活动，投入资金80万余元，整治乱堆乱放、乱采乱挖等点位229处，清理各类垃圾1900余吨。

2.2 生态环境

生态环境监督管理持续加强，深入开展纳木错水土流失治理工作，修复绿化面积。大力实施防沙治沙、退耕退牧、还林还草等重点生态保护修复工程，实现林草事业快速发展。积极建设国家生态文明建设示范区，提高环境空气质量。

主要行动举措包括：

- 昌都大气环境质量优良率达100%。2021年，昌都市各监测断面地表水水体水质均达到Ⅲ类及以上标准；大气环境质量自动监测站有效监测天数302天，其中优208天、良94天，大气环境质量优良率达100%。

- 纳木错治理水土流失面积500公顷。2021年，纳木错治理退化草地110.5公顷，修复尼亚曲鱼类洄游通道1.2千米，治理鼠害面积3.86万公顷，修复道路景观40余千米，绿化面积17602平方米，治理尼亚曲上游水土流失面积500公顷。

- 工布江达县入选国家生态文明建设示范区。2021年，林芝市工布江达县被命名为国家生态文明建设示范区。该县环境空气质量常年保持一级标准，优良天数比例稳定在100%；地表水环境监测断面全部达到或优于Ⅲ类水质标准。

- 西藏是保持世界环境质量最好的地区之一。截至2022年3月，西藏大力实施防沙治沙、退耕退牧、还林还草等重点生态保护修复工程，实现了林草事业快速发展，森林覆盖率提高到12.51%，草原综合植被盖度提高到50%以上，西藏依然是世界上环境质量最好的地区之一。

- "拉萨之肺"迎来新生。截至2022年3月，拉鲁湿地生态保护面积从2.2平方千米扩展为13.9平方千米；新发现鸟类43种，鸟类总数从2015年的6000余只增加到2021年的1.2万余只；湿地北侧536亩沙化、干化土地得到补水，水域面积扩大1/3，平均水位上升至33厘米。

【专栏】

案例：守护高原"蓝宝石"提升生态获得感①。

拉萨市坚持生态与发展共融、共生、共存理念，着眼长远、立足长效，坚决做到全面整改、深入整改、彻底整改，全力做好整改"后半篇"文章，努力打造全区高原精品生态旅游示范工程。

2018年，纳木错自然保护区临时建筑拆迁工作时间紧、任务重。拉萨市成立拆迁安置工作领导小组，确保纳木错自然保护区临时建筑拆迁高质量、高标准、高效率推进。安排资金5626.37万元，实施退化土地生态修复试点等9个项目。治理退化草地110.5公顷，修复尼亚曲鱼类洄游通道1.2千米，修复道路景观40余千米，绿化面积17602平方米，治理尼亚曲上游水土流失面积500公顷。

2018年以来，共计投入生态环境保护类资金3104.62万元，累计清运生活垃圾130车次2600余吨、建筑垃圾240车次8400余吨，107户临时建筑和45个摊位全部拆除，有效降低商业开发对生态环境保护造成的危害。编制《纳木错景区保护开发降牧减畜实施方案》，开展降牧减畜工作，投入资金5000余万元，完成牦牛减畜3404头、羊减畜16422只，有效促进景区的生态恢复和良性循环。

---

① 资料来源：《拉萨市着力保护纳木错自然保护区生态环境》，《西藏日报》2022年5月20日。

> 完善环卫基础设施功能，建设 25 座垃圾收集池和 1 座垃圾转运站，配备 5 辆垃圾收集转运车，纳木湖乡生活垃圾实现了无害化收集转运全覆盖；大力推广清洁能源，为 800 余户农牧民安居房建设了保暖阳光房，改变了农牧民长期以来用牛粪、薪柴取暖的习惯，有效保护 4000 余公顷灌木丛免遭破坏；实施旅游活动管控，结合景区实际承载能力，合理制定旅游人数标准。
>
> 通过近年来持续加强生态保护建设和加大污染综合防治力度，纳木错流域生态环境得到有效保护，生态环境质量不断提升。

2.3 能源清洁化

加快推进清洁能源开发，将资源优势转化为产业优势和经济优势，着力构建清洁能源"一基地、两示范"发展新格局。积极建设全球首个氢—氧综合利用的"风光电—氢—电热"示范项目，增加清洁能源发电设备数量，提高西藏风能利用水平。

主要行动举措包括：

- "电—氢—电"项目落户西藏。2021 年 11 月，国家电投在世界屋脊建设氢—氧综合利用的"风光电—氢—电热"示范项目。这也是国内首个纯氢燃气轮机示范项目。

- 中国农发行西藏分行授信 500 亿元助力清洁能源开发。2022 年 6 月，西藏开投集团与中国农发行西藏分行签订全面战略合作协议。中国农发行西藏分行向西藏开投提供 500 亿元的授信规模，全力支持西藏开投集团参与建设国家清洁能源基地，构建清洁能源"一基地、两示范"发展新格局。

2.4 电力工程

落实重大项目包保机制，对清洁能源重大项目要同步推进外送通道建设，加快拓宽市场消纳渠道。推动分散式风电场首批机组并网发电，改善能源结构，保障能源安全，为实现"双碳"目标发挥应有作用。

主要行动举措包括：

• 世界海拔最高风电场并网发电。2022年1月，世界海拔最高风电项目——西藏措美哲古分散式风电场首批机组并网发电，装机容量22兆瓦，配套建设1座110千伏升压站，填补了国内和国际超高海拔风电开发领域的空白。

• 2022年藏电外送全面启动。2022年6月，2022年丰水期藏电外送工作正式启动。西藏电网发电能力增强，在满足区内用电需求的同时开始出现富余电力，计划2022年外送电量22亿千瓦时。

• 西藏水电项目创水平钻孔最深纪录。2022年7月，中国电建成都勘测设计研究院在西藏一个大型水电项目中承担的超深水平钻孔顺利终孔，终孔深度达775.6米，创造了水电行业复杂地质条件下水平钻孔最深的纪录。

2.5 林业发展

全区林草系统全面深化林草改革，统筹推进山水林田湖草沙冰综合治理，大力实施国土绿化工程。积极开展消除"无树村，无树户"工作，推动乡村"四旁"植树行动，提高全区森林覆盖率，筑牢生态保护屏障。

主要行动举措包括：

- 拉萨完成88%的年度造林任务。拉萨推动乡村"四旁"植树行动，2021年计划造林2.115万亩，栽植各类苗木105.72万株，截至2022年1月，完成造林1.86万亩，栽植各类苗木93.08万株，完成年度任务的88%。

- 日喀则完成营造林投资超70000万元。2021年，日喀则市各类营造林指标任务46.46万亩，总投资81711.34万元，已完成42.46万亩，完成投资70191.34万元。全年累计带动农牧民群众劳务增收4069万元、机械雇用增收3978.7万元，苗木销售增收2571万元，实现为日喀则国土增绿、提质、修复、创美目标。

- 堆龙德庆区全面消除海拔4300米以下的"无树村"。2022年，堆龙德庆区在植树造林方面，积极开展消除"无树村，无树户"工作，全面消除海拔4300米以下（含4300米）的"无树村"及堆龙德庆区1851户"无树户"。

- 南木林生态项目存活率达95%。截至2022年2月，雅江北岸南木林生态示范区项目累计投入资金2.4亿元，完成植树造林3.6万亩，示范区内栽植各类苗木有288余万株，存活率达95%，初步形成了林成片、田成方、路成网、渠成系的生态建设格局。

- 扎囊县开展义务植树活动。2022年3月24日，扎囊县组织干部职工1277人，开展义务植树活动，共栽种树苗66642株，面积883亩。一期计划植树5000株，面积50亩；二期计划植树11100株，面积150亩。2022年以来，该县各村（社区）干部群众已义务植树50542株，面积683亩。

2.6 绿色金融

发挥西藏金融行业独特优势，助力全国碳排放权交易市场建设，如期完成碳达峰碳中和目标。银行金融机构用活用好人行碳减排支持工具，制定差异化绿色信贷行业政策，提升企业的环境保护意识。

主要行动举措包括：

- 农行西藏分行发放绿色信贷 3.65 亿元。截至 2021 年末，农行西藏分行新发放绿色信贷 3.65 亿元，余额 125.88 亿元。交通建设领域贷款余额 129.24 亿元。
- 山南清洁能源产业贷款增长 18.3%。截至 2021 年 9 月末，中国人民银行人行山南市中心支行已支持清洁能源产业贷款余额达 65.21 亿元，较同期增长 18.3%，占绿色贷款余额的 93.96%。

2.7 清洁行动

厘清思路，完善政策，持续狠抓农村人居环境整治、农村"厕所革命"等重点工作。积极组织群众和干部开展清洁行动，美化环境，共建美丽健康家园，努力推进美丽宜居示范村建设项目。

主要行动举措包括：

- 西藏组织清洁行动"刷新"乡村风貌。2022 年 1—3 月，西藏范围组织开展"迎新春"村庄清洁行 2 次，共发动农牧民群众 191429 人次，共清理农村生活垃圾 9574.93 吨、农村白色垃圾 3823 吨、河道湖泊 5106.52 千米和村内淤泥 2654.29 吨。
- 拉萨开展"城乡清洁日"卫生大扫除。2022 年 3 月 14 日，拉萨市开展"城乡清洁日"卫生大扫除，美化环境，共建美丽健康家园。

• 洛隆推动农村人居环境整治出实效。截至 2022 年 5 月，洛隆县组织乡镇、行政村干部和村民于每周五和重要节假日开展卫生大扫除，重点清扫公路沿线，消除卫生死角，整治乱扔乱倒垃圾行为。

陕西：推进重污染资源有序替代

陕西科学统筹，因地制宜，系统推进，扎实推进"双碳"工作，坚定不移走好生态优先、绿色低碳发展道路。坚持稳中求进，把实现减污降碳协同增效作为促进经济社会发展全面绿色转型的总抓手，完整、准确、全面贯彻新发展理念，努力推动陕西碳达峰碳中和各项工作取得积极成效。

陕西省委、省政府等相关部门先后出台关于建立健全绿色低碳循环发展经济体系的政策法规文件，完善法规政策体系，强化顶层设计支撑。坚持先立后破，稳步推进能源结构调整，在做好能源保供的前提下，推进煤炭有序减量替代，大力发展清洁能源，推动能耗"双控"向碳排放"双控"转变。狠抓绿色低碳技术攻关和推广应用，抓好工业、建筑等重点领域减污降碳，把减排措施落实到具体项目、具体企业和具体地方。统筹推进低碳交通体系建设，促进用地结构调整，提升生态系统碳汇能力，倡导形成绿色低碳、简约健康生活方式。强化规划引领，结合省情实际，加强绿色低碳技术攻关和应用，确保陕西"双碳"工作取得新成效。广泛形成绿色生产生活方式，碳排放达峰后稳中有降，生态环境实现根本好转，真正实现美丽陕西建设的目标。

1. 陕西省碳中和相关政策文件

1.1 陕西省人民政府文件

(1)《陕西省人民政府办公厅关于印发"十四五"制造业高质量发展规划的通知》(陕政办发〔2021〕33号)(2021-12-13)①。

相关政策要求：以创新、改革和开放为动力，以提升制造业发展质量和效益为着力点，着力提升产业链供应链现代化水平，着力构建"6+5+N"的现代制造业新体系，着力推动陕西制造业实现"三个转型两个升级"，进一步做实做强做优制造业。

(2)《陕西省人民政府办公厅关于印发蓝天碧水净土保卫战2022年工作方案的通知》(陕政办发〔2022〕8号)(2022-04-14)②。

相关政策要求：加快实施工业污染排放深度治理，进一步强化脱硫脱硝治理设施运维监管，加快实施重点行业超低排放改造，优化能源供给结构，严控煤炭消费增长，持续做好冬季清洁取暖，深入开展锅炉综合整治。

(3)《陕西省人民政府关于印发加快建立健全绿色低碳循环发展经济体系若干措施的通知》(陕政发〔2021〕15号)(2021-09-29)③。

相关政策要求：深入推进西安、渭南、榆林、韩城等国家大宗固

---

① 资料来源：陕西省人民政府网站，http://www.shaanxi.gov.cn/zfxxgk/fdzdgknr/zcwj/szfbgtwj/szbf/202112/t20211213_2203772.html。
② 资料来源：陕西省人民政府网站，http://www.shaanxi.gov.cn/zfxxgk/fdzdgknr/zcwj/szfbgtwj/szbf/202204/t20220414_2217384.html。
③ 资料来源：陕西省人民政府网站，http://www.shaanxi.gov.cn/zfxxgk/fdzdgknr/zcwj/szfwj/szf/202109/t20210929_2192563.html。

体废物综合利用示范基地建设，促进工业固体废物综合利用。依法依规对"散乱污"工业企业实施常态化监管，确保动态清零。构建以排污许可制为核心的固定污染源监管制度体系，推进固定污染源排污许可联动管理，逐步实现排污许可"一证式"管理。

(4)《陕西省人民政府办公厅关于印发推动制造业高质量发展实施方案的通知》（陕政办发〔2022〕1号）（2022-01-26）[①]。

相关政策要求：采取政府购买服务方式举办优势工业品、"名优新特"消费品线上线下促销活动，免费为企业提供展销服务。采取平台让利、企业让价、政府补贴的方式，与知名电商平台合作开展联合促销。加快新能源汽车推广应用，鼓励开展新能源汽车、智能家电、绿色建材下乡行动。

(5)《陕西省人民政府关于无定河流域水环境综合治理与可持续发展试点实施方案（2022—2024年）的批复》（陕政函〔2022〕38号）（2022-04-25）[②]。

相关政策要求：坚持以防治水污染、修复水生态、推进水资源节约利用、提升水环境治理能力现代化水平为重点方向，以推动流域产业结构调整、工农业污染源控制为根本举措，全面实施无定河水安全保障、水生态修复、水监测管理体系建设，统筹解决无定河流域水短缺、水污染、水灾害、水生态等问题。

[①] 资料来源：陕西省人民政府网站，http：//www.shaanxi.gov.cn/zfxxgk/fdzdgknr/zcwj/szfbgtwj/szbf/202201/t20220126_2208948.html。

[②] 资料来源：陕西省人民政府网站，http：//www.shaanxi.gov.cn/zfxxgk/fdzdgknr/zcwj/szfwj/szh/202204/t20220425_2218777.html。

(6)《陕西省人民政府办公厅关于印发强化危险废物监管和利用处置能力改革工作方案的通知》（陕政办函〔2021〕153号）（2022-02-14）①。

相关政策要求：以有效防范化解危险废物环境风险、保障生态环境安全为目标，强化危险废物监管能力、利用处置能力和风险防范能力建设，深入打好污染防治攻坚战，进一步改善生态环境质量，增强人民群众获得感、幸福感和安全感。

(7)《陕西省人民政府办公厅关于印发"十四五"农业节水行动方案的通知》（陕政办函〔2022〕16号）（2022-03-30）②。

相关政策要求：鼓励农业发展银行等政策性金融机构把高效节水农田建设作为信贷投放重点，设计低息、量足的中长期贷款。鼓励商业性金融机构大力发展农业绿色金融，加大对农业节水的支持力度，创新开发针对农业节水的金融产品。

(8)《陕西省人民政府关于命名2021年度省级（生态）园林城市（县城）的通报》（陕政函〔2022〕10号）（2022-03-31）③。

相关政策要求：扎实开展园林城市（县城）创建工作，加快补齐城市短板，提升城市功能，增强城市活力，促进综合治理能力进一步提高，使城乡生态环境质量得到持续改善。

---

① 资料来源：陕西省人民政府网站，http：//www.shaanxi.gov.cn/zfxxgk/fdzdgknr/zcwj/szfbgtwj/szbh/202202/t20220214_2210399.html。
② 资料来源：陕西省人民政府网站，http：//www.shaanxi.gov.cn/zfxxgk/fdzdgknr/zcwj/szfbgtwj/szbh/202203/t20220330_2215472.html。
③ 资料来源：陕西省人民政府网站，http：//www.shaanxi.gov.cn/zfxxgk/fdzdgknr/zcwj/szfwj/szh/202203/t20220331_2215637.html。

1.2 陕西省发展和改革委员会文件

(1)《关于印发〈陕西省促进工业经济平稳增长行动方案〉的通知》（陕发改工业〔2022〕558号）（2022-04-25）[①]。

相关政策要求：加快新能源汽车推广应用，继续实施新能源汽车车船税减免和财政补贴等优惠政策，推进充电桩、换电站等配套设施建设。扩大家电等重点领域消费，鼓励有条件的地方开展绿色智能家电下乡和以旧换新。

(2)《陕西省发展和改革委员会关于印发〈陕西省"十四五"物流业高质量发展规划〉的通知》（陕发改贸服〔2021〕1720号）（2021-11-08）[②]。

相关政策要求：以低碳化为导向，大力推广新能源装备、绿色包装，坚持绿色发展在现代物流高质量发展中的重要导向；进一步推广物联网、大数据、云计算、人工智能、区块链等新技术在物流领域的应用，培育发展物流新模式新业态，支持智慧园区、智慧仓储等新型设施建设，提升产业发展能级。

(3)《陕西省发展和改革委员会关于印发〈2022年推动新型城镇化高质量发展工作要点〉的通知》（陕发改规划〔2022〕372号）（2022-03-24）[③]。

相关政策要求：持续加强秦岭生态环境修复和生物多样性保护，

[①] 资料来源：陕西省发展和改革委员会网站，http://sndrc.shaanxi.gov.cn/fgwj/2022nwj/bEn6ba.htm。

[②] 资料来源：陕西省发展和改革委员会网站，http://sndrc.shaanxi.gov.cn/fgwj/2021nwj/zUFRVr.htm。

[③] 资料来源：陕西省发展和改革委员会网站，http://sndrc.shaanxi.gov.cn/fgwj/2022nwj/3IVbQr.htm。

开展大熊猫国家公园陕西片区建设，推进秦岭国家公园创建工作。强化汾渭平原大气污染治理联防联控，协同控制 PM2.5 和臭氧污染，加强新污染物治理。协同推动黄河流域生态保护，制订黄河流域生态保护和高质量发展"十四五"实施方案。

(4)《陕西省发展和改革委员会关于下达 2022 年煤电升级改造计划的通知》（陕发改能电力〔2022〕277 号）（2022-03-04）①。

相关政策要求：进一步提升煤电机组清洁高效灵活性水平，促进电力行业清洁低碳转型，助力实现碳达峰碳中和目标，研究制定 2022 年全省煤电节能降耗改造、供热改造和灵活性改造"三改联动"任务计划。

(5)《陕西省发展和改革委员会关于征集陕西省资源节约与环境保护领域专家库成员的通知》（陕发改环资〔2022〕775 号）（2022-05-23）②。

相关政策要求：发挥高端专业技术人才在推进陕西省资源节约和环境保护工作中的智库作用，更好服务地陕西省节能审查、项目咨询、评审验收等工作，征集资源节约与环境保护领域专家库成员。

1.3 陕西省工业和信息化厅文件

《陕西省工业和信息化厅关于开展 2022 年度国家工业和信息化领域节能技术装备产品推荐工作的通知》（陕工信发〔2022〕213 号）（2022-07-07）③。

相关政策要求：加快推广应用先进适用节能技术装备产品，推动工业

---

① 资料来源：陕西省发展和改革委员会网站，http://sndrc.shaanxi.gov.cn/fgwj/2022nwj/iQVZvu.htm。

② 资料来源：陕西省发展和改革委员会网站，http://sndrc.shaanxi.gov.cn/fgwj/2022nwj/YVz2Yb.htm。

③ 资料来源：陕西省工业和信息化厅网站，http://gxt.shaanxi.gov.cn/jjnhb/79989.jhtml。

和信息化领域能效提升，促进企业节能减碳、降本增效，在全省范围内组织开展 2022 年度国家工业和信息化领域节能技术装备产品推荐工作。

1.4 陕西省生态环境厅文件

(1)《关于印发 2022 年生态环境领域改革工作要点的通知》（陕环党组发〔2022〕32 号）（2022-06-16）①。

相关政策要求：切实保障陕西省排污权有偿使用和交易工作规范运行。以注重市场调节机制为导向，优化排污权配置，加快交易频次和加大排污权交易二级市场建设力度，确保排污权交易市场活跃有序。

(2)《关于印发陕西省黄河流域生态环境保护规划的通知》（陕环发〔2022〕9 号）（2022-04-19）②。

相关政策要求：统筹推进山水林田湖草沙综合治理、系统治理、源头治理，系统谋划黄河流域生态环境保护和绿色低碳转型，实现流域主要污染物排放总量持续减少、二氧化碳排放强度持续降低、生态环境持续改善、生态安全屏障更加牢固，不断提升生态环境治理体系和治理能力现代化水平。

(3)《关于印发全省生态环境系统稳经济守底线促发展二十三条措施的通知》（陕环发〔2022〕17 号）（2022-06-16）③。

相关政策要求：积极推动实施重大碳减排示范工程，持续深化国家低碳省、低碳试点城市及气候适应型城市建设。积极参与全国碳市

---

① 资料来源：陕西省生态环境厅网站，http：//sthjt.shaanxi.gov.cn/service/files/shdz/2022-06-16/79845.html。

② 资料来源：陕西省生态环境厅网站，http：//sthjt.shaanxi.gov.cn/d/file/service/files/shf/20220616/1655365324100190.pdf。

③ 资料来源：陕西省生态环境厅网站，http：//sthjt.shaanxi.gov.cn/service/files/shf/2022-06-16/79840.html。

场建设，加快碳市场陕西交易平台建设。继续支持铜川市开展碳监测试点工作，推动榆林市作为国家试点城市开展"三线一单"减污降碳协同管控试点，指导靖边园区开展国家园区规划碳排放评价试点。

1.5 陕西省住房和城乡建设厅文件

(1)《关于建立绿色建筑建设"四清一责任"工作机制的通知》（陕建发〔2022〕1050号）（2022-06-01）①。

相关政策要求：县镇国家机关办公建筑和政府投资公益性建筑，大型公共建筑，城市新区、绿色生态城区的新建民用建筑，严格执行绿色建筑标准。自2021年起设区城市新建建筑全部执行绿色建筑标准，自2023年1月1日起全省城镇新建建筑全面执行绿色建筑标准。

(2)《关于印发〈2022年全省建筑节能和科技工作要点〉的通知》（陕建科发〔2022〕2号）（2022-05-18）②。

相关政策要求：全面推进绿色建筑发展和建筑节能水平提升，大力发展装配式建筑，提高清洁能源利用规模，开展绿色生态居住小区建设，加强绿色建材应用，促进全省住房城乡建设事业高质量发展。

1.6 陕西省林业局文件

《陕西省关于加强草原保护修复的若干措施》（陕林湿发〔2021〕149号）（2021-10-28）③。

相关政策要求：推进草原数字化建设，以国土"三调"数据为基

---

① 资料来源：陕西省住房和城乡建设厅网站，https：//js.shaanxi.gov.cn/zcfagui/2022/6/115922.shtml？t=2031。
② 资料来源：陕西省住房和城乡建设厅网站，https：//js.shaanxi.gov.cn/zcfagui/2022/5/115824.shtml？t=2031。
③ 资料来源：陕西省林业局网站，http：//lyj.shaanxi.gov.cn/zfxxgk/fdzdgknr/zcwj/qtgw/slf/202111/t20211102_2197783.html。

础，开展全省草原资源调查和监测评价，建立草原管理基本档案、数据库和林草资源"一张图"。建立草原监测评价技术和标准体系，推进草原监测站点建设，充分利用遥感卫星等数据资源，构建空天地一体化的草原监测网络，强化草原动态监测。

2. 陕西省碳中和行动亮点

2.1 零碳园区

陕西在未来城市统筹规划、建设发展、运行管理中融入零碳理念、发展零碳经济、构建零碳模式，加快建设零碳物流园区，打造零碳工厂和零碳发展示范矿区，并在国内率先实现"零碳"赛事，"零碳"理念对陕西经济社会的全面发展产生深远影响。

主要行动举措包括：

- 打造京东"亚洲一号"零碳物流园区。2022年3月，京东"亚洲一号"西安智能产业园获得由北京绿色交易所和华测认证（CTI）颁发的碳中和认证双证书。

- 隆基打造"零碳工厂"。截至2021年底，隆基股份已经在8个生产场所中安装能源管理系统，能源利用效率较2015年提高了53.85%。2023年，保山隆基生产基地将成为隆基股份首个"零碳工厂"，实现运营范围内的"零碳"排放。

- 神东创建零碳发展示范矿区。2022年2月23日，神东先行示范区创建工作推进方案咨询会在西安召开，共同推动矿区生态建设先行示范区创建工作。神东先行示范区将重点创建水资源保护和利用、山水林田湖草沙一体化、神东零碳发展示范矿区等5个典型示范基地。

- 榆林建设"环保—经济"双示范零碳园区。2021年底，榆林科创新城绿色零碳智慧能源站示范项目建成投运，该项目将为运动员村4.2万平方米的建筑供能。届时运动员村将成为基于氢能的"环保—经济"双示范零碳园区。

【专栏】

案例：京东"亚洲一号"西安智能产业园[①]

2022年3月，位于港务区的京东"亚洲一号"西安智能产业园获得由北京绿色交易所和华测认证（CTI）颁发的碳中和认证双证书。这也是西安在擦亮绿色发展底色，以低碳循环经济助力经济高质量发展的生动实践。

园区内所有屋顶都配备了容量为9兆瓦的光伏发电设备，总计10万平方米的光伏屋顶占据了园区总面积的1/3以上，且已并网发电，为园区提供源源不断的绿色能源。数据显示，仅2021年1—10月就发电约8500兆瓦时，相当于近4000户普通家庭一年的用电量，较火力发电可节省燃煤近2600吨，较采购市电减少碳排放量约5670吨。

京东目前使用的3层瓦楞纸包装箱比例超过95%，能确保每个纸箱重量不超过400克，仅这一项，每年就可节省20多万吨纸浆。

园区屋顶光伏系统已经能充分满足自身用电需求，分布式锂电池储能系统可以实现电力平滑和调节，在用电高峰时能缓解对电网系统的冲击，提升园区可再生电的比例。通过采用"自发自用，余电上网"模式，日间使用光伏电力满足园区用电需求，余量返送至当地电网，夜间使用网电。

目前，园区实现了仓储屋顶分布式光伏发电系统和储能系统的应用，自主中和部分温室气体排放，剩余排放量在北京绿色交易所的支持和指导下，通过

---

① 资料来源：凤凰网，https://i.ifeng.com/c/8FV4RyHXVY9。

购买合规碳减排产品的方式100%抵销剩余碳排放。

西安厚植绿色发展优势，坚决当好秦岭生态卫士，深入打好污染防治攻坚战，加快经济社会绿色低碳转型，推动生态治理体系不断完善，绘就美丽中国的西安画卷。

2.2 绿色农业

积极发展生态绿色农业，改善生态环境，助力农业农村发展。启动水产绿色健康养殖"五大行动"，研发多项粮油绿色生产主推技术，建设绿色农业园区，扩大生态农林产业面积，将生态利益转化为经济利益。

主要行动举措包括：

• 陕西启动水产绿色健康养殖"五大行动"。2022年4月，陕西启动生态健康养殖模式推广行动、养殖尾水治理模式推广行动、水产养殖用药减量行动、水产种业质量提升行动和配合饲料替代幼杂鱼行动"五大行动"。

• 陕西发布12项粮油绿色生产主推技术。2022年4月，陕西发布12项粮油生产主推技术。此次发布的12项主推技术涉及小麦、玉米、水稻、油菜、大豆5大粮油作物，具有农机农艺融合、优质高效、绿色安全等特点。

• 宁陕生态农林产业覆盖面积在75%以上。截至2022年6月，宁陕县实施产业振兴"十百千"工程，壮大10个龙头企业、建设提升100个农业园区、培育1000户产业示范户，生态农林产业覆盖面积在75%以上，建成一批食用菌、板栗、核桃等生产基地和专业示范村。

2.3 生态环境

牢固树立"绿水青山就是金山银山"理念，巩固整治成效，加强系统治理，持之以恒保护好秦岭生态环境。开展退耕还林建设，提高森林覆盖率，建立强大森林生态体系；积极完成黑臭水体整治任务；努力提高空气环境质量。

主要行动举措包括：

- 延安全县区均被列为全国生态环境建设示范县。截至2021年，延安市累计为1077.5万亩山川披上了绿装，完成退耕还林面积占陕西省退耕还林面积的26.7%，森林覆盖率由33.5%增加到48.07%，植被覆盖度由46%提高到81.3%。延安13个县区均被列为全国生态环境建设示范县。

- 宜君森林覆盖率达56%。到2025年底，宜君县林地总面积将稳定在140万亩以上，森林面积达到4.9万公顷，森林覆盖率达到56%，森林蓄积量达到255万立方米，建立起结构稳定、功能强大、效益明显的森林生态体系。

- 陕西完成黑臭水体整治任务30处。截至2021年底，陕西累计完成5542个行政村生活污水治理任务，治理率达32.1%。截至2021年底，陕西已完成黑臭水体整治任务30处。按照国家规划要求，到2025年，陕西纳入国家监管的125处农村黑臭水体全部完成整治。

- 陕西环境空气质量首次迈入全国达标省份行列。截至2021年底，陕西环境空气质量达到新监测标准实施以来最好水平，空气质量六项指标首次全面达到二级标准，首次迈入全国达标省份行列。

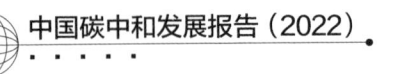

2.4 绿色工业

立足区域优势，引进和培育绿色产业集群，建设绿色工业示范基地。利用技术改造推动钢企全封闭清洁生产，建设煤油气综合利用项目装置，打造煤基乙醇项目，实现了资源清洁高效转化与能化产业绿色低碳发展。

主要行动举措包括：

- 陕西龙门钢铁成为对炼铁环节进行全封闭改造的代表性钢铁企业。截至2022年2月，龙门钢铁通过封闭料场、烧结烟气脱硫脱硝提升改造、炼钢三次除尘、无组织管控治一体化平台一系列环保"大动作"，在行业率先实现了"出铁不见铁"、工作无烟尘的清洁生产目标。

- 榆林建设煤油气综合利用项目装置。2022年1月获悉，榆林拥有煤油气综合利用项目装置。该项目通过煤油气结合、碳氢互补以及物料综合利用，实现了资源清洁高效转化与能化产业绿色低碳发展，被评为联合国清洁煤技术示范与推广项目。

- 陕西7项国家级绿色低碳循环试点示范项目通过验收。2022年3月，陕西省共有7项国家级绿色低碳循环试点示范项目通过终期验收，通过率达100%。

- 陕西打造年产50万吨煤基乙醇项目。截至2021年底，榆神50万吨/年煤基乙醇项目总体进度已累计完成94%。该项目建成投产后，将为陕西进一步推动煤炭资源高效转化及榆林打造国内一流的"煤头化尾"全产业链新型化工产业基地作出更大贡献。

2.5 环保工程

推进绿色低碳发展，加快形成节约资源和保护环境的产业结构、生产方式、生活方式和空间格局。从实际出发将林长制推深做实，完成水系生态修复工程，积极推动居民清洁能源替代，加速形成绿色生活方式。

主要行动举措包括：

- 榆林实施林草项目超 200 个。2022 年，榆林将实施林草项目 205 个，营造林及种草 100 万亩，建设生态振兴示范村 20 个、森林村庄 50 个。榆林从实际出发，将林长制推深做实。

- 涝河㴲陂湖水系生态修复工程遵循 100%标准。截至 2022 年 5 月，涝河㴲陂湖水系生态修复工程在施工中坚决遵循"四个 100%"，即施工周边 100%围挡，定期加固清理；出入车辆 100%冲洗，严禁不合格车辆入内；施工现场地面 100%硬化，洒水车定期冲洗；物料堆放 100%绿网全覆盖。

- 安康建成首家下沉式再生水厂。截至 2022 年 3 月，安康建成首家下沉式再生水厂——江南再生水厂，建筑顶端新建的水环境科普馆和景观绿化馆，是全市青少年了解水知识、掌握水科学、践行绿色循环发展理念的实践基地。

- 草滩污水处理厂年再生水利用量超 4000 万吨。截至 2022 年 7 月，草滩污水处理厂累计处理污水 3.8 亿吨、COD 减排量 16.3 万吨、氨氮减排量 1.2 万吨，出水水质稳定达到西安市地表水准Ⅳ类水质标准，年再生水利用量约 4380 万吨。

- 西安完成 9462 户清洁能源替代。截至 2021 年底，西安年完成 9462 户清洁能源替代，对延长农村地区"煤改电""煤改气"用户实

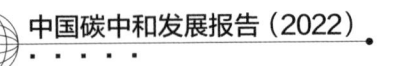

行补贴制度，每户每个采暖季最高补贴1000元，72万户群众受益。

2.6 绿色建筑

进一步推动城乡建设绿色发展，全面开展建筑节能与科技工作，争取实现绿色建筑覆盖面积达到70%。建设光伏一体化建筑大楼和装配式近零能耗游泳馆，扩大绿色建材应用范围，促进全省住房建设事业高质量发展。

主要行动举措包括：

- 陕西绿色建筑覆盖率力争达70%。2022年，全省城镇绿色建筑竣工面积占新建建筑竣工面积力争达到70%；新开工装配式建筑面积占新建建筑面积比例力争达到26%；组织建设地热能建筑供热面积180万平方米。

- 建筑光伏一体化首年发电量达到11.1万千瓦时。2021年底，隆基总部大楼光伏一体化实现并网发电，首年发电量约为11.1万千瓦时。该项目5年总发电量为259.8万千瓦时，可节约标准煤约826吨，可减少二氧化碳排放量约2590吨，相当于种植58棵树。

- 沣西近零能耗游泳馆正式建立。2021年，沣西游泳馆获得"近零能耗建筑"证书。作为AAA级装配式近零能耗游泳馆，建筑综合节能率达91.64%，可再生能源利用率达84.38%。

2.7 新能源发电

以风电、光伏为代表的新能源产业加速发展，为陕西绿色低碳发展注入强劲动能。加大投资建设风力发电项目，增加新能源装机数量，智能产业园屋顶配备光伏发电设备，减少二氧化碳排放，为陕西实现

"双碳"目标打下坚实基础。

主要行动举措包括：

- 韩城投资 4 个风力发电项目。截至 2022 年 4 月，韩城投资 14 亿元先后规划建设常丰和 40 兆瓦、朗功 50 兆瓦、东旭 40 兆瓦、润阳 50 兆瓦 4 个风力发电项目，总装机容量达 18 万千瓦。

- 榆林碳减排约 1600 万吨。截至 2021 年 12 月底，榆林累计建成新能源装机 1340 万千瓦，其中风电 731.5 万千瓦、光伏发电 608.5 万千瓦；2021 年累计发电 207 亿千瓦时，减少二氧化碳排放约 1600 万吨。

- 陕西新能源发电新增并网 449.55 万千瓦。2021 年陕西新能源发电新增并网 449.55 万千瓦，其中风电 226.65 万千瓦、光伏 222.90 万千瓦。截至 2021 年底，全省新能源总装机 2408 万千瓦，占 30.8%，为陕西实现"双碳"目标打下坚实基础。

- "亚洲一号"光伏发电累计 8500 兆瓦时。京东西安"亚洲一号"智能产业园所有屋顶配备光伏发电设备，光伏屋顶占据园区总面积的 1/3 以上。2021 年前 10 个月，园区累计发电约 8500 兆瓦时，较火力发电可节省燃煤近 2600 吨，较采购市电减少碳排放量约 5670 吨。

2.8 绿色交通

加快推进绿色交通领域发展，积极建设钢桁梁智能涂装生产示范线，引领钢桁梁大节段进入智能化涂装时代。使用耐候钢等建筑材料，采用智能光伏发电系统，通过光伏板把太阳能转化成电能，降低碳排放。

主要行动举措包括：

- 中铁宝桥建成钢桁智能涂装生产示范线。2021 年 12 月 30 日，温州瓯江北口大桥主桥顺利合龙。作为交通运输部首批绿色公路示范项目，中铁宝桥引进开发了钢桁梁自动喷砂、自动喷漆设备，建成钢桁梁智能涂装生产示范线，引领钢桁梁大节段进入智能化涂装时代。

● 泾洋河特大桥钢桥碳减排降低30%。2022年1月，泾洋河特大桥钢桥在建设过程中，耐候钢用量达2.5万吨，是目前国内高速公路中里程最长、耐候钢用量最大的建设项目。泾洋河特大桥减少碳排放220万吨，碳排放量降低30%左右。

● 智能光伏发电系统减少碳排放617吨。截至2022年1月，汉坪项目采用智能光伏发电系统，通过光伏板把太阳能转化成电能，为隧道提供照明、通风、监控等设备用电。累计发电979.68兆瓦时，节约电费47万元，减少碳排放617.55吨。

甘肃：推动戈壁荒漠转变为绿电生产基地

甘肃把新能源作为实现"双碳"目标、推动能源绿色转型的重要路径，重点依托沙漠、戈壁、荒漠地区，谋划布局大型风电光伏基地，着力构建风、光、水、火多能互补，源、网、荷、储一体化的绿色能源体系，使新能源产业成为全省经济高质量发展的重要牵引和支撑。

在顶层设计方面，甘肃省政府、省发改委等有关部门出台了一系列政策文件，重点围绕光伏、风电、新材料、绿色技术、绿色金融、碳汇交易、产业转型、环保宣传等领域开展相关规划部署。在行动举措方面，为实现"双碳"目标，甘肃把发展新能源作为重要抓手，因地制宜，大力推进光伏产业发展，形成"河西风光资源开发变风景、中东部地区风光应用成盆景"的开发格局；不断加大电网投资力度，助力新能源产业逐步壮大，开工的电网建设项目助推甘肃省"风光无限"；

大力发展新能源材料，助推"双碳"目标实现；大力推动原始创新突破和关键核心技术攻关，加快科研成果从样品到产品再到商品的转化；以推进兰州新区绿色金融改革创新试验区建设为重点，促进金融资源和社会资本向绿色生态产业配置；逐步完善碳交易市场；广泛传播生态环保理念，引导和动员社会各界积极参与生态环境保护实践。

1. 甘肃省碳中和相关政策文件

1.1 甘肃省人民政府文件

(1)《甘肃省人民政府办公厅关于印发甘肃省"十四五"数字经济创新发展规划的通知》（甘政办发〔2021〕88号）（2021-09-26）①。

相关政策要求：围绕沿黄河流域、河西走廊、陇东南三大产业聚集带的空间布局，聚焦石化、能源、冶金、装备制造等重点行业，打造智能制造产业集群，全面提升企业数字化水平，形成智能制造为驱动的新型工业体系。

(2)《甘肃省人民政府办公厅关于印发甘肃省"十四五"生态环境保护规划的通知》（甘政办发〔2021〕105号）（2021-12-08）②。

相关政策要求：实施"风光核"清洁能源技术攻坚行动，构建新能源绿色供给技术体系，推进"风光水火储"一体化发展，大幅提高清洁能源的生产和利用比例，建立新能源送出、消纳、储存技术支撑体系，形成风电、太阳能发电、地热能、核能、氢能、生物质能等多

---

① 资料来源：甘肃省人民政府网站，http：//www.gansu.gov.cn/gsszf/c100055/202109/1829631.shtml。

② 资料来源：甘肃省人民政府网站，http：//www.gansu.gov.cn/gsszf/c100055/202112/1906317.shtml。

种新型清洁能源互补融合发展格局。

(3)《甘肃省人民政府办公厅关于印发甘肃省"十四五"能源发展规划的通知》（甘政办发〔2021〕121号）（2022-01-05）①。

相关政策要求：坚持绿色低碳、安全高效的发展方针，统筹发展和安全，控制能源消费增长，转变能源发展方式，大力发展新能源，调整优化能源结构，促进能源产业升级，培育能源消费新模式，着力提升能源资源综合利用水平，持续强化能源安全保障能力，加快构建现代能源体系，支撑带动经济社会高质量发展。

(4)《甘肃省人民政府办公厅关于印发〈甘肃省"十四五"制造业发展规划〉和〈甘肃省"十四五"工业互联网发展规划〉的通知》（甘政办发〔2021〕120号）（2022-01-10）②。

相关政策要求：到2025年，传统制造业绿色制造关键共性技术实现产业化应用，物耗、能耗、水耗、污染物排放强度显著下降。绿色制造体系初步建立，基本建成较为完善的绿色制造评价标准体系和认证机制，初步形成绿色制造市场化推进机制。积极推进绿色园区、绿色工厂建设，推广普及绿色产品。

(5)《甘肃省人民政府关于印发甘肃省"十四五"推进农业农村现代化规划的通知》（甘政发〔2022〕17号）（2022-03-01）③。

相关政策要求：围绕发展特色优势产业和构建现代丝路寒旱农业体

---

① 资料来源：甘肃省人民政府网站，http://www.gansu.gov.cn/gsszf/c100055/202201/1947911.shtml。

② 资料来源：甘肃省人民政府网站，http://www.gansu.gov.cn/gsszf/c100055/202201/1950569.shtml。

③ 资料来源：甘肃省人民政府网站，http://www.gansu.gov.cn/gsszf/c100054/202203/1981399.shtml。

系，充分集成设施化、机械化、智能化、数字化等现代技术手段和技术装备，强化农业科技支撑，提高农业科技创新能力，提升现代农业发展水平。

（6）《甘肃省人民政府关于印发甘肃省"十四五"节能减排综合工作方案的通知》（甘政发〔2022〕41号）（2022-06-29）[①]。

相关政策要求：实行能源消费总量弹性管理和能耗强度年度弹性管理，严格落实主要污染物排放总量控制制度，因地制宜完善节能减排工作机制，组织实施节能减排重点工程，推动能源利用效率不断提高，主要污染物排放总量持续减少，协同推进降碳、减污、扩绿和增长。

（7）《甘肃省人民政府关于印发甘肃省贯彻落实稳住经济一揽子政策措施实施方案的通知》（甘政发〔2022〕37号）（2022-06-08）[②]。

相关政策要求：加快项目储备，特别是新型基础设施、新能源等国家新增纳入专项债券支持领域项目。加快甘南黄河上游水源涵养区山水林田湖草沙一体化保护和修复，推动泾河、祖厉河流域综合治理等项目，确保黄河流域生态保护和高质量发展战略落细落实。积极有效增强本省煤炭安全保障能力，持续增加省内煤炭供应量。加快推动矿井安全智能改造，提升安全清洁高效利用水平。

（8）《甘肃省人民政府办公厅关于鼓励和支持社会资本参与生态保护修复的实施意见》（甘政办发〔2022〕75号）（2022-06-24）[③]。

相关政策要求：推动绿色基金、绿色债券、绿色信贷、绿色保险

[①] 资料来源：甘肃省人民政府网站，http://www.gansu.gov.cn/gsszf/c100054/202206/2074155.shtml。

[②] 资料来源：甘肃省人民政府网站，http://www.gansu.gov.cn/gsszf/c100054/202206/2058183.shtml。

[③] 资料来源：甘肃省人民政府网站，http://www.gansu.gov.cn/gsszf/c100055/202206/2070849.shtml。

等的发展，加大对生态保护修复的投资力度。支持符合条件的企业发行绿色债券，用于生态保护修复工程。支持技术领先、综合服务能力强的骨干企业上市融资。具备条件的企业发行绿色资产证券化产品，盘活资源资产。

1.2 甘肃省发展和改革委员会文件

(1)《甘肃省发展和改革委员会关于印发甘肃省"十四五"现代物流业发展规划的通知》(甘发改经贸〔2021〕736号)(2021-11-19)[①]。

相关政策要求：通过不断优化调整运输结构，提升货运效率，减少排放。结合矿产和资源特征，积极发展绿色循环经济及资源综合利用产业链，推动物流全链路绿色发展，促进物流生态转型。大力推行新能源汽车，推广循环能源技术，推进充电基础设施建设。围绕落实碳达峰和碳中和目标，开展绿色供应链管理创新，健全绿色物流体系。

(2)《甘肃省发展和改革委员会关于印发甘肃省"十四五"及中长期铁路网发展规划的通知》(甘发改交运〔2021〕755号)(2021-11-25)[②]。

相关政策要求：注重绿色、共享发展，加快转变铁路发展方式，注重资源节约和环境保护，严格落实铁路项目建设后的生态修复、地质环境治理恢复与土地复垦，加强与其他运输方式、国防建设、文化旅游、现代物流等深度融合，实现更高质量、更有效率、更可持续和更为安全的发展。

[①] 资料来源：甘肃省发展和改革委员会网站，http：//fzgg.gansu.gov.cn/fzgg/c106108/202111/1895340.shtml。

[②] 资料来源：甘肃省发展和改革委员会网站，http：//fzgg.gansu.gov.cn/fzgg/c106108/202111/1899076.shtml。

(3)《甘肃省发展和改革委员会等六部门关于印发〈甘肃省"十四五"时期深化电价形成机制改革推动经济社会高质量发展的实施意见〉的通知》(甘发改价格〔2022〕95号)(2022-02-23)①。

相关政策要求：重点围绕助力碳达峰碳中和目标实现，纵深推进电力市场化改革，不断完善电价形成机制，强化垄断环节价格监管，维护公平竞争市场秩序，有效发挥电价激励约束作用，合理引导资源高效配置，积极构建以新能源为主体的新型电力系统，推动本省经济社会高质量发展。

(4)《甘肃省发展和改革委员会关于印发甘肃省黄河流域基础设施高质量发展专项实施方案的通知》(甘发改交运〔2021〕799号)(2021-12-22)②。

相关政策要求：全面推广绿色施工，新建基础设施项目优先选择有利于降低生态影响的工程结构、建筑材料和施工工艺，推广钢结构、装配式施工建筑。强化资源集约节约与循环利用，加强老旧基础设施更新利用，鼓励废旧材料建设应用，加强施工材料、废旧材料再生和综合利用。

(5)《甘肃省发展和改革委员会等部门关于印发〈关于严格能效约束推动重点领域节能降碳的实施方案〉的通知》(甘发改产业〔2021〕807号)(2022-04-07)③。

相关政策要求：选择综合条件较好的重点行业，对标国家重点行

---

① 资料来源：甘肃省发展和改革委员会网站，http://fzgg.gansu.gov.cn/fzgg/c106108/202202/1975916.shtml。
② 资料来源：甘肃省发展和改革委员会网站，http://fzgg.gansu.gov.cn/fzgg/c106108/202112/1924504.shtml。
③ 资料来源：甘肃省发展和改革委员会网站，http://fzgg.gansu.gov.cn/fzgg/c106158/202204/2005591.shtml。

业能效标杆水平，深挖节能降碳技术改造潜力，推动高能耗企业实施技术改造，加强企业能耗和碳排放日常监测，强化系统观念和综合施策，稳妥有序推动重点领域节能降碳，带动全行业绿色低碳转型。

1.3 甘肃省工业和信息化厅文件

《关于印发甘肃省新能源汽车产业发展实施意见的通知》（甘工信发〔2022〕79号）（2022-04-22)[①]。

相关政策要求：重点突破新能源汽车动力电池和电池材料关键核心技术，提升产业基础和协作配套能力，实现新能源动力电池产业集群化、集约化、规模化发展和新能源汽车产业协调发展；完善配套服务体系建设，加快充换电基础设施和服务体系等配套建设，根据燃料电池汽车市场化进程，实时规划布局氢燃料加注站。

1.4 甘肃省住房和城乡建设厅

(1)《甘肃省住房和城乡建设厅关于转发住房和城乡建设部"十四五"建筑业发展规划的通知》（甘建函〔2022〕16号）（2022-02-23)[②]。

相关政策要求：认真组织学习《住房和城乡建设部关于印发"十四五"建筑业发展规划的通知》（建市〔2022〕11号），及时掌握规划导向，对标建筑业"十四五"发展目标和主要任务，结合实际建立协同推进机制，明确任务分工，完善实施措施，积极贯彻落实。

[①] 资料来源：甘肃省工业和信息化厅网站，http://gxt.gansu.gov.cn/gxt/c107558/202204/2016427.shtml。

[②] 资料来源：甘肃省住房和城乡建设厅网站，http://zjt.gansu.gov.cn/zjt/c115381/202202/1976091.shtml。

(2)《甘肃省住房和城乡建设厅关于加强建筑节能、绿色建筑和装配式建筑工作的通知》(甘建科〔2022〕78号)(2022-04-02)①。

相关政策要求：2022年，新建建筑全面执行建筑节能强制性标准。城镇新建建筑中绿色建筑面积占比达到70%，各市州建设不少于2个绿色建筑或超低能耗建筑示范项目。兰州市、天水市装配式建筑占新建建筑面积的比例在21%以上，其余各市州装配式建筑占新建建筑面积的比例在16%以上。

(3)《甘肃省住房和城乡建设厅关于推广建筑保温结构一体化技术的通知》(甘建科〔2022〕148号)(2022-07-15)②。

相关政策要求：在全省新建民用建筑中逐步推广建筑保温结构一体化技术。自2023年1月1日起，城镇新建高层民用建筑应采用保温结构一体化技术。自2024年1月1日起，城镇新建民用建筑应全面采用保温结构一体化技术。

1.5 甘肃省生态环境厅

《甘肃省生态环境厅 甘肃省自然资源厅 甘肃省水利厅 甘肃省农业农村厅 甘肃省林业和草原局关于印发〈甘肃省生态环境违法线索移交办法(试行)〉的通知》(甘环法发〔2022〕1号)(2022-04-19)③。

相关政策要求：生态环境违法线索的移交遵循"管发展必须管环

---

① 资料来源：甘肃省住房和城乡建设厅网站，http://zjt.gansu.gov.cn/zjt/c115381/202204/2004707.shtml。

② 资料来源：甘肃省住房和城乡建设厅网站，http://zjt.gansu.gov.cn/zjt/c115381/202207/2085433.shtml。

③ 资料来源：甘肃省生态环境厅网站，http://sthj.gansu.gov.cn/sthj/c113065/202204/2015581.shtml。

保、管行业必须管环保、管生产必须管环保"的"三管三必须"原则，做到生态环境违法线索的全部移交和及时移交。

1.6 甘肃省自然资源厅

(1)《甘肃省自然资源厅关于印发〈甘肃省自然资源科技创新规划（2021—2025年）〉的通知》（甘资字〔2021〕70号）（2022-01-04）①。

相关政策要求：依托和拓展自然资源调查监测体系，建立甘肃省陆地自然生态系统碳汇核算体系，开展森林、草原、湿地、土壤、冻土、岩溶等碳汇本底调查、固碳能力和碳储量评估，实施生态保护修复碳汇成效监测评估。

(2)《甘肃省自然资源厅关于开展国家级和省级绿色矿山建设"回头看"工作的通知》（甘资矿保函〔2022〕23号）（2022-02-28）②。

相关政策要求：以截至2021年底列入国家和省级绿色矿山名录的32座矿山为检查对象，严格按照《非金属矿行业绿色矿山建设规范》（DZ/T 0312-2018）等9项行业标准有关要求，重点围绕绿色矿山先决条件、矿区环境、资源开发方式、资源综合利用、节能减排等方面进行检查。

---

① 资料来源：甘肃省自然资源厅网站，http：//zrzy.gansu.gov.cn/zrzy/c107675/202205/2037706.shtml。

② 资料来源：甘肃省自然资源厅网站，http：//zrzy.gansu.gov.cn/zrzy/c107675/202202/1979774.shtml。

2. 甘肃省碳中和行动亮点

2.1 新能源——光伏

甘肃省坚持因地制宜、分块开发，推动形成"河西风光资源开发变风景、中东部地区风光应用成盆景"的开发格局。在河西地区，突出建设特大型新能源基地，进一步拓展酒泉千万千瓦级风电基地、金（昌）张（掖）武（威）千万千瓦级风光电基地规模。

- 永靖县光伏项目成功验收。永靖县罗山村光伏项目于 2021 年 11 月 8 日动工建设，共修建分布式光伏电站 1 座，总装机容量 60 千瓦。2022 年 4 月 24 日，国网永靖县供电公司会同县应急、县住建、县环保、县教育、坪沟乡政府等对罗山村光伏项目进行验收。

- 酒泉成功签订多晶硅上下游协同项目投资合作协议。2022 年 2 月 25 日，酒泉与宁夏宝丰集团在兰州市成功签订多晶硅上下游协同项目投资合作协议。3 月 20 日该项目在瓜州县开工。该项目能够帮助酒泉市完善光伏产业链。

- 国能光辉光伏电站成功并网发电。2022 年 5 月 15 日，甘肃省"十四五"第一批竞争性配置首个光伏发电项目——国能光辉光伏电站成功并网发电，成为甘肃加速构建以新能源为主体的新型电力系统而建成的首个全容量投产 100 兆瓦大型山地光伏电站。

- 凉州区打造百万千瓦级新能源基地。2022 年，凉州区紧跟"双碳"目标和进程，着力打造百万千瓦级新型能源基地。2022 年 6 月，九墩滩光伏治沙示范园区内 8 个光伏项目已开工建设，预计 11 月底全部建成并网投运。

案例:"风光水火核"多能互补一体发展①

2022年3月,甘肃省政府国资委印发《省属企业新能源及装备制造产业攻坚行动方案》,安排省属企业实施新能源装机规模壮大工程、风电装备产业链提升工程、光电装备产业链进位工程、智能输配电设备制造补链工程、新能源设计施工运维协同工程、战略性新兴产业培育工程和科技创新能力突破工程。各有关省属企业积极落实这一行动方案,全力推进新能源全产业链体系建设。

甘肃电投集团是甘肃省新能源产业链"链主"企业。目前,其控股建成和在建风、光、水、火电力项目54个,总装机1036万千瓦。为提速清洁能源开发,2022年以来,甘肃电投集团投资48亿元,推进河西地区90万千瓦新能源开发建设,金昌河清滩30万千瓦光伏、玉门麻黄滩20万千瓦风电、瓜州干河口20万千瓦光伏等6个项目正在加快推进。同时,甘肃电投集团积极参与腾格里沙漠、巴丹吉林沙漠新能源基地开发建设,通过"光伏+治沙""光伏+生态治理"等模式,让戈壁荒漠变为"绿电生产基地"。

为有效提升河西新能源打捆外送能力,甘肃电投集团正在加快建设±800千伏祁韶直流输电工程唯一配套调峰火电常乐电厂3号、4号机组,预计2023年底实现双机投运。届时该电厂4台机组同时运行,每年可带动400亿千瓦时电能外送。为促进新能源就地消纳,甘肃电投集团按照"云、储、算、智"一体化、先存后算的发展思路,加快推进金昌紫金云数据中心产业园项目,该项目总投资50亿元,分三期建设形成5万个机柜的服务能力,全部建成后满负荷年用电量预计为25亿千瓦时。

---

① 资料来源:中国知网,https://kns.cnki.net/kcms/detail/detail.aspx?dbcode=CCND&dbname=CCNDTEMP&filename=GSRB202205230011&v=MjMyOTJKMTBXSWo3WmJMRzRITlBNcW8xR1pPc09EUk5MZFdoa2FG5qOThUbmpxcXhkRWVNT1VLcmlmWmVSdkVTcmtVVTC9M。

2.2 新能源——风电

甘肃省不断加大电网投资力度、助力新能源产业逐步壮大，开工的电网建设项目助推甘肃省"风光无限"，带动新能源产业链快速发展。着力提高配电网供电能力和电能质量，将甘肃电网打造成为科学合理、适度超前的"大送端"电网，服务省内经济社会发展和能源开发外送需要。

- 兰州元山 330 千伏输变电工程进入调试验收阶段。2021 年 8 月 10 日，兰州元山 330 千伏变电站完成施工单位三级自检，标志着该变电站工程进入最后调试验收攻坚阶段。

- 兰州首个风电项目在永登并网发电。2022 年 1 月 8 日，《甘肃日报》记者从华能甘肃能源开发有限公司获悉，华能永登坪城 45 兆瓦分散式风电项目正式并网发电。这是兰州区域首个风电项目。

- 国网甘肃电力成立新能源并网服务中心。2022 年 1 月，国网甘肃电力成立新能源并网服务中心，建立线上、线下新能源接网一站式服务窗口，以"专项对接、专班服务"的一站式服务，加快新能源项目接网审批流程。

- 国网天水供电公司推广电采暖减碳成效显著。2022 年 4 月 18 日，国网天水供电公司通报，2021—2022 年采暖季，天水市采暖用电量达到 10475.88 万千瓦时，有效减少碳排放 52274.66 吨，为全省"双碳"目标实现做出重要探索。

- 祁韶直流累计外送电量突破 1000 亿千瓦时。2022 年 5 月 18 日晚，甘肃首个大规模清洁能源特高压直流输电工程——±800 千伏特高压祁韶直流输电工程，累计向华中地区输送电量突破 1000 亿千瓦时。

- 甘肃单日风电发电量刷新历史纪录。2022 年 5 月 24 日，甘肃电网全天风电发电量达到 2.27 亿千瓦时，创历史最高水平。当日 11 时 42 分，甘肃电网新能源出力达到 16422 兆瓦，创历史新高。

- 甘肃首次成功实现火电机组日内启停调峰。2022 年 7 月 21 日，酒泉热电厂 1 号机恢复并网，圆满完成了火电机组日内启停调峰工作。本次调峰是国网甘肃电力服务新型电力系统建设、助力实现"双碳"目标的一次重要实践。

2.3 新材料

甘肃省锚定打造国家重要的新材料产业基地，从强化政策引导、搭建科研平台、推动产业集聚、深化产能合作等方面精准发力，形成了具有特色和影响力的新材料产业集群，通过新材料实现减污降碳，助力"双碳"目标实现。

- 张掖 750 千伏变电站新建工程获中国建设工程鲁班奖。2021 年 12 月 14 日，由国家电网公司投资建设、国网甘肃电力公司负责建设管理的张掖 750 千伏变电站新建工程获得 2020—2021 年度中国建设工程鲁班奖，实现了甘肃电网工程鲁班奖"零"的突破。

- 45 吨级超高温氯盐净化生产中试装置已完成主体设备安装。2022 年 4 月 7 日，由兰石研究院与中国科学院上海应用物理研究所共同研发的 45 吨级超高温氯盐净化生产中试装置已完成主体设备安装。发电效率在 50% 以上。

- 甘肃海亮高性能铜箔材料项目一期试产成功。2022 年 6 月 14 日，位于兰州新区的甘肃海亮新能源材料有限公司年产 15 万吨高性能铜箔材料项目一期首条生产线试产成功，创造了新的"海亮速度"和

"新区速度"。

- 太阳能光热和光伏发电用聚光材料及深加工项目一期一线工程竣工点火。2022年9月28日，甘肃凯盛大明公司太阳能光热和光伏发电用聚光材料及深加工项目一期一线工程竣工点火进入试生产阶段。

2.4 绿色技术

甘肃省大力推动产业链、创业链深度融合，推动原始创新突破和关键核心技术攻关，加快科研成果从样品到产品再到商品的转化，组织实施了一批产业技术创新工程，着力提升企业技术创新能力、科技成果转化效率。

- 金川集团在传统镍冶炼工艺技术路线上实现创新。2022年2月，金川集团侧吹（底吹）熔池熔炼中试线实现稳定运行，目前已完成侧吹"一步生产高镍锍"和侧吹生产镍阳极板试验研究，可使每吨电解镍的耗电量减少200千瓦时。

- 兰石集团新能源核心装备技术取得新突破。2022年6月5日，甘肃日报报道，兰石集团铸锻分公司采用自炼钢锭，成功生产出首批N08810耐蚀合金锻件，标志着兰石集团已经初步具备为光伏多晶硅领域核心设备提供配套锻件的能力。

- 熔盐线性菲涅尔式聚光集热系统关键技术及应用成果通过鉴定。2022年6月13日，由兰州大成科技股份有限公司和兰州交通大学等单位共同完成的"熔盐线性菲涅尔式聚光集热系统关键技术及应用"科技成果，通过了由中国可再生能源学会在线上召开的专家鉴定会。

2.5 绿色金融

甘肃金融系统立足省内生态文明体系建设实际,以推进兰州新区绿色金融改革创新试验区建设为重点,促进金融资源和社会资本向绿色生态产业配置,探索绿色金融改革创新经验,有效推动了全省经济发展质量变革、效率变革和动力变革。

- 甘肃首笔国家储备林项目政策性贷款落户张掖。2022年4月13日,《甘肃日报》报道,张掖市甘州区国家储备林一期项目8.97亿元贷款,已发放到位5亿元,这是甘肃省首笔国家储备林项目政策性贷款。

- 2022年前4个月农发行甘肃分行绿色信贷余额超405亿元。截至2022年4月末,农发行甘肃分行全力服务甘肃绿色低碳转型发展,绿色贷款较年初增加90.28亿元,增幅28.67%,绿色贷款余额达405.14亿元。

- 甘肃首单能源保供用途债发行。2022年2月8日,《甘肃日报》报道,酒钢集团发行2022年度第一期超短期融资券,这也是甘肃首单能源保供用途债,发行金额5亿元,期限180天,发行票面利率3.99%。

- 12家金融机构与企业签订237亿元绿色项目贷款大单。2022年6月16日,人民银行兰州中心支行举行2022年甘肃绿色项目信贷签约仪式暨绿色金融工作推进会,12家金融机构与企业签订绿色项目贷款协议,现场签约金额达237亿元。

- 全省绿色项目信贷签约仪式暨绿色金融工作推进会举行。2022年6月16日上午,2022年全省绿色项目信贷签约仪式暨绿色金融工作推进会在兰州召开。签约仪式上，国家开发银行甘肃分行、农业发展银行甘肃分行等12家金融机构与企业签订绿色项目贷款协议，现场签约金额达237亿元。

2.6 碳汇交易

在"双碳"目标下，甘肃逐步完善碳交易市场，利用碳配额的方式倒逼企业减排，关注吸收端的碳汇交易，推动碳市场日趋活跃；引导政府和大企业带头参与，减排彰显社会责任；促进项目对接绿色金融，让减排量化为资产。

- 甘肃完成全省首笔林业碳汇交易。2021年9月27日，记者从甘肃省林业和草原局获悉，全省首笔林业碳汇交易已在张掖市完成，实现经济收益400多万元，意味着当地林业生态产品真正实现市场化。

- 兰州新区完成首笔碳汇交易签约。2021年12月21日，兰州新区举办绿色金融改革创新试验区建设两周年成果发布会，会上兰州新区农投集团土地资产投资管理有限公司、中霖公司与甘肃银行、兴业银行、人寿财险、兰州市资源环境交易中心、新区城投集团就碳汇交易项目正式签约。

2.7 产业转型

实施创新驱动发展战略，深化产业内部结构层次。甘肃立足地区发展短板，紧跟新一轮科技革命浪潮，充分利用移动物联网、大数据、云计算等高新科技，实现新旧动能无缝衔接转换，拓宽全要素生产率增长空间。

- 2021年甘肃新能源项目集中开工仪式在武威举行。2021年10

月15日，2021年甘肃新能源项目集中开工仪式在武威市凉州区举行。甘肃将具备开工条件的酒泉、金昌、张掖、武威、嘉峪关5市新能源项目纳入集中开工范围，总规模达到1285万千瓦。

- 嘉峪关5个新能源项目集中开工。2021年10月15日，2021年甘肃新能源项目集中开工仪式嘉峪关市分会场在正泰光伏二期70兆瓦"光储"一体化发电项目现场举行。嘉峪关市本次集中开工新能源项目5个、装机容量60万千瓦，全部为光伏发电项目。
- 酒钢集团庆阳新能源装备制造项目投产。2021年11月19日，《甘肃经济日报》报道，酒钢庆阳新能源装备制造项目全线试生产。该项目由酒钢集团西部重工股份有限公司投资，是西部重工继酒泉、瓜州、洛阳项目之后，又一个异地新能源装备制造基地。
- 甘肃"十四五"首个水运项目开建。2021年11月30日，由甘肃建投安装公司和临夏公司合作承建的黄河大河家至炳灵电站航运建设工程正式开工，这标志着甘肃省"十四五"水运项目建设拉开序幕。
- 甘肃首个并网投运的"光储"一体化示范项目运行。2021年12月30日，国家能源集团龙源（张掖）新能源发展有限公司顺化40兆瓦光储电站在张掖市甘州区南滩光伏产业园并网投运，这是甘肃首个并网投运的"光储"一体化示范项目。
- 甘肃11个抽水蓄能电站列入国家"十四五"重点实施项目。2022年2月28日，《甘肃日报》记者获悉，甘肃装机总量1300万千瓦的11个抽水蓄能电站列入国家"十四五"重点实施项目。
- 酒泉举办专场新能源招商引资推介活动。2022年7月10日，第28届兰洽会酒泉市主题专场新能源招商引资推介活动举行。项目签约仪式上，酒泉市共签约新能源、新材料及装备制造项目 26 个，签约金额为 425.69 亿元。

青海：高效打造国家清洁能源产业高地

青海省以打造国家清洁能源产业高地为目标，以建设国家清洁能源示范省为路径，深化能源领域体制机制改革创新，加快构建清洁低碳、安全高效的能源体系，促进能源高质量发展和绿色转型，为国家能源绿色低碳转型贡献青海力量。

在顶层设计方面，青海省先后出台系列激励绿色低碳发展的相关文件，强化实现碳达峰碳中和目标的法律和政策保障。政策着力重点主要落在推动碳达峰碳中和目标实现的电力工程、产业转型、绿色金融、生态建设、新能源、低碳宣传、新能源汽车、数字经济、绿色农牧等相关领域。在行动举措方面，青海省大力推动绿色电力建设，服务能源转型，为推动高质量发展提供坚强电力支撑；园区绿色化循环化智能化建设步伐不断加快，产业绿色转型发展日益深化；构建绿色金融体系，不断发挥金融市场在经济发展中的作用，大力发展绿色金融产品；加快建设生态友好的现代化新青海，坚定不移打造生态文明高地；充分发挥清洁能源优势，全力推动国家清洁能源产业高地建设；广泛传播节能理念，大力倡导绿色低碳生产生活方式；大力推动新能源汽车产业发展；大力发展高原绿色有机农畜产品，推进农牧业循环发展和废物资源化利用。

1. 青海省碳中和相关政策文件

1.1 青海省人民政府文件

(1)《青海省人民政府办公厅关于印发青海省"十四五"循环经济发展行动方案的通知》(青政办〔2021〕96号)(2021-12-12)①。

相关政策要求：积极推进光伏发电和风电基地化、规模化开发及光热发电多元化开发。主动对接黄河流域生态保护和高质量发展国家战略，有序推进黄河上游常规水电开发。加快储能项目开发，研制大型抽水蓄能关键设备，支持氢能建设，加快储能、光热熔盐等产业发展。加大天然气勘探开发力度，实现天然气产量稳中有增。加快电力市场建设，提高清洁能源就地消纳比重。

(2)《青海省人民政府办公厅关于印发青海省"十四五"自然资源保护和利用规划的通知》(青政办〔2021〕97号)(2021-12-17)②。

相关政策要求：加快海西、海南清洁能源开发，辐射海北、黄南新能源开发格局，推动打造风光水储多能互补、源网荷储一体化清洁能源基地，完善可再生能源消纳机制，促进更多就地就近消纳转化。保障黄河上游水电站规划建设，打造黄河上游千万千瓦级水电基地。积极推进地热、干热岩等非常规能源勘查、开发和利用，加快共和盆

---

① 资料来源：青海省人民政府网站，http://www.qinghai.gov.cn/xxgk/xxgk/fd/zfwj/202112/t20211215_188134.html。

② 资料来源：青海省人民政府网站，http://www.qinghai.gov.cn/xxgk/xxgk/fd/zfwj/202112/t20211230_188807.html。

地干热岩试验性开采，逐步提高非化石能源的消费比重。

(3)《青海省人民政府办公厅关于印发青海省"十四五"能源发展规划的通知》（青政办〔2022〕12号）（2022-02-28）①。

相关政策要求：以打造国家清洁能源产业高地为目标，以建设国家清洁能源示范省为路径，以储能先行示范区建设为突破口，将"提升四个能力、构建五个体系"作为主要任务，以清洁能源高比例、高质量、市场化、基地化、集约化发展为核心，积极推动清洁能源大规模外送，扎实推进清洁能源惠民富民，让清洁能源成为青海的"金字招牌"，为国家能源绿色低碳转型贡献青海力量。

(4)《青海省人民政府办公厅关于印发青海省"十四五"综合交通运输体系发展规划的通知》（青政办〔2021〕87号）（2021-11-26）②。

相关政策要求：推广节能低碳运输装备，提高城市公交、出租车、城市物流配送、汽车租赁、邮政快递等领域新能源和清洁能源车辆使用比例，加快市区、交通枢纽、高速公路服务区充电加气等配套设施建设。

(5)《青海省人民政府办公厅关于印发青海省"十四五"林业和草原保护发展规划的通知》（青政办〔2021〕116号）（2021-12-30）③。

相关政策要求：持续推进青藏高原生态屏障区三江源、祁连山生

---

① 资料来源：青海省人民政府网站，http://www.qinghai.gov.cn/xxgk/xxgk/fd/zfwj/202203/t20220309_189260.html。
② 资料来源：青海省人民政府网站，http://www.qinghai.gov.cn/xxgk/xxgk/fd/zfwj/202112/t20211206_187856.html。
③ 资料来源：青海省人民政府网站，http://www.qinghai.gov.cn/xxgk/xxgk/fd/zfwj/202201/t20220112_188882.html。

态保护和修复、隆务河流域水土流失综合治理、黄河两岸国土绿化、龙羊峡库区水土保持林建设等重点工程，保护修复林草植被，提高生态系统碳汇增量。加强生物质能源开发利用与木材替代，减少碳排放。

(6)《青海省人民政府办公厅关于印发青海省"十四五"金融业发展规划的通知》（青政办〔2021〕114号）（2022-01-03）①。

相关政策要求：将绿色金融指标纳入金融机构绩效考核体系，引导金融机构提高绿色资产规模和比重。鼓励金融机构设立绿色金融专营机构。发展绿色信贷、绿色债券、绿色股票、绿色产业基金、绿色信托、绿色融资担保、绿色融资租赁、绿色保险、碳金融、绿色金融衍生品、绿色资产证券化等多元化产品和服务，加大对重点行业、重点领域绿色化改造的融资支持，为降低碳排放强度提供保障。

(7)《青海省人民政府办公厅关于印发青海打造国家清洁能源产业高地2022年工作要点的通知》（青政办函〔2022〕74号）（2022-06-16）②。

相关政策要求：在铁路、公路沿线布局建设分布式光伏，促进陆路交通与可再生能源实现融合发展。加快推广"新能源+"模式。在条件成熟地区，以"揭榜挂帅"形式开展农光、牧光互补，矿山治理等"新能源+"示范试点项目建设，力争海西州农光互补，共和盆地沙区、木格滩沙区光伏治沙等示范项目开工建设。

---

① 资料来源：青海省人民政府网站，http://www.qinghai.gov.cn/xxgk/xxgk/fd/zfwj/202201/t20220125_189058.html。

② 资料来源：青海省人民政府网站，http://www.qinghai.gov.cn/xxgk/xxgk/fd/zfwj/202206/t20220622_190064.html。

(8)《青海省人民政府关于加快建立健全绿色低碳循环发展经济体系的实施意见》(青政〔2021〕80号)(2021-12-24)①。

相关政策要求：结合本省优势和资源，加快建设世界级盐湖产业基地，打造国家清洁能源产业高地、国际生态旅游目的地、绿色有机农畜产品输出地，建立健全绿色低碳循环发展的经济体系，确保实现碳达峰碳中和目标，推动绿色发展迈上新台阶。

(9)《青海省人民政府办公厅关于印发2022年青海省促进数字经济发展工作要点的通知》（青政办函〔2022〕25号）（2022-02-25)②。

相关政策要求：鼓励支持利用数字技术围绕盐湖产业开展深度融合应用创新研究，打造"智慧盐湖"，助力世界级盐湖产业基地建设。把握国家实施"双碳"战略契机，推动人工智能、大数据等数字技术赋能清洁能源开发利用，加快发展绿色能源，建设零碳电网和零碳产业园，助力打造国家清洁能源产业高地。

(10)《青海省人民政府办公厅关于推进现代物流体系建设的意见》（青政办〔2022〕6号）（2022-03-25)③。

相关政策要求：支持物流园区绿色化升级，发展绿色仓储，推广绿色建筑材料，加强节能技术与装备和能源合同管理。加快布局充电桩等基础设施，鼓励使用LNG、CNG、氢能等清洁能源和电动运输车

---

① 资料来源：青海省人民政府网站，http://www.qinghai.gov.cn/xxgk/xxgk/fd/zfwj/202112/t20211230_188805.html。
② 资料来源：青海省人民政府网站，http://www.qinghai.gov.cn/xxgk/xxgk/fd/zfwj/202203/t20220309_189261.html。
③ 资料来源：青海省人民政府网站，http://www.qinghai.gov.cn/xxgk/xxgk/fd/zfwj/202203/t20220331_189364.html。

辆，在城区全面推广新能源配送车辆，加大老旧柴油车辆更新，提高新能源车辆占比。提倡绿色包装、简单包装，鼓励包装材料回收使用。

1.2 青海省发展和改革委员会文件

(1)《关于印发〈青海省推进资源型地区高质量发展"十四五"实施方案〉的通知》（青发改地区〔2022〕62号）（2022-01-26）[①]。

相关政策要求：全面实施资源能源绿色勘查，加快推进绿色矿山建设，生产矿山加快改造升级，新建矿山全部按照绿色矿山标准建设。加大清洁生产推行力度，加快推进绿色产品设计试点建设，推动化工、水泥、电镀、印染等重点行业制订清洁生产改造提升计划。实施重点园区循环化改造，巩固扩大格尔木、德令哈、大柴旦、乌兰等国家示范试点园区改造成果。

(2)《关于印发〈青海省"十四五"推行清洁生产实施方案〉的通知》（青发改环资〔2022〕242号）（2022-04-13）[②]。

相关政策要求：实施重点行业绿色化改造，深入推进有色金属、盐湖化工、冶金、建材、纺织、生物加工等行业企业开展清洁生产审核，开展企业全流程清洁化、循环化、低碳化改造，实施工业园区绿色工艺技术改造工程，推动重点行业完成限制类产能装备的升级改造，有序开展超低排放改造。

[①] 资料来源：青海省发展和改革委员会网站，http://fgw.qinghai.gov.cn/zfxxgk/sdzdgknr/fgwwj/202202/t20220217_80365.html。

[②] 资料来源：青海省发展和改革委员会网站，http://fgw.qinghai.gov.cn/zfxxgk/sdzdgknr/fgwwj/202205/t20220527_81499.html。

(3)《关于印发〈青海省"十四五"现代流通体系建设方案〉的通知》(青发改财贸〔2022〕398号)(2022-06-10)①。

相关政策要求:强化供应链绿色监管,执行运输、装卸、仓储、包装等环节的绿色标准,鼓励采购绿色产品和服务,发展绿色仓储,广泛使用绿色低碳建筑材料和低能耗装置,推广循环包装,减少过度包装和二次包装,支持物流园区绿色化升级改造,推动物流绿色化清洁化转型。支持西宁市等有条件的地区创建全国绿色货运配送示范城市。

(4)《青海省发展和改革委员会 青海省能源局 关于印发〈青海省关于完善能源绿色低碳转型体制机制和政策措施的意见〉的通知》(青发改能源〔2022〕553号)(2022-07-26)②。

相关政策要求:"十四五"时期,初步建立促进能源绿色低碳发展的政策、标准、市场和监管体系,初步形成以能耗"双控"和非化石能源目标制度为引领的能源绿色低碳转型推进机制。到2030年,基本建立能源绿色低碳发展基本制度和政策体系,形成非化石能源基本满足能源需求、能源安全保障能力得到全面增强的能源生产消费格局。

(5)《关于印发青海省促进地热能开发利用贯彻落实方案的通知》(青发改能源〔2022〕10号)(2022-01-05)③。

相关政策要求:到2025年,建立起完善规范的地热能开发利用管理体系,全省地热资源勘查工作程度明显提高,新发现一批大中型地

---

① 资料来源:青海省发展和改革委员会网站,http://fgw.qinghai.gov.cn/zfxxgk/sdzdgknr/fgwwj/202206/t20220616_81667.html。
② 资料来源:青海省发展和改革委员会网站,http://fgw.qinghai.gov.cn/zfxxgk/sdzdgknr/fgwwj/202207/t20220726_82040.html。
③ 资料来源:青海省发展和改革委员会网站,http://fgw.qinghai.gov.cn/zfxxgk/sdzdgknr/fgwwj/202202/t20220216_80352.html。

热资源矿产地，建成1—2个地热能源发电示范项目，建成一批热能供暖、种（养）殖、旅游开发利用示范工程。到2035年，地热能开发利用实现规模化发展，在全省能源生产中比例在10%以上。

(6)《青海省发展和改革委员会关于印发〈青海省国家储能发展先行示范区行动方案2022年工作要点〉的通知》（青发改能源〔2022〕520号）（2022-07-20）[①]。

相关政策要求：加快推进电力现货市场建设，进一步深化和完善电力辅助服务市场机制，扩大储能等电力品种参与市场交易，推进电价形成机制改革，营造反映实时供需关系的电力市场环境，充分体现储能消纳新能源、延缓输配电投资、保障电力系统安全等多元应用价值。

1.3 青海省科学技术厅

(1)《青海省科学技术厅关于印发〈青海省科技计划揭榜挂帅制项目管理办法（暂行）〉的通知》（青科发规〔2021〕61号）（2021-11-16）[②]。

相关政策要求：科技揭榜挂帅制项目主要聚焦青海省重点领域关键核心技术和产业发展急需的科技成果，解决青海各类产业、行业领域的"卡脖子"关键核心技术及成果转化问题。

(2)《青海省科学技术厅关于印发青海省"十四五"科技人才发展规划的通知》（青科发外〔2022〕28号）（2022-07-05）[③]。

相关政策要求：不断完善"项目+人才+平台"人才培养模式，围

---

① 资料来源：青海省发展和改革委员会网站，http://fgw.qinghai.gov.cn/zfxxgk/sdzdgknr/fgwwj/202207/t20220720_81971.html。
② 资料来源：青海省科学技术厅网站，https://kjt.qinghai.gov.cn/content/applyshow/id/3278。
③ 资料来源：青海省科学技术厅网站，https://kjt.qinghai.gov.cn/content/applyshow/id/3322。

绕打造生态文明"高地"和产业"四地"建设为目标，大力培养引进科技创新人才和团队，创新人才体制机制，以创新链、产业链、人才链对接融合为主线，推动科技事业高质量发展，为青海经济社会发展提供强有力人才支撑。

1.4 青海省自然资源厅

《青海省人民政府办公厅关于进一步加强矿产资源勘查开发监督管理和执法工作的意见》（青政办〔2021〕98号）（2022-01-11）[①]。

相关政策要求：各市州、县级政府应坚持生态保护优先的发展理念，按照绿色勘查相关规定和绿色矿山建设要求，大力推进绿色勘查、绿色矿山建设，做好监管和服务工作。对拒不履行绿色勘查管理规定的探矿权人及勘查单位或未履行矿业权出让合同中绿色勘查要求的矿业权人，自然资源主管部门应当按规定及时追究相关责任。

1.5 青海省生态环境厅

(1)《青海省生态环境厅关于印发进一步加强和改进生态环境领域政务服务工作实施意见的通知》（青生发〔2021〕267号）（2021-12-05）[②]。

相关政策要求：加快生态环境大数据平台建设，加强生态环境信息互联互通，实现数据资源统一管理和集中共享。全面落实生态环境保护信息主动公开制度，监督重点排污单位及时公布自行监测的污染

---

① 资料来源：青海省自然资源厅网站，https://zrzyt.qinghai.gov.cn/gk-dt？vid=502。
② 资料来源：青海省生态环境厅网站，https://sthjt.qinghai.gov.cn/zwgk/xxgkml/zfwj_475/twj/202201/t20220105_116890.html。

排放数据、治污设施运行、生态环境违法处罚及整改情况等信息。

（2）《关于深化生态环境保护综合行政执法改革进一步加强生态环境执法的实施意见》（青生发〔2021〕268 号）（2021-12-05）[①]。

相关政策要求：以深化生态环境保护综合行政执法改革为动力，以推动执法标准化建设为基础，以探索执法新技术新方法为抓手，以完善执法管理长效机制为保障，全面加强生态环境执法体系现代化建设，着力打造生态环境保护铁军中的主力军，为深入打好污染防治攻坚战、推动生态环境质量持续改善、实现打造青藏高原生态文明新高地目标提供坚实保障。

2. 青海省碳中和行动亮点

2.1 电力工程

以新型电力系统省级示范区建设为目标，坚持"省内高水平转换消纳+省外大规模输送"双轮驱动发展，主动探索，先行先试，为建设现代化新青海、打造国家清洁能源产业高地提供绿色动能、贡献国网力量。

- 清洁能源特高压二期外送项目在青海开建。2021 年 10 月 15 日，清洁能源特高压通道——青豫±800 千伏直流特高压直流工程二期外送项目在海南藏族自治州开工建设，二期 530 万千瓦新能源电源项目计划于 2023 年建成。

---

① 资料来源：青海省生态环境厅网站，https：//sthjt.qinghai.gov.cn/zwgk/xxgkml/zfwj_475/twj/202201/t20220105_116891.html。

- 青海开工建设1090万千瓦大型风电光伏基地项目。2021年10月15日，国家大型风电光伏基地项目在青海省海南藏族自治州和海西蒙古族藏族自治州集中开工建设。这批新能源项目总装机容量达1090万千瓦，是我国近期开工建设的首期1亿千瓦大型风电光伏基地项目的一部分。

- 百万千瓦级羊曲水电站开工建设。2021年12月26日，国家电投黄河羊曲水电站工程主河床截流，主体工程全面开工建设。黄河羊曲水电站位于海南州兴海县和贵南县交界处，属于一等大型工程。

- 拉西瓦水电站420万千瓦全容量投产。2021年12月28日，黄河上游装机容量最大的水电站——拉西瓦水电站4号机组顺利通过72小时试运行，正式投产发电，至此，拉西瓦水电站420万千瓦全容量投产。

- 专送清洁能源的特高压"青豫直流"工程正式投运。2021年12月30日，青海—河南±800千伏特高压直流输电工程历经168小时试运行后正式投运，该工程是一条专为清洁能源外送建设的特高压通道，最大输送功率800万千瓦，途经青海、甘肃、陕西、河南4省。

- 李家峡水电站5号机组扩机工程项目开工。2022年3月1日，黄河公司李家峡水电站5号机组扩机工程项目正式开工，李家峡水电站是中国首次采用双排机布置的水电站，也是世界上最大的窄峡谷双列式机组布置的水电站。

- 玛尔挡水电站机电设备安装拉开帷幕。2022年4月10日，黄河上游在建海拔最高、装机最大的水电站——玛尔挡水电站首台700吨桥机主梁稳稳起吊，与桥机轨道精准对接。玛尔挡水电站机电设备安装拉开帷幕。

- 青海丽豪半导体一期高纯晶硅项目投产。2022年7月30日，青海丽豪半导体材料有限公司一期高纯晶硅项目投产暨二期项目开工仪式在西宁经济技术开发区南川工业园区举行。该项目应用国际领先工艺，采用"绿色电力"，制造"绿色产品"。

2.2 产业转型

青海顺势抓住机遇，积极推进能源科技创新、深化产业绿色转型发展、扩大"能源民生"效应，将能源资源优势转变成为新能源产业发展优势，新能源产业发展已经成为青海最亮眼的"金名片"。

- 青海首个"零碳产业园"绿电工程开工。2021年11月27日上午，青海"零碳产业园"签约暨园区绿电工程开工仪式举行，在位于海东市的平北经济区内，青海首个"零碳产业园"绿电工程启动建设。

- 青海首个地热供暖改造示范项目顺利实施。2021年12月2日，《青海日报》记者从海南藏族自治州共和县发改局获悉，青海首个地热供暖改造示范项目，以"取热不取水"的理念，通过一采一灌和四级取热方式，实现了城北新区1号片区15万平方米的地热供暖。

- 青海首个零碳经济服务中心落户互助。2021年12月29日，一家专业零碳技术研究与服务机构——青海碳谷信息科技有限公司落户海东市互助土族自治县绿色产业园，这也是青海首个零碳经济服务中心。

- 海卓科技助力青海打造氢能产业发展高地。2022年3月23日，"氢装上阵（海东）碳中和物联产业园"项目开工，该项目由氢装上阵（青岛）物流科技有限公司和海卓动力（青岛）能源科技有限公司联手打造。

2.3 绿色金融

构建绿色金融体系，打造生态文明高地，发挥金融市场在经济发展中的作用。积极参与全国碳市场建设，推进排污权、用能权、碳排放权市场化交易，积极创建全国碳中和先行区，持续加大绿色贷款的投资力度。

- 绿色贷款主要流向清洁能源产业。截至2021年9月末，青海全省绿色贷款余额为1555.82亿元，占本外币各项贷款余额的22.9%，全省金融机构绿色贷款主要流向清洁能源产业、节能环保产业等重点行业和生态旅游、生态农业等特色领域。

- 青海首家绿色金融事业部挂牌成立。2021年10月18日，青海首家通过监管部门验收的绿色金融事业部——中国农业发展银行青海分行绿色金融事业部正式挂牌成立。标志着省分行绿色金融工作进入新发展阶段。

- 青海互助完成首笔碳指标期权交易。2022年1月26日，青海碳谷零碳经济服务中心与青岛恩利钢构有限公司签署碳排放指标期权交易协议，并完成该笔碳指标期权43万元的交易，意味着海东市"双碳"战略正式在互助土族自治县率先拉开帷幕。

2.4 生态建设

青海正在加快构建推进生态文明建设的长效和常态机制，在生态友好、开放合作、特色发展不懈追求中，强势奏响高质量发展交响曲。加快建设生态友好的现代化新青海，坚定不移打造生态文明高地。

- 三江源入选第一批国家公园。2021年10月12日，中国正式设立三江源、大熊猫、东北虎豹、海南热带雨林、武夷山等第一批国家公园。三江源国家公园位列中国首批，成为青海第一个国家公园。
- 西宁用两年时间全力打造青藏高原"无废模式"。2022年1月4日，根据《青海日报》的报道，自2019年5月全国"无废城市"建设试点工作开展以来，西宁用两年时间全力打造了10个固废处置链条和4个青藏高原"无废模式"，试点工作圆满完成。

2.5 新能源

青海充分发挥清洁能源优势，以服务全国碳达峰碳中和目标为己任，全力推动国家清洁能源产业高地建设。培育壮大清洁能源及其支撑、应用产业，建立健全绿色低碳循环发展经济体系，全力践行"四个革命、一个合作"能源安全新战略，坚决贯彻新发展理念，有力有序推进清洁能源开发建设。

- 双向累计送电143亿千瓦时，减排二氧化碳1170万吨。截至2021年12月9日，青藏联网工程已安全运行3653天，双向累计送电143亿千瓦时，减排二氧化碳1170万吨。
- 大规模新能源分布式调相机群青海建成投运。2022年1月23日，大规模新能源分布式调相机群在青海全面建成投运，日间输电功率提升至400万千瓦，实现过渡期送电目标，新能源利用率逐步提升。
- 20兆瓦储能电站项目纳入国家首批储能试点示范项目。2022年2月23日，青海省黄河上游水电开发有限责任公司国家光伏发电试验测试基地配套20兆瓦储能电站项目纳入首批科技创新（储能）试点示范项目。

● 青海两处新能源发电站获"世界纪录"。2022年6月26日，位于青海省海南藏族自治州共和县的光伏发电园区与水光互补发电站正式获得吉尼斯世界纪录认证，成为全球最大装机容量的光伏发电园区和最大装机容量的水光互补发电站。

● "绿电"交易开启青海绿电消费全新模式。2022年7月24日，"青绿之约"青海绿色电力活动的圆满结束，标志着青海正式开启了绿色电力市场。绿色电力交易机制是电力市场领域为推动"双碳"目标实现提出的系统性解决方案。

【专栏】

绿电活动成为青海能源转型发展的"金色名片"[①]

自2017年以来，国网青海电力已连续5年成功实施绿电7日、9日、15日、31日、31日创新实践，刷新并保持着全清洁能源供电世界纪录，绿电活动已成为青海能源转型发展的"金色名片"。5年绿电活动，累计清洁发电251.56亿千瓦时，相当于减少燃煤1143万吨，减排二氧化碳2058万吨，新能源发电量占比从19.4%提升到31.8%，实现了生态效益、经济效益和社会效益多方共赢。

国网青海电力以第23届青洽会、第二届生态博览会为契机，从6月25日至7月29日在全省范围内开"绿电5周展"系列活动。活动期间，省内用电负荷全部由清洁能源供应，全清洁能源供电周期延长至35天，预计清洁能源发电量99.75亿千瓦时，占全省用电量的110%，相当于减少燃煤453.4万吨，减排二氧化碳816.1万吨。与此同时，绿电行动再次创新探索，开展"青绿之

---

① 资源来源：中国知网，https://kns.cnki.net/kcms/detail/detail.aspx?dbcode=CCND&dbname=CCNDTEMP&filename=QHRB202207250014&v=Mjg2MTFaYkxHNEhOUE1x STFBW k9zT0NCTkt1aGRRobmo5OFRuanFxeGRFZU1PVUtyaWZaZVJ2SGlubVU3ckxLVndjTkNY。

约"绿色电力交易，培育省内绿色能源新业态，高效运行新能源大数据中心，建成碳排放监测分析平台，实现碳排放全景看、一网控。

据了解，2022年的"绿电"行动广泛应用智能科技，"绿电"技术更加先进，清洁能源开发消纳再上新台阶。不断创新交易方式，"绿电"范围更加广阔。以"民生改善"为重点，拓展电能替代的广度和深度，开展绿电行动进校园、绿电响应进园区、绿电保障进湖区，形成社会和用户主动参与、友好互动的清洁电力替代新模式。

下一步，国网青海电力将以新型电力系统省级示范区建设为目标，坚持"省内高水平转换消纳+省外大规模输送"双轮驱动发展，主动探索，先行先试，为建设现代化新青海、打造国家清洁能源产业高地提供绿色动能，贡献国网力量。

2.6 数字经济

以产业基础高级化和产业链现代化为主攻方向，进一步调整优化产业结构，推动有色冶金、能源化工、特色轻工等传统产业智能化绿色化，壮大新能源、新材料、生物医药等战略性新兴产业，培育发展生态经济和数字经济。

- 海东与中国电信青海公司签署战略合作协议。2022年6月7日上午，海东市人民政府与中国电信青海公司签署战略合作协议，双方将坚持未来数字经济、绿色经济的发展方向，就5G引领的新基建、智慧城市、数字政府、乡村信息化等建设开展全面合作。
- 全清洁能源可溯源绿色大数据中心建成启用。2022年7月14日，100%清洁能源可溯源绿色大数据中心在青海海东建成启用。青海新能源装机占比居国内首位，具备大数据中心建设和产业链培育得天独厚的优势。

- 中国电信数字青海绿色大数据中心正式启动。2022 年 7 月 14 日上午，数字经济与清洁能源深度融合发展高峰论坛暨中国电信（国家）数字青海绿色大数据中心在海东启动。

2.7 绿色农牧

青海全省上下围绕大力发展高原绿色有机农畜产品、建立健全牦牛藏羊原产地可追溯体系、做强农畜产品特色品牌、实施化肥农药减量增效行动、推进农牧业循环发展和废物资源化利用、完善农牧业科技服务体系和智力支撑六大任务，全力以赴打造"生态青海绿色农牧"金字招牌。

- 青海果洛牧光互补光伏项目开工。2022 年 5 月 22 日，由中国能建葛洲坝集团投资建设的青海省果洛州玛多县花石峡镇（一期）200 兆瓦牧光互补复合型光伏发电项目、玛多县分布式光伏整县推进项目开工仪式在花石峡镇项目现场举行。

- 青海省林草局与国家电投集团碳资产管理有限公司签订战略合作协议。2022 年 7 月 7 日，青海省林草局和国家电投集团碳资产管理有限公司在京签署战略合作框架协议。双方合作，既是政企合作，也是创建生态文明高地和国家清洁能源产业高地的一次示范。

- 青海青稞藜麦总部经济基地启动。2022 年 7 月 23 日，青海青稞藜麦总部经济基地在海东市河湟新区青海农林牧商品交易中心启动。将推动青稞藜麦产业高质量发展，助力绿色有机农畜产品输出地建设。

2.8 低碳宣传

广泛传播节能理念，大力倡导绿色低碳生产生活方式，积极营造节能降碳浓厚氛围，加快形成能源节约型社会，全面助力青海生态文明高地建设和碳达峰碳中和目标实现。

● 西宁开展禁塑主题宣传活动。2021年9月28日，西宁市城西区兴海路街道中华巷社区开展"增强禁塑环保意识、拥抱绿色健康生活"禁塑主题宣传活动，呼吁人们从日常生活做起，养成绿色生活、绿色消费的好习惯。

● 三江源国家公园部分园区开展2022年世界环境日宣传活动。2022年6月5日，三江源国家公园管理局部分园区以学习贯彻落实青海省第十四次党代会精神为主线，以讲好三江源生态环境保护故事为内容，分别开展相关宣传活动。

宁夏：深化排污权有偿使用和交易改革

宁夏积极落实自治区党委和政府关于建设黄河流域生态保护和高质量发展先行区部署，全方位全过程推行绿色规划、绿色设计、绿色投资、绿色建设、绿色生产、绿色流通、绿色生活、绿色消费，建立健全绿色低碳循环发展的经济体系，确保实现碳达峰碳中和目标。

在顶层设计方面，宁夏围绕推动黄河流域生态保护和高质量发展先行区建设重点目标，政策着力点主要落在产业转型和高质量发展，绿色交通、生态建设和自然资源保护、清洁能源生产、绿色产业科技创新等领域。在行动举措方面，宁夏充分发挥黄河流域生态保护和高质量发展先行区的政策优势，厚植光伏材料产业发展基础，不断补齐新材料核心技术，努力构建光伏材料全产业链发展格局；深化排污权有偿使用和交易改革，推动用水权、土地权、排污权、山林权"四权"交易全区、全行业普及；提升基础设施数字化水平，推动工业智能化转型；通过多种金融工具，充分提升绿色金融支持低碳转型力度；着力推动转型升级，切实加快新旧动能转换，做大做强重点产业，推进工业结构、绿色、智能、技术四大改造；建立污染降碳协同控制体系，加强省际合作，强化动态管理和专项治理，提升综合治理水平。

1. 宁夏回族自治区碳中和相关政策文件

1.1 宁夏回族自治区党委办公厅文件

《自治区党委办公厅 人民政府办公厅印发〈关于推动城乡建设绿色发展的实施意见〉的通知》（宁党办〔2022〕26号）（2022-06-08）[①]。

相关政策要求：落实碳达峰碳中和目标任务，围绕黄河流域生态保护和高质量发展先行区建设，推进城市更新行动和乡村建设行动，建设高品质绿色建筑，加快转变城乡建设方式，着力提升城乡建设绿色发展水平，为建设美丽新宁夏奠定坚实基础。

1.2 宁夏回族自治区人民政府文件

（1）《自治区人民政府关于加快建立健全绿色低碳循环发展经济体系的实施意见》（宁政发〔2021〕39号）（2022-01-18）[②]。

相关政策要求：全方位全过程推行绿色规划、绿色设计、绿色投

[①] 资料来源：宁夏回族自治区党委办公厅网站，https://jst.nx.gov.cn/zwgk/zcwjk/gzwj/202206/t20220608_3553055.html。

[②] 资料来源：宁夏回族自治区人民政府网站，https://www.nx.gov.cn/zwgk/qzfwj/202201/t20220118_3286914.html。

资、绿色建设、绿色生产、绿色流通、绿色生活、绿色消费，使发展建立在高效利用资源、严格保护生态环境、有效控制温室气体排放的基础上，统筹推进高质量发展和高水平保护，建立健全绿色低碳循环发展的经济体系，确保实现碳达峰碳中和目标，为努力建设黄河流域生态保护和高质量发展先行区，继续建设美丽新宁夏提供有力支撑。

(2)《自治区人民政府办公厅关于印发宁夏回族自治区综合交通运输体系"十四五"发展规划的通知》（宁政办发〔2021〕52号）(2021-09-23)①。

相关政策要求：打造综合高效的交通绿色体系。绿色出行认可度显著提高，充电桩等配套设施进一步完善，新能源和清洁能源车辆在城市公共交通、出租汽车、物流配送等领域推广使用，各地级市绿色交通出行比例在80%以上，普及率显著提高。全面落实交通领域碳达峰碳中和目标和任务，交通基础设施与国土空间开发、生态环境保护的协调匹配显著提升，生态化交通设施网络和运输网络建设明显。

(3)《自治区人民政府办公厅关于印发宁夏回族自治区现代服务业发展"十四五"规划的通知》（宁政办发〔2021〕53号）(2021-09-23)②。

相关政策要求：围绕实现碳达峰碳中和目标，鼓励发展碳资产管理、碳排放交易、技术产品认证和推广等减碳服务，规范发展环境监测和污染检测、环境影响评价、清洁生产评价、资源循环利用等环保

---

① 资料来源：宁夏回族自治区人民政府网站，https://www.nx.gov.cn/zwgk/qzfwj/202109/t20210923_3044317.html。

② 资料来源：宁夏回族自治区人民政府网站，https://www.nx.gov.cn/zwgk/qzfwj/202109/t20210923_3044307.html。

服务，培育发展生态环境修复、环境风险与损害评价、环境信用评价、绿色认证、环境污染强制责任保险理赔等新兴服务。

(4)《自治区人民政府办公厅关于印发宁夏回族自治区自然资源保护和利用"十四五"规划的通知》（宁政办发〔2021〕57号）(2021-09-24)①。

相关政策要求：全面加强国土空间用途管控、自然资源保护利用、生态系统保护修复，推动自然资源治理体系和治理能力现代化，坚决守好促进民族团结、维护政治安全、改善生态环境"三条生命线"，走出一条助推高质量发展的新路子，继续建设经济繁荣、民族团结、环境优美、人民富裕的美丽新宁夏，为全面建设社会主义现代化开好局、起好步提供坚实的资源保障。

(5)《自治区人民政府办公厅关于印发宁夏回族自治区科技创新"十四五"规划的通知》（宁政办发〔2021〕58号）(2021-09-29)②。

相关政策要求：着力营造活力迸发的创新生态，着力提高创新资源配置效率，着力破解重点产业关键技术瓶颈，着力提升科技成果转化效率，加快构建支撑产业高质量发展的产业技术体系、生态保护和资源高效利用的绿色技术体系、民生改善和社会治理的保障技术体系，科技创新体系整体效能明显提升，科技创新引领作用显著增强，为黄河流域生态保护和高质量发展先行区、美丽新宁夏建设提供战略支撑。

---

① 资料来源：宁夏回族自治区人民政府网站，https://www.nx.gov.cn/zwgk/qzfwj/202109/t20210924_3045970.html。

② 资料来源：宁夏回族自治区人民政府网站，https://www.nx.gov.cn/zwgk/qzfwj/202109/t20210929_3061996.html。

(6)《自治区人民政府办公厅关于印发宁夏回族自治区新型城镇化"十四五"规划的通知》(宁政办发〔2021〕70号)(2021-10-26)①。

相关政策要求：控制城市建筑领域碳排放，实施建筑能效提升工程，推广使用装配式建筑、绿色建材和低碳建材，鼓励建设超低能耗和近零能耗建筑；建设城市绿色交通体系，大力推广新能源车辆在城市公共交通、出租汽车、物流配送等领域使用；倡导绿色低碳生活方式，鼓励居民使用节能节水产品；统筹新能源产业发展和房屋建筑节能减排降碳及清洁取暖，加快推动房屋建筑和新能源一体化应用项目。

(7)《自治区人民政府办公厅关于印发宁夏回族自治区水安全保障"十四五"规划的通知》(宁政办发〔2021〕82号)(2021-11-17)②。

相关政策要求：践行"节水优先、空间均衡、系统治理、两手发力"治水思路，依据自治区"一带三区"总体布局，严格落实"四水四定"要求，实施"四水同治"，积极构建"一河两域三区"水安全格局，建设系统完备、功能协同、集约高效、绿色智能、调控自如、安全可靠的水安全保障体系，加快推进水治理体系和治理能力现代化。

(8)《自治区人民政府办公厅关于印发宁夏回族自治区金融支持地方经济社会发展"十四五"规划的通知》(宁政办发〔2021〕94号)(2021-12-21)③。

相关政策要求：增强金融体系管理气候变化相关风险能力，推动

---

① 资料来源：宁夏回族自治区人民政府网站，https：//www.nx.gov.cn/zwgk/qzfwj/202110/t20211026_3104950.html。

② 资料来源：宁夏回族自治区人民政府网站，https：//www.nx.gov.cn/zwgk/qzfwj/202111/t20211117_3133034.html。

③ 资料来源：宁夏回族自治区人民政府网站，https：//www.nx.gov.cn/zwgk/qzfwj/202112/t20211221_3240481.html。

建设碳排放权交易市场为碳合理定价，逐步健全绿色金融标准体系，完善绿色金融产品和市场体系。鼓励银行金融机构健全完善绿色信贷管理机制，实施差异化绿色金融政策，协同财政、产业、环保等政策，探索建立生态信用行为与金融相挂钩的激励机制，推动金融资源流向绿色生产、绿色交通、绿色建筑、绿色技术创新等领域。

(9)《自治区人民政府办公厅关于印发宁夏回族自治区生态环境保护"十四五"规划的通知》（宁政办发〔2021〕59号）（2021-09-24）[①]。

相关政策要求：坚持生态优先、绿色发展，促进经济社会全面绿色转型，把握减污降碳总要求，深入打好污染防治攻坚战，推动生态环境综合治理、系统治理和源头治理，更加突出精准治污、科学治污、依法治污，加快构建现代环境治理体系，推动全区生态环境质量稳中向好、好中向优。

(10)《自治区人民政府办公厅关于推动高新技术产业开发区高质量发展的意见》（宁政办发〔2021〕67号）（2021-10-09）[②]。

相关政策要求：高新区要全面深入践行绿色发展理念，执行绿色政策法规标准，创新绿色发展机制，完善绿色技术体系，积极创建国家生态工业示范园区和绿色发展示范园区。加大高新区绿色发展的指标权重，严格控制高污染、高耗能、高耗水、高排放企业入驻，严格落实自治区用水权、排污权改革，强化水资源刚性约束，建立环境成

[①] 资料来源：宁夏回族自治区人民政府网站，https://www.nx.gov.cn/zwgk/qzfwj/202109/t20210924_3045966.html。

[②] 资料来源：宁夏回族自治区人民政府网站，https://www.nx.gov.cn/zwgk/qzfwj/202110/t20211009_3076626.html。

本合理负担机制和污染减排约束激励机制，确保高新区率先实现碳达峰与碳中和。

1.3 宁夏回族自治区发展和改革委员会文件

《自治区发展改革委关于印发〈宁夏充电基础设施"十四五"规划〉的通知》［宁发改能源（发展）〔2022〕208号］（2022-03-22）①。

相关政策要求：以促进清洁能源汽车推广应用为出发点，以提升充电保障能力为行动目标，坚持"规划引领、产业创新、补贴扶持、平台支撑、政策推动"发展理念，围绕"快充为主、慢充为辅、示范引领、城际衔接"思路，加快推动自治区充电基础设施高质量发展，以满足宁夏地区日益增长的电动汽车充电需求，力争将智慧充电网络打造成塞上江南的一张亮丽的新名片。

1.4 宁夏回族自治区科学技术厅文件

(1)《关于印发〈宁夏碳达峰碳中和科技支撑行动方案〉的通知》（宁科发〔2021〕57号）（2021-11-25）②。

相关政策要求：充分发挥科技自立自强战略支撑作用，组织实施碳达峰碳中和科技支撑行动，围绕重点行业领域碳减排技术瓶颈，坚持需求导向、问题导向和目标导向，打好绿色低碳关键核心技术攻坚战，加快先进技术成果转移转化，着力提升科技创新支撑能力，加快

---

① 资料来源：宁夏回族自治区发展和改革委员会网站，http://fzggw.nx.gov.cn/zcgh/fgwwj/202203/t20220322_3394773.html。

② 资料来源：宁夏回族自治区科学技术厅网站，https://kjt.nx.gov.cn/zcfg/tfwj/202111/t20211125_3541211.html。

构建具有宁夏特色的碳达峰碳中和技术创新体系，为自治区生态文明建设和高质量发展提供有力科技支撑。

(2)《关于印发〈宁夏能源转型发展科技支撑行动方案〉的通知》（宁科高字〔2022〕30号）（2022-05-11）[①]。

相关政策要求：以实现碳达峰碳中和为目标，以"绿能开发、绿氢生产、绿色发展"为重点，聚焦能源生产、能源储运、能源消耗全链条技术需求与瓶颈问题，围绕火电、光伏、风电、氢能、电网等重点领域，实施关键技术攻关、科技成果转化、创新主体培育、创新载体建设等重点任务，加快构建支撑能源转型发展的科技创新体系，有力支撑能源领域高质量发展。

1.5 宁夏回族自治区生态环境厅文件

(1)《关于印发〈宁夏回族自治区空气质量改善"十四五"规划〉的通知》（宁环发〔2021〕85号）（2021-12-24）[②]。

相关政策要求：以改善环境空气质量为核心，把握"减污降碳协同增效"总抓手，聚焦PM2.5和O_3污染协同控制，扎实推进产业、能源、运输结构优化调整，加快补齐VOCs和NO_x减排短板，强化大气多污染物协同控制和区域协同治理，突出精准治污、科学治污、依法治污，推进大气环境治理体系和治理能力现代化，推动"十四五"环境空气质量目标顺利实现。

---

① 资料来源：宁夏回族自治区科学技术厅网站，https：//kjt.nx.gov.cn/zcfg/tfwj/202205/t20220511_3541268.html。

② 资料来源：宁夏回族自治区生态环境厅网站，https：//sthjt.nx.gov.cn/page/news/article/202112/20211230101228981Ru5H.html。

(2)《自治区生态环境厅水利厅关于印发〈宁夏回族自治区水生态环境保护"十四五"规划〉的通知》（宁环发〔2022〕5号）（2022-01-14）①。

相关政策要求：以维护黄河生态安全为根本，以改善水生态环境质量为核心，坚持生态优先、绿色发展，坚持山水林田湖草沙综合治理、系统治理和源头治理，突出精准治污、科学治污和依法治污，减污降碳协同增效，以水而定、量水而行，因地制宜、分类施策，统筹上下游、干支流和左右岸，守好改善生态环境的生命线，努力建设污染防治率先区。

1.6 宁夏回族自治区交通运输厅文件

《自治区交通运输厅关于印发〈宁夏回族自治区交通运输"十四五"发展规划〉的通知》（宁交办发〔2021〕58号）（2021-09-30）②。

相关政策要求：以构建"区内顺通、周边畅通、全国融通、全球联通"综合交通运输体系为目标，统筹发展与安全，主动融入新发展格局，写好"安、快、畅、美"四篇文章，全面提升交通运输供给能力、质量和水平，推动综合交通协调发展、交通与产业融合发展，打造高质量交通基础设施，助力现代化综合立体交通网建设。

---

① 资料来源：宁夏回族自治区生态环境厅网站，https://sthjt.nx.gov.cn/page/news/article/202201/20220125103937t3sxPW.html。

② 资料来源：宁夏回族自治区交通运输厅网站，https://jtt.nx.gov.cn/zfxxgk/zfxxgkml/glgk/fzgh/202112/t20211217_3232982.html。

1.7 宁夏回族自治区住房和城乡建设厅文件

《关于印发〈2022年全区住房城乡建设工作要点〉的通知》（宁建党发〔2022〕9号）（2022-05-06）①。

相关政策要求：以加快新型城镇化为主线，以住房城乡建设高质量发展为突破，着力保持房地产市场平稳健康发展，加快建筑产业现代化，提升城乡建设绿色发展水平；加快推动绿色建筑创建行动，支持绿色建筑、装配式建筑、超低能耗建筑、可再生能源应用和建筑产业化基地等示范项目建设；加快推进绿色建材认证和推广应用，逐步提高城镇新建建筑中绿色建材应用比例。

2. 宁夏回族自治区碳中和行动亮点

2.1 新能源——光伏

开展关键核心技术攻关，大力推进数字赋能，形成一批核心技术成果，力促产业转型升级，重点推动光伏材料制备技术研发和成果转化，加快布局建设科技创新载体，全力构建集科研、产业于一体的新材料协同创新生态体系，通过龙头带动整合产业链，吸引重点企业落户，打造光伏材料生产企业群和示范园区，努力构建光伏材料全产业链发展格局。

主要行动举措包括：

---

① 资料来源：宁夏回族自治区住房和城乡建设厅网站，https://jst.nx.gov.cn/zwgk/zfxxgk/fdzdgknr/ghxx/202202/t20220214_3346380.html。

- 宁夏单体规模最大的新能源项目开工建设。2021年10月21日，国家大型光伏基地国能宁夏电力有限公司200万千瓦光伏项目正式开工建设。该项目总投资约101.6亿元，总装机规模为200万千瓦，是宁夏目前单体规模最大、投资规模最大的新能源项目，计划于2023年底全部建成投产。

- 宁夏隆基单晶电池一期项目投产。2022年6月7日，宁夏隆基乐叶10吉瓦单晶电池一期项目投产暨二期项目开工现场会在银川经济技术开发区举行。该项目生产工艺行业领先，电池片转换效率高、应用前景广泛，填补了宁夏高效单晶电池产品空白，将进一步打通拉晶、切片、电池、组件光伏全产业链条。

【专栏】

案例：银川市构建光伏材料全产业链发展格局[①]

近年来，银川市聚焦建设"中国新硅都"的部署和"三新产业"发展要求，不断谋产业、抓项目、促创新、强保障，通过实施产业提质行动，努力打造光伏材料产业发展高地。

2022年1月17日，宁夏中环50吉瓦（G12）太阳能级单晶硅材料智慧工厂项目的首颗G12单晶顺利下线。单晶长度3600毫米，直径300毫米，重量612.8千克。宁夏中环50吉瓦（G12）太阳能级单晶硅材料智慧工厂及相关配套产业项目总投资额超过150亿元，采取"代建+租赁+回购"的运营模式。项目建成后，该公司也将成为宁夏光伏产业链上的又一家"链主"企业，单晶硅总产能将达到100吉瓦以上，并形成独特的半导体材料——节能型半导体器件和新能源材料——高效光伏电站双产业链，引领电子信息、光伏玻璃等上下游先进

[①] 资料来源：《银川市构建光伏材料全产业链发展新格局》，《宁夏日报》2022年4月21日。

制造业快速发展，在降本增效、提升产业链上下游整体水平、强链壮链方面有着积极推动作用。

近年来，大尺寸硅片已成主流趋势，宁夏中环光伏材料公司 G12 大尺寸硅材料，能有效提高光电转换效率及产出功率，降低用电成本。

银川抢抓国家实施"双碳"和自治区建设国家新能源综合示范区重大战略机遇，瞄准光伏材料发展的重大契机，在产业集聚中提升产业话语权，初步构建了产业集群化、产业链较为完备、产业配套齐全的全产业链发展格局。

2.2 绿色电力

加快推进光伏发电，加快相关储能设施建设，合理开发抽水蓄能电站项目，推进垃圾焚烧发电、沼气发电、秸秆发电、生物燃料乙醇等生物质能发展，不断优化电网结构，强化电网支撑，推动清洁能源并网发电，大力推进智能电网建设，促进绿色能源就近消纳。

主要行动举措包括：

- 宁夏妙岭超高压输变电工程投运。2021 年 9 月 28 日，总投资 19.5 亿元的宁夏妙岭 750 千伏输变电工程建成投运。该工程是"十四五"以来宁夏首座投运的 750 千伏变电站，也是宁夏建成投运的第 9 座 750 千伏输变电项目，是强化宁夏电网支撑，服务自治区能源清洁低碳转型、产业转型升级的重点工程之一。

- 中卫绿能垃圾项目实现并网发电。2021 年 11 月 23 日，中卫首个生活垃圾焚烧发电项目成功并网发电。该项目预计每年可接纳处理生活垃圾约 15 万吨，年上网发电量 1200 多万千瓦时，将进一步优化中卫电网结构，有效解决垃圾污染及资源回收问题，实现生活垃圾"减量化、无害化、资源化"处理。

- 宁夏添清洁能源发电新项目。2022年3月17日,宁夏首座抽水蓄能电站——牛首山抽水蓄能电站项目开工建设,该项目总投资78亿元,电站总装机容量100万千瓦,设计年发电量11.48亿千瓦时、年抽水用电量15.31亿千瓦时,每年可消纳利用风电、光电15.1亿千瓦时,节约煤53万吨,减排二氧化碳159.4万吨。

- 光伏直供换电站在宁东投运。2022年5月21日,国家能源集团宁夏电力有限公司宁东公司方家庄电厂2号换电站演示了新能源重卡电池充电全过程,其建成投用将为在"双碳"背景下探索交通领域移动能源的应用场景提供重要支持。

2.3 排污权交易

深化排污权有偿使用和交易改革,扩大企业确权范围,建立较为完善的排污权确权、排污权储备、排污权有偿使用、排污权转让、市场交易、监管执法等制度机制和政策体系,不断完善政府储备、出让排污权管理、排污权交易规则、排污权储备出让、有偿使用费管理等,全面盘活排污权无形资产,加快构建统一规范公共资源交易市场,推动排污权一级市场交易和二级市场交易在有条件实施各市快速开展。

主要行动举措包括:

- 石嘴山敲响宁夏排污权交易和抵押贷款第一锤。2021年10月3日,宁夏首宗排污权交易在石嘴山公共资源交易中心落锤,2家企业通过竞拍从市政府购得25吨二氧化硫排污权,标志着石嘴山正式拉开了宁夏"谁排污谁付费、谁减排谁受益"的排污权改革市场化运行的序幕。

- 银川完成宁夏排污权二级市场首单交易。2021年11月29日,宁夏西夏嘉酿啤酒有限公司、宁夏恒康科技有限公司通过宁夏公共资源交易平台完成排污权交易，这是银川首单排污权交易，也是宁夏排污权交易二级市场首单交易，双方最终以 4000 元/吨的价格达成协议，成交氮氧化物排污权指标 4.092 吨。

- 公共资源交易平台地下水交易成交。2021 年 12 月 6 日，宁夏首宗地下水用水权交易在石嘴山公共资源交易中心成交。此次交易是全国公共资源交易平台工业地下水交易第一单、宁夏用水权抵押贷款第一例，标志着石嘴山正式拉开"谁节水谁受益"用水权改革市场化运行序幕。

- 银川排污权一级市场首批交易完成。2022 年 3 月 10 日，银川市政府储备排污权一期交易在宁夏公共资源交易平台启动，本次交易为银川排污权一级市场完成的首批交易，也是首笔排污权公开竞价交易，47 家次企业共交易购得排污权指标二氧化硫 7.544 吨、氮氧化物 22.439 吨、化学需氧量 14.505 吨和氨氮 1.4508 吨。

- 宁夏开展两项公共资源交易专项治理。2022 年 3 月 22 日，全区开展国有建设用地使用权出让和矿业权交易工作相关内容合法合规性自查整改，主要聚焦两权交易领域存在的机制不健全、信息不共享、交易不规范、监管不到位、改革不彻底等突出问题，旨在推动构建管长远、治根本、促发展的长效机制。

【专栏】

案例：宁夏深化排污权有偿使用和交易改革[①]

2021 年，宁夏回族自治区生态环境厅、发展改革委、财政厅、公共资源交易管理局等 7 部门印发实施了《自治区排污权有偿使用和交易管理暂行办法》

[①] 资料来源：《银川出台排污权有偿使用和交易改革方案》，《宁夏日报》2022 年 4 月 12 日。

和与之配套的交易规则、价格管理、储备调控、出让收入、电子化交易、抵押贷款等管理制度，基本建立起排污权"1+6"政策制度体系，确保各项交易行为有规可依、有章可循，初步建成覆盖区市县三级，集信息、服务、交易、监管等功能于一体的排污权交易平台，为宁夏全面开展排污权交易奠定了基础。

继2021年10月石嘴山完成宁夏首单排污权交易后，同年12月，中卫、吴忠先后完成本市排污权一级市场首单交易，全面推动了排污权商品化，建立推广了"谁排污谁付费、谁减排谁受益"机制，有助于调动企业治污减污的内生动力，以排污权市场交易倒逼污染减排，实现排污减量化、生产绿色化，全面促进中卫工业产业升级改造，实现减污降碳协同增效，从根本上削减污染物的排放，对中卫产业升级和实现黄河流域生态保护和高质量发展具有推动作用。

截至2021年底，宁夏五市及宁东基地全面启动排污权市场交易，实现全区排污权交易地区全覆盖。2022年，全区将继续深化排污权有偿使用和交易改革，优化完善交易平台和综合管理系统，扩大企业确权范围，将符合条件的简化管理、登记管理企业全部纳入确权范围，实现有效活跃二级市场交易，推动排污权交易工作规范化、制度化和常态化。

2.4 绿色金融

围绕全产业链发展绿色金融，鼓励各类金融机构通过绿色保险、绿色信贷、绿色债券、绿色投资基金等多种金融工具拓宽企业融资渠道，激发市场活力，提高产业风险保障水平，推动生态产品价值实现，进一步满足企业资金需求，实现产业高质量发展。

主要行动举措包括：

- 自治区政银企对接会现场签约179亿元。2021年9月23日，国家开发银行、招商银行、宁夏银行等8家银行分别与宁夏京银智慧新能源有限公司、宁夏中环光伏材料有限公司、宁夏宁东泰和新材有限公司等8家企业签订合作协议。此次签约将推动宁夏绿色金融助力产业转型升级，推动清洁能源产业高质量发展。

- 彭阳首发山林权抵押贷款。2021年12月13日，彭阳县首笔山林权抵押贷款签约发放。宁夏银行彭阳支行、彭阳农村商业银行向当地企业和村民共发放山林权抵押贷款433万元，标志着该县山林权融资改革迈出关键一步，为促进绿色金融支持实体经济发展提供有力支撑。

2.5 产业转型

持续推进传统产业优化升级，以钢铁、石化、化工、有色、建材、煤电等行业为重点，实施一批重大绿色改造项目，加强先进节能节水环保低碳技术、工艺、装备推广运用，提升能效水效环保水平。大力发展清洁能源、新型材料、电子信息等特色优势产业，推进铸链强链引链补链。构建绿色制造体系，培育一批绿色工厂和绿色园区。

主要行动举措包括：

- 宁湘新能源装备制造产业园举行奠基仪式。2021年10月15日，宁湘新能源装备制造产业园奠基仪式在吴忠弘德产业园举行。该项目计划总投资约12亿元，覆盖光伏、风电、氢能、储能等产业，制造产品包括光伏设备组件、风电关键部件、制氢重要设备、储能装备部件等，将助力宁夏清洁能源产业补齐短板、延链补链。

- 宝丰储能电池全产业链项目落户银川。2021年12月24日，银川与宁夏宝丰集团有限公司举行项目签约仪式。该项目是集"光伏电站，正极材料、负极材料、电解液生产，电芯制造、集成集装系统"于一体的绿色储能全产业链项目，将打造全国单厂规模最大的储能电池生产基地。

2.6 生态建设

持续推进生态修复工作，重点落实"三山"生态保护项目，强化绿色矿山动态管理，开展"回头看"活动，提升生态监测智能化水平，拓宽生态保护资金融资渠道，提高固体废物处理三化水平，努力构建"无废城市"，推动固体废物治理体系治理能力明显提升，建设生态文明示范区。

主要行动举措包括：

● 宁夏生态修复监测监管系统开启"智慧"管控。2022年3月15日，"宁夏生态修复监测监管系统"全面建成并启动运行，全区将实现生态修复工作从项目规划统筹、生态修复实施监管、竣工验收到评估评价等业务的全流程智慧监管和精细化管控。

● 宁夏强化绿色矿山动态管理。2022年4月19日，宁夏对全区已纳入绿色矿山名录的矿山展开"回头看"，通过重点实地核查矿容矿貌、开发利用方案落实、环境保护和生态修复等情况，及时发现并推动解决绿色矿山建设中存在的问题，持续强化绿色矿山动态管理。

● 银川、石嘴山入选"无废城市"建设名单。2022年4月24日，生态环境部发布"十四五"时期"无废城市"建设名单，银川、石嘴山成功入选。两市将立足城市发展现状、资源禀赋、产业布局、固体废物产生和利用处置现状，突出大宗工业固体废物、生活垃圾、建筑垃圾等重点领域，推动固体废物治理体系和治理能力明显提升。

● 宁夏8个"三山"修复项目获1亿元资金支持。2022年5月8日，自治区自然资源厅联合财政厅在现场查勘和方案审查后，最终确定清水河海原段历史遗留废弃矿山生态修复及国土综合整治项目等10

个"三山"生态保护修复项目,并参与2022年度第二批项目竞争性评审,得分前8名的项目将获得自治区财政1亿元资金支持。

2.7 污染防治

推进工业污染防治,对自治区重点行业实施强制清洁审核,开展污染整治和违法行为究责专项行动,强化污染源综合治理,定期开展督导检查"回头看"行动,健全黄河流域污染联防联控机制,推进行政边界区域污染综合治理,提升自治区污染综合防治水平。

主要行动举措包括:

- 宁夏、内蒙古、陕西签订生态环境执法联动协议。2021年11月30日,宁夏、内蒙古、陕西签订生态环境执法联动协议,决定将积极采取有效举措,共同防治行政边界地区环境污染,推进行政边界区域污染综合整治,加强黄河流域生态环境保护,保障生态环境安全。

- 吴忠开展整治涉水违法行为专项行动。2022年3月19日,吴忠市人民检察院和河湖长制办公室联合制订《"水行政执法+检察公益诉讼"协作机制 服务保障黄河流域生态保护和高质量发展先行区建设工作方案》,全市将以水生态环境突出问题整治为重点,开展七项专项治理活动,严厉惩治涉水违法行为。

- 宁夏实施重点行业强制清洁生产审核。2022年5月20日,自治区生态环境厅、自治区发展和改革委员会出台全区重点行业清洁生产审核实施方案,明确对区内产生工业固体废物的企业依法实施强制清洁生产审核,促进形成绿色发展方式,推动宁夏经济高质量发展。

- 宁夏启动贺兰山生态环境综合整治"回头看"。2022年5月20日,全区针对贺兰山国家级自然保护区生态环境综合整治情况启动

"回头看"暨保护区外围整治督导检查,全面排查保护区内已完成治理的169处人类活动点和保护区外围重点区域45处严重损害生态环境质量及功能点位的清理、整治、恢复及管护情况。

新疆:全面推进"三基地一通道"建设

新疆围绕《新疆维吾尔自治区国民经济和社会发展第十四个五年规划和2035年远景目标纲要》和《2022年自治区国民经济和社会发展计划》,努力促进经济社会绿色低碳转型,提升清洁能源消纳水平,贯彻落实"三基地一通道"建设,大力推进生态文明建设,推动区域协同治理和污染物协同控制。

在顶层设计方面,新疆出台了《2022年自治区国民经济和社会发展计划及主要指标》,主要聚焦新能源汽车、清洁能源开发与利用、现代物流、低碳减排科技创新、信息产业、绿色金融、生态环境保护等方面,不断完善新疆"1+N"政策体系。在行动举措方面,新疆重点推进"三基地一通道"建设,提高全区清洁能源开发和消纳比重,努力打造全区光伏、风能、氢气等新能源产业在技术和设备制造层面的领航优势;大力发展循环经济,提高节能设备、余热余汽回收技术的普及应用;继续扩大特高压、超高压电网建设规模,提升电网智能化管理水平;加快新能源汽车推广应用,完善充电桩、换电站等基础设施;突出抓好新材料、高端装备制造、生物技术、新能源、新一代信息技术、节能环保等产业,推动战略性新兴产业集群发展;发挥绿色金融对节能降碳项目的支持力度,推广"碳账户"在全区试点范围;打造绿色农业示范样板,提高农废循环利用率;定期开展污染防治联防联控行动，提升公众环境保护意识。

1. 新疆维吾尔自治区碳中和相关政策文件

1.1 新疆维吾尔自治区人民政府文件

(1)《关于印发〈新疆维吾尔自治区现代物流业发展"十四五"规划〉的通知》（新政发〔2022〕54号）（2022-05-07）①。

相关政策要求：推广绿色物流技术应用。利用新疆绿色能源优势条件，重点实施新能源车辆技术改造工程，推广LNG、CNG等清洁能源运输装备和装卸设施，鼓励应用电动等新能源运输配送车辆，配套建设加气站等绿色交通能源设施。采用绿色仓储技术和节能装备，提倡物流加工环节采用环保材料进行简单包装、重复利用与回收利用，推广托盘等标准化器具循环利用。推进新能源物流车与城乡配送体系、快递物流等融合发展，增加绿色物流技术可持续应用能力。

(2)《关于印发〈关于进一步加快新能源汽车推广应用及产业发展的指导意见〉的通知》（新政发〔2022〕12号）（2022-01-28）②。

相关政策要求：以深化电力能源供给侧结构性改革为主线，以构建绿色交通体系为方向，重点围绕新能源汽车推广应用和产业发展，加快建设绿色高效、智慧便捷、融合开放的产业发展新生态圈，为新

---

① 资料来源：新疆维吾尔自治区人民政府网站，http://www.xinjiang.gov.cn/xinjiang/gfxwj/202205/89a15c3f6224440a8fcff1a8a98b6dc5.shtml。

② 资料来源：新疆维吾尔自治区人民政府网站，https://www.xinjiang.gov.cn/xinjiang/c112545/202204/be7b7beb037d4357aeccac1dbe81edda.shtml?cnName=%E6%96%B0%E6%94%BF%E5%8F%91。

疆新形势下经济社会发展提供新动能。

(3)《关于印发 2022 年自治区国民经济和社会发展计划及主要指标的通知》（新政发〔2022〕21 号）（2022-02-16）①。

相关政策要求：提升清洁能源开发与消纳及煤炭资源高效利用水平，推动煤炭和新能源优化组合。推进全区公用、自备在役煤电机组节能改造，确保煤电机组能效达到全国平均水平；积极推进国家清洁能源基地建设，依托丰富的沙漠、戈壁、荒漠等土地资源及风光资源，加快准东、哈密北、南疆千万千瓦级新能源基地建设。加快构建废物循环利用体系，引导建立绿色低碳循环发展路径。

1.2 新疆生产建设兵团办公厅文件

(1)《关于印发〈新疆生产建设兵团"十四五"生态环境保护规划〉的通知》（新兵发〔2021〕36 号）（2021-12-17）②。

相关政策要求：以改善生态环境质量为核心，以解决突出生态环境问题为重点，坚持兵地生态环境保护"一盘棋"，巩固提升污染防治攻坚战成果，确保生态环境安全，全面提升绿色低碳发展水平，健全生态环境治理体系，协同推进经济高质量发展与生态环境高水平保护，切实当好生态卫士，推动兵团生态文明建设迈上新台阶，开创美丽兵团建设新局面。

---

① 资料来源：新疆维吾尔自治区人民政府网站，https：//www.xinjiang.gov.cn/xinjiang/gfxwj/202205/8958b48fed7c4a2095532d94092be5ab.shtml？cnName＝％E6％96％B0％E6％94％BF％E5％8F％91。

② 资料来源：新疆生产建设兵团办公厅网站，http：//www.xjbt.gov.cn/c/2022-01-28/8195595.shtml。

(2)《兵团办公厅关于印发〈新疆生产建设兵团"十四五"林业和草原保护发展规划〉的通知》(新兵办发〔2021〕112号)(2021-12-17)[①]。

相关政策要求：以林业草原自然保护地"三位一体"融合发展为主线，以全面推行林长制为抓手，以重点林草生态工程为依托，按照保护优先、绿色发展，统筹兼顾、突出重点，综合治理、分区施策，科学绿化、以水定绿，政府引导、共建共享的原则，统筹山水林田湖草沙冰系统治理，科学开展国土绿化，强化用途管控，加强生态保护监督管理，加快沙化土地治理、退化林修复改造、草原生态保护修复建设，完善综合防护体系，推动林草高质量发展。

(3)《关于印发〈新疆生产建设兵团"十四五"科技创新规划〉的通知》(新兵办发〔2021〕115号)(2021-12-19)[②]。

相关政策要求：围绕新型纺织服装、先进装备制造、新一代信息技术、新能源、新材料、节能环保、生物与新医药、高新技术服务业等产业链布局创新链，推动互联网、大数据、人工智能、区块链技术与相关产业的深度融合，在煤化工、碳铝硅基和化工新材料、工业节能等技术上实现突破，使煤化工、氯碱化工、有色金属等领域技术研发与应用达到国内领先水平。

(4)《兵团办公厅印发〈关于加快推进兵团海绵城市建设的实施意见〉的通知》(新兵办发〔2021〕72号)(2021-09-27)[③]。

相关政策要求：坚持绿色发展，切实转变城市规划建设理念，推

---

① 资料来源：新疆生产建设兵团办公厅网站，http://www.xjbt.gov.cn/c/2022-01-28/8195657.shtml。

② 资料来源：新疆生产建设兵团办公厅网站，http://www.xjbt.gov.cn/c/2022-01-28/8195706.shtml。

③ 资料来源：新疆生产建设兵团办公厅网站，http://www.xjbt.gov.cn/c/2021-10-15/8171219.shtml。

动城镇建设高质量发展,以政府统筹、部门协作、社会参与为基本途径,综合采取"渗、滞、蓄、净、用、排"等措施,系统化全域推进海绵城市建设,提高城市水资源利用、水污染防治、水生态保护、水安全保障水平,增强城市排水防涝能力,建设宜居、绿色、韧性、智慧和人文城市。

1.3 新疆维吾尔自治区发展和改革委员会文件

(1)《自治区发展改革委关于印发〈完善我区新能源价格机制的方案〉的通知》(新发改能价〔2022〕185号)(2022-04-18)[①]。

相关政策要求:深入贯彻"四个革命、一个合作"能源安全新战略,锚定碳达峰碳中和目标任务,充分发挥本区风、光、煤电等能源资源优势,持续深化电力市场化改革,完善促进新能源发展的电价机制,推动本区新能源产业高质量发展。

(2)《自治区发展改革委关于印发〈自治区贯彻落实进一步深化燃煤发电上网电价市场化改革方案〉的通知》(新发改规〔2022〕6号)(2022-05-12)[②]。

相关政策要求:适应工商用户全部进入电力市场的需要,进一步放开发用电计划,完善电力中长期交易机制,推动电力现货市场建设,推进电力辅助服务市场化,着力打造多层次电力市场体系,全面推进电力市场建设;研究完善有利于新能源发展的价格机制,严格可再生

[①] 资料来源:新疆维吾尔自治区发展和改革委员会网站,http://xjdrc.xinjiang.gov.cn/xjfgw/c108396/202204/6dfc8ec047314d2a9d6961ba7eeb6ec0.shtml。

[②] 资料来源:新疆维吾尔自治区发展和改革委员会网站,http://xjdrc.xinjiang.gov.cn/xjfgw/c108361/202205/8b04057426994741a337e65414673938.shtml。

能源消纳权重考核，推动新能源电价与煤电价格合理衔接，引导企业投资积极性，更好地体现绿色电力价值。

(3)《自治区发展改革委 自治区工业和信息化厅 人民银行乌鲁木齐中心支行关于开展新能源项目及节能降碳项目贴息支持试点工作的通知》(新发改融资〔2022〕275号)(2022-05-30)①。

相关政策要求：对高耗能行业企业实施节能降碳技术改造的，改造后能耗水平达到先进水平的，按项目贷款额（专项用于节能技术改造投资部分）及节能降碳比例予以贴息，最高贴息额度不超过500万元。申请国家补助的项目不得再申请自治区贴息补助。

1.4 新疆维吾尔自治区工业和信息化厅文件

(1)《关于组织申报2022年自治区工业节能减排专项资金项目的通知》(新工信节能〔2022〕2号)(2022-03-08)②。

相关政策要求：专项资金主要采用奖励、贴息两种支持方式。奖励方式主要适用于工业节能节水技术改造项目、绿色制造体系建设示范项目、绿色制造系统集成典型示范项目、节能诊断挖掘潜力重点实施项目、重点行业能效及水效"领跑者"遴选项目、节能减排管理类报告及方案编制项目；贴息方式主要适用于大宗工业固体废物综合利用项目、高效节能产品产业化项目、工业企业能源管理中心项目和绿色信贷项目。

---

① 资料来源：新疆维吾尔自治区发展和改革委员会网站，http://xjdrc.xinjiang.gov.cn/xjfgw/c108380/202206/931333157aae43e4b4d35b836a89ad76.shtml。

② 资料来源：新疆维吾尔自治区工业和信息化厅网站，http://gxt.xinjiang.gov.cn/gxt/zdxxgk/202203/2fe32afe553d411e9bc18c99214a1ebc.shtml。

(2)《关于组织申报 2022 年自治区战略性新兴产业专项资金项目的通知》（新工信科技〔2022〕6号）（2022-03-01）①。

相关政策要求：聚焦新材料、生物和生物医药、先进装备制造、新能源、节能环保、新一代信息技术应用等战略性新兴产业，建设一批技术水平高、创新能力强、示范带动效益显著的重大投资项目，推动优势产业率先发展，加速培育新的经济增长点，壮大战略性新兴产业。

1.5 新疆维吾尔自治区自然资源厅文件

《关于印发〈新疆维吾尔自治区自然资源科技创新发展"十四五"规划〉的通知》（新自然资发〔2021〕133号）（2021-10-12）②。

相关政策要求：开展国土空间优化管控技术研究，构建绿色低碳的国土空间开发保护格局。践行绿色发展理念，推进生态保护与修复新技术，推动自治区自然资源领域碳达峰碳中和目标实现，提升自治区生态系统质量。发展矿产资源绿色勘查与开发利用技术，推进自然资源节约集约利用。

2. 新疆维吾尔自治区碳中和行动亮点

2.1 电力工程

继续推进特高压、超高压电力工程和电网建设，提升新能源消纳

---

① 资料来源：新疆维吾尔自治区工业和信息化厅网站，http：//gxt.xinjiang.gov.cn/gxt/tzgg/202203/fd77514ab5dc4055b3904a67cdfa0d63.shtml。

② 资料来源：新疆维吾尔自治区自然资源厅网站，http：//zrzyt.xinjiang.gov.cn/xjgtzy/ghjh/202110/8a37f7edd10c4b7f80cd0f5c6deffded.shtml。

能力和供电能力，强化远距离输电能力，助力推进新型电力系统建设，提升电网数字化、智能化水平，为积极服务"双碳"目标，推动新能源更大范围开发和建设新能源基地提供保障。

主要行动举措包括：

- 新疆博州实现高压开关柜运行状态实时智能感知。2021年9月22日，新疆博尔塔拉蒙古自治州（以下简称"博州"）精河县220千伏皇宫变电站30台高压开关柜智能在线监测系统通过测试。该设备包含内触头测温、超声波局部放电、暂态地电压局部放电、特高频局部放电的实时监测、智能感知和预警研判5项功能，能为开关柜不停电状态检修提供可靠、实时、全面的数据支撑。

- 高压输变电工程助力和田供电能力倍增。2021年10月10日，莎车—和田Ⅱ回750千伏输变电工程正式投运。工程建成后，和田地区供电能力将由65万千瓦提升至120万千瓦，将有效推动南疆新能源在更大范围开发与消纳。

- 鄯善新能源接纳能力提升近6倍。2022年3月29日，鄯善（吐哈）750千伏输变电工程建成投运，是2022年新疆首个投运的超高压电网建设工程。该工程打通了鄯善、十三间房地区新能源送出通道，鄯善新能源接纳能力从30万千瓦提升至200万千瓦，增长近6倍。

- 新疆智慧电网建设取得新进展。2022年6月17日，全疆首个智慧配电示范区在库尔勒市和什力克乡下和什力克村建成投运。该区进行全面物联网化改造升级，电网在增加容量的同时，还具备超强感知、故障告警、智慧决策和快速执行功能。

2.2 清洁能源

围绕"三基地一通道"建设目标，推动绿色低碳转型发展，重点聚焦光伏、风电、氢能等一大批重大项目建设，进一步推进多能互补能源大基地建成投产，推动煤炭和新能源优化组合，提升清洁能源开发与消纳水平，加快太阳能热利用技术和产品研发与示范，提高风电技术装备水平，支持水电、风电、光电、光热能源等可再生能源技术研究和示范，探索牧光互补、光热发电新模式，充分发挥能源保供基地作用，打造全国新能源产业示范样本。

主要行动举措包括：

- 中国石化新疆库车绿氢示范项目启动建设。2021年11月30日，中国石化新疆库车绿氢示范项目在北京、乌鲁木齐、库车同步启动，标志着我国首个万吨级光伏绿氢示范项目正式启动建设。该项目是国内首次规模化利用光伏发电直接制氢的项目，投产后年产绿氢可达2万吨，预计每年可减少二氧化碳排放48.5万吨。

- 新疆首个光热发电站实现稳定运行。2021年12月28日，新疆首个光热发电项目——中电哈密塔式熔盐光热发电站累计发电达千万千瓦时，标志着该项目进入发电稳定期。项目可将太阳能储存到熔盐里，实现夜间和阴天发电，这有助于减少我国对火电的过度依赖，为实现碳达峰碳中和目标作出积极探索。

- 喀什新签光伏发电项目。2022年2月22日，岳普湖县与国投新疆新能源有限公司举行光伏发电项目签约仪式。双方协商，"十四五"期间和"十五五"期间，国投新疆新能源有限公司在岳普湖辖区规划开发建设2000兆瓦光伏发电规模，总投资约100亿元，按每年不低于 200 兆瓦的进度实施。

● 吐鲁番首座分散式风电场并网发电。2022 年 2 月 28 日，国家电投托克逊县红岭 1 万千瓦分散式风电项目顺利投运，标志着吐鲁番首座分散式风电场实现正式并网发电。项目投运后，每年可提供清洁电能 4700 万千瓦时，节约标准煤 1.34 万吨，减少二氧化碳排放 2.46 万吨。

● 新疆多能互补清洁能源产业迈上新台阶。2022 年 3 月 17 日，新疆首个"风光火储"多能互补清洁能源基地开建。该项目总装机容量 100 万千瓦，其中风电 80 万千瓦，光伏 20 万千瓦。项目建成后，每年将新增"绿电"25 亿千瓦时，节约标准煤 83 万吨，减少二氧化碳排放量 210 万吨。

● 新疆首座抽水蓄能电站大坝封顶。2022 年 3 月 26 日，国网新源新疆阜康抽水蓄能电站上水库大坝完成填筑封顶，标志着新疆首座抽水蓄能电站完成水库大坝主体建设。该电站建成后，每年可节省电力系统火电标准煤 16.5 万吨，减排二氧化碳 49.6 万吨，减排二氧化硫约 0.18 万吨，可进一步改善新疆电网电源结构，缓解电网调峰、调频压力。

● 新疆布尔津多能互补能源大基地建设启动。2022 年 4 月 19 日，布尔津抽水蓄能发电有限公司揭牌，标志着新疆布尔津多能互补能源基地建设启动。项目规划总装机规模 700 万千瓦，工程初拟装机 140 万千瓦，未来将依托布尔津抽水蓄能电站，再配套建设光伏 200 万千瓦、风电 360 万千瓦的新能源，形成总装机规模 700 万千瓦的多能互补能源基地。

● 叶尔羌河錾高水电站首台机组转子成功吊装。2022 年 6 月 8 日，叶尔羌河錾高水电站主电站 1 号机组转子吊装完成。项目投产后，每年可为电网提供 5.65 亿千瓦时的清洁能源，节约标准煤 22.83 万吨，减少二氧化碳排放 1.25 万吨，将有效缓解南疆地区电力紧张局面。

- 疏勒县举行牧光互补项目签约仪式。2022 年 6 月 10 日，疏勒县与深圳市汇丰益众投资有限公司举行"万吨牧草基地+分布式光伏"牧光互补项目签约仪式。该项目计划总投资 5 亿元，规划建设日产新鲜牧草 1000 吨的牧草基地和配套建设分布式 5 万千瓦光伏电站。

- 大唐三塘湖风电场 99 兆瓦风电项目开建。2022 年 6 月 15 日，大唐兵团第十三师三塘湖风电场一期、二期 99 兆瓦风电项目开工建设。该项目计划于 2022 年底前实现全容量投产发电，设计年综合利用小时数达 3270 小时，项目投产后年等效可利用小时数区域领先，年均可向电网输送约 3.24 亿千瓦时的清洁电能。

【专栏】

案例：全面推进"三基地一通道建设"，充分发挥国家能源保供基地作用[①]

近年来，新疆充分利用自然资源优势，加快建设新疆新能源大基地，提升新能源电力电量占比，助力推进新型电力系统建设，积极服务"双碳"目标，确保新能源产业健康、有序发展。

2021 年以来，新疆相继建成投运库车—阿克苏—巴楚Ⅱ回、吐鲁番—巴州—库车Ⅱ回、莎车—和田Ⅱ回等 750 千伏输变电工程，推动准东—华东（皖南）±1100 千伏特高压直流输电工程外送能力稳步提升，基本完成南疆煤改电工程（一期）2021 年度改造任务。

---

① 资料来源：http://www.gov.cn/xinwen/2021-10/27/content_5645845.htm；http://www.xinjiang.gov.cn/xinjiang/xjyw/202203/a1e88575da71419fa4a4762db2ff3e6e.shtml。

根据国家政策要求，结合新疆地方实际，按照自治区党委和政府部署，未来新疆将从以下几个方面开展工作。一是推动清洁能源基地开发建设，按照7条路径加快新能源项目建设，"十四五"期间，新增风电装机2725万千瓦、光电装机1720万千瓦、水电装机250万千瓦、抽水蓄能120万千瓦；二是加快煤电机组由主体电源向基础性和调节性电源转型，推动煤电清洁高效低碳发展；三是发挥新疆资源禀赋优势，持续推进"疆电外送"工程；四是建设统一高效网架结构，为新型电力系统高质量发展提供保障；五是加快培育电力一体化发展模式，建设一批源网荷储一体化和多能互补项目，推动储能多场景大规模应用；六是持续深化电力体制改革，建立多层次电力市场体系，健全加快新能源发展的电价机制；七是推动电力装备制造产业发展，提升电力企业自主创新能力。

2.3 碳减排

加强碳捕集、利用和封存等节能环保新技术研发，强化传统企业结合节能技术的应用改造和环境治理，继续推进居民区煤改电工程，控制煤炭消费总量，推进能源利用结构全面调整，提升清洁能源供热、供电比例，推动循环工厂、循环园区等示范样点建设，推广高效节能设备、余热回收等技术的普及应用，加快构建废物循环利用体系，引导建立绿色低碳循环发展路径。

主要行动举措包括：

- 巴州循环经济发展迈出新步伐。2021年10月10日，全疆首批二氧化碳捕集、利用和封存项目——巴州CCUS碳源厂与二氧化碳捕集液化项目集中开工仪式举行。该项目建成后能够消化废气，减少二氧化碳排放，同时将制取的液体二氧化碳用于宝浪油田驱油、塔石化尿素碳转化、冷库制冷供应、碳加氢工业化等。

- 准东经济技术开发区成为全国首批园区循环化改造示范试点。2021年10月19日，国家发展和改革委员会公示2021年园区循环化改造示范试点验收结果，准东经济技术开发区成为首批验收通过的示范试点。该项目可使开发区年减少固体废物排放543.8万吨，年节约综合能源消费量10万吨标准煤，年减少废水排放300万立方米。

- 克拉玛依碳和水冷数据中心加电试运行。2021年12月25日，克拉玛依碳和水冷数据中心开始加电试运行。项目首创"废热"变"负碳"理念，采用冷板式水冷系统、直接/间接全新风制冷系统、高效余热回收系统三大减碳节能新技术，实现深度采集及回收冷板式服务器的余热用于园区及周边区域的冬季供暖及夏季楼宇制冷。

- 独山子石化入选首批中国石油绿色企业。2022年2月16日，中国石油集团公司公布首批8家中国石油绿色企业，中国石油天然气股份有限公司独山子石化分公司位列其中。目前，独山子石化累计投入23亿元资金，应用国内外先进技术，实施热电厂锅炉烟气提标、硫磺尾气回收、废水减排及回收利用等环保升级项目。

- 新疆煤改电工程取得新进展。2022年3月18日，新疆启动煤改电二期居民入户改造工程，工程将按照每户50平方米、4千瓦规模配置碳晶电热板、高温辐射板、蓄热式电采暖等不同类型采暖设备，改造入户线路，保障居民基本供暖需求。

- 新疆油田探索稠油热采清洁能源替代。2022年3月28日，130吨/小时循环流化床锅炉生物质掺烧现场试验实现24小时平稳运行，标志着中国石油循环流化床锅炉生物质掺烧试验首次获得成功。下一步，新疆油田将逐步提高生物质燃料掺混比例，探索最经济最可靠的掺烧模式，并实施工业化应用，为稠油热采清洁能源替代贡献新疆样本。

● 新疆油田首次利用蒸汽余热发电。2022年6月6日，新疆油田风城油田作业区余热发电成功投运，标志着该作业区每年近13万吨蒸汽余热将得以回收利用。这是新疆油田首次尝试利用余热能源发电，也是石油开采行业首次应用该技术，可实现年节约标准煤约2336吨，年减排二氧化碳7900吨，节约水平衡冷源约23万吨。

2.4 绿色交通

加快建设城市公共充换电设施，鼓励在大型商场、超市、文体场馆等公共建筑物配建停车场以及交通枢纽、驻车换乘、中心城区等公共停车场建设公共充换电设施，探索推广机械式与立体式停车充电一体化设施建设；鼓励利用交通干线沿线现有生态资源，积极推广低碳项目和零碳工程，提高沿线绿植覆盖率，提升清洁能源供能比例。

主要行动举措包括：

● 新疆首座V2G充电站在乌鲁木齐建成投运。2021年12月12日，新疆首座电动汽车V2G（车辆到电网）充电站在乌鲁木齐德港万达商圈建成投运。该充电站采用V2G充电、有序充电两种充电技术，配备8台60千瓦直流V2G充电桩、3台60千瓦直流有序充电桩，可同时满足11辆电动汽车充电需求。

● 塔里木油田建成我国首条零碳沙漠公路。2022年6月2日，中国石油塔里木油田沙漠公路零碳示范工程建成投运。公路光伏电站总装机达3540千瓦，年发电量362万千瓦时，产生的电力可满足436千米生态防护林每日灌溉所需；路旁生态防护林每年可吸收二氧化碳约

2万吨，负碳部分可中和过往车辆碳排放。

2.5 绿色金融

提升绿色金融对节能降碳项目的支持力度，充分发挥绿色债券、绿色信贷、碳足迹挂钩贷款等碳减排支持金融工具作用，大力推广企业和个人碳账户试点，对于节能降碳效果显著、使用金融机构信贷资金的项目，自治区将给予适当贴息支持。

主要行动举措包括：

- 乌鲁木齐成功发放"碳足迹"挂钩贷款。2022年2月22日，兴业银行乌鲁木齐分行成功发放5000万元的"碳足迹"挂钩贷款，该笔业务是新疆发放的首笔"碳足迹"挂钩贷款。据测算，在该笔贷款期间，若企业能达到既定的减排目标，每年最高可降低约25万元的融资成本，同时，其节约的碳配额可通过全国碳市场进行交易，获得额外收益。

- 昌吉在全疆率先试点建设工业企业碳账户。2022年3月1日，昌吉选取首批21家综合能耗超过万吨标准煤的重点用能企业，在全疆率先试点建设碳账户，精准核算企业碳排放数据，科学制定碳排放强度评价标准，配套财税、金融、产业等差异化支持政策。

- 克拉玛依上线银行"个人碳账户"。2022年3月17日，昆仑银行"个人碳账户"上线，标志着昆仑银行成为全疆推行个人"碳账户"系统的领先金融机构。据核算预测，每年昆仑银行克拉玛依分行用户的在线金融个人低碳行为将累计减少400吨以上的碳排放。

2.6 产业转型

突出抓好新材料、高端装备制造、生物技术、新能源、新一代信息技术、节能环保等产业，推动战略性新兴产业集群发展。加快发展数字经济。实施数字新疆战略，加大 5G 网络覆盖和应用落地，推进数字产业化、产业数字化。培育一批专精特新"小巨人"企业。着力打造优势产业全产业链。发挥新疆石油化工、煤化工产业优势，推动硅基新材料向光伏、硅合金、硅化工、硅电子等下游产业延链补链。

主要行动举措包括：

- 262 亿元光电产业园项目全面开工建设。2021 年 11 月 10 日，阿克苏光电产业园项目一期已全面开工建设。该项目计划总投资 262 亿元，将为地区发展战略性新兴产业发挥示范引领作用，对推动地区经济高质量发展具有重大意义。

- 新疆工信厅推动绿色建材产品认证。2021 年 11 月 25 日，由自治区工信厅、住建厅联合组织的"新疆绿色建材产品认证推广交流活动"成功举办。活动旨在以绿色建材产品认证为抓手，以此次经验交流活动为契机，加快绿色建材产品宣传推广与应用，引领新疆建材产业与建筑业协同绿色高质量发展。

- 霍尔果斯自动化生产国内领先。2021 年 12 月 26 日，霍尔果斯国盛车马赫汽车科技有限公司开工投产，意味着目前国内领先的大规模消失模自动化生产线在霍尔果斯投产。项目一期共有两条先进的车马赫消失模生产线，具备年产 260 万—300 万套新能源汽车纯电、混合动力电机壳以及混合动力发动机缸盖的能力。

- 克拉玛依新能源产业园签约落地。2022 年 3 月 22 日，克拉玛依市乌尔禾区人民政府和江苏晶品新能源科技有限公司签约,该产业园项目占地约 392 亩,为晶品 12 吉瓦高效单晶硅棒及硅片项目,采用先进的光伏设备和技术,达产后将实现年产值约 255 亿元。

- 新疆引进光伏支架智能生产线。2022 年 5 月 8 日,新疆伟仁新能源科技有限公司光伏支架智能生产线第一次试产取得成功。该智能生产线所用原材料由传统的钢材改为新型节能材料,两条生产线年产量可达 6 万吨,将推动新疆光伏产业上下游联动发展,进一步加快新增光伏装机容量。

- 克拉玛依新材料产业添百亿元新项目。2022 年 5 月 13 日,克拉玛依高性能新材料生态产业园项目开工。该项目总投资 100 亿元,是落实该市"一主多元"发展思路,打造碳基新材料的重点项目,对建设完整碳纤维产业链,推动克拉玛依经济高质量发展具有重要意义。

- 荒煤气制乙二醇生产线在新疆投产。2022 年 5 月 31 日,新疆荒煤气综合利用年产 40 万吨乙二醇项目通过性能考核。项目成功投产后,每年可减少二氧化碳排放 60 万吨,对国际国内煤化工发展具有重要引领作用。

- 哈密三塘湖煤化工项目战略合作启动。2022 年 5 月 31 日,新疆能源集团与航天投资控股有限公司、航天长征化学工程股份有限公司举行战略合作框架协议签约仪式。三方将通过战略协同、业务协作、产融结合方式共同推进哈密三塘湖矿区煤化工项目建设,在煤炭清洁高效利用、现代煤化工循环经济全产业链发展等领域开展全方位战略合作。

- 克拉玛依战略新兴产业签约重大项目。2022 年 6 月 18 日,克拉玛依 64 个招商引资重大项目集中签约,涉及新能源、新材料、信息化、智慧农业、装备制造、商贸物流等多个产业和领域，其中，新能源产业、新材料产业项目及数字经济项目共 27 个，占总数的 42.2%。

2.7 生态环保

建立统一规范的生态环境综合执法体系，持续推进多污染源治理，深化重点领域污染防治，强化区域污染联防联控，按计划定期开展污染治理执法行动，创新环境治理体系，加强生态环境保护宣传教育，构建生态环境治理全民行动体系。

主要行动举措包括：

- 新疆开展污染治理联合执法。2022 年 3 月 27 日，新疆开展第五轮重点区域大气污染源兵地联合执法专项行动，通过兵地联动、同防同治，推进重点区域大气污染防治及春季扬尘污染执法检查各项目标任务落到实处。

- 阿克苏生态环境部门开展全国低碳日宣传活动。2022 年 6 月 15 日，地区生态环境局党组成员组织干部职工来到社区开展"落实'双碳'行动，共建美丽家园"主题活动，向居民讲解节电、节水、垃圾分类的生活小知识，发放环保宣传手册，引导居民积极践行绿色消费和绿色生活方式。

术 语 表

APU 即辅助动力装置，是指航空器上主动力装置（发动机）之外可独立输出压缩空气或供电的小型辅助动力装置。能够提高系统可靠性，降低维护成本，实现大幅节油。

CCER 即国家核证自愿减排量。是指对我国境内特定项目的温室气体减排效果进行量化核证，并在国家温室气体自愿减排交易注册登记系统中登记的温室气体减排量。

CCUS 即碳捕集、利用与封存技术。把生产过程中排放的二氧化碳进行提纯，继而投入新的生产过程中，可以循环再利用，而不是简单地封存。

EOD 即生态环境导向的开发模式，是以生态保护和环境治理为基础，以特色产业运营为支撑，以区域综合开发为载体，采取产业链延伸、联合经营、组合开发等方式，推动公益性较强、收益性差的生态环境治理项目与收益较好的关联产业有效融合，将生态环境治理带来的经济价值内部化，是一种创新性的项目组织实施方式。

ESG 即 Environmental（环境）、Social（社会）和 Governance（治理）的缩写。是一种关注企业环境、社会、治理绩效而非财务绩效的投资理念和企业评价标准。

GEP 即生态系统生产总值。指生态系统为人类福祉、经济和社会可持续发展提供的各种最终物质产品与服务（以下简称"生态产品"）价值的总和，主要包括生态系统提供的物质产品、调节服务和文化服务的价值。

术语表

HDPE 即高密度聚乙烯，为白色粉末或颗粒状产品。无毒，无味，使用温度可达100℃；硬度、拉伸强度和蠕变性优于低密度聚乙烯。

LNG 即液化天然气，主要成分是甲烷，被公认是地球上最干净的化石能源。

MaaS 即"出行即服务"。主要是通过电子交互界面获取和管理交通相关服务，以满足消费者的出行要求。通过对这一体系的有效利用，可充分了解和共享整个城市交通所能提供的资源，以此实现无缝对接、安全、舒适、便捷的出行服务。

SCR 即选择性催化还原法。原理是在催化作用下提高了N_2的选择性，减少了NH_3的消耗。

白色污染 是对废塑料污染环境现象的一种形象称谓，是指用聚苯乙烯、聚丙烯、聚氯乙烯等高分子化合物制成的包装袋、农用地膜、一次性餐具、塑料瓶等塑料制品使用后被弃置成为固体废物，由于随意乱丢乱扔，难以降解处理，给生态环境和景观造成的污染。

被动式建筑 不依赖于自身能耗的建筑设备，完全通过自身的空间形式、围护结构、建筑材料与构造的设计来实现建筑节能的方式。

闭环物流 指通过产品的正向交付与逆向回收再利用，使"资源—生产—消费—废弃"的开环过程变成了"资源—生产—消费—再生资源"的闭环反馈式循环。

标准煤 为了统一标准，在进行能源数量、质量的比较时，将煤炭、石油、天然气等都按一定的比例统一换算成标准煤来表示（1千克标准煤的发热量为7000千卡）。

差别电价 供电企业进行电力商品营销的一种价格策略。根据用户对电能需求的具体情况，适当修正基础价格出售电能商品。

产业结构 又称产业体系。是指各产业的构成及各产业之间的联系和比例关系，是社会经济体系的主要组成部分。

抽水蓄能 一种储能技术。利用电力负荷低谷时的电能抽水至上水库，在电力负荷高峰期再放水至下水库发电，即将电网负荷低时的多余电能，转变为电网高峰时期的高价值电能。

储能技术 主要指电能的储存。储存的能量既可以用作应急能源，也可以用于在电网负荷低的时候储能，在电网高负荷的时候输出能量，用于削峰填谷，减轻电网波动。

地热能+ 指多能互补模式，将地热这一地球本土的未来能源和来自太阳系的其他可再生能源，诸如太阳能、风能、生物质能、海洋能等结合起来一并加以开发利用，打造多能互补储/供能系统。

电子银行业务 银行通过面向社会公众开放的通信通道或开放型公众网络，以及为特定自助服务设施或客户建立的专用网络等方式，向客户提供的离柜金融服务。

多能互补 按照不同资源条件和用能对象，采取多种能源互相补充，以缓解能源供需矛盾，合理保护和利用自然资源，同时获得较好的环境效益的用能方式。

放管服 即简政放权、放管结合、优化服务的简称。"放"即简政放权、降低准入门槛；"管"即创新监管，促进公平竞争；"服"即高效服务，营造便利环境。

非化石能源 指非煤炭、石油、天然气等经长时间地质变化形成、只供一次性使用的能源类型外的能源。

分布式能源 将冷、热、电等能源系统，以小规模、小容量（约数千瓦至50兆瓦左右）、模块化、分散式地布置在用户附近的能源供应

术 语 表

方式（不论采用何种燃料或是否并网运行）。这种能源系统可有效地实现能源的梯级利用，具有高效、节能、环保等优点。

分时电价 按系统运行状况，将一天 24 小时划分为若干个时段，每个时段按系统运行的平均边际成本收取电费。

负排放技术 目前已知的方法主要是通过光合作用将大气中的二氧化碳固定在植物、土壤、湿地和海洋中，或通过化学手段将大气中的二氧化碳固定在矿物或者储存在地质层中。

公园城市 与城市公园相对应，指覆盖全城市的大系统，城市是从公园中长出来的一组一组的建筑，形成系统式的绿地，而不是孤岛式的公园。

国家公园 指国家为了保护一个或多个典型生态系统的完整性，为生态旅游、科学研究和环境教育提供场所而划定的需要特殊保护、管理和利用的自然区域。

海水淡化产业 指人类利用海水资源进行海水淡化和海水综合利用所开展的相关工业生产和技术活动形成的产业。

海洋经济 由一些为开发海洋资源和依赖海洋空间而进行的生产活动，以及直接或间接为开发海洋资源及空间的相关产业活动形成的经济集合。

合同能源管理 节能服务公司与用能单位以契约形式约定节能项目的节能目标，节能服务公司为实现节能目标向用能单位提供必要的服务，用能单位以节能效益支付节能服务公司的投入及其合理利润的节能服务机制。

化石能源 古代生物遗体在特定地质条件下形成的，可作燃料和化工原料的沉积矿产。包括煤、油页岩、石油、天然气等。

集中式能源 以规模效益下的"大容量、高参数、远距离输送"模式构筑的能源系统。

阶梯电价 把户均用电量设置为若干个阶段分段或分档次定价计算费用。

净零排放 指通过以"碳清除"的方式从大气层去除温室气体，平衡和抵销人为造成的温室气体排放，来达到净值为零的碳排放量。

可再生能源 在生态循环中能重复产生的自然资源，能够循环利用，不断得到补充，包括太阳能、水能、风能、生物质能、潮汐能等。

链长制 由各省、市主要领导挂帅，每人负责一条产业链，利用地方最高负责人的综合协调优势，在更高层面上保障各个产业链的完整、稳定和发展。

蓝色债券 指募集资金用于可持续性海洋经济（又称"蓝色经济"）项目的债券。蓝色债券作为绿色债券的一种，募集资金专项用于可持续性海洋经济，在推动海洋保护和海洋资源的可持续利用中发挥着重要作用。

两部制电价 是将与容量对应的基本电价和与用电量对应的电量电价结合起来决定电价的制度。

两高 高耗能、高排放，也解释为高耗能、高污染。

林票 一种股权凭证。国有林企与村集体共同出资经营集体林场，投资份额按股计算，村民也可以认购。

林长制 按照"分级负责"原则，构建省、市、县、乡、村五级林长体系，各级林长负责督促指导本责任区内森林资源保护发展工作，协调解决森林资源保护发展重大问题，依法查处各类破坏森林资源的违法犯罪行为。

零排放 指无限地减少污染物和能源排放直至为零的活动，即利用清洁生产、3R（Reduce、Reuse、Recycle，减少使用、重复使用、回收再利用）及生态产业等技术，实现对自然资源的完全循环利用，从而不给大气、水体和土壤遗留任何废弃物。

零碳会议 也称会议碳中和。是指通过植树造林、购买林业碳汇等方式，抵销会议期间直接或间接产生的温室气体排放量，从而达到会议温室气体净排放量为零的目的。

零碳建筑 指能够实现每年无外部能源消耗、无碳排放的高效节能的建筑。

零碳社区 指通过在城市社区内发展低碳经济、创新低碳技术、改变生活方式，最大限度减少城市的温室气体排放，形成结构优化、循环利用、节能高效的物质循环体系，实现城市社区零能量消耗、零排放等多项指标的可持续发展社区。

六保 分别是保居民就业，保基本民生，保市场主体，保粮食能源安全，保产业链、供应链稳定，保基层运转。

六稳 指的是稳就业、稳金融、稳外贸、稳外资、稳投资和稳预期工作。

绿电 指的是在生产电力的过程中，它的二氧化碳排放量为零或趋近于零，相较于其他方式（如火力发电）所生产的电力，对于环境冲击影响较小。

绿色保险 又称生态保险。是在市场经济条件下进行环境风险管理的一项基本手段。其中，由保险公司对污染受害者进行赔偿的环境污染责任保险最具代表性。

绿色工业 指实现清洁生产、生产绿色产品的工业，即在生产满足人们需要的产品时，能够合理使用自然资源和能源，自觉保护环境和实现生态平衡。

绿色建筑　指本身及其生命周期中，如选址、设计、建设、营运、维护、翻新、拆除等各阶段皆达成环境友善与资源有效运用的一种建筑。

绿色交通　强调城市交通的"绿色性"，即减轻交通拥挤，减少环境污染，促进社会公平，合理利用资源，本质是建立维持城市可持续发展的交通体系，以满足人们的交通需求，以最少的社会成本实现最大的交通效率。

绿色金融　指金融部门把环境保护作为一项基本政策，在投融资决策中要考虑潜在的环境影响，把与环境条件相关的潜在的回报、风险和成本都要融合进金融的日常业务中，在金融经营活动中注重对生态环境的保护以及环境污染的治理，通过对社会经济资源的引导，促进社会的可持续发展。

绿色农业　指将农业生产和环境保护协调起来，在促进农业发展、增加农户收入的同时保护环境、保证农产品的绿色无污染的农业发展类型。

绿色投资　本书中指与绿色 GDP 相联系，凡是用于增加绿色 GDP 的货币资金（包括其他经济资源）的投入，都是绿色投资。

绿色维修　指综合考虑环境影响和资源利用效率的现代维修模式，其目标不仅是保持和恢复产品的规定状态，还要满足可持续发展的要求。

绿色物流　在抑制物流过程对环境造成危害的同时，实现对物流环境的净化，使物流资源得到最充分利用，包括物流作业环节和物流管理全过程的绿色化。

绿色信贷 在传统信贷基础上应运而生的优化资源配置、促进环境改善和经济可持续发展的信贷融资模式。

绿色债券 指任何将所得资金专门用于资助符合规定条件的绿色项目或为这些项目进行再融资的债券工具。

煤改电 将以煤炭为燃料的传统锅炉更换成以电为主供暖的锅炉，将普通煤锅炉更换为电锅炉。

能耗双控制度 即能源消费总量和强度双控制度，按省、自治区、直辖市行政区域设定能源消费总量和强度控制目标，对各级地方政府进行监督考核。

能效 即能源利用效率。指为终端用户提供的服务与所消耗的总能源量之比。

能源互联网 综合运用先进的电力电子技术、信息技术和智能管理技术，将大量由分布式能源采集装置、分布式能量储存装置和各种类型负载构成的新型电力网络节点互联起来，以实现能量双向流动的能量对等交换与共享网络。

能源结构 指一定时期、一定区域内各类能源在能源总量中的比例关系，包括能源生产结构和能源消费结构。

能源消费强度 衡量一个国家能源利用效率的重要指标，是指产出单位经济量所消耗的能源量。

普惠金融 以可负担的成本为有金融服务需求的社会各阶层和群体提供适当、有效的金融服务，小微企业、农民、城镇低收入等弱势群体是其重点服务对象。

气改电 将使用煤气、天然气、液化气等燃料加热并有较大安全隐患的厨房设备，改换成其他符合国家行业标准的厨房用电设备。

气候变化 除在类似时期内所观测的气候的自然变异之外，由于直接或间接的人类活动改变了地球大气的组成而造成的气候变化。

清洁能源 指其开发、使用对环境无污染的能源，包括可再生能源和其他新能源。

三高四新 指三个高地和四新使命，是"十四五"乃至更长一个时期湖南发展的指导思想和行动纲领。三个高地：着力打造国家重要先进制造业高地；具有核心竞争力的科技创新高地；内陆地区改革开放高地。四新使命：在推动高质量发展上闯出新路子；在构建新发展格局中展现新作为；在推动中部地区崛起和长江经济带发展中彰显新担当；奋力谱写新时代坚持和发展中国特色社会主义的湖南新篇章。

三线一单 指生态保护红线、环境质量底线、资源利用上线和生态环境准入清单。

森林城市 指城市生态系统以森林植被为主体，城市生态建设实现城乡一体化发展，各项建设指标达到规定指标并经林业主管部门批准授牌的城市。

生态保护红线 指在生态空间范围内具有特殊重要生态功能、必须强制性严格保护的区域，是保障和维护国家生态安全的底线和生命线。

生态文明建设 是把可持续发展提升到绿色发展高度，为后人"乘凉"而"种树"，就是不给后人留下遗憾而是留下更多的生态资产。

生物经济 是以生命科学、生物技术的发展进步和普及应用为基础的新经济形态，是国民经济的重要组成部分。

生物质气 以农作物秸秆、林木废弃物、食用菌渣、禽畜粪便、污水污泥等含有生物质体的物质为原料，在高温下，生物质体热解或者气化分解产生的一种可燃性气体。

数字经济 指在经济系统中，数字技术被广泛使用并由此带来了整个经济环境和经济活动的根本变化。

四个革命、一个合作 "四个革命"指推动能源消费革命，抑制不合理能源消费；推动能源供给革命，建立多元供给体系；推动能源技术革命，带动产业升级；推动能源体制革命，打通能源发展快车道。"一个合作"即全方位加强国际合作，实现开放条件下能源安全。

碳达峰 二氧化碳排放总量达到历史最高值，由增转降的历史拐点。

碳汇 有机碳吸收超出释放的系统或区域，如森林、海洋等。

碳汇交易 指通过植树造林等手段有效吸收二氧化碳、减少碳排放而产生的碳汇，并将碳汇交易给碳配额超额单位，从而获取收益。

碳积分 指欧盟设立的二氧化碳排放配额，企业或个人通过购买碳积分消除碳足迹，并与现实生活交互，实现零碳社区。

碳金融 泛指所有服务于限制温室气体排放的金融活动，包括直接投融资、碳指标交易和银行贷款等。

碳排放交易 指运用市场经济来促进环境保护的重要机制，允许企业在碳排放交易规定的排放总量不突破的前提下，可以用这些减少的碳排放量，使用或交易企业内部以及国内外的能源。

碳配额 按规定必须完成的温室气体减排指标。

碳票 指林地林木碳减排量收益权的凭证，相当于一片林子的固碳释氧功能，可以作为资产交易的"身份证"。

碳普惠 碳普惠是低碳权益惠及公众的具体表现。碳普惠制是为市民和小微企业的节能减碳行为赋予价值而建立的激励机制。

碳强度 单位 GDP 的二氧化碳排放量。

碳源 指向大气排放温室气体、气溶胶或温室气体前体的任何过程、活动或机制。

碳质押 企业以已经获得的或未来可获得的碳资产作为质押物进行担保，获得金融机构融资的业务模式。

碳中和 通过植树造林等碳补偿方式，将一定时间内直接或间接产生的二氧化碳排放总量吸收掉，从而达到碳平衡（中和）。

碳足迹 指个人、家庭或公司日常释放的温室气体数量（以二氧化碳的影响为单位），用以衡量人类活动对气候环境的影响。

特高压 一种远距离输送直流电和交流电的方法，其特点是输电网络达到了交流 1000 千伏、直流 ±800 千伏及以上电压等级，可以长距离、大容量、低损耗输送电力。

微电网 也叫微网。是指由分布式电源、储能装置、能量转换装置、负荷、监控和保护装置等组成的小型发配电系统。

温室气体 大气中那些吸收和重新放出红外辐射的自然和人为的气态成分，包括二氧化碳（CO_2）、甲烷（CH_4）、氧化亚氮（N_2O）、氢氟碳化合物（HFCS）、全氟碳化合物（PFCS）、六氟化硫（SF_6）和三氟化氮（NF_3）等。

无废城市 是以创新、协调、绿色、开放、共享的新发展理念为引领，通过推动形成绿色发展方式和生活方式，持续推进固体废物源头减量和资源化利用，最大限度减少填埋量，将固体废物环境影响降至最低的城市发展模式，也是一种先进的城市管理理念。

线损 即电网电能损耗。是电能从发电厂传输到电力用户过程中在输电、变电、配电盒营销各环节中所产生的电能损耗和损失。

相变蓄热 是一种以相变储能材料为基础的高新储能技术。主要分为热化学储热、显热储热和相变储热。

新基建 即新型基础设施建设。主要包括5G基站建设、特高压、城际高速公路和城市轨道交通、新能源汽车充电桩、大数据中心、人工智能、工业互联网七大领域，涉及诸多产业链。

新能源 指传统能源之外的各种能源形式。它的各种形式都是直接或者间接地来自太阳或地球内部所产生的热能，包括太阳能、风能、生物质能、地热能、水能和海洋能以及由可再生能源衍生出来的生物燃料和氢所产生的能量。也可以说，新能源包括各种可再生能源和核能。

新型电力系统 本书中指以承载实现碳达峰碳中和、贯彻新发展理念、构建新发展格局、推动高质量发展的内在要求为基本前提，以满足经济社会发展电力需求为首要目标，以最大化消纳新能源为主要任务，以坚强智能电网为枢纽平台，以源网荷储互动与多能互补为支撑，具有清洁低碳、安全可控、灵活高效、智能友好、开放互动特征的电力系统。

需求响应 本书中指电力需求响应。是指当电力批发市场价格升高或系统可靠性受威胁时，电力用户相应改变其固有的习惯用电模式，达到减少或者推移某时段的用电负荷而响应电力供应，从而保障电网稳定，并抑制电价上升的短期行为。

削峰填谷 电力企业通过必要的技术手段和管理手段，结合部分行政性手段，降低电网的高峰负荷，提高低谷负荷，平滑负荷曲线。

循环农业 指在农作系统中推进各种农业资源往复、多层与高效流动的活动，以此达到节能减排与增收的目的，促进现代农业和农村的可持续发展。

一次能源 指自然界中以原有形式存在的、未经加工转换的能源资源，又称天然能源，如煤炭、石油、天然气、水能等。

用能权 指企业年度直接或间接使用各类能源（包括电力、煤炭、焦炭、蒸汽、天然气等能源）总量限额的权利，也就是一年内按规定可以消费的能源总量。

渔光互补 指渔业养殖与光伏发电相结合，在鱼塘水面上方架设光伏半阵列，光伏板下方水域可以进行鱼虾养殖，形成"上可发电、下可养鱼"的发电新模式。

源网荷储一体化 是一种包含"电源、电网、负荷、储能"整体解决方案的运营模式，可解决清洁能源消纳过程中电网波动等问题，提高大电网故障应对能力和电网安全运行水平。

运动式减碳 一是"不足"，对碳中和知识不理解，空喊口号、蹭热度；二是"过度"，超过了目前的发展阶段。

战略性新兴产业 以重大技术突破和重大发展需求为基础，对经济社会全局和长远发展具有重大引领带动作用，成长潜力巨大的产业，是新兴科技和新兴产业的深度融合，既代表着科技创新的方向，也代表着产业发展的方向，具有科技含量高、市场潜力大、带动能力强、综合效益好等特征。

智慧交通 在整个交通领域充分利用物联网等新一代信息技术，推动交通运输更安全、更高效、更便捷、更经济、更环保、更舒适的运行和发展。

智能电网 指通过智能控制和网络数据技术，实现电力系统各环节、各等级的协调、安全、高效、清洁低碳、经济目标的一种现代电网。其主要特征包括自愈、激励、抵御攻击、容许各种不同发电形式的接入以及资产的优化高效运行。

装配式建筑 指把传统建造方式中的大量现场作业工作转移到工厂进行，在工厂加工制作好建筑用构件和配件（如楼板、墙板、楼梯、阳台等），运输到建筑施工现场，通过可靠的连接方式在现场装配安装而成的建筑。

综合能源服务 面向能源系统终端，以用户需求为导向，通过能源品种组合或系统集成、能源技术或商业模式创新等方式，使用户收益或满足感得到提升的行为。